Studien zur Praktischen Theologie

Band 7

STUDIEN ZUR PRAKTISCHEN THEOLOGIE

Herausgegeben von Reinhard Feiter und Judith Könemann

Band 7

‚AUF DAS HÖREN HÖREN'

Überlegungen zu einer hörenden Pastoral im Horizont einer responsiven Phänomenologie

Elisa Prkačin

Aschendorff Verlag

Münster
2023

Gedruckt mit freundlicher Unterstützung
der Diözesen Aachen, Hildesheim und Münster

Lektorat und Satz: Fa. CORRIGENDA/Daniela Kranemann, Erfurt

www.aschendorff-buchverlag.de

Printed in Germany
Gedruckt auf säurefreiem, alterungsbeständigem Papier
ISBN 978-3-402-15195-2
ISBN (E-Book-PDF) 978-3-402-15196-9

Vorwort

Wer in Pastoral und Kirche nicht nur auf das *Gehörte*, sondern auf das *Hören* selbst *hört*, hält Unordnung und Dissonanz aus, anstatt sie vorschnell in Ordnung und Resonanz zu überführen. Eine hörende Pastoral gibt es nicht ohne die Anderen, sie verdankt sich ihnen vielmehr und verleiht ihren Stimmen – sollten sie auch noch so fremd erklingen – Gehör.

Daher möchte ich zuerst den Menschen danken, die von ihren Erfahrungen erzählt und die Erkenntnisse dieses Buches auf diese Weise inspiriert haben. Dort, wo Menschen mit je eigener Stimme zu Wort kommen, entfaltet das Hören seine autorisierende Kraft. Zu hören bedeutet, Menschen vorkommen zu lassen, deren Stimmen allzu oft überhört werden.

Die vorliegende Arbeit wurde unter dem Titel *‚Auf das Hören hören' – Überlegungen zu einer hörenden Pastoral im Horizont einer responsiven Phänomenologie* im Sommersemester 2021 von der Katholisch-Theologischen Fakultät der Westfälischen Wilhelms-Universität Münster als Dissertationsschrift angenommen.

Mein Dank gilt Herrn Professor Dr. Reinhard Feiter, der mich von Anfang an zu diesem Projekt ermutigt hat und durch sein Zuhören und Zutrauen die Entstehungsschritte der Arbeit begleitet und durch konstruktive, fachliche Diskussionen bereichert hat. Außerdem möchte ich der Zweitgutachterin der Arbeit, Professorin Dr. Dorothea Sattler für die zügige Erstellung des Zweitgutachtens und ihre wertvollen Hinweise vielmals danken.

Neben Professor Dr. Reinhard Feiter danke ich Professorin Dr. Judith Könemann für die Aufnahme der leicht überarbeiteten Dissertationsschrift in die Reihe *Studien zur Praktischen Theologie*. Herrn Dr. Bernward Kröger vom Aschendorff Verlag danke ich für die sorgfältige Begleitung während der Drucklegung.

Darüber hinaus möchte ich dem katholischen Hilfswerk *missio* für die finanzielle Unterstützung in Form eines berufsbegleitenden Promotionsstipendiums sowie für die damit verbundenen, regelmäßigen Fachgespräche danken, die ich besonders mit Dr. Michael Meyer, Dr. Marco Moerschbacher und Professor Dr. Klaus Vellguth führen durfte. Den Bistümern Aachen, Hildesheim und Münster danke ich für die Unterstützung meiner Forschungsarbeit in Form eines großzügigen Druckkostenzuschusses. Ich danke außerdem der Westfälischen Wilhelms-Universität für die im Dezember 2021 erfolgte Auszeichnung der Arbeit mit dem Dissertationspreis, der mich sehr ehrt.

Danken möchte ich auch den Gesprächspartnerinnen und Gesprächspartnern, die mich durch anregende Dialoge darin bestärkt haben, dem Hören wissenschaftlich auf der Spur zu bleiben und denen ich wertvolle Hinweise theologischer und philosophischer Art verdanke, namentlich Dr. Arnd Bünker, Professor Dr. Piero Coda, Dr. Wilfried Hagemann, Dr. Hadwig Müller, Professor Dr. Dr. Klaus Müller, Dr. Martin Pott, Professor Dr. Matthias Sellmann, Professor Dr. Michael Schüßler, Professor Dr. Bernhard Spielberg, Professor Dr. Franz Weber, Dr. Estella Padilla.

Für kritische Anmerkungen und für die sorgfältige Korrektur des Manuskripts danke ich Dr. Aurica Jax, Lic. theol. Daniela Kranemann, Dr. Miriam Leidinger, Dr. Fana Schiefen, Sr. Clara Sonntag, Mag. theol. Monika Heidkamp, Dr. Christian Hennecke, Mag. theol. Ursel Tünnißen und Professorin Dr. Clarissa Vilain.

Schließlich danke ich meinen Eltern für ihre stets umfängliche und großzügige Unterstützung, sowie besonders meinem Ehemann Nikola, der den Weg der Arbeit von Anfang bis Ende liebevoll mitgetragen hat.

Telgte, im Juni 2022 Elisa Prkačin

„Alles spricht!

Es gibt keine Wahrheit – es sei denn im Hören.
Was willst du Mensch?
Was ist dein tiefster Wunsch?
Man muss die Menschen sprechen lassen.
Das Beste, was wir tun können,
ist nicht, ihnen eine Rede aufzudrängen,
sondern ihnen auf ihrem eigenen Weg zu helfen –
vom Evangelium sind nicht wir die Eigentümer,
es ist unser aller Eigentum,
uns als Menschen gemeinsam.
Vergiss niemals den Schlüssel eines sicheren und zuverlässigen Hörens:
das Evangelium,
göttliche Sanftheit selber."

(Maurice Bellet)[1]

1 Den Hinweis auf dieses Zitat und seine Übersetzung verdanke ich Hadwig Müller, Freiburg/Br.

Inhalt

Präludium

Ein andauernder Akkord erklingt im Raum der romanischen Sankt-Burchardi-Klosterkirche in Halberstadt in Sachsen-Anhalt. Tag und Nacht ertönt der Klang ununterbrochen aus den zwei Orgelpfeifen gis und e', bis dieser zum Zeitpunkt des inzwischen 15. Klangwechsels am 5. Februar 2022 wieder ver-klingen und ein neuer Ton er-klingen wird – doch eine Melodie im gewohnten Sinne lässt sich nicht vernehmen. Die Inszenierung des vom amerikanischen Künstler John Milton Cage (1912–1992) komponierten Musikstücks *Organ²/ASLSP* (*As slow as possible*) aus dem Jahr 1987, das ursprünglich für das Klavier komponiert wurde und in seiner Uraufführung 29 Minuten gedauert hat, erstreckt sich in der Halberstädter Orgel-Interpretation auf insgesamt 639 Jahre.[1] Das „langsamste und längste Musikstück der Welt"[2] endet im Jahr 2640.

Die Inszenierung führt zu einer Dekonstruktion gewohnter Ordnungen des Hörens in Raum und Zeit. In Anlehnung an Michel Foucaults Begriff der „Heterotopie" beschreibt David Zintl in seinen kulturtheoretischen Analysen die Cage-Präsentation als „heterochrones Kultur-Objekt", das mit herkömmlichen Vorstellungen bricht:

> „In ‚*As Slow As Possible*' fallen auf ähnliche Weise die grundlegenden Formelemente der Musik aus der Wahrnehmung heraus. Das Konzert lenkt den Blick auf die Kontingenz und Kulturgebundenheit unseres theoretischen Vokabulars, indem es dessen eigene Möglichkeitsbedingungen aufzeigt. ‚*John Cage in Halberstadt*' stellt aus diesem Grund nicht nur ein musikalisches, sondern auch und vor allem ein kulturelles Experiment dar, welches einen zeitlichen Ausnahmezustand erzeugt; einen Riss in der Zeit."[3]

Die extreme Ausdehnung der Klänge steht der Flüchtigkeit gegenüber, die dem Hören grundsätzlich zu eigen ist, und erzeugt dadurch eine andere zeiträumliche Ordnung. „Chronos, die stetig dahinfließende Zeit, und Kairos, der Augenblick,

1 Eine ausführliche Dokumentation des Kunst-Projekts findet sich online unter: https://www.aslsp.org/de/ [abgerufen am 14.01.2021].

2 https://universes.art/de/specials/john-cage-organ-project-halberstadt [abgerufen am 31.01.2021].

3 Zintl, David: Cages „*As Slow As Possible*" als heterochrones Kultur-Objekt, in: Pfeiffer, Rüdiger (Hg.): Geräuschvolle Stille – Geordneter Klang. Ästhetische und historische Überlegungen im Geiste der Kunstphilosophie von John Cage, Berlin 2014, 45–64, hier 48. Im Folgenden werden alle erstgenannten Nachweise mit vollständigem Titel, anschließend als Kurztitel angeführt. Sofern sie nicht anders markiert sind, entsprechen jegliche Hervorhebungen dem Original.

werden hier in einem Raum erfahrbar gemacht."[4] Der Riss, der Bruch in der Zeit wird zu einem Zwischenraum, in dem etwas Unbestimmbares, Unerwartetes und Fremdes wohnt. Es kommt zu einer Verdichtung der Hörerfahrung. Die gewohnten musikalischen Formen von Rhythmus und Takt werden aufgehoben. Die Zeit scheint dem augenblicklichen Dauerton entsprechend ewig.

Cage verfolgt mit seiner Inszenierung – und der damit einhergehenden Dekonstruktion musikalischer Konventionen – das Ziel, die Töne *als* Töne und nicht lediglich als Teil einer Melodie erklingen zu lassen.[5] Mit dem Bruch der für Musik eingespielten Ordnungen wird der Klang als er selbst hörbar. In einem Interview erläutert Dieter Schnebel – Berliner Komponist und Theologe – das Anliegen der Halberstädter Cage-Inszenierung:

> „Bei Cage hat es Phasen gegeben, in denen er selbst versuchte, den musikalischen Zusammenhang zu zerstören. Da gibt es diesen berühmten Ausspruch von ihm: ‚Sind Töne Webern oder Mozart oder Beethoven, oder sind sie nicht einfach Töne?' Sein ganzes künstlerisches Bemühen ging eigentlich dahin, die Töne sie selbst sein zu lassen."[6]

Das Ereignis des Hörbar-Werdens selbst ist es, das Cage in den Fokus der Erfahrung stellt, indem er musikalisch geprägte Semantiken und festgeschriebene Formelemente unterbricht, unterläuft und abbaut. Dadurch öffnet die musikalische Inszenierung das Ohr für das Ereignis des Hörens als solches. Worauf die Aufmerksamkeit gelenkt wird, sind nicht mehr Melodie, Rhythmus, Takt oder „die Tonhöhe, sondern [...] minimale Schwankungen der Klangfarbe, die durch die Luftzirkulation im Blasebalgsystem der Orgel entstehen"[7]. Das Hören macht gewissermaßen eine Erfahrung mit sich selbst, indem es ganz und gar dem erklingenden Dauerton ausgesetzt ist. Beispielhaft charakterisiert Sonja Heyer in ihrem Beitrag *Zum Raum wird hier die Zeit* ihre Hörerfahrung:

> „Betritt man den Hof des ehemaligen Klosters, vernimmt man ein Brummen. Auch nach Betreten des Gebäudes lässt sich die Herkunft des Tönens noch nicht orten. Bei Erreichen des Vierungsbereichs wird rechter Hand und ca. 3 Meter hoch die Orgelkonstruktion sichtbar. Die Erkundung der Töne beginnt. Das fortwährende Erklingen weckt die Neugier: Klingen die Töne überall gleich? Schon ein leichtes Bewegen des Kopfes zeigt, dass dies nicht der Fall ist. Wie klingen sie im Kreuzgang? Kehrt man zum Vierungsbereich zurück, läuft man unweigerlich über Kies:

4 Heyer, Sonja: Zum Raum wird hier die Zeit. Das John-Cage-Orgel-Kunst-Projekt in Halberstadt, in: Buddhismus aktuell (2/2013), 8–10, hier 10, unter: https://archiv.aslsp.org/images/Kunst__Kultur_artikel_cage.pdf [abgerufen am 10.11.2022].

5 Vgl. Zintl, Heterochrones Kultur-Objekt, 59.

6 Stock, Ulrich: Ob's Gott gefällt. Interview mit Dieter Schnebel, in: ZEIT online, 03.05.2006, unter: https://www.zeit.de/online/2006/18/gespraech_schnebel_cage [abgerufen am 14.01.2021].

7 Zintl, Heterochrones Kultur-Objekt, 45.

> Das Geräusch der eigenen Schritte kommt hinzu. Bleibt man stehen, vernimmt man Stimmen und Geräusche, die von außerhalb des Gebäudes nach innen dringen. Angrenzend zum Klostergelände befindet sich eine Steinmetzwerkstatt. Der Bereich der Orgelkonstruktion ist mit einer Kordel abgesperrt, aber trotzdem kann man sich nah genug zu den Orgelpfeifen hinüberbeugen, und vernimmt das stetige Strömen der Luft durch die Pfeifen. Selten erlebt man das Entstehen eines Tones so direkt."[8]

Die Dramaturgie des Hörereignisses, seine Entstehung sowie seine Befreiung aus den gewohnten Ordnungen des Gehörten werden mit der Art und Weise eröffnet, wie das musikalische Projekt begonnen hat. Der Partitur entsprechend, stand am Anfang der Inszenierung im September 2001 eine lange Pause, die insgesamt siebzehn Monate andauerte. Die Konfrontation mit dem Unerwarteten ereignet sich als Bruch mit der zu erwartenden musikalischen Darbietung. Indem kein Ton, sondern die Stille erklingt, wird das Hören sich selbst überlassen. Das Schweigen öffnet das Ohr für ungeplante, nicht vorhersehbare Geräusche, die ihm widerfahren. Die lautlose Leerstelle setzt ein Potential des Pathischen für das Hören des Unhörbaren frei, welches sich als Erfahrung des Überwältigt- und Überrascht-Werdens in keine Ordnung von Intention und Konvention einfügen lässt.

Diese für das Ereignis des Hörens öffnende Stille kommt noch in einer weiteren Inszenierung Cages' vor, und zwar in seinem wohl berühmtesten Klavierstück mit dem Titel *4′33*, das einzig und allein aus einer Spielpause von 4 Minuten und 33 Sekunden besteht. Die absolute Stille ist allerdings nicht zu hören. Auch wenn die Tasten des Klaviers unberührt bleiben, werden absichtslose Geräusche im Raum hörbar, wie etwa zufällige Hintergrundgeräusche und unerwartete Außenklänge, ein Rascheln oder Husten im Publikum, ein Knacken des Holzbodens, Verkehrslärm von draußen oder der eigene Pulsschlag, ein leises Ohrensausen oder regelmäßige Atemzüge. Streng genommen versteht Cage daher unter Stille auch keine reine Lautlosigkeit, sondern vielmehr die Gesamtheit aller nicht intendierten Klänge, die plötzlich hörbar werden.[9] Die zum Klang komplementär verstandene Stille wird Cage zum musikalischen Material.[10]

Die Einbeziehung des Unerwarteten, des Unplanbaren und Zufälligen in die Hörerfahrung, die Cage in seinen musikalischen Inszenierungen unternimmt, lässt sich, genauso wie der Bruch mit den gewohnten Ordnungen des Gehörten, auch bei dem Phänomenologen erkennen, auf dessen Ausführungen zum Hören sich die vorliegende Arbeit größtenteils bezieht. Mit Figuren der Überschreitung,

8 Heyer, Raum, 9.

9 Vgl. Elzenheimer, Regine: Pause. Schweigen. Stille. Dramaturgien der Abwesenheit im postdramatischen Musik-Theater, Würzburg 2008, 113.

10 Vgl. ebd., 18, 116.

der Abweichung und Unterbrechung begibt sich der Phänomenologe Bernhard Waldenfels auf die Suche nach dem Hören *als* Hören selbst, insofern es einem Widerfahrnis ausgesetzt ist, das die Ohren öffnet für das Unhörbare, das Unerhörte und Fremde. Waldenfels rekurriert dabei unter anderem auch auf die musikalischen Versuche von Cage, zu denen etwa die erwähnte Komposition *4´33* zählt. Er betrachtet Klangkünste wie Cages' musikalische Inszenierungen als ein „Laboratorium des Hörsinns" (GPhF, 105), in dem das Ereignis des Hörbarwerdens selbst zum Thema wird.[11] Waldenfels erkennt in der Komposition eine bestimmte Art von „*akustischer Epoché*", das heißt: „keine Urteilsenthaltung, sondern ein Aussetzen des normalen [...] Hörens" (GPhF, 106). In der Tat konfrontiert Cage in seinem Klavierstück „den Zuhörer pointiert mit seinen Vorurteilen: indem dessen Erwartung an das klingende Ereignis nicht erfüllt wird und gar überhaupt nichts erklingt (jedenfalls nicht aus dem dafür vorgesehenen Instrument), fängt plötzlich alles an zu tönen"[12].

So inszeniert Cage gewissermaßen die Hörgewohnheiten und Hörerwartungen der Hörerinnen und Hörer, *indem* er zugleich von ihnen abweicht, sie radikal zurücknimmt und enttäuscht, sodass das Schweigen, die Stille, die Pause, das Unhörbare zu Gehör gebracht und die Aufmerksamkeit auf das Ereignis des Hörens bzw. Hörbar-Werdens als solches gelenkt wird (vgl. Ssch, 198). Auf diese Weise, so führt Waldenfels aus, „geraten eingespielte Hörgewohnheiten und Klangregeln in Bewegung, sie verlieren ihre Selbstverständlichkeit" (Ssch, 193). Denn nicht die zu erwartende, selbstverständliche Anwesenheit der Klänge, sondern ihre unerwartete, unselbstverständliche Abwesenheit ist es, die im Konzertsaal ertönt. Cages' Komposition rührt damit an die Grenze des Unhörbaren im Hörbaren. Darin ereignet sich etwas Paradoxes: Das Unhörbare wird in seiner Unhörbarkeit hörbar gemacht. Als fortwährende Beunruhigung begleitet es das Hörgeschehen und hält es zugleich wach. Es geht darum, „das Schweigen und die Pausen hörbar zu machen im Verzögern, im Verstummen oder im Unterbrechen der Lautfolge" (Ssch, 198) – auf diese Weise werden „bestehende Ordnungen" gesprengt, „Programme" gestört und neue Ordnungen entwickelt (Ssch, 198).

Die musikalische Präsentation des Künstlers Cage mit seinem Stil der Abweichung und Dekomposition fügt sich gut ein in das, was die vorliegende Arbeit in phänomenologischer und praktisch-theologischer Weise unternimmt. Denn diese widmet sich auf verdichtete Weise dem Hören *als* Hören, indem sie gewohnte Ordnungen aufbricht und für den Überschuss, den pathischen Charakter des

11 Im Dienst einer besseren Lesbarkeit werden die Werke von Bernhard Waldenfels in Form von Siglen direkt nach dem Zitat im Fließtext angeführt. Die Auflösung der Siglen befindet sich im Literaturverzeichnis unter Punkt 1. (Publikationen von Bernhard Waldenfels) (S. 323f.).

12 Elzenheimer, Pause, 116.

Hörens sensibilisiert. Deutlich wird, dass die Erfahrung des Hörens sich selbst überschreitet, insofern sie nicht – wie oft fälschlich angenommen – im Gehörten aufgeht, sondern Widerfahrnissen ausgesetzt ist, die auf das Unhörbare aufmerksam machen. Erst durch das Abweichen von gewohnten Ordnungen, durch das Zulassen von Pausen und Freilassen von Lücken öffnen sich die Tore für neue Ein-fälle. Die überschreitende und pathische Dynamik des Hörens herauszustellen und dadurch die Missverständnisse, die gegenüber dem Hörphänomen nicht selten existieren, aus dem Weg zu räumen, gehört zur Motivation der folgenden Untersuchung. Die das Orgelstück *As slow as possible* beim Wort nehmende Cage-Inszenierung in Halberstadt lädt die Besucherinnen und Besucher dazu ein, sich dem Ereignis des Hörens ganz und gar auszusetzen. Ihr stilistisches Motiv der Dekonstruktion gewohnter (Hör-)Ordnungen wird in der vorliegenden Arbeit aufgenommen, indem durch Leerstellen, Pausen, Brüche oder plötzliche Wechsel im Darstellungsstil das Hören *als* Hören zu Gehör gebracht werden soll. Durch diese öffnende Bewegung ergeben sich Anknüpfungspunkte, die das Hören und schließlich auch sein Potential für Pastoral und Kirche freizulegen vermögen. Dabei geht es um ein Denken und Handeln, das nicht im Vorhinein *für* etwas Bestimmtes eingesetzt wird bzw. ein bestimmtes Ziel verfolgt, sondern um ein Denken und Handeln, das *aus* einer bestimmten Erfahrung des Hörens erwächst. Setzen wir unsere Ohren im Verlauf der vorliegenden Untersuchung der Erfahrung des Hörens und dem Ereignis des Hörbarwerdens aus! Es wird eine Wegsuche ins Offene hinein, die sich vom Hören selbst leiten lässt. Das Hören bringt Neues, Fremdes hervor, welches in der „Spur"[13] des Gehörten erscheint – allerdings ohne sich einzuordnen und ohne aufzuhören, zu rumoren und unaufhörlich dazu aufzufordern, erneut zu hören anzufangen.

13 Der Begriff der „Spur" geht zurück auf den französischen, poststrukturalistischen Philosophen Jacques Derrida (1930–2004) und seine Theorie der *différance* bzw. sein philosophisches Konzept der Dekonstruktion. Derrida schreibt: „Die Spur *ist nichts*, ist nicht ein Seiendes; sie übersteigt die Frage *Was ist* – und macht sie vielleicht erst möglich." Der Spurbegriff beschreibt das Verhältnis der Zeichen zueinander. Das, was die Spur hinterlässt, erscheint in der Anwesenheit der Abwesenheit, ohne je für immer präsent zu sein. Siehe Derrida, Jacques: Grammatologie, Frankfurt a.M. 1974, 131. So sehr sich der Begriff der „Dekonstruktion" einer einfachen Definition entzieht und so wenig dieser einfach eine „Methode" darstellt, kann er hier annäherungsweise als Vollzug beschrieben werden, „Strukturen auseinanderzunehmen (défaire), zu zerlegen (décomposer) oder zu desedimentieren/in ihren Ablagerungen abzutragen (désédimenter) – eine Bewegung, die in einem gewissen Sinne geschichtlicher verfährt als die dadurch in Frage gestellte ‚strukturalistische' Bewegung". Derrida, Jacques: Brief an einen japanischen Freund, in: Ders. (Hg.): Psyche. Erfindungen des Anderen II, unter Mitarbeit von Markus Sedlaczek und Peter Engelmann, Wien 2013, 15–22, hier 18.

1. Einführung

Das Hören hat innerhalb der Praktischen Theologie *einerseits* seinen selbstverständlichen Ort. Vor allem in der Seelsorge nimmt die hörende Wahrnehmung eine besondere Stellung ein, und zwar vorwiegend als „Methode" eines (aktiven) Zuhörens. Auch im Kontext der gegenwärtigen, kirchlichen wie gesellschaftlichen Transformationsprozesse und als Reflex auf die dadurch entstehende Unübersichtlichkeit wird das Hören gerne bemüht. In diesem Fall findet das Hören häufig als ekklesiologischer Imperativ seinen selbstverständlichen Gebrauch, wonach Kirche auf die Bedürfnisse – vor allem der Jugendlichen sowie der anderen, ihr inzwischen immer mehr Fernstehenden – hören solle. *Andererseits* bleibt das Hören hierbei merkwürdig hinter dem gesprochenen Wort zurück. Das Hören kommt nicht als es selbst vor, sondern lediglich als Mittel zum Zweck. Kirche soll hören, *damit* sie sich besser Gehör verschaffen kann. Hören sollen demnach vor allem die Anderen, damit sie empfangen, was sie nicht besitzen. Die Grenze zwischen Hören und Gehorchen ist in manchen Feldern der kirchlichen und pastoralen Praxis bis heute fließend.

Dort, wo das Hören einseitig dem Streben nach einem Verstehen- und Wissenwollen unterworfen wird, droht es, dem Primat des Sprechens und der Vermittlung von Eigenem zu unterliegen und entsteht „die Gefahr, daß auch das Gespräch schließlich eingeholt wird durch subjektive Gesprächsstrategien oder transsubjektive Gesprächslogiken, die den Dialog in einen Monolog oder in eine Reihe von Monologen verwandeln" (AR, 187). Selbst die Frage, die das Hören der/des Anderen hervorrufen will, verlässt dann nicht „seine dialogische Nestwärme" (AR, 13). Im Gegenteil. Mit Rekurs auf Friedrich Nietzsche stellt Bernhard Waldenfels fest: „„Man hört nur die Fragen, auf welche man imstande ist, eine Antwort zu finden.'" (AR, 13)

Hören erschöpft sich allerdings nicht im Hören auf einen bestimmten Sinn. So selbstverständlich es in Kirche und Pastoral angeführt wird, so schwer ist das Hören zu fassen und als es selbst zu Gehör zu bringen. Es lässt sich nicht in bestehende Ordnungen einfügen – auch nicht durch die schriftliche Erfassung in einer Dissertation. Im Gegenteil: Je mehr Worte *über* das Hören fallen, desto stärker scheint es sich zu entfernen. Denn zur Darstellung kommt weniger das Hören als vor allem das Gehörte. In der Aufmerksamkeit auf diese Spannung liegt allerdings die Chance, dem Hören *als* Hören auf die Spur zu kommen. Die Arbeit entsteht auf der Grenzlinie der Versprachlichung des Hörphänomens und motiviert dazu, selbst einzutreten in die Bewegung des Hörens und seinen

Widerfahrnissen nicht auszuweichen, sich ihnen vielmehr zu stellen, sich ihnen auszusetzen und sich selbst verletzbar zu machen, sich dem Unplanbaren und Überschüssigen zu öffnen, sich betreffen und berühren zu lassen.[1]

Die vorliegende Arbeit unter dem Titel „‚Auf das Hören hören'"[2] akzentuiert das Phänomen des Hörens *als* Hören auf grundsätzliche Art und Weise für die katholische Praktische Theologie. Zugleich legt sie eine Weiterentwicklung der Waldenfels-Rezeption vor, indem insbesondere die phänomenologischen Gedankengänge aus dem Werk *Bruchlinien der Erfahrung* aufgegriffen werden. Mit der Figur des Pathos erscheinen nicht nur Erfahrungen, wie etwa die der eigenen Leiblichkeit, die von Geburt und Tod, sondern auch die des Hörens als grundlegendes Widerfahrnis. In der vorliegenden Arbeit erfolgt die Akzentuierung des „Hörens" im Sinne einer (praktisch-theologischen) Wahrnehmungsdimension sowie einer inspirierten Reflexion in pathischer Ausrichtung. Die Bearbeitung erfolgt nicht in Form einer systematischen Erfassung, sondern in der Weise eines mäanderförmigen Suchpfades, der gewohntes Gelände verlässt, sich immer wieder unterbrechen lässt, stets neue Anläufe nimmt, Phänomene umkreist, für Kurven und Brüche sensibilisiert, die Aufmerksamkeit auf Beispiele richtet und eine Entwicklung ins Offene hineinwagt.

Die Analyse zum Hören zeigt schließlich, dass Ansätze zu einer *hörenden* Pastoral gar nicht darin bestehen können, einen Plan, eine Strategie zu erstellen, sondern im Gegenteil dazu anregen, inmitten aller notwendigen planerischen Unternehmungen und konzeptionellen Bemühungen empfänglich zu werden für Widerfahrnisse, die sich nicht einfach in Ordnungen oder Strukturen einfügen lassen, sondern die in Beunruhigung und Unordnung versetzen. Entsprechend stehen am Ende dieser Arbeit keine fertigen Konzepte einer *Pastoral des Hörens*, sondern Anknüpfungen, Inspirationen und Konkretionen einer *hörenden Pastoral*, die als Anstoß dazu zu verstehen sind, sich den unabschließbaren Ereignissen im Hören selbst auszusetzen.

Wie aber beginnt man eine Arbeit, an deren Anfang, streng genommen, keine gesprochenen Sätze, sondern das Hören steht, die Erfahrung eines Wahrnehmungsgeschehens, das selbst stumm bleibt? Wie lässt sich die Erfahrung des Hörens zu Gehör bringen, ohne sie zu übertönen und „ohne das Entstehende

1 Vgl. den Ansatz einer ‚verletzbaren Theologie' bei Hoyer, Birgit: Seelsorge auf dem Land. Räume verletzbarer Theologie, Stuttgart 2011.

2 Der Titel der vorliegenden Arbeit entstand in einem Gespräch mit Reinhard Feiter im Sommer 2019. Inspiriert von der Unterscheidung, die Bernhard Waldenfels zwischen dem „Gesagten" und dem „Sagen" trifft, machte Reinhard Feiter deutlich, dass es gar nicht „nur" um ein Hören im Sinne des Gehörten gehen könne, sondern vielmehr darum, auf das „Hören selbst zu hören". Dieser Aspekt floss in den Titel der Arbeit ein. Später begegnete mir eine ähnliche Formel bei Lincoln, Ulrich: Die Theologie und das Hören, Tübingen 2014, 113.

dem Bestehenden anzugleichen" (ME, 451)? Aus der Schwierigkeit heraus, das Hören als solches in Worte zu fassen, ergeben sich Herangehensweise und Struktur der vorliegenden Arbeit.

Die Frage danach, *was* das Hören ist, führt auf falsche Fährten. Um dem Hören *als* Hören selbst auf die Spur zu kommen, bedarf es einer veränderten Fragestellung, und zwar von der Frage, *was* das Hören ist, zu der Frage, *wie* das Hören zu Gehör kommen kann. Entsprechend steht nicht einfach von Anfang an fest, welchen Weg diese Arbeit beschreitet, er entwickelt sich vielmehr prozess- und bruchstückhaft. Dieser Weg wird immer wieder von Neuem auf der Schwelle zwischen „Eigenem" und „Fremdem", zwischen „Widerfahrnis" und „Antwort", zwischen der „Erfahrung selbst" und dem „Zur-Sprache-bringen-der-Erfahrung", zwischen „Unmöglichem" und „Möglichem", zwischen „Hören" und „Gehörtem" aufbrechen.

Die Untersuchung zum Hören bewegt sich in einem ständigen Wechselspiel zwischen dem, was gehört wird, und dem Hören selbst. Auf diese Weise geht die Arbeit das Wagnis ein, das Hören nicht nur als Gegenstand der Reflexion zu betrachten, sondern sich dem auszusetzen, was hörbar wird und auf diese Weise dem Experimentellen und Fragmentarischen Raum zu geben. Anstatt sich von vornherein an den Komfort vorgegebener Strukturen, bekannter Ordnungen, vorliegender Methoden und eigener Vorstellungen zu binden, geht sie von Beginn an das Abenteuer ein, Neuartiges zu entdecken und sich auf noch Unerprobtes einzulassen.

Der Schreibprozess selbst orientiert sich an einem Konglomerat aus eigenen Erfahrungen und Beobachtungen, im Hören auf unterschiedliche Gesprächspartnerinnen und Gesprächspartner, in Exposures[3], in Interviews, im Hörfunk und in der pastoralen Praxis sowie in unterschiedlichen wissenschaftlichen, philosophischen und theologischen, aber auch kulturwissenschaftlichen und musikwissenschaftlichen Diskursen. Dabei verdankt sich die Spurensuche zum Hören insbesondere der Anknüpfung an die phänomenologischen Arbeiten von Bernhard Waldenfels. Was als hörende Herangehensweise versucht wird, soll die Anlage der vorliegenden Arbeit widerspiegeln: Sie verweist nachträglich auf das, was als An-spruch (also im Sinne eines Angesprochenseins) vorausgegangen ist. Die Leserinnen und Leser werden auf diese Weise in die Wegbahnung des Schreibprozesses mit hineingenommen. Über die Eigenart des Textes wird am Ende der Arbeit in einem „methodisch-methodologischen Nachwort" Rechenschaft abgelegt. Der Leserin und dem Leser wird dabei selbst überlassen, ob sie bzw. er das Kapitel 8 zu Beginn oder am Ende der Arbeit liest. Die verschiedenen Bruchstellen zwischen den Zeilen im Text, die als Leerstelle, Überschuss, Unterbrechung und

3 Zum Begriff vgl. ausführlicher unten S. 62f.

Pause unvermittelt auftreten, öffnen unterdessen für Widerfahrnisse, die mit dem konfrontieren, was unaussprechbar bleibt und als Herausforderung an die Leserin und den Leser zu verstehen sind, selbst zu hören.

1.1 Anliegen der Arbeit

„Im Widerspiel des Unmöglichen mit dem Möglichen
erweitern wir unsere Möglichkeiten.
Dass wir es erzeugen,
dieses Spannungsverhältnis, an dem wir wachsen,
darauf, meine ich, kommt es an;
dass wir uns orientieren an einem Ziel,
das freilich, wenn wir uns nähern,
sich noch einmal entfernt."[4]

Es war Karl Rahner, der bereits im Zusammenhang mit der Würzburger Synode der bundesdeutschen Bistümer im Jahr 1972 eine ebenso unzureichende Wahrnehmung[5] wie fehlende theologische Reflexion der geschichtlichen und gesellschaftlichen (Übergangs-)Situation kritisierte, in der die Kirche ihre Sendung zu erfüllen habe.[6]

Rahners Beobachtungen haben weder etwas von ihrer Gültigkeit noch von ihrer Brisanz eingebüßt.[7] Vielmehr scheinen sich seine Ausführungen mit dem heutigen Ist-Zustand zu bewahrheiten, weshalb sie an dieser Stelle exemplarisch Erwähnung finden sollen. Die Situation der Christinnen und Christen und der Kirche von heute, so schreibt Rahner, ist die

> „[...] Situation eines Übergangs von einer der früheren homogenen profanen Gesellschaft und Kultur korrespondierenden Volkskirche zu einer Kirche als derjenigen Gemeinschaft der Glaubenden, die sich in einem je persönlichen, freien Glaubensentschluß auch kritisch absetzen von dem durchschnittlichen Meinen und Empfinden ihrer gesellschaftlichen Umwelt [...]."[8]

4 Bachmann, Ingeborg: Die Wahrheit ist dem Menschen zumutbar. Rede zur Verleihung des Hörspielpreises der Kriegsblinden, in: Koschel, Christine/Weidenbaum von, Inge/Münster, Clemens (Hg.): Die Wahrheit ist dem Menschen zumutbar. Essays, Reden, Kleinere Schriften, München 2011, 76.

5 Vgl. Rahner, Karl: Strukturwandel der Kirche als Aufgabe und Chance. Neuausgabe. Mit einer Einführung von Johann Baptist Metz, Freiburg i.Br. u.a. 1989, 30. Vgl. auch ebd., 38.

6 Vgl. ebd., 30.

7 So auch bereits Kehl, Medard: Wohin geht die Kirche? Eine Zeitdiagnose, Freiburg i.Br. u.a. 1996, 11.

8 Rahner, Strukturwandel, 35.

Die Zeit der Volkskirche im Sinne ihrer fraglosen Selbstverständlichkeit ist – das ist seit einigen Jahr(zehnt)en unübersehbar – an ihr sicheres Ende gekommen. Die Kirche wandelt sich von einer gesellschaftlich breit verwurzelten und von kirchlichen wie sozialen Kontrollmechanismen getragenen „Volkskirche zu einer missionarischen Kirche im Volk“[9]. Und diese wird nur dort noch existieren, wo Menschen sich zu ihr frei entscheiden. Rahner prophezeite schon vor 50 Jahren: „Eine solche Kirche wird die Kirche der Zukunft sein, oder sie würde nicht mehr sein.“[10] Die christentümlich verkirchlichte Gesellschaft, die jahrhundertelang die Mentalität und Praxis vieler Pfarrer wie auch Hauptamtlicher und sogenannter Ehrenamtlicher prägte, war, so Rahner, weder „die Wirkung eines Gnadenwunders Gottes [noch] konstituiert durch die freie Glaubensentscheidung aller einzelnen […], [sondern vielmehr] ein Stück der Homogenität der Kultur und Gesellschaft profaner Art“[11].

Rahner zufolge besteht das Wesen des Glaubens, der eine Entscheidung für Gott bedeutet, in einem antwortenden Hören auf seinen Ruf.[12] Ihm gemäß fehlt es allerdings nicht an einem solchen Hören des Volkes Gottes; nicht der „heilsschaffende Glaube“ schwindet, „(ob und wieweit ein solcher gegeben ist, können wir gar nicht wissen)“; vielmehr sind es die „Voraussetzungen jener ganz bestimmten, mit dem Wesen des Glaubens und Christentums gar nicht identischen Art von Glaube und Christentum, die mit jenen gesellschaftlichen Verhältnissen gegeben war, die heute“ schwinden.[13] Darin liegt für Rahner allerdings nicht eine Möglichkeit, „im alten Stil weiterzumachen, bis auch die letzten Restbestände einer zu Ende gehenden geschichtlichen Epoche mehr oder weniger ganz verschwunden sein werden“[14]. Vielmehr wird das „Paroikia“-Dasein, also „das Fremdsein in der Welt und der Gesellschaft“[15], das von einem jahrhundertealten Modus der Kirchenbildung – die Konstantinische Formation – verdeckt

9 Vgl. Mitschke-Collande, Thomas von: Von der Volkskirche zur missionarischen Kirche im Volk, in: Zentralkomitee der deutschen Katholiken (Hg.): SALZkörner. Materialien für die Diskussion in Kirche und Gesellschaft 11 (1/2005), 11f., unter: https://www.zdk.de/veroeffentlichungen/salzkoerner/detail/Von-der-Volkskirche-zur-missionarischen-Kirche-im-Volk-260b/ [abgerufen am 14.01.2021]. Vgl. ebenso Rahner, Strukturwandel, 46.

10 Rahner, Strukturwandel, 6.

11 Ebd., 34.

12 Ebd.

13 Ebd., 3. – So auch Kaufmann, Franz-Xaver: Wie überlebt das Christentum?, Freiburg i.Br. u.a. 2000, 109: „Es ist weniger der Inhalt des christlichen Glaubens als die Veränderung seines gesellschaftlichen Stellenwertes, wodurch sich sein Bedeutungsverlust für die Individuen erklären läßt.“

14 Rahner, Strukturwandel, 35.

15 Pohl-Patalong, Uta: Von der Ortskirche zu kirchlichen Orten. Ein Zukunftsmodell, Göttingen ²2006, 107.

wurde, als ursprüngliches Wesen des Christlichen in gewisser Weise wieder offengelegt.[16]

Der Zusammenbruch dieser Formation bedeutet für Kirche und Pastoral eine grundlegend neue Ohnmachtserfahrung, welche die Chance in sich trägt, ihrem eigenen Wesen näher zu kommen. Zugleich werden Kirche und Pastoral durch den Bruch mit ihren gewohnten Ordnungen mehr denn je herausgefordert, ihren bleibenden theologischen Anspruch als Volkskirche umzusetzen, und zwar als eine Kirche des Volkes, die sich zu allen Menschen, vor allem aber den Armen und Notleidenden, gesandt weiß bzw. die aus ihrem Hören heraus entsteht.[17]

Für Rahner ist das Neue der Übergangs-Situation insofern herausfordernd, als dass personale Autoritäten sowie darüber hinaus auch Sakramente und Sakramentalien fortan nur noch dann Geltung erlangen werden, sofern sie auch aus der Lebens- und Gotteserfahrung heraus immer wieder erneut begründet werden und sich für den Alltagsmenschen in erfahrbarer Weise als segensreich erweisen.[18] Denn nicht mehr das Milieu oder die von Autoritäten übernommenen Glaubenssätze lassen heute jemanden zur Christin oder zum Christen werden, sondern die Erfahrung des lebendigen Gottes selbst. Rahner schreibt:

> „[D]er Fromme von morgen wird ein ‚Mystiker' sein, einer, der etwas ‚erfahren' hat, oder er wird nicht mehr sein, weil die Frömmigkeit von morgen nicht mehr durch die im voraus zu einer personalen Erfahrung und Entscheidung einstimmige, selbstverständliche öffentliche Überzeugung und religiöse Sitte aller mitgetragen wird, die bisher übliche religiöse Erziehung also nur noch eine sehr sekundäre Dressur für das religiös Institutionelle sein kann."[19]

Kirche und Pastoral machen die schmerzhafte Erfahrung, dass ihr Gesagtes immer seltener gehört wird. Je tiefer sich die Krise manifestiert, in der Kirche und Pastoral sich heute befinden, desto stärker scheinen sie ihre Vermittlungsversuche auf *strategische* Weise auch vom Gehörten und Gesagten her zu unternehmen. Konzepte und Planungen orientieren sich dann vorwiegend an der Fragestellung, wie man sich bei den Menschen wieder Gehör verschaffen kann. Trotz zahlreicher Versuche einer stärkeren „Adressatenorientierung" entfernen sich allerdings Kirche und Pastoral weiter von den heutigen Lebenssituationen der Menschen und finden trotz zum Teil kreativ beworbener Angebote und Aktivitäten häufig keinen Anklang.

16 Vgl. Rahner, Johanna: Par-oikia?, in: Dies./Lappen, Friedolf/Först, Johannes (Hg.): Abbruch oder Aufbruch? Von der Eigendynamik des kirchlichen Strukturwandels, Berlin 2010, 31–38.

17 Vgl. Werbick, Jürgen: Grundfragen der Ekklesiologie, Freiburg i.Br. u.a. 2009, 47–50.

18 Vgl. Rahner, Strukturwandel, 37.

19 Rahner, Karl: Frömmigkeit früher und heute, in: Ders.: Schriften zur Theologie, Band 7, Einsiedeln u.a. 1966, 11–31, hier 22f. Rahner geht es vor allem um eine mystagogische Einführung ins Christsein. Vgl. dazu ebd., 19–24.

Indem das Hören oftmals im Sinne eines ekklesiologischen Imperativs Verwendung findet, tritt das Ereignis des Hörens hinter das Gesagte und Gehörte zurück; *als* Hören kommt es kaum zu Gehör und wird so daran gehindert, sein Potential zu entfalten. Die vorliegende Arbeit widmet sich dem Hören *als* Hören, ohne dabei die Bedeutung des Sprechens, der Glaubensverkündigung und des Handelns zu vergessen. Fundamentaltheologisch wird ernstgenommen, dass die Offenbarung Gottes „ein für alle Mal" gesagt wurde und zugleich der Übersetzung bedarf.[20] Die folgenden Überlegungen treten dafür ein, dass Hören mehr und anderes bedeutet als dasjenige, *was* wir oder *wozu* wir hören. Verschwindet das Hören zugunsten des Gehörten, *damit* wieder gesagt werden kann, was gehört werden soll, blieben Kirche und Pastoral nur beim Wieder-Sagen.

Leitend für diese Arbeit ist die These, dass sich mit dem Fokus auf das Hören *als* Hören Wege eines Neu-Sagens und Anders-Sagens eröffnen, die zu einer doppelten Vergewisserung einladen:

(1) die Vergewisserung, dass es bei aller notwendigen Planung in Kirche und Pastoral eine selbstkritische Haltung braucht, die bereit ist, Widerfahrnissen nicht auszuweichen, sondern sich ihnen auszusetzen, sich etwas von ihnen sagen zu lassen und zu lernen. Mit dem obigen Zitat von Ingeborg Bachmann kann gesagt werden: Eine im Ausgang vom Hören akzentuierte Pastoral verweist darauf, dass es nicht darum geht, Spannungsverhältnisse einseitig aufzulösen, sondern an ihnen zu wachsen;

(2) die – biblisch und zugleich historisch in der Christentumsgeschichte immer wieder erfolgte – Vergewisserung, dass es im Kern darum geht, die Botschaft des Evangeliums heute im Leben der bzw. des Anderen – und umgekehrt – erklingen zu lassen. Ein solches Zusammenklingen verlangt allerdings auch, der bzw. dem Anderen eine Stimme zu geben.

Um das Hören in seinen unterschiedlichen Dimensionen zu beleuchten, bedarf es einer Vielfalt von Zugängen. Innerhalb des in Form von Bruchlinien durchsetzten Forschungsprozesses geht es auf der Spur des Hörens darum, das Spannungsverhältnis zwischen Eigenem und Fremdem, Erfahrung und Text, Pathos und Antwort, Unhörbarem und Hörbarem, zwischen dem Unsagbaren und den Möglichkeiten der indirekten Beschreibung nicht zu kaschieren, sondern offenzuhalten, es – in Anlehnung an das diesem Kapitel vorangestellte Zitat von Ingeborg Bachmann gesagt – immer wieder im Wechselspiel zwischen dem Unmöglichen und dem Möglichen neu hervorzubringen, dadurch die Möglichkeiten zu erweitern und sich auf entsprechende Wandlungsprozesse einzulassen.

20 Vgl. Theobald, Christoph: Christentum als Stil. Für ein zeitgemäßes Glaubensverständnis in Europa, Freiburg i.Br. 2018, 33.

Allerdings wird dadurch weder das Hören als Themengegenstand vollständig erfasst noch eine eigene „Theorie des Hörens" entwickelt.[21] Womit endet die Arbeit zum Hören? Die Akzeptanz des Unhörbaren und Unmöglichen führt unweigerlich zu einer weiteren Bruchlinie am Schluss. Denn ein „Geschehen, das seines Anfangs nicht Herr ist, verfügt auch nicht über sein Ende" (PhA, 62). Zwischen das erarbeitete Ende und das Ende der Arbeit schiebt sich ein Spalt. Aus der Vielfalt der Zugänge und Beschreibungen erwächst kein Fazit im engeren Sinne, sondern eine offene Komposition pastoraler Hörbilder, deren Klänge neu aufgenommen, weiter bespielt, zu anderen Akkorden und Klangfarben kombiniert werden können.

Das Ziel, das im Forschungsprozess intendiert wird, entzieht sich streng genommen, sobald wir uns ihm nähern. Dort, wo sich die Arbeit dem Wechselspiel zwischen dem Unhörbaren und Hörbaren, dem Unmöglichen und Möglichen aussetzt, entwickelt sie allerdings ihre „größte Spannkraft" (PhA, 64). Der „Anfang, der sich entzieht" entspricht dem „Ende, das immer aussteht" (PhA, 62). Am Ende ist es still. Auf diese Weise werden die Ohren der Leserinnen und Leser erneut geöffnet für das, was sich der abschließenden Beschreibung entzieht. So steht am Schluss gewissermaßen der Impuls an jede und jeden, selbst Hörende bzw. Hörender zu sein.

1.2 Übersicht

Die vorliegende Arbeit rückt mit dem Hören einen zentralen Grundvollzug menschlicher Wahrnehmung in das Zentrum der Untersuchung, der zugleich einen Grundvollzug des Glaubens schlechthin darstellt. Die Schwierigkeit, das Hören als solches zu Gehör zu bringen, ebnet den Weg dieser Arbeit, der über unterschiedliche sozialwissenschaftliche, ethnologische, phänomenologische und praktisch-theologische Pfade führt und dabei nicht im Vorhinein das Ergebnis, das spätere Ziel vorbereitet, sondern von Beginn an selbst bereits Vollzug dessen ist, was es darzustellen versucht: *auf das Hören zu hören.*

Dazu werden unterschiedliche Perspektiven und Erfahrungen aufgerufen, die einem Hören *als* Hören auf die Spur kommen. Die Arbeit bewegt sich wie ein Pendel zwischen Erfahrung und Reflexion und eröffnet auf diese Weise unter-

21 Insofern „Theoriebildung" bedeutet, Ordnungen, Regelstrukturen und Kategorien hervorzubringen, soll es hier um das „Andere der Ordnung" gehen, das heißt um die Bruchstellen, Pausen, Leerstellen und Lücken im Forschungsprozess; diese nicht vorschnell zu füllen, bedeutet, dem Neuartigen, Unplanbaren und Überraschenden Raum zu geben. Vgl. insgesamt den Sammelband: Bröckling, Ulrich/Dries, Christian/Leanza, Matthias/Leanza, Mario/Schlechtriemen, Tobias (Hg.): Das Andere der Ordnung. Theorien des Exzeptionellen, Weilerswist 2015.

schiedliche Inspirationen, Anknüpfungen und Konkretionen einer hörenden Pastoral(-theologie). Die Option für eine hörende Pastoral knüpft dabei nicht nur an kulturwissenschaftliche, musikwissenschaftliche, philosophische und im größeren Umfang phänomenologische Aspekte an, sondern bezieht auch praktisch-theologische Ansätze mit ein, in denen das Hören immer wieder vorkommt, wie etwa den aus Frankreich stammenden Ansatz der „pastorale d'engendrement"[22].

Der hörende Zugang veranlasst in einem *ersten Schritt* dazu, die Bruchstellen zu thematisieren, die ihn durchziehen, wenn man über das Hören im Ausgang von Erfahrungen schreibt. Dies geschieht in der Weise, dass die Fragen neu aufgeworfen werden, die es klassischerweise in jeder Arbeit zu klären gilt. Dazu zählt etwa die Frage nach dem *Anfang* und dem zugrundeliegenden *Desiderat*; dazu gehört die Suche nach etwas *Neuem*, das es zu erforschen gilt, und die *Intention* bzw. *Zielstellung* der Arbeit sowie auch die Benennung der *Rolle* der Autorin und der *methodischen Vorgehensweise* bzw. der *Art der Darstellung*. So wird der Forschungsprozess im Ausgang vom Hören von Anfang an offengelegt. Diese ersten Hinweise erfahren anschließend eine vertiefte Auseinandersetzung. Im *zweiten Unterkapitel* wird anhand experimenteller Annäherungen einer Praktischen Theologie nachgegangen, die „unfreiwillige" Ethnologinnen und Ethnologen[23] zu Wort kommen lässt und damit auf die verschiedenen Sprachen unserer Zeit hört (vgl. GS 44); sie setzt sich selbst aus, riskiert sich und entfaltet darin ihre Kreativität. Dieser ersten Annäherung folgt ein erfahrungsorientierter Zugang zum Hören.

So konfrontiert das *dritte Kapitel* die Leserinnen und Leser mit unterschiedlichen Erfahrungen des Hörens. Die Hörszenen kommen in Form von Ausschnitten aus Interviews, Tagebuchnotizen, Radiosendungen und Protokollnotizen eigener Exposures zu Wort. Dass die Leserinnen und Leser so unmittelbar dem Vollzug des Hörens ausgesetzt werden, ist nicht zufällig so gewählt. Im Gegenteil: Die Szenen bringen anfänglich zum Ausdruck, dass die Erfahrung des Hörens den Forschungsprozess ursprünglich selbst anstößt. Das, was den Impuls zu der Arbeit gab, hat seinen Ausgangspunkt im Anderswo und Anderswann: Die Autorin lässt

22 Vgl. zum französischen Ansatz der „pastorale d'engendrement", der wesentliche Gedankengänge dieser Arbeit inspiriert hat, die Aufsätze in Feiter, Reinhard/Müller, Hadwig (Hg.): Frei geben. Pastoraltheologische Impulse aus Frankreich, übersetzt von Hadwig Müller und Wilhelm Rauscher (Bildung und Pastoral, Band 1), Ostfildern ²2013. Vgl. ebenso Müller, Hadwig: Leben zeugende Pastoral – Leben erzählende Pastoral. „Heute habe ich dich gezeugt" (Ps 2,7), in: AnzSS 10 (2010), 11–14. Vgl. Feiter, Reinhard: Abschied von der flächendeckenden Pastoral. Eine Glosse, in: AnzSS 10 (2010), 19–23. Vgl. auch Bündgens, Johannes: Zeugungspastoral. Die Ruhe nach dem Sturm, in: AnzSS 10 (2010), 5–9.

23 In Anlehnung an Hirschauer, Stefan: Die Exotisierung des Eigenen, in: Wohlrab-Sahr, Monika (Hg.): Kultursoziologie. Paradigmen – Methoden – Fragestellungen, Wiesbaden 2010, 207–225, hier 217.

daher unterschiedliche Personen sprechen. Methodisch geht es um ein Hören, das die und den Anderen als Subjekt hervorgehen und sprechen lässt. Die Narrationen lassen Erfahrungen zum Hören in ihren unterschiedlichen Facetten vom Gehört-Werden bis zum Nicht-Gehört-Werden, von dem Verlangen, zu hören, bis zum Vermissen, gehört zu werden, erklingen.

Was die Arbeit zu Beginn motiviert, ist nicht ausschließlich als zeitlicher Beginn zu verstehen; vielmehr haben die Erfahrungen zum Hören, die hier indirekt beschrieben werden, die Arbeit faktisch auch immer wieder unterbrochen. Der Anfang, der in der Erfahrung liegt, ist als „Pathos" zu begreifen, das dem (fort-) gesetzten Anfang vorausgeht und ihn durchzieht, das heißt als etwas, „das uns ohne unser eigenes Zutun zustößt oder entgegenkommt" und sich in der „grammatische[n] Form des Passivs, der Leideform" (BE, 15) äußert. Das, was *mir* zu Ohren kommt, *mir* plötzlich zustößt, *mich* anspricht, affiziert, zu denken und zu schreiben Anlass gibt – darauf kann schreibend nur nachträglich eingegangen werden, geht dem Text voraus und unterbricht schließlich auch immer wieder den eigenen Schreibfluss, setzt ihn erneut in Gang, nimmt Kurven in Kauf und hinterlässt Spuren als Bruchstellen im Text. Aus diesem Grund stehen die zu Gehör gebrachten Erfahrungen nicht am Anfang dieser Arbeit, sondern gewissermaßen in der gebrochenen Mitte.

Nach diesen vielfältigen Zugängen zum Hören kommt es zu einem Perspektiven- und auch zu einem Stilwechsel des Textes. Denn die Referenz auf Gesagtes in Form von Zitaten bewegt sich in der Ordnung des bereits Gehörten – in einer „Form des Wiedersagens" (AR, 269) –, das in der vorliegenden Arbeit in einem neuen Kontext zu Gehör gebracht wird. Zu den Erzählfragmenten treten Paraphrasen; den indirekten Beschreibungen und Narrationen schließen sich direkte Zitate an. Es werden unterschiedliche Register gezogen, wodurch begriffliche, kultur- und musikwissenschaftliche, philosophische und theologische Stimmen zum Hören zu Gehör gebracht werden. Dabei kann es nur um ein „Ziehen" dieser Register gehen, die unterschiedliche „Klangfarben" des Hörens thematisieren, das heißt um ein assoziatives Streifen unterschiedlicher Aspekte des Hörens und nicht um vollständige Theoriedarlegungen. Erste Anklänge zum Hören innerhalb der (Praktischen) Theologie, ein daraus resultierender Ansatzpunkt für die vorliegende Arbeit sowie ein Exkurs zur Rezeption der Phänomenologie innerhalb der Praktischen Theologie schließen das *vierte* Kapitel ab. Die Merkmale, die damit zum Hören bereits angeklungen sind, erfahren im Anschluss eine differenzierte Analyse in Anlehnung an die responsive Phänomenologie von Bernhard Waldenfels.

Im *fünften Kapitel* versammelt sich eine Vielfalt phänomenologischer Implikationen zur Erfahrung des Hörens, zu ihrer Unausweichlichkeit und Überschüssigkeit, zum Doppelereignis von Pathos und Response und zum Phänomen des Fremden. Die phänomenologische Analyse führt das Hören aus seiner Enge heraus in einen weiten Horizont, der Missverständnisse aus dem Weg räumt und Potentiale freilegt. Ohne diese Weite aufzuheben, werden – ausgehend von dieser Spurensuche und entlang der das Hören *als* Hören präzisierenden Merkmale Übersetzungsversuche – in die Praktische Theologie gewagt.

In Anlehnung an den Begriff des Stils, wie ihn der französische Theologe Christoph Theobald geprägt hat,[24] werden im *sechsten Kapitel* unterschiedliche Anknüpfungen und Konkretionen zu einer hörenden Pastoral unternommen. Im Eintreten in zwei biblische Narrationen zum Hören wird die hörende Pastoral als biblisch inspirierter Stil entworfen, der – bezogen auf unterschiedliche Konzepte und Paradigmen innerhalb der Pastoral – auf einer anderen Ebene liegt.

Anstatt Handlungskonzepte und Planungsstrategien zu verfolgen, geht es um die Sensibilisierung für eine Haltung des Empfangens, mit der Christinnen und Christen den fremden Ansprüchen, die erklingen, nicht ausweichen, sondern sich dafür öffnen, wie Menschen hören und ihre ganz eigenen, persönlichen Antworten geben. Was empfangen wird, „hat" die bzw. der Hörende allerdings nicht. Worauf das Ohr aufmerkt, dringt augenblicklich in die Hörende bzw. den Hörenden ein und erschöpft sich nicht in einem „Was" von inhaltlichen Gegenständen, die einfach in Besitz genommen werden könnten. Das Hören *als* Hören übersteigt das „Was" eines Gehörten und birgt die Herausforderung, die Entbindungskraft des Hörens nicht einzuverleiben, sondern loszulassen bzw. freizusetzen, auf dass sich ihre kreative Dynamik zu ereignen vermag. *Worauf* wir *hören, gehört* uns nicht. Deshalb soll es um ein Hören gehen, welches das Hören im Gehörten mithört.

Es geht darum, sich auf die Dynamik des Hörens einzulassen, ohne den fremden Anspruch des Widerfahrnisses darin als Gehörtes in einem „Was" zu vergegenständlichen. Diese Zurückhaltung, das Freilassen der Leerstellen, die nicht in den Griff zu bekommen sind, stellen die Mitte einer hörenden Pastoral dar, die nicht sucht, sondern sich finden lässt und hinhört, auch dort und dann, wo und wann im Alltag „nichts" zu hören ist. Wer in Kirche und Pastoral in dieser Weise nicht nur auf das „Gehörte", sondern auf das „Hören" selbst hört, der erfährt, wie sich die dadurch entstehenden Beunruhigungen nicht stilllegen lassen, wie Dissonanzen und Kontraste nicht einfach in Resonanzen überführt werden können und wie das Begehren nicht einer Erfüllung zugeführt werden kann.

Die Analyse zum Hören *als* Hören zeigt schließlich, dass die Rede vom Hören – in dem neuen Verständnis als ein Hören auf das Hören selbst – auch in der Pastoral ihren imperativen Anklang verliert. Denn auf das Hören zu hören bedeutet, zu einem gemeinsamen Ursprungsprinzip einer (Anfangs-)Erfahrung

24 Vgl. Theobald, Stil.

zurückzukehren, aus der heraus Pastoral und Kirche (neu) entstehen. So kann am Ende, im *siebten Kapitel*, auch keine Handlungsempfehlung des Hörens im Imperativ stehen, die angibt, wie zu sprechen sei, damit Andere hören, sondern nur ein kohortativ anklingender Ansatz einer Praktischen Theologie,[25] die aus dem Hören erwächst und zum Hören ermutigt. Dies lässt sie geschehen, *indem* sie Subjekt-Objekt-Dichotomien aufbricht, ihr Eigenes der und dem Anderen ausliefert sowie der und dem Anderen eine Stimme gibt und *indem* sie das *Gemeinsame* in dem einen Ursprung entdecken lässt, ohne Unterschiede aufzuheben, sondern vielmehr in der radikalen Offenheit für die Ereignishaftigkeit des Ereignisses Gottes riskiert, selbst verändert zu werden. – In diesem Sinne: Lasst uns hören.

25 Vgl. zum Kohortativ Reinhard Feiter in Anlehnung an Franz Rosenzweig: Feiter, Reinhard: Antwortendes Handeln. Praktische Theologie als kontextuelle Theologie – ein Vorschlag zu ihrer Bestimmung in Anknüpfung an Bernhard Waldenfels' Theorie der Responsivität, Münstersches Informations- und Archivsystem für multimediale Inhalte 2010 (Neuausgabe von Antwortendes Handeln 2002), unter: https://miami.uni-muenster.de/Record/1972af71-19d5-4fae-be08-cf51fb7ffd6c [abgerufen am 14.01.2021], 309f.

2. Zugang zum Hören – zugleich: Hinweise zum Forschungsprozess

Mit den folgenden Vorbemerkungen zur Entstehung der Arbeit wird die Schwierigkeit thematisiert, über das Hören zu sprechen bzw. zu schreiben. Einen ersten Zugang eröffnet das vorangestellte Gedicht *Der Nachschlag* von Bertolt Brecht aus dem sogenannten *Messingkauf-Fragment*, das um 1937 entstanden ist:

Der Nachschlag

Meine Sätze spreche ich, bevor
Der Zuschauer sie hört; was er hört, wird
Ein Vergangenes sein. Jedes Wort, das die Lippe verläßt
Beschreibt einen Bogen und fällt
Dann ins Ohr des Hörers, ich warte und höre
Wie es aufschlägt, ich weiß
Wir empfinden nicht das nämliche und
Wir empfinden nicht gleichzeitig.[1]

(Bertolt Brecht)

Der Titel verweist programmatisch auf die Nachträglichkeit des Hörens. Das Gedicht thematisiert das Verhältnis zwischen Sprechen und Hören bzw. zwischen Gesprochenem und Gehörtem. Das gesprochene Wort steht in zeitlicher Differenz zur Wahrnehmung durch die Zuhörerin oder den Zuhörer. Bevor diese oder dieser hört, wird (vor-)gesprochen. Was diese oder dieser (nach-)hört, wird bereits vergangen sein. Zwischen Autorin bzw. Autor und Leserin bzw. Leser ereignet sich genauso ein Bruch wie zwischen Sprecherin bzw. Sprecher und Hörerin bzw. Hörer. Hör-Erfahrung, Text und Rezeption stehen zueinander in zeitlich versetzter Relation. Was das Ohr von anderswoher bogenförmig erreicht, berührt es, dringt, ja fällt buchstäblich in dieses ein, schlägt nachträglich auf. Die Hörerin bzw. der Hörer ist dem, was erklingt, schutzlos ausgeliefert. Bevor *etwas* gehört wird, geschieht das Pathos des Hörbar-*Werdens*. Als vorgängiges Widerfahrnis ist es mit dem, *was* die Zuhörerin oder der Zuhörer hört, weder zeitlich noch inhaltlich identisch. Worauf wir hörend eingehen, ist demnach immer bereits geschehen. Jeder Rekurs auf das, was sich ereignet hat, geschieht damit indirekt und in zeitlicher Distanz.

1 Brecht, Bertolt: Der Nachschlag, in: Ders./Hecht, Werner (Hg.): Der Messingkauf. Übungsstücke für Schauspieler. Gedichte aus dem Messingkauf (1937–1951), Frankfurt a.M. 1963, 308.

In Brechts Gedicht werden diese Verschiebungen in Form eines für die Lyrik charakteristischen Zeilenstils zum Ausdruck gebracht, wodurch eine ganz eigene Klangstruktur entsteht, welche die bogenförmige Bewegung des „Nachschlags" mitvollzieht. So lässt Brecht seine Verse mit Enjambements, sogenannten Zeilenumbrüchen enden, die eine Spannung erzeugen zwischen Vers und Satz.[2] Der Satz, der mit einem Vers beginnt, endet erst nach einem Um-Bruch im darauffolgenden Vers. Zwischen Satz- und Versende klafft eine Bruchstelle. Der Satz bleibt am Ende der Zeile offen und verweist so auf das noch Ausstehende. Was als zeitliche Differenz, als Diskontinuität und Bruch thematisiert wird, erfährt auf diese Weise auch stilistisch Ausdruck. Etwas, das sich vorgängig ereignet, findet Fortsetzung als etwas Neues, das nachträglich erst entsteht. Der Bruch zwischen Sprechen und Hören spiegelt sich in der „Gegenläufigkeit von Metrum und Syntax"[3] – in Bezug auf den „Nach-Schlag" entfalten die Enjambements ihr „ikonisches Potenzial"[4].

Das Gedicht von Brecht steht mit seinem Titel metaphorisch für die Nachträglichkeit, die den Forschungsprozess der Untersuchung zum Hören kennzeichnet und die den Bruch zum Vorschein bringt, der zwischen gesprochenen und gehörten Sätzen, zwischen Text und Erfahrung aufklafft.[5] Im Folgenden sollen genau diese „Bruchlinien" dargestellt werden.

2.1 Bruchlinien auf dem Weg zum Hören

Der Versuch, unterschiedliche Bruchlinien aufzuzeigen, wird geleitet von den im Forschungsprozess auftretenden Ereignissen, die sich unvermittelt zwischen Erfahrung und Text schieben. Dabei stellt sich die Frage, wie das Hören *als* Hören zur Darstellung gebracht werden kann und wie es zu Bruchstellen kommt, „unter denen das Geschehen nicht zerbricht", und wie „Leerstellen beschaffen sind, die sich nicht füllen, aber auch nicht nichts sind" (BE, 185). Indem danach gefragt wird, haben sich die Überschreitungen und Verschiebungen bereits ereignet. Diese erste Offenlegung der Brüche und Einbrüche, die inmitten des Forschungsprozesses zum Hören „aufklaffen", soll im Folgenden immer wieder in Erinnerung gerufen werden. Dabei wird nicht nur auf die Rolle der Autorin als einer Hörerin eingegangen, sondern auch auf die Genese des Textes und die damit in Verbindung stehenden Momente seines Anfangs, seiner Intention und Methodik.

2 Vgl. Müller, Wolfgang G.: Die Sprache der Lyrik, in: Lamping, Dieter (Hg.): Handbuch Lyrik. Theorie, Analyse, Geschichte, Stuttgart ²2016, 84–91, hier 87.

3 Ebd., 88.

4 Ebd.

5 Vgl. zum Folgenden Sabisch, Andrea: Inszenierung der Suche. Vom Sichtbarwerden ästhetischer Erfahrung im Tagebuch. Entwurf einer wissenschaftskritischen Grafieforschung, Bielefeld 2007, bes. 17–93.

2.1.1 Von Anfang an „zu spät"

> „In regressiver Perspektive heißt anfangen
> immer schon angefangen sein;
> in progressiver Hinsicht bedeutet anfangen jedoch
> immer schon weitermachen oder,
> um die unvermeidliche Schleife rückwärts einzubeziehen:
> angefangenhaben heißt *a priori* sich fortsetzen.
> An der Fortsetzung verrät sich der Anfang,
> die Fortsetzung ist der eigentliche Anfang."[6]

Wie kann eine schriftliche Arbeit, die ihren Ausgang beim Hören nimmt, begonnen werden? Waldenfels rekurriert auf Husserl und seinen Begriff von Erfahrung in den *Cartesianischen Meditationen*, auf den sich auch Maurice Merleau-Ponty immer wieder kommentierend bezogen hat.[7] Nach Husserl geht es darum, „die reine und sozusagen noch stumme Erfahrung" an den Anfang zu stellen und „zur reinen Aussprache ihres eigenen Sinnes zu bringen"[8]. Wie aber kann eine Erfahrung – wie die des Hörens –, die doch selbst stumm ist, zur Sprache kommen? Ist sie andersherum bereits „beredt", dann kommt nicht viel Neues zu Gehör (vgl. HfSt). Wie kann eine Übersetzung des „eigenen Sinnes" gelingen?[9] Es ist – so Husserl – das „Cartesianische des ego cogito", welches die „wirklich erste Aussprache"[10] darstellt, das heißt: Ich höre – diesen oder jenen Klang. Waldenfels distanziert sich von Unterscheidungen wie der zwischen dem Subjekt, das hört, und den Hörgehalten, die gehört werden, und geht zurück auf das Ereignis des Lautwerdens. Geboten ist Waldenfels zufolge eine Art „Hörenthaltung", damit wir *einerseits* nicht nur hören, was wir schon kennen, und wir *andererseits* mehr hören als das, was sich wiederholt (vgl. HfSt). Am Anfang steht somit das Hörbar-*Werden*, ein Ereignis, das von *anderswoher* auf die oder auf den Hörenden zukommt und diesen (im Passiv und Dativ) betrifft (vgl. HfSt). Die stumme Erfahrung des Hörens zur Sprache zu bringen, ist damit, so Waldenfels, ein „Prozess des Lautwerdens" *und* der „Versprachlichung" (HfSt).

Die Darstellung der Erfahrung des Hörens bringt eine methodische Schwierigkeit mit sich, wie David Espinet in seiner *Phänomenologie des Hörens* treffend

6 Sloterdijk, Peter: Zur Welt kommen – zur Sprache kommen. Frankfurter Vorlesungen, Frankfurt a.M. 1988, 64.

7 Vgl. Merleau-Ponty, Maurice: Phänomenologie der Wahrnehmung. Aus dem Französischen übersetzt und eingeführt durch eine Vorrede von Rudolf Boehm (Phänomenologisch-Psychologische Forschungen, Band 7), Berlin 1966, 12.

8 Husserl, Edmund: Cartesianische Meditationen. Eine Einleitung in die Phänomenologie. Mit einer Einleitung und Registern herausgegeben von Elisabeth Ströker, Hamburg 2012, 39.

9 Vgl. Feiter, Antwortendes Handeln, 63f.

10 Husserl, Cartesianische Meditationen, 39.

zum Ausdruck bringt: „Über das Hören zu schreiben, erscheint ebenso sinnlos, wie über Stille zu sprechen."[11] Wer beginnt, über die Erfahrung des Hörens zu schreiben, der befindet sich in einer paradoxen Situation. Die (schriftliche) Rede unterbricht sozusagen permanent das Hören. Denn die schriftliche Darstellung ist streng genommen immer schon beim Gehörten. Schreibend falle ich der Erfahrung des Hörens ständig ins Wort. Der Anfang wird nicht erst im Moment des Schreibens „gemacht", er begegnet vorgängig in Form von Erfahrungen, die in unterschiedlicher Weise mit dem Hören konfrontieren. Waldenfels beschreibt das Verhältnis zwischen Erfahrung und (schriftlicher) Rede auf folgende Weise:

> „Daß Rede und Erfahrung nicht aufgehen in dem, was jeweils sinnhaft und regelgerecht gesagt oder erfahren wird, besagt, daß das Ereignis des Zur-Sprache-kommens und des In-Erscheinung-tretens sich selbst entgleitet in Form jener invasiv-evasiven Fremdheit, die im Herzen der Erfahrung aufbricht." (BE, 235)

Mit der Erfahrung des Hörens geht sich der Ausgangspunkt der Arbeit selbst voraus. So, wie das Ereignis des Hörbarwerdens entgleitet, kommt auch die Frage nach dem Anfang immer schon zu spät.

Nach dem Anfang fragend, habe ich bereits getan, wonach ich fragte: auf bestimmte Art und Weise angefangen. Ich beginne stets *„anderswo* und *anderswann*" (AR, 267). Genauer gesagt: „Nicht nur beginnt jeder von uns in allem, was ein jeder unternimmt, woanders, *es* beginnt mit uns woanders." (BE, 98) Die impersonale Wendung *„es* beginnt mit uns woanders" verweist darauf, dass „etwas sichtbar, hörbar, fühlbar [wird], indem es uns einfällt, auffällt, anzieht, abstößt, sich unserem Wissen und Wollen entzieht, ohne daß dies alles einem Subjekt als einem Autor oder Träger von Akten und Aktionen zugeschrieben werden kann" (PhA, 40). Das, was in mein Ohr dringt, mir auffällt, mich anspricht, mich hören, fragen, forschen, ja (*nach-*)denken lässt, hat mit *mir* bereits begonnen, bevor ich aufmerke und als Autorin im Schreibprozess darauf zurückkomme. Ich finde mich vor, bin passiv, bevor ich auf etwas aktiv eingehe, das zuvor auf mich zukam und mich aufmerken ließ. Der Schreibprozess ist nachträglich zu dem, was zum Schreiben Anlass gibt. Eine erste Bruchlinie innerhalb der Arbeit zeichnet sich damit gleich zu Anfang ab.

11 Espinet, David: Phänomenologie des Hörens. Eine Untersuchung im Ausgang von Martin Heidegger, Tübingen 2009, 2. Vgl. auch Schmugge, Barbara: Ansichten vom Hören. Ein Versuch über verschiedene Hörerlebnisse und Hörerfahrungen, in: Hoffmann, Ursula/ Weber, Hans-Ulrich (Hg): Reden über die Stummheit. Festschrift zum 75. Geburtstag von Aron Ronald Bodenheimer (Hörgeschädigten-Pädagogik, Beiheft 42), Heidelberg 1998, 125–130, hier 125. Angesichts ihrer Feststellung, dass nicht in Worte zu fassen sei, „was" das Hören ist, beschreibt Schmugge in unterschiedlichen Facetten, „wie" gehört werden kann.

Es bedarf einer „*Reduktion*, die vom Gesagten und Gewußten auf das Sagen des Gesagten [hier: vom Gehörten auf das Hören des Gehörten; E.P.] zurückführt, einer Art von Parenthese, die sich zwischen die geläufigen Thesen schiebt und den Stromkreis des Gesagten [und Gehörten] unterbricht" (AR, 195). Eine solche heilsame Unterbrechung kann – in Anlehnung an das Eingangszitat von Peter Sloterdijk – eingeleitet werden durch den sprachlichen Rückverweis in die Vergangenheit: *Anfangen* bedeutet immer schon *angefangen zu haben*. Waldenfels' biblisch angelehnte Formulierung: „Am Anfang war die Antwort." (AR, 270), besagt genau dies, nämlich, dass jedes (schriftliche) Wort den Charakter einer Antwort hat (vgl. AR, 269). Daraus folgt hingegen nicht, dass der „Primat der Frage durch den der Antwort" (AR, 193) einfach zu ersetzen wäre; vielmehr ist die Frage selbst als „eine offene, experimentierende Form des Antwortens" (AR, 321) zu begreifen, und zwar in dem Sinne, dass sie auf fremde Ansprüche eingeht, die von anderswoher laut werden, das heißt „an eine Fragesituation anknüpft und etwas zur Sprache bringt, was von *sich aus* zur Sprache drängt" (AR, 321; Hervorhebung E.P.). Auf diese Weise werden gewohnte Fragekonzeptionen aufgebrochen. Im Fokus steht dann nicht mehr die letztgültige Be-Antwortung einer Forschungsfrage, sondern ein Fragen, Sprechen, Forschen und Schreiben, das auf etwas antwortet, das vorgängig ergangen ist (vgl. AR, 190–193).

Den Ausgang beim Hören schreibend zu nehmen, bedeutet, bereits von etwas Gehörtem auszugehen. Zu Beginn steht damit eine gewisse Intention. Der Forschungsprozess richtet sich gewöhnlich nach dem sogenannten „Desiderat" und folgt der Intention, Forschungslücken zu schließen. An dieser Stelle klafft jedoch eine zweite Bruchlinie auf.

2.1.2 Bedeuten und Begehren

Der lateinische Begriff „Desideratum" bzw. „Desiderium" bezeichnet ursprünglich ein (vermissendes) Verlangen, ein Begehren, das sich auf etwas bezieht, das fehlt, aber erwünscht oder angestrebt wird.[12] Was also mit dem Desiderat angezeigt wird, ist ein Mangel. Bernhard Waldenfels macht deutlich, dass sich der Begriff des Mangels in der Neuzeit „mehr und mehr von der *Abwesenheit*" her ableitet, und zwar „mit einem deutlichen Akzent auf dem *Selbst*, das etwas oder jemanden vermißt, dem etwas fehlt oder das etwas verfehlt" (BE, 50).[13] Aus dem Mangel erwächst eine Gerichtetheit, die Ziel-Strebigkeit, das absichtsvolle „Ver-

12 Vgl. Georges, Karl Ernst: Ausführliches lateinisch-deutsches Handwörterbuch, Band 2 (C–D), ⁸1913, Berlin 2014, 510.

13 Waldenfels führt aus: „Der Mangel trägt nicht unwesentlich dazu bei, das Subjekt, wie es fortan heißt oder das Selbst, wie ich lieber sage, aus der Taufe zu heben. Das Selbst, das aus dem Mangel erwächst, beruht nicht auf dem Selbstbewußtsein oder der Selbstsetzung mit all den Aporien, die dieser reflexiven Form der Selbstheit anhaften." (BE, 50)

langen" oder – kurz: die Intentionalität, die den Forschungsprozess anstößt. In diesem Sinne kann mit Waldenfels folgende Charakterisierung des Mangels vorgenommen werden:

> „Die elementare Bestimmung des Mangels besagt, daß es einem x an einem y fehlt, wobei das y einem Richt- oder Sollwert gehorcht und als erforderlich oder erwünscht zu charakterisieren ist. Der Mangel läßt sich als *Bedarf* bezeichnen, wenn der Mangel an y einem x zugeschrieben wird, als *Bedürfnis*, wenn der Mangel an y von x selbst als Mangel erlebt wird. Das *Streben* bestünde dann in der Tendenz, von einem Ausgangszustand des Mangels in einen Zielzustand verminderten oder behobenen Mangels überzugehen. Das Streben wäre erfüllt, wenn der Zustand einer *Befriedigung* des Bedarfs beziehungsweise des Bedürfnisses durch einen geeigneten Prozeß oder ein geeignetes Tun zustande gekommen wäre." (BE, 48)

So verstanden, zeigt der Mangel ein Defizit an, das heißt etwas, das von seinem Ziel-Zustand abweicht, indem etwas nicht vorhanden ist, das aber vorhanden sein soll (genauer: „zu sein hat" [BE, 50f.]).

In der Pastoral begegnet einem ebenfalls die Rede vom Mangel, zum Beispiel dreifach als Priester-, Gläubigen- und Geldmangel. Dieser wird ausgehend von einschlägigen Statistiken nicht selten als „Zeichen der Krise" identifiziert. Das Handeln in der Pastoral richtet sich in der Folge vor allem nach dem Ziel, diesen Mangel zu beheben. Statt normative Leitbilder zu hinterfragen, kommt es häufig zu einem „Mehr desselben", zur Wiederholung des Bisherigen; die Intention von Konzepten und Strategien richtet sich oftmals danach, „Lücken" zu füllen, wodurch Prozesse der Erneuerung in der Regel ausbleiben. So sind nicht nur die Zusammenlegungen von Pfarreien in der pastoralen Konzeption vieler Bistümer an dem Mangel an vorhandenen Priestern orientiert.

Der Mangel an Wissen wird von Waldenfels unterdessen als Ausdruck eines „*Noch-nicht-Wissens* oder *Nicht-mehr-Wissens*" (BE, 299) begriffen. Aus dem Mangel erwächst schließlich eine Suche, genauer ein Begehren, das sich in einem (Wissens-)Streben und einem (Wissen-)Wollen äußert. Der Ent-zug, der im Mangel anklingt, korrespondiert mit einem Be-zug (vgl. BE, 189). In diesem Zusammenhang stellt sich die Frage „nach der affektiven Besetzung dessen, was uns auffällt oder entgeht, nach der Trieb- und Interessensgebundenheit der Aufmerksamkeit" (PhA, 71). Die oder der Begehrende wird von etwas bewegt, das ihr bzw. ihm fehlt, das heißt sich ihr bzw. ihm entzieht und das sie bzw. ihn gerade dadurch affiziert, anspricht, anrührt (vgl. PhA, 221). So verschränkt sich die „Grundstruktur des Strebens, dem *etwas in etwas* fehlt, [...] mit der Struktur der Wahrnehmung, der *etwas als etwas* erscheint" (PhA, 221f.). In diesem Sinne gilt, dass „das Streben und Begehren [...] der Bedeutungsintention innewohnt und sie nicht nur ergänzt" (BE, 380).

Waldenfels begreift Intentionalität folglich als unauflösbares Ineinander von Bedeuten und Begehren (vgl. BE, 22–27). Beiden liegt eine sogenannte „repräsentative" bzw. „regulative Differenz" (BE, 34; vgl. BE, 253) zugrunde, wonach etwas *für* etwas anderes steht. Darüber hinaus liegt dem „Bedeuten" die sogenannte „signifikative Differenz" (BE, 28–30) zugrunde, wonach etwas *als* etwas, das heißt in einem bestimmten Sinn erscheint bzw. gesucht oder verstanden wird. Im Fall des „Begehrens" spricht Waldenfels von der sogenannten „appetitiven Differenz" (BE, 42; vgl. BE, 380)[14], wonach etwas *in* etwas anderem gesucht, also auf ein bestimmtes Ziel hin angestrebt wird.[15] Beide – Bedeuten und Begehren – sind untrennbar miteinander verbunden:

> „Das, wonach wir streben, läßt sich *als* gut oder lustvoll explizieren, ohne daß diese Qualitäten einer entsprechenden Vorstellung entspringen. Das Woraufhin ist kein Was, aber es läßt sich als solches betrachten. Umgekehrt fungiert das, was wir zu erkennen versuchen, als Ziel eines Wissensstrebens, ohne daß die Gültigkeit der Erkenntnis aus der Neugier oder aus dem Nutzenkalkül hergeleitet werden kann." (BE, 54)

Waldenfels geht es um den Aufweis einer Engführung, die das Husserl'sche Konzept von Intentionalität mit sich führt, und zwar in gleich zweierlei Hinsicht: Die Engführung zeigt sich zum einen an einem Prozess der Normalisierung, der zufolge die Intention eine Regelstruktur annimmt und sich nicht nur *auf* etwas, sondern auch *nach* etwas richtet. Zum anderen ergibt sich eine Engführung dadurch, dass Husserl die zweite Seite der Intention, die darin besteht, dass jenes „Was" des Erstrebens ein „Woraufhin", also das Ziel des Strebens meint, in einen Erfüllungszusammenhang stellt, wonach sich das intentionale Geschehen im Schema von Leere und Fülle abspielt. In diesem Fall wäre jedoch die „Tension" in der „In-tension" nichts anderes und nicht mehr „als das Potential eines Sinntriebes" (BE, 26). Das Begehren wäre in die Bedeutung eingesperrt wie in einen Käfig. „Der Sinn der Sinne würde sich reduzieren auf einen puren Sinn in den Sinnen." (BE, 26) Wie aber, so fragt Waldenfels kritisch, verhält es sich dann „mit dem Überdruß am Allzubekannten, der die Neugierde nährt?" (BE, 26)

14 Vgl. zur Beschreibung der Differenzen insgesamt auch BE, 175.
15 Vgl. hierzu das Schaubild in BE, 27.

2.1.3 Vom Suchen und Finden

„Was auf uns zukommt,
findet sich,
bevor es gesucht wird."
(PhA, 47)

Mit dieser Frage wird ein zweiter Aspekt, der generell im Fokus der Forschung steht, angedeutet: Das, was im forschenden Streben begehrt wird, ist nicht selten das Neue, das Innovative. Auch in praktisch-theologischen Zusammenhängen tritt die Frage nach dem Neuen immer wieder auf: Wie entsteht Neues? Wie lassen sich in der pastoralen Praxis innovative Entwicklungen anstoßen und fördern? Die Suche nach dem Neuen und Innovativen fördert eine weitere Bruchlinie zutage, die den Forschungsprozess durchzieht.

Im Wechselspiel von *Begehren* und *Bedeuten* wird offenbar, was Platon in seiner Ideen- und Anamnesielehre als die sogenannte Paradoxie des Suchens im Dialog *Menon* beschreibt:

> „*Menon.* Und auf welche Weise willst du denn dasjenige suchen, Sokrates, wovon du überall gar nicht weisst, was es ist? Denn als welches besondere von allem, was du nicht weisst, willst du es dir denn vorlegen und so suchen? Oder wenn du es auch noch so gut träfest, wie willst du denn erkennen, dass es dieses ist, was du nicht wusstest?
>
> *Sokrates.* Ich verstehe was du sagen willst, Menon! Siehst du was für einen streitsüchtigen Satz du uns herbringst? Dass nämlich ein Mensch unmöglich suchen kann, weder was er weiss, noch was er nicht weiss. Nämlich weder was er weiss kann er suchen, denn er weiss es ja, und es bedarf dafür keines Suchens weiter; noch was er nicht weiss, denn er weiss ja dann auch nicht, was er suchen soll."[16]

Demnach kann der Mensch weder suchen, was er noch nicht weiß, noch kann er schon wissen, was er sucht, denn sonst bräuchte er es streng genommen nicht mehr suchen. Diese Paradoxie des Suchens spiegelt sich in der Paradoxie der Erfindung bzw. der Innovation wider. Denn die Erfindung – so Waldenfels – „bricht mit der Vergangenheit, indem sie sie fortsetzt, und setzt sie fort, indem sie den Gang der Dinge unterbricht" (SF, 96). Insofern wiederholt sich das Erfundene nicht erst, *nachdem* es erfunden wurde, sondern *indem* es erfunden wird (vgl. PhA, 165). Der Vorgang des Erfindens stellt dann aber nichts anderes als ein Wiederfinden dar: Re-produktion. Waldenfels bringt die Paradoxie des Erfindens in Anlehnung an den Dialog *Menon* auf den Punkt:

16 Platon: Menon 80d-1, in: Schleiermacher, Friedrich: Platons Werke, zweiter Teil des ersten Bandes, Berlin ^{3}1856, 221–270, hier 246.

> „Wüßte der Handelnde, *was* er erreichen will, so wäre er ein bloßer Exekutant; die Ausführung könnte er ebensogut Gehilfen, am Ende Maschinen überlassen. Weiß er es nicht, so hilft allerdings auch keine Wiedererinnerung, sondern nur das Tun selbst, ein versuchendes Tun, das buchstäblich kein Ziel *hat.*" (SF, 97)

Solcherart versuchendes Tun ist streng genommen gar kein Suchen, sondern ein Finden. Mit Rekurs auf das berühmte Diktum Picassos „Ich suche nicht, ich finde", führt Waldenfels aus: „Im aktiven Sinn suchen kann ich nur das, was ich schon kenne. Ein Finden, das mehr bedeutet als ein bloßes Wiederfinden, überschreitet eine Schwelle." (Ssch, 126)

Aus diesem Grund lenkt Waldenfels die Aufmerksamkeit auf die „Findigkeit" unseres Denkens, Sprechens und Handelns (vgl. PhA, 162–167). Der Begriff „Findigkeit", der im alltäglichen Sprachgebrauch mit „Schlauheit", „Klugheit", „Einfallsreichtum", „Raffinesse", „Gewitztheit" oder „Pfiffigkeit" übersetzt werden kann, verweist auf das lateinische *invenire*, von dem sich Begriffe wie „Heuristik" und „Invention" herleiten und die beides bezeichnen: Finden *und* Erfinden. In diesem Verständnis begreift Waldenfels „Findigkeit" als „verkörperte[s] und kontextualisierte[s] Wissen" (PhA, 169), auf dem unsere Erfindungskraft basiert und welches „in der wissenschaftlichen Forschung stets Züge eines impliziten, niemals voll zu explizierenden oder gar zu formalisierenden Wissens an sich trägt" (PhA, 169).

In Anlehnung an den Wissenschaftstheoretiker Michael Polanyi bezeichnet Waldenfels dieses Wissen als ein „‚schweigendes Wissen'" (PhA, 169). An dieser Stelle kommt zum Tragen, was im Zusammenhang mit der Frage nach dem Desiderat bezüglich der Intentionalität, verstanden als „Zweiklang aus Bedeuten und Begehren", bisher nur implizit vorkam: der „Hintergrund eines Pathos [...], dessen Wirkungen sinn-los und ziel-los" sind und „jeden intentionalen, hermeneutischen und appetitiven Zirkel sprengen" (BE, 302).

2.1.4 Im Ausgang von Widerfahrnissen

Mit dem Einbruch dessen, was gewohnte Erwartungsmuster durchkreuzt und sich überraschend ereignet, erklingt, hörbar wird, zu Ohren kommt, verschieben sich die herkömmlichen Koordinaten eines „intendierten" Forschungsprozesses. Die Erfahrung selbst durchzieht Bruchlinien, Risse, Klüfte und Leerstellen. Es ist nicht so, dass wir im Aufmerken auf das, was uns widerfährt, „über ein Repertoire an Auffälligkeiten" oder „entsprechende Aufmerksamkeitseinstellungen" (PhA, 86)[17] verfügen würden.

17 Waldenfels zufolge habe Husserl „diesen entscheidenden Punkt" der nicht intentional verfassten, plötzlich sich ereignenden, unerwarteten und ungeplanten „pathischen Erfahrung [...] verpaßt [...], zumindest so lange er die Zukunftserfahrung aus Protentionen gespeist sieht, die als ‚Vorerinnerungen' auf Bekanntes zurückgreifen" (PhA, 91f.).

Gegenüber einer solchen „*sekundäre*[n] *Aufmerksamkeit*" entspricht das Aufmerken, verstanden als „Empfang, der sich ereignet", vielmehr einer „*primäre*[n] *Aufmerksamkeit,* die sich bei aller Wiederholung niemals völlig wiederholt" (BE, 86). Die „Erneuerung einer Macht des Pathischen" ist nach Waldenfels nicht „von einer affektiven Intentionalität" zu erwarten, „die sich den kognitiven und praktischen Bestrebungen und Regelungen als sozusagen dritte Kraft beigesellt" (BE, 22). Vielmehr offenbart sich das Pathische im Sinne einer besonderen Modalität, das heißt, „als die Art und Weise [...], in der wir auf das ansprechen, was wir meinen und erstreben, was wir verstehen und behandeln" (BE, 22).

Waldenfels sprengt die einseitige Engführung von Intentionalität durch ein pathisches Gegengewicht, das mit dem Vorgang des Getroffenseins „ein perfektivisches Moment, ein Moment zeitlicher *Vorgängigkeit*" (BE, 56) ins Spiel bringt. Als dasjenige, was uns ohne unser Planen plötzlich zu Ohren kommt, uns zustößt und widerfährt, ist das Pathos sowohl der strukturierten, formalen Seite („Bedeuten") als auch der berunruhigenden, dynamischen Seite („Begehren") von Intentionalität gegenüber immer schon voraus.

Das einfachste Beispiel dafür ist die Möglichkeit einer Störung, und zwar in dem Sinne, das auch im Forschungsprozess etwas „unseren Intentionen in die Quere kommt, ähnlich einem Hindernis, das sich uns in den Weg stellt und das nicht mit einem Zielkonflikt zu verwechseln ist" (BE, 33). In diesem Fall „taucht etwas auf, das uns zufällt, zustößt, bevor es als etwas aufgefaßt, verstanden oder abgewehrt wird" (BE, 33). Das Ereignis der Störung selbst ist dabei zu unterscheiden von der nachträglichen Deutung des Ereignisses *als* Störung. Den Widerfahrnissen selbst kommt keine Bedeutung zu (vgl. BE, 54). Sie sind in sich bedeutungslos, entziehen sich unseren gewohnten Sinnerwartungen oder Regelordnungen und übersteigen unsere „Fassungskraft bis hin zu dem Punkt, wo für uns eine Welt zusammenbricht" (BE, 33). Inmitten des Forschungsgeschehens tritt das Pathos demnach auf als Widerfahrnis, das selbst weder intentional verfasst noch geregelt ist, sondern im Gegenteil den intendierten Bedeutungsrahmen sprengt (vgl. BE, 33).

Das Forschungsbegehren geht nicht von mir selbst aus, sondern von dem Anderen, das mir fehlt. Der Mangel tritt in diesem Sinne auf als „ein *Grenzwissen*", und als solches als die „Erfahrung eines Entzugs, einer Abwesenheit in der Anwesenheit, einer Ferne in der Nähe" (BE, 299). Insofern stellt das „*Etwas*, das als etwas intendiert wird, [...] mehr dar als einen Träger jenes Sinnes, der dieser Intention entspringt" (BE, 54). Auf der Seite des Be-deutens widersetzt sich die „signifikative Differenz" einer Synthese. Für die Seite des Begehrens kann unterdessen festgehalten werden: „*Etwas,* das in einem Zielobjekt gesucht wird, erweist sich für sich genommen als *ziel-los.*" (BE, 54) Auch die „appetitive Differenz" entzieht sich somit einer Synthese.

Was sich hier zeigt, ist ein „doppelte[r] Überschuss", der das Wechselspiel zwischen Bedeuten und Begehren offenhält. Denn „die Tatsache, daß es eine Ordnung gibt, findet selbst keinen Eingang in die Ordnungen des Bedeutens und Begehrens, außer man verkennt deren Genese und verwandelt Gewordenheit in ein Sein" (BE, 55). Daraus folgt: Was in einer bestimmten Bedeutung aufscheint, ist nicht, was es bedeutet, und das, was in einem anderen erstrebt wird, ist nicht, was erstrebt wird, sondern jeweils mehr.

Dieses „Mehr", das aufmerken lässt und nicht der eigenen intentionalen Bezugnahme erwächst, sondern diese vielmehr anstößt, zeigt sich in besonderer Weise im Hören, und zwar im Sinne seiner noch unbestimmten Offenheit für die Ereignisse, die sich jenseits unserer Erwartungen und Planungen ereignen. Anders gesagt: Es geht nicht nur darum, das Gehörte zu suchen, sondern sich finden zu lassen von dem, was zu Ohren kommt, be-trifft, irritiert, aufmerken und aufhorchen lässt. Es geht nicht um ein Wiederhören, sondern um ein Hören auf das Hören. Denn wer, so Waldenfels, „schon weiß, auf wen er hört, hört nicht auf den Anderen" (PhA, 269). Die Überschüsse fremder Ansprüche innerhalb der pathischen Erfahrung lassen sich nicht einholen – weder durch die schriftliche Erfassung noch durch Moralisierung oder Theologisierung (vgl. PhA, 269).

2.1.5 Indirekte Beschreibung

> „Reden oder Schreiben bedeutet,
> eine Erfahrung übersetzen,
> die doch erst zum Text wird durch das Wort,
> das sie selbst wachruft."
>
> (Maurice Merleau-Ponty, zitiert nach DG, 115)[18]

Der Begriff „Beschreibung" stellt einen „methodische[n] Grundbegriff"[19] der Phänomenologie dar. Beide Termini – Beschreibung und Phänomenologie – „werden gerne als ein unzertrennliches Begriffspaar präsentiert, d. h., wer Phänomenologie sagt, impliziert Beschreibung, und wer beschreibt, verfährt phänomenologisch"[20]. Allerdings ist die Phänomenologie nicht als „eine einfache, möglichst vorurteilsfreie Bestandsaufnahme des Gegebenen [...] ohne Theorien

18 Waldenfels zitiert Maurice Merlau-Ponty, der wiederum mit diesem Zitat einen Gedanken Marcel Prousts aufnimmt.

19 Rinofner-Kreidl, Sonja: „Beschreibung", in: Vetter, Helmuth (Hg.): Wörterbuch der phänomenologischen Begriffe, unter Mitarbeit von Klaus Ebner und Ulrike Kadi, Hamburg 2004, 71–75, hier 71.

20 Orth, Ernst Wolfgang: Beschreibung in der Phänomenologie Edmund Husserls, in: Ders. (Hg.): Perspektiven und Probleme der Husserlschen Phänomenologie, Freiburg i.Br. 1991, 8–45, hier 8.

und Deutungen“[21] zu begreifen, womit die „einfache Beschreibung dessen, was vorliegt“ im Zentrum stünde. Husserls berühmtes phänomenologisches Diktum, „zurück zu den Sachen selbst“, kann nicht erfüllt werden, so bemerkt Orth überspitzt, „von Talenten der Unbefangenheit und Harmlosigkeit, die aus ihrer Naivität eine Tugend, eben die unartifizielle Kunst des Beschreibens“[22] machen.

Es kann also nicht darum gehen, dass das „Gegebene, das Vorliegende, die Sachen [...] zunächst einmal abgebildet und damit gleichsam dokumentarisch gesichert“[23] werden. Was aber heißt dann genau „Beschreibung“ aus phänomenologischer Perspektive? Die Antwort variiert je nach Verständnis, das der Phänomenologie selbst zugrunde gelegt wird. Ein Blick in die Philosophiegeschichte zeigt, wie unterschiedlich die Ansätze sind. *Die* Phänomenologie – so wusste schon Martin Heidegger – gibt es nicht.[24] In seinem Hauptwerk *Sein und Zeit* definiert Heidegger in Anlehnung an die griechisch-deutsche Übersetzung das Phänomen als „das, was sich zeigt, das Sichzeigende, das Offenbare“[25]. Für Heidegger besteht die Aufgabe der „Phänomenologie“ darin, dasjenige, „was sich zeigt, so wie es sich von ihm selbst her zeigt, von ihm selbst her sehen [zu] lassen“[26], verbindet diese jedoch ontologisch mit der Frage nach dem Sein als Seiendes. Heideggers Philosophie versteht sich als „universale phänomenologische Ontologie, ausgehend von der Hermeneutik des Daseins, die als Analytik der *Existenz* das Ende des Leitfadens alles philosophischen Fragens dort festgemacht hat, woraus es *entspringt* und wohin es *zurückschlägt*“[27]. Es ist Emmanuel Lévinas, der sich sowohl von der ontologisch akzentuierten Phänomenologie nach Heidegger als auch von der intentional ausgerichteten Phänomenologie, die auf Edmund Husserl zurückgeht, zugunsten einer ethisch grundierten „Phänomenologie der Sozialität“[28] distanziert. In ihrem Zentrum steht die Begegnung mit dem „Antlitz des Anderen“, aus der die Verantwortung für den Anderen erwächst.

21 Orth, Beschreibung in der Phänomenologie, 8. Vgl. zum Begriff „Phänomenologie“ und entsprechender Entwicklungen auch, Vetter, Helmuth: „Phänomenologie“/„phänomenologisch“, in: Ders. (Hg.): Wörterbuch der phänomenologischen Begriffe, 410–425.

22 Orth, Beschreibung in der Phänomenologie, 8.

23 Ebd.

24 Vgl. Heidegger, Martin: Sein und Zeit, Tübingen [19]2006, 34–39. „Das Verständnis der Phänomenologie liegt einzig im Ergreifen ihrer als Möglichkeit.“ Ebd., 38.

25 Ebd., 28.

26 Ebd., 34.

27 Ebd., 436. „Phänomenologie ist Zugangsart zu dem und die ausweisende Bestimmungsart dessen, was Thema der Ontologie werden soll. *Ontologie ist nur als Phänomenologie möglich.* Der phänomenologische Begriff von Phänomen meint als das Sichzeigende das Sein des Seienden, seinen Sinn, seine Modifikation und Derivate. Und das Sichzeigen ist kein beliebiges noch gar so etwas wie Erscheinen. Das Sein des Seienden kann am wenigsten je so etwas sein, ‚dahinter‘ noch etwas steht, ‚was nicht erscheint‘.“ Ebd., 35f.

28 Lévinas, Emmanuel: Diachronie und Repräsentation, in: Ders.: Zwischen uns. Versuche über das Denken des Anderen, München u.a. 1995, 194–217, hier 206.

Lévinas zufolge ist jedoch nicht von einer „Phänomenologie des Antlitzes“ im engeren Sinne zu sprechen, „denn die Phänomenologie beschreibt das, was erscheint“[29], was auf ein Antlitz nicht zutrifft. Beispielhaft führt Lévinas aus:

> „Wenn Sie eine Nase, Augen, eine Stirn, ein Kinn sehen und sie beschreiben können, dann wenden Sie sich dem *Anderen* wie einem Objekt zu. Die beste Art, dem *Anderen* zu begegnen, liegt darin, nicht einmal seine Augenfarbe zu bemerken. Wenn man auf die Augenfarbe achtet, ist man nicht in einer sozialen Beziehung zum *Anderen*. Die Beziehung zum Antlitz kann gewiß durch die Wahrnehmung beherrscht werden, aber das, was das Spezifische des Antlitzes ausmacht, ist das, was sich nicht darauf reduzieren läßt.“[30]

Der Zugang zum Antlitz ist von Anfang an „ethischer Art“[31]: Im Antlitz des Anderen verwandelt sich das Intentionale ins Ethische, dort, wo dieses Geschehen nicht aufhört, ist menschliches Antlitz, wo Berührung sich ereignet, da ist für Lévinas sowohl Zärtlichkeit als auch Verantwortung.[32] Das Antlitz beschreibt er als „die Nacktheit des Anderen, das Ausgesetzt-Sein des Anderen, das Betteln des Anderen“[33]. Das Antlitz stellt ihm zufolge kein „Phänomen“ dar. Das Antlitz ist, bezogen auf den intentionalen Sinn, hyperbolisch.[34]

Trotz solcherart Distanzierungsversuche führt das Konzept der Intentionalität, das seit den Anfängen „in Husserls Phänomenologie zum Grundzug aller Bewußtseinserlebnisse, die auf verschiedenartige Weise einen Sinn meinen, konstituieren, stiften“ (AR, 328), avanciert ist, an den entscheidenden Kern heran, an dem sich „die Eigenart einer jeweiligen Variante von Phänomenologie [...] messen läßt“ (AR, 328). So ist es auch das Konzept der Intentionalität, das Bernhard Waldenfels aufnimmt, sich dann jedoch davon abgrenzt und seinen eigenen phänomenologischen Ansatz im Sinne einer „Hyperphänomenologie“ entwickelt. Das Präfix „Hyper-“ verweist auf die „*Überbestimmtheit*“ der Phänomene. Zugleich geht Waldenfels von der „Gesichtspunkthaftigkeit der Phänomenologie aus“, und zwar in dreifacher Weise:

> „Phänomenologie *beschreibt* leitende Gesichtspunkte unserer Erfahrung, indem sie selbst einen Gesichtspunkt *einnimmt* und schließlich in ‚Rückbeziehung der Phä-

29 Lévinas, Emmanuel: Ethik und Unendliches. Gespräche mit Phillipe Nemo, Wien ^{4}2008, 63.

30 Ebd.

31 Ebd.

32 Vgl. Lévinas, Emmanuel: Die Spur des Anderen. Untersuchungen zur Phänomenologie und Sozialphilosophie, übersetzt von Nikolaus Krewani, Freiburg i.Br. u.a. 1983, 275.

33 Lévinas, Emmanuel: Antlitz und erste Gewalt. Ein Gespräch mit Hans-Joachim Lenger über Phänomenologie und Ethik, in: Kupke, Christian (Hg.): Lévinas' Ethik im Kontext, Berlin 2005, 11–24, hier 15.

34 Vgl. auch Klun, Branko: „Antlitz“, in: Vetter (Hg.): Wörterbuch der phänomenologischen Begriffe, 35.

> nomenologie auf sich selbst' [...] die phänomenologische Praxis selbst noch einmal einer *kritischen Deutung* unterwirft." (GN, 20)

Waldenfels' phänomenologischer Ansatz nimmt seinen Ausgangspunkt bei einer „starke[n] Konzeption von Erfahrung", die keineswegs nur „Daten bereitstellt, sondern sich selbst organisiert, sich strukturiert, sich gestaltet, ohne sich auf eine feststehende Gesetzlichkeit zu stützen" (ME, 447). Als solche ist die Erfahrung gebrochen und „gegenüber sich selbst verschoben in Form einer *Vorgängigkeit* dessen, was uns affiziert, und einer *Nachträglichkeit* dessen, was wir darauf antworten" (BE, 10).

Waldenfels beschreibt Erfahrung als Ereignis, als ein Geschehen, „das sich seinen Weg bahnt und buchstäblich etwas er-fährt" (ME, 447). Das Hören ist eine „starke Erfahrung", der phänomenologisch und beschreibend nachzugehen bedeutet, mehr und anderes als bloße Daten zu repräsentieren (vgl. BE, 30ff.). Die Erfahrung des Hörens ist ein Ereignis, das einem widerfährt. Sie ist weder etwas, das man herstellen, noch wie ein Objekt, das man besitzen, fassen oder über es verfügen kann, sondern vielmehr etwas, das eine und einen plötzlich und unvermittelt erfasst und ergreift.

Wie lässt sich das Hören als eine „starke Erfahrung", die sich dem direkten Zugriff genauso entzieht wie dem unmittelbaren Ausdruck, so beschreiben, dass es sich *als es selbst* zeigt? Der Ansatzpunkt für dieses Problem, den Waldenfels vorschlägt, liegt in der „Indirektheit" der Beschreibungsweise (HP 176–178). Diese eignet sich besonders dann, wenn sich unsere Erfahrung weder in einem Sinn noch in einer Intentionalität erschöpft, sondern diese übersteigt, weil wir von etwas getroffen oder affiziert sind, *worauf* wir antworten, indem wir so und nicht anders darauf eingehen. Die indirekte Beschreibung sträubt sich, das Hören in Worte zu fassen und sie in gewohnte Bahnen einzuordnen. Indirektheit wird dadurch hergestellt, dass man sich *„auf etwas"* bezieht, *indem* man sich zugleich *„auf etwas anderes"* bezieht (HyPh, 176). Waldenfels führt aus:

> „Der Bezug auf etwas wird also nicht durch einen Bezug auf etwas anderes ersetzt, er bleibt erhalten, nur eben in gebrochener Form, wie bei der Sicht auf den Stab im Wasser. Er taucht in verdunkelter, opaker, rätselhafter Form auf wie in dem, was wir als *Andeutung* bezeichnen." (HyPh, 176)

Der Text kann die Erfahrung des Hörens nicht einfach eins zu eins abbilden. In Bezug auf den Vorgang der indirekten Beschreibung geht es deshalb darum, zunächst einen Schritt zurückzugehen und das Hören aus dem Gehörten freizulegen, wozu es die „Arbeit des Abbaus" braucht, die auch „noch in Heideggers Destruktion der abendländischen Metaphysik und in Derridas Dekonstruktion klassischer Texte am Werk ist" (EPh, 17).

Waldenfels' Zugang zur Beschreibung heißt Einklammerung, Bruch, Abweichung, Leerstelle und Pause. Die Beschreibung des Hörens hat keinen anderen

Anfang als in der (starken) Erfahrung selbst und ist doch nur indirekt ins Wort zu bringen, und zwar *erstens* „als *pathischer* und *responsiver Überschuß*, als *Hyperphänomen*" (HyPh, 179), in dem das Ungehörte und Unsagbare unaufhörlich „stört" und jegliche Sinn- und Regelordnung überschreitet, ohne sie einfach aufzuheben. Als weiterer Prototyp der Indirektheit gilt *zweitens* die „*Abweichung*", wonach etwas von einer Norm abweicht, indem es *anders* erscheint, als es intendiert oder erwartet wurde, wodurch Neues entsteht. Eine andere Figur der Indirektheit stellt schließlich *drittens* der „*Entzug*" dar, wonach „etwas *abwesend anwesend* ist in einer eigentümlichen Form von *Fernnähe*" (HyPh, 180). So wird das Unhörbare zu Gehör gebracht.

Methodisch betrachtet entspricht die „Indirektheit der Beschreibung [...] der Gebrochenheit unserer Erfahrung" (HyPh, 182). Auf diese Weise wird es möglich, „dass in dem, was als Beispiel dient, jenes fassbar wird, was mehr ist als ein Beispiel" (HyPh, 197). Das, wovon wir getroffen sind und auf beispielhafte Weise antworten, bleibt selbst beispiellos (vgl. HyPh, 196). Der Modus der indirekten Beschreibung ermöglicht, dass das Hören nicht im direkten Zugriff sprachlich vereinnahmt wird. Vielmehr hält sie den Bruch zwischen dem Hörbaren und Gehörten, zwischen dem „Wovon des Pathos" und dem „Worauf der Response", zwischen Erfahrung und Text[35] aufrecht. Das Hören ist so im Gehörten präsent als Überschuss, als Abweichung, als Entzug, als Lücke, als Pause und schließlich als Fremdheit.

Als ein anschauliches Beispiel für eine im Text symbolisierte Bruchstelle, die gewissermaßen die Anwesenheit der Abwesenheit wachhält bzw. das Undarstellbare zur Darstellung bringt, kann Eugen Gomringers bekannte Poesie zum *Schweigen* (1954) fungieren:

schweigen schweigen schweigen
schweigen schweigen schweigen
schweigen schweigen
schweigen schweigen schweigen
schweigen schweigen schweigen[36]

Die Leerstelle zwischen den 14 aufgeführten Verben „schweigen" inszeniert geradezu das Schweigen. Die Auslassung in der dritten Zeile macht das Schweigen visuell sichtbar als das, was unhörbar und unsagbar bleibt. Durch die Abweichung gegenüber den lexikalischen Zeichen wird zugleich die performative Para-

35 Der Arbeit wird ein erweiterter Textbegriff zugrundegelegt, zu dem auch Gesprochenes und Gehörtes gezählt werden kann.

36 Gomringer, Eugen: Konkrete Poesie, Stuttgart 1972, 58, hier zitiert nach Kunz, Claudia Edith: Schweigen und Geist. Biblische und patristische Studien zu einer Spiritualität des Schweigens, Freiburg i.Br. 1996, 32.

doxie der (schriftlichen) Rede vom Schweigen entlarvt, insofern diese eben nicht ausführt, was sie bezeichnet: Sprechend schweige ich nicht mehr. Die Auslassung des Wortes „Schweigen" macht anschaulich, dass „bezeichnendes und bezeichnetes Schweigen [...] nicht identisch sind"[37]. Durch den Bruch in der Mitte des Textes wird das, was sich nicht in Worte fassen lässt, dasjenige, was unaussprechbar bleibt – das Schweigen, das Nicht-Sprechen – als solches erfahrbar gemacht.

Der Textfluss wird durch die Leerstelle unterbrochen, gerät ins Stocken, bricht mit der gewohnten Reihung der Wörter. Die Leerstelle zwischen den Verszeilen bringt zum Klingen, was sich dem Begrifflichen entzieht. Die Performativität des Schweigens ereignet sich durch das, was fehlt. Das Unhörbare wird hörbar. Das Unsagbare bleibt unausgesprochen. Durch die Sprechpause zwischen den Schriftzeichen artikuliert sich das Schweigen. Wie das Schweigen bleibt auch das Hören gegenüber den schriftlichen Zeichen überschüssig. Dem Wesen der Phänomenologie entsprechend, wonach das „Was" des jeweiligen Sachgehalts an das „Wie" der Zugangsweise gebunden ist, ist auch in dieser Arbeit die Methode buchstäblich zu verstehen als eine offene „Wegsuche, die sich von den Anforderungen der jeweiligen Sache leiten läßt" (Hyph, 170).

2.2 Experimentelle Seitenblicke

Entsprechend der Unvorhersehbarkeit und Unplanbarkeit ihrer Ergebnisse ist der Untersuchung zum Hören *als* Hören ein gewisser experimenteller Charakter eigen. Denn bereits „Einfälle, die unsere Intentionen durchkreuzen und in vertraute Bereiche eindringen, bringen es mit sich, daß das Finden, das Daraufkommen (*in-venire*), jedes Suchen überfällt, übersteigt und überlistet" (GdN, 224).

Waldenfels unterscheidet zwischen jenen Experimenten, die spontan auftreten, und jenen, die künstlich herbeigeführt werden (vgl. GdN, 224). Als sogenannte „Wirklichkeitsexperimente" bezeichnet er jene Experimente, die nicht nur „etwas in der Erfahrung erproben, sondern die eigentümliche Erfahrungsstruktur einer Erprobung unterwerfen oder sie in Mitleidenschaft ziehen" (GdN, 225). So, wie sich die Erfahrung des Hörens und auch der Wirklichkeitscharakter als ihrem „Implikat" nur indirekt fassen lassen, so kann auch ein entsprechendes Experimentieren nur indirekt geschehen (vgl. GdN, 225). Im Gegensatz zu Prozessen der Normalisierung und der Einordnung in ewig Bestehendes lösen Experimente mit der Wirklichkeit Prozesse der Anormalisierung aus, wodurch es zu Neuordnungen in der Wirklichkeitswahrnehmung kommt.

37 Kunz, Schweigen und Geist, 33.

Entscheidend am Experiment ist in diesem Sinne „das, was *sich* zeigt, und nicht das, was *man* zeigt und schon gar nicht das, *auf* das man zeigt“[38]. An die Stelle von Experimenten *mit* der Erfahrung treten Experimente *der* Erfahrung, die unser Denken und Handeln mit dem Fremden und Außer-Ordentlichen konfrontieren. Ziel von in diesem Sinne experimentellen Zugängen ist es, ungewohnten Vorstellungen, fremden Denk- und Sprechweisen nicht auszuweichen, sondern sie zu Gehör zu bringen und sich ihnen radikal zu stellen.

2.2.1 Exotisch – Fremdwahrnehmung des Glaubens

„Glauben Sie an Jesus Christus?“, fragt die junge Journalistin Valerie Schönian – bekannt geworden durch ein Video-Projekt des Zentrums für Berufungspastoral der Deutschen Bischofskonferenz „Valerie und der Priester“[39] – in Zeit-Online am 3. August 2018 unter dem Titel „Was ihr glaubt, ist unglaublich“[40]. Die Autorin, die sich selbst als „Kirchenferne“, als „atheistisch“ bezeichnet und für ein Jahr lang den Priester Franziskus von Boeselager begleitet, schließt selbst die Antwort auf diese Frage unmittelbar an und hält sie den Christinnen und Christen unter den Leserinnen und Leser so vor Augen, dass sie der Radikalität, die in der Konsequenz ihres christlichen Glaubens liegt, nicht ausweichen können: „Dann tun Sie etwas sehr Exotisches.“[41] Wer heute an Jesus Christus glaubt, wirkt auf viele wie eine Fremde bzw. wie ein Fremder.

Der Begriff „exotisch“ kann in einem engeren kartografischen Sinn etwas bezeichnen, das „aus einem fremden Land“ stammt, „fremdartig“ wirkt und „dabei einen gewissen Zauber“[42] ausstrahlt. Mit dem aus dem Griechischen stammenden Präfix „exo“ (außerhalb, außen, draußen) wird auf dasjenige verwiesen, das nicht mehr im eigenen, gewohnten Bereich liegt. Das Exotische benennt das Außergewöhnliche und Seltene, das aus dem Bekannten und Vertrauten herausfällt. Mit dem Exotischen wird etwas zum Ausdruck gebracht, das – aus einem bestimmten Blickwinkel betrachtet – auffällig, anders, ja fremd ist.[43] Christinnen und Christen sind in diesem Sinne Exotinnen und Exoten – „so sehen das zu-

38 Ahrens, Sönke: Experiment und Exploration. Bildung als experimentelle Welterschließung, Bielefeld 2011, 56.

39 https://valerieundderpriester.de [abgerufen am 14.01.2021].

40 Schönian, Valerie: Was ihr glaubt, ist unglaublich, in: Die Zeit (32/2018), unter: https://www.zeit.de/2018/32/kirchenferne-glaube-predigt-sprache-regeln [abgerufen am 14.01.2021].

41 Ebd.

42 Stichwort „Exotisch“, in: Duden. Das Bedeutungswörterbuch. Band 10, Mannheim u.a. ^{3}2002, 347. Die im Original vorgenommenen Hervorhebungen sind hier aufgehoben worden.

43 Vgl. ausführlich Rincón, Carlos: „Exotisch“/„Exotismus“, in: Barck, Karlheinz u.a. (Hg.): Ästhetische Grundbegriffe. Historisches Wörterbuch in sieben Bänden, Band 2, Stuttgart u.a. 2001, 338–366.

mindest viele Atheisten“[44], meint Schönian. Und wenn „Sie mit denen [den Atheisten] über Ihren Glauben sprechen wollen“, so fährt sie mit direkter Anrede an die heutigen Christinnen und Christen fort, „müssen Sie zuerst akzeptieren, dass die Sie verrückt finden. Zumindest wenn Sie wollen, dass man Ihnen zuhört“[45].

Zunehmend erscheint das Christentum in der Gegenwart als eine fremde, unvertraute Größe. Darüber täuscht auch das ansteigende Interesse für das Religiöse nicht hinweg:

> „Die selbstverständliche Vertrautheit mit rituellen Vollzügen und symbolischen Verständigungsmustern ist ebenso gebrochen wie die bloße Kenntnis, geschweige denn die intellektuelle und religiöse Vermittelbarkeit tragender inhaltlicher Konzepte. […] Die Konjunktur des Religiösen ist vor diesem Hintergrund sicher nicht identisch mit einer Revitalisierung des Christentums zumal in seinen westeuropäisch großkirchlichen Formaten.“[46]

In dieser Situation zunehmender Fremdheit sind Christinnen und Christen, sind pastorale Mitarbeiterinnen und Mitarbeiter herausgefordert, „jedem Rede und Antwort zu stehen, der […] [von ihnen] Rechenschaft fordert über die Hoffnung, die [sie] erfüllt“ (1 Petr 3,15). Diese Herausforderung erweist sich umso anspruchsvoller, je seltener „Rede und Antwort“ heute Gehör zu finden scheinen.

Die Fremdheit und Andersheit, die der christliche Glaube in der Wahrnehmung vieler Menschen immer stärker auslöst, greift in ähnlicher Weise auch der Karikaturist Thomas Plaßmann in seinem Cartoon unter dem Titel „Exoten“ auf. Zwei Frauen und drei Männer stehen in kommunikativer Runde beim Sektempfang zusammen. „Christ? … Ach! Interessant … und was macht man da so?“ – Mit dieser Frage wird der Mann im schwarzen Jackett plötzlich konfrontiert. Die zeichnerisch in Szene gesetzte Situation macht deutlich, dass der christliche Glaube für viele Menschen bereits fremd geworden ist. In Anlehnung an diese Karikatur fragt Norbert Kebekus, Referatsleiter im Erzbischöflichen Seelsorgeamt Freiburg, auf seinem *sende-zeit-Blog*: „Müssen Christen erst zu gesellschaftlichen Exoten geworden sein, damit ihr Anderssein interessiert?“[47] Auf der Schwelle zwischen Eigenem und Fremdem brechen reizvolle Fragen nach dem Kern des christlichen Glaubens auf. Was unterscheidet Christinnen bzw. Christen von Nichtchristinnen bzw. Nichtchristen? Was zeichnet den christlichen Glauben

44 Schönian, Was ihr glaubt.

45 Ebd.

46 Hoff, Gregor Maria/Waldenfels, Hans: Einleitung, in: Dies. (Hg.): Die ethnologische Konstruktion des Christentums. Fremdperspektiven auf eine bekannte Religion, Stuttgart 2008, 7–9, hier 7.

47 Das Zitat stammt ursprünglich aus dem Blog https://sendezeit.wordpress.com [abgerufen am 15.03.2018]. Die Internetseite wurde inzwischen deaktiviert. Das Zitat findet sich auch auf http://rosenkranzbeten.info/rosenkranzbeten/christ-ach-was-macht-man-denn-da-so/ [abgerufen am 14.01.2021].

aus? Was *machen* Christinnen und Christen eigentlich so? Jenes, was den christlichen Glauben *ausmacht*, übersteigt das, was man *so macht*, möchte man antworten. Aber was bedeutet das konkret?

Das Fremdwerden ihrer Botschaft wird von der Kirche als Krise wahrgenommen. Mehr denn je beschäftigt heute Mitarbeiterinnen und Mitarbeiter in der Pastoral die Schwierigkeit, wie die Vermittlung des christlichen Glaubens an die nächste Generation erfolgen kann. Während nach wie vor die Frage nach dem Sinn des Lebens auf unterschiedliche Arten und Weisen gestellt wird, haben seit Jahrzehnten die überkommenen Formen und Institutionen des christlichen Glaubens keine Glaubwürdigkeit mehr. Angesichts der Erosionsprozesse, denen der christlich-kirchliche Glaube ausgesetzt ist, verschärft sich die Bedrängnis inzwischen: Wie kann gehandelt und wie kann gesprochen werden, um sich bei den Menschen Gehör zu verschaffen? Kann überhaupt etwas getan werden, um der zunehmenden Verflüssigung des christlich-kirchlichen Glaubens entgegenzuwirken? In nahezu allen pastoralen Feldern werden diese und ähnlich gelagerte Fragen hörbar und veranlassen die Suche nach Antworten, sodass in Bistümern immer neue Pläne, Strategien und Konzepte erarbeitet werden, um der Krise zu begegnen.

Die eigene Krisenwahrnehmung speist sich dabei nicht selten aus der „Unzufriedenheit über die Abweichung vom Goldenen Zeitalter des Milieukatholizismus" und konfrontiert damit, dass „es nicht mehr so ist, wie es einmal war, man es aber gerne wieder so hätte"[48]. In der Folge wird der Handlungsmodus von einem „Wiederholungszwang des Erfolgs vergangener Tage"[49] bestimmt: Vorhandene Kräfte werden in die Bestandssicherung der überkommenen Kirchengestalt investiert und die stabilisierenden Faktoren in der Logik eines „mehr Desselben" in die Zukunft hinein verlängert.[50] Zugleich erleben viele Verantwortliche in der Pastoral die Vergeblichkeit ihrer eigenen Anstrengungen. Ihr Deutungs- und Handlungsrahmen wird nicht selten durch die ihnen vertraute „Logik der Zugehörigkeit"[51] bestimmt, wonach die Rede von Gott im Sinne einer „Gabe, einer Hilfe, eines Vorschlags" begriffen wird, „der sich an Frauen und Männer richtet", und zwar so, als hätten diese „alles zu empfangen und selbst nichts zu sagen

48 Hochschild, Michael: Auf der Schwelle in die Zukunft. Den Wandel der Kirche verstehen und mitgestalten, Stuttgart 2001, 25.

49 Ebd.

50 Vgl. Spielberg, Bernhard: Kann Kirche noch Gemeinde sein? Praxis, Probleme und Perspektiven der Kirche vor Ort, Würzburg 2008, 38. Vgl. auch Lames, Gundo: Metanoia – Kirche im Wandel – vom Krisenschema zum Entdeckungsschema in Kirche und Pastoral?, in: TThZ 112 (2003), 255–267, hier 263. Vgl. ebenso Hochschild, Schwelle, 20.

51 Donegani, Jean-Marie: Säkularisierung und Pastoral, in: Feiter/Müller (Hg.): Frei geben, 56–80, hier 58.

oder geben“[52]. Trotz großer Bemühungen geht es allerdings in der „Logik der Zugehörigkeit“, gewissermaßen von der „Wiege bis zur Bahre“, nicht mehr weiter wie bisher.

Pastoral ist demgegenüber aufgefordert, das Exotische als ihren eigenen Ort zu entdecken. Anstatt die Schwelle zwischen Vergangenheit und Zukunft, zwischen Eigenem und Fremdem zu leugnen, besteht die Herausforderung im Aushalten der Ungewissheit und der Offenheit, die die unkontrollierbare Dynamik des Übergangs mit sich bringt. Dort, wo ich nicht mehr weiß, wie zu sprechen ist, eröffnet das Hören neue Möglichkeiten des Sprechens, und zwar nicht allein vom Eigenen, sondern vom Anderen her, genauer: im Zwischen, auf der Schwelle.

Der oder die Andere, wie etwa Valerie Schönian, werden zu Ethnologen bzw. Ethnologinnen, die aufmerksam machen auf das, was im Eigenen fremd, im Selbstverständlichen unselbstverständlich und im Vertrauten unvertraut ist.[53] Hören bedeutet dabei nicht nur, sich selbst verletzbar zu machen, empfänglich und ansprechbar zu werden, sondern auch, die und den Anderen als sie und ihn selbst vorkommen zu lassen, seien ihre bzw. seine Ansichten und Denkweisen, die zu Wort kommen, auch noch so befremdlich, anders und irritierend. „Was auch zum Aushalten gehört“, schreibt Schönian: „Ertragen Sie mal einen dummen Spruch. Auch wenn Fronleichnam ‚Happy Kadaver‘ genannt wird. Es hat eben nicht jeder verinnerlicht, was das bedeutet: Jesus ist für uns gestorben.“[54]

2.2.2 Ex auditu – Die verschiedenen Sprachen unserer Zeit hören

Vor dem Hintergrund der Pastoralkonstitution des Zweiten Vatikanischen Konzils *Gaudium et spes* ist jene Praxis als pastoral zu bezeichnen, die sich als Praxis des gesamten Gottesvolkes begreift.[55] Ihren Entstehungsort hat pastorale Praxis in den alltäglichen Lebenssituationen der Menschen. Pastoral konstituiert dabei nicht erst die Praxis des Volkes Gottes, stellt sie nicht nachträglich her, sondern ereignet sich bereits in ihrer Mitte, findet darin ihren „theologiegenerativen

52 Billé, Louis-Marie: Conférence d'ouverture, in: Des temps nouveaux pour l'Évangile, Conférence des évêques de France, Assemblée plénière, Lourdes 2000, Paris 2001, 21, zitiert nach Bacq, Philippe: Für eine Erneuerung vom Ursprung her. Auf dem Weg zu einer ‚zeugenden Pastoral‘, in: Feiter/Müller (Hg.): Frei geben, 31–55, hier 38.

53 Vgl. Hirschauer, Exotisierung des Eigenen, 217. Hirschauer zufolge fungiert der Kirchenfremde als „ein unfreiwilliger Soziologe“.

54 Schönian, Was ihr glaubt.

55 Vgl. Feiter, Reinhard: Von der pastoraltheologischen Engführung zur pastoraltheologischen Zuspitzung der Praktischen Theologie, in: Göllner, Reinhard (Hg.): „Es ist so schwer, den falschen Weg zu meiden“. Bilanz und Perspektiven der theologischen Disziplinen, Münster 2004, 261–286.

Ort“[56]. Dementsprechend stellen die „Lebenskontexte der Menschen“ nicht einfach Orte dar, aus denen Gegenstände des Wissens abzuleiten sind, denen sich dann die Praktische Theologie widmet, „um sich mit den mitgebrachten Antworten an den dort aufkommenden Fragen abzuarbeiten“[57].

In der Linie des Zweiten Vatikanischen Konzils geht es darum, „die Lebenswirklichkeiten und die daraus erwachsenden Erfahrungen der Menschen als Ort zu respektieren, dem selbst Inhalte und Praxisformen des Glaubens originär, in ursprünglicher und authentischer Weise erwachsen“[58]. Der erste „Modus“ von Pastoral ist „derjenige des Hörens, durch das sich die Menschen zum selbstbestimmten Reden über ihre Erfahrungen ermächtigt fühlen“[59]. Das bedeutet aber auch: Eine Pastoral, die vom Hören ausgeht, muss damit rechnen, dass „sie in den Kontexten der Menschen nicht nur ihre Fragen (und schon gar nicht nur die Fragen auf vorgefertigte Antworten), sondern auch ihre Antworten findet“[60].

Damit sie ihren Auftrag erfüllt, obliegt der Kirche – so formuliert es die Pastoralkonstitution des Zweiten Vatikanischen Konzils – die Aufgabe, „nach den Zeichen der Zeit zu forschen und sie im Licht des Evangeliums zu deuten“ (GS 4), damit sie in einem Prozess der Unterscheidung erkennt, was darin „wahre Zeichen der Gegenwart oder der Absicht Gottes sind“ (GS 11). Allerdings stellen die Zeichen der Zeit nicht einfach „die ‚Umstände‘ [dar], unter denen der Glaube verkündet wird, sondern die anstrengenden Orte der Glaubensentdeckung heute“[61]; sie sind „Begegnungsstätten zwischen Gott und den Menschen, in denen ein Raum der Differenz von Heil und Unheil angelegt ist, wo darum gerungen wird, dass Befreiung vom Unheil erfolgen kann und erlöstes Leben möglich wird“[62]. Dementsprechend sind die „Zeichen der Zeit“ nicht einfach „Größen, die der Kirche […] aus ihrer eigenen Tradition“ ein für alle Mal zur Verfügung stünden, vielmehr erwachsen sie je neu aus „der historischen Realität der jeweiligen Gegen-

56 Klein, Stephanie: Subjekte und Orte der Praktischen Theologie. Der Alltag als theologiegenerativer Ort, in: Haslinger, Herbert (Hg.): Handbuch Praktische Theologie. Grundlegungen, Band 1, Mainz 1999, 60–67.

57 Haslinger, Herbert/Bundschuh-Schramm, Christiane/Fuchs, Ottmar/Karrer, Leo/Klein, Stephanie/Knobloch, Stefan/Stoltenberg, Gundelinde: Ouvertüre: Zu Selbstverständnis und Konzept dieser Praktischen Theologie, in: Haslinger, Herbert (Hg.): Handbuch Praktische Theologie. Grundlegungen, Band 1, Mainz 1999, 19–44, hier 27.

58 Ebd., 27f.

59 Ebd., 28.

60 Ebd.

61 Bucher, Rainer: 40 Jahre danach. Beschädigt. Die defizitäre Rezeption von Gaudium et spes und die Krisen der Kirche, in: Diak. 36 (2/2005), 121–127, hier 125.

62 Sander, Hans-Joachim: Vom religionsgemeinschaftlichen Urbi et Orbi zu pastoralgemeinschaftlichen Heterotopien. Eine Topologie Gottes in den Zeichen der Zeit, in: Böttigheimer, Christoph (Hg.): Zweites Vatikanisches Konzil. Programmatik – Rezeption – Vision, Freiburg i.Br. 2014, 157–179, hier 176.

wart“[63]. Daher ist die Kirche auch „allzeit“ (GS 4) dazu aufgefordert, jede Form der Selbstbezüglichkeit zu vermeiden und Gottes Gegenwart gerade dort, wo sie diese vielleicht am wenigsten erwartet, im Unbekannten und Fremden, im Unvertrauten und Ungewissen neu zu entdecken. Die „Zeichen der Zeit“ sind von ihr als Ereignisse anzuerkennen, „die eine Macht haben, die Zeit in der Perspektive der Menschwerdung zu verändern“[64].

Die „Theologie der ‚Zeichen der Zeit'“ zielt insgesamt auf eine Umkehr, nämlich, so der Theologe Christoph Theobald, auf eine „‚Pastoralität' des Dogmas selbst“[65]. Die Kirche kann „das Werk Christi in seinem Geist“ demnach nur „*in* einem Auslegungs*prozess*“ weiterführen, „der sowohl das Evangelium selbst wie auch die Situation oder den Ort der Interpretation einbezieht“[66]. Der „entscheidende und in gewissem Sinn revolutionäre Punkt“ liegt Theobald zufolge in der „Wechselseitigkeit dieses Auslegungsprozesses, in dem das Evangelium (GS 4) oder der Glaube (GS 11) die Interpretation der ‚Zeichen der Zeit' ermöglicht, umgekehrt aber das Hören, Unterscheiden und Deuten der vielfältigen Sprachen unserer Zeit dazu führt, die geoffenbarte Wahrheit immer tiefer zu erfassen, besser zu verstehen und angemessener vorzulegen (GS 44)“[67].

Im unterscheidenden Hören besteht schließlich die Aufgabe für das ganze Gottesvolk wie in besonderer Weise für die Seelsorgerinnen bzw. Seelsorger und Theologinnen bzw. Theologen; diese Aufgabe wird in der Pastoralkonstitution klar benannt:

> „Von Beginn ihrer Geschichte an hat sie [die Kirche] gelernt, die Botschaft Christi in der Vorstellungswelt und Sprache der verschiedenen Völker auszusagen und

63 Sander, Hans-Joachim: Die Zeichen der Zeit erkennen und Gott benennen. Der semiotische Charakter von Theologie, in: ThQ 182 (2002), 27–40, hier 34f. Ausgehend von Charles S. Peirce bestimmt Sander Pastoral als einen „semiotische[n] Vorgang“, das heiße einen „Vorgang, der dem, was es an humaner und inhumaner Situation heute gibt, Signifikanz verleiht, und der dem, was das Evangelium darin bedeutet, Signifikanz erschließt. Daraus besteht Pastoral und an dieser doppelten Signifikanz entsteht eine pastoral konstituierte Theologie“. Diese versteht Sander als einen „semiotische[n] Prozess ad extra und ad intra“, der zugleich „unausweichlich plural“ und „unausweichlich universal“ ist. Ebd., 35.

64 Sander, Hans-Joachim: Die Zeichen der Zeit. Die Entdeckung des Evangeliums in den Konflikten der Gegenwart, in: Fuchs, Gotthard/Lienkamp, Andreas (Hg.): Visionen des Konzils. 30 Jahre Pastoralkonstitution ‚Die Kirche in der Welt von heute' (Schriften des ICS 36), Münster 1997, 85–102, hier 98.

65 Theobald, Christoph: Zur Theologie der Zeichen der Zeit. Bedeutung und Kriterien heute, in: Hünermann, Peter (Hg.): Das Zweite Vatikanische Konzil und die Zeichen der Zeit heute, Freiburg i.Br. u.a. 2006, 71–84, hier 71.

66 Ebd., 72.

67 Ebd. Vgl. AG 9. Dort heißt es: „Missionarische Tätigkeit ist nichts anderes und nichts weniger als Kundgabe oder Epiphanie und Erfüllung des Planes Gottes in der Welt und ihrer Geschichte, in der Gott durch die Mission die Heilsgeschichte sichtbar vollzieht.“

darüber hinaus diese Botschaft mit Hilfe der Weisheit der Philosophen zu verdeutlichen, um so das Evangelium sowohl dem Verständnis aller als auch berechtigten Ansprüchen der Gebildeten angemessen zu verkünden. Diese in diesem Sinne angepaßte Verkündigung des geoffenbarten Wortes muß ein Gesetz aller Evangelisation bleiben. [...]

Es ist jedoch Aufgabe des ganzen Gottesvolkes, vor allem auch der Seelsorger und Theologen, unter dem Beistand des Heiligen Geistes auf die verschiedenen Sprachen unserer Zeit zu hören, sie zu unterscheiden, zu deuten und im Licht des Gotteswortes zu beurteilen, damit die geoffenbarte Wahrheit immer tiefer erfaßt, besser verstanden und passender verkündet werden kann." (GS 44)

„Wohl noch nie", so schreibt der Konzilstheologe Yves Congar in seinem Kommentar zu diesem Paragrafen der Pastoralkonstitution, hat die katholische Kirche „formell so anerkannt, daß sie gegenüber der Welt auch die Empfangende ist"[68].

Mit dem Hören wird, so Ottmar Fuchs, die Kirche zu einem „Ortswechsel"[69] herausgefordert, der von den Sprachen der Anderen her das eigene Sprechen, die eigene Gestalt und das eigene Verhalten verwandelt. Die Relevanz des Evangeliums entscheidet sich gewissermaßen an der „Resonanzfähigkeit" der Pastoral[70], das heißt daran, ob alles „wahrhaft Menschliche in den Herzen [der Jünger Christi] seinen Widerhall" (GS 1) findet. Zentral für solcherart Resonanzfähigkeit ist nach Fuchs ein zweifaches Hören: nämlich einerseits ein „Hinhören auf die Geschichten der Vergangenheit, wie sie in der Bibel und in der kirchlichen Tradition Gottes Handeln in der Geschichte zum Vorschein bringen", und andererseits ein „Hinhören auf die Menschen in der Gegenwart und auf ihre Geschichten, damit die ersteren tatsächlich als für das je eigene Leben relevant erfahren werden können"[71]. Es geht sowohl um dieses zweifache Hinhören als auch um eine bestimmte Haltung, mit der auf das Gehörte eingegangen wird.[72] Dabei erschöpfen sich Resonanz bzw. „Widerhall" allerdings nicht im Echo, das heißt in der Wiederholung des Eigenen. Der Soziologe und Sozialphilosoph Hartmut Rosa erläutert, weshalb Echo und Resonanz klar voneinander zu unterscheiden sind:

68 Congar, Yves: Kommentar zum vierten Kapitel des ersten Teils von Gaudium et spes, in: LThK, Ergänzungsband 3: Das Zweite Vatikanische Konzil. Konstitutionen, Dekrete und Erklärungen, Kommentare Teil III, Freiburg i.Br. ^{2}1968, 397–422, hier 416.

69 Fuchs, Ottmar: Die Konfrontation des kirchlichen Dienstes mit ‚den sehr oft so grundlegend veränderten pastoralen und menschlichen Umständen' (PO 1) – Ermutigung zu einer topopraktischen Pastoral, in: Hünermann, Peter/Hilberath, Bernd (Hg.): Herders Theologischer Kommentar zum Zweiten Vatikanischen Konzil, Band 5, Freiburg i.Br. u.a. 2006, 403–414, hier 403.

70 Vgl. ebd.

71 Ebd.

72 Vgl. ebd.

> „Beim Echo wird zurückbestätigt, was gerufen wurde. Das ist nicht Resonanz. Resonanz ist das Hören einer anderen Stimme. Und dazu gehört, dass das Andere mir als Anderes entgegentritt. Da muss es immer etwas geben, was ich vielleicht nicht verstehe, was sogar nicht anverwandelbar ist."[73]

Es ist Jean-Luc Nancy, der herausstellt, dass „Echo", das begrifflich vom „altgriechische[n] *êkhéô*" stammt, sowohl „‚lärmen' als auch ‚widerhallen'" bedeutet bzw. genauer „‚einen Klang erwidern'"[74]. Das heißt: Ein Klang wird wiedergegeben, *indem* er erwidert wird.[75] Resonanz steht demgegenüber für eine dynamische, wechselseitige Beziehung des Antwortens, in der auf unerwartete Weise neue Schwingungen erzeugt werden. Rosa beschreibt das Phänomen der Resonanz in Analogie zur Akustik bildlich anhand von zwei Stimmgabeln:

> „Bringt man zwei Stimmgabeln in physische Nähe zueinander und schlägt eine davon an, so ertönt die andere als Resonanzeffekt mit. Wenn Subjekte also [...] auf Resonanzerfahrungen hin angelegt sind, so können sie darauf hoffen, als ‚zweite Stimmgabel' von etwas Begegnendem zum Klingen gebracht zu werden – oder aber im Sinne der ‚ersten Stimmgabel' so lange zu suchen, bis sie ‚Widerhall' finden."[76]

Resonanz entsteht „gerade *nicht* zwischen zwei Gleichen oder Identischen (das entspräche einer stummen *Echo-Beziehung*), sondern zwischen *Differenten, aber Antwortenden*"[77]. Für eine solche Form der resonanten Weltbeziehung, verstanden als positive „Antwortbeziehung", in der sich Subjekt und Welt wechselseitig berühren und gleichsam verwandeln, bedarf es folgender zwei Pole: „die berechtigte Erwartung in meine ‚Selbstwirksamkeit' (bildlich gesprochen: die Möglichkeit, initiativ ‚erste Stimmgabel' zu sein), zugleich aber auch das konstitutive Moment der ‚Unverfügbarkeit' dessen, was mich, wenn ich sozusagen als ‚zweite Stimmgabel' bereit bin, berührt [...]"[78].

73 Rosa, Hartmut/Endres, Wolfgang: Resonanzpädagogik. Wenn es im Klassenzimmer knistert, Weinheim u.a. ²2016, 21.

74 Nancy, Jean-Luc: Ascoltando, in: Szendy, Peter (Hg.): Höre(n). Eine Geschichte unserer Ohren. Mit einem Vorwort von Jean-Luc Nancy, aus dem Französischen übersetzt und mit einem Nachwort von Daniel Schierke, Paderborn 2015, 9–14, hier 10.

75 Vgl. ebd.

76 Rosa, Hartmut: Resonanz. Eine Soziologie der Weltbeziehung, Berlin 2016, 211f. Bernhard Waldenfels setzt sich kritisch mit Rosas soziologischem Ansatz einer resonanten Weltbeziehung auseinander, vgl. dazu ES, 254–289.

77 Rosa, Resonanz, 313.

78 Rohner, Martin/Winter, Stephan: Religion in der Resonanzkrise. Provokationen und Ermutigungen christlichen Glaubens, die an der Zeit sind, in: Kläden, Tobias/Schüßler, Michael (Hg.): Zu schnell für Gott? Theologische Kontroversen zu Beschleunigung und Resonanz, Freiburg i.Br. 2017, 94–114, hier 105. Vgl. in evangelischer Perspektive die unterschiedlichen Beiträge, die Resonanz als Ansatzpunkt einer Praktischen Theologie beleuchten, in: Thierfelder, Constanze/Eibach, Dietrich Hannes: Resonanzen. Schwingungsräume Praktischer Theologie. Festschrift für Gerhard Marcel Martin, Stuttgart 2002.

Resonanz ereignet sich nicht in der Repetition desselben, sondern im Berühren und Sich-berühren-Lassen, in Aktion und Passion, in der Begegnung, deren Schwingungen beide Partner verändert. Für Rosa besteht der Kern des christlichen Glaubens in einer „resonanztheoretischen Vorstellung“[79]. Er schreibt:

> „Auch und gerade wenn Gott im Sinne einer tendenziell negativen Theologie als prinzipiell *unverfügbar* gedacht wird, ist das Verhältnis zwischen Gott und Mensch doch als eines der wechselseitigen Erreichbarkeit oder Bezogenheit konzipiert: Der Mensch soll auf Gott oder sein Wort *hören*, und Gott lässt sich im Gebet erreichen – was eben nicht heißt, dass er sich in irgendeiner Form verfügbar machen ließe. Responsivität bedeutet hier [...] ein gleichsam hörendes, auf-hörendes *Aufeinanderbezogensein*, das verwandelnde Kraft hat, aber beiden Seiten die ‚eigene Stimme‘ und die Antwortfreiheit lässt: Ob sich Resonanz einstellt und was ihr Ergebnis sein wird, bleibt unverfügbar offen.“[80]

In besonderer Weise kommt die Resonanzerfahrung in einer hörenden Haltung zum Ausdruck. Denn wer hört, der öffnet sich der bzw. dem Anderen, der geht aus sich heraus, wird empfänglich, will lernen, macht sich verletzbar, der stellt nicht sich selbst, sondern die bzw. den Anderen ins Zentrum. Zugleich gilt: Resonanz bringt Erfahrungen, in denen „Momente des wechselseitigen geistigen Berührens und Berührtwerdens“[81] vorkommen, zum Klingen, macht sie hörbar. Dies geschieht etwa, wenn wir sagen, dass es zwischen zwei Menschen „funkt“, wenn man „Gänsehaut“ bekommt oder wenn es „im Klassenzimmer knistert“[82].

Mit einer hörenden Haltung werden Pastoral und Kirche dazu herausgefordert, sich den „Übergänge[n], Schwellen, Passagen zwischen den unterschiedlichen Lebensbereichen und lebensgeschichtlichen Phasen des einzelnen“[83] auszusetzen. Entgegen zu großer Selbstsicherheit gilt es, im Eigenen dem Geheimnisvollen, im Gewohnten dem Neuen und im Bekannten dem Fremden sowie auch den Ungewissheiten der Gegenwart im Dialog nicht auszuweichen, sondern lernend auf der Spur zu bleiben.

Dies geschieht – so Matthias Sellmann in seinen pastoraltheologischen Ausführungen – im Modus der „Akkomodation“[84], dem „Gesetz aller Evangelisation“

79 Rosa, Hartmut: Unverfügbarkeit, Wien u.a. ^{4}2019, 43.

80 Ebd.

81 Rosa/Endres, Resonanzpädagogik, 17. Vgl. auch ebd., 8.

82 Rosa/Endres, Resonanzpädagogik, 17. Vgl. auch ebd., 8.

83 Luther, Henning: Religion und Alltag. Bausteine zu einer Praktischen Theologie des Subjekts, Stuttgart 1992, 247.

84 Eine hörende Perspektive übersteigt allerdings die Akkomodation, ohne sie zu überwinden. Papst Franziskus lässt in gewisser Weise die „Inkulturation“ bzw. „Akkomodation“ hinter sich, jedoch nicht in dem Sinne, dass es diese nicht mehr geben darf, sondern so, dass sie das Vorletzte ist, wohingegen das Hören auf die fremde Stimme das Letzte ist. Auf diese Weise wird ein hermeneutisches Verständnis von Inkulturation bzw. Akkomodation grundgelegt. Vgl. Sekretariat der Deutschen Bischofskonferenz (Hg.): Nachsyno-

(vgl. GS 44) schlechthin: „Beide Partner in der Akkomodation bzw. der Inkulturation wollen und werden sich durch ihre kulturelle Begegnung verändern."[85] Statt einer wechselseitigen Umkehr in die Logik des Anderen hinein geht es, so Sellmann, darum, dass sich „durch ihre Begegnung beide vor einem gemeinsamen Dritten wieder[finden]"[86]. Über diesen Weg erfährt „man die Querschnittsfläche, aber auch die weiter bestehende Abgrenzung zum Anderen"[87].

Dabei ist die „Kultur", zu der Kontakt aufgenommen wird, nicht einfach als die „Bühne" zu verstehen, welche die Kirche in einem guten Licht präsentiert, „damit sich die Offenbarung ereigne"[88]. Auch sind die „‚Leute' [...] nicht einfach die Zielgruppe, auf die sich die Verkündigungsaktivität der Kirche richtet", und die ‚Welt' ist nicht einfach das Material, das sekundär durch Bibel und Sakramente vergeistigt würde"[89]. Genauso wenig ist „‚Kirche' [...] das, was immer schon da wäre, jenseits konkreter Orte, Zeichen, Menschen und Strukturen"[90]. Vielmehr ist Kirche selbst als „lernende", als empfangende zu verstehen, die angewiesen ist auf die „Hilfe der in der Welt Stehenden", und zwar „gleichgültig, ob es sich um Gläubige oder Ungläubige handelt", damit die Offenbarung „immer tiefer erfaßt, besser verstanden und passender verkündet werden kann"[91], wie es in GS 44 heißt.

Die Mitte der „praedicatio accomodata", der angepassten Verkündigung ist ein „[...] [vivum] commercium", ein lebendiger Austausch auf Augenhöhe, der „die riskante Beziehung mit dem Anderen [wagt], in die man vom Inhalt der Christusbotschaft her getrieben wird"[92]. Dieser Stil wechselseitiger Verkündigung („[...] [*vivum*] *commercium/austauschen, deuten, empfangen, unterscheiden*") erwächst, so Sellmann, aus einem aufmerksamen Hören („*auscultare/abhorchen/zuhören*") und mündet in ein Sprechen („*proponere/vorschlagen/verkündigen*"), das gewissermaßen selbst hörend, austauschorientiert und offen bleibt.[93] Diese Trias von Zuhören, Austauschen, Vorschlagen, die an den pastoral-praktischen Dreischritt von „Sehen, Urteilen, Handeln" erinnert, der ursprünglich von

dales Apostolisches Schreiben Querida Amazonia von Papst Franziskus an das Volk Gottes und an alle Menschen guten Willens, Bonn 2020, auch online unter: http://www.vatican.va/content/dam/francesco/pdf/apost_exhortations/documents/papa-francesco_esortazione-ap_20200202_querida-amazonia_ge.pdf [abgerufen am 14.01.2021].

85 Sellmann, Matthias: Zuhören – Austauschen – Vorschlagen. Entdeckungen pastoraltheologischer Milieuforschung, Würzburg 2012, 38.

86 Ebd.

87 Ebd.

88 Ebd., 40.

89 Ebd.

90 Ebd.

91 Ebd.

92 Ebd., 48f.

93 Ebd., 51.

Kardinal Joseph Cardijn im Kontext seiner Evangelisierungsarbeit mit der Christlichen Arbeiterjugend entwickelt wurde, wird zur Grundlage einer ethnologisch akzentuierten Pastoraltheologie, wie sie Sellmann – ausgehend vom Hören der „verschiedenen Sprachen unserer Zeit" (GS 44) – entwirft. Ziel ist es nicht, „die Leute auszuhorchen, um ihnen dann umso raffinierter und taktischer die Frohe Botschaft ‚unterzujubeln'"[94], „die ‚Anderen' [...] sind eben ‚mehr als Adressaten', mehr als Zielscheiben meiner pastoralen Wurfsendung"[95]; sie sind aktive Subjekte, „Ko-Produzenten", „Mit-Autoren" einer Verkündigung, die Resonanz erzeugt.[96] Der kommunikative Dreischritt provoziert zu einem Wechsel vom „Paradigma des Erreichens" hin zum „Paradigma des Lernens" in der Pastoral.[97]

Pastoral beginnt in der Linie der Pastoralkonstitution des Zweiten Vatikanischen Konzils nicht mit dem Sprechen, sondern mit dem Hören. Es geht also nicht darum, dass zuerst Seelsorgerinnen bzw. Seelsorger und Theologinnen bzw. Theologen zu Wort kommen; es geht vielmehr darum, Gottes Botschaft im Leben der Menschen zu hören. Programmatisch gesprochen, geht die Kirche „als predigende in das Konzil hinein – und kommt als zuhörende wieder heraus"[98].

Die Pastoralkonstitution wagt mit GS 44 einen radikalen Paradigmenwechsel, indem sie ihren Ort in den Lebenswelten der Menschen und ihre Zeit im Heute bestimmt. Michael Böhnke beschreibt diese Umkehr auf folgende Weise:

> „*Gaudium et spes* 44 konkretisiert, dass die Kirche als geschichtliche Wirklichkeit von den Menschen in der Welt lernen kann, wie sie ihre Botschaft so verkündet, feiert und lebt, dass diese von den Menschen in der Welt von heute verstanden werden kann. Korrigiert wird damit eine Auffassung, derzufolge die konkrete Gestalt der christlichen Botschaft zeitunabhängig vorgegeben sei. Vielmehr können die Denk-, Erfahrungs- und Handlungsweisen der Zeit selbst zu einem tieferen Erfassen und besseren Verständnis der Offenbarung führen."[99]

Als Hörende geht Pastoral das Wagnis ein, in ihren Ordnungen des Denkens, Sprechens und Handelns irritiert und im Sinne einer *ecclesia semper reformanda* permanent zur eigenen Transformation herausgefordert zu werden. Eine solche im Hören gründende Pastoral akzeptiert ihre eigene Vorläufigkeit und Schwäche; sie ist sich selbst nie genug und verzichtet „auf jedes selbstsichere, selbstverständliche, auftrumpfende Reden von Gott und den Menschen"[100]. *Gaudium et spes*

94 Sellmann, Zuhören – Austauschen – Vorschlagen, 137.
95 Ebd., 142 (mit Verweis auf Rainer Bucher).
96 Vgl. ebd.
97 Vgl. ebd.
98 Ebd., 25.
99 Böhnke, Michael: Kirche in der Glaubenskrise. Eine pneumatologische Skizze zur Ekklesiologie und zugleich eine theologische Grundlegung des Kirchenrechts, Freiburg i.Br. 2013, 119.
100 Haslinger u.a., Ouvertüre, 28.

durchbricht „die Einbahnlogik von fragenden Menschen und antwortender Kirche zugunsten einer pastoralen Suchgemeinschaft“[101] des *gesamten* Volkes Gottes. Eine so verstandene Pastoral ist gewissermaßen ein Anfang vor dem Anfang, der in seiner Unbegreifbarkeit inmitten des wissenschaftlichen Diskurses immer wieder stört und öffnet, ihn allerdings auch erzeugt und inspiriert.[102]

Inwiefern das responsive Hören im Sinne der von Rosa benannten Unverfügbarkeit in Bezug auf eine Pastoral, die sich den Resonanzbegriff zu eigen macht, eine zentrale, wenn auch unbequeme Ergänzung mit sich führt, wird im Verlauf der Arbeit noch deutlich gemacht werden. An dieser Stelle sei nur in Aussicht gestellt: So, wie die Resonanzerfahrung im Hören einen Ausdruck erhält, geht das Hören nochmal über sie hinaus.

2.2.3 Exposure – Sich hörend aussetzen

Eine vom Hören ausgehende Pastoral entwickelt sich aus dem Konstitutionsprinzip von Kirche schlechthin: dem Volk Gottes, das gemäß der Pastoralkonstitution des Zweiten Vatikanischen Konzils „das kirchliche Volk Gottes“ überschreitet und „sich auf alle Menschen und Völker“[103] bezieht. Eine hörende Pastoral lässt das ganze Volk Gottes zum Vorschein kommen; sie ermöglicht Subjektwerdung der bzw. des Einzelnen, indem sie den sogenannten „Adressaten“ zuhört, ihnen eine Stimme gibt, ihnen ermöglicht, sich selbst einzubringen, und auf diese Weise die „hohe Berufung des Menschen“ (GS 3) konkret werden lässt. Hören ermöglicht, die Andere bzw. den Anderen zu Wort kommen zu lassen. Eine hörende Praktische Theologie kann – in Anlehnung an Christian Bauer gesprochen – insofern als „konstellativ“[104] bezeichnet werden, als – auf der Basis von „dichter Beschreibung“ und „teilnehmender Beobachtung“ – sowohl literarische, fachwissenschaftliche und künstlerische Dokumente rezipiert werden als auch Erfahrungen im Volk Gottes eine Stimme erhalten und gehört werden.[105]

101 Bauer, Christian: Konstellative Pastoraltheologie. Erkundungen zwischen Diskursarchiven und Praxisfeldern, Stuttgart 2017, 230.

102 Vgl. Feiter, Engführung.

103 Fuchs, Ottmar: Kirche, in: Haslinger, Herbert u.a. (Hg.): Handbuch Praktische Theologie. Grundlegungen, Band 1, Mainz 1999, 363–375, hier 364.

104 Vgl. Bauer, Konstellative Pastoraltheologie. Vgl. Bucher, Rainer: Über Stärken und Grenzen der ‚Empirischen Theologie‘, in: ThQ 182 (2002), 128–154, hier 146f.

105 Vgl. Bauer, Konstellative Pastoraltheologie. Vgl. zur teilnehmenden Beobachtung Atteslander, Peter: Methoden der empirischen Sozialforschung, Berlin [12]2008, 67–100. Vgl. zur Geschichte der teilnehmenden Beobachtung Heidemann, Frank: Ethnologie. Eine Einführung, Göttingen 2011, 33-36. Gerd Spittler spricht sich für eine vertiefte, ganzheitliche Form der teilnehmenden Beobachtung aus und konzipiert diese in Anlehnung an Clifford Geertz’ Begriff der „Dichten Beschreibung“ als „Dichte Teilnahme“. Dabei weist Spittler darauf hin, dass Hören wie jede Form von Miterleben „ein schwieriger Prozess“ ist: „Zumindest partiell bietet die eigene Erfahrung einen Zugang. Aber beim Miterleben

Es war der US-amerikanische Ethnologe Clifford Geertz, der die Methode der „dichten Beschreibung" (*thick description*) entwickelte, wobei der Begriff ursprünglich auf den britischen Philosophen Gilbert Ryle zurückgeht. Im Gegensatz zur „dünnen Beschreibung" – dem bloßen Sammeln von messbaren Daten aus der Perspektive eines distanzierten Beobachters – geht es der „dichten Beschreibung", so Geertz, darum, „eine Vielfalt komplexer, oft übereinandergelagerter und ineinander verwobener Vorstellungsstrukturen, die fremdartig und zugleich ungeordnet und verborgen sind"[106], herauszuarbeiten und dadurch einen „Zugang zur Gedankenwelt der [...] untersuchten Subjekte [zu erschließen], so daß wir – in einem weiteren Sinn des Wortes – ein Gespräch mit ihnen führen können"[107] Geertz' Zugang zum Verständnis von Kultur ist semiotisch: Demnach ist „der Mensch ein Wesen [...], das in selbstgesponnene Bedeutungsgewebe verstrickt ist, wobei [...] Kultur als dieses Gewebe"[108] erscheint. Die Bedeutungsstrukturen entziehen sich der eigenen Verfügbarkeit. Die Beobachterin bzw. der Beobachter findet sich vielmehr im Akt der Interpretation „mit hinein[versetzt] in das, was interpretiert wird"[109].

Insofern ergibt sich „die Triftigkeit unserer Erklärung nicht nach der Anzahl uninterpretierter Daten und radikal verdünnter Beschreibungen [...], sondern danach, inwieweit unsere wissenschaftliche Imagination uns mit dem Leben von Fremden in Berührung zu bringen vermag"[110]. Die persönliche Involvierung der Beobachterin bzw. des Beobachters in den Forschungsprozess und die daraus resultierende fehlende Distanz führte zu einer „weitreichende[n] Kritik an der Wissenschaftlichkeit von Geertz"[111].

Allerdings ermöglicht der ethnografisch akzentuierte Zugang der „dichten Beschreibung" einen Forschungsprozess, der im Sinne einer hörenden Praktischen

kann man sich auch täuschen. Es genügt nicht, nahe zu sein, sich in derselben Situation zu befinden, um das Gleiche zu erleben." Allerdings ist die Möglichkeit der Täuschung „kein Grund, das Erleben als methodischen Zugang auszuschließen. Wer sich beim Hören irrt, schneidet nicht sein Ohr ab, sondern schult sein Gehör." Spittler, Gerd: Teilnehmende Beobachtung als Dichte Teilnahme, in Zeitschrift für Ethnologie 126 (2001), 1–25, hier 19. Entscheidend sei nicht „die Präzision und die Kontrolle der Situation [...], sondern die alltägliche Erfahrung." Ebd., 21.

106 Geertz, Clifford: Dichte Beschreibung. Beiträge zum Verstehen kultureller Systeme, Frankfurt a.M. 1987, 15. Vgl. auch Wolff, Stephan: Die Anatomie der Dichten Beschreibung – Clifford Geertz als Autor, in: Matthes, Joachim (Hg.): Zwischen den Kulturen? Die Sozialwissenschaften vor dem Problem des Kulturvergleichs (Soziale Welt Sonderband 8), Göttingen 1992, 339–362.

107 Geertz, Dichte Beschreibung, 35.

108 Ebd., 9.

109 Ebd., 26.

110 Ebd., 24.

111 Schellhammer, Barbara: ‚Dichte Beschreibung' in der Arktis. Clifford Geertz und die Kulturrevolution der Inuit in Nordkanada, Bielefeld 2006, 355. Vgl. auch ebd., 378ff.

Theologie sich selbst aussetzt, dem Einzelnen Aufmerksamkeit schenkt und sich etwas Neues, Ungewöhnliches sagen lässt, das im Moment der Forschung selbst noch offen ist. In Anlehnung an GS 44 zielt der Forschungsprozess nicht darauf, „unsere tiefsten Fragen zu beantworten, sondern uns mit anderen Antworten vertraut zu machen, die andere Menschen [...] gefunden haben, und diese Antworten in das jedermann zugängliche Archiv menschlicher Äußerungen aufzunehmen“[112].

Die Auseinandersetzung mit dem Phänomen des Hörens wird zeigen, dass es auch aus praktisch-theologischer Perspektive nicht darum geht, Fragen zu beantworten und Lücken zu schließen, um „Wissen an[zu]demonstrieren“ und „den Sieg des stärkeren Arguments, der schlüssigeren Theorie [zu behaupten], der den Zweifel besiegt und zum Schweigen gebracht hätte“[113]. Insofern es der Vollzug des Hörens selbst ist, der zum Ursprung praktisch-theologischen (Nach-) Denkens und Handelns wird, zeigt sich eine diesem eingeschriebene Dimension einer lernenden, empfangenden Pastoral.[114] In diesem Sinne geht es um einen kreativen Erfindungsprozess im antwortenden Hören. Denn, so Waldenfels,

> „[w]er auf fertige Antworten wartet, hat nichts zu sagen, weil alles *schon gesagt* ist. Wer umgekehrt redet, ohne zu antworten, hat auch nichts *zu sagen*, da es für ihn nichts zu sagen gibt. Wir erfinden, was wir antworten, nicht aber das, worauf wir antworten und was unserem Reden und Tun Gewicht verleiht“ (GPhF, 67).

Im Sinne des Exposures findet ein solches Antworten, aus dem Neuartiges erwächst, seinen Anfang nicht im Eigenen, sondern im Herausgehen, im Anderen und Fremden. Bliebe es beim bloßen Beantworten, käme man nicht über die „Erweiterung oder Vervielfältigung des Eigenen“ hinaus – „das Fremde wäre immer schon zum Schweigen gebracht“ (TF, 53).

Die „Dichte“ der Beschreibung wird im Folgenden über unterschiedliche Lesarten und Deutungsbilder zum Phänomen des Hörens aufgebaut, die sich aus Interviews, Tagebuchaufzeichnungen, Beobachtungen, O-Tönen sowie Erkenntnissen aus fachwissenschaftlichen Diskursen speisen. Diejenigen, denen Gehör geschenkt wird, stellen keine Objekte dar, sondern werden zu Subjekten des Forschungsprozesses. Die „Triftigkeit“ der Forschung bemisst sich dabei auch in der vorliegenden Arbeit nicht an den mess- und zählbaren, den zu interpretierenden

112 Geertz, Dichte Beschreibung, 43.

113 Werbick, Jürgen: Einführung in die Theologische Wissenschaftslehre, Freiburg i.Br. 2010, 334.

114 Vgl. zum wissenschaftstheoretischen Hintergrund auch Helmut Peukert, der „aus der Struktur kommunikativer Praxis selbst die Möglichkeit der Begründung theoretischer und praktischer Aussagen“ sucht. Peukert, Helmut: Wissenschaftstheorie – Handlungstheorie – Fundamentale Theologie. Analysen zu Ansatz und Status theologischer Theoriebildung. Mit einem Vorwort zur Neuauflage und einem neuen Nachwort, Frankfurt a.M. [3]2009, 276.

und deutenden Fakten und Daten, sondern an der Tuchfühlung mit dem Fremden. Insofern wagt die Autorin den „Sprung mitten hinein“, entreißt „schreibend“ das Gehörte und Gesagte dem „vergänglichen Augenblick“, wagt die Darstellung im narrativen Stil, sucht das Rätselhafte anstatt das Gesetzmäßige und weiß genauso um die Differenz zwischen Eigenheit und Fremdheit wie um den Überschuss des Hörens und des Sagens inmitten des Forschungsprozesses.[115] Letzteres hat der Rekurs auf die „indirekte Beschreibung“ und ihre spezifischen Merkmale bereits eigens zutage gefördert.

Der Prozess eines solchen „forschenden Lernens“[116] ist eingebettet in die aus den Sozialwissenschaften stammende und auf den Soziologen Roland Girtler zurückgehende Methode der „teilnehmenden Beobachtung“[117]. Girtler fordert Lehrende der Soziologie dazu auf, Studentinnen und Studenten „in die Bierlokale, Parlamente, Schulen, Kliniken, Bordelle, Kirchen und andere Orte [zu] schicken, damit sie handelnde Menschen sehen und mit ihnen sprechen“[118]. Bei der teilnehmenden Beobachtung geht es „um mehr als Mitmachen und Zuschauen“[119].

Zentral ist ein „möglichst intensives Teilhaben“[120], das dem Fremden und Unbekannten, das plötzlich eintritt, nicht ausweicht. Dabei folgt die freie, teilnehmende Beobachtung keinem systematisch strukturierten Erhebungsplan; vielmehr kommt es zu einer ständigen Erweiterung und Korrektur von Fragen, Perspektiven und thematischen Interessen im offenen, von unerwarteten Ereignissen immer wieder neu angestoßenen Forschungsprozess.[121]

115 Vgl. Geertz, Dichte Beschreibung, 9.

116 „Forschendes Lernen bedeutet, die Praxis als Lernaufgabe zu verstehen und [...] ein sinnbringendes Handeln in der Praxis zum Zweck ihrer Verbesserung zu ermöglichen.“ Bolland, Angela: Forschendes und biografisches Lernen. Das Modellprojekt Forschungswerkstatt in der Lehrerbildung, Bad Heilbrunn 2011, 36.

117 Vgl. zur Entwicklung des Begriffs der „teilnehmenden Beobachtung“ etwa Lüders, Christian: Teilnehmende Beobachtung, in: Bohnsack, Ralf/Marotzki, Winfried/Meuser, Michael (Hg.): Hauptbegriffe Qualitativer Sozialforschung, Opladen 2003, 151–153. Vgl. auch Girtler, Roland: Methoden der Feldforschung, Wien u.a. ^{4}2011, 60ff. Vgl. zur teilnehmenden Beobachtung im Kontext des Konzepts vom forschenden Lernen etwa Mieg, Harald A./ Lehmann, Judith: Forschendes Lernen. Wie die Lehre in Universitäten und Fachhochschulen erneuert werden kann, Frankfurt a.M. 2017.

118 Girtler, Methoden, 34.

119 Vgl. ebd., 60f.

120 Heidemann, Ethnologie, 46. Vgl. grundsätzlich auch Knoblauch, Hubert: Qualitative Religionsforschung. Religionsethnographie in der eigenen Gesellschaft, Paderborn 2003, 74.

121 Unterschieden wird zwischen der „teilnehmenden“ und „nichtteilnehmenden“, aber auch der „strukturierten“ und „unstrukturierten“, der „offenen“ und „verdeckten“ sowie der „direkten“ und „indirekten“ Beobachtung. Vgl. Girtler, Methoden, 61. Der Typus der teilnehmenden, unstrukturierten bzw. freien Beobachtung gehört zu den klassischen Formen innerhalb der Ethnologie und besitzt auch für die Soziologie große Bedeutung. Vgl. ebd., 62. Auch die Grade und Formen der Teilnahme werden nochmals unterschieden. Vgl. ebd., 65f.

Die Wahrnehmung durch die teilnehmende *Beobachtung* ist nicht so zu verstehen, dass sie die anderen Sinne, etwa das Hören, ausschließt, im Gegenteil: „Das Subjekt distanziert sich von sich selbst, auf dass der Andere wirklich gehört wird.“[122] Und anders als im Sehen konstituiert sich das Subjekt gerade in der Wahrnehmung des Hörens „in seinem Weltbezug [...] weniger im Modus der ‚Aneignung‘ als vielmehr durch ein ‚Sich-Aussetzen‘“[123], und genau dieser Zugang soll für die vorliegende Arbeit leitend sein.

Die teilnehmende Beobachtung bedeutet neben einer gewissen Nähe auch eine gewisse Distanz, eine „bestimmte [...] Form der ethnologischen Epoché, um das Fremde als Fremdes in den Blick zu bekommen und dem Fremden als Fremdem zum Ausdruck zu verhelfen“ (ASv, 47). So forscht und schreibt die Ethnologin, der Ethnologe über diejenigen, mit denen sie bzw. er spricht und „in beschränktem Maße auch zusammenlebt“ (ASv, 47). Waldenfels spricht in diesem Zusammenhang von einem „Doppelspiel“ sowie von einem „Doppelblick“, einem „Doppelgehör“ und einer „Doppelrede“, wonach „die ethnologische Darstellung auf ihre Weise antwortet, nämlich in Form einer *Fremddarstellung*, die *vom* Fremden ausgeht, *das* sie wohl oder übel im Rahmen einer bestimmten Ordnung behandelt“ (ASv, 47).

Es sind Exposure-Prozesse, die den Ansatz einer hörenden Praktischen Theologie inspirieren und umgekehrt.[124] Hörend geht es darum, am Leben von Menschen teilzuhaben, sich etwas sagen zu lassen und sich dem, was erklingt, zu öffnen, sei es auch noch so fremd, ungewohnt, verstörend und neu.[125] Mit dem englischen Begriff „Exposure“, der vom lateinischen Wort „exponere“ (auseinandersetzen, auslegen, aussetzen) abstammt, kann im übertragenen Sinne „das Aufgeben von jeglicher Art von gewohnter Sicherheit und gewohntem Schutz“ verstanden werden, ja „Aufbruch und Bewegung, [ein] Weg, der außen beginnt“[126]. Kurz gesagt steht das englische Verb „to expose“ für „aussetzen, ausgesetzt sein“, und zwar in der doppelten Bedeutung von „Herausgehen“ und „Ausgeliefert-

122 Lienhard, Fritz: Grundlegung der Praktischen Theologie. Ursprung, Gegenstand und Methoden, Leipzig 2012, 213.

123 Altmeyer, Stefan: Von der Wahrnehmung zum Ausdruck. Zur ästhetischen Dimension von Glauben und Lernen, Stuttgart 2006, 86.

124 Vgl. Hoyer, Birgit/Schüßler, Michael: Exklusion und Exposure. Von der notwendigen Verletzbarkeit praktischer Theologie, in: Pock, Johann/Hoyer, Birgit/Schüßler, Michael (Hg.): Ausgesetzt. Exklusionsdynamiken und Exposureprozesse in der Praktischen Theologie (Werkstatt Theologie, Band 20), Münster 2012, 5–15. Vgl. zum Exposure in all seinen Facetten die anderen Beiträge in diesem Sammelband.

125 Vgl. Kröger, Elisa: Eine Kirche, die aus sich herausgeht. Bildung im Fokus von Subjektsein und grenzüberschreitender Solidarität, in: Dies. (Hg.): Wie lernt Kirche Partizipation? Theologische Reflexion und praktische Erfahrungen, Würzburg 2016, 227–248.

126 Osner, Karl: Begegnung mit den Armen. Was Exposure-Programme bewirken können, in: HerKorr 61 (6/2007), 317–322, hier 320.

Sein". Inzwischen ist der Ansatz des Exposures, der Mitte der 1970er Jahre in Asien entstand, ein Bestandteil innerhalb der Entwicklungspolitik. Karl Osner, Gründer der Gesellschaft zur Förderung des Nord-Süd-Dialogs, beschreibt mit Blick auf seine eigene Erfahrung, wie Exposures einen neuen Zugang und eine neue Sicht auf die Probleme der Gegenwart – hier die Situation von Armut – eröffnen können:

> „Die direkte Begegnung mit den Armen in Exposure-Programmen hat nicht nur mich und meinen Blick auf die Welt der Armen verändert. Die Programme haben mir auch dabei geholfen, Solidarität neu zu verstehen: Solidarität meine ich dabei im Sinne von Nell-Breunings ‚scharf geschliffenem' Begriff als ein ‚auf Gedeih und Verderb Miteinander-Verbundensein'."[127]

Somit stehen Exposures in einem unmittelbaren Zusammenhang zur Solidarität mit den Menschen, die ausgeschlossen, ausgegrenzt sind und keine Stimme haben. Mehr denn je, so stellen Birgit Hoyer und Michael Schüßler fest, scheint es deshalb heute in der Theologie „darum zu gehen, den ‚Schrei der Ausgeschlossenen' überhaupt zu hören, und zwar als Ereignis einer radikalen Forderung an die HörerInnen"[128]. Möglicherweise zeigt sich die „Existenz von ChristInnen der Gegenwart [...] nicht mehr so sehr darin, dass sie sich wie bei Karl Rahner als ‚Hörer des Wortes' erleben, sondern als HörerInnen der Schreie, des ‚homer sacer', jenes heiligen Ausgeschlossenen, dem nur noch das nackte Leben bleibt"[129]. Die Perspektive einer Praktischen Theologie, die sich den Schreien des nackten Lebens heute aussetzt und darin Gottes Botschaft auf neue Weise vernimmt, ist eine hörende. Es geht im Sinne einer ethnologischen Forschungshaltung nicht allein um ein „bloßes Hörensagen", sondern um eine „Erfahrung am eigenen Leib"[130].

Exposures markieren für das forschende Subjekt „den Beginn oder die Vertiefung eines persönlichen Weges"[131], indem es sich auf der Grenze zwischen Eigenem und Fremdem verändern lässt. Die Aufgabe der Praktischen Theologie besteht, so Henning Luther, nicht darin, „Grenzen zu setzen oder gar zu befestigen, das Innen gegen Erfahrungen von draußen ‚wasserdicht' zu machen, sondern gerade für die undichten Stellen sensibel und empfänglich zu machen"[132]. Die Grenze wird zur Mitte von Pastoral schlechthin.[133] Jeder, der bereits an einem Grenzübergang gestanden und dort gewartet hat, etwa bis der Reisepass überprüft wurde, ist schon einmal in Berührung gekommen mit den unterschiedlichen

127 Osner, Begegnung, 317.
128 Hoyer/Schüßler, Exklusion, 6.
129 Ebd., 6f.
130 Hirschauer, Exotisierung des Eigenen, 207. Vgl. auch 213.
131 Osner, Begegnung, 317.
132 Vgl. Luther, Religion, 45.
133 Ebd., 48. Vgl. zum Folgenden Kröger, Eine Kirche, die aus sich herausgeht, 230–232.

Formen von Kontrolle, Abgrenzung und Überstieg, die allesamt dem Phänomen der Grenze zu eigen sind. Grenzen stellen sich dar als unsichere Randgebiete. Grenzen verbinden, indem sie trennen; sie können ein-, aus- und abgrenzen; Grenzen können überschritten werden, ohne dass sie sich dadurch auflösen. Grenzen sind beweglich und nicht starr. Sie können sich erweitern oder verengen, aber auch verschieben. Darüber hinaus besitzen Grenzen zum Teil hilfreiche Ordnungsfunktionen.[134] Insofern ist die Grenze ein komplexes Phänomen.[135] Grenzen können unterschiedliche Gestalten annehmen. Waldenfels beschreibt Grenzen auf folgende, phänomenologische Weise:

> „Grenzen können als kontinuierliche Übergänge auftreten wie Nähe und Ferne im thematisch besetzten Raum-Zeit-Feld, wo das Gegebene sich in ‚Abschattungen' und ‚Horizonten' darstellt. Sie können sich wie Gräben zwischen Bezugsfelder legen, so daß sie nur abrupt zu überwinden sind wie beim Sprung in ein fernes, vergangenes oder künftiges Gegenwartsfeld. Sie treten innerhalb eines Bezugsfeldes auf [...], sie können aber auch verschiedene Bezugssysteme voneinander absondern [...]. Schließlich können Grenzziehungen momentanen oder dauerhaften Charakter haben, je nachdem, ob es sich um einen augenblicklichen Akt oder eine erprobte Einstellung handelt. [...] Die leibhaftige Situierung wird zur Verankerung, in der aristotelisch-Husserlschen Sprache gesprochen: das Verhalten wird zum Habitus, der Habe." (GN, 23)

Grenzlinien liegen nicht einfach vor – sie werden gezogen. Dabei kommt es zu Spaltungen und Einschnitten, aber auch zu Rissen und Brüchen, die kontingent sind, das heißt: so, aber auch anders auftreten können. Grenzen entziehen sich unserem kontrollierten Zugriff; sie bleiben unverfügbar, unfassbar, ja fraglich, denn, so Waldenfels:

> „Das Ziehen der Grenze läßt sich vergleichen mit dem ‚blinden Fleck', an dem das Sehen stattfindet und das als Blickereignis selbst nicht unter das Gesehene fällt; es erinnert an den ‚Nullpunkt' des leiblichen Hier, der weder rechts noch links, weder oben noch unten, weder vorn noch hinten zu finden ist, da alle Raumkoordinaten sich um ihn drehen [...]." (VR, 196)

Der Ort, an dem die Grenze gezogen wird, lässt einen „Zwischenraum" entstehen, der die eine Seite von der anderen Seite, Zugängliches von Unzugänglichem, Drinnen von Draußen, Eigenes von Fremdem trennt, ohne sich innerhalb oder außerhalb einer Ordnung gänzlich einzurichten. Vielmehr gilt: „Die Fremdheit

134 Vgl. Luther, Religion, 45–60. Bernhard Waldenfels schreibt: „Die Grenze verbindet, *indem* sie trennt, ohne daß ein verbindendes Ganzes vorausginge, wie im Falle der bloßen Abgrenzung. Dabei sondern sich Zugehöriges und Zugängliches von Unzugehörigem und Unzugänglichem, mit anderen Worten *Eigenes* tritt *Fremdem* gegenüber." (VR, 191)

135 Vgl. ausführlich SF, 28–40.

wohnt nicht nur jenseits der Grenzen einer Ordnung, sie haust in ihr." (VR, 198) Die Grenze ist somit ein Ort der Fremdheit schlechthin.

Im Hören bewegt sich die Praktische Theologie auf diesen riskanten Zwischenort der Grenze zu, setzt sich ihm aus und provoziert die Verflüssigung von festgefügten Kategorisierungen und dichotomischen Grenzziehungen.[136] Damit begibt sie sich in das Risiko der eigenen Transformation:

> „Sich neuen Erfahrungen auszusetzen und sich auf sie je neu einzulassen, ist riskant und umstürzlerisch, weil jede aktuelle Erfahrung für die früheren Erfahrungen oder für den vorfindlichen Erfahrungsschatz (gesamtes Wissen im kulturellen, zivilisatorischen und sozialen Sinn) neue Vorzeichen setzen kann, nämlich neue Interpretationen und qualitativ verändernde Impulse."[137]

Insofern führen neue Erfahrungen, denen wir uns hörend aussetzen, notgedrungen „in die Krisis"[138]. Praktische Theologie sucht nicht die Bestätigung und Bewahrung des Eigenen, sondern provoziert die unerwartete Überraschung durch das Neue, Fremde, noch nicht Gewusste. Insofern stellt das Exposure auch für die gewohnten Orte und Sozialformen des Kircheseins ein Risiko des Übergangs und der „Schwelle vom einen zum anderen" dar, wodurch möglicherweise „die *communitas* eines neuen Kirchenformats"[139] entsteht.

Dabei bleibt das Exposure selbst ein unverfügbares Ereignis, das uns widerfährt, überwältigt, berührt, trifft, womöglich auch verletzt. Exposures führen auf die Spur des Fremden im Eigenen, auf das Ungewohnte im Gewohnten, auf das Ungehörte und Unhörbare im Hören. Erst in Form unhintergehbarer Nachträglichkeit wird sich das Subjekt darüber bewusst, wie es aus dem vorgängigen Getroffen-Sein verändert hervorgeht. Als Gehörtes werden die Exposure-Erfahrungen erst im Nachhinein aufgezeichnet:

> „Oft hat dieser Exposure-Prozess wenig heroischen Charakter, sondern vollzieht sich in einem Moment unhintergehbarer, ereignishafter Passivität. Man merkt erst im Nachhinein, wie man aus der Konfrontation mit Situationen, die man nicht in der Hand hat, verändert hervorgeht, nämlich bis in die wissenschaftliche Theoriebildung hinein."[140]

136 Vgl. Hoyer/Schüßler, Exklusion.

137 Karrer, Leo: Der Weg der praktisch-theologischen Reflexion. Erfahrung als Prinzip der Praktischen Theologie, in: Haslinger, Herbert (Hg.): Handbuch Praktische Theologie. Grundlegungen, Band 1, Mainz 1999, 199–219, hier 204.

138 Ebd.

139 Bauer, Christian: Exposures in der Pastoral – mehr als ‚Studiosus' für Kirchenleute? Anmerkungen mit Simone Weil, in: Pock, Johann/Hoyer, Birgit/Schüßler, Michael (Hg.): Ausgesetzt. Exklusionsdynamiken und Exposureprozesse in der Praktischen Theologie (Werkstatt Theologie, Band 20), Münster 2012, 19–35, hier 19.

140 Hoyer/Schüßler, Exklusion, 7.

Theologisch verortet Luther das „Modell [...] [einer] nichtängstlichen Grenzüberschreitung [...] vor allem im christologischen Kerngedanken von der Selbstexplikation Gottes im Menschen Jesu"[141], das heißt in der Kenosis Gottes und seiner für den Menschen vollzogenen Selbsthingabe und Entäußerung. Die mutige Grenzüberschreitung wurzelt in dem Gott, der sich in Christus nicht als der „sich selbst behauptende[...] und sich durchsetzende[...] Gott [offenbart hat], sondern [als der] [...] Gott, der sich im Menschen als dem Anderen seiner selbst verwirklicht"[142] und der sich verausgabt, nicht diesen vereinnahmt.[143]

Der Vollzug des Exposures ist demnach mehr und anderes als ein Konzept oder eine Strategie der Praktischen Theologie; er ist ihr elementares Wesensmerkmal. All das, was im Exposure steckt, das heißt herauszugehen, eigene Grenzen zu überschreiten, aufzumerken auf das, was sich zu hören gibt, sich zu öffnen, empfänglich und verletzbar zu werden, stellt mehr als eine „Methode" dar. Denn im „Exposure geht es um mehr und anderes als darum, unvertraute Milieus oder fremde Ort kennenzulernen und den Umgang mit Störungen oder schwierigen Situationen zu lernen"[144]. Wer sich hörend ausliefert, sich dem Anderen aussetzt und schließlich „von einem Exposure erzählt, redet nicht mehr nur *über* etwas, sondern beginnt, *von etwas her* zu sprechen"[145].

2.2.4 Explorativ – Abduktives Hören

Eine Praktische Theologie, die ihren Ausgang bei der Wahrnehmung des Hörens nimmt, geht über die gewohnten Formen der Erkenntnisgewinnung von Induktion und Deduktion hinaus. Sie stützt sich vielmehr auf eine andere epistemologische Weise der Schlussfolgerung, die ursprünglich auf den amerikanischen Philosophen und Begründer der modernen Semiotik Charles Sanders Peirce zurückgeht. Diese spielt inzwischen eine entscheidende Rolle in den qualitativen Sozialwissenschaften und wird mittlerweile auch innerhalb der katholischen Theologie immer häufiger rezipiert: die sogenannte Abduktion.[146] Mit ihr

141 Luther, Religion, 56.
142 Ebd.
143 Vgl. ebd.
144 Feiter, Reinhard: ... auch der „Realität" etwas zutrauen, in: Kröger, Elisa (Hg.): Wie lernt Kirche Partizipation?, 249–254, hier 249.
145 Feiter, ... auch der „Realität" etwas zutrauen, 249.
146 Vgl. grundsätzlich Reichertz, Jo: Die Abduktion in der qualitativen Sozialforschung. Über die Entdeckung des Neuen, Wiesbaden ^{2}2013. Vgl. besonders Bauer, Christian: Ortswechsel der Theologie. M.-Dominique Chenu im Kontext seiner Programmschrift „Une école de théologie: Le Saulchoir", Band 1, Berlin 2010, 814ff. Vgl. Bauer, Konstellative Pastoraltheologie, 25f. Vgl. auch Sander, Hans-Joachim: Von der abduktiven Korrelation religiöser Zeichen zur Abduktion des Glaubens durch semiotische Präsenz von Religion, in: Ziebertz, Hans-Georg u.a. (Hg.): Abduktive Korrelation. Religionspädagogische Kon-

wird eine Forschungsweise eröffnet, die nicht konfirmatorisch, sondern explorativ vorgeht.

Von der klassischen, dualen Gegenüberstellung von Subjekt und Objekt unterscheidet Peirce als Drittes das Zeichen, das weder mit dem Subjekt noch mit dem Objekt der Erkenntnis identisch ist. Der Vorgang, in dem Bedeutung entsteht, die sogenannte Semiosis, speist sich für Peirce aus einem dynamischen Prozess der triadischen Relation zwischen Subjekt, Objekt und Zeichen. Die Arten, wie diese drei Größen zusammenwirken, bzw. genauer: die unterschiedlichen Erscheinungsweisen des Seins fasst Peirce in die Kategorisierung von Erstheit (firstness), Zweitheit (secondness) und Drittheit (thirdness).[147]

In die Kategorie der *Erstheit* gehört die noch nicht interpretierte Qualität einer Empfindung ohne Relation zu etwas anderem, also die Seinsweise als solche, z.B. Klänge, Farben, Gerüche (Originalität oder Qualität des Seins; liegt im Bereich des Möglichen). Unter *Zweitheit* wird die Seinsweise gefasst, die durch die Relation zu einem Zweiten entsteht, allerdings ohne Gesetzmäßigkeit, wie z.B. der plötzliche Pfiff, der die Stille brutal unterbricht (Aktion – Reaktion, Ursache – Wirkung; liegt im Bereich des Wirklichen). *Drittheit* bezeichnet schließlich die Erscheinungsweise dessen, was existiert, indem es ein Zweites und ein Drittes zueinander in Relation setzt (Vermittlung, Übersetzung, Reflexion, Gewohnheit; liegt im Bereich des Notwendigen).[148]

Die Bedeutungsgenese ergibt sich insgesamt aus der „Verbindung von Zeichen in einer unbegrenzten Verkettung von Ideenassoziationen, in die wir ständig verstrickt sind, ohne uns immer darüber klar zu werden“[149]. Der Prozess der Semiose gestaltet sich unendlich, ist nie abgeschlossen und kann im pastoralen Kontext, so Christian Bauer, „für ein Offenhalten der Zeichenketten auch des theologischen Gottesdiskurses“[150] stehen. Dabei werden die äußere und die innere Dimension miteinander verknüpft, ohne ihre Andersheit, ihre Differenz – so kontrastiv diese auch sein mag – aufzulösen. Die innere Dimension übersteigt die äußere Dimension, und zwar ohne ihre wechselseitige Verknüpfung abzustreiten. Diese para-

zeption, Methodologie und Professionalität im interdisziplinären Dialog, Münster 2003, 53–66.

147 Vgl. Peirce, Charles Sanders: Pragmatism as a Principle and Method of Right Thinking, New York 1997, 167: „Category the First [...] is a *Quality* of Feeling“, „Category the Second [...] is *Reaction* as an element of the Phenomenon“, and „Category the Third [...] is *Representation* as an element of the Phenomenon“.

148 Vgl. Walther, Elisabeth: Abriss der Semiotik, in: Arch 2 (8/1969), 3–13, hier 5. Das Zeichen gehört auf die Ebene der Drittheit, obschon Peirce selbst eine Differenzierung der Zeichenrelationen begrifflich unterscheidet, und zwar zwischen Quali- (Icon), Sin- (Index) und Legi-Zeichen (Symbol). Vgl. Peirce, Charles S.: Phänomen und Logik der Zeichen, herausgegeben und übersetzt von Helmut Pape, Frankfurt a.M. 1983, 64ff.

149 Volli, Ugo: Semiotik. Eine Einführung in ihre Grundbegriffe, Tübingen 2002, 30.

150 Bauer, Ortswechsel, 814.

doxale Struktur akzentuiert die Bedeutung der vom Zeichen erzeugten Handlungskonstellationen. Das vom Zeichen eröffnete Handeln realisiert die Verbindung von Innen und Außen und hält zugleich das kritische und kreative Potential ihrer Differenz offen.[151]

Im Kontext seines semiotisch akzentuierten Pragmatizismus bezeichnet Peirce die Abduktion als „die einzige logische Operation, die irgendeine neue Idee einführt"[152], indem sie ihren Ausgangspunkt in Erfahrungen hat, die ungeplant, spontan und überraschend auftreten. Während „Deduktion beweist, dass etwas sein *muss*" und „Induktion zeigt, dass etwas tatsächlich wirkt", legt „Abduktion [...] nur nahe, dass etwas sein kann"[153]. Abduktion bricht mit der Linearität von Induktion oder Deduktion, die von einem Fall über eine Regel auf ein allgemeines Gesetz schließen lässt oder von einem allgemeinen Gesetz auf einen bestimmten Fall zurückführt, und gewinnt „ihre Schlussfolgerungen aus der *Differenz* von Fall und Gesetz"[154]. Damit entziehen sich Abduktionen einer streng regelkonformen Schlussfolgerung entlang logischer Gesetze. Sie vollziehen sich vielmehr ungeordnet, experimentell, hypothetisch – inmitten von Bruchlinien. Erst durch sie wird neues Handeln möglich. Die Abduktion

> „[...] öffnet gewohnte Diskurse *ad experimentum* auf etwas Neues hin und führt hinaus ins Weite: heraus aus dem Diskursarchiv, hinein ins pastorale Praxisfeld und umgekehrt. Kleine Geschichten des Alltags werden dabei punktuell und situativ mit den großen Erzählungen der Wissenschaft verwoben. Stimmen unterschiedlichster Art werden somit diskursiv hörbar und in ein weiterführendes Gespräch verwickelt."[155]

Bauer zufolge liegt das Potential der Abduktion in „der kreativen Differenz von praktischen Fallbeispielen und theoretischen Gesetzmäßigkeiten"[156].

Mit dem Begriff der Abduktion wird in der Praktischen Theologie der Spätmoderne der Versuch unternommen, so Birgit Hoyer, „die Quadratur des Kreises [...] zu fassen, Irritation und Intuition einen methodischen Platz im Wissenschaftsgefüge zu geben"[157]. Eine abduktive Haltung begibt sich auf unsicheres,

151 Vgl. Bauer, Ortswechsel, 816. Dies formuliert Bauer in Anlehnung an Sander, Hans-Joachim: Glauben im Zeichen der Zeit. Die Semiotik von Peirce und die pastorale Konstituierung der Theologie, Würzburg 1996, 55f. (unveröffentliche Habilitationsschrift).

152 Zitiert nach Gobrecht, Reinhard: Grundgesetze und Methoden der Logik, Norderstedt 2015, 296.

153 Peirce, Charles Sanders: Vorlesungen über Pragmatismus. Mit Einleitung und Anmerkungen neu herausgegeben von Elisabeth Walther, Hamburg 1991, 115.

154 Bauer, Christian: Indiana Jones in der Spätmoderne? Umrisse einer Pastoraltheologie der kreativen Differenzen, in: LS 62 (1/2011), 30–35, hier 34.

155 Bauer, Konstellative Pastoraltheologie, 25f.

156 Bauer, Ortswechsel, 820.

157 Hoyer, Seelsorge auf dem Land, 54.

brüchiges, ja fremdes Terrain, weicht dem Unbekannten und Unlogischen nicht aus, akzeptiert das Ungewisse und bleibt „neugierig, […] beobachtet viel und intensiv, stets bereit, sich überraschen zu lassen“[158] und Neues zu entdecken.

Notwendig werden Abduktionen immer dann, „wenn alte Weltdeutungen, bewährte Theorien, erfolgreiche Konzepte und hilfreiche Rezepte angesichts neuer Entwicklungen versagen und dennoch weitergehandelt werden muss“[159]. Was plötzlich auftritt, ist ein „Riss […] und eine Differenz zwischen Sagbarem, noch nicht Sagbarem und Unsagbarem“, woraus die Notwendigkeit entsteht, „etwas Neues durchzuspielen“[160]. Mit der Abduktion wird auf Ereignisse und Erfahrungen geantwortet, die sich nicht in gewohnte Ordnungen und bisherige Sinnkonstruktionen fügen. In diesem Sinne ist die „Abduktion […] kein Ausflug, sondern ein Abenteuer“, und zwar „mit problematischer, vielleicht sogar verweigerter Rückkehr“[161].

Ein solches Abenteuer wird in dieser Arbeit gewagt. Die aus der wechselseitigen Relation zwischen Erfahrung und Text resultierende Sprachlosigkeit wird nicht als Hindernis verstanden, sondern als Wegbereitung für Neues entdeckt. Entsprechend einer abduktiven Haltung geht es darum, wirklich zu hören und gewissermaßen das Hören als es selbst hörbar werden zu lassen, und nicht darum, es als Gehörtes in die gewohnten Ordnungen des Handelns und Denkens vorschnell einzufügen. Nicht im Gehörten, sondern im Hören selbst liegt die Bedingung der Möglichkeit dafür, im Sinne eines abduktiven Forschungsprozesses Neues überhaupt zu entdecken. Denn am Beginn des Hörens steht der plötzliche Einbruch durch das, was plötzlich laut wird und mich anspricht, bevor ich darauf eingehe.

Leitend für den Forschungsprozess werden Einfall und Zufall, insofern sich die Autorin hörend dem öffnet, was auf sie zukommt, was in ihre Erfahrung „einfällt“ und ihr „zufällt“, sie aufmerken und schließlich schreiben lässt. Die Soziologin Maren Lehmann stellt fest, dass „der Fehler […] so vieler Reformversuche der Kirche als Organisation [genau darin besteht], dass sie nach zuviel Ordnung und zuviel Regelung suchen, wo es doch darauf ankäme, nach brauchbarer Unordnung […] zu suchen“[162]. Anstatt Strategien und Konzepte zur Er-

158 Reichertz, Abduktion, 95.

159 Ebd., 57.

160 Sander, Hans-Joachim: Einführung in die Gotteslehre, Darmstadt 2006, 28.

161 Fuchs, Ottmar: Ohne Wandel keine inhaltliche Kontinuität – weder in der Pastoral noch in der Pastoraltheologie, in: Theologie und Glaube 100 (2010), 288–306, hier 294.

162 Lehmann, Maren: Leutemangel. Mitgliedschaft und Begegnung als Formen der Kirche, in: Hermelink, Jan/Wegner, Gerhard (Hg.): Paradoxien kirchlicher Organisation. Niklas Luhmanns frühe Kirchensoziologie und die aktuelle Reform der evangelischen Kirche, Würzburg 2008, 123–144, hier 129. Den Hinweis auf dieses Zitat verdanke ich Michael Schüßler.

neuerung kirchlicher Sozialformen vorzulegen, geht es in dieser Arbeit zum Hören gerade darum, den Situationen der Unschärfe, der Irritation, der Fremdheit, der Unruhe und Unordnung genauso wie den Differenzen und Vorläufigkeiten weder auszuweichen noch sie einfach zuzudecken, sondern sie im Gegenteil radikal offenzulegen.

3. Sprechen lassen – Erzählungen vom Hören

Es sind die eigenen Erfahrungen, die mich auf das Hören aufmerken ließen. Da sind etwa Gespräche mit Frauen und Männern im persönlichen Alltag wie auch im beruflichen Kontext. Da ist die Erfahrung des gemeinsamen Hörens auf die Heilige Schrift mit Menschen auf den Philippinen, in der Nähe von Manila. Da sind Radiobeiträge und Lesungen ebenso wie persönliche Exposures. Und da sind Begegnungen im Hospiz oder am Krankenbett. Die Stimmen der Menschen und ihre unterschiedlichen Klänge, das Hören auf die Geschichten ihres Lebens, ließen mich aufhorchen.

Je mehr ich beruflich eingebunden war in die konzeptionelle Arbeit von Pastoral und ihren Grundsatzfragen, desto stärker merkte ich, dass ich es vermisste, vom Leben der Menschen vor Ort zu hören. Zusammen mit anderen in der Pastoral Verantwortlichen begann ich schließlich, meine Überlegungen immer wieder unterbrechen zu lassen, indem wir Büroräume verlassen und Räume des Hörens – sogenannte Hearings – mit Menschen aus der Praxis eröffnet haben. Dieses Wagnis des Hörens hatte stets zur Folge, dass wir unsere zuvor entworfenen Pläne und Strategien korrigiert oder uns sogar ganz davon gelöst und neue Wege gesucht haben.

Im Kontext pastoraler Entwicklungsprozesse steht derzeit häufig die Frage im Zentrum, wie Inhalte weitergegeben und zur Sprache gebracht werden können, damit sie die Anderen ansprechen. Das Neuartige, das noch Fremde und Unbekannte, auf das viel zu selten vertraut, das allzu häufig zum Schweigen gebracht wird, kommt demgegenüber erst im Hören auf die oder den Anderen zum Vorschein. Das oft ungeahnte Potential pastoraler Entwicklungen wird erst im Hören auf die Herausforderungen, Sorgen und Nöte und die kreativen Ideen der pastoralen Akteurinnen und Akteure, der hauptberuflich wie freiwillig Engagierten, vor Ort entfaltet. Ohne ein solches Hören bliebe es in Pastoral und Kirche nur bei bloßen Reproduktionen des Eigenen.

Mit dem Versuch, meine Notizen zu unterschiedlichen Erfahrungen des Hörens im persönlichen und beruflichen Kontext in eine Form für diese Arbeit zu bringen, kam es allerdings plötzlich zu einer Blockade, die aus dem Gefühl heraus entstand, der Erfahrung, die ich im Hören auf die Menschen und ihre Lebensgeschichten empfangen hatte, schreibend nicht gerecht zu werden. Das Zur-Sprache-Bringen der Erfahrungen bezog sich auf das Gesagte und Gehörte. Ich merkte, wie ich mich schreibend vom Ereignis des Hörens distanzierte. Die

Zerbrechlichkeit und Verletzbarkeit, die die Erfahrungen des Hörens im Empfang der Lebensgeschichten, der Sorgen und Freuden der Menschen begleiteten, schienen im Prozess des Schreibens zu verschwinden.

Indem ich *über* das Hören wie über einen Gegenstand schrieb, schien ich in den Griff zu bekommen, schien ich mich dessen zu bemächtigen, was ich nicht aus mir selbst heraus „hatte" und mir gar nicht „gehören" konnte. Indem ich *über* meine eigenen Erfahrungen schrieb, entstand ein Abstand zu dem, *worauf* ich *im* Hören einging. Schreibend geriet ich ins Stocken. Auf der einen Seite waren es die Erfahrungen, die mich auf das Hören aufmerken ließen und dazu inspirierten, darüber zu schreiben. Auf der anderen Seite erzeugte dieses Nachzeichnen der eigenen Hörerfahrungen einen Bruch.

Dieser öffnete mich schließlich für ein erneutes Hören auf das, was schreibend stumm bleiben musste. Je mehr ich auf das, was sich nicht darstellen ließ, auf dasjenige, dessen ich mich nicht bemächtigen wollte, hörte, desto näher schien ich den Menschen wieder zu kommen, desto präsenter wurden ihre Geschichten. Die Unsagbarkeit dessen, was sich ereignete, eröffnete schließlich einen neuen – hörenden – Zugang zum Schreiben, der danach suchte, die Anderen, ihre Trauer und Ängste, ihren Schmerz, ihre Hoffnung und Freude selbst sprechen zu lassen. Im erneuten Hören wurde plötzlich nicht mehr nur „jemandes Stimme", sondern „jemand in der Stimme" (AR, 494) hörbar. Die Stimmen der Menschen erschienen nun „als das *Verschwiegene im Gesagten* oder als das *Lautlose in der gehörten Verlautbarung*" (AR, 494). Die Schreibbewegung richtete sich nicht mehr danach, den Bruch zu kitten, das Fehlende auszufüllen, das Verschwiegene und Lautlose einfach in Worte zu überführen, sondern die Brüche und Leerstellen, das Ungehörte und Ungesagte zu akzeptieren. Die Erfahrung des Hörens zeigt sich auf diese Weise nicht an sich, sondern indirekt und nachträglich in der Antwort auf unterschiedliche Widerfahrnisse. Im Bruch zwischen Erfahrung und Text, zwischen Pathos und Antwort entstand schließlich etwas Neues.

3.1 „Nichts geht mehr!"

„Silvestervorsatz [...]: Konzepte loslassen, Beziehungen leben: Hören lernen!", schreibt Ursula[1], 55 Jahre alt. Als Gemeindereferentin in einer fusionierten Pfarrei mit drei Gemeinden im Norden Deutschlands sieht sie sich mit einem „rasante[n] Veränderungs- und Sterbeprozess" konfrontiert, in dem sich die Kirche vor Ort seit längerer Zeit befindet. Sie nimmt wahr, „dass das ‚Bisherige' sich verabschiedet und die Kirche eine neue Gestalt annehmen will". Die Liste

1 Der Name wurde aus Gründen der Anonymität geändert. Die Zitate stammen aus Tagebucheintragungen der Gemeindereferentin, die von ihr für die vorliegende Arbeit zur Verfügung gestellt wurden.

der Abbrüche, die Ursula über das kirchliche Leben in ihrer Pfarrei schreiben kann, ist lang. In ihrem Tagebuch notiert sie:

- „statt 6 nun 3 HA-Mitarbeiter[2] [...]
- Gemeindeleiter nur noch an einem Kirchenstandort
- erheblich weniger Finanzmittel
- Trennung von Versammlungsorten
- stark sinkende Gemeinde- und Gottesdienstbesucherzahlen
- Gottesdienstbesucher werden immer älter
- immer weniger Ehrenamtliche
- Abbruch von einst tragenden kirchlichen Traditionen in den Familien
- immer geringeres Glaubenswissen
- schwindender Glaube
- andererseits: vehementes Festhalten an Traditionen/bekanntes Gemeindebild wird idealisiert, Blick nach hinten ...
- viele verletzte und resignierte Mitglieder ziehen sich aus ‚Kerngemeinde‘ zurück oder gehen in Widerstand
- sehr viel Energie fließt von immer weniger werdenden Mitarbeitern in das sich selbst-erhaltende System ‚Pfarrgemeinde‘ im herkömmlichen Sinn
- HA Projektionsort für Zorn und Enttäuschung der EA
- immense Erwartungen werden an HA geknüpft [...].“

Ursula findet sich in einer „Überforderung und Sinnkrise“ wieder. Die Erfahrung, „dass das Arbeiten in herkömmlicher Art und Weise in den sich stets verändernden Strukturen nicht mehr ‚greift‘, dass immer wieder neu entwickelte Konzepte die Menschen aber auch nicht erreichen“, lässt sie „zunehmend irritierter und hilfloser sein“. Die engagierte Gemeindereferentin erlebt die „krisenhafte Situation“ der Kirche als ihre eigene: „Ich erlebe, dass die krisenhafte Situation unserer Kirche vor mir selbst nicht Halt macht, sondern mich ‚ganz‘ herausfordert, [...] mein ganzes bisheriges pastorales Denken, Planen und Handeln der vergangenen Jahrzehnte in Frage zu stellen.“ Die Krise wird zur Selbstkrise. Ursula kommt zu der deprimierenden Erkenntnis: „‚Nichts geht mehr!‘, ... ich biete den Menschen etwas, was sie nicht wollen, nicht verstehen, es trifft sie nicht in ihrer Sehnsucht“ und dies, obschon sie von sich selbst findet, dass sie „pastoral echt gut drauf“ sei und „immer nah an den Menschen ‚dran‘“, also „stets gut“ zu erahnen meinte, „was sie bräuchten“, um daraufhin „munter unendlich viele

2 HA steht für *hauptamtlich* Mitarbeitende. Im weiteren Verlauf steht EA für *ehrenamtlich* Mitarbeitende.

immer ‚noch bessere' Konzepte und Projekte" zu entwickeln, die am Ende „jedoch erfolglos" blieben. Der Bruch in ihrer beruflichen Biografie wird schließlich zu einem Wendepunkt: „Konzepte lassen, Beziehungen leben: Hören lernen!" Denn es gehe nicht darum, „eigene Absichten zu verfolgen", sondern vielmehr, diese zurückzustellen, „keinen vorgefertigten Plan zu haben". Etwas ganz anderes sei entscheidend, etwas, das sie „noch nicht ausreichend gut eingeübt" hatte: „‚echtes' Hören."

3.2 „Nebenan" – Kirche-Sein im Plattenbau

„Die Menschen leben hier oft ohne Perspektiven. Es sind vor allem soziale Probleme, wie Arbeitslosigkeit und Alkoholismus, die zu den Herausforderungen des Alltags gehören. Der Ort, an dem wir hier leben, ist ein vollkommen entkirchlichter und entchristlichter Ort." – Burkhard Wagner, 31, evangelischer Pfarrer, erzählt mir von dem Leben, das die meisten Menschen in Bergen-Rotensee, einem für den Osten Deutschlands üblichen Plattenbaugebiet auf der Insel Rügen, leben.[3] Als Burkhard davon berichtet, wie er von den Leuten gefragt wird, „wer das da am Kreuz ist und warum man sich so etwas in die Wohnung hängt", erinnert ihn das an die von dem Theologen Karl Rahner zu DDR-Zeiten geprägte Formulierung, wonach die Menschen vergessen haben, dass sie Gott vergessen haben. Die meisten Menschen verhalten sich sowohl dem Glauben als auch der Kirche gegenüber ablehnend oder gleichgültig. Gott ist für sie ein Fremder.

Bereits am ersten Tag meines Besuches in Bergen-Rotensee auf Rügen spüre ich Unbehagen. Werde ich in Kontakt treten können mit den Menschen, die hier im Plattenbau leben? Bevor ich mein Zimmer inmitten der „Platte" – wie es hier nur heißt – beziehe, möchte ich noch etwas einkaufen. Im Supermarkt, meist „Kaufhalle" genannt, erlebe ich auf unterschiedliche Weise Armut und Frustration; ich sehe die abgetragene Kleidung der Menschen und höre den für mich ungewohnten Ton ihrer Gespräche, der ungeduldig, bisweilen angestrengt auf mich wirkt. Die Blicke, die mich treffen, erscheinen mir voller Resignation, Verzweiflung ... – manchmal einfach nur regungslos und leer. Ich frage mich, ob es an mir liegt. Falle ich auf? Offenbar unterscheiden wir uns voneinander. Wir sind füreinander wie Fremde.

In diesem mehrheitlich sozial benachteiligten Milieu versucht Burkhard – zusammen mit seinem Team – Tür an Tür mit den Menschen auf neue Art Kirche zu leben. Das Projekt „nebenan" geht auf eine missionarisch-diakonische Initiative der Pommerschen Evangelischen Kirche mit der Evangelischen Kirchen-

3 Die folgenden Erzählabschnitte stammen aus eigenen Tagebuchaufzeichnungen, die ich im Rahmen meines zweiwöchigen Exposures im Mai 2013 in Bergen-Rotensee auf Rügen gemacht habe. Auszüge daraus sind als Zitate markiert.

gemeinde Bergen auf Rügen zurück und wird vom Institut zur Erforschung von Evangelisation und Gemeindeentwicklung (IEEG) an der Universität Greifswald begleitet. Ziel ist allerdings nicht der Aufbau kirchlicher Strukturen. „Wenn wir in Kirche versuchen, Angebote immer perfekter zu gestalten, werden wir immer mehr Menschen verlieren und immer weniger gewinnen", davon ist Burkhard überzeugt. „Jesus ging es zuerst immer um Menschlichkeit." Burkhard erzählt davon, wie er zu Anfang seiner Zeit als Pfarrer durch die Straßen der Plattenbausiedlung ging. Er fragte sich, wie es überhaupt möglich werden sollte, mit den Menschen in Berührung zu kommen, die hier leben.

Am zweiten Tag wechsele ich intuitiv meine Kleidung. Ich ziehe mir meine Jogginghose und meinen ausgeblichenen Kapuzenpullover an. Beides habe ich mir für sportliche Auszeiten mitgebracht. Ich gehe auf die Straße, entlang der grauen Flachdachhäuser. Ich fühle mich nicht mehr so fremd wie gestern. Ich komme in Kontakt. Ein Wort oder eine Geste des Grußes ereignen sich. Meine Joggingsachen trage ich nun immer wieder in der Zeit meines Exposures, das ich hier verbringe.

Burkhard erzählt mir von einer Begegnung mit einem Mann im Plattenbaugebiet, der ihn einmal ganz unvermittelt auf der Straße ansprach und fragte: „Du hast doch eine gute Verbindung nach oben, oder? Wo kann ich billige Grabsteine herbekommen?" Daraufhin erwiderte er dem Mann: „Soll ich mal bei dir vorbeikommen?" Der Mann antwortete kurz aber bestimmend: „Ja." Einige Tage später geht Burkhard zu ihm. Sie kommen ins Gespräch. Der Mann erzählt von seiner Lebensgeschichte, von seinem Schicksal, von Enttäuschung, von Wut und Trauer. Am Ende verabschiedet sich der Mann mit den Worten: „Danke, so zugehört hat mir schon lange jemand nicht mehr."

In den kommenden Tagen werde ich vertrauter mit den Menschen. Blicke werden neugieriger. Auf dem Marktplatz werde ich angesprochen. Seitdem Burkhard in der Platte lebe, habe sich für die Menschen viel verändert, erzählt mir eine Frau plötzlich: „Da ist jetzt jemand, der uns zuhört, zu dem wir gehen können, wenn wir Sorgen haben. Ohne Burkhard hätte sich hier nie etwas verändert."

Zuhören wird zur Mitte der Pastoral in diesem Plattenbaugebiet. Der Name „nebenan – Tür an Tür mit Kirche" steht für eine Pastoral der Beziehung. Kirche hat keinen Kirchturm, sondern findet in privaten Wohnungen, im Supermarkt, auf dem Marktplatz, auf der Straße, im Stadtpark – in den alltäglichen Lebenswelten der Menschen selbst – statt. Ein vom Pastoralteam umgebautes Feuerwehrauto steht auf dem Kinderspielplatz oder auf dem Marktplatz und ist ein Anlaufpunkt für gemeinsames Spielen und Singen, für Kaffee, Kekse und Gespräch. Draußen mit Menschen am Feuerwehrauto stehend, beobachte ich, wie Burkhard mit einer Frau in der hintersten Ecke des Feuerwehrautos ins Gespräch vertieft ist. Was die Frau erzählt, hört nur Burkhard. Dieses Feuerwehrauto ist wie ein Beichtstuhl, ein Ort heilsamen Hörens, denke ich.

Die Menschen von Bergen-Rotensee sind die, die niemand hören will, über die im Gegenteil vielmehr gesprochen wird. „Man muss sich vorstellen", erzählt Burkhard, dass „über einige Leute hier viel geredet wird: ‚Die saufen nur, mit denen reden wir nicht mehr, mit denen wollen wir nichts zu tun haben.' Und gerade hier sagen wir: Wir kommen zu euch." Die Erfahrungen, die sich durch das Zuhören eröffnen, entdeckt Burkhard in der Perspektive des Evangeliums wieder. Ihm kommt die Emmaus-Geschichte in den Sinn. „Es entsteht eine Begegnung zwischen Jesus und den Jüngern und seine erste Frage ist: ‚Was sind das für Dinge, über die ihr miteinander redet?'" Bevor Jesus also selbst spricht und das Wort ergreift, macht er sich mit den Jüngern auf den Weg, „teilt, was sie bewegt, indem er ihnen zuhört". Und genau darum geht es auch hier: Den Menschen in ihrer Sehnsucht nach Leben zuhören und darin Christus entdecken, der schon längst anwesend ist, auch wenn kein Wort fallen wird über Religion, Glaube, Kirche.

Pastoral beginnt für Burkhard zuerst in der hörenden Aufmerksamkeit für das, was Menschen in ihrem Leben umtreibt – sei es auch noch so fremd. Immer wieder wird er nach seinem pastoralen Konzept gefragt. Burkhard verrät dann: „Das Konzept lautet: Kein Konzept haben." Das Neue entsteht gerade dadurch, nichts zu „haben": „Keine Konzepte, keine Strategien, keine hohen Mitgliederzahlen, keine Kirchengebäude."

3.3 Im Hospiz

„Komm doch mit", sagt meine Freundin, Laura, 31, plötzlich zu mir.[4] Was sie meint, ist das Johannes-Hospiz in Münster, wo ihre Tante, die sie besuchen will, seit einigen Wochen schon liegt. Sie leidet an der unheilbaren Krankheit „Amyotrophe Lateralsklerose" – kurz „ALS" –, bei der motorische Nervenzellen im Gehirn und im Rückenmark fortschreitend geschädigt werden. Die damit einhergehenden Beeinträchtigungen betreffen im Fall ihrer Tante bereits den gesamten Bewegungsapparat, sowie Zungen- und Gaumenmuskulatur. Frau K. kann nicht mehr sprechen, und sie kann auch keine festen Speisen mehr zu sich nehmen. „Die Krankheit hat sie stumm gemacht, egal, ob es ihr gefällt oder nicht, wie man mit ihr umgeht, ob sie bestimmte Wünsche oder Schmerzen hat … sie kann sich nicht mehr mitteilen", beschreibt Laura ihren Zustand. Ich bin verunsichert.

4 Die Namen wurden auch an dieser Stelle aus Gründen der Anonymität geändert. Diese sowie die folgenden Erzählungen gründen in eigenen Alltagserfahrungen und Beobachtungen, die in Form von Tagebuchnotizen festgehalten wurden. Auszüge daraus sind als Zitate markiert.

Ich kenne ihre Tante nicht. Irgendetwas sträubt sich in mir. Schließlich komme ich der Bitte meiner Freundin doch nach.

Beim Eintritt in das Zimmer nähere ich mich langsam dem einzigen Bett, das dort steht und greife spontan die Hand von Frau K., um mich vorzustellen. Ihre Hand liegt schlapp in meiner Hand. Ihr Mund, leicht geöffnet, bleibt ohne Worte. Trotz Starrheit ihres gesamten Körpers meine ich, einen leichten Zug der Resonanz in ihren Augen wahrzunehmen. – Stille –

„Ich habe dir ja schon von meiner Tante erzählt", unterbricht Laura plötzlich das Schweigen und richtet die Bettdecke. Dann wendet sie sich ihrer Tante zu: „Wir waren gerade Kaffeetrinken, in der Stadt, du kennst doch den Domplatz ..., dort im Café gegenüber saßen wir, und dann habe ich sie einfach mitgeschleppt, so könnt ihr euch mal kennenlernen. Scheint die Sonne heute nicht wunderschön?" – Stille – Immer noch: – Stille – ... bis ein den Atemzug von Frau K. begleitendes schlürfendes Geräusch hörbar wird. „Wenn das Wetter jetzt schöner wird, dann kannst du auch wieder auf die Terrasse gefahren werden, Tante", antwortet Laura. Aus der Kehle von Frau K. dringt ein leiser, lang gezogener Laut, ein Röcheln. „Ja, ich weiß, du hast es schon immer geliebt, draußen in der Natur zu sein." Laura, die auf der Bettkante sitzt, nimmt die Hand ihrer Tante und streichelt sie. – Stille – Stille – Stille –

Nach einer langen Weile der Stille bringt Laura die lautlosen Berührungen ins Wort: „Du hast so zarte Haut, Tante. Verrätst du mir, welche Pflegecreme du benutzt? Die könnte ich auch gebrauchen." Laura lacht. Das Gesicht von Frau K. bleibt regungslos. Wir bleiben zwei Stunden. In dieser Zeit gibt es keine Erklärungen, die die Situation von Frau K. irgendwie zur Sprache brächten. Es gibt nur unsere kurzen Erzählungen in der wortlosen Anwesenheit der todkranken Frau, die wehrlos dem ausgesetzt ist, was ihr zu Ohren kommt. Ich frage mich, wie das sein muss, einfach hörend dazuliegen.

Vom ersten Moment der Begegnung an, empfinde ich eine Ohnmacht, die darin besteht, dass unsere Worte von Frau K. nicht als von ihr gehörte Worte wieder mitgeteilt werden können. Es fehlt mir die Vergewisserung, ob wir uns überhaupt „richtig" verstehen. Laura scheint das Problem nicht zu haben. Ich dagegen frage mich, worin der Sinn des Hörens besteht, wenn das Gehörte unaussprechlich wird. Ich werde nachdenklich.

Bleibt nicht immer ein Rest von Unhörbarem und Unsagbarem, nur merken wir es nicht? In der stillen, hörenden Präsenz von Frau K. fühle ich mich irgendwie in besonderer Weise angesprochen. Ihre offenen, sensiblen, verletzbaren Ohren ermöglichen ein anderes, ein tastendes, vorsichtiges, vorläufiges Sprechen. Unsere Worte erhalten in der bleibenden Stille einen besonderen Klang.

Am Ende der Begegnung, nach unserer Verabschiedung von Frau K. und dem Verlassen des Zimmers, sagt Laura zu mir auf dem Flur: „Immer dann, wenn ich bei meiner Tante bin, denke ich: Wir sprechen gar nicht mit dem Mund, sondern mit unseren Ohren."

3.4 Gott sprechen lassen

Mein Weg führt mich inmitten der Kölner Altstadt in Richtung Fischmarkt, vorbei an Kneipen und Bars, wo noch die Spuren der letzten Partynacht zu sehen sind und Obdachlose auf ihren Decken sitzen. Es sind viele Menschen unterwegs an diesem Morgen. Stadtlärm umgibt mich. In nur wenigen Minuten erreiche ich die romanische Basilika Groß Sankt Martin. Dort leben die monastischen Gemeinschaften von Jerusalem, die ich besuchen will.

Ich betrete die Kirche. Viele Besucherinnen und Besucher sitzen bereits in den Bänken. Ich bin beeindruckt von der schlichten Schönheit der Kirche. Durch die Fenster dringt gedämpftes Licht. Eben noch von der lauten Geräuschkulisse der Stadt umgeben, ist es jetzt eine dichte Stille, die mich umfängt. Ich halte den Atem an.

In weißen Kapuzengewändern sitzt die Klostergemeinschaft im Altarraum – auf der linken Seite die Schwestern, auf der rechten Seite die Brüder – mit Blick in die Apsis. Plötzlich erklingt ein vierstimmiger Gesang und erfüllt den Kirchenraum. Ich bin ergriffen. Der Zusammenklang der Stimmen dringt in mein Ohr. Die Liturgie strahlt eine besondere Kraft aus. Es ist so, als öffne sie mich für das Geheimnis der Schönheit Gottes.

Nach ungefähr einer halben Stunde Gesang, Lesung und Gebet bleibe ich noch in der Kirche sitzen. Ich bin mit der Priorin, Schwester Edith, zum Gespräch verabredet.[5] Die meisten der hinausgehenden Menschen sind jung – wie ungewohnt im Vergleich zu unseren Werktagsgottesdiensten, denke ich. Schwester Edith kommt strahlend auf mich zu. Wir begrüßen uns und stellen uns einander vor. Sie führt mich in das direkt neben der Kirche angemietete Wohnhaus. Das Gebäude ist aus Beton, die Treppen, die wir hinaufgehen, sind aus rotem Stahl, die Ordensbrüder und -schwestern leben hier getrennt auf zwei Etagen.

In der Wohnung der Schwestern angekommen, beginnt die Priorin mir davon zu erzählen, wie der kontemplative Orden im Jahr 1975 in der Kirche Saint-Gervais in Paris von Bruder Pierre-Marie Delfieux gegründet worden ist: Dieser sei zuvor als Studentenseelsorger an der Sorbonne in Paris tätig gewesen, bis er in der turbulenten Zeit der 1968er in die Wüste gegangen sei. Bruder Pierre-Marie habe die Arbeit mit jungen Leuten sehr gern gemacht. Dann sei das ge-

5 Die Aufzeichnung des Gesprächs mit Schwester Edith liegt der Verfasserin dieser Arbeit vor. Wörtliche Aussagen der Priorin werden im Folgenden als Zitate kenntlich gemacht.

kommen, was man die berühmte Chiffre Mai 1968 nennt: Umbrüche in der Gesellschaft und auch in der Kirche; es ging drunter und drüber. Bruder Pierre-Marie war durch seine Arbeit in der Studentenseelsorge mittendrin.

Schließlich habe er sich ein Sabbatjahr erbeten, einfach, um mal rauszukommen und zu den Quellen zurückzukehren. Als Emerit lebte er in der Wüste, sozusagen nur mit dem Allerheiligsten und der Bibel. Im Vordergrund stand für ihn die Sehnsucht, zurück zu den Wurzeln zu gehen, dahin, wo die Quelle entspringt, was nicht unbedingt die Erfindung von etwas Neuem bedeutet. Ein Jahr lebte er in der Sahara und war, wie er einmal gesagt habe, unglaublich glücklich. Trotzdem habe er sich die Frage gestellt, ob die Wüste sein Weg ist. Ausgerechnet in der Sahara sei er im persönlichen Gebet zu der Erkenntnis gekommen, dass die Wüste ganz woanders liegt, nämlich da, wo die Menschen sind, in der Stadt. Nach einem Jahr sei er dann zurück zu seinem Bischof gegangen, um ihm zu sagen, dass er Mönch sein möchte, aber unter den Menschen. Der Bischof riet ihm, nochmal zurück in die Einsiedelei, in die Wüste zu gehen. Da habe sich sein Wunsch bestätigt, Mönch zu sein, aber unter den Lebensbedingungen der Menschen von heute. Daraufhin sagte der Bischof zu.

Schwester Edith erzählt, dass der Bischof später gefragt wurde, warum er zugesagt hat, worauf dieser geantwortet habe: „Nach zwei Jahren in der Wüste spinnt man nicht mehr herum." Und weiter schildert sie: „Später schreibt Bruder Pierre-Marie in der Ordensregel der Gemeinschaften, dem 1978 geschriebenen Lebensbuch oder französisch ‚Livre de Vie', dass die Wüste heute ebenso in der Stadt sei. Daraus folgt die Aufforderung, heute ein Städter mit den Städtern zu sein. Die Quelle, das Wasser, das er gefunden hatte, wollte er nicht für sich behalten, sondern mit den Menschen in der Stadt teilen. Die Wüstenregel: ‚Wer in der Wüste Wasser findet, darf es nicht für sich behalten, sondern muss es teilen', wurde zur Orientierung für das ganze klösterliche Leben."

Heute gibt es die Gemeinschaften von Jerusalem nicht nur in Paris, sondern auch in anderen Städten, wie etwa in Warschau, in Montreal, in Florenz und Rom sowie seit 2009 auch in Köln. Die Berufung des Ordens, so Schwester Edith, besteht darin, mitten in der „Wüste" der Stadt „eine Oase der Stille, des Gebetes und des Friedens" zu sein. Schwester Edith überträgt das Bild der Wüste auf die Stadt, in der sie lebt: „Hier in Köln erleben wir eigentlich jeden Tag die Wüste der Stadt, ob in der Arbeitslosigkeit, in der Obdachlosigkeit, in der Prostitution, im Alkohol- und Drogenkonsum oder in der sozialen Isolation – sie ist vor unserer Haustür. Die Wüste hat wie die Stadt etwas Faszinierendes, aber genauso auch etwas Bedrängendes." Die Schwestern und Brüder arbeiten halbtags in unterschiedlichen Berufen und bestreiten ihren Unterhalt selbst. Dreimal am Tag kommen sie in der Kirche zur Liturgie zusammen. Die Eucharistie wird ganz bewusst am Abend gefeiert, damit die Menschen, die tagsüber arbeiten, Gelegenheit haben zu kommen.

„Welche Reaktionen begegnen Ihnen?“, möchte ich wissen. „Das ist ganz unterschiedlich“, antwortet Schwester Edith. „Erstaunlich aber war für mich, dass anfangs viele Besucher danach fragten, wo sie sich engagieren könnten und welche pastoralen Programme wir im Angebot haben. Ich merkte, wie tief die Gläubigen vom klassischen Pfarreileben geprägt sind. Unser Ort der Stille und des Hörens *musste* also erst einmal ungewohnt erscheinen und irritieren. Wir gehören zum Sendungsraum der Innenstadtpfarreien, unterscheiden uns aber grundlegend von einer klassischen Gemeinde. Es geht bei uns nicht um pastorale Aktivitäten, die wir anbieten.“

„Und worauf kommt es dann an?“, frage ich. „Es geht nicht darum, dass *wir* gehört werden“, sagt Schwester Edith, „sondern, dass Menschen in ihrem Leben die Stimme Gottes hören. Uns geht es darum, dass Gott zur Sprache kommen kann. Wir eröffnen den Menschen, die hier in der Stadt leben und oft Suchende im Leben und auch im Glauben sind, einen Ort des Hörens, ja eine Oase, aus der heraus man weitergehen kann. Wir beobachten, wie anziehend eine solche Oase inmitten der Stadt ist. Es sind immer wieder auch junge Menschen, zum Beispiel Studenten, die uns besuchen.“

In Groß Sankt Martin finden Menschen etwas anderes als das klassische Gemeindeleben, wie sie es kennen. „Es geht nicht darum“, erzählt Schwester Edith weiter, „immer wieder einen nächsten Impuls zu geben, wie es hier ja so schön heißt. Auch haben wir keinen missionarischen Auftrag im engeren Sinne. Alles ist gratis, umsonst. Viele Menschen sagen: Ihr seid sieben Schwestern und sechs Brüder, dann könntet ihr doch im Krankenhaus mithelfen oder in der Katechese. Wenn wir dann antworten, dass wir ein anderes Leben führen, sagen manche, das sei verschwendete Zeit und wir können darauf nur sagen: Stimmt. Immer wieder werden wir gefragt: Was macht ihr denn? Und ich antworte darauf schlicht: Nichts. Das stimmt natürlich so nicht, wir gehen arbeiten, da ist die Liturgie … Aber sofort kommt die Frage, ob wir darüber hinaus etwas anbieten. Was wir demgegenüber versuchen, liegt auf einer anderen Ebene. Wir wollen hellhörig sein. So fragen wir zunächst wie Jesus: ‚Was suchst du genau?‘ Aus diesem Hören kann etwas entstehen, wie bei uns zum Beispiel einmal im Monat ein Bibelteilen oder eine jährliche Einführung in die Kartage … So schaffen wir Orte für existenzielle Fragen, aber schielen nicht auf große Zahlen. Viele kommen vielleicht nur einmal. Wir sind jedoch nicht dafür da, die Leute an uns zu binden. Sie können kommen und gehen. Die vielen pastoralen Bemühungen sind bewundernswert und haben sicherlich ihre Berechtigung. Aber oft geht es doch darum, wieder mehr Leute anzusprechen; die Zahlen müssen eben stimmen. Wir haben dann noch zu sehr das Ideal der Volkskirche im Kopf, wie es in den

1950er und 1960er Jahren war, aber das ist eine Ausnahmegestalt in der Kirchengeschichte gewesen. Dem Ideal nicht entsprechen zu wollen, heißt nicht, dass wir uns auf einen Heiligen Rest zurückziehen, der sich selbst genügt. Wir drehen aber die Reihenfolge um: Aktionen, die mit viel gutem Willen, viel Kompetenz angeboten werden, sind nicht das Erste, sondern sich der Liebe Gottes zu öffnen. Sich von dieser Liebe ansprechen zu lassen, darum geht es. Was heute gesucht wird, ist Leben.“

Ich werde nachdenklich. Müsste es nicht auch in der Pastoral stärker darum gehen, Zeit für ein solches Hören auf Gott und die Menschen zu verschwenden? Übertönen wir das Hören nicht zu sehr mit unserem eigenen Sprechen? Ist unsere Pastoral vielleicht zu laut und müsste sie nicht leiser werden, damit sie das Gespräch Gottes mit den Menschen nicht unterbricht?

3.5 „Ich bin da, auch wenn ich nichts sage“

Ich sitze im Auto, als plötzlich folgender Radiobeitrag zu hören ist:

> „[V]on Schweigeanrufen habe ich erst etwas gehört, seitdem ich mich mit der Telefonseelsorge beschäftige. Schweigeanruf, das klingt wie ein Widerspruch in sich: Im Wort ‚Anruf‘ steckt ja schon der Ruf drin. Wie aber muss sich das anfühlen, wenn da keiner spricht?
>
> Tatsächlich gehören Schweigeanrufe zum Alltag der Telefonseelsorgerinnen und Telefonseelsorger. Bei den 1,8 Millionen Anrufen pro Jahr, beginnen viele mit Schweigen – und sehr viele enden auch damit.
>
> Eine Telefonseelsorgerin hat mir erzählt, dass die Ehrenamtlichen in ihrer knapp einjährigen Vorbereitung besonders geschult werden für diese Anrufe ohne Worte. Der Schweigeanruf ist die mysteriöseste Form des ‚Telefongesprächs‘, eben absolut zurückgenommen: Kein Name, kein Wort, hörbar sind nur die Geräusche im Hintergrund und das Atmen in den Hörer. Die Gründe, warum der Anrufer oder die Anruferin schweigt, bleiben natürlich verborgen. Manchmal fehlen sprichwörtlich die Worte. Manchmal reicht die Kraft nicht mehr. Manchmal braucht eine Person in einer schweren psychischen Krise nur das Gefühl, dass jemand da ist[,] und ruft an, bis das Beruhigungsmedikament anfängt zu wirken.
>
> Die Telefonseelsorgerin sagte mir, sie merke sehr schnell, ob es sich um einen dieser Schweigeanrufe handelt. Dann ist sie umso mehr gefragt in der Kunst des Zuhörens: Hört man ein Schluchzen? Ein Röcheln? Wirkt das Schweigen traurig oder ärgerlich? Ist es gar ein Kampfschweigen? Auch das gibt es: Da versucht der Anrufende auszutesten, wie lange der andere das Schweigen aushält. Wie auch immer. Alle Aufmerksamkeit richtet sich auf den anderen, der schweigt. Und zugleich spürt die Telefonseelsorgerin nach, was das Schweigen für Resonanzen in ihr auslöst. Ihre Frage lautet: Komme ich in Kontakt mit dem Menschen, der schweigt?

> Ob man versucht sei, dazwischen so etwas wie ein Sudoku zu lösen, frage ich etwas flapsig nach. Es interessiert mich, denn es braucht bestimmt Kraft, um nicht abzuschweifen. Nein, erwidert die Telefonseelsorgerin ernst: Es sei wichtig, auch im Schweigen zu signalisieren, ich bin da. ‚Und das geht nur, indem ich dann auch da bin. Mit aller Aufmerksamkeit', erklärt sie. Manche dieser Anrufe können bis zu einer Viertelstunde dauern, sagt sie mir. Und erst, sobald sie merke, dass sie den Kontakt verliere zu dem Menschen, der schweigt, dann sage sie, sie wolle in einer absehbaren Zeit auflegen. Ich bin fasziniert: Ob sie Kontakt hat oder nicht, das kann sie letztlich nur festmachen an ihrer Intuition.
>
> Ich bin deshalb fasziniert, denn genau so geht es mir beim: Beten! Sie haben richtig gehört. Ich kann das nur für mich persönlich sagen: Aber das tiefe Gebet, das nicht schnell die Worte auf der Zunge daher plappert, das hat für mich etwas zu tun mit diesem Schweigeanruf. Dann schweige ich. Und er schweigt auch. Denn ich gestehe: Ich habe noch nie Gott zu mir sprechen gehört. Ich weiß nicht, wie es anderen geht. Vielleicht hören andere Stimmen. Gott schweigt. Was aber nicht heißt, dass er nicht da ist.
>
> Für mich geht es bei diesem tiefen Gebet im Schweigen letztlich aber um genau dasselbe, wie der Telefonseelsorgerin: Kontakt finden. Kontakt zu dem, ‚der mich unbedingt angeht', wie es der Theologe Schleiermacher [E.P.: gemeint ist wohl Paul Tillich] mal gesagt hat. Unbedingt, das heißt auch: Jenseits der Worte.
>
> Seit ich von den Schweigeanrufen gehört habe, fasziniert mich dieser Gedanke in Bezug auf mein Beten: Wenn ich Kontakt haben möchte, braucht es keine Worte. Und dennoch merke ich: Er ist da.
>
> Klar, manchmal wünschte ich mir schon ein Wort, das tröstet, ein Wort von Sinn. Aus seinem Mund. Wenn dann auf meine tiefsten Fragen jenes Schweigen kommt, mache ich es im Grund[e] wie die Telefonseelsorgerin: Ich achte umso mehr auf die Nebengeräusche.
>
> Oft bekomme ich genau da die Hinweise, die ich suche."[6]

Anfang und Ende des Anrufs: Schweigen. Auf dieses Schweigen am Telefon zu hören – ist das nicht widersprüchlich, weil schließlich nichts zu hören ist? Geht es in der (Telefon-)Seelsorge nicht gerade um Verständigung, um Gespräch, um Dialog, um wechselseitige Rede? Warum wird die Aufmerksamkeit – bis zu einer Viertelstunde lang – auf das Schweigen des Anrufers gelenkt und nicht darauf, ihm Worte zu entlocken? Andererseits: Gibt es nicht etwas Unaussprechliches, etwas Unhörbares, wie zum Beispiel Erfahrungen von Trauer, Angst, Scham und Verzweiflung? Und wie anders als im Schweigen und im Hören auf das Schweigen kann sich dieses Unsagbare und Unhörbare zu Gehör bringen? Zu schweigen

6 Nelißen, Klaus: Radio-Sendung „Schweigeanrufe und Beten" im WDR 5, am 15. Juli 2016; in Textform unter: https://www.kirche-im-wdr.de/nix/de/nc/startseite/makepdf/programuid/schweigeanrufe-und-beten-1/ [abgerufen am 14.01.2021].

würde dann aber nicht einfach bedeuten, nichts zu sagen – im Gegenteil: Was sich dadurch bekundet, ist das Unsagbare und das Unhörbare selbst.

Ich frage mich, ob demgegenüber in der pastoralen Praxis nicht häufig viel zu schnell zur Rede angesetzt wird, um das Unaussprechliche möglichst schnell in die kommunikative Ordnung, in die Besprechbarkeit und Verständigung zu transportieren, damit es erträglich und kontrollierbar wird? Wann wird noch die Stille ausgehalten, das Schweigen des Anderen? Wann schweigen wir selber und hören gemeinsam auf das Unaussprechliche, um diesem *als* Unaussprechlichem zu seinem Recht zu verhelfen?

3.6 Orte des Zuhörens

„Conosci i centri d'ascolto"?, fragt mich meine italienische Freundin, mit der ich im März 2012 über die Unterschiede der kirchlichen Situation in Italien und Deutschland diskutiere. Zentren des Zuhörens in der Kirche? Ich werde neugierig und beginne zu recherchieren. In der Diözese Mailand gibt es ungefähr 300 solcher Orte des Zuhörens. Gegründet wurden diese in den 1970er Jahren vom Mailänder Kardinal Carlo Maria Martini. Ihm ging es um eine Stärkung von Solidarität und Geschwisterlichkeit in den Gemeinden Italiens. Die Kirche sollte sich für die Lebensnöte der Menschen vor Ort stärker öffnen.

Fünf Jahre später. Ich sitze in einer Veranstaltung zum Thema Pastoral und Caritas. Der Referent beginnt seinen Beitrag mit Beispielen zu sozialraumorientierten Projekten. In Kooperation mit der Mailänder Caritas und nach dem Vorbild der „centri d'ascolto" entstanden auch in der Diözese Rottenburg-Stuttgart auf Initiative des diözesanen Caritasverbandes die sogenannten „Orte des Zuhörens".[7] Es geht um den diakonischen Grundauftrag von Kirche: In unserer Gesellschaft wie auch in unseren Pfarreien haben die Nöte von Menschen, Arbeitslosigkeit, Krankheit, finanzielle Sorgen, soziale Isolation oftmals keinen Ort. Aber genau hier sollte Kirche ihren Ort haben, indem sie zuhört. Aufgrund einer immer stärkeren Professionalisierung ist es zu einer stetigen Trennung zwischen Caritas und Pastoral gekommen. Für Kirche aber, die nicht sich selbst dient, sondern dem Leben der Menschen, gehören Pastoral und Caritas unweigerlich zusammen.

Im Kontext des diözesanen Prozesses „Kirche am Ort gestalten" hat sich das Modellprojekt „Orte des Zuhörens" daher zum Ziel gesetzt, eine diakonisch ausgerichtete Pastoral zu stärken, in der die Trennung zwischen Pastoral und Caritas

7 Vgl. zum Folgenden Bischöfliches Ordinariat Hauptabteilung VI – Caritas/Caritasverband der Diözese Rottenburg-Stuttgart e.V. (Hg.): Rahmenkonzept. Orte des Zuhörens, Stuttgart 2018. Vgl. auch https://www.caritas-im-lebensraum.de/wir-amp-caritas/kirche-sozial-aktiv/best-practice/orte-des-zuhoerens/orte-des-zuhoerens [abgerufen am 14.01.2021].

aufgehoben ist. Inzwischen gibt es diese Orte des Zuhörens an ungefähr 35 unterschiedlichen Standorten der Diözese Rottenburg-Stuttgart. Diese Orte sind niederschwellig. Menschen in sozialen, finanziellen und persönlichen Notsituationen finden – unabhängig von ihrer Konfession oder ihrer Herkunft – eine Ansprechpartnerin bzw. einen Ansprechpartner. Freiwillig engagierte Frauen und Männer werden für diesen Dienst durch hauptberufliche Mitarbeiterinnen und Mitarbeiter geschult. Erst durch ein intensives Zuhören kann auf ein Problem auch eine hilfreiche Antwort gefunden oder nach Bedarf an andere Einrichtungen weitervermittelt werden. Es gehe darum, wie Jesus zuerst zu fragen: „Was soll ich dir tun?", damit Pastoral nicht an dem vorbeigeht, was Menschen brauchen, um zu leben.

An anderer Stelle knüpft der Referent an unsere eigene Erfahrung an, um zur Sprache zu bringen, welche Kraft im Zuhören liegen kann und was es andersherum bedeutet, wenn nicht zugehört wird. Er beschreibt den Fall, dass da jemand ist, der zuhört, aber eigentlich doch nur vorhat, mit seinem Gedanken, den er im Kopf hat, ins Gespräch zu fallen. Oder jemanden, der nichts sagt, aber auch nicht zuhört. Umgekehrt öffnet sich etwas, wenn uneingeschränkt zugehört wird …

Das Gehört-Werden ist dann wie ein Wegbereiter für das eigene Sprechen, für das eigene Sein. Ein solches Hören kann in einer Situation alles verändern. Die unverstellte Anteilnahme, die gespannte Erwartung des Zuhörers, der nichts Bestimmtes zu hören erwartet, aber dennoch erwartungsvoll und neugierig lauscht, verwandelt das Gespräch … Und auf einmal beginnt man, sich selbst ganz anders sprechen zu hören. Diese Momente der Verwandlung erleben wir an den Orten des Zuhörens immer wieder. Das Hören selbst hat gewissermaßen eine heilende und caritative Kraft.

3.7 „Jede Pastoral beginnt doch mit einer Redepause" – ein Diakon erzählt

Diesen Satz verdanke ich einem Bekannten, der Diakon in einem Bistum in Nordrhein-Westfalen war. Er erzählt mir von seiner Frustration über das starre System Kirche, aus dem er sich schließlich befreite, indem er frühzeitig in den Ruhestand ging.[8] „Und?", möchte ich wissen, „was machst du jetzt?" Er antwortet: „Nichts anderes als das, was ich vorher sein wollte: Diakon." Ich muss lachen.

Der Diakon erzählt, wie irritiert und verärgert viele der in seiner damaligen Pfarrei hauptberuflich und freiwillig Engagierten darüber waren, dass er „zu viel

8 Das Gespräch hat die Verfasserin in Form von Tagebuchnotizen festgehalten. Wörtliche Aussagen des Diakons sind im Folgenden als Zitate kenntlich gemacht.

Zeit und Energie wörtlich auf der Straße lasse, ohne irgendeinen Erfolg damit zu haben: Die Zahl der Gottesdienstbesucher geht schließlich immer weiter zurück." Auf der Straße lernte er allerdings „frei zu werden und nichts mehr zu wollen als bedingungslos zuzuhören". Etwas Entscheidendes habe er dabei erfahren: „Ich machte die Entdeckung, dass Gott schon längst da ist. Ich begann zu verstehen, dass es gar nicht zuerst darum geht, dass ich mich und das, was ich vom Glauben verstanden hatte, zu Gehör bringe ..., ich begriff, dass es gar nicht zuerst darauf ankommt, dass ich zum anderen spreche, damit auch er das versteht, was ich meinte, verstanden zu haben ... Für mich eröffnete das Hören der Lebensgeschichten eine andere Bewegung ... Gott zuerst sprechen zu lassen in den Begegnungen mit Menschen, besonders mit denen, die Not leiden ... Hören löst Erstarrtes und bringt wieder in Bewegung. Was ich Gott nenne, ist selbst Bewegung, fließt, bringt sich zu Gehör im Fluss des Lebens, ist nicht mehr nur allein etwas, worüber ich sprechen kann, sondern ist vielmehr das, was sich im Hören schenkt ... Jede Pastoral, jedes Sprechen beginnt nicht mit der Rede, sondern mit der Redepause."

3.8 Hören ist gefährlich

Ich sitze in einem Arbeitskreis zum Thema Bibelpastoral. Die Frage, die im Raum steht, lautet: „Wie können wir so die Frohe Botschaft verkünden, dass – vor allem die jungen – Menschen sie hören?" Eine Frage, die in pastoralen Zusammenhängen immer wieder auf ähnliche Weise gestellt wird. Ich werde nachdenklich. Trifft dieses Schema von Sprechen und Hören auf diese Weise zu? Ist das Evangelium tatsächlich *etwas*, das ich habe und anderen gebe, damit sie es hören, das heißt verstehen? Wir kommen nicht weiter.

Ich kehre die Frage um: „Wie können wir selbst so Hörende werden, dass – vor allem die jungen – Menschen in der Verkündigung der Frohen Botschaft mit ihrem Leben vorkommen?" Eine Frage, die die Bejahung unseres eigenen Nicht-Wissens provoziert, die uns für die Stimmen öffnen will, die anders sind als unsere, die uns auf Empfang und nicht auf Sendung stellt und die akzeptiert, dass die Frohe Botschaft, Gottes Wort, an die Sprecherin bzw. den Sprecher *und* an die Hörerin bzw. den Hörer gleichermaßen ergeht.

Stille. Ungläubige Gesichter schauen mich an. Plötzlich bricht es aus meinem Sitznachbarn heraus: „Aber wir haben doch etwas zu sagen!"

Hören ist *gefährlich*. Hören drückt aus, dass ich auf andere angewiesen bin. Wer hört, macht sich verletzbar, öffnet sich für Unvorhergesehenes, interessiert sich für den Anderen, darf gestört werden und lässt Eigenes infrage stellen. Verkündigung ist mehr als das Gesagte, das es zu hören und zu verstehen gilt. Verkündigung geschieht in einem Zwischenraum mehrerer Hörender, in dem immer auch etwas Neues, Überraschendes, Fremdes plötzlich zu Ohren kommen kann. Doch habe ich oftmals den Eindruck, dass dieser Zwischenraum nur selten betreten wird – ist er doch zu gefährlich, weil man verändert aus ihm hervorgehen könnte.

3.9 Aushalten

Mein Mobiltelefon piept. Die Nachricht meiner Freundin erreicht mich im Urlaub. Der Tumor wächst weiter. Er lässt sich nicht aufhalten. Die erneute Chemotherapie verspricht keine Heilung. Die Therapie zehrt an ihren Kräften. In mir ist es still. Ich bin traurig. Ich fühle mich hilflos. Mir fehlen die Worte. Nach einiger Zeit antworte ich ihr, versuche ihr Trost und Mut zuzusprechen, und frage auch, ob sie jemanden in ihrer Nähe hat, mit dem sie sprechen kann.

Kurze Zeit später lese ich ihre Antwort: „Mit den Kräften bin ich doch etwas am Ende. Menschen, die sich mit dem Thema Krankheit und Sterben beschäftigen möchten, gibt es leider wenig. Bei allen anderen sind gerade einfach ganz andere Sachen an der Reihe. … Es bleibt halt die Frage, warum Gott nicht eingreifen kann. Wenn er konkret um die Erfüllung eines Wunsches gebeten wird und dieser Wunsch erfüllt sich für den einen und für den anderen nicht, dann wäre es ja irgendwie zynisch zu glauben, dass das Gebet bei dem einen zum Erfolg geführt hat und bei dem anderen nicht. Gott liebt doch alle gleich. Und darum kann ich nicht daran glauben, dass Gott auf wundersame Weise in diese Welt eingreifen kann."

Ihre Antwort beunruhigt mich. Sie verschlägt mir die Sprache. Schließlich schreibe ich ihr, dass ich immer für sie da sein werde. Die Beunruhigung bleibt.

Zurück aus dem Urlaub, besuche ich meine Freundin. Sie öffnet die Wohnungstür und begrüßt mich. Ihr offenes, einladendes Lachen berührt mich. Wir setzen uns in ihr Wohnzimmer. Ich erinnere mich daran, wie sie zu erzählen beginnt. Ich höre sie sagen:

„Für mich ist es wichtig aussprechen zu dürfen, dass ich an dieser Krankheit sterben werde. Ich verstehe ja jeden, der mir sagt: ‚Du schaffst das …', ‚Die heutige Medizin kann schon viel …', ‚Du darfst nicht aufgeben …' Aber … gesund werde ich nicht mehr. Die Therapien haben allein schon so viel Schaden angerichtet, dass das mit der Gesundheit schon deswegen nichts mehr wird. Mal schauen, ob ich diese Chemo schaffe. Es ist für mich wichtig, sagen zu dürfen, dass ich nicht mehr kann und vielleicht auch nicht mehr will. Und wenn ich sterbe, dann hoffe ich, dass Gott sein Versprechen hält, und wenn nicht, … dann schlage ich ihn auch tot."

Stille. Wir blicken uns an. Es gibt nichts darauf zu sagen. Wir beginnen beide zu weinen. Ich setze mich zu ihr aufs Sofa. Wir umarmen uns.

Zurück von dem Besuch, piept mein Mobiltelefon. Meine Freundin schreibt: „Vielen Dank nochmal für deinen Besuch. Ich habe die Zeit mit dir sehr genossen und bin sehr dankbar, dass du auch meine manchmal so schweren Themen mit mir aushältst, indem du mir einfach zuhörst."

Es gibt unterschiedliche Arten zu hören. Da ist ein Hören, das versucht, das Erzählte „in Ordnung(en)" zu bringen. Daneben gibt es ein anderes Hören, eines, das das Sagen hört und darin dem Unhörbaren Raum gibt, ein Hören, das aushält, was zu Ohren kommt, das sich verletzbar macht und dem Unverständlichen Raum gibt.

3.10 Anregung zum eigenen Hören

In einer diözesanen Veranstaltung mit dem Team des Pastoralinstituts *Bukal ng Tipan* von den Philippinen zum Thema „Kirche der Beziehung"[9]: Gefragt nach den Erwartungen, die sie an den Kurs stellen, ähneln sich die Aussagen vieler Pastoralreferentinnen und Pastoralreferenten und Pfarrer; sie lauten: „Wie kann Kirche einen Weg finden aus der Krise, in der sie sich befindet?" – „Wir brauchen Lösungen, praktisches Handwerkzeug für die Pastoral." – „Wie kann es weitergehen mit der Kirche in Deutschland?"

Diese Erwartungen werden von dem philippinischen Team gleich zu Anfang enttäuscht: „In diesen Tagen geht es nicht darum, Handlungskonzepte vorzugeben und Lösungswege aufzuzeigen, sondern – ohne die Antwort schon zu wissen – mit euch zu hören." Entscheidend für eine „Kirche der Beziehung", heißt es weiter, ist „nicht die Lösung zu haben", sondern „sich zu öffnen für das Leben der Menschen in eurer Stadt und in eurem Dorf". Um was es gehen soll, ist eine „hörende Haltung". Und diese soll in der Veranstaltung nicht Gegenstand der Betrachtung bleiben, sondern von Anfang an vollzogen und gelebt werden. „Hören kann nur jeder selbst, indem er sich ansprechen lässt von den Fragen und Herausforderungen, die auf ihn zukommen." Deshalb können Lösungswege nicht einfach vorgegeben werden. Vielmehr heißt zu hören, „den Erfahrungen, den Ereignissen im Leben zu erlauben, uns, unser Denken, unsere Ideen und Pläne zu unterbrechen; Hören bedeutet, herauszugehen, Sicherheiten zu verlassen, andere Getaufte zu ermächtigen und zu beteiligen, ohne schon genau zu wissen, was sich daraus entwickeln wird".

Das Team fragt: „Hört ihr, was die Familien, die jungen und alten Menschen in eurer Stadt oder in eurem Dorf bewegt? Was macht sie glücklich? Was traurig? Und welche Botschaft Gottes entdeckt ihr darin?" Hören bedeutet, „sich

9 Die Veranstaltung fand im Juli 2018 in Münster statt. Nachfolgend als Zitate kenntlich gemachte Aussagen entstammen den schriftlichen Aufzeichnungen der Verfasserin.

selbst zurückzunehmen und den Anderen sprechen zu lassen". In dieser Art und Weise des Hörens geschieht bereits Verkündigung: „Entscheidend ist Jesu Weise der Aufmerksamkeit gegenüber den Menschen, die ihm begegnen. Hören bedeutet wahrzunehmen, in welcher Kommunikation der Mensch mit Gott schon steht." Hören stellt einen zentralen Wert der philippinischen Kultur dar. Als solcher enthält das Hören drei Dimensionen: „Der Welt zuhören, das Wort Gottes hören, einander zuhören."

Im Verlauf der Veranstaltung werden manche Stimmen laut: Geht es nicht auch bei uns – im Kontext der deutschen Kirche – darum, „aufzuhören, immer nur von den bekannten Fragen auszugehen, die wir meinen, selbst beantworten zu können?" Braucht es nicht auch hierzulande ein „absichtsloses Hören, das den Anderen vorkommen lässt und das sich Neues sagen lässt?" Fehlt uns vielleicht das Vertrauen, um ein solches Hören zu riskieren? Es besteht ein Unterschied zwischen einem Sprechen, das danach strebt, Fragen zu beantworten, und einem Sprechen, das sich nicht erschöpft in dem, was gefragt oder gesagt wird, sondern aufmerken lässt und zum eigenen Hören anstößt.

3.11 Rosenstraße 76

Draußen vor der Tür versprechen gepflegte Blumenbeete eine harmonische, friedliche Atmosphäre. Doch hinter der Tür, im Innenraum der City-Kirche in Mönchengladbach, finde ich mich in einer nachgebauten Wohnung mit Küche, Wohn-, Schlaf- und Kinderzimmer wieder und verfolge die dort gelegten Spuren häuslicher Gewalt. Die Adresse „Rosenstraße 76" steht exemplarisch für jede andere Wohnung in der Stadt oder auf dem Dorf – theoretisch auch für eine Wohnung in meiner Straße. Häusliche Gewalt ist ein Tabuthema, ihre Opfer sind eine oft ungehörte Gruppe.[10]

Die Besucherinnen und Besucher gehen ohne viele Worte durch die vom kfd Diözesanverband Aachen organisierte Ausstellung – auch ich. Es ist beklemmend still. Was man sieht, möchte man nicht schweigend hinnehmen und trotzdem fehlen einem die Worte. Beim Gang durch die Räume entdecke ich immer wieder Gegenstände, die symbolisch für unterschiedliche Gewaltakte stehen. Im Kinderzimmer liegt ein Tagebuch. Darin lese ich, was ein Kind alles durchmacht, während sich die Eltern streiten. Die leeren Bierflaschen im Wohnzimmer lassen auf Alkoholmissbrauch und seine Folgen schließen. Auf dem Anrufbeantworter, im Bücherregal … überall werden Szenen eines von Gewalt geprägten Familienlebens dargestellt. Angelehnt an eine Pralinenschachtel lese ich auf einem Blatt

10 Einblicke finden sich in: Katholische Frauengemeinschaft Deutschlands/Diözesanverband Aachen e.V. (Hg.): Rosenstraße 76. Dokumentation und Auswertung der interaktiven Ausstellung zum Thema häusliche Gewalt vom 22. April bis 13. Mai 2012, Aachen 2012.

Papier: „Es tut mir leid". Die vielen Schlaf- und Beruhigungsmittel im Medikamentenschrank zeigen das Ausmaß der Auswirkungen von Gewalt und Aggression. Durch die anschauliche und realitätsnahe Ausstattung der einzelnen Wohnräume befinde ich mich plötzlich mittendrin im Geschehen häuslicher Gewalt. Die Ausstellung bringt das ins Wort, was viele Opfer aus Angst, Verzweiflung und Scham nicht erzählen können. Sie bricht das Schweigen.

Am Ende der Ausstellung wird die Stille unter den Besucherinnen und Besuchern aufgelöst. Gespräche ergeben sich. Eine Frau steht plötzlich vor mir. Ich sehe Tränen in ihren Augen. Dennoch sage ich nichts. Ich blicke sie an. Meine Hand berührt kurz ihre Schulter. Unvermittelt beginnt sie zu erzählen: „Das erste Mal fühle ich mich angehört. Wissen Sie … als kleines Kind habe ich viel Gewalt erfahren. Damals galt noch mehr als heute, dass man darüber einfach nicht spricht. Was ich erlebt hatte, durfte und wollte keiner hören, auch meine Mutter nicht. Die Tatsache, sowieso nicht gehört zu werden, ließ mich schließlich verstummen."

3.12 „Selig, die arm sind vor Gott." (Mt 5,3)

Exposure auf den Philippinen im Jahr 2013. – Als die in Armut lebende Frau aus einer der Familien, die in den Slums von Manila wohnen, inmitten ihrer Wellblechhütte den Kindern, Frauen und Männern aus der Nachbarschaft, die sich dort versammelten, die Seligpreisungen vorlas, hörte ich dieselben Worte der Heiligen Schrift plötzlich ganz anders, als wenn ein Lektor sie in einer der Kirchen hierzulande liest.

3.13 Längst nicht mehr zugehörig?

Erster Sonntag nach Ostern im April: Kommunionfeier meines Patenkindes. Meine Aufmerksamkeit richtet sich während der Predigt im Gottesdienst auf die Zuhörerinnen und Zuhörer. Die Eltern, die eine Bank vor mir sitzen, schauen sich die Fotos an, die sie mit ihrem Smartphone von ihrer Tochter beim Einzug in die Kirche geschossen haben. Ich höre den Priester sagen: „Das kennen Sie sicherlich auch von Ihrem Glauben …" – angesprochen sind die Angehörigen der Kommunionkinder. Neben mir in der Bank wird dem Kommunionkind vorne zugewunken. Als das Kind vorsichtig die Hand hebt, um den Gruß zu erwidern, schauen sich die Großeltern an und strahlen. Ohne hören zu können, was genau gesprochen wird, vernehme ich eine flüsternde Unterhaltung direkt hinter mir. Viele Reihen vor mir schaut man schon auf die Uhr. Einige der Kommunionkinder kommen in kürzester Zeit ins Gespräch. Links im Gang geht eine Mutter langsam nach vorne, um mit ihrer Handykamera ein Foto von ihrem Sohn zu machen. Schließlich frage ich mich, ob sich überhaupt jemand durch die Predigt wirklich angesprochen fühlt und zuhört – mich eingeschlossen.

Am nächsten Morgen erzähle ich meinem Kollegen von dieser Erfahrung. Seine Antwort bringt mich zum Nachdenken. „Die Menschen sind immer seltener wirklich Teil des Geschehens im Gottesdienst, sie fühlen sich selten zugehörig. Unsere Sprache scheint in den meisten Fällen am Leben vorbeizugehen. Wir sind nicht in Beziehung mit den Menschen, zu denen wir sprechen und von denen wir uns trotzdem wünschen, dass sie uns zuhören. Wir treffen den Punkt nicht mehr. Anstatt den Punkt frei zu lassen, setzen wir uns unter Druck, ihn doch irgendwie treffen zu müssen. Und was passiert? Unsere Predigten werden immer länger und länger ... Wir scheinen es einfach nicht aushalten zu können, den treffenden Punkt nicht auszufüllen. Das wäre aber wichtig, damit Menschen endlich dahinein springen können und sich selbst als Teil des Gottesdienstes erleben. Den eigentlichen Punkt setzen doch die Hörer selbst."

Ich frage mich einmal mehr: Wie kann Gott heute so zur Sprache gebracht werden, dass sich etwas in den Hörenden ereignet? Stellen wir uns vielleicht den Worten Gottes, die Leben hervorbringen wollen, selbst zu oft in den Weg, indem wir zu sehr von uns her, anstatt von den Anderen her sprechen? Ist das die Krise der Zugehörigkeit, in der die Kirche heute steht? Und welche Rolle spielt eigentlich das Hören im Begriff „Zuge-hör-igkeit"?

3.14 Worte eines Geflüchteten

„Wie ein Pfeil
Einen Monat lang ging die Reise,
die keine Reise war,
sondern ein Schrecken,
in das Land der Hoffnung.
Jetzt warte ich auf ein Papier,
das vielleicht Bitterkeit enthält und Trauer.
Und fühle mich wie ein Pfeil.
Verschossen.
Der zurückkehren soll
zu seinem Bogen."[11]

(Mahdi Hashemi, Übersetzung aus dem Persischen: Aarash D. Spanta)

11 Das Zitat findet sich unter: Hashemi, Mahdi: „Wie ein Pfeil", in: https://thepoetryproject.de/mahdi-hashemi-wie-ein-pfeil/ [abgerufen am 14.01.2021]. – Mahdi Hashemi, geboren im Jahr 2000, „wurde als Kind afghanischer Flüchtlinge im Iran geboren. Er wuchs nahe der Hauptstadt Teheran auf. Mahdi schreibt darüber, warum sich afghanische Flüchtlinge im Iran sogar dafür entschuldigen, dort die Luft zu atmen." Ebd.

Geflüchteten Jugendlichen – wie Mahdi Hashemi in seinem Gedicht „Wie ein Pfeil“ – eine eigene Stimme zu geben, das ist das Ziel von „The Poetry Project“ in Berlin.[12] „Wir wollen Deine Stimme hören“ – so lautet der Titel, mit dem Kinder und Jugendliche, die ihre Heimat verlassen mussten, eingeladen werden, über ihre Fluchterfahrungen zu schreiben.

Ihre Gedichte erzählen von Todesangst und Trauer, von Wut und Verzweiflung, von Fremdheit und der Sehnsucht nach Heimat. Die Jugendlichen finden ihre Stimme, indem sie Verse bilden. Jenen, denen die Kriegserfahrungen die eigene Sprache verschlagen hat, wird zugehört. Im Hören, das Erzählen ermöglicht, liegt ein Türöffner für gesellschaftliche Teilhabe. Die Gedichte werden in der Lesung zuerst in der eigenen Sprache vorgetragen und erst anschließend ins Deutsche übersetzt. „Auch wenn wohl niemand im Publikum das Original versteht, kann man eine Stecknadel fallen hören. Klang und Rhythmus sowie die Ausstrahlung der jungen Dichter fesseln gleichermaßen wie die Themen, die man erst versteht, wenn man das Gedicht zum zweiten Mal hört, dieses Mal auf Deutsch.“[13]

Hören ist mehr als das Verstehen einzelner Worte. Der Klang der Stimme, ihr Ton und ihr Rhythmus öffnen das Ohr, berühren es und spannen es auf. „Jeder trägt sein Werk vor und gemeinsam ringen wir dann oft darum, wie eine bestimmte Textstelle, ein Wort, ein bestimmter Begriff gemeint sein könnte.“[14] Aus diesem Prozess des mühsamen Ringens um das richtige Wort entsteht Neues, erwachsen Brücken von der einen in die andere Sprache, von der einen in die andere Kultur, von einem Hörenden zu einem Sprechenden, vom Gehörten zum Ungehörten – und umgekehrt. Das Hören erfordert immer wieder neu die Überschreitung des Dialogs zum Unverständlichen hin.

3.15 Im Zuhör-Kiosk an der „Emilienstraße“

Ich stehe am Bahnsteig der Hamburger U-Bahnstation „Emilienstraße“. Plötzlich fällt mein Blick auf einen Kiosk, der anders aussieht als andere. Er ist mit einem Plakat versehen, auf dem steht: „Ich höre zu! Eine Geschichte oder nur einen Satz. Erlebnisse oder Wünsche. Glück oder Unglück“, dazu gezeichnet: ein riesiges Ohr. Ich werde neugierig. Anstatt die nächste U-Bahn zu nehmen, gehe ich zum Kiosk. Dort begegnet mir der inzwischen 73-jährige Drehbuchautor Christoph Busch, der Erfinder dieses sogenannten „Zuhör-Kiosks“.[15] Zunächst mietete er

12 Näheres zum Projekt unter https://thepoetryproject.de [abgerufen am 14.01.2021].
13 Steinbock, Charlotte: Über Flucht dichten, Berlin 2018, unter: http://www.litaffin.de/the-poetry-project-gedichte-von-jugendlichen-gefluechteten/ [abgerufen am 14.01.2021].
14 https://thepoetryproject.de/category/ueber-uns/ [abgerufen am 14.01.2021].
15 Über das Projekt wird berichtet unter https://zuhör-kiosk.de [abgerufen am 14.01.2021].

den Kiosk nur für ein halbes Jahr an, um genügend Geschichten für ein von ihm geplantes Buchprojekt zu hören. Doch nun sitzt er bis heute in dem Kiosk am Hamburger Bahnsteig und hört einfach den Menschen zu, die von ihrem Leben, ihren Sorgen und Fragen, ihren Hoffnungen und Freuden erzählen.

„Um das Buch geht es heute längst nicht mehr", erzählt Busch. „Inzwischen ist das Zuhören selbst Programm." Was im Mietvertrag noch mit „Schreibstube" benannt wird, ist heute im Grunde „das Ohr". Im Kiosk an der U-Bahnstation findet so jede und jeder Vorbeiziehende einen Ort, an dem ihr und ihm zugehört wird. „Es kommt zu zufälligen Begegnungen, ich bin ein kurzer Gesprächspartner, viele Menschen sehe ich danach nie wieder." Die Menschen, die den Kiosk betreten, erzählen von ihrem Leben, von den Abbrüchen und Umbrüchen in ihrem Alltag, von ihren Wünschen und Erwartungen, die im Leben nicht erfüllt wurden, von Beziehungen, von Trauer, Enttäuschungen und Ängsten, von Arbeitslosigkeit, Krankheit und Familienproblemen.

Diese Lebensthemen finden häufig keinen Ort. Busch meint, dass zwar alles kommunikativer wird, „wenn man sich heute zum Beispiel die Instagram-Welt" anschaut. „Allerdings werden hier oft Erfolgs- und Glücksgeschichten erzählte …, wo aber bleibst du mit deinem Scheitern, mit dem, was keinen Erfolg hat?" Die Hörerfahrungen im Kiosk haben Busch verändert. „Ich habe hier Einblicke in Erfahrungen erhalten, die ich so noch nicht hatte." Mit den Geschichten vom Leben, die ihm zu Gehör kommen, spürt er die „Fragen auf, die heute dran sind". So erfuhr er immer wieder, dass viele Menschen „spirituell unterwegs" seien, auch wenn sie sich nicht mehr so einfach religiös oder kirchlich binden. Ihre „Stimme kommt zu selten vor. Das frustriert … die Menschen fühlen sich oft nicht gesehen und nicht gehört".

3.16 Als Ehrenamtliche ständig gerufen

„Früher stand noch der Pfarrer im Zentrum der Seelsorge. Er war es, der im Grunde alle pastoralen Aufgaben übernommen hat. Heute sind es neben den Pastoralreferenten vor allem wir Ehrenamtlichen, die für unterschiedliche Aufgaben und Dienste die Verantwortung tragen. Aber, jedenfalls in unserer Pfarrei, wird es immer schwieriger, ehrenamtliche Mitarbeiterinnen und Mitarbeiter zu finden." Angelika, 43 Jahre alt, Ehrenamtliche in einer ländlichen Pfarrei, ist aufgebracht. „Oft vermisse ich eine Aufmerksamkeit dafür, was wir Ehrenamtliche im Alltag schon alles leisten. Ich bin zum Beispiel berufstätig, habe eine Familie mit zwei Kindern, die mich brauchen, am Wochenende kümmere ich mich um meine Mutter, die im Seniorenheim lebt und, ja, so ganz nebenbei bin ich dann auch noch in der Pfarrei ehrenamtlich tätig. Wenn ich vom Pfarrer oder von der Pastoralreferentin gefragt werde, ob ich diese oder jene Aufgabe noch übernehmen könnte, scheint dies alles gar nicht im Blick zu sein. Geschweige denn, dass wir Ehrenamtliche unsere freie Zeit dafür einsetzen, ohne dafür bezahlt zu werden, wie die Hauptberuflichen." Die engagierte Christin lacht ironisch.

In der Pfarrei ist sie schon seit langer Zeit präsent; für viele ist sie inzwischen längst „ein bekanntes Gesicht". Die Aufgaben, die sie wahrnimmt, sind dabei vielfältig. Katechese, Kindergottesdienste, Pfarreirat, Pfarrfeste – die Liste könnte sie weiter ausführen. „Als Ehrenamtliche werde ich ständig gerufen. Vor einem Monat etwa hat man mich gefragt, ob ich mir nicht vorstellen könnte, Mitglied eines Leitungsteams zu sein." Der Ehrenamtlichen stellen sich dabei allerdings viele Fragen: „Ich frage mich, ob wir jetzt eigentlich dafür zuständig sind, für das zu stehen, was dem ganzen System von Kirche samt ihrem hauptberuflichen Personal derzeit fehlt, treten wir für den Rückgang der Ressourcen ein und dafür, dass ihre Angebote und Projekte nicht mehr auf Resonanz stoßen? ... Als Ehrenamtliche werde ich doch immer wieder mit der Frage konfrontiert, warum der Pfarrer nicht da ist und die Aufgabe übernimmt, weshalb nicht mehr Gemeindemitglieder kommen oder warum so wenig Neues ausprobiert wird. Auch wenn ich verstehe, dass die Aufgaben und Funktionen erfüllt werden müssen, damit es irgendwie weitergeht, merke ich, dass mir das eigentlich nicht mehr reicht. Ich frage mich inzwischen, ob mir mein Ehrenamt überhaupt wirklich Freude macht und mich meinem eigenen Weg im Glauben näherbringt. Kommt das zum Ausdruck, was Gott von mir möchte, was ich tue?" Angelika weiß, dass das „ein großes Wort" ist, „aber", so fährt sie fort „es geht doch eigentlich um Berufung, oder nicht?" In dem Fall, dass Angelika an dieser Frage dranbliebe, müsste sie aber ihre „Prioritäten ganz neu setzen", erst einmal „Zeit gewinnen", eine „Auszeit nehmen", um „in Freiheit wirklich hinhören zu können". Das scheint allerdings „nicht drin" zu sein: „Wer soll in der Zeit die Aufgaben in der Pfarrei machen? Ich konnte noch nie gut Nein sagen. Und was wäre, wenn ich etwas ganz anderes hören sollte und echt Konsequenzen ziehen müsste? Und was wäre, wenn das mehrere Ehrenamtliche tun würden? Mal ehrlich. Dann hat es sich mit dem Leben in unserer Pfarrei doch eigentlich ganz erledigt."

4. Register des Hörens

„Jeder Sinn hat seine Welt."[1]

So, wie mit den anderen Wahrnehmungssinnen auch, gehen wir mit dem Hören zumeist so selbstverständlich um, dass es selbst zunächst unhörbar bleibt. Hören eröffnet einen unmittelbaren Zugang zur Welt.[2] Es ist so elementar in die Strukturen der Erfahrung und Wahrnehmung des Menschen einbezogen, dass es bereits aus der Perspektive ganz unterschiedlicher Disziplinen zu Gehör gebracht wurde. So wird das Hören vorwiegend in naturwissenschaftlichen, soziologischen, kultur- und musikwissenschaftlichen sowie philosophischen und theologischen Tonarten diskursiv bespielt. Die Pluralität dieser Zugänge erschwert eine systematische Rekonstruktion des Hörphänomens. Nachfolgend wird daher weder beansprucht, den Stand, den das Hören in der Forschung einnimmt, vollständig abzubilden noch eine eigene Theorie des Hörens zu erarbeiten.[3] Vielmehr werden – in Anlehnung an eine Metapher von Bernhard Waldenfels – verschiedene „Register" des Hörens „gezogen", in die bestimmte Verzeichnisse bzw. Stimmen und Tonlagen eingetragen werden. „Der Bogen, der vom Einschreiben bis zum

1 Merleau-Ponty, Phänomenologie der Wahrnehmung, 260.

2 Vgl. Diaconu, Mădălina: Phänomenologie der Sinne, Stuttgart 2013, 7.

3 Vgl. zur philosophischen Perspektive etwa Schmid, Holger: Kunst des Hörens. Orte und Grenzen philosophischer Spracherfahrung, Köln u.a. 1999. Vgl. aus musikpsychologischer und -ästhetischer Sicht etwa De la Motte-Haber, Helga (Hg.): Der Hörer als Interpret, Frankfurt a.M. 1995. Peter Szendy entwirft eine „Archäologie des musikalischen Zuhörens", und zwar aus rechtsgeschichtlicher Perspektive, vgl. Szendy, Höre(n). Einen Rückblick auf das Verständnis klanglicher Phänomene in der Musik des 20. Jahrhunderts liefern die Beiträge in: Haselböck, Lukas (Hg.): Klangperspektiven, Hofheim 2011. Vgl. auch die Beiträge in: Vogel, Thomas: Über das Hören. Einem Phänomen auf der Spur, Tübingen ²1998. Vgl. ebenso die Untersuchungen zu Hören und Klang des amerikanischen Phänomenologen Ihde, Don: Listening and Voice. Phenomenologies of Sound, New York 2007. Eine Übersicht zum Forschungsstand zum Hören, etwa aus psychologischer, musikwissenschaftlicher, philosophischer Perspektive, findet sich in Schmicking, Daniel: Hören und Klang. Empirisch phänomenologische Untersuchungen, Würzburg 2003, bes. 24–83. Manfred Riedel beleuchtet (mit Bezugnahme auf Heidegger, Wittgenstein u.a.) die „akroamatische Dimension" (im Sinne von hören lassen, vernehmen, auf etwas hören) des Verstehens, die zwischen Sprechen und Hören liegt. Riedel, Manfred: Hören auf die Sprache. Die akroamatische Dimension der Hermeneutik, Frankfurt a.M. 1990. Zum Begriff akroamatisch vgl. ebd., Vorwort, 9. Waldenfels zufolge kommt bei Riedel das Hören nicht über „ein *vernehmendes Hören*" hinaus (vgl. ES, 283). Eine sowohl musik-, medien- und literaturwissenschaftliche Auseinandersetzung zum Hören und Lauschen findet sich in den Beiträgen in: Börnchen, Stefan/Liebrand, Claudia (Hg.): Lauschen und Überhören. Literarische und mediale Aspekte auditiver Offenheit, Paderborn 2020.

Einhören reicht, die Vielfalt der Register, von denen man selten alle zieht, die ordnende Hand des Registrierens und der technische Einschlag der Aufzeichnung bilden einen Bedeutungskomplex [...]" (AR, 17), in dem sich das Hörgeschehen in seinen unterschiedlichen Tonlagen darstellen lässt, jedoch ohne „auf die eingefahrenen Bahnen von Logos, Organon, Intention, Regel oder Konsens zu geraten" (AR, 17). Dementsprechend wird eine Auswahl wissenschaftlicher Untersuchungen vorgestellt, ohne dadurch das Hören selbst auf eine einheitliche Definition zu bringen. Durch das Wechselspiel einzelner Aspekte, die sich zum Teil überlagern und überkreuzen, entsteht eine breitgefächerte, vielgestaltige Polyphonie des Hörens. Der Anlage der vorliegenden Arbeit entsprechend werden vor allem die philosophischen und theologischen Hörregister gezogen. Zuvor soll das Hören jedoch kurz aus begrifflicher und kulturwissenschaftlicher Perspektive betrachtet werden.

4.1 Begriffliche Hörregister

Nähert man sich dem Begriff „Hören", so wird man zunächst mit seinem komplexen Bedeutungsumfang konfrontiert; dieser ergibt sich auch aus den verschiedenen, vom Grundwort „Hören" abgeleiteten Begriffsbildungen. Zunächst versteht man unter Hören ganz allgemein das auditive Sinnesvermögen, mit dem wir Hörbares, also Töne, Geräusche, Klänge und Stimmen wahrnehmen. Über diese grundlegende Bedeutung hinaus gibt es unterschiedliche Weisen des Hörens. Neben Wortvarianten wie „lauschen" und „horchen" kommt das Verb „hören" in Kombination mit zahlreichen bedeutungstragenden Präfix-Verbindungen vor, wie etwa „zu-hören", „auf-hören", „ver-hören", „über-hören", „weg-hören", „ab-hören", „er-hören", „her-hören", „hin-hören", „um-hören", „mit-hören", „an-hören" usw. Mit diesen Hörbegriffen gehen unterschiedliche Bedeutungsebenen einher, die es zu differenzieren gilt. Im Folgenden wird insbesondere auf zwei Ebenen näher eingegangen, nämlich die etymologische und die semantische Ebene.

Etymologisch geht das Verb „hören" wie auch das griechische „akouein" (hören, gehorchen) auf die indogermanische Wurzel „keu[s]" zurück, die sich im Sinne von „auf etwas achten, merken, bemerken" übersetzen lässt. Interessant ist, dass diese Wurzel auch für die Wahrnehmung durch einen weiteren Sinn steht. So zeigt die etymologische Analyse, dass eine mit „s-" anlautende Wurzelform „skeu" vermutlich der Wortgruppe „schauen" zugrunde liegt.[4] Anstatt die

4 Vgl. Stichwort „Hören", in: Duden. Das Herkunftswörterbuch. Etymologie der deutschen Sprache, Band 7, Berlin ^{5}2014, 389. Vgl. auch Ackermann, Max: Die Kultur des Hörens. Wahrnehmung und Fiktion. Texte vom Beginn des 20. Jahrhunderts, Nürnberg 1998, 98; ebenso Wagner, Susanne/Spillmann, Thomas: Augenblicke für das Ohr, Zürich 2004, 13.

beiden Sinne „Hören" und „Sehen" gegeneinander auszuspielen, kann bereits der etymologische Rekurs die Synästhesie beider Wahrnehmungssinne positiv herausstellen. Demnach hören wir etwa „im Geräusch eines Wagens die Härte und Holprigkeit des Pflasters, und nicht umsonst spricht man von ‚weichen', ‚dumpfen' und ‚trockenen' Tönen"[5]. Das Ohr kommuniziert im Zusammenspiel mit den anderen Sinnen.

Das in der griechischen Wurzel angedeutete und dem Hören verwandte „Horchen" steht zum einen für die aufmerksame Haltung eines abwartenden, noch nicht unbedingt Klänge oder Töne vernehmenden Hinhörens. Darüber hinaus enthält Horchen auch die Bedeutung, „auf etwas [zu] hören, einem Rat oder einer Aufforderung"[6] Folge zu leisten. In diesem Sinne geht das Verb „gehorchen" auf den akustischen Wahrnehmungsbereich des Hörens zurück, wobei es darüber hinaus auch eine entsprechende Verhaltensweise zum Ausdruck bringt.[7] Dabei wird in der Wendung „aufeinander hören" die „einseitige Inanspruchnahme eines Rates auf ein wechselseitiges Geben und Nehmen"[8] hin erweitert. Eine Steigerung bietet das Substantiv „Hörigkeit", welches die „durch (inneren) Zwang bedingte Bereitschaft zur bedingungslosen Unterordnung" bezeichnet bzw. den „Verzicht auf eigenen Willen" oder umgekehrt die „Bereitschaft zur Dienstleistung (jeder Art)"[9]. Sowohl mit den Verben „ge-hören" und „ge-horchen" als auch mit dem Substantiv „Hörigkeit" wird eine gewisse „Machtbeziehung zwischen Gehörtem und Hörendem"[10] zum Ausdruck gebracht.
Die Verbalpräfixbildung der Hörvariante „auf-hören" geht vermutlich auf das Bedeutungsverständnis von „aufhorchend, von etwas ablassen" zurück[11] und spricht damit den Aspekt selektiver Wahrnehmung an: „Man hört auf, etwas anderes zu tun, wenn man ‚aufhorcht' und mit dem Hören beginnt."[12] Der Vorgang, von etwas abzulassen, innezuhalten und die Ohren zu spitzen, beinhaltet die Dimension des Aufmerkens auf etwas noch nicht Gehörtes, das also in der Zukunft liegt. Sprachgeschichtlich ist die ursprüngliche Bedeutung des Hörens früher bezeugt als die übertragene Bedeutung im Sinne des Beendens bzw. des

5 Merleau-Ponty, Phänomenologie der Wahrnehmung, 269.
6 „Hören", in: Duden. Das Herkunftswörterbuch, 389.
7 Vgl. Espinet, Phänomenologie des Hörens, 78.
8 Wagner/Spillmann, Augenblicke, 13.
9 Sommerfeldt, Karl-Ernst/Schreiber, Herbert: „Hörig"/„Hörigkeit", in: Dies. (Hg.): Wörterbuch der Valenz etymologisch verwandter Wörter, Tübingen 1996, 187.
10 Vgl. Lagaay, Alice: Zwischen Klang und Stille. Gedanken zur Philosophie der Stimme, in: Paragrana (Internationale Zeitschrift Historische Anthropologie) 17 (1/2008), 168–181, hier 169. Der Begriff „Hörigsein" geht zurück auf das 14. Jahrhundert und ist von seinem Ursprung her „ein Rechtsausdruck für einen Menschen, der von einem Herrn abhängig war". Wagner/Spillmann, Augenblicke, 13.
11 Ackermann, Kultur des Hörens, 98.
12 Ebd.

Vorgangs, von etwas abzulassen und die Aufmerksamkeit auf etwas anderes hin auszuspannen.[13] In diesem Sinne sind die beiden Begriffe „Aufhören" und „Aufhorchen" eng miteinander verwandt. Wenn ich zum Beispiel plötzlich mit einer Tätigkeit „aufhöre", sie unterbreche, „höre" ich mit ganzer Aufmerksamkeit auf etwas, beginne aufzuhorchen und wartend zu lauschen.

Das Verb „lauschen" enthält indes seit dem Spätmittelalter ähnlich wie „Horchen" die Bedeutung von „Wachsamkeit" und lässt sich als ein „wachsames" bzw. „aufmerksames Zuhören" begreifen, womit auch soviel wie „auf etwas aufzupassen" gemeint ist.[14] Damit wird im „Lauschen" – ähnlich wie im „Horchen" – eine Wachsamkeit oder wartende Aufmerksamkeit auf Zukünftiges offenbar, die bereits ansetzt, bevor etwas Bestimmtes erklingt. In diesen Fällen horchen und lauschen wir auch dann, wenn es noch *nichts Bestimmtes* zu hören gibt. Während im 18. Jahrhundert das vom Verb „lauschen" abgeleitete Adjektiv in dem Verständnis von „lauschig", im Sinne von „gern horchend", Verwendung fand, veränderte sich seine Bedeutung im 19. Jahrhundert in Richtung „traulich", „versteckt" oder sogar „heimlich" und enthält seitdem auch die Konnotation von „Belauschen" sowie die Bedeutung eines heimlichen „Abhörens".[15]

Auffällig ist, dass akustische Verben wie „zuhören" oder „hinhören" im deutschen Sprachgebrauch eine fortdauernde Verbindung zum Wort „hören" zeigen. Dagegen kennt zum Beispiel das Französische drei vollkommen verschiedene Begriffe, die je unterschiedliche Arten bzw. Ausrichtungen des Hörens zum Ausdruck bringen: Mit „ouïr" wird ein eher unspezifisches, beiläufiges Hören bezeichnet. Das Verb „écouter" steht für das bewusste Zuhören und das Verb „entendre" für ein verstehendes Hören.[16] Im Englischen unterscheidet man zwischen den beiden Begriffen „to hear" und „to listen". Während „to hear" einfach mit „hören" übersetzt werden kann, bedeutet „to listen" ein aufmerksames, intentional gerichtetes und konzentriertes Zuhören.

Es wird deutlich, dass das Verb „hören" vielfältige Bedeutungskomponenten besitzt: Zum einen meint Hören die grundsätzliche Fähigkeit, akustisch „affizierbar", „empfänglich" und „aufnahmebereit" zu sein, das heißt, das Vermögen auditiver Wahrnehmung zu besitzen (to hear, ouïr). Zum anderen beschreibt Hören einen intentionalen Akt der bewussten Zuwendung und Konzentration der auditiven Wahrnehmung in Bezug auf akustische Ereignisse (to listen, écouter) oder

13 Vgl. Espinet, Phänomenologie des Hörens, 127.

14 Vgl. „Hören", in: Duden. Das Herkunftswörterbuch, 389. Vgl. auch Ackermann, Kultur des Hörens, 98, 509.

15 Vgl. Ackermann, Kultur des Hörens, 98.

16 Vgl. Winkler, Justin: Umwelthören – Instrumente für eine ‚kunstlose Kunst', in: Bernius, Volker/Kemper, Peter/Oehler, Regina/Wellmann, Karl-Heinz (Hg.): Der Aufstand des Ohrs – die neue Lust am Hören. Reader Neues Funkkolleg, Göttingen 2006, 153–158, hier 154.

auch sein Gegenteil, das bewusste „Weghören".[17] Die unterschiedlichen Arten des Hörens treten auch in der *semantischen* Analyse zutage. Das Verb „hören" verweist, so analysiert etwa der französische Philosoph Jean-Luc Nancy,

> „auf jenen Sinnkern, in dem sich der Gebrauch eines Sinnesorgans (das Gehör, das Ohr, *auris* bildet den ersten Teil des Verbums *auscultare*, ‚das Ohr leihen', ‚aufmerksam zuhören', daher kommt dann *écouter*) und eine Spannung [*tension*], eine Intention und eine Aufmerksamkeit [*attention*] verbinden [...]"[18].

In diesem Sinne umfasst das Hören, wie jede „sensorische Ordnung", zum einen „ihre einfache Natur" und zum anderen „ihren angespannten, aufmerksamen oder ängstlichen Zustand"[19]. Horchen und Lauschen unterscheiden sich vom bloßen Hören. Die Wendungen des Lauschens und Horchens, wonach man auch „jemandem Gehör geschenkt" oder „sein Ohr leiht", bedeuten, sich mit ganzer Aufmerksamkeit derjenigen bzw. demjenigen zuzuwenden, die bzw. der zum Zuhören „aufruft". In der Intensität des Hörens zeigt sich darin gewissermaßen die „Angelegenheit einer *Entleihung*"[20]. Hinzu tritt ein bestimmtes Verhältnis zum Sinn, das Nancy an dem auditiven Begriffspaar „Vernehmen" (entendre) und „Zuhören" (écouter) verdeutlicht:

> „‚Vernehmen' bedeutet auch ‚verstehen', so als wäre ‚vernehmen' vor allem ‚sagen hören' (eher als ‚rauschen hören'), oder besser, als müsse es in jedem ‚Vernehmen' ein ‚Sagen hören' geben, mag der wahrgenommene Laut nun Sprache sein oder nicht"[21].

Demgegenüber bedeutet „Zuhören" vor allem „gespannt sein hin zu einem möglichen Sinn, der folglich nicht unmittelbar zugänglich ist"[22]. Im Zuhören kann der Sinn entweder jenseits des Klangs, wie im Fall des Hörens einer Rede, oder direkt im Klang, wie im Fall des Musikhörens, gesucht werden. Zuzuhören, ganz Ohr zu sein, zu lauschen, das bedeutet „immer am Saum des Sinnes sein"[23].

Für Roland Barthes stellt Hören „ein physiologisches Phänomen" dar und Zuhören ist „ein psychologischer Akt"[24]. Darüber hinaus unterscheidet Barthes drei Typen des Zuhörens: Neben dem Hören auf Indizien (das als Betätigung der physiologischen Hörtätigkeit zu begreifen und somit nicht auf den Menschen

17 Winkler, Umwelthören, 154.
18 Nancy, Jean-Luc: Zum Gehör, Zürich u.a. 2010, 12.
19 Ebd.
20 Vgl. dazu Szendy, Höre(n), 32.
21 Nancy, Zum Gehör, 13.
22 Ebd.
23 Ebd., 14.
24 Barthes, Roland: Zuhören als Haltung, in: Bernius, Volker/Kemper, Peter/Oehler, Regina/Wellmann, Karl-Heinz (Hg.): Der Aufstand des Ohrs – die neue Lust am Hören. Reader Neues Funkkolleg, Göttingen 2006, 76–89, hier 76.

reduzierbar ist), steht ein entzifferndes Hören, das heißt ein erfassendes Vernehmen von bestimmten Zeichen oder Codes.[25] Hinzu tritt ein dritter Hör-Typ, wonach das Hören nicht auf ein klang-materiales „Etwas", sondern auf die Sprechende oder den Sprechenden zielt und „sich in einem intersubjektiven Raum entfalte[t], in dem ‚ich höre zu' auch heißt, ‚höre mir zu'"[26].

Margarete Imhof zufolge hat nicht nur das „Zuhören", sondern auch das „Hören" selbst aktiven Charakter. Demzufolge finden in Bezug auf beide Hörformen aktive, kognitive Verarbeitungsprozesse statt. Im Unterschied zum „Hören" stellt „Zuhören" jedoch einen intentionalen und zielgerichteten Akt dar, der sich den Klängen aktiv zuwendet, sie selektiert und integriert. Insofern erfordert Zuhören „den *Einsatz energetischer Aktiviertheit*"[27], so Imhof, womit Zuhören anders als Hören „Sättigungs- und Ermüdungserscheinungen unterworfen"[28] sein sowie unterschiedliche Grade der Konzentration und Intensität besitzen kann.

Ähnlich wie Barthes differenziert auch Bernhard Waldenfels zwischen Hörakt und Hörereignis. Der Akt des Hörens, wie etwa das „Hinhören oder Weghören [...] [ist] von dem registrierenden Hören wohl zu unterscheiden [...] (vgl. frz. *écouter* vs. *entendre* oder engl. *to listen* vs. *to hear*)" (LdSt, 195). Hinhören meint wie Lauschen ein Hören, das sich vom registrierenden Hören „durch den Grad der Zuwendung (und der entsprechenden Abwendung)" (AR, 250) unterscheidet. Hinhören, Zuhören, Lauschen ist vom bloßen Hören somit in ähnlicher Weise zu differenzieren, wie Hinsehen oder Blicken vom bloßen Sehen.

Die etymologische und semantische Analyse des Begriffs „Hören" zeigt: Wer sich dem „Hören" nähert, der bewegt sich zwischen unterschiedlichen Bedeutungsebenen. Die Erscheinungsweisen des Hörens sind facettenreich und vielschichtig. Mit dem Verb „hören" wird nicht allein die menschliche Fähigkeit auditiver Wahrnehmung bezeichnet, sondern es schwingen in diesem Verb auch unterschiedliche Weisen und Grade der intentionalen Gerichtetheit mit. Zugleich wird damit auch die Frage nach einem *verstehenden* Hören aufgeworfen.

25 Vgl. Barthes, Zuhören als Haltung, 77.

26 Ebd.

27 Imhof, Margarete: Zuhören. Psychologische Aspekte auditiver Informationsverarbeitung, Göttingen 2003, 16. Vgl. auch Stoffel, Rainer M.: Hören, Zuhören und Zuhörtraining aus sprechwissenschaftlicher Sicht, in: Lotzmann, Geert (Hg.): Aspekte auditiver, rhythmischer und sensomotorischer Diagnostik, München u.a. 1978, 54–69, hier 59. Rainer M. Stoffel differenziert hier zwischen dem *Hören* als Prozess, „durch den der auf das Ohr treffende akustische Reiz transportiert, distribuiert, transformiert und neuronal kodiert wird", und dem *Zuhören* als einem „anschließenden Prozess der Verarbeitung", durch den neuronale Impulse als sprachliche Zeichen erkannt, interpretiert und schließlich abgespeichert werden.

28 Imhof, Zuhören, 16.

In der Erfahrung lassen sich die unterschiedlichen Arten des Hörens nicht einfach trennscharf voneinander isolieren. Um wegzuhören, müssen wir beispielsweise zuvor bereits hingehört haben; im Zuhören horchen wir konzentriert auf die Zwischentöne der Rede usw. Das heißt: „Hören [ist] [...], wenn es sich faktisch vollzieht, kaum je *nur* Hören [...], sondern zugleich auch Überhören, Weghören, Hinhören, Horchen oder Gehorchen [...].“[29] Insofern begleitet das „Weghören und Überhören [...] das Hören [...] wie ein Schatten“ (AR, 250). Gerade darin aber erweist sich die Komplexität des Hörphänomens. Die ursprüngliche Bedeutung des lateinischen Begriffs *complexio* im Sinne von Verknüpfung, Verbindung verweist in diesem Zusammenhang einmal mehr auf die Konnektivität der unterschiedlichen Arten des Hörens in dem „einen“ Hören.

4.2 Kulturwissenschaftliche Hörregister

Im Rahmen der *kulturwissenschaftlichen* Forschung wird die Aufmerksamkeit zunächst auf die jahrhundertelange Dominanz des Auges und des Sehens in der westlichen Kultur gelenkt. „Alltagsklänge als Untersuchungsgegenstände ernst zu nehmen, ist neu. Ebenso neu ist es, ihnen einen Platz in der Konzeptionalisierung des Kulturellen zuzugestehen.“[30] Im Laufe der Zeit wird die Beschäftigung mit dem Hören aus kulturwissenschaftlicher Sicht allerdings mehr und mehr durch den Umstand motiviert, dass inzwischen die „akustische Aufmerksamkeit [...] zu einem knappen Gut geworden“[31] ist, denn „Werbestrategen, Politiker, Massenmedien, Prediger überfluten die Menschen mit ihren Informationen und Botschaften und kämpfen um deren ‚Ohr‘“[32]. Kopfhörer und die daran angeschlossenen MP3-Player oder Smartphones werden unterdessen immer häufiger ins Ohr „eingestöpselt“ – das Phänomen eines „mobilen Hörens“ ist längst weit verbreitet.[33]

Der „sensual turn“ bringt im Sinne „eines Nachholens“, einer „überfällige[n] Ergänzung“ die sogenannte „*sensuelle Ethnographie*“, einen „Wandel in der Konfiguration des Kulturellen“[34] hervor, der nicht zuletzt methodische Konsequenzen mit sich bringt:

29 Vgl. Espinet, Phänomenologie des Hörens, 78.

30 Bonz, Jochen: Alltagsklänge – Einsätze einer Kulturanthropologie des Hörens, Wiesbaden 2015, 1.

31 Ehler, Renate: Einleitung, in: Zuhören e.V. (Hg.): Ganz Ohr. Interdisziplinäre Aspekte des Zuhörens, Göttingen 2002, 11–14, hier 11.

32 Ebd., 11f.

33 Weber, Heike: Mobil hören. Klang- und technikhistorische Zugänge zum Pop und seinen ‚Nutzern‘, in: Geisthovel, Alexa/Mrozek, Bodo (Hg.): Popgeschichte, Band 1: Konzepte und Methoden, Bielefeld 2014, 155–175.

34 Bonz, Jochen: Acid House als Grenze des praxeologischen Kulturverständnisses. Zum Realismus der sensuellen Ethnographie, in: Arantes, Lydia Maria/Rieger, Elisa (Hg.): Ethno-

„In methodischer Hinsicht unternimmt die sensuelle Ethnographie eine Zuspitzung des Sich-Aussetzens und des aufmerksamen Wahrnehmens, das prinzipiell einen integralen Bestandteil der ethnographischen Methode der teilnehmenden Beobachtung bildet."[35]

Innerhalb der Kulturwissenschaften bildet sich eine dem Hören und der Ereignishaftigkeit des Klanglichen entsprechende Forschungshaltung heraus. Eine hörende Wahrnehmung „hält das Ungeordnet-Sein aus"[36] und akzeptiert, dass die Dimension des Hörbar-Werdens jenes übersteigt, was sich wahrnehmen, verstehen und einordnen lässt.

Der kanadische Kulturwissenschaftlicher, Komponist und Klangforscher R. Murray Schafer entwickelt seit 1960 eine Form von „akustischer Ökologie" und entwirft bereits im Jahr 1970 das „World Soundscape Project" an der Simon Fraser University in Vancouver, wo er beginnt, „soundscapes", das heißt Klanglandschaften systematisch zu untersuchen und auf diese Weise die akustische Wahrnehmung näher zu beschreiben.[37] Unter dem Begriff „soundscape", den Schafer als Ableitung von „landscape" (Landschaft) einführt, fasst er „die gesamte akustische Umwelt mit all ihren Geräuschen: Musik, natürliche, menschliche und technische Klänge"[38]. Zum Soundscape gehören dementsprechend etwa alle „Klänge, die in einer Ladenpassage, auf einem Bauernhof, in einem Flughafen oder in einem Rundfunksender zu hören sind, jede Umgebung, die man zeitweise einrahmen

graphien der Sinne. Wahrnehmung und Methode in empirisch-kulturwissenschaftlichen Forschungen, Bielefeld 2014, 233–250, hier 233. „Die Tendenz dieses Wandels besteht in einer Einschränkung der Wirkmächtigkeit der im Poststrukturalismus als ‚symbolische Ordnung' bezeichneten Dimension des Kulturellen, die das Kulturmedium schlechthin bildet." Ebd., 247.

35 Bonz, Acid House als Grenze, 233.

36 Bonz, Alltagsklänge, 3. Mit Bezug auf Jeggle, Utz: Der Kopf des Körpers. Eine volkskundliche Anatomie, Weinheim u.a. 1986, 112: „Ich sehe nur, was ich will, aber ich höre alles, auch das, was ich nicht hören will. […] Das Ohr ist ängstlich und wehrlos zugleich. Es kann schlecht ordnen."

37 Vgl. Schafer, R. Murray: Soundscape – Design für Ästhetik und Umwelt, in: Bernius, Volker/Kemper, Peter/Oehler, Regina/Wellmann, Karl-Heinz (Hg.): Der Aufstand des Ohrs – die neue Lust am Hören. Reader neues Funkkolleg, Göttingen 2006, 141–152, hier 141. Vgl. weiter Schafer, R. Murray: Schule des Hörens, Wien 1972. Siehe auch Ipsen, Detlev u.a. (Hg.): KlangOrte. Für R. Murray Schafer zum 70. Geburtstag, Kassel 2004. Hans U. Werner stellt die akustische Ökologie Schafers mit einer Vielfalt von Methoden des Hörens in einen Zusammenhang, um dem Leben in Städten wie in alten Bergdörfern akustisch auf die Spur zu kommen. Vgl. Werner, Hans U.: Soundscape-Dialog. Landschaften und Methoden des Hörens, Göttingen 2006. Zum Genre von Soundscapes sowie ihrer vielfältigen Ausdrucksformen vgl. auch Bredella, Nathalie/Dähne, Chris: Infrastrukturen des Urbanen. Soundscapes, Landscapes, Netscapes, Bielefeld 2013. Vgl. ebenso Schafer, R. Murray: Klang und Krach. Eine Kulturgeschichte des Hörens, Frankfurt a.M. 1988.

38 Schafer, Soundscape, 141.

könnte, um sie zu untersuchen“[39]. Die ursprüngliche Anregung zu seinen Soundscape-Studien, erhielt Schafer in der „übermäßige[n] Präsenz von Geräuschen im modernen Stadtleben“[40], die ihn damals im Alter von 55 Jahren zunehmend beunruhigten. Im Zuge der industriellen Revolution sowie der Entstehung elektroakustischer Wiedergabemöglichkeiten hat sich besonders im urbanen Raum die Klanglandschaft radikal verändert.[41] Schafer spricht von „Lärmüberflutung“, die dann entsteht, „wenn der Mensch nicht mehr genau hinhört“, womit „Lärm“ jene Laute bezeichnet, „die zu ignorieren wir gelernt haben“[42].

Anstatt jedoch mit dem Phänomen steigender Lärmbelästigung „negativ“, etwa in Form von Bekämpfungsstrategien, umzugehen, schlägt Schafer eine Vorgehensweise vor, die die Umweltklänge aus einer „positiven“ Haltung heraus erforscht und der Frage nachgeht: „Welche Klänge wollen wir erhalten, fördern, vervielfältigen?“[43] Schafer zufolge sollten vor allem jene „Laute, die von Auslöschung bedroht sind, […] besonders beachtet und, ehe sie verschwinden, aufgezeichnet werden“[44]. Er stellt fest: „Museen sammeln die Artefakte der Vergangenheit“ und fragt: „Wo gibt es Museen für verschwindende Klänge?“[45] In diesen „Akustik-Museen“ könnten Retroklänge, wie die folgenden, aufgezeichnet und dadurch erhalten und „ausgestellt“, bzw. zu Gehör gebracht werden:

> „Das Klingeln alter Registrierkassen.
> Wäsche, die auf einem Waschbrett gewaschen wird.
> Butter, die im Faß gestampft wird.
> Das Abziehen von Rasiermessern auf dem Streichriemen.
> Petroleumlampen.
> Das Knarren lederner Satteltaschen.
> Die von Hand geleierte Kaffeemühle.
> Das Klappern von Milchkannen auf einem Pferdewagen.
> Schwere Tore, die zugeschlagen und verriegelt werden.
> Von Hand geläutete Schulglocken.
> Hölzerne Schaukelstühle auf Holzfußboden.
> Das leise Klicken alter Kameras.
> Von Hand betätigte Wasserpumpen.“[46]

39 Schafer, Soundscape, 142.
40 Ebd.
41 Vgl. Schafer, Klang und Krach, 97–136.
42 Ebd., 8.
43 Schafer, R. Murray: Die Ordnung der Klänge. Eine Kulturgeschichte des Hörens, Mainz 2010, 36.
44 Schafer, Klang und Krach, 254.
45 Schafer, Soundscape, 148.
46 Schafer, Klang und Krach, 254.

Es geht Schafer einerseits um eine bewusste Wahrnehmung von historischen Klängen und andererseits auch um die aktive Gestaltung der Soundscapes, in denen wir alle als „Komponisten und Ausführende“[47] vorkommen. Aufgabe sei die Verbesserung der „Orchestrierung der Welt“[48]. Es bedarf einer konkreten Hörschulung, wonach der „ganze Körper [...] zu einem Ohr“ wird und jegliche „Klangempfindungen“ – „die großen und die kleinen, die nahen und die fernen“ – „mit seismographischer Genauigkeit“ wahrgenommen werden.[49]

Den Forschungsprozess der Klanglandschaften selbst verortet Schafer an den Schnittpunkten zwischen Wissenschaft, gesellschaftlicher Praxis und Kunst.[50] Auf dieser Grundlage entwickelt er schließlich ein neues, interdisziplinäres Forschungsfeld, das er „Akustikdesign“[51] nennt. Mit der Erforschung von akustischen Phänomenen sowie ihrer jeweiligen historischen Entwicklung wird der Fragestellung nachgegangen, ob es bestimmte, wiederkehrende Strukturen und Muster gibt, die als Prinzipien des akustischen Designs herausgestellt werden können.[52] In diesem Kontext geht Schafer auch explizit auf die Wahrnehmung durch das Hören ein, und zwar als „[e]in[en] besondere[n] Sinn“[53], der im Grunde der „Schlüssel zu Soundscape-Untersuchungen“[54] ist. Im Unterschied zum Sehen richtet sich die akustische Wahrnehmung nach innen. Hören wird beschrieben als „eine Art von Berührung aus der Ferne“, dessen „Intimität“ sich mit seiner „gemeinschaftsstiftende[n] Kraft“ verbindet, „wenn Menschen zusammenkommen, um etwas Spezielles zu hören“[55]. Ebenfalls wird die radikale Offenheit des Ohrs herausgestellt, dessen einziger Schutz „ein ausgeklügelter psychologischer Mechanismus“ ist, welcher „unerwünschte Klänge und Geräusche herausfiltert, um sich allein auf das Erwünschte zu konzentrieren“[56]. In diesem Zusammenhang entwickelt Schafer auch sogenannte „ear cleaning exercises“, übersetzt: „Ohrreinigungsübungen“, mithilfe derer „für die Kunst des Hörens

47 Schafer, Soundscape, 143.
48 Ebd., 142.
49 Ebd., 144.
50 Vgl. Schafer, Ordnung der Klänge, 36.
51 Ebd.
52 Vgl. Schafer, Soundscape, 141.
53 Schafer, Ordnung der Klänge, 48.
54 Schafer, Soundscape, 144. „Bei Konferenzen von Akustikingenieuren wird oft kein einziges Klangbeispiel gegeben, aber es werden viele Grafiken und Diagramme gezeigt. Heute untersuchen wir Klang auf Sonographen, Oszilloskopen und Schallpegelmeßgeräten. Da sehen wir nur allzu deutlich, wie weit wir vom Weg abgekommen sind. Die alten Griechen, die viele Beobachtungen akustischer Phänomene machten und einige der Grundgesetze unserer Akustik aufstellten, waren viel bessere Zuhörer als die heutigen Architekten und Akustikingenieure.“ Ebd.
55 Schafer, Ordnung der Klänge, 48.
56 Ebd., 49.

sensibilisiert" wird und im Grunde bereits „Soundscape-Modelle" geschaffen werden.[57] Im Rahmen seiner eigenen Soundscape-Studien stellt Schafer heraus, dass „Klang" nicht nur eine akustische, sondern immer auch eine symbolische Qualität besitzt. Symbolisch ist zum Beispiel der Klang der „Kirchenglocke", welche „tausend Jahre oder mehr regelmäßig läutet", oder das „Geräusch eines Zuges", welches Assoziationen wie „Reisen, Abenteuer, Flucht oder die Rückkehr eines geliebten Menschen"[58] weckt. Manche Klänge fungieren als „soundmarks", die schon seit langer Zeit an einem bestimmten Ort sind und vergleichbar mit „Wahrzeichen (*landmarks*) [...] seine wesentliche Eigenart" festlegen und ihn somit „einmalig" werden lassen.[59]

An den Ansatz der Soundscape-Forschung schließen sich bis in die Gegenwart zahlreiche Studien mit unterschiedlichen Themenschwerpunkten an.[60] Ob inzwischen sogar von einem „acoustic turn"[61] oder „sonic turn"[62] in den Kulturwissenschaften die Rede sein kann, ist zwar fraglich.[63] Festgestellt werden kann aber: Wurde vor einigen Jahren noch beklagt, dass die kulturwissenschaftliche Erforschung von Klängen eine Seltenheit darstellt, gibt es mittlerweile eine unübersehbare Fülle an internationalen, vor allem anglo-amerikanischen Publikationen, die ein wachsendes Interesse an der wissenschaftlichen Untersuchung von Praktiken, Techniken und Medien auditiver Kulturen bezeugen.[64]Die unterschiedlichen anthropologischen, musik-, kunst- und literaturwissenschaftlichen, medien- und filmwissenschaftlichen, kommunikations- und sprachwissenschaftlichen sowie auch ethnologischen Zugänge lassen das akustische Forschungsfeld der Klanglandschaft zu einem interdisziplinären Diskursthema werden.

57 Schafer, Soundscape, 144. Schafer arbeitet mit zahlreichen Übungen zur Sensibilisierung des Ohrs für unterschiedliche Klangwelten, vgl. Schafer, R. Murray: Anstiftung zum Hören. Hundert Übungen zum Hören und Klänge machen, Aarau (Schweiz) 2002.

58 Schafer, Soundscape, 146.

59 Ebd., 147.

60 Dieses Themenspektrum geht von Retro-, Alltags- und Stadtklängen über eine Ökologie des Hörens bis hin zur Filmmusik. Hier soll lediglich eine Auswahl genannt werden: Vgl. etwa Sturm, Ulrike/Bürgin, Matthias: Stadtklang. Wege zu einer hörenswerten Stadt, Zürich 2016. Vgl. Payer, Peter: Der Klang der Großstadt. Eine Geschichte des Hörens. Wien 1850–1914, Wien 2018. Vgl. Hentschel, Frank/Moormann, Peter (Hg.): Filmmusik. Ein alternatives Kompendium, Wiesbaden 2018. Vgl. Bonz, Alltagsklänge.

60 Schulze, Holger: Über Klänge sprechen. Einführung, in: Ders. (Hg.): Sound Studies. Traditionen – Methoden – Desiderate. Eine Einführung, Berlin 2008, 9–15, hier 14.

61 So etwa Meyer, Petra Maria (Hg.): Acoustic turn, München 2008.

62 Schulze, Klänge, 14.

63 Vgl. etwa Jeggle, Der Kopf des Körpers, 111f.

64 Vgl. Volmar, Axel/Schröter, Jens: Einleitung. Auditive Medienkulturen, in: Dies. (Hg.): Auditive Medienkulturen. Techniken des Hörens und Praktiken der Klanggestaltung, Bielefeld 2013, 9–21, hier 9.

4.3 Philosophische Hörregister

4.3.1 Sehprimat versus Hörvergessenheit

Die Philosophiegeschichte fördert ein spannungsvolles Verhältnis zutage, in welches der Wahrnehmungssinn des Hörens zum Sehen tritt.[65] Die abendländische Philosophie hat dem Sehen zum Primat verholfen, es ist besonders „die ‚Phänomenologie' der griechischen Visualkultur, die den ‚Glauben' an die Phänomene des Auges protegierte und die Auffassung verbreitete, die Welt sei vor allem durch ihre sichtbare Erscheinung zu erfassen"[66]. Das Ohr bezeichnet Georg Simmel deshalb als das „schlechthin egoistische Organ [...], das nur nimmt, aber nicht gibt", was bereits durch seine äußere Erscheinungsform symbolisiert werde, indem es nämlich als „passives Anhängsel der menschlichen Erscheinung" wirke, und „nicht wie das Auge sich wegwenden oder schließen kann, sondern, da es nun einmal bloß nimmt, auch dazu verurteilt ist, alles zu nehmen, was in seine Nähe kommt"[67]. Schließlich, so stellt bereits Immanuel Kant in seiner *Kritik der Urteilskraft* fest, kann man die Augen „wegwenden", wohingegen der „Musik" ein „gewisser Mangel" anhaftet, da sie „sich ausbreitet und so sich gleichsam aufdringt, mithin der Freiheit anderer [...] Abbruch tut"[68].

Hans-Georg Gadamer spricht von der „berühmte[n] Okularität der Griechen"[69], die sich bis in die Begriffsbildung hinein niederschlage. Demnach zeigen zahlreiche philosophische, vorrangig epistemologische Wortschöpfungen, wie sich die Bilderwelt des Optischen bis heute begrifflich manifestiert. In diesem

65 Vgl. Müller, Klaus: Glauben – Fragen – Denken, Band I: Basisthemen in der Begegnung von Philosophie und Theologie, Münster 2006, 62f. Vgl. Moxter, Michael: „Hören", in: Konersmann, Ralf (Hg.): Wörterbuch der philosophischen Metaphern, Darmstadt 2007, 146–168. Vgl. auch Trabant, Jürgen: Der akroamatische Leibniz: Hören und Konspirieren, in: Paragrana (Internationale Zeitschrift Historische Anthropologie) 2 (1/1993), 64–71. Vgl. zum Sehen sowie zum konkurrierenden Verhältnis zwischen Sehen und Hören in der Geschichte Jantschek, Thomas: „Sehen", in: Ritter, Joachim/Gründer, Karlfried (Hg.): Historisches Wörterbuch der Philosophie, Band 9, Basel 1995, 121–165.

66 Karst, Karl: Medium Ohr. Eine kurze Geschichte des Hörens, in: Buck, Matthias/Hartling, Florian/Pfau, Sebastian (Hg.): Randgänge der Mediengeschichte, Wiesbaden 2010, 181–190, hier 181.

67 Simmel, Georg: Soziologie der Sinne, in: Die Neue Rundschau, 18 (9/1907), 1025–1036, hier unter: http://socio.ch/sim/verschiedenes/1907/sinne.htm [abgerufen am 14.01.2021].

68 Kant, Immanuel: Kritik der Urteilskraft, Mit Einleitungen und Bibliographie herausgegeben von Heiner F. Klemme, Hamburg 2009, § 53, 225. Immanuel Kant spricht hier von einem „Mangel der Urbanität", wonach es mit der Musik so sei, „wie mit der Ergötzung durch einen sich weit ausbreitenden Geruch"; derjenige, der „sein parfümiertes Schnupftuch aus der Tasche zieht, trakatiert alle um und neben sich wider ihren Willen und nötigt sie, wenn sie atmen wollen, zugleich zu genießen". Ebd., § 53, 225.

69 Gadamer, Hans-Georg: Über das Hören (1998), in: Ders. (Hg.): Hermeneutische Entwürfe. Vorträge und Aufsätze, Tübingen 2000, 48–55, hier 48.

Zusammenhang führt Wolfgang Welsch aus: „‚Wissen' ist etymologisch gleichbedeutend mit ‚gesehen haben', und auch die meisten unserer anderen Erkenntnisausdrücke – ‚Einsicht', ‚Evidenz', ‚Idee', ‚Theorie', ‚Reflexion' usw. – sind von visuellem Zuschnitt."[70] Kognitive Vorgänge werden dementsprechend hauptsächlich über visuelle Wortbilder zum Ausdruck gebracht. Schließlich richten wir generell unseren „Blick" oder unser „Augenmerk" (und nicht unser „Ohrenmerk") auf etwas;[71] genauso bringt eine philosophische Reflexion neue Erkenntnisse „ans Licht" bzw. macht sie „sichtbar" und nicht „hörbar".[72]

Die Mehrheit philosophischer, erkenntnistheoretischer Grundbegriffe stellt damit Metaphern des Sehens und der Sichtbarkeit dar. Darüber hinaus dominiert der Begriff des Sehens auch dadurch, dass dieser sprachlich nicht selten für den Sinn des Hörens sowie für die anderen Sinne gebraucht wird. Heidegger stellt in diesem Zusammenhang fest: „Wir sagen auch: sieh, wie das klingt, sieh, wie es duftet, sieh, wie das schmeckt, sieh, wie hart das ist."[73] Hans Jonas spricht von einem „Adel des Sehens", dessen „Auszeichnung" als der „vorzüglichste der Sinne"[74] gilt und zwar dadurch, dass folgende drei Merkmale eine besondere „*Bild*-Leistung"[75] erzeugen: „1. *Simultaneität* in der Darstellung eines Mannigfachen, 2. *Neutralisierung* der Kausalität der Sinnes-Affektion, 3. *Distanz* im räumlichen und geistigen Sinne."[76] Hannah Arendt verweist ebenfalls auf einen „Vorrang des Sehens", demgegenüber das Hören im Rahmen der Philosophiegeschichte – mit der „bemerkenswerteste[n] moderne[n] Ausnahme"[77] von Heideggers Spätwerken – eine Seltenheit darstelle. Mit Bezugnahme auf Hans Jonas

70 Welsch, Wolfgang: Grenzgänge der Ästhetik, Stuttgart 1996, 239. Diese Dominanz der Verwendung von Sehmetaphern zur Beschreibung kognitiver Vorgänge beschreibt auch David Espinet in seiner Phänomenologie des Hörens: „Bis in die Alltagssprache hinein überwiegen in Bezug auf kognitive Vollzüge Sehmetaphern: so will einem etwas nicht ‚einleuchten', dann ‚geht' einem ‚ein Licht auf', man will etwas ‚ans Licht bringen' oder umgekehrt, ‚vor den Augen der Öffentlichkeit verbergen' […]. Wenn einer (nicht) versteht, was ein anderer ihm darlegt, kann er sagen ‚Ich sehe (nicht), was du meinst' und dergleichen mehr. Dies gilt nicht nur für die dem Deutschen verwandten indogermanischen Sprachen, sondern auch für die Sprache der Philosophie […] Freilich bleibt die *Phänomenologie*, bis in ihren Titel hinein, davon nicht ausgenommen […]." Espinet, Phänomenologie des Hörens, 15. Vgl. auch Mayr, Franz: Wort gegen Bild. Zur Frühgeschichte der Symbolik des Hörens, in: Kuhn, Robert/Kreutz, Bernd (Hg.): Das Buch vom Hören, Freiburg i.Br. 1991, 16–27.

71 Vgl. Espinet, Phänomenologie des Hörens, 15.

72 Vgl. ebd.

73 Heidegger, Sein und Zeit, 171.

74 Jonas, Hans: Organismus und Freiheit. Ansätze zu einer philosophischen Biologie, Göttingen 2011, 198.

75 Ebd., 199.

76 Ebd.

77 Arendt, Hannah: Vom Leben des Geistes. Das Denken. Das Wollen, herausgegeben von Mary McCarthy. Aus dem Amerikanischen von Hermann Vetter, München u.a. [8]2015, 115.

stellt Hannah Arendt der Aktivität des Sehens die Passivität des Hörens gegenüber und schreibt: „Beim Hören ist der Wahrnehmende etwas oder jemand anderem ausgeliefert.“[78] Arendt macht unterdessen darauf aufmerksam, dass die „Metaphern der Theoretiker des Willens [...] kaum einmal aus der optischen Sphäre [stammten]“[79]; vielmehr sei „ihr Modellfall [...] entweder das Begehren als die Kerneigenschaft aller unserer Sinne – indem sie der allgemeinen Appetenzhaftigkeit eines bedürftenden und begehrenden Wesens dienen –, oder sie stammen aus der Sphäre des Hörens, im Einklang mit der jüdischen Tradition eines Gottes, der gehört, aber nicht gesehen wird“[80]. Obschon die Wahrnehmung des Hörens auch dem philosophischen „Denken in vieler Beziehung näher steht als das Sehen, weil es Abfolgen nachvollziehen kann“[81], wird die Wahrheit für gewöhnlich nicht gehört, sondern gesehen. Denn, so führt Arendt weiter aus, „während die Wahrheit, wenn man sie im Sinne des Hörens versteht, Gehorsam fordert, stützt sich die Wahrheit im Sinne des Sehens auf die nämliche unwiderstehliche Überzeugungskraft, die uns einen Gegenstand eindeutig erkennen läßt, sobald er uns vor Augen steht“[82]. Die Evidenz der Wahrheit, die unaussprechlich ist, wird in der metaphysischen Tradition dementsprechend über die Metapher des Sehens erfasst.[83] Der „Anschauung als das Ideal der Wahrheit“[84] entspricht der Sehprimat in der Philosophie.

Besonders in der Wahrnehmungsphilosophie und Erkenntnistheorie, aber auch der Sprachphilosophie und Phänomenologie stellt das Hören „ein vernachlässigtes Stiefkind“[85] dar. Hören und Sehen, „Stimme und Blick haben in der jüdischen und der griechischen Tradition ein verschiedenes Gewicht“ (VR, 15; vgl. auch AR, 564), so Bernhard Waldenfels. Diese jüdische Tradition zeigt sich im Rahmen der neuzeitlichen Philosophie etwa in der kantischen Annäherung an das Hören auf die Stimme des Gesetzes, die „in ihrer imperativischen Form der jüdischen Tora näher [steht] als dem griechischen Ethos“ (SR, 133).

Allerdings kann keineswegs behauptet werden, die Geschichte des griechischen Denkens sei von Anfang an *ausschließlich* optisch dominiert gewesen. Im Gegenteil, so führt Wolfgang Welsch aus: „Ursprünglich war die abendländische Kultur gar nicht eine Kultur des Sehens, sondern des Hörens. Zu einer Kultur

78 Arendt, Vom Leben des Geistes, 116.
79 Ebd., 115.
80 Ebd.
81 Ebd., 123.
82 Ebd., 124.
83 „Die Unsichtbarkeit der Wahrheit ist in der jüdischen Religion ebenso Axiom wie ihre Unaussprechlichkeit in der griechischen Philosophie, von der jede spätere Philosophie ihre Axiome bezog.“ Arendt, Vom Leben des Geistes, 124f.
84 Ebd., 125.
85 Schmicking, Hören und Klang, 14.

des Sehens ist sie erst geworden."[86] Das Hören nimmt beispielsweise in der homerischen Adelsgesellschaft eine besondere Stellung ein.[87] Der österreichische Kulturphilosoph Egon Friedell bezeichnet sogar „die Empfänglichkeit und Empfindlichkeit der Griechen für die Macht der Töne" als „geradezu pathologisch"[88]. Das Phänomen des Hörens kommt in der Philosophie also von Beginn an selbstverständlich vor. Seine Resonanz ist im Laufe der Philosophiegeschichte nur eigentümlich leise(r) geworden, was nicht bedeutet – um es paradox zu formulieren, dass das Hören gänzlich verstummt ist. Pythagoras (um 575/70 bis 500 v. Chr.) bestimmt in seiner Kosmologie Zahlenverhältnisse zum Beispiel vollkommen aus ihrer Hörbarkeit und harmonischen „Stimmigkeit" heraus.[89] Solche philosophischen Anklänge hallen sowohl in der Harmonielehre Platons als auch in der Musikethik des Aristoteles weiter nach.[90]

Gleichzeitig erfährt das Hören eine immer stärker kritische Auseinandersetzung zugunsten des Sehens. So bekundet der Vorsokratiker Heraklit einerseits: „Alles, wovon Gesicht *und Gehör* Belehrung gibt, das ziehe ich vor."[91] Andererseits heißt es bei ihm an anderer Stelle auch: „Die Augen aber sind genauere Zeugen als die Ohren."[92] Während bereits beim Vorsokratiker Parmenides (um 515/510 bis nach 450 v. Chr.) das Licht als Metapher für die Wahrheit fungiert,[93] wird das Nebeneinander von Hören und Sehen, wie es noch etwa das Denken

86 Welsch, Grenzgänge, 236.

87 Vgl. ebd., 237. Vgl. Mayr, Wort gegen Bild, 16. Vgl. weiterführend auch Wenzel, Horst: Hören und Sehen. Schrift und Bild. Kultur und Gedächtnis im Mittelalter, München 1995.

88 Friedell, Egon: Kulturgeschichte Griechenlands. Leben und Legende der vorchristlichen Seele, München 1966, 138. Vgl. Espinet, Phänomenologie des Hörens, 11.

89 Vgl. Riedel, Hören auf die Sprache, 393. Hier schreibt Riedel: „Denn die *logoi*, Verhältnisse unter den Zahlen wie die den Dingen eigenen Zahlverhältnisse, werden nach ursprünglich Pythagoreischer Auffassung gehört, paradigmatisch in der Musik, wo den *logoi* die Intervalle auf der Tonskala entsprechen."

90 Vgl. Müller, Glauben – Fragen – Denken, 62f. Vgl. auch Espinet, Phänomenologie des Hörens, 80. Dennoch zeigt sich bei Aristoteles besonders in Bezug auf seine Theorie des Seienden ein deutlicher Primat des Sehens und grundsätzlich eher eine Beiläufigkeit des Hörens. Vgl. dazu die Analysen in Espinet, Phänomenologie des Hörens, 32–55.

91 Heraklit: DK 22 B 55, zitiert nach Espinet, Phänomenologie des Hörens, 3 [Hervorhebung E.P.].

92 Heraklit: Urworte der Philosophie. Griechisch und Deutsch, übersetzt von Georg Burckhardt, Wiesbaden 1957, 8. Häufig wurde daraus eine eindeutige Vorherrschaft des Sehens bei Heraklit abgeleitet. Vgl. dagegen die umfassenden Analysen eines heraklitischen „Zweiklangs" von Hören und Sehen in Espinet, Phänomenologie des Hörens, 79–95.

93 Vgl. Parmenides: Vom Wesen des Seienden. Die Fragmente – griechisch und deutsch, herausgegeben von Uwe Hölscher, Frankfurt a.M. ^{2}2007, bes. 75, 98f., 120f.

Heraklits prägt, bei Platon (428/427–348/347 v. Chr.) – trotz pythagoreischer Einflüsse – schließlich zugunsten eines vorrangigen Sehprimats aufgelöst.[94]

Ein Zeugnis davon gibt Platons berühmtes Höhlengleichnis am Anfang des siebten Buches in der *Politeia*. Dort wird in einem Dialog zwischen Sokrates und Glaukon der dramatische und schmerzhafte Aufstieg der gefesselten Menschen aus der dunklen Höhle, einer illusionären Schattenwelt, die fälschlicherweise für das Wirkliche gehalten wird, zum Licht der Wahrheit geschildert. Der Weg aus der Höhle ist sprachlich gänzlich mit optischen Metaphern „gepflastert". Sokrates fragt Glaukon: „Und wenn man ihn gar in das Licht selbst zu sehen nötigte, würden ihm wohl die Augen schmerzen und er würde fliehen und zu jenem zurückkehren, was er anzusehen imstande ist, fest überzeugt, dies sei weit gewisser als das zuletzt Gezeigte?"[95] Darüber hinaus ist die Rede vom „Licht der Sonne", den „Augen voll Strahlen", die „nichts sehen können", und zwar aufgrund der „Sonne", die „alle Zeiten und Jahre schafft und alles ordnet in dem sichtbaren Raume"[96].

Das Höhlengleichnis kann gewissermaßen als Sinnbild für eine „Hörvergessenheit"[97] innerhalb der Philosophie insgesamt stehen: Im Laufe des Höhlengleichnisses klingt das Hören zunächst an, um schließlich wieder zu verklingen, sodass der Weg der Erkenntnis am Ende ganz im Licht visueller Metaphorik erscheint.[98] In jüngerer Zeit hat das Hören innerhalb der Philosophie neue Aufmerksamkeit gefunden.[99] Wie die folgenden Ausführungen zeigen, werden

94 Vgl. die geschichtsphilosophischen Ausführungen in Espinet, Phänomenologie des Hörens, 66f.

95 Platon: Politeia 514a–517a, in: Schleiermacher, Friedrich: Platons Werke, dritter Teil des ersten Bandes, Berlin ^{2}1862, 231–257.

96 Platon, Politeia 514a–517a.

97 Espinet, Phänomenologie des Hörens, 30. Vgl. auch ebd., 7.

98 Vgl. ebd., 12. Hören tritt in den Zwischenzeilen auf, indirekt etwa in: „Sieh nun längs dieser Mauer Menschen allerlei Geräte tragen, die über die Mauer herüberragen, und Bildsäulen und andere steinerne und hölzerne Bilder und von allerlei Arbeit; einige, wie natürlich, reden dabei, andere schweigen." Oder: „Wenn sie nun miteinander reden könnten, glaubst du nicht, daß sie auch pflegen würden, dieses Vorhandene zu benennen, was sie sähen?" Ebd. (mit Bezug auf das Höhlengleichnis). Vgl. zu der leisen Anwesenheit des Hörens bei Platon die differenzierten Analysen in Espinets *Phänomenologie des Hörens*, 66–76.

99 „In den letzten Jahren ist das Ohr philosophisch ins Gespräch gekommen – als hätte dieses Stiefkind der Erkenntnistheorie mit einem Mal eine Fülle von aufmerksamen Adoptiveltern für sich interessieren können." Sloterdijk, Peter: Weltfremdheit, Frankfurt a.M. 1993, 294. Wolfgang Welsch betont ebenfalls die neue Stellung des Hörens innerhalb der Philosophie, indem er feststellt: „Auditive Phänomene werden mindestens ebenso wichtig wie visuelle. Man hört auf den Ton einer Rede, ist auf den Rhythmus des Schreibens aufmerksam, wendet sich ‚Unerhörtem' zu." Welsch, Wolfgang: Zur Aktualität ästhetischen Denkens, in: Ders. (Hg.): Ästhetisches Denken, Stuttgart 1990, 41–78, hier 46. Allerdings bezieht er diese Reaktivierung einseitig darauf, dass man nun nicht mehr „nur an die

besondere Wesensmerkmale des Phänomens Hören auch hier immer wieder in Unterscheidung zum Sehen akzentuiert.[100]

4.3.2 Hören als Metapher

Was Hans Blumenberg mit dem Begriff der „absoluten Metapher" umschreibt, trifft in gewisser Weise auch auf die Verwendung des Begriffs „Hören" in der Philosophie zu.[101] Absolute Metaphern gehören für Blumenberg zu den „Grundbestände[n] der philosophischen Sprache" und beschreiben sogenannte „Übertragungen" (abgeleitet vom griechischen Verb *metapherein*), die „sich nicht ins Eigentliche, in die Logizität zurückholen"[102] und in Begrifflichkeit auflösen lassen. Rüdiger Zill stellt den Unterschied, den Blumenberg zwischen „absoluten Metaphern" und „Begriffen" macht, auf folgende Weise dar:

> „Den ‚Begriff' bezeichnet Blumenberg in der Tradition Kants als etwas, das nicht nur klar definiert werden kann, sondern dem auch eine Anschauung korrespondieren muss. Absolute Metaphern verweisen auf Phänomene, die zwar abstrakt *definierbar* sein mögen, die aber zu groß, zu nah, zu unkonkret sind, als dass ihnen je wird eine *Anschauung* entsprechen können, also: *die* Welt, *das* Leben, *die* Wahrheit, ja selbst: *das* eigene Ich. Obwohl all dies niemals streng in Begriffe zu gießen sein wird, so fühlen wir uns doch immer wieder genötigt, über sie zu sprechen, nachzudenken, uns mit ihnen auseinander zu setzen. Um das Begriffsresistente begreifbar zu machen, suchen wir uns ein Hilfsmittel: die absolute Metapher."[103]

Die Funktion „absoluter Metaphern" besteht darin, etwas, das sich der menschlichen Anschauung entzieht, zum Ausdruck zu bringen. In diesem Sinne fungiert

griechische Tradition des Abendlandes" anknüpft, sondern „auch Motive der jüdischen Tradition" wieder aufnimmt. Welsch, ebd. Jedoch finden einige Strukturmerkmale des Hörens immer noch nicht hinreichende Beachtung und bedürfen weiterer Analysen. „In der Philosophie besteht bis weit in das 20. Jahrhundert hinein die Tendenz, die räumliche Dimension des Hörens zu vernachlässigen […]"; zudem werde oftmals die „Bedeutung des Leibs und der Kinästhesen für die auditive Wahrnehmung übersehen". So Schmicking, Daniel: Wenn laut leise klingen muss - Kinästhesen und Konstanzen im Hören. Ein Beitrag zur phänomenologischen Forschung, in: Kluck, Steffen/Volke, Stefan (Hg.): Näher dran? Zur Phänomenologie des Wahrnehmens, unter Mitarbeit von Wilko de Buhr, Freiburg i.Br. - München 2012, 51–81, hier 57.

100 Umso dringlicher gilt es hervorzuheben, dass es nicht darum gehen kann, das Paradigma des Sehens durch das Paradigma des Hörens zu ersetzen oder umgekehrt. Vgl. zur Synästhesie etwa Jewanski, Jörg/Sidler, Natalia (Hg.): Farbe - Licht - Musik. Synästhesie und Farblichtmusik, Bern 2006. Vgl. ebenfalls Mengel, Martin: LautBilder. Wenn Augen hören und Ohren sehen, Marburg 2010.

101 Vgl. allgemein zum Hören als einer philosophischen Metapher Moxter, Hören, 146–168.

102 Blumenberg, Hans: Paradigmen zu einer Metaphorologie, Frankfurt a.M. 1998, 10.

103 Zill, Rüdiger: „Substrukturen des Denkens". Grenzen und Perspektiven einer Metapherngeschichte nach Hans Blumenberg, in: Bödeker, Hans Erich (Hg.): Begriffsgeschichte, Diskursgeschichte, Metapherngeschichte, Göttingen 2002, 209–258, hier 231.

auch „Hören" im Rahmen der Philosophie immer wieder als Metapher für das Unsagbare bzw. Unanschauliche. So kommt etwa bei Augustinus das Hören des Herzens als Metapher vor. In seinen *Confessiones* heißt es etwa: „So sprich, auf daß ich dich hören kann. Siehe meines Herzens Ohr lauschend vor dir; erschließe es, o Herr, und sprich zu meiner Seele [...]"[104]; „darf ich nähern das Ohr meines Herzens deinem Munde, auf daß du mir kündest [...]?"; „Ich hielt mein Herz nur aufgetan, um zu hören, wie er sprach, indessen trat zugleich die Erkenntnis ein, wie wahr er sprach [...]"[105]. Die Rede vom Hören mit dem Herzen ist *metaphorische* Rede; sie steht in diesem Zusammenhang nicht für das auditive Sinnesvermögen, sondern in übertragener Weise für ein empfängliches Hören auf Gott hin.[106]

In seinem Exkurs zu „Auge und Ohr" stellt Blumenberg selbst den „Zusammenhang zwischen der Metaphorik des *Auges* und dem Begriff der *Freiheit* [dar], während die Metaphorik des *Ohrs* die Grenzen oder gar die Aufhebung der Freiheit indiziert"[107]. Blumenberg rekurriert dabei auf den Antagonismus zwischen griechischem Denken auf der einen Seite, in dem Gewissheit und Erkenntnis vornehmlich im Sehen und in der Sichtbarkeit gründen, und dem alttestamentlichen Denken auf der anderen Seite, wonach sich die Wirklichkeit wie auch alles Geschaffene vor allem durch das Hören – im Wort – zeigen. Während im Neuen Testament der Glaube im Hören des Wortes gründet und Nicht-hören-Wollen einer Abweisung des Heilsangebotes gleichkommt, wird das Hören hier schließlich durch das Sehen, das den „Modus der *eschatologischen* Endgültigkeit" darstellt, eschatologisch überboten, denn „die vorbehaltene und geschichtsendigende Parusie vollstreckt sich im Sichtbarwerden des bis dahin verborgenen Gottes"[108]. Darüber hinaus implizieren laut Blumenberg die „metaphorischen Aussage*qualitäten* von ‚Auge' und ‚Ohr' [...] eine ganze Phänomenologie der Sinnesvermögen"[109].

Die phänomenologische Erschließung des Hörens steht damit in einem engen Zusammenhang zur Metaphorologie. Ihren Ausgang nehmen die metaphorischen Übertragungen des Hörens in der Unterscheidung zum Sehen. Weil das Ohr keine „Ohrenlider" besitzt, somit radikal offen ist, bedarf das Nicht-Hören eines stärkeren Eingriffs in die Natur des Hörens als das Nicht-Sehen. Darüber

104 Aurelius Augustinus: Confessiones. Lateinisch – Deutsch. Eine Synopse nach Netzquellen erstellt von Karsten Dittmann, Lippstadt 2002, Conf. I. Buch, Kap. 5, 5.

105 Ebd., Kap. 5, 48.

106 Vgl. dazu Espinet, Phänomenologie des Hörens, 16f.

107 Blumenberg, Hans: Licht als Metapher der Wahrheit. Im Vorfeld der philosophischen Begriffsbildung (1957), in: Ders.: Ästhetische und metaphorologische Schriften. Auswahl und Nachwort von Anselm Haverkamp, Frankfurt a.M. 2001, 139–171, hier 162.

108 Ebd.

109 Ebd.

hinaus tritt das Ereignishafte und Unerwartete der Heilsgnade stärker im Hören als im Sehen hervor. Blumenberg führt dies so aus:

> „Das Auge schweift umher, wählt aus, geht auf die Dinge zu, dringt ihnen nach, während das Ohr seinerseits von Schall und Wort betroffen und angegangen wird. Das Auge kann *suchen*, das Ohr nur *warten*. Das Sehen ‚stellt' die Dinge, das Hören wird gestellt; es gibt den ‚Zuhörer' nicht in demselben Sinne des Unbeteiligtseins wie den ‚Zuschauer'. [...] Das unbedingt Fordernde begegnet im ‚Hören', das Gewissen hat eine ‚Stimme', kein Licht."[110]

Die Metaphorik des Ohres enthält stärker als die Metaphorik des Auges die Momente von Unmittelbarkeit und Widerfahrnis. Darüber hinaus bringt Blumenberg zufolge die Metaphorik des Hörens eine größere „Angewiesenheit auf Tradition"[111] zum Ausdruck, während die Vernunft der Aufklärung es nicht nötig hat „zu ‚hören', weil sie jederzeit ihre Gegenstände zu Sicht (Experiment) und Einsicht (Deduktion) bringen"[112] kann. Ontologisch folgt daraus jedoch, so Blumenberg: „alle Gegebenheit ist *wiederholbar*, es gibt keine einmalig-faktische Erfahrung bzw. sie hat für den menschlichen Wahrheitsbesitz keine Bedeutung."[113] Wenn aber das „Faktisch-Einmalige" und Ereignishafte für den Menschen als wesentlich gilt, dann hat das Hören auf die Tradition Verbindlichkeit; in diesem Fall muss sich der Mensch etwas „sagen" oder „überliefern" lassen, auch wenn er es nicht sehen kann.[114]

Ohne an dieser Stelle auf die Vielfalt der Hörmetaphern selbst, die in der Philosophie auf unterschiedliche Weise vorkommen, umfassend und vollständig eingehen zu können, lässt sich zusammenfassend sagen, dass das Hören vor allem dort zur Metapher wird, „wo im prägnanten Gegensatz zum ‚Sehen' eine alternative Typik menschlichen Weltzugangs"[115] beschrieben werden soll. Deutlich wird: Hören bringt nicht nur das auditive Sinnesvermögen zum Ausdruck, sondern steht metaphorisch für den Zugang zum Unsagbaren bzw. Unhörbaren.

4.3.3 Grundmotive des Hörens in Anlehnung an Martin Heidegger

Mit Martin Heidegger wird das nicht selten vergessene philosophische Hörregister auf gewisse Weise wiederhergestellt. Obgleich Heidegger in *Sein und Zeit* den Begriff der Phänomenologie ganz vom Sehen her bestimmt, wonach es darum

110 Blumenberg, Licht als Metapher, 163.
111 Ebd., 164.
112 Ebd.
113 Ebd.
114 Vgl. ebd.
115 Moxter, Hören, 149.

geht, etwas so aufscheinen zu lassen, wie es sich von sich selbst her zeigt,[116] vollzieht dieser im Zusammenhang seiner Ausführungen zur Rede und spätestens in seinen Gewissensanalysen, so Espinet, eine Hinwendung zum Hören:[117] „Mit der Wende zum Hören, die sich bereits vor *Sein und Zeit* angekündigt hatte, orchestriert Heidegger die gleichsam kontrapunktische Gegenstimme zum Sehparadigma der Philosophie“[118]. Hören dient bei ihm vor allem als Metapher dazu, das Denken, das Sein, das Gewissen sowie den Zugang zur Sprache und zur Welt zu veranschaulichen.

Heideggers Untersuchungen zum Hören, die er insbesondere im Ausgang von Heraklit unternimmt, sind dabei vielfältig und kommen in ganz unterschiedlichen Kontexten seiner philosophischen Analysen vor. Während sich seit einiger Zeit vermehrt Untersuchungen dem Hörphänomen mit Bezugnahme auf Heidegger widmen,[119] zeichnet im Grunde kein Anderer die Entwicklung und Wende zu einer hörenden Phänomenologie, an Heideggers Schriften entlang, so systematisch nach wie David Espinet in seiner *Phänomenologie des Hörens*.[120] Im Folgenden wird nicht angestrebt, Heideggers Untersuchungen zum Hören vollständig abzubilden. Vielmehr sollen einige Grundmotive des Hörens nach Heidegger herausgestellt werden, die für diese Arbeit besonders relevant sind, und zwar unter den folgenden Überschriften (a) Hören und Verstehen, (b) Hörendes Denken und (c) Hören auf den Ruf des Gewissens.

116 Vgl. Heidegger, Sein und Zeit, 34.

117 Vgl. Espinet, David: Intentionaler Blick und aufmerkendes Aufhorchen, in: Rese, Friederike (Hg.): Heidegger und Husserl im Vergleich, Frankfurt a.M. 2010, 133–151, hier 134f. Vgl. auch Espinet, David: Das Lied der Erde. Zu Heideggers Phänomenologie des Hörens als Ontologie der Halbdinge, in: Kluck/Volke (Hg.): Näher dran?, 273–300. Vgl. Moxter, Hören, 150. Vgl. Pöltner, Günther: „Hören“, in: Vetter (Hg.): Wörterbuch der phänomenologischen Begriffe, 263f.

118 Espinet, Intentionaler Blick, 135.

119 Vgl. etwa Appelhans, Jörg: Martin Heideggers ungeschriebene Poetologie, Tübingen 2002. Vgl. Guzzoni, Ute: Der andere Heidegger. Überlegungen zu seinem späteren Denken, Freiburg i.Br. - München 2009. Vgl. Lincoln, Theologie und das Hören. Vgl. Figal, Günter: Gegenständlichkeit. Das Hermeneutische und die Philosophie, Tübingen 2006. Vgl. Allerkamp, Andrea: Anruf, Adresse, Appell. Figurationen der Kommunikation in Philosophie und Literatur, Bielefeld 2005. Vgl. Ihde, Listening and Voice. Vgl. Schmicking, Hören und Klang. Vgl. auch Schmicking, Wenn laut leise klingen muss, 51–81. Vgl. Riedel, Hören auf die Sprache.

120 Vgl. Espinet, Phänomenologie des Hörens. Espinet zeigt, in Gegenüberstellung zu Husserl und dem optischen Modell von Erkenntnis, wie die Orientierung Heideggers am Hören zu einer neuen Bestimmung von Zeit und Aufmerksamkeit innerhalb der Philosophie führt. In diesem Kontext spielt die vorintentionale Verfassung von Erfahrung eine wichtige Rolle. Vgl. Espinet, Intentionaler Blick, 133–151.

(a) Hören und Verstehen

In seiner Vorlesung *Logik. Heraklits Lehre vom Logos* unterscheidet Heidegger zwischen einem Hören, das ohne „Zutun" hört, also gewissermaßen ein willenloses Hören (etwa, wenn plötzlich ein Knall „ins Ohr fällt"), und einem Hinhören, das „ganz Ohr" ist.[121] In diesem Zusammenhang spricht Heidegger auch von einem „noch gar nichts ‚hörende[n]' Hinhören"[122], das es auch dort auf „reine" Art und Weise gibt, „wo gar kein Vernommenes uns anfällt, wo noch gar nichts verlautet"[123]. Dieses hörende Hinhören bezeichnet Heidegger als „Horchen"[124]. Demzufolge können die Hörerin und der Hörer auch dann, wenn (noch) nichts Bestimmtes hörbar wird, hinhorchen und hinhören. Für ihn ist dieses „horchsame Hören [...] das eigentliche Hören, das im sonstigen Hören und auch im bloß akustischen Empfinden nicht etwa fehlt, sondern von uns nur vergessen ist"[125].

Auf diese Weise wird die intentionale Ausrichtung, die das „sonstige Hören" generell prägt, aufgebrochen. Denn Heidegger legt vorher fest: „‚Hören' – d. h. doch *etwas* mit dem Ohr vernehmen."[126] Wir hören demnach nicht den reinen „Schall und Laut"[127] an sich, sondern stets *etwas* als *etwas* Bestimmtes, wie zum Beispiel „den Donner des Himmels, das Rauschen des Waldes, das Fließen des Brunnens, das Klingen des Saitenspiels, das Rattern der Motoren, den Lärm der Stadt"[128]. Wir hören den Schall oder den Laut *als* Donner des Himmels oder *als* Rattern der Motoren. Wir hören nicht den reinen Klang oder Ton, sondern diesen in seiner semantischen Bedeutsamkeit, auf die wir aufmerken.

Die intentionale Ausrichtung des Hörens, die im hermeneutischen „als" anklingt und wonach etwas als etwas gehört bzw. verstanden wird, begegnet auch bereits in Heideggers Werk *Sein und Zeit*, wo es heißt:

> „Es bedarf schon einer sehr künstlichen und komplizierten Einstellung, um ein ‚reines Geräusch' zu ‚hören'. Daß wir aber zunächst Motorräder und Wagen hören, ist der phänomenale Beleg dafür, daß das Dasein als In-der-Welt-sein je schon *beim* innerweltlich Zuhandenen sich aufhält und zunächst gar nicht bei ‚Empfindungen', deren Gewühl zuerst geformt werden müßte, um das Sprungbrett abzugeben, von

121 Vgl. Heidegger, Martin: Heraklit. GA 55, Frankfurt a.M. [3]1994, 244.
122 Ebd., 245.
123 Ebd.
124 Ebd. Vgl. auch Heidegger, Sein und Zeit, 163f.
125 Heidegger, Heraklit, 246.
126 Ebd., 244 [Hervorhebung E.P.].
127 Ebd., 246. Vgl. auch Heidegger, Sein und Zeit, 163f.
128 Heidegger, Heraklit, 247.

> dem das Subjekt abspringt, um schließlich zu einer ‚Welt' zu gelangen. Das Dasein ist als wesenhaft verstehendes zunächst beim Verstandenen."[129]

Was Heidegger mit seinen Ausführungen erarbeitet, ist ein existenziales Hören.[130] Weil wir alles, was wir hören, als etwas Bestimmtes, als das wir es verstehen, hören, kann Heidegger schreiben: „Nur wer schon versteht, kann zuhören."[131] Für Heidegger spielt die Dimension eines solch „verstehenden Hörens" besonders im Zusammenhang der Rede eine wichtige Rolle.

Das „verstehende Hören" zeigt sich in der Rede eines Anderen, weil wir zunächst nicht die reinen Laute hören, sondern das Gesagte. Aus diesem sinnhaften, verstehenden Hören gibt es laut Heidegger im Grunde sprachlich kein Entkommen. Sogar in dem Fall, in dem wir eine undeutliche Rede oder eine fremde Sprache vernehmen, „hören wir zunächst *unverständliche* Worte und nicht eine Mannigfaltigkeit von Tondaten"[132], so Heidegger. Hören und Verstehen gehören also grundlegend zusammen. Hören heißt Zu-ge-hörig-Sein, bedeutet hörendes bzw. verstehendes In-der-Welt-Sein. Die Rede ist das „*existenzial-ontologische Fundament der Sprache*"[133], auf dem auch das Hören steht. So wird Hören von Heidegger zu einer existenzialen Möglichkeit begriffen, die wesentlich zur Rede gehört.[134]

Hören wie auch Schweigen stellen zwei bedeutsame Momente der Rede dar, weil an „diesen Phänomenen [...] die konstitutive Funktion der Rede für die Existenzialität der Existenz erst völlig deutlich wird"[135]. Das heißt: Die Bedingung der Möglichkeit der Rede ist das Hören.[136] Hören gründet wie auch die Rede in der Hermeneutik, im Verstehen. Diese hermeneutische Bestimmung des Hörens nimmt ihren Ausgang dabei nicht bei einer „Ontologie des Vorhandenen"[137]. Vielmehr wird das Hören von der „Verständlichkeit des In-der-Weltseins"[138] bzw. der „Erschlossenheit des Daseins"[139] her eröffnet. Das Hören wird damit in seiner ontologisch-hermeneutischen Verfasstheit zu Gehör gebracht: „Das Dasein hört, weil es versteht."[140] Hören konstituiert sich als hören von etwas, als verstehendes Hören. Das existenziale Fundament, auf dem das „verstehende

129 Heidegger, Sein und Zeit, 164.
130 Vgl. Espinet, Phänomenologie des Hörens, 43f.
131 Heidegger, Sein und Zeit, 164.
132 Ebd.
133 Ebd., 160.
134 Vgl. ebd., 161.
135 Ebd.
136 Vgl. ebd., 162.
137 Ebd., 165.
138 Ebd., 162.
139 Ebd. Im Kontext seiner Reflexion zur Frage: „[W]ie ‚gibt es' Welt?", formuliert Heidegger: Es „meldet sich die Welt". Ebd., 72, 75.
140 Ebd., 163.

Hören" steht, gründet in der unhintergehbaren Offenheit des Hörens selbst. Deshalb beschreibt Heidegger das Hören als „das existenziale Offensein des Daseins als Mitsein für den Anderen"[141].

Das Hören „konstituiert sogar die primäre und eigentliche Offenheit des Daseins für sein eigenstes Seinkönnen, als Hören der Stimme des Freundes, den jedes Dasein bei sich trägt"[142]. Im Hören ist das Dasein offen für das Mitsein mit anderen und darin für sein eigenstes Seinkönnen. Diese hörende Offenheit für das eigene Selbstsein unterliegt jedoch auch Gefährdungen, die zum Beispiel darin bestehen können, dass stärker auf das „Man" der Öffentlichkeit als auf sich selbst gehört wird. Heidegger führt aus:

> „Sich verlierend in die Öffentlichkeit des Man und sein Gerede *überhört* es im Hören auf das Man-selbst das eigene Selbst. Wenn das Dasein aus dieser Verlorenheit des Sichüberhörens soll zurückgebracht werden können – und zwar durch es selbst – dann muß es sich erst finden können, sich selbst, das sich überhört hat und überhört im *Hinhören* auf das Man."[143]

Genauso degradiert das Füreinander- und Miteinandersein dort zu einem Gegeneinander, wo die hörende Offenheit durch ein „heimliches Sich-gegenseitig-abhören"[144] verschlossen wird. Es wird deutlich: Mit den unterschiedlichen Modi des Hörens korrespondieren unterschiedliche Grundarten des Seins. Sowohl neben dem „Empfinden von Tönen" als auch dem „Vernehmen von Lauten"[145] wird das Hören bei Heidegger vor allem im Sinne eines „existenzial primären Hörenkönnens" verstanden, vor deren Hintergrund eine dritte Art des Hörens, das „Horchen" möglich wird.[146] Die Seinsart des „verstehenden Hörens"[147] ist jedoch diesen drei von Heidegger bedachten Formen des Hörens gemeinsam.

141 Heidegger, Sein und Zeit, 163.

142 Ebd.

143 Ebd., 271.

144 Ebd., 175.

145 Ebd., 162.

146 Ebd., 163. „Es fällt auf, dass Heidegger eine Dreischichtung des Hörphänomens vornimmt, [...] [in der] das Horchen auf ambivalente Weise quersteht, weil es gleich in zwei Schichten vorkommt: (1) ‚Sinnliche Empfindung' als physiologische, d. h. physikalische, biochemische, neurologische Reizverarbeitung von physikalischem Schall und Laut durch die Hörorgane; (2) ‚Hinhören' als intentionales ‚Horchen' oder Lauschen auf etwas Bestimmtes; (3) ‚horchsames Achten' und ‚Gehorsam', die kein direkt sinnliches Auffassen meinen". Espinet, Lied der Erde, 280. Für Heidegger steht Horchen im unmittelbaren Zusammenhang mit Gehorsam, vgl. dazu Espinets Analysen in ebd., 281ff.

147 Heidegger, Sein und Zeit, 163. Vgl. Espinet, Phänomenologie des Hörens, 137. Heideggers Ausführungen durchzieht eine gewisse Spannung zwischen intentionaler Vorbestimmtheit des Hörens und existenzialer Offenheit eines Daseins, das hört. In seiner *Phänomenologie des Hörens* fragt Espinet daher kritisch: „Wie offen wäre ein Zuhören, das bereits und immer schon verstanden hätte? Was vermag es noch vom *Anderen* zu hören? Der Ge-

(b) Hörendes (Sprach-)Denken

Das Sprechen selbst wird von Heidegger in seinem Werk *Unterwegs zur Sprache* in Orientierung am Hören beleuchtet, genauer gesagt, als ein „Hören auf die Sprache, die wir sprechen“[148], bezeichnet. Das Hören geht dem Sprechen voraus: „Wir sprechen nicht nur *die* Sprache, wir sprechen *aus* ihr. Dies vermögen wir einzig dadurch, daß wir je schon auf die Sprache gehört haben“[149], so Heidegger. In der Konsequenz ist streng genommen „jedes gesprochene Wort [...] schon Antwort: Gegensage, entgegenkommendes, hörendes Sagen“[150].

Analog zu dieser Form eines hörenden Sprechens prägt Heidegger die Metapher eines sogenannten „hörenden Denkens“[151]. In seinem Brief *Über den Humanismus* schreibt Heidegger an den französischen Philosophen Jean Beaufret:

> „Das Denken ist des Seins, insofern das Denken, vom Sein ereignet, dem Sein gehört. Das Denken ist zugleich Denken des Seins, insofern das Denken, dem Sein gehörend, auf das Sein hört. Als das hörend dem Sein Gehörende ist das Denken, was es nach seiner Wesensherkunft ist.“[152]

Diese metaphorische Übertragung des Hörens auf das Denken „weist in die Philosophie als dem Ort eines Denkens, das hört“[153]. Mit der Metapher des Hörens wird etwas dem Denken wesentlich Zugehöriges veranschaulicht, das nicht direkt, sondern erst in übertragener Weise durch das Hören deutlich wird. Die Metapher erzeugt also ein analoges Verhältnis zwischen Hören und Denken:

danke des Hörens als Offenheit stellt sich der Bestimmung des Hörens als eines schon verstanden-Habens scheinbar quer.“ Espinet, Phänomenologie des Hörens, 101. Es geht ihm um den Spalt in der intentionalen Ausrichtung des Hörens auf die Wahrnehmung des Anderen und Fremden. Vgl. Espinet, ebd.

148 Heidegger, Martin: Unterwegs zur Sprache, Stuttgart [14]2007, 254.

149 Ebd.

150 Ebd., 260.

151 Bereits bei Heraklit gehören Hören (auf den Logos) und Denken bzw. Verstehen untrennbar zusammen, was die französische Sprache mit dem Verb entendre (in den beiden Bedeutungen: hören, verstehen) bis heute zum Ausdruck bringt. Vgl. Böhler, Arno: Das Timbre des Denkens. Was heißt uns hören, wenn wir denken?, in: Haselböck, Lukas (Hg.): Klangperspektiven, Hofheim 2011, 11–26. Vgl. ausführlich zum Sprachdenken Heideggers Barbarić, Damir: Heideggers Sprachdenken, in: Kultur und Kritik (Leipziger philosophische Zeitschrift) 6 (1994), 17–29. Vgl. auch Barbarić, Damir: Hörendes Denken, in: Figal, Günter/Gander, Hans-Helmuth (Hg.): Dimensionen des Hermeneutischen. Heidegger und Gadamer, Frankfurt a.M. 2005, 37–57. Vgl. zum Wechsel vom sehenden zum hörenden Denken nach Heidegger auch Welsch, Wolfgang: Vernunft. Die zeitgenössische Vernunftkritik und das Konzept der transversalen Vernunft, Frankfurt a.M. [2]1996, 161. Vgl. auch Espinet, Phänomenologie des Hörens, 6, 190–207.

152 Heidegger, Martin: Über den Humanismus, Frankfurt a.M. [10]2000, 8.

153 Espinet, Phänomenologie des Hörens, 16.

Das Hören steht zum Gehörten in einem Verhältnis wie das Denken zum Gedanken.[154]

Was das Analogie-Verhältnis zwischen Hören und Denken als bedeutsame Gemeinsamkeit eint, sind die Wesensmerkmale „Passivität“, „Empfangsbereitschaft“ und „Offenheit“. In seiner *Phänomenologie des Hörens* führt Espinet mit Bezug auf Heideggers Metapher vom „hörenden Denken“ aus:

> „So *passiv* und *empfangsbereit* unser Hören Geräusche, Laute und Töne vernimmt, die auf das unverschlossene Ohr treffen, so *passiv* und *empfangsbereit* nimmt auch das Denken all jene Gedanken entgegen, die es sich nicht diskursiv aneignet, sondern die ihm unverhofft einfallen.“[155]

Der Fokus liegt damit auf dem zu Hörenden und zu Denkenden, das heißt auf dem, was sich ohne vorgängige, verstehende Aneignung plötzlich zu hören und zu denken gibt. Auf diese Weise zeigt die Metapher des hörenden Denkens „den Sinn ‚Offenheit‘ [an], ohne daß dieser faktisch genannt würde“[156]. Ein hörendes Denken ist offen für das zu Hörende bzw. zu Denkende, das sich unbestimmt und unvorhergesehen aufdrängt. Offenheit bedeutet, dass das Hören nicht von einer vorintentionalen Sinnbestimmung des Gehörten gänzlich überlagert wird. Dass etwas Unerwartetes, noch nicht Gesuchtes, Unbekanntes zu denken geben kann, korrespondiert mit dem Ohr, das geweckt, angesprochen, ja geöffnet wird, bevor es weghören kann.

In seinem Werk *Unterwegs zur Sprache* bezeichnet Heidegger das Denken in diesem Sinne als ein „Hören auf die Zusage des zu-Denkenden“[157]. Empfänglichkeit, Ansprechbarkeit und Ereignishaftigkeit sind damit die drei Momente, die ein hörendes Denken kennzeichnen. Die Offenheit für das „Zu-Hörende“ im Hörereignis prägt auch Heideggers Verständnis von Zeit.[158] Im Sinne der Existenzialität ist ihr *„primärer Sinn […] die Zukunft*“[159], und zwar als ein „Sich-auf-sich-zukommenlassen“[160]. Wir erblicken und sehen daher Heidegger zufolge nicht die Zeit, sondern erhören und hören sie.[161] Die Ereignishaftigkeit des Zu-Hörenden verleiht dem Hören einen genuin zeitlichen Charakter.

Das Hören gibt in seiner Affizierbarkeit den ersten Ton des Denkens an; erst an zweiter Stelle stehen das erfassende Sehen und seine deutende Bezugnahme auf das Gehörte. „Das Denken ist ein Erhören, das erblickt“[162], schreibt Heidegger in

154 Vgl. Espinet, Phänomenologie des Hörens, 19.
155 Ebd., 20.
156 Ebd.
157 Heidegger, Unterwegs zur Sprache, 180.
158 Vgl. Espinet, Intentionaler Blick.
159 Heidegger, Sein und Zeit, 327.
160 Heidegger, Sein und Zeit, 325.
161 Vgl. ebd., 104.
162 Heidegger, Martin: Der Satz vom Grund, Stuttgart [9]2006, 86.

Der Satz vom Grund. Das hörende Denken denkt also nicht bloß dasjenige, was es zu wissen intendiert (und damit im gewissen Sinne bereits weiß), sondern dasjenige, was ihm die „Zusage" ohne Vorwissen zu denken zuspricht, was ihm zufällt und somit vorgängig nicht (aus-)zu-machen ist. Es ist die intentional unbestimmte Offenheit für das, was auf das Ohr zukünftig zu-kommt, die den Kern eines (zu-)lassenden Denkens bildet, das hin-hört bzw. hin-horcht. In diesem Sinne kann Heidegger sagen, dass die „eigentliche Gebärde des Denkens"[163] nicht das Stellen von Fragen sei, „sondern das Hören der Zusage dessen [...], was in die Frage kommen soll"[164]. Insofern stellt für Heidegger das Hören der Zusage die eigentliche Gebärde des Denkens dar.

(c) Hören auf den Ruf des Gewissens

Die Wende Heideggers zum Hören wird insbesondere in seinen Gewissensanalysen offenkundig, die er in Form kritischer Abgrenzung zur alltäglichen Gewissensauslegung vornimmt.[165] Heidegger stellt die existenziale Struktur des Gewissens heraus, die „das im Dasein selbst bezeugte eigentliche Seinkönnen"[166] anzeigt. Dieser Bezeugung zum eigentlichen Seinkönnen entspricht kein akustisches, sondern ein uneigentliches, „mögliches Hören"[167]. Denn Heidegger versteht unter dem Gewissen nicht wie im alltäglichen Sinne die vernehmbare Stimme, die das Gute im Unterschied zum Bösen bekundet. Es zeigt sich ihm vielmehr ontologisch in der Erschlossenheit des Daseins, denn „es ‚ist' nur in der Seinsart des Daseins und bekundet sich als Faktum je nur mit und in der faktischen Existenz"[168].

Dem „angerufenen Selbst" wird durch das Gewissen „‚nichts' *zu*-gerufen", kein propositionaler Gehalt einer Rede mitgeteilt, sondern ist *„aufgerufen* zu ihm selbst, das heißt zu seinem eigensten Seinkönnen"[169]. Der Ruf des Gewissens, der das Dasein zu seinem eigenen Selbst ruft, „entbehrt jeglicher Verlautbarung"[170] und gibt damit „für das besorgend neugierige Ohr nichts zu hören, was weitergesagt und öffentlich beredet werden möchte"[171]. Insofern spricht das Gewissen *„einzig und ständig im Modus des Schweigens"*[172]. Dadurch verliert der Gewissensruf andererseits jedoch nichts an seiner Vernehmlichkeit (es gibt „in

163 Heidegger, Unterwegs zur Sprache, 176.
164 Ebd., 180.
165 Vgl. Espinet, Phänomenologie des Hörens, 171–175.
166 Heidegger, Sein und Zeit, 295.
167 Ebd., 269.
168 Ebd.
169 Ebd., 273.
170 Ebd.
171 Ebd., 277.
172 Ebd., 273. Vgl. zum Rufcharakter des Gewissens nach Heidegger auch den gesamten Paragrafen 56, 272–274.

irgendeiner Weise einem etwas zu verstehen“[173]); vielmehr ruft das Gewissen „auch ohne jede Verlautbarung“[174].

Der Gewissensruf zeigt sich „*als Ruf der Sorge*“[175]. Das „Was“ des Rufes bleibt dabei genauso unbestimmt wie das „Wer“, sein Rufer, der so etwas ist „wie eine *fremde* Stimme“[176]. Der Gewissensruf besitzt den Charakter der „Unheimlichkeit“. Heidegger schreibt: „Der Ruf wird ja gerade nicht und nie *von uns selbst* weder geplant, noch vorbereitet, noch willentlich vollzogen. ‚Es‘ ruft, wider Erwarten und gar wider Willen.“[177] Auf der anderen Seite ergeht der Ruf auch nicht von einem ganz Anderen aus: Vielmehr kommt der Ruf „*aus* mir und doch *über* mich“[178]. Diese Unbestimmtheit des Rufers, der das Dasein selbst ist, „bekundet, daß der Ruf einzig aufgeht im Aufrufen zu ...“ und dass er entsprechend „*nur als solcher gehört* und ferner nicht beschwatzt sein will“[179].

Das Hören auf den Ruf des Gewissens zeigt sich im Unterschied zum Hinhören auf das „Man“ des Geredes, das sich selbst über-hört. Heidegger schreibt:

> „Dieses Hinhören muß gebrochen, das heißt es muß ihm vom Dasein selbst die Möglichkeit eines Hörens gegeben werden, das jenes unterbricht. Die Möglichkeit eines solchen Bruchs liegt im unvermittelten Angerufenwerden. Der Ruf bricht das sich überhörende Hinhören des Daseins auf das Man, wenn er, seinem Rufcharakter entsprechend, ein Hören weckt, das in allem gegenteilig charakterisiert ist im Verhältnis zum verlorenen Hören. Wenn dieses benommen ist vom ‚Lärm‘ der mannigfaltigen Zweideutigkeit des alltäglich ‚neuen‘ Geredes, muß der Ruf lärmlos, unzweideutig, ohne Anhalt für die Neugier rufen. *Was dergestalt rufend zu verstehen gibt, ist das Gewissen.*“[180]

Wie genau zeigt sich nun ein Hören, das diesem vom „Moment des Stoßes, des abgesetzten Aufrüttelns“[181] geprägten Anrufverständnis entspricht und „dem Man-selbst verschlossen bleibt“[182]? Das Hören rückt in die Nähe der Handlungsdimension. Heidegger schreibt: „Den Ruf eigentlich hören bedeutet, sich in das faktische Handeln bringen.“[183] Allerdings gibt der Gewissensruf keine praktischen Handlungsanweisungen, sondern erschließt dem Dasein seine Freiheit. Hören besagt in diesem Sinne, frei zu werden für den Ruf und bereit zu sein für

173 Heidegger, Sein und Zeit, 270.
174 Ebd., 277.
175 Ebd., 288.
176 Ebd., 277. Vgl. auch den ganzen Paragrafen 57, 274–280.
177 Ebd., 275.
178 Ebd.
179 Ebd.
180 Ebd., 271.
181 Ebd.
182 Ebd., 288.
183 Ebd., 294.

das „Angerufenwerdenkönnen“, damit sich das Dasein in Freiheit selbst wählt. Heidegger führt aus:

> „Das rechte Hören des Anrufs kommt dann gleich einem Sichverstehen in seinem eigensten Seinkönnen, das heißt dem Sichentwerfen auf das *eigenste* eigentliche Schuldigwerdenkönnen. Das verstehende Sichvorrufenlassen auf diese Möglichkeit schließt in sich das *Freiwerden* des Daseins für den Ruf: die Bereitschaft für das Angerufenwerdenkönnen. Das Dasein ist rufverstehend *hörig seiner eigensten Existenzmöglichkeit.* Es hat sich selbst gewählt.“[184]

Das Rufverstehen ist das Wählen des „Gewissen-*haben* als Freisein für das eigenste Schuldigsein“[185].

In diesem Sinne bedeutet das Anrufverstehen: „*Gewissen-haben-wollen.*“[186] Dieses ist ein „In-sich-handeln-lassen des eigensten Selbst“, und zwar „aus ihm selbst in seinem Schuldigsein“, wodurch „phänomenal das im Dasein selbst bezeugte eigentliche Seinkönnen“[187] bezeugt wird. Die Vergewisserung, wer ich bin bzw. wer ich sein kann, entspringt aus dem Hören eines Rufes. Zu oft wird das Hören allein auf einen einzelnen Inhalt festgelegt, indem gefragt wird: „*Was* ruft das Gewissen dem Angerufenen zu?“ Und Heidegger antwortet:

> „Streng genommen – nichts. Der Ruf sagt nichts aus, gibt keine Auskunft über Weltereignisse, hat nichts zu erzählen. Am wenigstens strebt er darnach, im angerufenen Selbst ein ‚Selbstgespräch‘ zu eröffnen. Dem angerufenen Selbst wird ‚nichts‘ *zu*-gerufen, sondern es ist *aufgerufen* zu ihm selbst, das heißt zu seinem eigensten Seinkönnen.“[188]

Der Ruf bezieht sich nicht auf den einen oder anderen Gesichtspunkt, sondern auf die *ganze* Existenz des lebenden Menschen und ruft ihn zu dem, der er in seiner persönlichen Einzigartigkeit sein kann. Hören auf den Ruf des Gewissens ist daher genau genommen ein Sich-Hören, und zwar im Sinne eines Sich-Verstehens im „eigensten Seinkönnen“.

4.3.4 Zur klanglichen Dimension des Hörens nach Jean-Luc Nancy

Der französische Philosoph Jean-Luc Nancy legt im Jahre 2002 (bzw. 2010 in deutscher Übersetzung) in dekonstruktivistischer Gangart und essayistischem Stil seine Überlegungen „À l’écoute“/ „Zum Gehör“ vor. Nancy versteht den Titel im Sinne einer Anrede: „Sie [die Anrede] beschreibt das Gehör nicht einfach

184 Heidegger, Sein und Zeit, 287.
185 Ebd., 288.
186 Ebd.
187 Ebd., 295.
188 Ebd., 273.

nur, sondern schreibt sich in dasselbe ein."[189] Das Gehör ist „nicht völlig losgelöst von seinen Beschreibungen als schon fertiges Objekt irgendwo an sich und in sich verschlossen ‚objektiv'"[190] existent, sondern wird berührt, bewegt, getroffen und – innerhalb des philosophischen Denkens – neu ausgerichtet. „Hören, zuhören, lauschen (l'écoute), ist die Philosophie dessen fähig?"[191] Oder, so fragt Nancy weiter:

> „[H]at die Philosophie nicht von vornherein und zwangsläufig dem Hören etwas übergeordnet oder es durch etwas ersetzt, das eher zur Ordnung des *Vernehmens* [*entendre*] gehört? Wäre der Philosoph nicht jener, der immer vernimmt (und der alles vernimmt), der aber nicht hören kann oder genauer, der das Hören in sich neutralisiert, um philosophieren zu können?"[192]

Nancys Anliegen besteht darin, den Zusammenhang zwischen Denken und Hören innerhalb der Philosophie neu ins Bewusstsein zu heben. Seine Ausführungen nehmen ihren Ausgang bei der Differenz von Seh- und Hörsinn. Die Struktur des Visuellen ist ihm zufolge „tendenziell mimetisch", da es aus Bildern und Abbildern besteht; demgegenüber ist das Klangliche für ihn „tendenziell methexisch", also durch die „Ordnung der Teilnahme, des Teilens oder der Ansteckung" geprägt.[193] Dies bedeutet hingegen keineswegs, dass diese sich nicht auch überschneiden würden.

In „ontologische[r] Tonart"[194] sowie in Abgrenzung zur Phänomenologie Husserls und seinem Konzept der Intentionalität geht es Nancy um einen Ansatz hörender Philosophie, in der die Resonanz des Subjekts bzw. des Selbst im Zentrum steht. Wonach er sucht, ist „ein dem Hören hingegebenes Sein, vom oder im Hören gebildet und mit seinem ganzen Sein hörend"[195]. Er spitzt dazu gewissermaßen seine „philosophischen Ohren" und spannt sie zu dem hin auf,

189 Böhler, Timbre des Denkens, 13.
190 Ebd., 14.
191 Nancy, Zum Gehör, 9; vgl. Böhler, Timbre des Denkens, 14.
192 Nancy, Zum Gehör, 9. Nancys Ausführungen stehen in der Tradition der Dekonstruktion und sind besonders von Jacques Derrida beeinflusst. Vgl. Derrida, Grammatologie. Vgl. auch Derrida, Jacques: Die Stimme und das Phänomen. Einführung in das Problem des Zeichens in der Phänomenologie Husserls, 1. Aufl. der Neuübersetzung zum 40jährigen Bestehen der Ed. Suhrkamp, Frankfurt a.M. 2003. Vgl. auch Derrida, Jacques: Randgänge der Philosophie, übersetzt von Gerhard Ahrens, Wien ^{2}1999.
193 Nancy, Zum Gehör, 19.
194 Ebd., 11. „Doch der Einsatz einer Arbeit über die Sinne und über die sinnlichen Qualitäten ist notwendig der eines Empirismus, mittels dessen man versucht, die Erfahrung in eine *apriorische* Möglichkeitsbedingung [...] der Erfahrung selbst zu konvertieren. Dabei geht man zugleich das Risiko eines kulturellen und individuellen Relativismus ein, wenn denn alle ‚Sinne' und alle ‚Künste' durchaus nicht immer und überall dieselbe Verbreitung und dieselben Eigenschaften haben." Ebd., 19.
195 Ebd., 11.

„was das philosophische Wissen stets weniger angesprochen oder repräsentiert hat als das, was sich der Sicht präsentiert - Form, Idee, Tableau, Repräsentation, Aspekt, Phänomen, Komposition"[196].

In diesem Zusammenhang geht Nancy folgenden zwei Fragestellungen nach: *Erstens*: „Welches Geheimnis gibt sich preis - und macht sich also publik -, wenn wir einer Stimme, einem Instrument oder einem Geräusch *um ihrer selbst willen* lauschen?"[197] Und *zweitens*: Was bedeutet es, mit seinem ganzen Sein zu hören, „‚être à l'écoute', ganz Ohr *sein*, auf Empfang *sein*, so wie man sagt ‚auf der Welt sein'?"[198]

Die Voraussetzung dieser zweifachen Frage findet Nancy zunächst begrifflich in der Bedeutung des französischen Verbs *„hören"* wieder. Das französische „écouter" bezeichnet ursprünglich eine Person, die horcht, später dann einen Ort, von dem aus heimlich gehorcht wird.[199] Das Verb geht auf das lateinische Verb *auscultare* zurück, in dem einerseits allgemein der Gebrauch des Sinnesorgans, des Gehörs bzw. Ohrs (*auris*) und andererseits eine Spannung (*tension*), eine Intention und eine Aufmerksamkeit (*attention*) widerklingt.[200] Nancy unterscheidet von diesem *écouter* das Verb *entendre*, welches mit „vernehmen" übersetzt werden kann und darin ein Verstehen impliziert, das einen „sinnhaften Sinn" - im Unterschied zu einem „sinnlichen Sinn" - aufnimmt.[201] Während also „vernehmen" oder französisch *„entendre"* zum Beispiel bedeutet, „eine Sirene, einen Vogel oder eine Trommel" zu vernehmen und darin „jedes Mal bereits wenigstens die Andeutung einer Situation, einen Kontext, wenn nicht einen Text [zu] verstehen", heißt „zuhören" oder französisch *„écouter"* demgegenüber, „zu einem möglichen Sinn, der folglich nicht unmittelbar zugänglich ist" aufgespannt zu sein.[202] Letzteres zeigt sich etwa bei der Musik, wenn „sich der Sinn direkt am Klang selbst" darbietet und der „Sinn tendenziell Klang" wird.[203]

Es gibt Nancy zufolge also von vornherein mehr zu hören als nur den zu transportierenden, informativen Sinn in seiner Bedeutungsintention.[204] Von einem Hören, das „nur das bereits Kodierte, das man dekodiert"[205], also die transportierte Botschaft *vernimmt*, unterscheidet er ein „Hören dessen, was nicht bereits kodiert", also „noch nicht in ein System von Bedeutungsverweisen einge-

196 Nancy, Zum Gehör, 10.
197 Ebd., 12 [Hervorhebung E.P.].
198 Ebd.
199 Ebd., 11.
200 Vgl. ebd.
201 Ebd., 13.
202 Ebd.
203 Ebd., 14.
204 Dies führt Nancy ausführlich anhand der Musik aus: vgl. ebd., 41ff.
205 Ebd., 48.

passt ist“[206] und was er den „Ton oder das Timbre des Hörens“[207] nennt. Das Hören erhält im letzten Fall dann selbst klangliche Qualität. In dieser Linie geht es Nancy weniger um ein Hören, das den sinnhaften Sinn *vernimmt*, als vielmehr um ein Hören, das ganz Ohr *ist* und „eher die Klanglichkeit zu fassen oder zu erhaschen [sucht] als die Botschaft“[208].

Für Nancy geht mit der Erfahrung des Hörens unmittelbar auch ein Bezug bzw. ein Verweis einher, worin der Sinn widerklingt. „Der Sinn besteht in einem Verweis“[209], so Nancy, und weiter:

> „Er besteht sogar aus einer Totalität von Verweisen: von einem Zeichen zu etwas, von einem Stand der Dinge zu einem Wert, von einem Subjekt zu einem anderen Subjekt oder zu ihm selbst, all das gleichzeitig. Der Klang besteht nicht weniger aus Verweisen: Er breitet sich im Raum aus, wo er widerhallt, während er zugleich ‚in mir‘ widerhallt […]. Im Außen- oder Innenraum klingt er wider, sprich, sendet sich erneut aus, während er eigentlich ‚klingt‘.“[210]

Streng genommen ist das Erklingen von etwas Hörbarem deshalb immer schon ein „Wider-Erklingen“, ist Re-sonanz. Darin verortet sich nicht nur der sinnhafte Sinn, sondern auch die Erfahrung des Hörens selbst:

> „Ganz Ohr sein, lauschen, das ist also in die Spannung und Obacht eines Selbstbezuges treten: *nicht etwa* – das muss betont werden – ein Bezug zu ‚mir‘ (ein als gegeben angenommenes Subjekt) und auch nicht zum ‚Selbst‘ des anderen (der Sprecher, der Musiker, von dem man ebenfalls annimmt, er sei mit seiner Subjektivität

206 Nancy, Zum Gehör, 48. Auf der Seite des Sprechens gilt in gleicher Weise: „*Sagen* ist nicht immer und nicht allein sprechen, oder aber sprechen ist nicht allein bezeichnen, sondern es ist immer auch diktieren, *dictare*, das heißt dem Sagen seinen *Ton*, das heißt seinen *Stil* geben (seine Tonalität, seine Farbe, seine Gangart) und darum oder darin, in dieser Operation oder in dieser *Haltung* des Sagens, es *rezitieren*, es *sich* rezitieren oder es *sich* rezitieren lassen (sich klanglich machen, sich de-klamieren und sich aus-rufen und sich selbst zitieren (sich in Bewegung setzen, sich rufen oder anrufen, *s'appeler*, in der ersten Bedeutung des Wortes, sich auffordern), auf sein eigenes Echo zurückverweisen und eben dadurch sich herausbilden).“ Ebd., 47f.

207 Nancy, Zum Gehör, 13. „Wenn man vom Timbre spricht, meint man das, was gerade nicht von einer Dekomposition her rührt [sic]: Selbst wenn es möglich und richtig bleibt, es von Höhe, Dauer, Intensität zu unterscheiden, gibt es doch keine Höhe, Dauer, Intensität ohne Klangfarbe (genau wie es keine Linie oder Oberfläche ohne Farbton gibt). Wir sprechen also von der Resonanz selbst des Klanglichen.“ Ebd., 53 Und an anderer Stelle erklärt Nancy: „Was den eigentlichen Sinn des Wortes ‚Timbre‘ betrifft, so kommt es vom griechischen *Tympanon*, das heißt vom Tamburin der orgiastischen Kulte und über dieses vom semitischen *top*, *tuppin*, bereits ein Tamburin, eine Trommel. Schlag, Tanz und Resonanz, Erschütterung und Echo: Damit kommt ein Subjekt an – und wird sich selbst, seinem eigenen Eintreffen abwesend.“ Ebd., 56.

208 Ebd., 12.

209 Ebd., 15.

210 Ebd.

> gegeben), sondern der *Bezug an/in sich*, […] der Bezug, der ein ‚Selbst' bildet oder ein ‚zu sich' überhaupt, und falls so etwas je ans Ende seiner Bildung gelangt. Das heißt folglich zum Register der Selbstpräsenz übergehen, wobei selbstverständlich das ‚Selbst' gerade nichts Verfügbares (Substanzielles und Subsistierendes) ist, dem man ‚gegenwärtig' sein könnte, sondern eben die Resonanz eines Verweises."[211]

Sinn und Klang teilen sich also „den Raum eines Verweises"[212], der der „Raum eines *Selbst*"[213] ist. Das hörende Subjekt wird zum Resonanzraum, zum „Echoraum"[214] schlechthin.

Aus dem Altgriechischen übersetzt Nancy „Echo/echoen" sowohl mit „‚lärmen' als auch ‚widerhallen'", genauer noch mit „‚einen Klang erwidern'". Demnach wird ein Klang immer „‚erwidert', ‚wiedergegeben'", das heißt:

> „Ein angeschlagener Klangkörper *erwidert* den Schlag durch den Klang, der die Vibration des Schlages selbst ist. Der Klang wird gleichzeitig *angeschlagen* (gezupft, gestrichen, geblasen, etc.), *erwidert* und *vernommen*, insofern als er *sich hört* bzw. *sich hörbar macht:* und darum – darin – *hört er sich selbst zu.*"[215]

Indem das hörende Subjekt auch sich selbst hört, nähert und distanziert es sich zugleich von sich selbst.[216] Es erklingt „außer sich", wird in „Schwingungen" versetzt[217], das heißt, es hallt anderswo „in/an sich, in einer Welt und im anderen"[218] wider.

Diese selbstreflexive Verfasstheit des Hörbaren, die Nancy auch als „Sich-Spüren-Spüren [*se-sentir-sentir*]" oder genauso als „Berühren"[219] bezeichnet, durchzieht alle Sinne: „so berührt sich auf gewisse Weise spürend jeder Sinn (und rührt an die anderen Sinne)"[220], schreibt Nancy. Darin liegt gleichsam ein „Exzess, ein Überschuss, eine Verschiebung ihrer selbst"[221]. Hörend gewinnt das Subjekt einen „Zugang zum Selbst", oder genauer „zur Form oder Struktur des *Selbst* als solchem, das heißt zur Form, zur Struktur und zur Bewegung eines unendlichen Verweises"[222]. Es ist das Timbre, die „Klangmaterie", die auf der einen

211 Nancy, Zum Gehör, 21.
212 Ebd., 17.
213 Ebd.
214 Ebd., 51.
215 Nancy, Ascoltando, 10.
216 Vgl. Nancy, Zum Gehör, 17.
217 Vgl. ebd., 15.
218 Vgl. ebd., 17.
219 Ebd., 16. Vgl. zum Zusammenhang zwischen Berühren und Hören bei Jean-Luc Nancy ausführlich Haas, Annika: Hören, Berühren, Bewegen, in: Sternagel, Jörg/Mersch, Dieter/Stertz, Lisa (Hg.): Kraft der Alterität. Ethische und aisthetische Dimensionen des Performativen, Bielefeld 2015, 207–225.
220 Nancy, Zum Gehör, 16, Fußnote 13.
221 Nancy, Ascoltando, 12.
222 Nancy, Zum Gehör, 18.

Seite „Materie bleibt (volumenhaft und undurchdringlich: im gegenwärtigen Fall eher äußerst durchdringend), sich aber zugleich in sich selbst verräumlicht und in (oder von) ihrer eigenen Verräumlichung widerhallt“[223]. Das „Hören“, also die entscheidende Öffnung zur „Ordnung des Klanglichen“[224], ist demnach nicht „als eine Figur des Zugangs zum Selbst“ zu verstehen, sondern vielmehr als die „Wirklichkeit dieses Zugangs, eine Wirklichkeit, die folglich untrennbar ‚meine‘ und ‚andere‘ ist, ‚singulär‘ und ‚plural‘, ebenso wie ‚materiell‘ und ‚geistig‘ und ebenso wie ‚signifikant‘ und ‚asignifikant‘.“[225]

Ganz Ohr zu sein, zu lauschen bedeutet Nancy zufolge, „in die Spannung und Obacht eines Selbstbezuges [zu] treten“ und zwar als „der *Bezug an/in sich* […], der Bezug, der ein ‚Selbst‘ bildet oder ein ‚zu sich‘ überhaupt […]“[226]. In dieser Linie ist die Präsenz des Klanglichen „nicht die Position eines Gegenwärtig-Seins“, sondern vielmehr „Präsenz im Sinne eines ‚in Gegenwart von‘“[227], die als solche nicht objektivierbar ist:

> „Deshalb ist es zunächst Präsenz im Sinne eines *Präsens*, das kein Sein ist (zumindest nicht im intransiven, stabilen und konsistenten Sinne des Wortes), sondern eher ein *Kommen* und ein *Vorübergehen*, ein *sich Ausdehnen* und ein *Durchdringen*. Der Klang kommt wesentlich *her* und weitet sich aus oder differiert und transferiert sich.“[228]

Die klangliche Präsenz ist eher von „Punkthaftigkeit“[229] geprägt als von Dauer und unterscheidet sich von der visuellen Präsenz auch darin, dass sie nicht „schon da“ und „verfügbar“ ist; denn „die klangliche Präsenz *kommt an*: Sie trägt eine *Attacke* in sich, wie Musiker und Akustiker sagen“[230], und dringt ungeschützt in die Ohren ein. Die oder der Hörende wird vom Klang be-troffen, angegriffen, überwältigt, um sich Gehör zu verschaffen. Dabei trägt das Klangliche „die Form

223 Nancy, Zum Gehör, 53.
224 Ebd., 21.
225 Ebd. Vgl. ausführlich Nancys Entwurf einer Ontologie des Mitseins in Nancy, Jean-Luc: Singulär plural sein, Berlin 2004.
226 Nancy, Zum Gehör, 21.
227 Ebd., 21f.
228 Ebd., 22.
229 Ebd., 27.
230 Ebd., 24. Im Französischen heißt es „attaque“ und steht „sowohl für den Klanganstieg […] als auch für die musikalische ‚Attacca‘“. Ebd., 23, Fußnote 28. An anderer Stelle spricht Nancy von der „*Attacke* des Sinns“, in der „seine Möglichkeit und sein Startschuss, seine Adressierung“ stattfindet: „eine Reibung, das Klemmen oder Knirschen eines Kehleffekts, ein Borborygmus, ein Knacken, eine Schrillheit, von einer murmelnden denkenden Materie durchhaucht, geöffnet in der Spaltung ihrer Resonanz. Noch einmal der Schrei im Entstehen, die Geburt des Schreis – Ruf oder Klage, Gesang, Selbst-Reibung, und bis zum letzten Murmeln“. Ebd., 37.

fort“[231]. So, wie die Präsenz des Klanglichen plötzlich eintritt, ist sie gleichermaßen allgegenwärtig wie flüchtig. Sie hat eine zugleich zeitliche und räumliche Qualität. Nancy beobachtet, dass hier etwas von dem „theoretischen und intentionalen Schema, das am Optischen ausgerichtet ist, [...] ins Wanken [gerät]“[232]:

> „Das klangliche Präsens besteht von Beginn an in einem Zeit-Raum: Es breitet sich im Raum aus oder öffnet vielmehr einen Raum, welcher der seine ist, die Verräumlichung selbst seiner Resonanz, seine Ausweitung und sein Nachhall. [...] Hören heißt, in diese Räumlichkeit eintreten, von der ich *zur selben Zeit* durchdrungen werde: Denn sie öffnet sich in mir ebenso wie um mich herum, und von mir ebenso wie zu mir hin.“[233]

Hören bedeutet demzufolge „[...] *gleichzeitig* draußen und drinnen sein, *von* außen und *von* innen offen sein, vom einen zum anderen also, und vom einen im anderen“[234]. Hörend sind wir weder hier noch dort.

An anderer Stelle spricht Nancy bezüglich der Präsenz des Klanges auch von der „Präsenz der Präsenz“ anstatt von einer „reine[n] Präsenz“, weil sich diese anders als die visuelle Präsenz nicht „in einem unbeweglichen ‚Zugleich‘ hält“, sondern sich „in Schwingung vom Hin und Zurück zwischen Quelle und Ohr, durch den offenen Raum“[235] bewegt. „Es gibt das *Simultane* des Sichtbaren und das *Zeitgenössische* des Hörbaren.“[236] Die klangliche Präsenz, die sich stets „im Bezug“ bzw. „im Verweis und in der Begegnung“ befindet, „verweist *sich* auf *sich*, sie begegnet *sich*, oder besser, sie entsteht gegen sich, sich entgegen und überhaupt ganz gegen“[237]. Insofern ist sie genau genommen „Ko-Präsenz“ oder anders gesagt: „Präsenz in Präsenz“[238].

Aus diesem Grund schlägt Nancy eine Rückkehr zur „Resonanz des Seins“ bzw. „zum Sein als Resonanz“[239] vor. Dahinter steht nicht zuletzt ein ganz bestimmtes Subjektverständnis, das Nancy in Abgrenzung zu Husserls Konzept der Intentionalität wie folgt darlegt:

> „Es gilt also, vom phänomenologischen Subjekt, als dem Punkt der intentionalen Ausrichtung, zu einem widerklingenden Subjekt zurückzugehen, intensive Verräumlichung eines Rückhalls, der sich in keinerlei Rückkehr in sich vollendet, ohne sogleich als Echo einen Ruf zurück an eben dieses Selbst ergehen zu lassen. Während das Subjekt der Intentionalität immer-schon gegeben ist, an/in sich gesetzt an seinem

231 Nancy, Zum Gehör, 9.
232 Ebd., 22f.
233 Ebd.
234 Ebd.
235 Ebd., 25.
236 Ebd.
237 Ebd.
238 Ebd.
239 Ebd., 30.

> *Blickpunkt*, ist das Subjekt des Hörens immer noch ein künftiges, verräumlicht, von sich selbst durchzogen und gerufen, von sich selbst geläutet und gespielt [*sonné*] […].“[240]

Das hörende Subjekt ist ein „Subjekt auf Empfang (oder auch jenes, das dem Hören ausgesetzt ist, in dem Sinne, wie man einer Verwirrung ausgesetzt sein kann, einer Affizierung, einer Krise)“ und „kein phänomenologisches Subjekt, das heißt, es ist kein philosophisches Subjekt“[241].

Das Ohr ist auf Empfang, den Geräuschen und Klängen ausgeliefert. Letztlich existiert das hörende Subjekt gar nicht als Subjekt, es sei denn als „Ort der Resonanz, ihrer unendlichen Spannung und ihres unendlichen Rückhalls, die Weite der Klangentfaltung und die Schmalheit seiner gleichzeitigen Wiederentfaltung“[242]. Für Nancy gibt es das Subjekt somit „nur widerklingend, auf ein Hinausschwingen antwortend, auf einen Ruf, auf eine Zusammenrufung von Sinn“[243], welcher der Hörenden bzw. dem Hörenden widerfährt, das heißt wie eine „Attacke“[244] einschlägt und in erster Linie „nicht in einer signifikanten Intention besteht, sondern vielmehr in einem Zuhören, in dem allein die Resonanz (wider)klingt“[245]. Hörend wird das Subjekt durch und durch berührt.[246]

Vor jeglicher Form eines Objektbezuges öffnet sich das Hören so im Timbre, das die „Mitteilung des Unmittelbaren“ darstellt, das heißt „nichts anderes ist als die Mitteilung, die Kommunikation selbst, das, wodurch ein Subjekt sich zum Echo macht, seiner selbst, des anderen, das ist alles eins: das ist alles eins im Plural“[247]. Im Timbre der hörenden Erfahrung findet sich das Selbst als Resonanzraum wieder, das heißt in der Bewegung von Innen nach Außen, Besetzen und Aussetzen, Kommen und Gehen, Eindringen und Herausdrängen, Bezug und Entzug. Nancy erläutert den Sinn des Wortes „Timbre“ mit dem Bild des griechischen Tympanons, eines Tamburins bzw. einer Trommel der orgiastischen Kulte:

> „Das Timbre kann als Resonanz einer gespannten Haut figuriert werden […] und als Ausdehnung dieser Resonanz in der hohlen Säule einer Trommel. Der Raum des zuhörenden Körpers, ist er nicht seinerseits eine solche hohle Säule, über die

240 Nancy, Zum Gehör, 30f.
241 Ebd., 31.
242 Ebd.
243 Ebd., 41.
244 Ebd., 37. „Ein offenes Ohr haben, lauschen, das ist also immer gespannt sein zu oder in einem Zugang zum Selbst [*accès au soi*] (man müsste im pathologischen Modus von einem *Selbst-Anfall* [*accès de soi*] sprechen: Ist der (klangliche) Sinn nicht zuerst und jedes Mal eine *Selbst-Krise?*).“ Ebd., 17.
245 Ebd., 40.
246 Vgl. Haas, Hören, Berühren, Bewegen, 218.
247 Nancy, Zum Gehör, 54.

eine Haut gespannt ist, deren Resonanz aber auch von der Öffnung eines Mundes aufgenommen und erneut ausgesendet werden kann? Schlag von draußen, Krakeel [*clameur*] von drinnen, dieser beschallte Klangkörper schickt sich an, zugleich ein ‚Selbst' und eine ‚Welt' zu hören, die miteinander in Resonanz sind."[248]

In diesem Sinne gibt es für das Subjekt mehr zu hören als „nur" eine übermittelte Mitteilung, nämlich das Timbre des Klanges, dem es ausgesetzt ist und der zunächst nichts anderes mitteilt, als sich selbst: „Entfaltung, Tanz und Resonanz."[249] Im Fokus steht dann die Klanglichkeit des Hörens selbst oder – in Anlehnung an die oben von Nancy geprägte Formel „Sich-Spüren-Spüren" – das „Sich-Hören-Hören". Anders gesagt, besteht die Herausforderung darin, „[…] zu hören: unser eigenes Ohr eben dies lauschen zu hören […]"[250] und Unerhörtes zu Gehör zu bringen.

4.4 Theologische Hörregister

Innerhalb der theologischen Forschung ist das Interesse am Phänomen des Hörens vielfältig. Wenngleich sich das theologische Interesse auch vorwiegend der *Rede* Gottes widmet, wird der Frage nach dem *Hören*, besonders innerhalb der exegetischen und systematischen Theologie, immer wieder nachgegangen. Dabei kommt es unter anderem auch zur Rezeption von philosophischen und humanwissenschaftlichen Studien, die das Hören aufgreifen. Eine Analyse, die sich dem Phänomen des Hörens in grundsätzlicher Weise widmet, steht im Hinblick auf die katholische Praktische Theologie noch aus.

Angesichts der Relevanz, die das Hören in theologischen Diskursen hat, erscheint eine Eingrenzung des Themas sinnvoll. Der Anlage der vorliegenden Arbeit entsprechend sind besonders Publikationen aus dem Feld der Praktischen Theologie für den Forschungsüberblick von Bedeutung. Dieser soll allerdings nicht dargeboten werden, ohne zuvor ein klassisches theologisches Hörregister zu ziehen, das in seinen wesentlichen Aussagen zum „Hören" zu Gehör gebracht werden soll.

4.4.1 Hörerin und Hörer des Wortes – oder des Schweigens Gottes

„Der Streit zwischen Sehen und Hören reicht tief", stellt Karl Rahner fest; diesen gilt es ihm zufolge auszuhalten, „bis einmal das ‚Wort' Gottes von ‚Angesicht zu Angesicht' – paradox – *gesehen* wird und der geschaute Gott erfahren wird als

248 Nancy, Zum Gehör, 56.
249 Ebd., 54.
250 Nancy, Jean-Luc: Noli me tangere, übersetzt von Christoph Dittrich, Zürich u.a. 2008, 15.

das unbegreifliche Wort der Liebe“[251]. Sehen und Hören spielen in der Erfahrung des christlichen Glaubens ineinander.

Im Jahr 1941 erschien in München in erster Auflage Karl Rahners berühmtes religionsphilosophisch-fundamentaltheologisches Werk *Hörer des Wortes*[252], das aus seinen Vorlesungen *Zur Grundlegung einer Religionsphilosophie* – wie auch der Untertitel der Publikation lautet – auf den Salzburger Hochschulwochen 1937 entstanden ist. In Anlehnung an sein Werk *Geist in Welt* (1939) ist es das Anliegen Rahners, die Möglichkeit des Menschen zur Begegnung mit der Offenbarung transzendentalphilosophisch zu analysieren.[253] Diesen Versuch unternimmt er im Ausgang des Hörphänomens.

In der von ihm neu bearbeiteten Auflage konstatiert Johann Baptist Metz, dass Rahner die „biblische Bestimmung des Menschen angesichts der Offenbarung“, Hörerin und Hörer des Wortes zu sein, religionsphilosophisch zu ergründen versucht. Dieses verfolgt Rahner, indem er – so Metz – den Menschen

> „als jenes Seiendes ansichtig [werden lässt], das nur geschichtlich zu sich selber findet (wie auch die Geschichte nur über den Menschen in ihr Wesen kommt) und das deshalb in die Geschichte hineinhorchen muß, um darin jenem daseinsgründenden und -erhellenden ‚Wort‘ zu begegnen, auf das hin die seinsvernehmende Vernunft des Menschen je schon fragend eröffnet ist“[254].

Rahner selbst sieht seine Aufgabe darin, „die Grundlinien zu ziehen für eine metaphysische Analytik des Menschen in Absicht auf dessen Vermögen, das Wort Gottes zu vernehmen, das als Offenbarung des unbekannten Gottes im Aufgehenlassen der Geschichte des Menschen ergeht“[255]. Dies unternimmt er anhand der Transformation thomistischer Begrifflichkeiten sowie in Anlehnung an kantische und heideggersche Bestimmungen des Menschen als ein *a priori* auf das potentielle Erklingen der Selbstmitteilung hin angelegtes Wesen. Dem Vollzug des Hörens bzw. des Horchens kommt in diesem Zusammenhang eine Schlüsselrolle zu. Dabei ist der hörende Mensch für Rahner nicht nur ein Gegenstand seiner theologischen Reflexionen, sondern auch ihr Ausgangsort.

251 Rahner, Karl: Vom Hören und Sehen. Eine theologische Überlegung, in: Heinen, Wilhelm (Hg.): Bild – Wort – Symbol in der Theologie, Würzburg 1968, 139–156, hier 149f.

252 Rahner, Karl: Hörer des Wortes. Zur Grundlegung einer Religionsphilosophie (München 1941), in: Ders.: Sämtliche Werke, Band 4: Hörer des Wortes. Schriften zur Religionsphilosophie und zur Grundlegung der Theologie. Bearbeitet von Albert Raffelt, Solothurn u.a. 1997, 1-280.

253 Vgl. den Editionsbericht, in: Rahner, Hörer des Wortes, XIII–XXXVIII, hier XV.

254 Metz, Johann Baptist: Vorwort zur neubearbeiteten Ausgabe. Hörer des Wortes. Zur Grundlegung einer Religionsphilosophie. Neu bearbeitet von J.B. Metz, in: Rahner, Hörer des Wortes, 2–7, hier 3f.

255 Rahner, Hörer des Wortes, 53.

Mit dem Hören-Können bzw. Horchen-Können bestimmt Rahner das Wesen des Menschen metaphysisch als *notwendig* auf das Wort Gottes hingeordnet. Hören wird zur Metapher für die „positive Offenheit für eine möglicherweise ergehende Offenbarung Gottes“[256]. Auch die Theologie ist nach Rahner von Anfang an hörend in dem Sinne, dass sie ihren Ursprung – noch vor aller Konstituierung kirchlich und theologisch gültiger Sätze – in dem „immer auch schon sich selbst gelichtete[n] Hören der von Gott nach seinem freien Ratschluß ergehenden Offenbarung seiner selbst durch sein eigenes Wort“[257] hat.

Rahners Untersuchungen zum Menschen als Hörer des Wortes bildet für ihn „*das* Stück der idealen Fundamentaltheologie, das in ihrer tatsächlichen Ausbildung gewöhnlich stark vernachlässigt wird: die metaphysische Anthropologie des Menschen als des in seiner *Geschichte* auf eine mögliche Offenbarung Gottes Horchenden“[258]. Rahner spricht in diesem Zusammenhang auch von der „Ontologie der potentia oboedientialis für die freie Offenbarung Gottes“[259]. Damit bringt er die zum Wesen des Menschen gehörende Fähigkeit zum Ausdruck, hören zu können, das heißt seine grundsätzliche Empfänglichkeit und Offenheit für die Selbstmitteilung des freien Gottes. Das berühmte Rahner'sche Diktum kann kurz übersetzt werden mit der „Befähigung zu einem Ganz-Ohr-Sein“[260]. Rahner stellt heraus, dass wir nicht nur Ohren *haben*, sondern hörende Menschen *sind*: „Wir *haben* nicht nur Sinnesorgane; wir *sind* vielmehr Sinnlichkeit.“[261] In diesem Sinne bezieht Rahner auch die *Fähigkeit* des *Hörens* und die *Notwendigkeit* des *Horchens* dialektisch aufeinander.

Theologie, jede Rede von Gott, hat ihre wissenschaftstheoretisch begründete Bedingung der Möglichkeit in dem Aufweis „der Möglichkeit im Menschen [...], die Botschaft Gottes zu hören“[262]. In der apriorischen Möglichkeit, die ergehende,

256 Rahner, Hörer des Wortes, 47.

257 Ebd., 17.

258 Ebd., 39.

259 Ebd. In Bezug auf dieses Diktum muss Rahner zufolge darauf geachtet werden, dass es sich dabei keineswegs „um die potentia oboedientialis für die übernatürliche *Gnade* als der seinshaften Erhebung des Menschen zur Teilnahme am Leben Gottes handelt, sondern nur um die potentia oboedientialis des Hörens auf eine möglicherweise erfolgende *Rede* Gottes, die, falls sie geschieht, mindestens zunächst einmal auch in den Bereich seines natürlichen Erkennens, das heißt durch geschichtliche Erfahrung und durch die diese Erfahrung mitkonstituierenden menschlichen Begriffe und Worte erfolgt.“ Ebd. Mit der Differenzierung zwischen der potentia oboedientialis für die Offenbarung des Wortes und der für die Gnade behauptet Rahner andersherum jedoch nicht, dass diese beiden „Mitteilungen Gottes“ und entsprechenden „‚Potenzen‘ des Menschen“ im Letzten gänzlich voneinander zu scheiden wären. Vgl. ebd., Fußnote 21.

260 Müller, Klaus: Anthropologie als theologische Grammatik, in: Meyer, Silke/Owzar, Armin (Hg.): Disziplinen der Anthropologie, Münster 2011, 57–74, hier 65.

261 Rahner, Vom Hören und Sehen, 142.

262 Rahner, Hörer des Wortes, 21.

freie Selbstmitteilung Gottes *hören zu können*, sieht Rahner die transzendentale „Seinsmöglichkeit, die eigentlich erst den Menschen grundsätzlich in seinem vollen entfalteten Wesen konstituiert"[263]. Rahner schreibt: „Das Wesen des Menschen aber ist absolute Offenheit für Sein überhaupt, oder, um dies mit einem Wort zu sagen, der Mensch ist Geist."[264] Die Offenheit des Menschen „für die Selbstaussage des absoluten Seinsbesitzes durch das lichte Wort" bildet „die apriorische Voraussetzung für die Möglichkeit, ein solches Wort zu hören"[265]. Hören ist (wie auch das Sehen) die Weise, in der „der Geist, auf das Ganze der Wirklichkeit überhaupt sich öffnend, diese zur unmittelbaren Begegnung zuläßt"[266].

Der Mensch ist demnach Geist in seiner Transzendenz auf Sein überhaupt und indem er sein Leben in Form eines ständigen „Sichausstrecken[s] nach dem Absoluten, in einer Offenheit zu Gott"[267] lebt. Diese das Wesen des Menschen bestimmende Transzendenz „auf das absolute Sein Gottes" bzw. auf das „absolute Gute, das das absolute Sein, Gott, ist"[268], ist nicht zu verstehen im Sinne eines Gegenstandes, sondern als sein „letztes Woraufhin"[269]. So kann Rahner ausführen:

> „Es ist *letztlich nicht* so, daß Hören und Sehen nur ein schmales Ausgangsmaterial liefern, das vom (wissenschaftlichen) Geist verarbeitet wird, bis er dann bei seiner, von ihm gebauten Wissenswelt ankommt, die erst dann seine und – gleichzeitig dem ‚An-sich' der objektiven Welt am angenähertsten – das gewußte Spiegelbild der objektiven Welt ist, so daß das ‚sinnliche Material' nur ein seltsames, im Grunde doch amorphes Etwas zwischen der objektiven und der geistigen Welt wäre."[270]

Das menschliche Sein ist grundsätzlich auf Gott ausgerichtet. Um die unermessliche Freiheit der Rede Gottes zu wahren, spricht Rahner von dem „absoluten Geheimnis", dem „mysterium inperscrutabile [...], dessen Wege unerforschlich und dessen Ratschlüsse unberechenbar sind"[271].

Als Hörender öffnet sich der Mensch für eine mögliche freie Offenbarung Gottes, die selbst unverfügbar und unberechenbar bleibt: „Und der Mensch hört

263 Rahner, Hörer des Wortes, 21.

264 Ebd., 61.

265 Ebd., 83.

266 Rahner, Vom Hören und Sehen, 143. „Es kann also [...] gar nicht so sein, daß ‚Hör'- und ‚Sehbrillen', die unsere Sinnesorgane darstellen, uns nur ‚von außen' aufgesetzt seien und genausogut anders oder besser sein könnten. Ihre biologische ‚Zweckmäßigkeit' ist letzten Endes nur verständlich als Ausdruck der Tatsache, daß sie uns gerade *als* geistig personalen Wesen von Weltlichkeit überhaupt [nicht bloß von Umweltlichkeit!] ‚passen'." Ebd., 142f.

267 Rahner, Hörer des Wortes, 103.

268 Ebd., 156f.

269 Ebd., 141, 157.

270 Rahner, Vom Hören und Sehen, 144f.

271 Rahner, Hörer des Wortes, 139.

immer und wesentlich das Reden oder das Schweigen des freien in sich allein ständigen Gottes [...]"[272]. Die Grundverfassung des menschlichen, endlichen Daseins als Hörende und Hörender ist somit als Offenheit für den unendlichen „freien Gott in den noch unerfüllten und unberechenbaren Möglichkeiten seiner Freiheit" und damit für den „geschichtlich Handelnden" zu denken.[273]

Indem der Mensch das Schweigen Gottes *hört*, so kann pointiert gesagt werden, *horcht* er auf die möglicherweise „tatsächlich" erklingende Selbstmitteilung Gottes; d. h. zu einem „Hören" kommt es im eigentlichen bzw. „tatsächlichen" Sinne nicht:

> „Aber damit bleibt die Theologie doch in sich selbst gegründet. Denn einmal ist mit dem Horchen kein tatsächliches Hören notwendig verbunden (weder nach Tatsächlichkeit noch nach Inhalt), denn das Vernehmen des Schweigens Gottes ist ebenso eine Antwort, die das Horchen sinnvoll macht, weil auch durch das abweisende Schweigen Gottes der Mensch zu dem werden kann, was er allerdings notwendig sein muß: persönlicher, endlicher und geschichtlicher Geist vor dem persönlichen unendlichen freien Gott, mit dem er wenigstens im Modus der Abweisung ‚geschichtlich' zu tun hat."[274]

Horchend ist der Mensch in dem Maße, „als er sich in freier Liebe dieser Botschaft des Redens oder Schweigens des Gottes der Offenbarung öffnet"[275].

Mit dem Begriff des „Horchens" kommt ein wartender Charakter zum Ausdruck, wonach die Ohren aufgespannt sind für das möglicherweise Erklingende. Indem der Mensch auf eine mögliche Selbstmitteilung Gottes hinhorcht, *hört* er die Offenbarung – in den beiden Formen der Rede oder des Schweigens Gottes – in *notwendiger* Weise. Das *Horchen*, das nicht nur die Rede, sondern auch das Schweigen Gottes zu erwarten hat, wird zur Bedingung der Möglichkeit, das Wort Gottes zu *hören*. Insofern „Horchen" und tatsächliches „Hören" allerdings nicht notwendig miteinander verknüpft sind, bleibt die Eigenständigkeit der Theologie genauso gewahrt wie auch die gnadenhafte Ungeschuldetheit und Freiheit der Selbstmitteilung Gottes. Es ist Gott selbst, der das Ohr des Menschen weckt. Die Theologie bleibt in sich selbst gegründet, weil „Gott selbst die Bereitschaft des Horchens *als* Bedingung des Hörens seines eigenen Wortes wirkt"[276].

Der Bestimmung des Menschen als horchendes Wesen entsprechend charakterisiert Rahner die menschliche Erkenntnisfähigkeit als „*hinnehmendes* Erkennen"[277]. Epistemologisch geht es nicht um „das Erfassen eines Gegen-standes,

272 Rahner, Hörer des Wortes, 139.
273 Ebd., 142f.
274 Ebd., 269f.
275 Ebd., 163.
276 Ebd., 271.
277 Ebd., 179.

das intentionale Sich-beziehen auf ein fremdes andere“, sondern vielmehr um „das Sein eines Seienden bei sich selbst, die In-sich-Reflektiertheit des Seins, die einem Seienden in dem Maße zukommt, in dem es Sein hat, seinsmächtig ist“[278]. Die Gegenstände zeigen „sich von sich selber her“[279]. Die Erkenntnis des Menschen vollzieht sich nicht eigenmächtig; eine mögliche Offenbarung Gottes kann nicht einfach herbeigeführt oder eigenmächtig hergestellt werden. Hörende Erkenntnis ist vielmehr rezeptiv, indem sie sich durch das Andere, das Fremde vollzieht, das sich ihm zu erkennen gibt; das heißt: Erkenntnis ist dem Menschen „nur möglich durch eine Auskehr zu einem anderen, von ihm Verschiedenen“[280]. „Hörendes Denken“ heißt „vom Anderen her denken“ und ist in diesem Sinne konfrontiert mit jeder Wirklichkeit, die sich dem Denkenden, sei sie noch so fremd, aufdrängt.

Der Ort einer möglichen Offenbarung des freien Gottes ist Rahner gemäß die Geschichte des Menschen; sie vollzieht sich im Hier und Jetzt „aus der Mitte seines Wesens heraus“[281]. Inmitten der Geschichte zeigt sich ein außerweltlich Seiendes dem endlichen Geist durch das *menschliche* Wort. Denn nur in diesem Wort kann außerweltlich Seiendes erkannt werden:[282]

> „Denn das Hören kommender Offenbarung setzt eine bestimmte Grundverfassung des Menschen voraus und muß als freies Hören diese wissend bejahen; das Wort Gottes selbst muß, um von sich her hörbar sein zu können, als Menschenwort ergehen können, was diese bestimmte Verfassung des Menschen wiederum voraussetzt.“[283]

Die so metaphysisch grundgelegte, „(fundamental-)theologische“ Anthropologie wird – um das Rahner'sche Diktum nochmals aufzugreifen – zu einer „Ontologie der potentia oboedientialis für eine mögliche freie Offenbarung“[284]. Der Mensch wird bestimmt als das Seiende, das auf die freie Offenbarung Gottes, die in seiner Geschichte und im menschlichen Wort möglicherweise erklingt, notwendig horchen *muss*.[285] Im definitorischen Stil fasst Rahner zusammen:

> „Der Mensch ist das Seiende von hinnehmender, je für Geschichte eröffneter Geistigkeit, das in und als Freiheit vor dem freien Gott einer möglichen Offenbarung steht, die, wenn sie kommt, in seiner Geschichte (und als deren höchste Aktualisierung)

278 Rahner, Hörer des Wortes, 179.
279 Ebd.
280 Ebd.
281 Ebd., 249.
282 Ebd., 236f.
283 Ebd., 261.
284 Ebd., 249, 263.
285 Vgl. ebd., 249.

> ‚im Wort‘ sich ereignet. Der Mensch ist der in seine Geschichte auf das Wort des freien Gottes Hineinhorchende. Nur so ist er, was er sein muß."[286]

Die Theologie kennzeichnet dabei ein „doppeltes Moment", das in der Unterscheidung zwischen Hören und Gehörtem aufscheint: dem „einfache[n] Hören auf die Botschaft Gottes und die systematische Erarbeitung des Gehörten unter formalen Gesichtspunkten, die der menschlichen, geschichtlichen Geistigkeit selbst angehören"[287]. Während im zweiten Sinn das Gehörte darauf verweist, dass die Botschaft Gottes zum Gegenstand des Nachdenkens wird – als „metaphysische Reflexion auf das Gehörte und Geglaubte" –, positioniert sich Rahner in einer Theologie im ersten Sinn, wonach diese „das Kerygma selbst, das schlichte Hören des Wortes Gottes selbst, das gläubige Annehmen der Botschaft selbst [ist]"[288].

4.4.2 Theologische Anklänge an das Hören

Insgesamt wird das Hören immer wieder von theologischen Forschungsarbeiten – unter anderem unter Rückgriff auf philosophische Hörregister – aufgegriffen, allerdings ohne zwangsläufig ihr Hauptgegenstand zu sein. Vielmehr kommt das Hören hauptsächlich in Form von gelegentlicher Nennung, zwischenzeitlicher Darlegung und kursorischer Beschreibung vor. Zum Teil wird der Bezug dabei auch über die dem Wortstamm des Hörens verwandten Varianten von „gehorchen" oder „erhören" hergestellt. Der folgende Überblick soll aufzeigen, wie facettenreich die einzelnen Untersuchungen sind, die auf das Hören rekurrieren. Angesichts der Fülle möglicher Referenzen werden im Folgenden exemplarische Einsichten geboten; auf weitere Einzeluntersuchungen, die das Hören aufgreifen, wird lediglich verwiesen. Entsprechende praktisch-theologische Ansätze, in denen das Hören vorkommt, werden im Kontext dieses kurzen Forschungsüberblicks zunächst nur in Auswahl erwähnt, im weiteren Verlauf der Arbeit aber konkretisiert und vertiefend dargestellt.

(a) Exegetische Untersuchungen

Die Heilige Schrift beinhaltet eine Vielzahl von erzählten Hör-Erfahrungen, denen eine offenbarungstheologische Qualität zukommt. Das Hören stellt einen biblischen Prototyp für erzählte Glaubens- bzw. Berufungserfahrungen dar. Sowohl im Alten als auch im Neuen Testament finden sich Reflexionen zu solchen Hör-Erfahrungen, in denen die Beziehung zwischen Gott und Mensch zu Wort kommt. Als biblische Grundhaltung, die der Mensch zum sprechenden Gott

286 Rahner, Hörer des Wortes, 251.
287 Ebd., 260.
288 Ebd., 261.

einnimmt, wird das Hören somit auch immer wieder zum Gegenstand exegetischer Untersuchungen.[289] Ob es beispielhaft der Psalmbeter in Ps 40 ist oder der Gottesknecht Elija in 1 Kön 19,11–13 – sie sind dem Exegeten Erich Zenger zufolge als „Modell für ganz Israel" zu verstehen, „das nach dem Buch Deuteronomium gerade durch das Hören als Volk des Lebendigen konstituiert wird"[290], wie das jüdische Glaubensbekenntnis, der programmatische Aufruf „Schᵊma Israel", zusammenfassend zum Ausdruck bringt: „Höre Israel: Der HERR, unser Gott, der HERR ist einzig." (Dtn 6,4) Die „Paradoxie der biblischen Prophetie" besteht darin, dass der Prophet zuerst und zunächst nicht Redender, sondern Hörender ist. Denn: „Er soll reden, was er gehört hat – und das setzt voraus, daß er zu hören gelernt hat."[291] Zenger zufolge geht es nicht um bildliche Meditation, sondern „um das Hören und Tun des Gotteswillens"[292], wodurch Gott *heute* in die Geschichte einbricht und „die Welt zum Ort seiner Gottesherrschaft"[293] macht. Dieses „Heute" ist nicht „im Sinn des Kalenders oder der Uhrzeit" zu

289 Vgl. etwa Christoph Lienkamps Auseinandersetzung mit Ex 24,7, die zeigt, inwiefern sich responsive Bestimmungen des fremden Anspruchs in der Phänomenologie des jüdischen Gesetzes finden lassen. Vgl. Lienkamp, Christoph: Fremder Anspruch des Gesetzes – Die Theologie vor der Herausforderung der responsiven Ethik, in: Gmainer-Pranzl, Franz/ Schmidhuber, Martina (Hg.): Der Anspruch des Fremden als Ressource des Humanen, Frankfurt a.M. u.a. 2011, 61–76. Vgl. Ebach, Jürgen: Die Einheit von Sehen und Hören. Beobachtungen und Überlegungen zu Bilderverbot und Sprachbildern im Alten Testament, in: Jacobi, Rainer-M.E./Marx, Bernhard/Strohmaier-Wiederanders, Gerlinde (Hg.): Im Zwischenreich der Bilder, Leipzig 2004, 77–104. Ebach zeigt, dass die Ansicht, wonach in der griechischen Antike vorrangig das Sehen und demgegenüber in der Bibel vorrangig das Hören vertreten sei, zu einlinig ist. Vgl. ebd., 79. Zugleich erschließt er die Synästhesie der Sinne in der Bibel („Gottes Stimme sehen"). Vgl. ebd., 85–89. Vgl. außerdem Lohfink, Norbert: Höre, Israel! Auslegung von Texten aus dem Buch Deuteronomium, Düsseldorf 1965. Vgl. Janowski, Bernd: Konfliktgespräche mit Gott. Eine Anthropologie der Psalmen, Neukirchen-Vluyn 2003, 86–97. Vgl. Ebner, Martin/Heininger, Bernhard: Exegese des Neuen Testaments. Ein Arbeitsbuch für Lehre und Praxis, Paderborn ⁴2018, 398, 401, 404. Vgl. in bibeldidaktischer Perspektive Wagerer, Wolfgang: Zum Hören ermutigen. Identitätskonstruktionen in Begegnung mit biblischen Texten, Stuttgart 2019, bes. 49–66, 124–132, 177f. Vgl. Brunner, Hellmut: Das hörende Herz. Kleine Schriften zur Religions- und Geistesgeschichte Ägyptens, herausgegeben von Wolfgang Röllig, Fribourg u.a. 1988. Vgl. auch Arambarri, Jesús: Der Wortstamm „hören" im Alten Testament. Semantik und Syntax eines hebräischen Verbs, Stuttgart 1990.

290 Zenger, Erich: „Gib deinem Knecht ein hörendes Herz!" Von der messianischen Kraft des rechten Hörens, in: Vogel, Thomas (Hg.): Über das Hören. Einem Phänomen auf der Spur, Tübingen ²1998, 27–43, hier 39 [wiederabgedruckt in: Mit Gott ums Leben kämpfen. Das Erste Testament als Lern- und Lebensbuch, herausgegeben von Paul Deselaers und Christoph Dohmen, Freiburg i.Br. 2020, 34–48, hier 45].

291 Ebd., 38 [2020: 44].

292 Ebd., 34 [2020: 41].

293 Ebd., 39 [2020: 45].

verstehen, sondern beschreibt vielmehr ein „inhaltlich gefülltes Heute“[294], das dem Vollzug des Hörens entspricht. In Anlehnung an Psalm 95,7f. gesagt: „Denn er ist unser Gott,/ wir sind das Volk seiner Weide, die Herde von seiner Hand geführt. Würdet ihr doch heute auf seine Stimme hören!/ Verhärtet euer Herz nicht wie in Meriba, wie in der Wüste am Tag von Massa!“ Dieses „Heute“ besitzt „messianische“ Qualität. So formuliert Zenger:

> „Heute, wenn ihr das Hören liebt. Heute, wenn ihr im Herzen hört. Heute, wenn ihr die Stimme verschwebenden Schweigens hört, die nicht zu Gewalt und Mord, sondern zum Frieden ruft. Heute, wenn ihr *tut*, was *diese* Stimme Gottes sagt, die euch zu Knechten des messianischen Friedens machen will.“[295]

Die messianische Zeit ereignet sich im heutigen Hören. Demgegenüber wird im Alten Testament auch das Motiv der „Ohren“ aufgegriffen, die nicht hören – oftmals im gleichen Satz mit dem Motiv der „Augen“, die nicht sehen. „Zumeist sind das Ohren von Menschen, die Gott nicht verstehen, sei es, weil sie sich von ihm abwenden (Jer 5,21), oder weil Gott ihnen bisher Verstehen, Sehen und Hören verweigert (Dtn 29,3) […], manchmal auch Ohren von menschengemachten Götzen und deren Herstellern (Ps 113,14 […], Weish 15,15)“[296].

Der paradoxe Umstand, Ohren zu haben und doch nicht zu hören, wird im Neuen Testament aufgegriffen. Dort tritt das Hören auf ganz vielfältige Weise auf und beschäftigt dementsprechend die Forschung der Exegese immer wieder.[297] Klaus Berger etwa legt die programmatische Formel „Wer Ohren hat zu hören, der höre“, die nicht nur in den Briefen an die unterschiedlichen Gemeinden in der Johannesapokalypse, sondern auch in den Evangelien bei Markus, Lukas und Matthäus vorkommt,[298] auf folgende Weise aus: „Über die generelle Bedeutung kann kein Zweifel bestehen: Zuhören! Nämlich in dem Sinne: Wendet das auf euch an! Bedenkt, was es in eurem Leben bedeutet.“[299] Hören heißt hier, eine Übersetzung der biblischen Botschaft, deren Bedeutung für die Zuhörerinnen

294 Zenger, Hörendes Herz, 28 [2020: 35].

295 Ebd., 42 [2020: 48].

296 Oefele, Christine: Evangelienexegese als Partiturlesen. Eine Interpretation von Mk 1,1–8,22a zwischen Komposition und Performanz, Tübingen 2019, 254.

297 Vgl. Kaufmann, Joseph: Der Begriff des Hörens im Johannesevangelium. Eine Begriffsuntersuchung auf dem Hintergrund der johanneischen Offenbarungstheologie, Rom 1978. Vgl. Gnilka, Joachim: Zur Theologie des Hörens nach den Aussagen des Neuen Testaments, in: BiLe (2/1961), 71–81.

298 Vgl. etwa Mk 4,9; 4,23; 7,16; 8,18, parallel dazu in Lk 8,8; vgl. auch Mt 13,9.43. Der Aufruf, zu hören, kommt im Zusammenhang der Apokalypse des Johannes stets im „Imperativ Aorist“ vor, in den Evangelien dagegen im „Imperativ Präsens (der soll hören)“. Berger, Klaus: Die Apokalypse des Johannes. Kommentar. Teilband 1: Apk 1–10, Freiburg i.Br. 2017, 254.

299 Berger, Die Apokalypse des Johannes. Apk 1–10, 254.

und Zuhörer möglicherweise nicht sofort auf der Hand liegt, für das eigene Leben zu finden. „Gleichnisse erfordern oft lebenslängliche Rätselarbeit“[300] und ein Hören auf mehreren Ebenen. Denn Ohren zu „haben“ bedeutet noch nicht automatisch, hören zu können.

Was philosophisch zu denken gibt, erschließen auch die Schriften der Mystiker in der Unmittelbarkeit der Erfahrung, wonach das Hören vor allem einen Zugang zu Gottes Wirklichkeit erschließt.[301] Beispielhaft kann *Benedikt von Nursia* (um 480–547) angeführt werden, der als einer der bedeutendsten christlichen Mystiker gilt, der nicht nur für die Tradition des philosophischen Denkens, sondern auch für geistlich-spirituelle Impulse der Gegenwart von Relevanz ist.[302] Seine Regel beginnt mit und ist durchgezogen von der Aufforderung: „Obsculta!“ „Höre!“[303]. Sie bildet den „Mittelpunkt des Prologs“[304]. Die Stimme Gottes soll „mit aufgeschreckten Ohren“ gehört werden („adtonitis auribus“ – RB Prol 9). In Anlehnung an Ps 95,7f. heißt es im Prolog der Regel: „Heute, wenn ihr seine Stimme hört, verhärtet euer Herz nicht!“ (RB Prol 10). Im Zusammenhang mit der Bibelstelle „Höre Israel!“ (Dtn 6,4) und in Verbindung mit Spr 1,8; 4,20, Ps 45,11 und Jes 55,3 klingt die Aufforderung, zu hören, geradezu „programmatisch“. Die Bedeutung wird semantisch dadurch verstärkt, dass – metaphorisch gesprochen – das Ohr des Herzens geneigt werden soll, um es für Christus zu öffnen und nach dem Gehörten in seiner Nachfolge zu leben.[305] Das Hören steht damit im Zeichen der Wachsamkeit der ganzen Person („euer Herz“) für den Anspruch Gottes, der im „Heute“ ergeht und in Freiheit anzunehmen ist.[306] Der aus der Wortfamilie des Hörens („Hinhören“, „Horchen“, „Gehör schenken“, „gehorchen“) stammende Begriff „Gehorsam“ wird von Benedikt „mit dem ‚Hören‘ auf Christus, eigentlich auf den österlichen Ruf zur Umkehr, zum Glauben und zur Taufe“ gleichgesetzt und „dem Ungehorsam Adams entgegengesetzt“[307].

300 Berger, Die Apokalypse des Johannes. Apk 1–10, 254.

301 Vgl. etwa Keul, Hildegund: Verschwiegene Gottesrede. Die Mystik der Begine Mechthild von Magdeburg, Innsbruck 2004.

302 Vgl. Plattig, Michael O. Carm.: „Höre, mein Sohn!“ Hörbereitschaft und Gehorsam. Sondierungen, Ordenskorrespondenz 52 (2011), 410–421, unter: https://www.orden.de/dokumente/1._Ordenskorrespondenz/2011/Plattig_Hoere%20mein%20Sohn_2011.pdf [abgerufen am 14.01.2021].

303 Holzherr, Georg (Hg.): Die Benediktsregel. Eine Anleitung zu christlichem Leben. Der vollständige Text der Regel übersetzt und erklärt von Georg Holzherr, em. Abt von Einsiedeln, Freiburg/Schw. ^{7}2007, 43. Nachfolgend werden Zitate aus der Regel mit „RB“ bzw. aus dem Prolog der Regel mit „RB Prol“ angegeben.

304 Puzicha, Michaela: Kommentar zur Benediktusregel. Mit einer Einführung von Christian Schütz, St. Ottilien 2002, 47.

305 Vgl. ebd., 48. Vgl. Plattig, „Höre, mein Sohn!“, 410.

306 Vgl. Holzherr, Die Benediktsregel, 51.

307 Ebd., 116.

Gehorsam – dem Abt oder dem Orden gegenüber – stellt für Benedikt einen „Grund-,*Wert*'" dar, der sowohl ein „Aufeinander-Hören" umfasst, als auch eine wechselseitige „Dienstbereitschaft" beinhaltet.[308]

In ihrer umfassenden Dissertationsschrift *Schweigen und Geist* (1996) legt Claudia Edith Kunz „biblische und patristische Studien zu einer Spiritualität des Schweigens" vor.[309] Kunz setzt in ihrer Untersuchung die beiden Phänomene „Schweigen" und „Hören" zueinander in Beziehung. Das Schweigen konstituiert dabei „den eigentlichen ‚Sinn' des Hörens [...], womit das Aufgetan- und Empfänglich-Sein gemeint ist für das, was sich zu hören gibt"[310]. Der „Sinn des Gehörten" kann ohne ein Schweigen nicht erschlossen werden.[311] Insofern erscheint das Schweigen „geradezu als die ‚Präposition' des Hörens"[312], und zwar in dem Sinne, dass es dem Hören als *Hin*-hören vorausgeht und als *Zu*-hören fokussiert wird. Im Schweigen ist das Hören auf das Ungesagte hin ausgespannt. Nur in einem solch schweigenden Hören öffnet der Mensch sein Ohr uneingeschränkt dem Anderen, weil auf diese Weise „das Selbstgespräch der Gedanken in Form von Wünschen, Erwartungen, Befürchtungen, Bewertungen, die die Wahrnehmung bekanntlich verzerren"[313], still wird. Kunz zufolge ist das Schweigen für das Hören so etwas wie eine „Kontakt- und Wendestelle zwischen Außen und Innen"[314].

Damit ein Wort nicht nur äußerlich *er*klingt, sondern innerlich *wider*klingt, braucht es ein Schweigen *im* hörenden Menschen. Auf diese Weise wird das Schweigen zu einem „innere[n] Hörraum, ohne den es kein echtes Hören gibt, auch wenn das körperliche Sinnesorgan, das Ohr, voll entwickelt ist"[315]. Hier setzt der Sinn der Rede vom „Ganz-Ohr-Sein" an. Denn, wer ganz Ohr *ist*, der *hat* nicht nur Ohren, sondern der öffnet sich ganz existenziell und persönlich dem *zu Hörenden*. Ein schweigendes Hören geht über das Sinnesvermögen der Ohren hinaus; noch vor der Wahrnehmung von Worten und Sätzen erschließt sich das hörbereite Schweigen im ganz persönlichen Angesprochen-Sein.[316] In diesem schweigenden Hören sieht Kunz einen Glaubensbezug, und zwar als „Vernehmen des göttlichen Selbst-Zuspruchs"[317], der den ganzen Menschen angeht.

308 Vgl. Holzherr, Die Benediktsregel, 116.
309 So der Untertitel „Biblische und patristische Studien zu einer Spiritualität des Schweigens" bei Kunz, Schweigen und Geist.
310 Kunz, Schweigen und Geist, 696.
311 Ebd.
312 Ebd.
313 Ebd., 697.
314 Ebd.
315 Ebd.
316 Vgl. ebd., 698.
317 Ebd., 700.

(b) Systematische Theologie

Innerhalb der systematischen Theologie hat sich eine Vielzahl von Theologen und Theologinnen mit der offenbarungstheologischen Fragestellung nach der „Ansprechbarkeit" des Menschen für das unverfügbare, in Freiheit ergehende Wort Gottes als einem „Widerfahrnis" beschäftigt, dem für viele „allein das Hören, Wahrnehmen und einstimmende Geschehenlassen gemäß sind"[318]. Besonders im Rahmen der Neuen Politischen Theologie erhält das Hören eine wichtige Bedeutung für die Möglichkeit einer verantwortbaren und glaubwürdigen Gottesrede, die Auslegungen der Gottesbotschaft zu vermeiden hat, die „von Gott reden können, ohne auf die Botschaft der Opfer zu hören"[319]. In diesem Bedeutungszusammenhang stellt der Fundamentaltheologe Jürgen Werbick fest:

> „Theologie wird geschwätzig, wenn sie die Antworten weiß, ehe sie auf die elementarsten und abgründigsten Klagen und Fragen gehört hat; wenn sie – mit größter methodischer Finesse und Konsequenz – vor sich hin denkt, ehe sie sich darüber Rechenschaft gegeben hat, was ihr zu denken geben muss."[320]

Für die akademische Theologie wird das Hören zu einem Kriterium ihrer Glaubwürdigkeit, ob sie die Klagen und Fragen der Menschen hört, sich ihnen in der Reflexion aussetzt oder im Eigenen verbleibt und Antworten gibt, die zeigen, dass sie sich letztlich nur um sich selbst dreht.

Exemplarisch zu nennen ist – bezogen auf die *fundamentaltheologische* Auseinandersetzung mit dem Hören – auch die von Peter Knauer vorgelegte ökumenische Fundamentaltheologie, deren Titel das biblische Wort in Röm 10,17 aufnimmt: „Der Glaube kommt vom Hören."[321] Im Zentrum steht hier ein hörender Glaube, von dem aus unterschiedliche fundamentaltheologische Fragestellungen Gegenstand der Betrachtung werden. Die Grundstruktur des christlichen Glaubens besteht nach Knauer in dem „gegenwärtigen Anteilhaben am Gottesverhältnis Jesu"[322]. Ein solcher Glaube erwächst aus dem Hören auf das Angesprochen-

318 Pröpper, Thomas: Theologische Anthropologie, Band 1, Freiburg i.Br. 2011, 490.

319 Werbick, Jürgen: Von Gott sprechen an der Grenze zum Verstummen, Münster 2004, 12.

320 Ebd. Vgl. auch Metz, Johann Baptist: Plädoyer für mehr Theodizee-Empfindlichkeit in der Theologie, in: Oelmüller, Willi (Hg.): Worüber man nicht schweigen kann. Neue Diskussionen zur Theodizeefrage, München 1994, 125–137, bes. 127f. Dort heißt es: „Wer z. B. die theologische Rede von der Auferweckung des Christus so hört, dass in ihr der Schrei des Gekreuzigten unhörbar geworden ist, der hört nicht Theologie, der hört Mythologie, der hört nicht das Evangelium, der hört einen Siegermythos."

321 Knauer, Peter SJ: Der Glaube kommt vom Hören. Ökumenische Fundamentaltheologie, Norderstedt [7]2015. Vgl. auch die Beiträge bei Gäde, Gerhard (Hg.): Hören – Glauben – Denken. Festschrift für Peter Knauer S.J. zur Vollendung seines 70. Lebensjahres, Münster 2005.

322 Knauer, Der Glaube kommt vom Hören, 248.

Werden durch Gott, der sich selbst mitteilt „in dem mitmenschlichen Wort"[323]. Der Begriff des Hörens verweist auf „das zu Hörende, die Botschaft" sowie auch auf „den Akt des Hörens, das Vernehmen der Botschaft", wovon nochmals ein „verstehendes Hören" zu unterscheiden ist.[324] Hören steht zum Glauben in einem kritischen Wechselbezug[325] und beinhaltet die Dimension des Empfangens von etwas, das man nicht aus sich selbst heraus besitzt. Als solches bezieht Knauer das Hören nicht nur auf den Einzelnen, sondern ekklesiologisch auch auf die Gesamtheit der Gläubigen, auf die Kirche und ihre strukturelle Verfasstheit.

Innerhalb der christlichen *Moraltheologie* wird die Aufmerksamkeit insbesondere auf die Bereitschaft des Hörens als Voraussetzung für den Gehorsam nachgegangen, und zwar im Sinne „einer problematischen ‚Tugend'"[326], deren Missbrauch zu einer schwierigen Vermittlung seines Sachverhalts führt. In diesem Zusammenhang wird immer wieder die Frage nach dem rechten Verhältnis zwischen Gehorsam und Freiheit bzw. Vernunft/Gewissen aufgeworfen sowie nach einem rechten Verständnis von Autorität gesucht. Neben der Frage nach dem Gehorsam gegenüber dem Wort Gottes in der Heiligen Schrift und in der kirchlichen Verkündigung wird unter berufungspastoraler Hinsicht das Hören auf den Ruf Gottes zur Nachfolge thematisiert, womit in der kirchlichen Tradition zuerst und zunächst das Ordensleben im Blick war.[327]

Unterdessen ist nicht nur die biblisch begründete Rede vom hörenden Menschen, sondern auch die vom hörenden Gott, der die Bitte und Klage des Menschen (er-)hört, zum Gegenstand systematisch-theologischer Fragestellungen geworden.[328] Die Psalmbeter zeigen, dass nicht nur die Tatsache zu hören, sondern

323 Knauer, Der Glaube kommt vom Hören, 203.

324 Vgl. ebd., 220f.

325 Ebd., 18f.

326 Schlögel, Herbert: „Gehorsam", in: Rotter, Hans/Virt, Günter (Hg): Neues Lexikon der christlichen Moral, Innsbruck 1990, 227–233, hier 227.

327 Vgl. ebd., 229.

328 Vgl. Werbick, Jürgen: In Gottes Ohr? Notizen zu Bittgebet, Theodizee und zum Dialogcharakter des Betens, in: Striet, Magnus (Hg.): Hilft beten? Schwierigkeiten mit dem Bittgebet, Freiburg i.Br. 2010, 31–57. Siehe auch Werbick, Jürgen: Hört Gott mich, wenn ich zu ihm rufe? Notizen zu Bittgebet und Theodizee, in: IKaZ 37 (37/2008), 587–600. Vgl. Müller, Klaus: Selbstverständliche Erhörung. Predigt zu Lk 11,1–13, in: Striet (Hg.): Hilft beten?, 125–131. Vgl. Sass, Hartmut von: Unerhörte Gebete? Das Bittgebet als Herausforderung für ein nachmetaphysisches Gottesbild, in: NZSTh 54 (2012), 39–65, unter: https://www.zora.uzh.ch/id/eprint/69531/1/%5bNeue_Zeitschrift_fr_Systematische_Theologie_und_Religionsphilosophie%5d_Unerhrte_Gebete_Das_Bittgebet_als_Herausforderung_fr_ein_nachmetaphysisches_Gottesbild.pdf [abgerufen am 14.01.2021]. Vgl. Schmelter, Denis: Gottes Handeln und die Risikologik der Liebe. Zur rationalen Vertretbarkeit des Glaubens an Bittgebetserhörungen, Marburg 2012. Vgl. Tietz, Christiane: Was heißt: Gott erhört Gebet?, in: ZThK 106 (2009), 327–344. Vgl. auch die Gebetstheologie Karl Rahners, so etwa Rahner, Karl: Der betende Christ, in: Ders. (Hg.): Sämtliche Werke, Band 7: Der

auch gehört und erhört zu werden, für den Menschen eine existenzielle Rolle spielt. Besonders die Psalmen verkünden JHWH als den Gott, der sein zu ihm rufendes Volk hört (z.B. Ps 17,1.6; 20,7; 65,3). Das Bittgebet, das die Ohren Gottes zu erreichen versucht, ist aus systematischer Perspektive nicht zu verstehen als eigennütziger Erfüllungsmechanismus, sondern ist Ausdruck der Ansprechbarkeit Gottes, der den Menschen dazu ermutigt, dass er ihn bittet: „Gott lässt sich bitten, nicht um zu ‚hören', sondern um durch die Bitten zu tun, was er ewig wollte und nicht anders wollen konnte, weil sein Wollen ewig vollkommen ist."[329]

Impulse zu einer erweiterten Beschäftigung mit dem Thema „Hören" gibt aus evangelisch-systematisch-theologischer Sicht unter anderem der Theologe Ulrich Lincoln in seinem im Jahr 2014 publizierten Werk *Die Theologie und das Hören*. Mit seiner hermeneutisch-theologischen Studie zum Hören unternimmt er den Versuch, „der weitergehenden Frage nach dem Wort Gottes innerhalb der [...] Perspektivenkonstellation von Leiblichkeit, Rationalität und Medialität neue Impulse zu geben"[330]. Dazu nähert er sich dem Phänomen des Hörens zunächst grundsätzlich an, und zwar in Form phänomenologischer, philosophischer und theologischer Zugänge. Die Studie befragt insbesondere Vertreter der Dialektischen Theologie der 1920er und 1930er Jahre, genauer Rudolf Bultmann, Karl Rahner und Karl Barth, die dem Hören allesamt nicht nur eine theologische Valenz beimessen, sondern es zum Gegenstand der theologischen Reflexion machen,[331] allerdings im jeweiligen Begriffsverständnis Aporien zueinander aufweisen und zum Teil Verengungen zeigen. Schließlich wird die Analyse in Anlehnung an die Philosophen Paul Ricœur und Søren Kierkegaard fortgeführt, und es werden Impulse hinsichtlich einer „akroamatisch"[332] akzentuierten Hermeneutik des Zeugnisses sowie einer pathisch grundierten Dimension des Hörens gegeben, um den Weg zu einer theologischen Ästhetik zu ebnen. Letzteres geschieht in Anknüpfung an das biblische Motiv der Wachsamkeit und mit Rekurs auf Waldenfels' *Phänomenologie der Aufmerksamkeit*.

(c) Praktisch-theologische Forschung

Innerhalb der praktisch-theologischen Forschung kommt das Hören hauptsächlich im Zusammenhang mit homiletischen, liturgischen oder (religions-)pädagogischen bzw. psychologischen Fragestellungen im Bereich der Seelsorge vor.

betende Christ. Geistliche Schriften und Studien zur Praxis des Glaubens, bearbeitet von Andreas R. Batlogg, Freiburg i.Br. 2013.

329 Werbick, Gottes Ohr, 38. vgl. auch ebd., 42, 44f.

330 Lincoln, Die Theologie und das Hören, 3.

331 Vgl. ebd., 10ff.

332 Ebd., 9.

Hören wird darüber hinaus zu einer Schlüsselkompetenz der seelsorgerlichen Kommunikation. Zu nennen ist hier besonders der auf den amerikanischen Psychologen und Psychotherapeuten Carl R. Rogers (1902–1987) zurückgehende nicht-direktive, klientenzentrierte Ansatz in der Psychotherapie, dessen zentrales Grundelement des „aktiven Zuhörens" immer wieder in praktisch-theologischen Publikationen aufgegriffen wird.[333]

Im Prozess des Hörens wird das Gehörte, das heißt die vernommenen Sachinformationen, sinngemäß und zusammenfassend wiederholt: „Wenn ich das richtig verstehe, meinen Sie ..." oder „Ich fasse noch einmal zusammen, was ich verstanden habe, damit kein Missverständnis entsteht". Rogers versteht allerdings das Hören über dieses Paraphrasieren hinaus als ein „tiefes Hören", das aus mehr besteht als lediglich der Rezeption von Worten und Sätzen. Eine hörende Haltung kennzeichnet Rogers zufolge Wertschätzung, Einfühlung und Echtheit, bezogen auch auf die Stimme, ihr Ansetzen, Abbrechen, ins Stocken geraten, usw. ... Deshalb versucht die Zuhörerin bzw. der Zuhörer in Worte zu bringen, was sie bzw. ihn gefühlsmäßig erreicht hat inklusive der Bereitschaft zur Korrektur („Ich habe den Eindruck, Sie sind ärgerlich darüber, dass ...", Ich kann verstehen, dass es traurig für Sie ist, dass ..."). Zuhören ist empathisches Hören.

Auch das Verständnis des Hörens innerhalb der Beichte weitete sich in Orientierung an Rogers' Gesprächstheorie. An die Stelle der „Differenz von Sünde/Vergebung" sollte jetzt „die Unterscheidung von persönlichem *Leiden* und kommunikativer *Heilung*" treten; diese sollte fortan „das Gespräch anleiten und den Horizont einer Versöhnung eröffnen".[334]

In seiner Habilitationsschrift *Homo audiens* untersucht der evangelische Theologe Thomas Nisslmüller die „Hörwelt coram Deo" und analysiert das „Hören des Predigthörers", der das „Wort der Predigt im Speziellen"[335] vernimmt. Zugleich liefert er einen Überblick zu phänomenologischen, psychologischen, ästhetischen, soziologischen und neurophysiologischen Ansätzen. Nisslmüller beobachtet ein Desiderat darin, dass die „auditiven Semantiken und Sono-Innen-Welten des Hörers im Akt der Predigt" bisher kaum Gegenstand der Forschung waren, worauf

333 Vgl. Rogers, Carl R.: Die klientenzentrierte Gesprächspsychotherapie. Client-Centered Therapy, Frankfurt a.M. [17]2005; vgl. ebenso Rogers, Carl R.: Der neue Mensch, Stuttgart [7]2003; vgl. Rogers, Carl R.: Die nicht-direktive Beratung, Frankfurt a.M. [12]2007. Vgl. auch Ziemann, Benjamin: Katholische Kirche und Sozialwissenschaften 1945–1975, Göttingen 2007, bes. 297.

334 Ziemann, Benjamin: Codierung von Transzendenz im Zeitalter der Privatisierung. Die Suche nach Vergemeinschaftung in der katholischen Kirche 1945–1980, in: Geyer, Michael/Hölscher, Lucian (Hg.): Die Gegenwart Gottes in der modernen Gesellschaft. Transzendenz und religiöse Vergemeinschaftung in Deutschland, Göttingen 1996, 380–403, hier 393.

335 Nisslmüller, Thomas: Homo audiens. Der Hör-Akt des Glaubens und die akustische Rezeption im Predigtgeschehen, Göttingen 2008, 21.

er mit seiner Arbeit in Form einer „auditiven Anthropologie“[336] antworten will. Dabei steht nicht nur der Akt des Hörens als solcher, sondern vor allem auch der hörende Mensch, der „Homo audiens“ im Blickfeld der Betrachtung. „Der *vox Dei* zu lauschen“, stellt für Nisslmüller „eine theologische und – im Sinne der Reflexion des Menschen coram Deo – anthropologische Grundaktivität sinnvoller Lebensgestaltung“[337] dar. Von einem „szenischen Hören“ über ein „Design-Hören“ und ein „ethisches Hören“ bis hin zu einem „eucharistischen oder anmutigen Hören“ entwirft Nisslmüller ganze 95 Modi des Hörens, mit denen er „den Problemkreis der Hörhaltungen, der Hörmodi sowie der weiten Navigationsflächen hörender Aufmerksamkeit ins Visier“[338] nimmt.

Das Ergebnis seiner Studie ist der Entwurf einer „auditiven Anthropologie“, welche sich „vom Hör-Akt her versteht und als innere Bühnenchoreographie ‚funktioniert‘“[339]. Das von ihm entworfene Modell versucht aufzuzeigen, wie sich die syntaktische, pragmatische und semantische Dimension des Hörens miteinander vernetzen und so den Kosmos eines „Auredits“[340] im Horizont des Predigt-Hör-Aktes entstehen lassen.[341] Wissenschaftstheoretisch beginnt Theologie Nisslmüller zufolge nicht „mit der Sezierungskunst des Auges“, sondern „mit dem Gewahren des Ohres, dem offenen Ohr des Herzens, verbunden mit dem existentiellen Nachsprechen von Worten, die Wirklichkeit stiften“.[342]

Im Zusammenhang mit der Genderproblematik sind insbesondere die Untersuchungen von Stephanie Klein wegweisend, die erweiterte Perspektiven zum Hören eröffnen. Klein entwirft eine (feministisch akzentuierte) Theologie des (Zu-)Hörens in Anlehnung an die Analysen der amerikanischen Theologin Nelle Morton.[343] Sie beobachtet, dass Frauen bestimmte Erfahrungen „nicht ohne

336 Nisslmüller, Homo audiens, 411.

337 Ebd., 32.

338 Ebd., 407.

339 Ebd., 425.

340 Den Begriff „Auredit“ hat Wilfried Engemann geprägt (vgl. Engemann, Wilfried: Einführung in die Homiletik, Tübingen u.a. 2002, 172). Siehe unten S. 282 die Begriffsdefinition.

341 Vgl. Nisslmüller, Homo audiens, 425. Siehe auch die Skizze ebd., 426.

342 Nisslmüller, Thomas: Gibt es ein ‚Credo‘ theologischer Wissenschaftlichkeit? Gedanken zum Wissenschaftscharakter der Theologie, in: ZThG 4 (1999), 138–159, hier 142.

343 Vgl. Klein, Stephanie: Hören als Ermächtigung zum Sprechen (Hearing to Speech). Zur Entdeckung einer theologischen Kategorie, in: PThI 17 (1/1997), 283–297. Vgl. Morton, Nelle: The Journey is Home, Boston 1985. Vgl. auch Klein, Stephanie: Von den Erfahrungen von Frauen zu feministischer Theologie. Hören und Erzählen als Ermächtigung zu neuem Sein von Frauen und zu einer neuen Rede von Gott, in: Meyer-Wilmes, Hedwig/Troch, Livie/Bons-Storm, Riet (Hg.): Feminist perspectives in pastoral theology. Feministische Perspektiven in Pastoraltheologie, Leuven/Mainz 1998, 47–70. Vgl. auch Klein, Stephanie: Erschließung der Erfahrung von Frauen und die Entdeckung neuer theologischer Kategorien, in: HTS 59 (3/2003), 811–836, unter: https://www.researchgate.net/

weiteres zugänglich" seien, da ihnen „keine Sprache zur Verfügung" stehe, diese auf adäquate Art und Weise zu artikulieren, „denn die Androzentrik der Sprache führt bereits in dem Moment zu Verzerrungen, in dem eigene Erfahrungen denkend erinnert und sprachlich artikuliert werden wollen".[344] Die Fragestellung, wie existenzielle Erfahrungen von Frauen adäquat zur Sprache kommen können, gehört für Klein „zu den zentralen Problemstellungen einer feministischen Praktischen Theologie"[345]. In der Gattung der Erzählung entdeckt Klein eine „Sprachform, die das Erlebte am unmittelbarsten ausdrückt", wobei hier

> „nicht an eine runde, schöne Geschichte zu denken [ist], wie sie sich erst im häufigen Wiedererzählen herausbildet. Eher im Gegenteil: das unmittelbare, unverarbeitete Erleben drückt sich gerade im Stammeln aus, es wird gerade nicht schlüssig sein, sondern fragmentarisch, diffus, vielleicht verzerrt, paradox oder symbolisch. Erzählen weist über sich selbst hinaus und ist gerade darin auch die Sprache des Religiösen, die versucht, das Unsagbare zu sagen."[346]

In Anlehnung an den Fundamentaltheologen Johann Baptist Metz, der das Christentum als befreiende „Erinnerungs- und Erzählgemeinschaft in der Nachfolge Jesu"[347] versteht, reflektiert Klein die Bedingung der Möglichkeit für ein solches Erzählen, das „gefährlich"[348] ist, da es „nicht eine Verlängerung des Gewesenen ist, sondern das Moment des Neuen, nie Dagewesenen in sich trägt"[349]. Für Klein liegt diese Voraussetzung in der „unsichtbare[n] Seite", dem „Hören"[350]. Auf gendersensible Weise reflektiert sie ein Hören, das Frauen zum Sprechen ermächtigt (hearing to speech), wodurch ein Raum eröffnet wird, in dem „Gott als Hörende/r" heilsam erfahren werden kann.[351] So werden nicht nur vertiefte Zugänge zum Hören eröffnet, sondern auch Perspektiven, die zeigen, wie sich

publication/45681465_Erschliessung_der_Erfahrung_von_Frauen_und_die_Entdeckung_neuer_theologischer_Kategegorien [sic!] [abgerufen am 14.01.2021].

344 Klein, Von den Erfahrungen von Frauen zu feministischer Theologie, 47.

345 Ebd.

346 Ebd., 49.

347 Metz, Johann, Baptist: Apologie des Erzählens, in: Concilium 9 (1973), 334–341, hier 336. Vgl. auch Metz, Johann Baptist: Memoria Passionis. Ein provozierendes Gedächtnis in pluralistischer Gesellschaft. In Zusammenarbeit mit Johann Reikerstorfer, Freiburg i.Br. u.a. [3]2006, 194.

348 In Bezug auf die „memoria passionis" spricht Metz in Anlehnung an Herbert Marcuse von einer „gefährlichen" Erinnerung. Vgl. dazu etwa Metz, Johann Baptist: Erinnerung des Leidens als Kritik eines teleologisch-technologischen Zukunftsbegriffs, in: EvTh 32 (1972), 338–352. Vgl. Marcuse, Herbert: Der eindimensionale Mensch. Studien zur Ideologie der fortgeschrittenen Industriegesellschaft, Neuwied u.a. 1978, 117.

349 Klein, Von den Erfahrungen von Frauen zu feministischer Theologie, 49.

350 Ebd., 50.

351 Vgl. Klein, Hören als Ermächtigung zum Sprechen. Vgl. Morton, Journey.

die theologische Rede von Gott „hörend" genauso verändert wie theologische Konzepte und Theorien.[352]

Aufgegriffen wird dieses zum Sprechen ermächtigende Hören etwa von der österreichischen Religionspädagogin Magdalena M. Holztrattner im Kontext ihrer empirischen Studie zur Armutsforschung mit Jugendlichen.[353] Hören wird hier vor allem zu einer partizipativen Grundhaltung, die Jugendliche als Subjekte der Theologie zu Wort kommen lässt und ihre Armut als theologischen Erkenntnisort anerkennt. Auch in den Ansätzen der Theologin Hadwig Müller zu einer missionarischen Pastoral der Beziehung, die maßgeblich von Erfahrungen aus der französischen Pastoral inspiriert ist, spielt das Hören, das den Anderen in seiner Einmaligkeit hervorbringt, immer wieder eine besondere Rolle.[354] Müller unterscheidet etwa verschiedene Qualitäten des Hörens,[355] plädiert dafür, den Armen zuzuhören,[356] verortet das Hören in einer Pastoral, der es um das Sprechen derjenigen geht, die sprachlos sind,[357] und akzentuiert das Hören im Sinne einer Pastoral der „ansprechbaren Präsenz"[358]. Sowohl auf die Ansätze von Stephanie Klein als auch auf die von Hadwig Müller wird im Verlauf dieser Arbeit noch näher eingegangen.

352 Vgl. auch Wagerer, Zum Hören ermutigen, 114f.

353 Vgl. Holztrattner, Magdalena M.: Wirklich arm sind die Anderen. Partizipative Armutsforschung mit Jugendlichen. Theologische Aspekte einer interdisziplinären empirischen Studie, Innsbruck 2011, hier bes. 143–172.

354 Vgl. Müller, Hadwig: Kirche wird im Hören. Missionarische Kirche in Frankreich. Dialog statt Belehrung, in: Wegbereiter. Magazin für Berufe der Kirche (1/2002), 10. Vgl. Müller, Hadwig: Ungemein hellhörig sein in unseren Beziehungen. Missionarischer Zwischenruf: Das Rufen hören, in: Glaube und Leben. Kirchenzeitung für das Bistum Mainz 69 (2/2013), 4.

355 Vgl. Müller, Hadwig: Leidenschaft: Stärke der Armen – Stärke Gottes. Theologische Überlegungen zu Erfahrungen in Brasilien, Mainz 1998, 186–193.

356 Vgl. Müller, Hadwig: Sprechen von Gott im Nachdenken eigener Erfahrung, in: Dies.: Theologie aus Beziehung. Missionstheologische und pastoraltheologische Beiträge, herausgegeben von Reinhard Feiter, Monika Heidkamp und Marco Moerschbacher (Bildung und Pastoral, Band 4), Ostfildern 2020, 10–26. Das Phänomen des Hörens durchzieht immer wieder Hadwig Müllers pastoraltheologische Reflexion, wie in den Beiträgen dieses Sammelbandes deutlich wird.

357 Vgl. Müller, Hadwig: Sprechen der Sprachlosen, in: Dies., Theologie aus Beziehung, 27–37. Vgl. auch Müller, Hadwig: Es gibt ein Zuhören aus der Perspektive Gottes. Missionarischer Zwischenruf: Dem anderen auch in seinem Scheitern glaubwürdig zuhören, in: Glaube und Leben. Kirchenzeitung für das Bistum Mainz 69 (36/2013), 4.

358 Müller, Hadwig: Christliche Präsenz in der Großstadt. Beispiele aus Frankreich, in: Lübbering, Bernhard (Hg.): „Nehmt Neuland unter den Pflug!" (Hos 10,12). Seelsorglicher Aufbruch in der Stadt. Ein Lesebuch nicht nur für City-Kirchenarbeit, Münster 2009, 156–167, hier 156. Vgl. auch Müller, Hadwig: Hörende Christen sind ansprechende Christen. Eine christliche Boutique in Frankreich als konkreter Ort der Evangelisation, in: Katechetische Blätter 123 (5/1998), 324–327. Vgl. auch Bacq, Erneuerung vom Ursprung her.

4.4.3 Ansatzpunkt

Es hat sich gezeigt, dass das Phänomen des Hörens innerhalb der christlichen Theologie auf unterschiedliche Art und Weise zu Gehör gebracht wird. Wenngleich das Hören auch immer wieder aufgegriffen wird, fehlt in der katholischen Praktischen Theologie jedoch eine grundsätzliche Auseinandersetzung, die sich dem Phänomen des Hörens als solchem widmet. Eine Erschließung des Hörens mit Berücksichtigung seiner methodischen Darstellbarkeit sowie seiner Auswirkungen für pastoral-praktisches Denken und Handeln steht damit noch aus. Auch die Frage, inwiefern der Pastoral ursprünglich selbst eine Art „auditive Dimension" eigen ist, wurde innerhalb der katholischen Praktischen Theologie bislang nicht analysiert. Anliegen einer solchen praktisch-theologischen Untersuchung ist es, das Hören nicht nur zum Gegenstand, sondern auch zum Ausgangspunkt der Reflexion zu machen sowie – unter Berücksichtigung anderer philosophischer wie theologischer Diskurse – entsprechende methodische wie inhaltliche Konsequenzen des Hörens für pastorales Denken und Handeln aufzuzeigen.

Dementsprechend soll im Folgenden – ausgehend vom phänomenologischen Diskurs – eine weiterführende praktisch-theologische Auseinandersetzung zum Hören erfolgen. Auf diese Weise wird ein breit angelegter Zugang zum Phänomen des Hörens *als* Hören eröffnet und seine Bedeutung für pastorales Denken und Handeln reflektiert. Dazu knüpft die vorliegende Arbeit an diejenigen Perspektiven an, die im Gesamtdiskurs zum Hören immer wieder aufscheinen, greift diese auf und vertieft sie zugleich. Es gilt, sich zu vergewissern, welchen Zugang das Hören für eine solche praktisch-theologische Untersuchung eröffnet: Mit dem Hören setzt die Auseinandersetzung bei einer Form der Sinneswahrnehmung an. Damit werden Diskurse und Debatten gestreift, welche die Frage nach dem Verhältnis zwischen Wahrnehmung und Handlung sowie ihrer jeweiligen Gewichtung aufwerfen. Die in dieser Arbeit phänomenologisch angelegte Spurensuche zum Hören verweist dabei auch auf die Frage nach der Rezeption der Phänomenologie innerhalb der Praktischen Theologie. Diese erfolgt „kritisch und konstruktiv" in Form von „Aneignung, Abgrenzung, Modifikation und Anwendung"[359], und zwar im Raum der katholischen Theologie und der protestantischen Theologie jeweils unterschiedlich. Im folgenden Exkurs soll kurz auf diese „kritische" Rezeptionsgeschichte der Phänomenologie im Kontext der Praktischen Theologie eingegangen werden.

359 Schwöbel, Christoph: „Phänomenologie II. Theologisch", in: TRE, Band 26, Berlin u.a. 1996, 465–469, hier 465.

4.4.4 Exkurs: Zur Rezeption der Phänomenologie innerhalb der Praktischen Theologie

Inmitten eines pastoral-theologischen Kontextes, in dem die Praktische Theologie vorrangig als *Handlungs*wissenschaft konstituiert wird, fordert Henning Schröer eine „Wieder- und Neugewinnung der phänomenologischen Methode" innerhalb der Praktischen Theologie als praktisch-theologische Notwendigkeit ein, wobei dieser sich vor allem an den Forschungsmethoden der Erziehungswissenschaften orientiert.[360] Mit der „Maxime" einer (Wieder-)Entdeckung der Phänomenologie sollte vor allem einem einseitigen Verständnis Praktischer Theologie als *Handlungs*wissenschaft entgegengehalten werden, dass die Wahrnehmung der Wirklichkeit noch *vor* jedem Handeln liegt.[361] Diese Maxime ergibt sich für Schröer etwa als zwingend notwendig, insofern der Praxisbegriff das auf Husserl zurückgehende und heute sicherlich neu zu formulierende „Problem der Lebenswelt" ernst nimmt.[362] Diese von Schröer gestellte Forderung wurde allerdings lange Zeit nicht eingelöst. Vielmehr ließ die phänomenologische Auseinandersetzung – besonders im katholischen Raum – auf sich warten. Die phänomenologische Perspektive wird zuerst in der evangelischen Praktischen Theologie, allen voran von der Religionspädagogik, namentlich von Peter Biehl, eingenommen.[363]

Biehl geht es darum, ein vielschichtiges Erfahrungskonzept zu entwerfen, in das „ein phänomenologisch durchdachtes Wahrnehmungsverständnis"[364] eingebunden wird. Denn für ihn ist die „Erneuerungsfähigkeit der Erfahrung durch Wahrnehmung […] ein Kriterium für lebendige Erfahrung"[365]. In diesem Zusammenhang erhält auch die Ausarbeitung der „*sinnlich-leibliche*[n] Fundierungs-

360 Schröer, Henning: Das Methodenproblem. Forschungsmethoden in der Praktischen Theologie, in: Klostermann/Zerfaß (Hg.): Praktische Theologie heute, 206–224, hier 219. Vgl. Zerfaß, Rolf: Praktische Theologie als Handlungswissenschaft, in: Klostermann, Ferdinand/Ders. (unter Mitarbeit von Ludwig Bertsch, Norbert Greinacher, Alois Müller, Yorick Spiegel) (Hg.): Praktische Theologie heute, München 1974, 164–177. Vgl. ebenfalls Biehl, Peter: Der phänomenologische Ansatz in der deutschen Religionspädagogik, in: Heimbrock, Hans-Günter (Hg.): Religionspädagogik und Phänomenologie. Von der empirischen Wendung zur Lebenswelt, Weinheim 1998, 15–46, hier 15. Vgl. auch Röhrs, Hermann: Forschungsmethoden in der Erziehungswissenschaft, Stuttgart u.a. 1968, 66–89.

361 Vgl. Biehl, Der phänomenologische Ansatz, 15.

362 Vgl. Schröer, Das Methodenproblem, 219. Vgl. zur pädagogischen Rezeption der Phänomenologie etwa Biehl, Der phänomenologische Ansatz, bes. 23–28.

363 Vgl. Biehl, Der phänomenologische Ansatz. Eine ausführliche Darstellung der religionspädagogischen Rezeption von Phänomenologie legt Klaus Kirchhoff in seiner Arbeit vor: Kirchhoff, Klaus: Das gewisse Etwas. Phänomenologische Ansätze in der Religionspädagogik, Berlin 2007.

364 Biehl, Der phänomenologische Ansatz, 35.

365 Ebd.

dimension von Erfahrung“[366] eine wesentliche Bedeutung. Im Kontext „eines *revidierten Lebenswelt-Konzeptes* ‚Erfahrung‘“ geht es um eine Konkretisierung auf „*Alltagserfahrung* hin“.[367] Die Aufgabe der Religionspädagogik ist es, „*neue, vielfältige Formen gelebter Religion als das Unalltägliche im Alltäglichen wahrzunehmen*“[368]. Die methodische Umsetzung dazu ergibt sich aus einem „Zusammenspiel von phänomenologischen, hermeneutischen und empirischen Methoden“[369].

Das Ziel ist die Konzeption der Religionspädagogik als „Wahrnehmungslehre“, die im Kontext der Lebenswelt (von Jugendlichen) religiöse Phänomene bzw. Phänomene des christlichen Glaubens wahrnimmt und diese „in zeichenvermittelter Auslegung und Einlegung von Sinn“[370] als Phänomene erschließt.

Auf diese Weise finden die Anstöße von Albrecht Grözinger, der einen Entwurf Praktischer Theologie als „Kunst der Wahrnehmung“ vorlegt, Eingang in die evangelische Religionspädagogik.[371] Sein gleichnamiges Werk unterscheidet sich bereits in seinem Stil der Darstellung von herkömmlichen Lehrbüchern bzw. wissenschaftlichen Darbietungen.[372] Anhand einzelner Phänomene – wie etwa des Tagebuchs eines Stadtpfarrers, Alfred Hitchcocks Films „Rear Window“, biblischer Texte oder des Kühlers eines Rolls-Royce – lädt Grözinger zu einer spannenden „Erkundungsreise“ in das Reich der Wahrnehmung und seiner unterschiedlichen Facetten ein.[373] Ausgangspunkt seines Ansatzes ist die Situation eines „rasanten Prozeßes der Individualisierung und des Traditionsabbruches“[374] innerhalb der christlichen und kirchlichen Praxis. Die Aufgabe der Praktischen Theologie in diesem „postmodernen“ Kontext[375] ist es, an den „Nullpunkt“, das

366 Biehl, Der phänomenologische Ansatz, 35.
367 Ebd.
368 Ebd.
369 Ebd., 45f.
370 Ebd., 45.
371 Vgl. Grözinger, Albrecht: Praktische Theologie als Kunst der Wahrnehmung, Gütersloh 1995. Vgl. Altmeyer, Von der Wahrnehmung zum Ausdruck, 48. Vgl. auch Altmeyer, Stefan: Welche Wahrnehmung? Kontexte und Konturen eines praktisch-theologischen Grundbegriffs, in: Boschki, Reinhold/Gronover, Matthias (Hg.): Junge Wissenschaftstheorie der Religionspädagogik, Berlin 2007, 214–237. Vgl. ebenso Biehl, Peter: Wahrnehmung und ästhetische Erfahrung. Zur Bedeutung ästhetischen Denkens für eine Religionspädagogik als Wahrnehmungslehre, in: Grözinger, Albrecht/Lott, Jürgen (Hg.): Gelebte Religion. Im Brennpunkt praktisch-theologischen Denkens und Handelns. Festschrift für Gert Otto, Rheinbach-Merzbach 1977, 380–411.
372 Vgl. Schweyer, Stefan: Kontextuelle Kirchentheorie. Eine kritisch-konstruktive Auseinandersetzung mit dem Kirchenverständnis neuerer praktisch-theologischer Entwürfe, Zürich 2007, 184.
373 Vgl. Grözinger, Praktische Theologie als Kunst der Wahrnehmung, Vorwort.
374 Ebd., 151.
375 Vgl. dazu auch Grözinger, Albrecht: Es bröckelt an den Rändern. Kirche und Theologie in einer multikulturellen Gesellschaft, München 1992. Vgl. ebenso Grözinger, Albrecht: Differenz-Erfahrung. Seelsorge in der multikulturellen Gesellschaft, Waltrop 1994.

heißt an die „Leerstelle" heranzuführen, die gewissermaßen einen Ort radikaler Voraussetzungslosigkeit beschreibt, jedoch „gerade nicht eine bedeutungslose Leere darstellt, sondern eine Leere, die hin zur ‚Besetzung' dieser Leere drängt und doch nie definitiv ‚besetzt'"[376] werden kann und gerade deshalb immer wieder Neues entdecken lässt.

Umgekehrt gilt, so Grözinger: „Wo diese Rückkehr der kirchlichen Praxis an ihren Nullpunkt nicht erfolgt, erstarrt sie zur Routine und zur klerikalen Geschäftigkeit."[377] Denn der Nullpunkt, die offene Leerstelle stellen den schöpferischen Ursprung dar, aus dem ein neues Handeln und ein neues Sprechen kreativ und kunstvoll erwachsen.[378] Mit dem von Grözinger herausgestellten Paradigma der Wahrnehmung vollzieht sich gleichsam eine ästhetische Wende der Praktischen Theologie.[379] Seither kommt es immer wieder zu wechselseitigen Bezugnahmen von Phänomenologie und der ästhetischen Dimension auch im Rahmen der Theologie.[380]

In systematischer Gangart bringt schließlich erstmals Henning Luther (1947–1991) den phänomenologischen Ansatz in die praktisch-theologische Reflexion ein.[381] In dem bereits kurze Zeit nach seinem frühen Tod veröffentlichten Werk *Religion und Alltag* geht es Luther weniger um die Ausarbeitung einer phänomenologisch fundierten Methodik als vielmehr um die Auseinandersetzung mit der Subjektthematik aus der Perspektive der Phänomenologie.[382] Luther legt seinen Fokus auf phänomenologische Ansätze, für die kennzeichnend ist, „daß die Hinwendung zum ‚Alltag' oder zur ‚Lebenswelt' zu einer kritischen Selbstreflexion der Theorie führt"[383]. Die phänomenologische Herangehensweise bedeutet, dass „die den Alltag und das Alltagshandeln erhellenden Kategorien nicht einer vorgängigen Theorie entstammen [...], die dann *auf* Phänomene des Alltags angewandt werden, sondern aus den Strukturen des Alltagslebens rekonstruiert –

376 Grözinger, Praktische Theologie als Kunst der Wahrnehmung, 154. Vgl. ebenso 152.
377 Ebd., 154.
378 Ebd., 158; vgl. auch ebd., 154.
379 Grözinger spricht von „kleine[n] Kunst-Werke[n] und Kunst-Stücke[n]" und von einer „spezifische[n] Gestaltungsaufgabe", vor der die Praktische Theologie steht. Grözinger, Praktische Theologie als Kunst der Wahrnehmung, 152. Vgl. darüber hinaus die Habilitationsschrift Grözinger, Albrecht: Praktische Theologie und Ästhetik. Ein Beitrag zur Grundlegung der Praktischen Theologie, München 1987. Vgl. weiterführend Körtner, Ulrich H.J.: Theologie des Wortes Gottes. Positionen, Probleme, Perspektiven, Göttingen 2001.
380 Vgl. zum Beispiel Altmeyer, Von der Wahrnehmung zum Ausdruck.
381 Luther, Religion. Vgl. auch die Beiträge in: Fechtner, Kristian/Mulia, Christian: Impulse für eine Praktische Theologie der Spätmoderne, Stuttgart 2014.
382 Vgl. Kirchhoff, Das gewisse Etwas, 154.
383 Luther, Religion, 194. Den Begriff „Lebenswelt" versteht Luther vor allem in Anlehnung an Habermas und daraufhin an Alfred Schütz und Max Weber. Vgl. Luther, Religion, 109.

durch Nachvollzug ermittelt - werden"[384], was als soziologisches Forschungsprogramm des Alltags in den USA schließlich zu einer Art „Ethnomethodologie" führt.[385] Luthers phänomenologische Auseinandersetzung ist allerdings alles andere als unkritisch; entscheidende Weiterführungen dieses Ansatzes sieht er – vor allem bezogen auf den Begriff der Lebenswelt - in Habermas' „Theorie des kommunikativen Handelns" gegeben.[386] Insgesamt geht es Luther um eine subjektorientierte Praktische Theologie bzw. Religionspädagogik, die ernst nimmt, dass diese weder den „Glauben vermitteln" noch „Gotteserfahrungen bewerkstelligen" kann, jedoch ermöglicht, „für das Nichtalltägliche im Alltäglichen [zu] sensibilisieren"[387]. Im Zentrum seiner Überlegungen steht also das Subjekt und seine Lebenswelt - und in diesem Kontext auch die hörende Wahrnehmung: Die Praktische Theologie ist herausgefordert, sich „auf die Spur der Subjekte [einzulassen], die auf der Suche sind, ihren Weg zu finden", und sich diesen weder zu „verweigern" noch „die Ohren [zu] verstopfen", sondern vielmehr, „hin[zu]hören, um hellhörig zu werden für tieferliegende Wünsche und Verletzungen"[388].

Auf ganz eigene und explizite Weise baut Manfred Josuttis die evangelische Pastoraltheologie auf der Phänomenologie auf.[389] Seine Pastoraltheologie, die er zwischen Phänomenologie und Spiritualität[390] verortet, geht insofern phänomenologisch vor, „als sie mit der eigenständigen Wirklichkeit und der selbsttätigen Macht des Heiligen rechnet"[391]. Josuttis' Pastoraltheologie bewegt sich im Zwi-

384 Luther, Religion, 194.

385 Vgl. ebd. - Ebd., 204 heißt es: „Auch im Kontext einer radikalisierten Phänomenologie wird versucht, nicht bei der Alternative ‚Kritik am Alltag' oder ‚Alltag als kritische Instanz' stehenzubleiben. Das phänomenologische Erbe, der Lebens- und Alltagswelt ein Eigenrecht zuzubilligen, wird mit dem aus der marxistischen Tradition stammenden Interesse an kritischer Aufklärung auf eigenständige Weise zu verbinden gesucht."

386 Vgl. zu der kritischen Diskussion u.a. Luther, Religion, 199–211.

387 Ebd., 256.

388 Ebd., 251f.

389 Vgl. Josuttis, Manfred: Die Einführung in das Leben. Pastoraltheologie zwischen Phänomenologie und Spiritualität, Gütersloh 1996, 9.

390 Den Begriff der Spiritualität reflektiert Josuttis kritisch: „Der Begriff [der Spiritualität] ist nicht unbedingt sachgemäß, weil er suggeriert, daß Frömmigkeit in geistigen Akten besteht. Konkret geht es dabei sehr viel stärker um körperliche Haltungen, Bewegungen, Einstellungen, als es protestantisches Bewußtsein gemeinhin realisiert. Solche Praxis ist für den pastoralen Beruf deswegen konstitutiv, weil sie jene methodischen Instrumente bereitstellt, die für die Arbeit im Machtbereich des Heiligen tauglich sind." Josuttis, Einführung in das Leben, 9.

391 Josuttis, Einführung in das Leben, 9. Josuttis beruft sich hierbei vor allem auf Rudolf Ottos Verständnis des Heiligen als *mysterium tremendum et fascinans*. Vgl. Otto, Rudolf: Das Heilige. Über das Irrationale in der Idee des Göttlichen und sein Verhältnis zum Rationalen, München 1963. Vgl. Josuttis, Einführung in das Leben, 20. Josuttis begreift das „Machtfeld des Heiligen" als Arbeitsfeld von Pfarrerinnen und Pfarrer. Ebd., 9. Dies blieb nicht ohne Kritik, vgl. dazu etwa Isolde Karle, die diese Sicht als „Überforderung und

schenraum von Spiritualität und Phänomenologie, das heißt gewissermaßen zwischen einer praktischen Dimension des religiösen Vollzugs und einer theoretischen Dimension der Reflexion.[392] Eine so verstandene, religionsphänomenologisch orientierte Pastoraltheologie „wird sehr deutlich ihre eigene Begrenztheit betonen müssen“[393], denn im eigenständigen Wirklichkeitsbereich herrscht eine eigene Form des Nicht-Wissens und der Sprachlosigkeit vor: Man „kann und darf [...] nicht alles wissen“[394]; und „[n]icht alles, was man weiß, kann und darf man überall sagen“, genauso wie sich auch „nicht alles, was man sagen könnte [...], schriftlich fixieren“[395] lässt. Die wissenschaftliche Ausführung seiner Pastoraltheologie, seinen konkreten Text, versteht Josuttis deshalb auch als ein Medium, das Distanz schafft und allenfalls Anstoß für die Leserinnen und Leser sein kann, sich auf die eigene Suche zu machen.

Josuttis geht es um die Erfahrung, die er als Widerfahrnis denkt und auf die jede „religiöse Praxis in Kult und Spiritualität“[396] zielt. Eine auf religionsphänomenologische Weise pathisch grundierte Praktische Theologie nötigt – „indem sie mit der Wirklichkeit des Heiligen auch für die Gegenwart rechnet“ – somit zu der Frage, „von welchen Handlungslogiken das Wirken in diesem Wirklichkeitsbereich auch heute bestimmt sein kann“[397], ohne von vornherein „an christliche oder konfessionelle Vorgaben gebunden“[398] zu sein. In diesem Sinne kommt es aus Josuttis' Sicht gerade auf den „methodischen Charakter der spirituellen Praxis“[399] innerhalb der Praktischen Theologie an, deren Aufgabe in nichts anderem besteht als in der „Einführung in das Leben“[400].

eine starke idealisierte und narzißtische *Selbstüberhöhung*“ deklarierte. Karle, Isolde: Der Pfarrberuf als Profession. Eine Berufstheorie im Kontext der modernen Gesellschaft, Gütersloh 2001, 319. Neben Rudolf Otto ist für Josuttis vor allem Hermann Schmitz' Religionsphänomenologie eine entscheidende Referenzgröße. Vgl. Josuttis, Manfred: Heiligung des Lebens. Zur Wirkungslogik religiöser Erfahrung, Gütersloh 2004, 27f.

392 Vgl. die religionspädagogische Arbeit von Kirchhoff, Das gewisse Etwas, 135. Vgl. weitere religionspädagogische Publikationen, die von phänomenologischen Implikationen ausgehen, etwa: Schulz, Petra: Sich etwas von sich selbst her zeigen lassen. Ein Beitrag zur didaktischen Theorie phänomenologisch orientierter Religionspädagogik, Münster 2005; Kaspari, Tobias: Das Eigene und das Fremde. Phänomenologische Grundlegung evangelischer Religionsdidaktik, Leipzig 2010.

393 Josuttis, Einführung in das Leben, 9.

394 Ebd.

395 Ebd.

396 Josuttis, Heiligung des Lebens, 25.

397 Josuttis, Manfred: Religion als Handwerk. Zur Handlungslogik spiritueller Methoden, Gütersloh 2002, 31.

398 Ebd., 11.

399 Ebd., 31.

400 Josuttis, Einführung in das Leben.

Als stärkste „Promotoren“[401] des phänomenologischen Ansatzes im Rahmen der evangelischen Praktischen Theologie gelten die beiden Frankfurter Theologen Wolf-Eckart Failing und Hans-Günter Heimbrock. Im Jahr 1998 entwerfen sie eine „phänomenologisch orientierte Praktische Theologie“[402] im Sinne einer „methodologische[n] Option“[403], die „nicht an *einer* phänomenologischen Schule“[404], sondern an unterschiedlichen Ansätzen – insbesondere denen von Luther, Josuttis und Grözinger – anknüpft, diese aber zugleich weiterentwickelt und modifiziert. Mit ihrem „Plädoyer für eine phänomenologische Methode bzw. Einstellung“ lehnen die beiden Autoren, die sich unter anderem auch auf Bernhard Waldenfels beziehen, die Vorstellung ab, dass „eine phänomenologisch orientierte Praktische Theologie aus einer unmittelbaren Anwendung allgemeiner philosophischer und erkenntnistheoretischer Ideen auf das spezifische Gebiet der eigenen Forschung“[405] abgeleitet werden kann.

Die entscheidenden Kennzeichen der phänomenologischen Orientierung innerhalb der Praktischen Theologie sehen Failing und Heimbrock hingegen einerseits in „eine[r] besondere[n] Denkweise“ und andererseits in einem „charakteristische[n] Forschungsstil“.[406] Der Ausgangspunkt ihres Entwurfs bildet die folgende Fragestellung: „Wie muß eine Praktische Theologie beschaffen sein, die theoretisch wie theologisch im Blick auf Phänomene der Lebenswelt sprachfähig ist und Veränderungen von Religion in der Lebenswelt wahrnehmen und deuten kann?“[407]

Anlass, so zu fragen, geben vor allem die sich abzeichnenden sozio-kulturellen Umbrüche, die den „Institutionalisierungsprozeß religiöser Praxis“[408] erodieren. Anstatt die Praktische Theologie auf das kirchlich-institutionelle Handeln zu reduzieren, gilt es Failing und Heimbrock zufolge, beim Subjekt anzusetzen und der „gelebten Religion“, wie sie sich „als subjektive christliche Religion“[409] zum Ausdruck bringt, Aufmerksamkeit zu schenken. Der phänomenologische Ansatz

401 Altmeyer, Von der Wahrnehmung zum Ausdruck, 78.

402 Heimbrock, Hans-Günter/Failing, Wolf-Eckart: Ausblick. Von der Handlungstheorie zur Wahrnehmungstheorie und zurück, in: Dies. (Hg.): Gelebte Religion wahrnehmen. Lebenswelt – Alltagskultur – Religionspraxis, Stuttgart 1998, 275–294, hier 292.

403 Ebd.

404 Ebd., 293.

405 Ebd.

406 Ebd.

407 Ebd., 275.

408 Ebd., 277.

409 Ebd., 293.

ermöglicht der Praktischen Theologie, sich nicht allein auf eine „institutionell prädisponierte Wahrnehmung“[410] zu beziehen.

In diesem Zusammenhang gewinnt auch der phänomenologische Begriff der „Lebenswelt“ nach Husserl und in der Weiterführung nach Merleau-Ponty und Waldenfels eine wichtige Bedeutung. So zeigt eine Praktische Theologie mit phänomenologischem Zugang einen erkenntnistheoretischen Vorbehalt, und zwar insofern sie „sich prinzipiell der Vorstellung, wir könnten direkte Berührung mit Wirklichkeit, Menschen und Ideen denken und praktizieren“[411], verweigert. Failing und Heimbrock benennen insgesamt drei Funktionen, die eine phänomenologische Orientierung im Rahmen der Praktischen Theologie einnimmt:

(1) eine *heuristische Funktion*, und zwar in der Weise, dass „Alternativen zur traditionellen Vorgehensweise der Praktischen Theologie“ aufgezeigt werden.

(2) eine *kritische Funktion*, und zwar in der Weise, dass die Erfahrung „zum Leitfaden der praktisch-theologischen Forschung“ gemacht und „anhand dieses Leitfadens verkürzende, falsch objektivierende, auf Funktionalität reduzierende oder dogmatistische Konzepte und Modelle“ aufgedeckt werden.

(3) eine Funktion *gegenstandstheoretischer Art*, die „sowohl Öffnung für neue Phänomene als auch Offenhaltung subjektiver Erfahrung“ ermöglicht.[412]

In einer „Frankfurter Konsultation, einem wissenschaftlichen mutuum colloquium fratrum“ fragen beide Autoren (zusammen mit Thomas A. Lotz) schließlich nach der „*Bedeutung wie Belastbarkeit der Phänomenologie* für Konstitution, Gegenstandsbereiche, Verfahrensweise und Forschungsstrategien der Praktischen Theologie“[413]. Im Zuge dieses thematisch vielseitigen Vergewisserungsprozesses, an dem weitere Autoren – wie etwa Henning Schröer, Michael Moxter und Bernhard Waldenfels – beteiligt sind, wird folgendes Verständnis der Phänomenologie grundgelegt:

> „Phänomenologie nach unserem Verständnis betont eine Reflexionsweise, die nicht bloß *auch* alltägliche Erfahrungs- und Erlebnisvollzüge zur Sprache bringt, sondern die als ‚Hermeneutik der Erfahrung‘ lebensweltliche Strukturen des Handelns, leiblichen Verhaltens, Wahrnehmens und Denkens als Fundament sowohl alltäglicher

410 Heimbrock, Hans-Günter: Welches Interesse hat die Theologie an der Wirklichkeit? Von der Handlungstheorie zur Wahrnehmungswissenschaft, in: Failing/Ders. (Hg.): Gelebte Religion, 11–36, hier 35.

411 Heimbrock/Failing, Ausblick, 280.

412 Ebd., 294.

413 Failing, Wolf-Eckart/Lotz, Thomas A.: Einführung, in: Dies./Heimbrock, Hans-Günter (Hg.): Religion als Phänomen. Sozialwissenschaftliche, theologische und philosophische Erkundungen in der Lebenswelt, Berlin 2001, 1–11, hier 1ff.

als auch wissenschaftlicher Sichtweisen menschlicher Existenz und der Wirklichkeit aufzuweisen bemüht ist."[414]

Die phänomenologische Orientierung der Praktischen Theologie durchbricht die Dichotomie zwischen Innerlichkeit versus Äußerlichkeit, zwischen privat versus öffentlich, Subjekt versus Objekt usw. und öffnet für die Vermittlung zwischen den beiden Polen oder – mit Bernhard Waldenfels gesprochen – für die Wahrnehmung von sogenannten „Zwischenräumen" (vgl. BE, 174).[415] Die Erwartung hinter dieser phänomenologischen Vergewisserung besteht darin, den Praxisbegriff zu klären. In phänomenologischer Denkart meint Praxis nicht „das Handeln nach Regeln und das Anwenden von Wissen", sondern vielmehr „die ganz ursprüngliche Situiertheit des Menschen in seiner natürlichen und gesellschaftlichen Umwelt".[416] Dieser phänomenologische Zugang zur Praxis hat ein neuartiges Verständnis des Theorie-Praxis-Verhältnisses zur Konsequenz. Praktische Theologie ist in diesem Sinne nicht auf die Anwendung von der Theorie auf die Praxis zu reduzieren; vielmehr „erhebt sie sich aus der Erfahrung der Praxis selbst"[417]. Im Ausgang der phänomenologischen Analyse zum Hören wird dieses Verständnis in den folgenden Überlegungen noch zu präzisieren sein.

Parallel zu Heimbrock und Failings Vorhaben, eine phänomenologisch orientierte Praktische Theologie zu entwickeln, legen die beiden evangelischen Religionspädagogen Bernd Beuscher und Dietrich Zilleßen unter dem Titel *Religion und Profanität* einen – so der Untertitel – *Entwurf einer profanen Religionspädagogik* vor.[418] Methodisch zielt die Arbeit darauf, plausibel zu machen, dass „Religionspädagogik in Form einer poststrukturalistischen Phänomenologie künftig das systematisch-theologische Procedere ermöglichen könnte, welches den wissenschaftlichen Erkenntnissen, mit denen die Postmoderne sich anbahnte [...], entspricht"[419]. Dazu gilt es, „Phänomene religiöser Profanität"[420] wahrzunehmen, wie es die beiden Autoren mit einem Zitat von Wolfgang Welsch ausdrücken, wodurch sich für sie die Fragestellung ergibt, „wie eine theologisch verantwortliche Position zugleich die Vielheit der Möglichkeiten bestehen lassen und sogar

414 Failing/Lotz, Einführung, 3.
415 Ebd., 4.
416 Ebd., 5.
417 Ebd.
418 Beuscher, Bernd/Zilleßen, Dietrich: Religion und Profanität. Entwurf einer profanen Religionspädagogik, Weinheim 1998.
419 Ebd., 14.
420 Welsch, Wolfgang: Religiöse Implikationen und religionsphilosophische Konsequenzen ‚postmodernen' Denkens, in: Halder, Alois/Kienzler, Klaus/Möller, Joseph (Hg.): Religionsphilosophie heute. Chancen und Bedeutungen in Philosophie und Theologie, Düsseldorf 1988, 117–129, hier 128f.

theologisch fruchtbar machen kann"[421]. Beide Autoren verstehen Religion als „eine sinnvolle Dimension des *öffentlichen* Lebens", wonach gesellschaftliches Leben einer „theologischen Wahrnehmung" unterzogen werden muss; aus theologischen Gründen ist für sie der Religionsunterricht etwa „als gesellschaftliche Aufgabe zu bewerten".[422]

Als „religionspädagogisches Grundproblem" stellt sich ihnen „die Frage nach der Beziehung zum Fremden"[423], die auch ethische Konsequenzen mit sich bringt. Der „Anspruch des Fremden" verwehrt sich „Pluralisierungen [...] ebenso [...] wie Einheitsstreben und Einheitsbedürfnis".[424] Auch geht es nicht einfach darum, wissenschaftliche Erkenntnisbestände zu sichern, sondern vielmehr „stets neu frag-würdig"[425] zu machen, wodurch vor allem ästhetische und experimentelle Zugänge ermöglicht werden. Der Anspruch des Fremden, der sich uns entzieht, fordert dazu auf, die „Grenzen des Eigenen [...] ständig zu überschreiten" und doch anzuerkennen, dass das Eigene zugleich „die Grenze jedes angemessenen Erkennens" ist.[426] Wenn es der Religionspädagogik gelingt, „diese wissenschaftstheoretische Paradoxität paradigmatisch zu realisieren"[427], dann könnten daraus, so Beuscher und Zilleßen, auch andere Disziplinen der Theologie etwas lernen.

Schließlich nimmt auch der evangelische Pastoraltheologe *Wolfgang Steck* den phänomenologischen Ansatz von Failing und Heimbrock als grundlegende Theorieperspektive auf, und zwar nicht im Sinne einer auf der „‚funktionalen Theorie' von Religion und Kirche [...] aufruhende[n], an neuere Strömungen innerhalb der Sozialwissenschaften [...] anschließende[n] und dominant als ‚Handlungswissenschaft' [...] verfaßte[n] Theorie", sondern in der „Tradition verstehender Soziologie".[428]

Die vorrangige „Aufgabe der praktisch-theologischen Theoriebildung" sieht Steck dementsprechend „in der phänomenologischen Analyse der grundlegenden Strukturen der (religiösen) Lebenswelt'".[429] Was er anstrebt, ist der Entwurf einer „zugleich mehrschichtigen wie mehrdimensionalen Topographie der religiösen Lebenswelt",[430] wozu sich seine praktisch-theologische Theoriekonzeption

421 Beuscher/Zilleßen, Religion und Profanität, 15.
422 Ebd., 9.
423 Ebd., 64.
424 Ebd., 65.
425 Ebd., 15.
426 Ebd., 94.
427 Ebd.
428 Steck, Wolfgang: Praktische Theologie. Horizonte der Religion – Konturen des neuzeitlichen Christentums – Strukturen der religiösen Lebenswelt, Band 1, Stuttgart 2000, 23.
429 Ebd.
430 Ebd., 33.

einer – ebenfalls mehrstufigen – „*phänomenologischen* Methodik“[431] bedient. Diese nähert sich suchend und fragend den „vielfältigen Formen lebenspraktisch verwirklichter Religion“ an und versucht, sie aus ihrem „originäre[n] Eigensinn“[432] heraus zu begreifen.

In der katholischen Praktischen Theologie gestaltet sich die Mehrheit der Bezugnahmen auf phänomenologische Ansätze in anderer Weise als in der evangelischen Theologie: Sie sind weniger von grundsätzlicher Art. Vielmehr zeigen sie sich – motiviert durch bestimmte thematische Kontexte – in Form von singulären Anleihen. Reinhard Feiter konstatiert, dass sich im Kontext der katholischen Theologie der Religionsphilosoph Bernhard Welte und sein Schüler Klaus Hemmerle „als Gesprächspartner“ anböten, schließlich sei beiden nicht nur an einer „Übersetzung der Phänomenologie ins Theologische“ gelegen, sondern beide hätten ebenfalls „ein ausgesprochenes Interesse an praktisch-theologischen Fragestellungen“.[433]

Ein „echter Dialog“ mit der Praktischen Theologie entstand zunächst allerdings nicht.[434] Wird im katholischen Raum auf die Phänomenologie rekurriert, dann zunächst vor allem sporadisch und wenig grundlegend. Unter dem Titel *Erfahrung und Gegenwärtigkeit* legt etwa Anton Zottl die Phänomenologie als eine Folie unter anderen über die empirische Anthropologie von Carl R. Rogers.[435] Eine vertiefende Bezugnahme zur Phänomenologie erfolgt erst, als zahlreiche Praktische Theologen den Philosophen Emmanuel Lévinas und seine Darlegungen zum Subjektgedanken für eine praktisch-theologische Reflexion rezipieren.

So unternimmt etwa Susanne Sandherr den Versuch, das Verständnis vom Subjekt, das Lévinas radikal vom Anderen her entwirft, für die Praktische Theologie fruchtbar zu machen, und zwar in der Spannung zwischen „Gebürtigkeit“ und „Mündigkeit“. Die Geburt des Subjekts geschieht „heimlich“, im Verborgenen und bleibt geheimnisvoll. Sandherr liest Lévinas' Subjektdenken als „Mystagogie der Spur, als Mystagogie des anderen Menschen“[436]. Eine Praktische Theologie, in deren Zentrum die Subjektwerdung steht, hat in diesem Sinne die Auf-

431 Steck, Praktische Theologie, 33.

432 Ebd.

433 Feiter, Reinhard: Antwortendes Handeln, 19.

434 Vgl. ebd. Das wissenschaftliche Gespräch zwischen der Theologie und einer philosophischen Phänomenologie, ausgehend von Bernhard Welte und Klaus Hemmerle, wird im systematischen Zuschnitt inzwischen eröffnet in Bausenhart, Guido/Böhnke, Michael/Lorenz, Dominik (Hg.): Phänomenologie und Theologie im Gespräch. Impulse von Bernhard Welte und Klaus Hemmerle, Freiburg i.Br. 2013.

435 Vgl. Zottl, Anton: Erfahrung und Gegenwärtigkeit. Dialogische Folien über der Anthropologie von Carl Rogers, Göttingen 1980, Teil 2, Kapitel 2, 215–297.

436 Sandherr, Susanne: Die heimliche Geburt des Subjekts. Das Subjekt und sein Werden im Denken Emmanuel Lévinas', Stuttgart u.a. 1998, 225.

gabe, den Einzelnen zum Hören zu befähigen, genauer „das Ich zu wecken, so dass es die dringende und überhörbare Frage des anderen Menschen hören kann“[437].

Demgegenüber verbindet Herbert Haslinger seinen Rekurs auf Lévinas' Ausführungen mit einer theologischen Begründung des Diakonischen, dessen „christliche Qualität“ in „einem verändernden Helfen“ bestünde,

> „bei dem nicht die Helfenden den Anderen ihren eigenen Vorstellungen anzugleichen versuchen, sondern sich selbst auf den Anderen hin verändern; in einem Helfen, dessen Akteure einstehen dafür, dass der hilfebedürftige Andere als Anderer existieren kann“[438].

Mit der ethischen Verantwortung für den Anderen, dessen „Antlitz“ mich unbedingt in Anspruch nimmt, rückt auch das Phänomen des Fremden immer stärker in den Mittelpunkt des praktisch-theologischen Interesses.[439] Darüber hinaus öffnet der Bezug auf Lévinas die pastoraltheologische Reflexion für die Dimension des Leibes.[440]

Von grundsätzlicher Art ist schließlich die Auseinandersetzung angelegt, mit der Reinhard Feiter in seiner Habilitationsschrift die phänomenologische Theorie der Responsivität nach Bernhard Waldenfels für die Praktische Theologie fruchtbar macht. Das damit verbundene Verständnis des Handlungsbegriffs Praktischer Theologie wird als kontextuelles, „antwortendes Handeln“[441] entworfen. Dieser responsive und kontextuelle Charakter des Handelns stellt den Anspruch, der vom Anderen bzw. vom Fremden ausgeht, als ein unhintergehbares „Worauf“ ins Zentrum der Praktischen Theologie. Antwortendes Handeln heißt, nachträglich auf einen fremden Anspruch einzugehen, und zwar ohne diesen damit beseitigen, je gänzlich erfüllen bzw. beantworten zu können. Der Gegenstand der Praktischen Theologie als kontextuelle Wissenschaft ist „Praxis, die anderswo beginnt“[442]. Die folgenden Überlegungen knüpfen an dieses Ver-

437 Sandherr, Die heimliche Geburt des Subjekts, 220.

438 Haslinger, Herbert: Veränderndes Helfen. Zur christlichen Qualität der Diakonie, in: Haslbeck, Barbara/Günter, Jörn (Hg.): Wer hilft, wird ein anderer. Zur Provokation christlichen Helfens. Festschrift für Isidor Baumgartner, Berlin 2006, 63–75, hier 68. Vgl. auch die Bezugnahmen auf Lévinas in Haslinger, Herbert: Diakonie zwischen Mensch, Kirche und Gesellschaft. Eine praktisch-theologische Untersuchung der diakonischen Praxis unter dem Kriterium des Subjektseins des Menschen (STPS 18), Würzburg 1996, 534–618.

439 Fuchs, Ottmar (Hg.): Die Fremden (Theologie zur Zeit, Band 4), Düsseldorf 1988. Vgl. Fuchs, Ottmar: Die Liturgie des Leibes. Praktische Theologie im Gespräch mit Emmanuel Lévinas, in: Freyer, Thomas (Hg.): Der Leib. Theologische Perspektiven aus dem Gespräch mit Emmanuel Lévinas, Ostfildern 2009, 102–144.

440 Vgl. Fuchs, Die Liturgie des Leibes, 102–144.

441 Vgl. Feiter, Antwortendes Handeln.

442 Ebd., 257.

ständnis an und vertiefen es im Hinblick auf die Frage, wie eine Praktische Theologie konstituiert ist, die auf das Hören hört. Dazu wird insbesondere auch auf die bislang in der katholischen Praktischen Theologie noch nicht rezipierten *Bruchlinien der Erfahrung* von Bernhard Waldenfels eingegangen.

5. Phänomenologische Spurensuche zum Hören im Ausgang von Bernhard Waldenfels

Das Hören stellt ein die Werke von Bernhard Waldenfels fortwährend durchziehendes Phänomen dar. Das Hören umspannt seine Überlegungen variantenreich wie „ein Netz aus roten Fäden, das sich immer wieder an befremdlichen Stellen zusammenzieht" (SF, 8). Ob – um nur einige Werke aus Waldenfels' Repertoire zu nennen – in seinen Ausführungen, die er bereits im Jahr 1987 in *Ordnung im Zwielicht* und schließlich 1994 in seinen *Antwortregistern* zu einer responsiv angelegten Philosophie entfaltet, ob in seinen *Studien zur Phänomenologie des Fremden* (1997–1999), in denen die unhörbaren und unerhörten Ansprüche erklingen, oder später in seinen Werken *Bruchlinien der Erfahrung* (2002) sowie darauffolgend in seiner *Phänomenologie der Aufmerksamkeit* (2004) und *Hyperphänomenologie* (2012), in denen er seine Theorie der Responsivität stärker *pathisch* und *hyperbolisch* anlegt – immer wieder ist es unter anderem der Rekurs auf das Hören, der ihm einen phänomenologischen Zugang eröffnet. Dabei spielen auch Annäherungen an die Phänomene Klang, Ton, Stimme und Geräusch eine entscheidende Rolle, wie Waldenfels sie etwa in seinem Werk *Sinne und Künste im Wechselspiel* (2010) beschreibt.

Hören erscheint bei Waldenfels als eine hyperbolische und pathische Erfahrung, in der das, was sich zeigt, von anderswo her ergeht und über sich selbst hinausweist. Im Sinne seiner Überschüssigkeit und Ereignishaftigkeit sowie im Hinblick auf seine pathische Dynamik stellt das Hören ein performatives (Schwellen-)Phänomen dar. Das Hören pendelt zwischen Auffallen und Aufmerken, zwischen Eigenem und Fremdem, zwischen Pathos und Response. Dazu treten raumzeitliche Verschiebungen. Etwas wird *anderswo* hörbar, *bevor* wir es hören. Das Hören verweist schließlich auf eine Haltung der Aufmerksamkeit, die mit dem Unvorhersehbaren rechnet und Anderen ermöglicht, mit eigener Stimme vorzukommen.

Die folgende phänomenologische Analyse in Anlehnung an Waldenfels legt die Merkmale einer von Responsivität und Pathos grundierten Wahrnehmung offen, die alte Missverständnisse zum Hören aufdeckt und gewohnte Dichotomien zwischen Eigenem und Fremdem, zwischen Innen und Außen, zwischen Subjekt und Objekt usw. aufbricht. Das Unhörbare und Unerhörte, das immer wieder aufmerken lässt, sprengt den Rahmen vorfindbarer Möglichkeiten. An dieser Stelle konfrontiert das Phänomen des Hörens mit der „Findigkeit" (vgl. PhA, 162–167) eines Handelns und Denkens, die in Form von Pausen, Leer- und

Bruchstellen, Abweichungen und Beunruhigungen die Ordnungen des Gegebenen, Gewollten und Gesollten sprengt und ein neues, erfinderisches Antworten ermöglicht, „das aus dem Anhören kommt“ (AR, 251). Die angedeuteten phänomenologischen Denkfiguren und Merkmale des Hörens werden in der folgenden Darstellung im Einzelnen entfaltet.

5.1 Das Hören im Rahmen von Waldenfels' Theorie der Responsivität

„Grenze unseres Hörsinns. –
Man hört nur auf Fragen, auf welche man imstande ist,
eine Antwort zu finden.“[1]

In seinen *Antwortregistern* unternimmt Waldenfels den Versuch, jedes Sprechen und Handeln als *antwortendes* Sprechen und Handeln auszuweisen. Das Grundmotiv, das seine Überlegungen leitet, ist das der „Responsivität“. Darunter versteht Waldenfels grob gesagt das, was das Antworten zu einem Antworten werden lässt und mit einer eher „ungebräuchlichen Formulierung“ auch als „‚Antwortlichkeit‘“ (AR, 320) bezeichnet werden kann. Unter „Response“ wird dabei nicht – wie gemeinhin üblich – ein „Füllsel“ (AR, 191) verstanden, das die von der Frage aufgerissenen noematischen Leerstellen im Sinne ihrer „Be-antwortung“ einfach ausfüllt. Wenngleich das Phänomen der Responsivität von seiner sprachlichen Dimension her entfaltet wird, lässt es sich darauf keineswegs reduzieren. Antworten meint im weitesten Sinn *„jedes Eingehen auf einen Anspruch“* (AR, 322), und zwar ganz gleich, ob sich dieser Anspruch sprachlich oder vor- bzw. außersprachlich bekundet. Demgemäß begreift Waldenfels Response als einen „Grundzug alle[n] Redens und Tuns und alle[n] leiblichen Verhaltens“ (AR, 336). Das Antworten selbst erwächst weder einem Mangel noch einer Selbstermöglichung, sondern vielmehr einem fremden Anspruch, und zwar als dasjenige, das von anderswoher kommt und worauf die bzw. der Antwortende unausweichlich einzugehen hat. Sprichwörtlich gilt dann, dass keine Antwort auch eine Antwort ist (vgl. AR, 189).

Waldenfels' „Theorie der Responsivität“ hat eine tiefgreifende Revision der phänomenologischen Konzeptionen von Intentionalität und Kommunikativität bzw. Regularität zur Folge (vgl. AR, 327–332). Denn sie führt dazu, „auf der einen Seite das Woraufhin einer Sinnesintention, auf der anderen Seite das Wonach einer Regelinstitution aus seiner beherrschenden Stelle zu verdrängen“ (AR, 331f.). Auf diese Weise bringt das Konzept der Responsivität dasjenige zum

1 Nietzsche, Friedrich: Die fröhliche Wissenschaft (Kritische Studienausgabe, Band 3), München u.a. 1988, 50.

Vorschein, was herkömmliche Sinn- und Regelordnungen übersteigt, jedoch ohne diese einfach zu überspringen.

Insofern stellt der Ansatz der Responsivität keineswegs eine Alternative zu den Konzepten von Intentionalität und Kommunikativität bzw. Regularität dar. Auch responsives Handeln behält seine Sinn- und Regelstruktur. Vielmehr kommt es durch die Theorie der Responsivität zu einer Gewichtsverschiebung, die einer „Reorganisation eines bereits organisierten Feldes" (AR, 328) gleichkommt. Die Responsivität transformiert dieses Feld allerdings von Grund auf, da der Anspruch, auf den alles Reden und Tun antwortet, sich weder in dem das Reden leitenden Sinn noch in der das Tun leitenden Regel erschöpft. Ohne das Fremde, das als Anspruch unvorhergesehen in bestehende Ordnungen einbricht, wäre das Antworten kein Antworten, gäbe es kein Hören, Sprechen und Handeln, „das auf fremde Ansprüche antwortend sich selbst überrascht" (AR, 636).

Im Rahmen seiner Theorie der Responsivität verleiht Waldenfels dem Hören eine zentrale Stellung. Denn jenes, worauf sich die Antwort bezieht, muss zunächst in einer Weise vernommen werden, wie es in besonderer Weise über das Hören erfolgt. In diesem Sinne geht jedem Antworten ein (An-)Hören voraus. Andernfalls ginge die Antwort ins Leere (vgl. AR, 244f.).

In mehrfacher Hinsicht entpuppen sich bei der Bestimmung des Hörphänomens nicht geringe Herausforderungen. Die erste Schwierigkeit besteht darin, dass der (Zwischen-)Rede mit der Annahme, dass ich *etwas* höre, *worauf* ich antworte, ein vorgegebenes *Was*, auf das es zu hören und zu antworten gilt, bereits zugeordnet wird. Ein zweites Problem liegt darin, dass Anreden und Anhören häufig vorschnell in Form einer Sprecherin bzw. eines Sprechers und einer Hörerin bzw. eines Hörers personalisiert wird, womit „die Gefahr [droht], daß dem dialogischen Geschehen die fertige Instanz eines Jemand unter[ge]schoben wird" (AR, 245). Aus diesen Gründen beobachtet Waldenfels eine vielfältige Missdeutung des Hörens: „Es fällt auf, daß von den ältesten bis zu den neusten Theorien das Hören unter einer Mißachtung leidet, die aus einer vielfältigen Mißbestimmung oder Unterbestimmung erwächst." (AR, 245)

Anstatt dem Hörgeschehen ein gegebenes *Was* oder *Wer* bzw. *Wem* als substantialisierte bzw. personalisierte Instanzen vorweg zu unterstellen, empfiehlt Waldenfels, den Fokus zunächst auf das Phänomen des Hörens als solches zu legen. Um dem Hören *als* Hören aber Gehör zu verschaffen, gilt es, die vielfältigen Missdeutungen, die das Verständnis vom Hören verstellen, zunächst im Einzelnen offenzulegen.

5.2 Vielfache Missdeutung des Hörphänomens

„Das Gesagte ist nicht einfach das Gehörte,
vielmehr tritt das Gesagte auf als Gehörtes [...].“ (AR, 248)

Konkret sieht Waldenfels vier Vorurteile, die das Phänomen des Hörens verstellen. Diese sollen in den folgenden vier Abschnitten kurz aufgeführt werden.

(a) Das *erste Vorurteil* besteht laut Waldenfels darin, dass das Verhältnis zwischen Sprechakt und Hörakt vorwiegend im Schema von Aktion und Passion bzw. von Produzent und Rezipient gedacht wird. Die Sprecherin bzw. der Sprecher ist in diesem Denkmodell aktiv, die Hörerin bzw. der Hörer dagegen passiv und rezeptiv. So wird etwa die Frage als Aktion begriffen; ihr entspricht die Antwort als Reaktion und „das pure Anhören und Verstehen als rezeptive Form der Passion“ (AR, 245). Jenes, was passiv gehört wird, ist etwas, das aktiv gesagt wurde. In diesem Sinne wird das Hören „als umgekehrte Aktion gedacht, als Aktion, die dem Leidenden von außen widerfährt“ (AR, 245). Hören bedeutet damit lediglich, dass ein Anderer spricht (vgl. LdSt, 193). Der dadurch entstehende Unterschied im Rang zwischen passiv Gehörtem und aktiv Gesagtem kann in diesem Fall nur dann einen Ausgleich finden, wenn die Hörerinnen und Hörer selbst die Rolle aktiver Sprecherinnen und Sprecher übernehmen oder bereits im Akt des Verstehens antizipieren.

Dieser Vorgang wird für Waldenfels von Wilhelm von Humboldt auf folgende Weise zum Ausdruck gebracht: „Man versteht das gehörte Wort nur, weil man es selbst hätte sagen können.“ (zit. n. AR, 246, Fußnote 12) Oder mit Schleiermacher gesprochen: „Jeder Akt des Verstehens [ist] die Umkehrung eines Aktes des Redens [...].“ (zit. n. AR, 245, Fußnote 12) Was hier unterstellt wird, ist ein symmetrisches Verhältnis zwischen Sprechen und Hören. Waldenfels führt aus:

> „Die Reversibilität und Reziprozität der Perspektiven und die Gemeinsamkeiten eines kommunikativen Codes oder Reglements sorgen dafür, daß dieselbe Botschaft dort verschlüsselt, hier entschlüsselt wird, abgesehen von kontextuellen und situativen Randbedingungen, die sich auf Sprecher und Hörer ungleich verteilen. Die Passivität des Hörens wirft keine Probleme auf, die nicht durch das Zusammenspiel von subjektiver Besonderheit, kommunikativer Allgemeinheit und hermeneutischer Vermittlung zu bewältigen wären.“ (AR, 245f.)

Was auf der Sprecherinnen- bzw. Sprecherseite encodiert wird, muss auf der Hörerinnen- bzw. Hörerseite nur noch decodiert werden. Die Wechselrede erschließt auf diese Weise jedoch keinen neuen Sinn. Dies würde sich erst dann ändern, „wenn Sprecherereignisse sich der Disjunktion von Aktion und Passion sowie der entsprechenden Zu- und Einordnung entziehen und wenn eine Urpassivität in das dialogische Geschehen eindringt“ (AR, 246). Weil aber das Verhältnis zwischen Sprechen und Hören häufig einseitig im Muster von Aktion und Passion gedacht wird, besteht eine bis in die Gegenwart zu beobachtende einseitige „*Bevorzugung der Sprechakte gegenüber den Hörakten*" (AR, 246), die laut Waldenfels vor allem in den Sprach- und Kommunikationstheorien vorkommt.

(b) Darin deutet sich bereits ein *zweites Vorurteil* an. Denn zum einen wird der Hör*akt* selbst im Schema von Aktion und Passion aufgelöst. Hören erschöpft sich dann bereits im richtigen Verstehen von bestimmten Sprechgehalten, in der adäquaten Befolgung von laut gewordenen Appellen und im Einlösen von vernommenen Geltungsansprüchen. Das Gehörte entspricht in diesem Fall dem Gefragten und Gesagten. Die Antwort füllt gewissermaßen die offenen Leerstellen von Frage- und Aufforderungssätzen einfach aus. Zum anderen bleiben die Hörgehalte ihrerseits so lange sprachlos, wie sie nicht von den Hörerinnen und Hörern in Form einer sprachlichen Äußerung wiederholt werden. „Was wir hören, ist ausdrückbar; das schweigende Hören gilt [...] als Vorstufe der Rede." (AR, 246) Daraus folgt aber, so Waldenfels: „Alles Schweigen ist vorläufig." (AR, 246)

Hörakte und Hörgehalte erschöpfen sich gleichermaßen im propositionalen Gehalt der Rede, den es zu rezipieren und zu reproduzieren gilt. Das Hören fügt dem dialogischen Geschehen selbst nichts Neues mehr hinzu. Vielmehr erschöpft es sich in dem zu reproduzierenden Ge-hörten. In der Folge tendieren wir häufig dazu, uns nach der „Orthoästhesie"[2] eines in der Normalität verankerten Hörens zu richten. In diesem Fall entspricht das Hören einem bloßen Wiederhören. Das Ereignis des Hörbarwerdens kommt hinter dem Gehörten zur Ruhe. Es verklingt gewissermaßen „hinter dem dinglichen Substrat – dem persönlichen Urheber und dem Hörgehalt" (LdSt, 196). Diese Missachtung kann Waldenfels zufolge nur dann überwunden werden, wenn das Hören als Hören, d. h. aus sich selbst heraus verstanden wird. Daher fordert er, dass „eine Theorie der Sprechakte mit einer Theorie des Sprecherleidens, eine Sprechakttheorie mit einer Hörakttheorie" (AR, 247) einherzugehen hat.

(c) Das Hören wird jedoch nicht nur im Hinblick auf den Primat des Sprechens, sondern auch in Bezug auf den in der philosophischen Tradition vorherrschenden Primat des Sehens weitgehend vernachlässigt. Hierin besteht für Waldenfels das *dritte Vorurteil*. Der Primat des Visuellen schlägt sich – wie bereits erwähnt – bis in die philosophische Begriffsbildung hinein nieder und verleiht dem Sehen seine einzigartige „*Originarität*" (AR, 247). Etymologisch bedeutet etwa Wissen

2 Husserl stellt der Normalisierung des Sehens (Orthoästhesie) eine Heteroästhesie gegenüber. Vgl. Husserl, Edmund: Arbeit an den Phänomenen. Ausgewählte Schriften, herausgegeben und mit einem Nachwort versehen von Bernhard Waldenfels, Frankfurt a.M. 1993, 174. Vgl. auch Ssch, 157. Vgl. ebenso St, 196.

das Gesehene; ebenso stammen Begriffe wie Idee, Theorie, Evidenz, Einsicht aus der Begriffswelt des Optischen. Das, was wir – buchstäblich – vom Hörensagen her kennen, steht in der philosophischen Tradition epistemologisch hinter dem zurück, was wir mit eigenen Augen gesehen haben.[3] Wahre Erkenntnis kann in diesem Fall nur über das eigene Sehen erlangt werden. Dagegen wird die Bedeutung des Hörens in der Philosophie weitgehend überhört bzw. übersehen.[4]

(d) Verwandt damit ist ein *viertes Vorurteil*, wonach das Hören einer Abhängigkeit bzw. einer Fremdherrschaft ausgeliefert wird, die sich in einer Haltung bloßer Hörigkeit niederschlägt. In diesem Sinne würde die paulinische Formel „Fides ex auditu" nichts anderes ausdrücken als eine Fremdbestimmung. Von einer Autonomie und Freiheit des Hörens bliebe dann nichts mehr übrig. Waldenfels stellt fest:

> „Der wichtigste Kampf gegen Autoritäten, die nur vorgefaßte Antworten gelten lassen, wendet sich gegen die Fremdheit des Hörens schlechthin, als sei der Verzicht darauf, ‚der Eiche und dem Stein zuzuhören, wenn sie nur wahr reden' (Phaidros 275 b-c), nicht auch mit einem Wahrnehmungsschwund verbunden, der durch keine Eigenberedsamkeit wettzumachen ist." (AR, 247)

Es stellt sich daher die Frage, ob das Hören der Rede nicht vielmehr selbst schon immer der Rede eingeschrieben ist bis hin zum Phänomen des Sich-selber-Hörens (vgl. AR, 247), das die Verschränkung von Hören und Sprechen auf besondere Weise zutage treten lässt.

Die genannten Missdeutungen, die das Phänomen des Hörens verstellen, resultieren Waldenfels zufolge aus einer bestimmten Grundannahme, die für ihn das *„proton pseudos"* (AR, 247) aller Sprach- und Kommunikationstheorien darstellt, die das Hören dem Sprechen entweder unterordnen oder symmetrieartig gleichstellen (vgl. AR, 247). Es handelt sich dabei um die Annahme, „etwas werde gehört, verstanden und in der Kundnahme zur Kenntnis genommen, *bevor* man darauf höre und antworte" (AR, 247). Dieser paradox anmutenden Formulierung fügt Waldenfels erklärend hinzu, dass sie sich „nicht so sehr auf das zeitliche Prius [...], sondern auf das angebliche Prius der Fundierung" (AR, 248) beziehe. Die Konjunktion „bevor" zeigt demnach weniger eine zeitliche Abfolge an, als vielmehr die je unterschiedliche Gewichtung hinsichtlich der Bedeutung.

In diesem Sinne will Waldenfels auch das folgende Schema verstanden wissen. Es veranschaulicht die unterstellte Bedeutung in der Annahme, etwas werde gehört, *bevor* man darauf antworte.

3 Vgl. auch Espinet, Phänomenologie des Hörens, 15, 99.
4 Vgl. Welsch, Grenzgänge, 239.

Übersicht zur Missdeutung des Hörens und des Antwortens nach Waldenfels (AR, 248)

Verständigung:	zwischen eigener und fremder Rede
Antworten:	auf die fremde Rede
Verstehen:	der fremden Rede
Hören:	der fremden Rede

Das Schema geht davon aus, dass es sowohl „Etwas" gibt, das gehört und dann verstanden wird, als auch „Jemanden", der dieses „Etwas" hört und versteht, um das Gehörte als ein Verstandenes in Form einer Antwort wieder zu vermitteln. Die Annahme, die davon ausgeht, dass zwischen Hören und Antworten der Vorgang des Verstehens steht und dass das Hören insgesamt auf eine bloße Verständigung zwischen eigener und fremder Rede abzielt, gehört für Waldenfels zur entscheidenden Ursache für die oben ausgeführten Missdeutungen des Hörens. Denn auf diese Weise wird das Hören darauf beschränkt, die fremde Rede zu empfangen, zu verstehen und in Form einer Antwort wieder ins Spiel zu bringen.

Der Vorgang des Antwortens wird im Schema als die – auf das passive Hören und Verstehen erst hin er-folgende – Wechselrede begriffen, die auf das Einverständnis in der gegenseitigen Verständigung eigener und fremder Rede zielt. Demgegenüber ist kritisch zu fragen, ob sich der Vorgang des Antwortens denn schon tatsächlich darin erschöpft, sich der fremden Rede „zu bemächtigen" und ein Einverständnis in Form hermeneutischer Verständigung herbeizuführen. Waldenfels stellt fest:

> „Folgen wir der Annahme, daß auf der Sprecherseite produziert, auf der Hörerseite rezipiert wird, so gelangten wir an einen Punkt, wo Bewußtseinstheorie und Kommunikationstheorie einem ‚linguistic turn' zum Trotz sich berühren. Man geht aus von einem erfahrbaren bzw. mitteilbaren Grundbestand." (AR, 248)

Antworte ich auf dasjenige, was ich *zuvor* gehört und verstanden habe, dann besteht meine Antwort in nichts anderem als der verstehenden Aneignung der fremden Rede und ihrer erneuten Reproduktion im Verständigungsprozess. Das Gesagte entspricht dann dem Gehörten. Fremdheit wird in diesem Fall gedacht als das, was lediglich *noch nicht* verstanden wurde, aber im Hören verstehend erfasst, angeeignet und schließlich überwunden wird. Damit bleibt von einem Hören *fremder* Rede im ursprünglichen Sinne jedoch nichts mehr übrig. Vielmehr wird die Fremdheit durch das so verstandene Hören hermeneutisch angeeignet. Damit aber ist die Fremdheit bereits in vertraute Ordnungen überführt worden.

Kritisch zu fragen wäre also: Geht die Fremdheit einer Rede denn tatsächlich schon darin auf, dass etwas (noch nicht) verstanden wird und umgekehrt durch Verstehensprozesse einfachhin aufgelöst werden kann? Ist Hören nicht vielmehr selbst schon ein Antworten, das auf einen fremden Anspruch eingeht, und zwar ohne darauf reduziert zu sein, die fremde Rede zu verstehen, d. h. sich mit Anderen zu verständigen? (Vgl. VR, 86; vgl. VR, 67f.; vgl. AR, 122–137) Besteht das eigene Hören wirklich nur „in einer bloßen Umkehrung des fremden Redens, die im Verstehen und im nachfolgenden Sprecherwechsel immer wieder rückgängig gemacht [...] [wird] mit der Konsequenz, daß jeder im Dialog ständig zu sich selbst zurückkehrt" (VR, 31)? Hätten wir es dann aber nicht eigentlich mit einem Monolog zu tun? Waldenfels jedenfalls sieht darin eine grundlegende Missachtung des Hörens im Kontext des dialogischen Geschehens.

Die im Schaubild dargestellten Voraussetzungen lassen unberücksichtigt, dass das Gesagte für den Hörenden immer nur *als* Gehörtes auftritt (s.o. S. 167; vgl. AR, 248). Es wird vernachlässigt, dass sich zwischen das, was die Sprecherin oder der Sprecher sagt, und das, was die Hörerin oder der Hörer hört, ein Spalt schiebt. Denn einerseits artikulieren sich Sprechen und Hören in je unterschiedlichen Erfahrungszusammenhängen. Andererseits sind auch darüber hinaus Gesagtes und Gehörtes nicht einfach identisch. Zwischen Gesagtem und Gehörtem liegt vielmehr eine Differenz (vgl. AR, 248). Bleibt diese ungeachtet, schwindet die Möglichkeit, auch anderes und mehr zu hören als das, *was* gesagt wurde.

In diesem Fall existiert, so Reinhard Feiter mit Bezug auf Waldenfels, „*allein* ein von mir und anderen *Sagbares*, und zwar als ein Wiedersagbares, Verstehbares und den Regeln der Verständigung Unterworfenes"[5]. Andersherum wird dadurch, so Feiter, die „Möglichkeit, dass es ein für mich *Unsagbares* gibt, genauer: dass es Vernommenes gibt, das nicht aufgeht in der Differenz zwischen dem (von mir) Schon-Gesagten und dem (von mir) Noch-nicht-Gesagten, das aber nichtsdestoweniger hörbar ist und auf das ich antworte"[6], ausgeschlossen. In diesem Fall erschöpft sich das Hören im bloßen Vernehmen und Verstehen des propositionalen Gehalts der Rede. Dass dagegen „Hör- und Sprechereignis aufeinander[treffen], ohne miteinander zu verschmelzen" (AR, 249), steht außerhalb des Hörfeldes.

5 Feiter, Antwortendes Handeln, 211.

6 Ebd.

5.3 Eingehen auf einen Anspruch – Grundmotive des Hörens

Hören bedeutet mehr und anderes, als bloß „etwas" zu vernehmen. Dieses „Mehr" wird verstellt, sobald das Hören vorschnell substantialisiert oder personalisiert wird. In diesem Fall wird das Hören als Hören überhört. Anders gesagt: „Das Hörphänomen wird verkannt, wenn man dahinter nicht mehr vermutet als die Verlautbarung von etwas, das im Stillen bereits da ist und nur auf seinen Auftritt wartet." (SLL, 20) Was auf diese Weise übergangen wird, ist das Hörbarwerden des Hörens selbst.

Mit Bezug auf Edmund Husserl schlägt Waldenfels eine geeignete Grundformel vor, mit der verhindert werden kann, dem Phänomen des Hörens vorweg etwas oder jemanden unterzuschieben. Diese lautet: *„Es"* wird hörbar (vgl. PhA, 187; vgl. AR, 489). Das Entscheidende dieser schlichten Wendung liegt in dem impersonalen Pronomen „es", und zwar in gleich mehrfacher Hinsicht:

(1) Impersonale Wendungen wie „es knistert, es dröhnt, es brummt, es läutet usw." machen auf das Ereignishafte des Hörens aufmerksam, das darin besteht, „daß immerzu etwas geschieht, das nicht schon als Akt oder Aktion zu begreifen ist und nicht vorweg den intentionalen und regelförmigen Beschreibungen und den subjektiven Zuschreibungen gehorcht, von denen die gewöhnlichen Sprechakt- und Handlungstheorien ausgehen" (SLL, 20). Im Hören *ereignet* sich etwas, das sich zunächst nicht personalisieren oder substantialisieren lässt. Hören ist ein Ereignis, das *vor* dem Hören „von etwas", d. h. vor dem Gehörten steht.

(2) In diesem Sinne unterscheidet Waldenfels ein intentionales „Hören von etwas" und ein „Hören auf etwas", wonach wir also hören, *indem* wir auf das antworten, was zu Gehör kommt. Dementsprechend wird Hören als Response begriffen, das heißt als *„Eingehen* auf einen Anspruch, der sich erhebt und von anderswoher kommt" (AR, 188). Hören heißt *Antworten.* Und wir antworten bereits, *indem* wir hören.

(3) Darin klingt ein weiteres Grundmotiv des Hörens an. Indem das Hören anderswo beginnt, unterliegt die und der Hörende einem *Pathos,* einem Widerfahrnis. Das Hören besitzt somit nicht nur eine responsive, sondern auch eine pathische Struktur. Jenes, was Waldenfels als responsive Logik des Antwortens herausgestellt hat (vgl. AR), „unterfüttert" er anhand „patho-logische[r] Betrachtungen", wie er sie insbesondere in seinen *Bruchlinien der Erfahrung* unternimmt (vgl. BE, 165).

(4) In den Vorgang des Hörens schreibt sich auf diese Weise eine unvermeidliche *Nachträglichkeit* ein, und zwar entsprechend einer elementaren Vorgängigkeit,

die dem Lautwerden des Klang-Ereignisses zukommt. Zwischen Pathos und Response klafft ein Bruch, den Waldenfels mit der Figur der zeit-räumlichen Diastase zu fassen versucht.

(5) Ein antwortendes Hören geht nie ganz im Gehörten auf. Hören ist mehr als bloß Gehörtes. Es gibt einen *Überschuss* des Hörens im Gehörten. In besonderer Weise zeigt sich Überschüssigkeit des Hörens anhand des Phänomens des Unhörbaren.

(6) Das Spezifikum der genannten Momente des Hörens besteht darin, dass sie allesamt mit der *Fremdheit* konfrontieren, die ins eigene Hörfeld eindringt. In diesem Fall spielt für Waldenfels das Phänomen der Stimme eine besondere Rolle.

Um das „Mehr" des Hörens freizulegen, bedarf es laut Waldenfels der besonderen Art einer *„akustischen Epoché"*, welche die geläufigen Hörweisen erschüttert und auf das zurückgeht, *worauf* wir hörend eingehen, ohne dass wir es vollkommen einholen können (vgl. PhA, 187). Diese akustische Epoché führt zu einer Freisetzung des Hörphänomens als es selbst (vgl. PhA, 187). Sie beinhaltet eine spezifische Form von Anleitung, nämlich zur Unterbrechung, Außerkraftsetzung, Desorganisation bzw. Dysfunktionalisierung sowie zum Aussetzen und Entordnen von festgesetzten Hörordnungen, wonach immer schon „etwas" Bestimmtes von „jemandem" gehört wird. Denn *vor* diesem Gehörten steht das Angesprochen-*Werden*; ein fremder Anspruch, der unser Ohr unausweichlich trifft und auf den wir eingehen, *indem* wir hören. Was im Hören geschieht, übersteigt damit jede Hörordnung, in dessen Rahmen der Anspruch bereits von jemandem *als etwas* vernommen wird.

Die Epoché, deren Anleitung keine „prinzipielle", sondern vielmehr eine „kontextuelle" ist, weil wir immer schon begonnen haben, zu hören und über Gehörtes zu sprechen, zielt darauf, das Phänomen des Hörens aus der Bemächtigung durch das Gehörte zu befreien und *als* Hören zu Gehör kommen zu lassen. Dieser Anleitung gilt es anhand der oben genannten Motive wie Ereignis, Response, Pathos, Nachträglichkeit bzw. zeiträumliche Diastase, Fremdheit und Überschuss zu folgen. Was dabei zutage tritt, ist eine Radikalisierung des intentional gerichteten und kontingenten Hörens durch das pathische Moment, das seinen Gipfelpunkt im „Getroffensein durch Fremdes [hat], das alle Sinngebungen und Zielsetzungen übersteigt" (BE, 10).

Mit diesem Angang wird zugleich die phänomenologische Entwicklung nachgezeichnet, die Waldenfels in seinen *Bruchlinien der Erfahrung* gegenüber seinen Ausführungen im *Antwortregister* erkennen lässt. Denn was Waldenfels in seinen *Antwortregistern* als responsiven Grundzug allen Sprechens, Handelns und auch Hörens ausweist, dem verleiht er in den *Bruchlinien der Erfahrung* ein pathisches Gegengewicht (vgl. BE, 164). Während Waldenfels in seinem ersten Hauptwerk von einer responsiven Differenz spricht, wonach sich im Hören jenes, *was* wir hören, von dem unterscheidet, *worauf* wir hören, so erhält dieses „Worauf" der hörenden Antwort in den *Bruchlinien der Erfahrung* vom „Wovon" des Widerfahrnis eine stärkere pathische Tonalität (vgl. BE, 60).

5.3.1 Differenz: Etwas *als* etwas hören

Wie jede Erfahrung ist auch das Hören phänomenologisch dadurch bestimmt, dass „etwas *als* etwas" erscheint. Die Formel „etwas als etwas", die als Grundannahme jeder Phänomenologie und Hermeneutik der Erfahrung gilt[7] und die in gewisser Weise als das „Schibboleth der Phänomenologie" (GPhF, 34) bezeichnet werden kann, wird in Bezug auf das Hören besonders deutlich bei der Betrachtung sogenannter „Retro-Klänge", die mittlerweile vom Aussterben bedroht sind. Während Jugendliche ein markantes Piepen etwa *als* Alarm oder zum Beispiel *als* nachgeahmtes Ohrgeräusch (wie es bei einem Tinnitus auftritt) vernehmen, hören ihre Großeltern dieses Piepen wohl eindeutig *als* Signalton eines zu ihrer Zeit üblichen TV-Testbildes. Ähnlich verhält es sich mit Retro-Klängen wie dem penetranten Fiepen eines Internetmodems oder dem gleichmäßigen Rattern einer Telefonwählscheibe.[8] Nicht nur im spezifischen Fall von Retro-Klängen, sondern grundsätzlich gilt: Eine bestimmte Klangfolge ist für einen Pianisten, für einen Musikbanausen, für ein Kind oder für einen Taubstummen jeweils nicht dasselbe.

Wie alle Erfahrung hat damit auch das Hören eine bestimmte Struktur, die mit Husserl „Intentionalität" genannt werden kann. Intentionalität bedeutet, dass sich „etwas" stets „als etwas" zeigt, das heißt, dass es in einem bestimmten Sinn gegeben und gemeint ist. Bezogen auf entsprechende Wahrnehmungs- bzw. Verhaltensakte lautet die Formel dann nicht etwa: wir hören „etwas" oder wir meinen „etwas", sondern: wir hören (meinen, sehen, beurteilen, behandeln, verstehen …) etwas *als* etwas. Diese Grundformel bezeichnet Waldenfels als „signifikative Differenz", wonach sich zwischen das, *was* erscheint, und der Art und Weise, *wie* etwas erscheint, ein Spalt schiebt.[9]

Diese signifikative Differenz ist unhintergehbar. Sie „[…] stellt eine Grunddifferenz dar, hinter die wir nicht zurückgehen und die wir nicht aus anderem herleiten können, weil jeder derartige Versuch sie schon voraussetzt" (SV, 129f.). So, wie sich die Bedeutung nicht auf einen Teil der Realität zurückführen lässt

7 Dass und inwiefern die phänomenologische Grundformel „etwas als etwas" schon auf Aristoteles, Kant, Husserl und Heidegger zurückweist, beschreibt Waldenfels in EPh, 15–17.
8 Vgl. etwa Schafer, Klang und Krach, 254.
9 Das „Wie" tritt laut Waldenfels in zweierlei Formen auf: „als das intentionale *Wie des Gemeintseins:* der intentionale Sinn, und als das intuitive *Wie der Gegebenheit:* Art und Grad anschaulicher Fülle […]." Dabei bezieht sich Waldenfels auf Husserl (vgl. SK, 42).

und das Erfahrene nicht ein rein Gegebenes ist – wovon gewisse Formen des Realismus, des Empirismus und Positivismus ausgehen –, so lässt sich die Realität umgekehrt nicht auf einen Moment der Bedeutung reduzieren und das Erfahrene als ein rein Gemachtes bestimmen, wie einige Denkformen des Idealismus und Konstruktivismus konstatieren (vgl. SV, 130; vgl. auch 86f.). Waldenfels schlussfolgert daher:

> „Die Irreduzibilität der signifikativen Differenz besagt [...], daß die Erfahrung immer schon gedeutete und verarbeitete Erfahrung ist. Die Tatsachen, also das, was in unserem Erkennen gegeben ist und was sich aus unserm Tun ergibt, sind immer schon *bedeutsame Tatsachen.*" (SV, 130)

Demzufolge hören wir nicht einfach ein reines Geräusch. Vielmehr hören wir, *indem* wir etwas *als* etwas hören, das heißt etwa das Plätschern des Wassers, das Klingeln einer Glocke, das Brummen von Maschinen oder das Pfeifen einer Flöte. Hören ist in diesem Sinne *bedeutsames* Hören. Etwas wird in *diesem* und nicht bloß in *jenem* Sinn bzw. in *dieser* Bedeutung und nicht bloß in *jener* Bedeutung und in *dieser* Struktur oder *dieser* Gestalt und nicht bloß in *jener* Struktur oder *jener* Gestalt gehört.[10] Etwas wird stets *als* etwas Bestimmtes hörbar. Das „Als" bildet gewissermaßen den Dreh- und Angelpunkt jeder Erfahrung und somit auch des Hörens:

> „Das merkwürdige Als, das in der besagten Differenzformel auftaucht, bildet kein Zwischenglied, das sich zwischen Dinge und Bedeutungen schiebt, keine Relation, die zwei Relata voraussetzen würde, und auch keine Konstante einer Funktionsgleichung, die zwei Größen miteinander koordiniert. Das Als fungiert als Scharnier zwischen dem, was ist, und dem, als was es ist, indem es zugleich eine Kluft zwischen beidem aufreißt." (BE, 29)

Aus diesem Grund deutet Waldenfels die „signifikative Differenz" als *„originäre Verschiebung* oder *Versetzung*" (BE, 29), die jeder Erfahrung eingeschrieben ist. Das Gegebene ist von der Art und Weise, *wie* es gegeben bzw. gemeint ist, weder vollkommen zu lösen, noch sind beide – Gegebenheit und Gegebenheitsweise – einander völlig identisch. Waldenfels stellt fest: „Daß etwas *als etwas* erscheint, bedeutet eben nicht, daß es *etwas ist.* Es *wird zu etwas,* indem es einen Sinn empfängt und damit sagbar, traktierbar, wiederholbar [...]" (GPhF, 38) und gehört wird.

Damit ist etwas, indem es *als etwas* auftritt, *anders* als es selbst, was wiederum nicht heißt, das es *etwas* vollkommen *anderes* als es selbst ist (vgl. BE, 30). Dagegen wäre ein reines Etwas, das nicht in einer bestimmten Weise aufträte, ein bloßes Nichts, das der Hörerin und dem Hörer schlichtweg unzugänglich

10 Diese Strukturalität von Erfahrung beschreibt Waldenfels in Bezug auf das Sehen. Vgl. Ssch, 155.

bliebe. Alles Hören, Reden und Handeln vollzieht sich in bestimmten Ordnungen und Strukturen sowie nach bestimmten Regeln und Normen, die Einfluss nehmen auf das, *wie* und *als was* wir etwas hören.

Eine Phänomenologie, die – mit einem berühmten Diktum Husserls gesprochen – bestrebt ist, „zurück zu den Sachen selbst“[11] zu kommen, nähert sich einzig dann den Phänomenen, wenn und insofern sie nicht nur das, *was* in der Erfahrung erscheint, sondern auch die Art und Weise, *wie* etwas erscheint, mitbedenkt. Denn, so Waldenfels mit Bezug auf Heidegger: Das Phänomen ist

> „[g]ewiß nicht etwas, das sich geradezu zeigt und einfach auf der Hand liegt, sondern – wie Heidegger es später formuliert hat – das, was sich zunächst und zumeist gerade nicht zeigt, weil es durch unsere alltäglichen und traditionellen Sichtweisen und Bestrebungen verdeckt ist. Das Gesuchte liegt – paradox gesagt – in ungreifbarer Nähe.“ (SV, 12)

Was heißt es dann aber zu den Sachen selbst zurückzukommen? Eine solche Umkehr bedeutet, so Waldenfels, „einfach gesagt, daß die Gesichtspunkte, nach denen die Sachen betrachtet und behandelt werden, aus dem Anblick der Sache selbst zu entwickeln sind und nirgendwoher sonst“ (EPh, 19). Die Phänomenologie geht auf die Phänomenalität der Phänomene zurück, wenn und insofern sie zwischen dem „Was“ und dem „Wie“, das heißt zwischen Gegebenheit und Gegebenheitsweise, zwischen Gegenstand und Bedeutung differenziert oder, kurz gesagt: indem sie zwischen Sachgehalt und Zugangsweise unterscheidet (vgl. EPh, 19).

Als unterscheidende und das heißt kritische[12] Theorie der Erfahrung beschäftigt sich die Phänomenologie nicht in direkter, sondern in indirekter Weise mit dem, was sich zeigt, und zwar „indem sie es so nimmt, *wie* oder *als was* es sich zeigt“ (GN, 21). Der Weg zu den Sachen selbst führt nicht an „eine[r] dritte[n] Dimension oder Instanz, die den Zugang eröffnet“ (GN, 21), vorbei. Sachverhalt und Zugangsweise lassen sich nicht trennen. Doch macht Waldenfels darauf aufmerksam, dass ein Denken, das zwischen „Was“ und „Wie“ pendelt, gewissermaßen seine eigene „Achillesferse“ (GN, 50) hat. Wird die Spannung zwischen dem, *was* gehört wird, und der Art und Weise, *wie* dies geschieht, zu der

11 Heidegger übersetzt dieses Diktum Husserls auf folgende Weise: „Das was sich zeigt, so wie es sich von ihm selbst her zeigt, von ihm selbst her sehen lassen. Das ist der formale Sinn der Forschung, die sich den Namen Phänomenologie gibt.“ Heidegger, Sein und Zeit, 34.

12 Aus dem Griechischen abgeleitet, bedeutet der Begriff der *Krise* „Scheidung“, „Entscheidung“, „Streit“, „Urteil“. – Siehe zur Begriffsbestimmung und -geschichte Koselleck, Reinhart: „Krise“, in: Historisches Wörterbuch der Philosophie, hg. von Joachim Ritter u.a., Band 4, Darmstadt 1976, 1235–1240.

einen oder anderen Seite hin aufgelöst, dann entstehen zwei konträre, nicht ungefährliche Tendenzen.

Die *erste Tendenz* schlägt in einen Fundamentalismus um, der den Primat darauf legt, „*was* etwas ist und *wozu* es da ist" (GN, 41), wobei sich die Art und Weise, wie sich etwas zeigt, in eine bloße Methode verwandelt. Die *zweite Tendenz* hingegen äußert sich in einem Funktionalismus, der den Akzent auf die Art und Weise legt, wie etwas geschieht und wodurch „das Erfassen der Dinge letzten Endes einer bestimmten Betrachtungs- und Verhandlungsweise untergeordnet wird" (GN, 51). In diesem Fall verwandelt sich die Einsicht in bloße Verfahren oder Modelle (vgl. GN, 47–68). Anstatt einem „Wie", das im Sinne einer Zugangsart das „Was" eines Sachgehaltes erschließt, erzeugt das „Wie" in diesem Fall ein bestimmtes „Was". Dann aber gilt, so Waldenfels: „Wir erkennen, was dieses oder jenes ist, indem wir es herstellen." (GN, 60) Damit besteht die Gefahr, dass der Sachgehalt der Erfahrung von ihrer Produktions- und Funktionsweise verschlungen wird.

Auf die Sachen selbst zurückzukommen, bedeutet unterdessen, die „signifikative Differenz" als „Urdifferenz" aller Erfahrung ernst zu nehmen (vgl. GN, 21). Es gilt dann im Sinne einer „offene[n] Dialektik der Erfahrung" (SV, 92), mit einem „wechselseitigen Überschuss" zu rechnen, wonach wir stets mehr hören, sagen und tun, als uns wirklich gegeben ist, und uns stets mehr gegeben ist, als wir ausdrücklich hören, sagen und tun (vgl. SV, 90). Eine solche offene Dialektik der Erfahrung trägt „Züge eines Dialogs", so Waldenfels: „Wir sind der Wirklichkeit nicht völlig ausgeliefert, können sie aber ebensowenig in unsere Vorstellungen und Vorhaben einzwängen und dingfest machen." (SV, 93) Es geht um „eine offene ‚Auseinandersetzung' des Menschen mit den Dingen, den Anderen und sich selbst" (GN, 44), die in eine Korrelation zwischen *intentum* und *intentio* überzugehen hat.

5.3.2 Kontingenz: So und nicht anders hören

Das Hören verweist – wie jede Erfahrung – auf kontingente Ordnungen, die sich in bestimmten Grenzen bewegen (vgl. VR, 175). Der Umstand, dass wir etwas als etwas hören, besagt zugleich, dass wir etwas *so und nicht vielmehr anders* hören. In diesem Fall spricht Waldenfels davon, dass bestimmte Möglichkeiten der Erfahrung selektiert, andere exkludiert werden: „Daß etwas als etwas erscheint, besagt zugleich, daß etwas so und nicht anders erscheint, daß also bestimmte Erfahrungsmöglichkeiten ausgesondert, andere ausgeschlossen sind." (TF, 19f.)

Die Art und Weise, in der etwas als etwas gegeben ist, hebt sich damit von anderen möglichen Gegebenheitsweisen ab:

> „Die Gesichtspunkte, unter denen etwas erscheint, stellen sich ihrerseits als Differenzen dar, abgehoben von anderen Gesichtspunkten, angeordnet auf Bezugsskalen und

eingebettet in Bezugsfelder. Etwas tritt hier auf und nicht dort, heute und nicht gestern, nachher und nicht gleichzeitig, drinnen und nicht draußen, als dieses und nicht als jenes, als etwas und nicht als jemand, als Ich und nicht als Du, als Eigenes und nicht als Fremdes, als solches und nicht als solches usf." (GN, 22)

Das aber heißt: Etwas kann stets auch als etwas anderes hörbar werden. Jede (Hör-)erfahrung ist insofern kontingent, als etwas *so und nicht anders* gehört wird, aber *auch anders* gehört werden *könnte*.

Etwas, das als etwas auftritt, erscheint zugleich als ein Solches und nicht als ein Anderes. Virtuose Pianisten wie Musikexperten hören eine Klaviersonate anders als Nichtexperten, wobei Erstere wahrscheinlich jeden falschen Ton heraushören. Ebenso wird ein Ton hier hörbar und nicht dort. Während etwa ein Schüler den Gong als Signal für den Unterrichtsbeginn vernimmt, hört ihn ein anderer Schüler als Signal für den Pausenanfang. Genauso verhält es sich mit dem Hören eines Glockenschlags, wie Bernhard Welte zum Ausdruck bringt: „Wenn die Glocken des Freiburger Münsters läuten und niemand hört sie, dann läuten die Glocken des Freiburger Münsters nicht."[13] Ebenfalls in Anlehnung an das Beispiel des Hörens bzw. Nicht-Hörens eines Glockenläutens führt Reinhard Feiter aus:

> „Kirchgängerinnen und -gänger hören das Läuten der Glocken anders als Nicht-Kirchgängerinnen und -gänger, im eigentlichen Sinne läuten die Glocken für letztere gar nicht; und doch stört die Musikalischen unter den Ersteren der Missklang eines minderwertigen Geläuts."[14]

Die Tatsache, dass etwas so und nicht anders gehört wird, richtet sich nach bestimmten Gesichtspunkten, die sich selbst wiederum als Differenzen darstellen und sich von alternativen Aspekten absetzen. In gewisser Weise schließt damit jedes Hören ein Nichthören mit ein, und zwar bezogen auf das, was unter bestimmten Aspekten unhörbar bleibt. Zugleich begleitet jedes Hören ein Andershören bezogen auf andere Hörweisen. Insofern darf das Nichthören keineswegs einseitig als ein Mangel bestimmt werden, vielmehr stellt die selektive Hörweise eine Bedingung der Möglichkeit dafür dar, dass überhaupt etwas als etwas hörbar wird.[15]

Bestimmte Hörerfahrungen werden ermöglicht, *indem* andere Möglichkeiten ausgeschlossen werden. Waldenfels konstatiert: „Auf diese Weise machen Gesichtspunkte möglich, indem sie unmöglich machen; sie grenzen ein, indem sie ausgrenzen. In ihrer *begrenzenden Begrenztheit* nehmen sie verschiedene Gestalten

13 Welte, Bernhard: Vom rechten Hören, in: Ders./Lange, Hans Joachim/Hemmerle, Klaus (Hg.): Gespräch ohne Partner. Die Krise des Hörens, Freiburg i.Br. 1960, 9–26, hier 14.

14 Feiter, Antwortendes Handeln, 56.

15 So stellt Waldenfels in Bezug auf das Sehen fest. Vgl. Ssch, 156.

an.“ (GN, 23) Damit rührt jede Hör-Erfahrung an die Grenze des „so und nicht anders“.

Zusammenfassend kann gesagt werden: Die Phänomenologie differenziert nicht nur zwischen dem „Was“ und dem „Wie“ der Erfahrung, sondern berücksichtigt auch die kontingente Ordnung, in der etwas „so und nicht anders“ hörbar wird. Das „Hier“ und das „Jetzt“ des Hörens schreibt der Erfahrung unweigerlich Momente des „*Relativen, Situativen und Okkasionellen* [ein], das [...] unter den universalen Maßstäben hinweggleitet“ (Ssch, 180).

5.3.3 Responsivitiät: Antwortendes Hören

Waldenfels setzt der Husserl'schen Lehre von der Intentionalität das sogenannte Konzept der „Responsivität“ entgegen, welches „sich nicht primär *auf etwas zubewegt*, sondern *von anderem ausgeht*“ (GN, 81). Die „Sachen selbst“, von denen Husserl spricht, sind nach Waldenfels nicht als etwas zu begreifen, das fertig vorliegt und das es lediglich zu rezipieren gilt, sondern vielmehr als etwas, dessen man sich nur annähern kann, *indem* man auf seinen Anspruch antwortend eingeht. Dasjenige, was wir hören und wie wir es hören, lässt sich nicht trennen von einer bestimmten Art des antwortenden Hinhörens (vgl. GN, 67).

Hinhören bedeutet mehr als bloßes Hören. Hinhören, aber auch Weghören oder Überhören unterscheiden sich vom Hören durch den Grad ihrer Zuwendung bzw. Abwendung (vgl. AR, 250). Deutlich wird, so Waldenfels in Anlehnung an Husserl, „eine anfängliche Form des Tuns“ (AR, 250), die dem Hören eignet, weil etwas getan wird, was ebenso gut auch hätte unterlassen werden können (vgl. AR, 250). Wir leihen jemandem ein Ohr, wir geben jemandem das Wort, wir schenken jemandem unsere Aufmerksamkeit. In dieser sinnlichen Sensibilität für Andere äußert sich nach Waldenfels „ein Ethos der Sinne“ (GN, 142), das sich weder durch eine Zielsetzung lenken noch mit Hilfe eines Gebotes einfach erzwingen lässt und uns trotzdem radikal angeht. Selbst wenn wir weghören, antworten wir. Bevor wir uns versehen, hat das Hin-Hören schon damit begonnen, dass uns etwas anspricht, uns affiziert, trifft oder sogar verletzt.

Wenn wir davon ausgehen, dass sich zum Beispiel in einer gehörten Frage, nicht nur ein Fragegehalt, sondern auch ein Angebot bzw. ein Anspruch äußert, so folgt daraus: „Indem wir Gesagtes hören, hören wir auf einen Anspruch, der im Sagen des Gesagten laut wird.“ (AR, 249) Auf diese Weise verdoppelt sich nicht nur das Gesagte im Sagen, sondern auch das Gehörte im Hören. Hinsichtlich der Antwort unterscheidet Waldenfels „zwischen dem, *was geantwortet* wird: der Antwort (answer), dem, *was beantwortet* wird: der Frage (question) und dem, *worauf wir* im Antwortgeben (response) *antworten*: dem Anspruch (appeal/pretension)“ (AR, 242). Während zwischen Antwort- und Fragegehalt eine annähernde Deckung möglich sein kann, schiebt sich zwischen Anspruch und

Response ein unüberwindbarer Spalt – die sogenannte „responsive Differenz" (AR, 242). In diesem Sinne ist „das Worauf [...] kein separates Was, das uns vorweg gegeben wäre; denn dies hieße, daß es ein antwortloses Hören [...] gäbe, das nur von sich selbst ausginge" (AR, 241). Zudem würde daraus folgen, dass das Ereignis des Hörens im Gehörten selbst bereits stillgelegt wäre.

Was es demgegenüber heißt, das Hören aus der Verengung eines bloß Gehörten zu befreien und als responsives Geschehen zu begreifen, wird erst deutlich, wenn gemäß der „responsiven Differenz" zwischen dem, *was* gehört wird, und dem, *worauf* wir hörend antworten, unterschieden wird. Der Spalt zwischen Anspruch- und Antwortereignis besagt, dass jedem Gehörten ein Hören vorausgeht, das bereits eine anfängliche Weise zu antworten darstellt. Mit Waldenfels gesprochen, gilt dann: „Wir antworten nicht auf das, *was* wir hören, sondern wir antworten, *indem* wir etwas hören." (AR, 250; Hervorhebung E.P.) Hören heißt Antworten. Und wir antworten, *indem* wir hören.

Beim antwortenden Hören handelt es sich jedoch keineswegs um eine die „‚Prätention'" unterwerfende „‚Attention'", die bloß vom Eigenen ausginge. Davor gilt es sich, so Waldenfels, vielmehr zu „hüten". Denn, so Waldenfels weiter, in dem Fall, dass „das Hinhören selbst bereits antwortend ist und einem fremden Tunlassen entspringt, [...] ist es ein Ereignis, das der geläufigen Scheidung in Tun und Leiden vorausliegt". (AR, 250) Dabei erscheint der Anspruch, auf den wir antworten, *indem* wir hörend auf ihn eingehen, „wie ein toter Punkt der Abwesenheit und Fremdheit in jeder Äußerung, die ich vernehme" (AR, 193). Als Grundzug des Hörens zeigt die Responsivität eine spezifische Art des Antwortens, welche die Logik intentionaler Akte, die Logik der Regularität, die Logik des Verstehens und auch die Logik kommunikativen Handelns übersteigt (vgl. GPhF, 62).

Vier Momente dieser Antwortlogik sollen im Folgenden kurz dargelegt werden. Sie lassen anfänglich aufscheinen, wie der Rahmen bisheriger Deutungen des Hörens zu bröckeln beginnt.

(a) Singularität

Der fremde Anspruch zeigt eine außergewöhnliche Singularität. Die gemeinte Singularität kommt durchaus im Plural vor, jedoch auf die Weise, dass sie sich der Unterscheidung (Distinktion) zwischen Besonderem und Allgemeinem widersetzt. In diesem Sinne spricht Waldenfels mit Bezug auf Lévinas auch von einer „‚Singularität im Plural'" (TF, 120). Es handelt sich dabei nicht um eine Singularität, wonach etwas nur ein einziges Mal auftritt und sich dann als Einzelfall in die Reihe anderer Einzelfälle stellt. Es geht vielmehr um eine Singularität von Ereignissen, die auftreten, *indem* sie sich von anderen gewohnten Ereignissen abheben und ein *anderes* Hören, Sprechen, Denken und Handeln ermöglichen (vgl. GPhF, 62f.).

(b) Unausweichlichkeit

Antworten beginnt nicht damit, dass wir unser Ohr auf etwas richten, sondern, dass unser Ohr einem fremden Anspruch ausgesetzt ist, sei es durch eine Anrede, einen Knall oder eine leise Stimme. Diesem Anspruch kommt eine doppelte Bedeutung zu, nämlich die eines „Appell[s], der sich an *jemanden* richtet" und die einer „Prätention, die sich *auf etwas* erstreckt" (GPhF, 59). Das Eigenartige dieses Anspruchs besteht nun darin, dass die beiden Formen ineinandergreifen: „Im Anspruch, den ich vernehme, erhebt sich ein Anspruch, der mir etwas abverlangt" (GPhF, 59).

Allerdings betont Waldenfels, dass sich dieser Anspruch „in einer Zone *diesseits von Gut und Böse, diesseits von Recht und Unrecht*" (GphF, 59) bewegt. Denn die Frage, ob der Anspruch, den ich vernehme, berechtigt sei oder nicht, setzt schließlich voraus, dass ich diesen Anspruch bereits vernommen habe (vgl. GPhF, 59). Der fremde Anspruch, der zu hören gibt, widersetzt sich damit der „Disjunktion von Tatsachen und Normen, von Sein und Sollen" (GPhF, 63). Er tritt auf als „situativer Anspruch", in einer *Unausweichlichkeit*, die sich nicht aus generellen Gesetzes- und Regelordnungen herleiten lässt. Wir können auf einen vernommenen Anspruch nicht nicht antworten (vgl. GphF, 63). Die Aufforderung „Hör!" können wir nicht vernehmen, ohne auf sie einzugehen bzw. auf sie eingegangen zu sein. Selbst das Weghören stellt eine Form antwortenden Hörens dar. Schließlich setzt Weghören ein Hören immer schon voraus (vgl. GN, 83). Der fremde Anspruch steht somit nicht „zur Wahl", sondern stellt „vor die Wahl" (vgl. GN, 83).

(c) Nachträglichkeit

Antworten beginnt nicht erst mit einem Reden über etwas, sondern bereits mit dem Hinhören (vgl. GPhF, 60). Ein Hören, das auf einen fremden Anspruch antwortet, ereignet sich zwar hier und jetzt, jedoch beginnt es stets anderswann und anderswo (vgl. GPhF, 65). „Antwortend bin ich als Ich zugleich ein *anderer*, hier und jetzt antwortend bin ich zugleich *anderswo* und *anderswann*." (AR, 267) Das Verständnis eines antwortenden Hinhörens sprengt damit das Schema von Aktion und Passion im Wechselspiel von Rede und Gegenrede. Die Herkunft der hörenden Antwort ist keine „‚Eigenheitssphäre'" (AR, 250). Vielmehr hat jedes Hören und „jede Antwort [...] etwas von einem Einfall, der nicht erst kommt, wenn wir ihn rufen" (AR, 250).

Ein hörendes Antworten beginnt außerhalb seiner selbst in der Weise, dass dieses Außen selbst zum Antworten bzw. Hören gehört (vgl. AR, 251). Aus diesem

Grund kann Waldenfels die bereits genannte paulinische Glaubensformel umwandeln, indem er feststellt: „‚responsio ex auditu'" (AR, 250). Die Antwort kommt aus dem Hören. Andersherum gilt:

> „Freiheit bedeutet [...] nicht die Fähigkeit, schlechthin bei sich selbst anzufangen, sie bedeutet vielmehr, daß man selbst anderswo anfängt. Wer glaubt, bei sich selbst anfangen zu können, wiederholt nur, was schon ist und was er schon kann; er fängt also gerade nicht an. Antworten bedeutet den Verzicht auf ein erstes – und somit auch auf ein letztes Wort." (GPhF, 65)

Der Verzicht auf ein erstes und letztes Wort schafft Raum, lässt Lücken und Pausen für ein Hören. Ein antwortendes Hören ereignet sich nicht nur in radikaler Unausweichlichkeit, sondern auch in Form einer „uneinholbaren *Nachträglichkeit*" (GPhF, 65). Bezogen auf das Wechselspiel von Frage und Antwort, unterliegt die Frage, die vom Anderen aus ergeht, einer „genuinen Vorgängigkeit", wohingegen die „Ant-wort, die Re-sponse" mit einer „genuinen Nachträglichkeit" (VR, 64) auftritt.

Bei einem solchen Antworten, das anderswo beginnt, „gibt der Antwortende, was er nicht vorweg schon hat und nur weitergibt, er gibt vielmehr, was er im Antworten erfindet und in diesem Sinne dem fremden Anspruch verdankt" (VR, 64).

(d) Asymmetrie

Die zeitliche Verschiebung von Anspruch und Antwort kennzeichnet schließlich eine unaufhebbare *Asymmetrie*. Diese besagt nicht, dass die Rollen in einem Dialog ungleichmäßig verteilt sind, sondern vielmehr, dass Anspruch und Antwort nicht auf ein Gemeinsames, auf einen Konsens hin „konvergieren" (vgl. GPhF, 66). Denn zwischen Anspruch und Antwort klafft genauso wie zwischen dem Fremden und dem Eigenen ein unüberbrückbarer Spalt.

Der fremde Anspruch widersetzt sich einer Rückführung auf das Eigene. Er lässt sich nicht auf ein Gemeinsames hin ordnen. Das, worauf das Hören antwortet, erschöpft sich somit niemals vollkommen darin, wie und was gehört wird. Waldenfels stellt fest:

> „Das Eingehen auf einen fremden Anspruch und das Geschenk einer Antwort geraten erst dann auf die Bahnen eines wechselseitigen Gebens und Nehmens, wenn Eigenes und Fremdes im Lichte eines Dritten betrachtet werden, der Vergleiche anstellt und im Konfliktfall für einen Ausgleich sorgt. Der Gesichtspunkt des Dritten, der Recht und Gerechtigkeit ermöglicht, ist auf gewisse Weise unentbehrlich. Sofern im Reden und Handeln immer schon wiederholbare Gestalten, allgemeine Regeln und Gesetze im Spiel sind, ist immer auch ein Dritter oder ein Drittes im Spiel. Doch indem der fremde Anspruch einem allgemeinen Gesetz unterworfen und derart gleich*gesetzt* wird, was nicht gleich *ist,* wohnt der Gerechtigkeit stets ein Moment der Ungerechtigkeit inne." (GPhF, 66)

Die Asymmetrie des Antwortens ist es daher auch, die verhindert, dass das Hören als bloße Umkehrung des Redens begriffen wird (vgl. VR, 146). Denn der fremde Anspruch, der mich anspricht, und meine von ihm provozierte Antwort, die unweigerlich ergeht, verschieben sich. Darüber hinaus widersetzt sich der fremde Anspruch grundsätzlich jeglichem Vergleich. Mit Bezug auf Lévinas stellt Waldenfels prägnant fest: „Wer vergleicht, antwortet nicht, und wer antwortet, vergleicht nicht." (GN, 97)

Die vier Momente, die ein antwortendes Hören begleiten, fördern „ein Paradox des *schöpferischen Ausdrucks*" (GN, 97) zutage, der sich weder in bloße Produktion noch in bloße Reproduktion auflösen lässt. Kreatives Antworten ist weder ohne Erfindung denkbar noch als reine Erfindung: „*Wir erfinden, was wir antworten, wir erfinden aber nicht, worauf wir antworten.*" (GN, 97) Daher ist zwischen einer primär *reproduktiven* oder *repetitiven* Antwort und einer primär *innovativen, produktiven* oder *kreativen* Antwort zu unterscheiden (vgl. GN, 96; vgl. GPhF 66).

Während die Antwort im ersten Fall mehr oder weniger fertig vorliegt, da sie bestehenden Regeln und Sinnkonstruktionen folgt, geht die Antwort im zweiten Fall auf fremde Ansprüche ein, wodurch bestehende Ordnungen des Verstehens sowie der Verständigung gesprengt und verändert werden. Kreative Antworten liegen somit nicht einfach parat. Sie müssen erst erfunden werden (vgl. GN, 96):

> „Dort, wo die Ordnung der Dinge ins Wanken kommt, klafft ein Hiatus zwischen fremder Provokation und eigener Provokation. […] Der Anspruch gehört nicht einer Ordnung an, in die das Antworten eingefügt oder der es unterworfen ist. Der Anspruch wird vielmehr erst zum Anspruch *in der Antwort*, die er hervorruft und der er uneinholbar vorausgeht. Das Antworten läuft somit über einen schmalen Grat, der bloße Hörigkeit und Willfährigkeit von Willkür und Beliebigkeit trennt." (GPhF, 67)

Dasjenige, worauf wir antworten, bleibt unverfügbar und fremd. Es „rumort" (AR, 199) und stört in bestehenden Ordnungen und bekundet sich als Anspruch, der laut wird, *indem* wir auf ihn hören. Das Hören berührt hier einen Moment des „Unhörbaren", das Sprechen einen Moment des „Unsagbaren" und das Handeln einen Moment des „Nichthandelbaren". Wer nur darauf wartet, dass vorgefertigte Antworten zum Weitersagen bereitliegen, der hat nichts zu hören, zu sagen oder zu tun, weil alles schon gehört, gesagt und getan wurde.

In diesem Fall gliche das Hören einem bloßen Wiederhören. Wer hört, spricht oder handelt, ohne zu antworten, der hat ebenfalls nichts zu hören, zu sagen oder zu tun, weil es für ihn nichts zu hören, zu sagen und zu tun gibt. Dasjenige, worauf wir im Hören antwortend eingehen „und was unserem Reden und Tun Gewicht verleiht" (GPhF, 67), erfinden wir nicht. Vielmehr werden wir von ihm gefunden und eingeholt. Beim produktiven und kreativen Antworten geben wir daher etwas, was wir nicht haben, sondern im Geben der Antwort er-finden (vgl. GN, 109).

5.4 Hörbarwerden als Ereignis

„Die Seinsweise von Sichtbarem und Hörbarem
ist grundsätzlich verschieden.
Das Sichtbare verharrt in der Zeit,
das Hörbare hingegen vergeht in der Zeit.
Sehen hat es mit Beständigem,
dauerhaft Seiendem zu tun,
Hören hingegen mit Flüchtigem,
Vergänglichem, Ereignishaftem.
Daher gehört zum Sehen eine Ontologie des Seins,
zum Hören hingegen eher ein Leben vom Ereignis her.“[16]

In allen philosophischen Theorien, die von der Gegenständlichkeit des Seins ausgehen, hat das Hören einen schweren Stand. Denn anders als das Sehen bezieht sich das Hören nicht auf Dinge, die als Substanzen konstant vorliegen, sondern auf Ereignisse. In diesem Zusammenhang stellt Waldenfels fest, dass „unsere Ontologie allzu einseitig vom Optischen her geprägt ist“ (Sschw, 194). Ihm zufolge sähe „[u]nsere „abendländische Ontologie [...] anders aus, wenn sie sich stärker an das Hören und weniger stark an das Sehen angelehnt hätte“ (PhA, 198). Denn aus der starken Fokussierung auf das optische Modell innerhalb der Substanzontologie resultieren folgende Konsequenzen:

> „Dies hat zur Folge, daß man von *etwas* ausgeht, von einer Substanz, die im Raum vorkommt, die bestimmte Eigenschaften aufweist und sich so erst in bestimmte Relationen einfügt. Dieses Etwas tritt *jemandem* gegenüber, der in den Gegenständen Halt sucht.“ (Sschw, 194)

Waldenfels geht es demgegenüber, ausgehend vom Hören, um eine „Ontologie der Ereignisse“, die annimmt, dass im Ertönen nicht nur etwas im inneren Erlebnisraum der Seele geschieht, sondern in der Welt. Demnach wären die impersonalen Wendungen wie „es raschelt“, „es klingelt“, „es donnert“ keine singulären Ausnahmefälle, denen das tätige Subjekt abhandengekommen ist, sondern vielmehr Voraussctzung für alles Weitere (vgl. VR, 194).

Was das Hören kennzeichnet, ist sein Charakter als Ereignis in der Zeit. Denn: „Ein Klang steht nicht vor uns wie ein Baum, ein Haus oder eine Person“ (SK, 162). Vielmehr er-klingen Klänge; sie klingen an, klingen weiter, klingen nach und ver-klingen schließlich wieder (vgl. SK, 162; vgl. LdSt, 195). „Klang entsteht,

16 Welsch, Wolfgang: Auf dem Weg zu einer Kultur des Hörens, in: Bernius, Volker/Kemper, Peter/Oehler, Regina/Wellmann, Karl-Heinz (Hg.): Der Aufstand des Ohrs – die neue Lust am Hören. Reader Neues Funkkolleg, Göttingen 2006, 29–46, hier 38.

dauert, vergeht."[17] Ist er einmal verschwunden, kann der Klang nicht einfach wieder zurückgeholt werden; es kann nur erneut etwas *er*-klingen. Aber auch dieses erneut Er-klingende ist mit seinem An-klang bereits im Vergehen begriffen. Bevor wir uns etwas Hörbarem zuwenden, hat dieses sich bereits *ereignet*.[18] Um dem Hören als Hören auf die Schliche zu kommen, bedarf es einer „akustischen Epoché", in der das Ereignis des Hörbar-Werdens zum Vorschein kommt. Was damit im Zentrum steht, ist die Ereignishaftigkeit des Ereignisses selbst.

Akustische Phänomene sind somit nicht einseitig als intentionale Akte zu begreifen, sondern als etwas, das in der Zeit geschieht, als zeitliche Ereignisse. In welchem Verhältnis Akt oder Aktion und Ereignis zueinander stehen, führt Waldenfels folgendermaßen aus:

> „Ein Ereignis lässt sich unter bestimmten Bedingungen als Akt oder als Aktion verstehen, aber es ist nicht selbst schon ein Akt oder eine Aktion – es sei denn, man ersetzt die Geburt der Hörwelt aus dem Laut durch eine fertige Hörordnung, in der bereits alles seinen Platz hat." (LdSt, 195f.)

Dann würde das Hörereignis allerdings durch eine vorgegebene Ordnung des Immer-schon-Gehörten vollkommen ruhiggestellt werden. Vor dem Hintergrund einer fertigen Hörordnung ist dann gar nichts Neuartiges mehr zu hören. Hören wäre auch hier nichts anderes als bloßes Wiederhören.

Waldenfels weist in diesem Zusammenhang daraufhin, dass Husserl die impersonalen Wendungen wie „es raschelt" oder „jemand klingelt" noch im Sinne von „unbestimmt gerichtete Intentionen" (LdSt, 196) denkt, deren Ziel bereits mitgesetzt ist. In Abgrenzung dazu begreift Waldenfels die Ereignisse des Lautwerdens jedoch „als Anstöße und Anregungen, aus denen Sinn gewonnen wird, der nicht schon vorgegeben ist" (LdSt, 196) und sich selbst daher jenseits von Intention, Sinn und Regel befinden. Mit dem Zeit- und Ereignischarakter des Hörereignisses geht eine eigentümlich *„appellative Struktur"* einher, die darin besteht, dass etwas, das hörbar wird, zu etwas auffordert:

17 Straus, Erwin Walter: Vom Sinn der Sinne. Ein Beitrag zur Grundlegung der Psychologie, Berlin 1956, 400. Den Klang bezeichnet Straus als „Zeitgeschöpf" schlechthin. Ebd.

18 „Die Möglichkeit des Wieder-sehens wird im Alltag als selbstverständlich hingenommen. Mit ebensolcher Selbstverständlichkeit aber wird die Unmöglichkeit des Wieder-hörens akzeptiert. [...] Weil Hörbares vergeht, während das Sichtbare besteht, bringen wir, wenn alles abgesprochen ist, einen Vertrag zu Papier und zeichnen ihn mit unserer Unterschrift. [...] Das Sehen also ist der Sinn der Identifizierung und Stabilisierung". Im Gegensatz dazu ist das Hören „der Sinn der Flüchtigkeit, der Bewegung und Vorläufigkeit. [...] Im Sehen erfassen wir das Skelett der Dinge, im Hören ihren Puls." Straus, Vom Sinn der Sinne, 398. Im Sichtbaren zeigt sich „das Beharrende, im Hörbaren das Aktuelle". Ebd., 402.

„Der Aufforderungscharakter tritt im Gehörten besonders markant hervor, da Klänge und Geräusche auftauchen und verschwinden, anschwellen und verebben, aber sich nicht annähern und entfernen wie eine sichtbare Gestalt. Ich höre etwas nicht gleichermaßen kommen, wie ich etwas kommen sehe. Es gibt eine Provision, aber im eigentlichen Sinne keine Proaudition." (AR, 490)

Es ist dieser auffordernde, weder planbare noch kontrollierbare Ereignischarakter akustischer Phänomene, der es ermöglicht, dass altvertraute Hörgewohnheiten durchbrochen werden und dass noch nicht Bekanntes, Anderes und Neuartiges in die Hörwelt eintreten kann. Das appellativ verfasste „Zu-Etwas", das mich an-spricht und auffordert, verwandelt sich erst durch Wiederholung in ein vertrautes, identifizierbares „Etwas", das ich als etwas höre (vgl. AR, 491).

Die spezifische Zeit- und Ereignisstruktur, die akustische Phänomene charakterisiert, ist beim Hören stärker ausgeprägt als beim Sehen (vgl. AR, 489). Erwin Straus macht in diesem Zusammenhang auf die sprachliche Auffälligkeit aufmerksam, dass „die Farbe meist durch ein Adjektiv (das Meer ist grün), der Klang durch ein Verbum (das Meer rauscht), bezeichnet [wird]"[19]. Und er fährt fort: „Selbst dann, wenn Geräusche gleichmäßig fortdauernd noch im Dunkeln vernehmbar sind, verlieren sie nicht den Charakter der Äußerung und des zeitlichen Geschehens. (Der Bach murmelt, der Motor dröhnt.)"[20] Im Gegensatz zu Farben haften Klänge nicht an Gegenständen (vgl. PhA, 198).[21] Prägnant formuliert Straus: „Die Farbe ist ein Attribut der Dinge, der Klang ihre Äußerung"[22]. Insofern wurde das Sehen gemeinhin auch als „der Sinn der Identifizierung und Stabilisierung"[23] bezeichnet, demgegenüber die Hörereignisse üblicherweise als wahre „Zeitgeschöpfe"[24] galten. Zwar gehört zu jedem Klang ein Herkunftsort, eine Schallquelle, wo dieser erzeugt wird, sowie auch ein Klangkörper, etwa der Sprechapparat, der ihn transportiert. Dennoch kann die Schallquelle selbst nicht gehört werden. Genauso „sind Töne und Klänge nicht dingfest zu machen" (PhA, 198). Der Klang erscheint selbst eigentümlich ortlos. Insofern hat das bloße Hören „keine identifizierbare Hörquelle"; das „Wo" des Hörens ist nicht identifizierbar. Darin besteht das Störende und Überraschende von Hörbarem. „Töne und Geräusche werden nie seßhaft." (AR, 490)

In der philosophischen Tradition wurde daher oftmals einseitig das Sichtbare dem Raum und das Hörbare der Zeit zugeordnet. Diese These wird von

19 Straus, Vom Sinn der Sinne, 389.

20 Ebd.

21 So auch Erwin Straus: „Während die Farbe am Gegenstand haftet, ist der Schall von der Schallquelle ablösbar." Straus, Vom Sinn der Sinne, 389.

22 Straus, Vom Sinn der Sinne, 389.

23 Ebd.

24 Vgl. ebd., 400.

Waldenfels vielfach kritisiert.[25] So stellt er heraus, dass man eine solche dichotomische Einteilung nicht *zwingend exklusiv* vornehmen muss, um festzustellen, dass der Hörsinn auf bevorzugte Weise einen zeitlichen Bewegungssinn darstellt (vgl. Ssch, 74). Die zeitliche Tonfolge mit ihren verschiedenen Rhythmen drängt den Hörsinn förmlich zur aktiven „Mitbewegung". Waldenfels stellt mit Bezug zu Straus fest: „Wenn das Hören einen Stand gewinnt, so nur *in* der Bewegung, nicht am Anfang oder am Ende einer Hörfolge." (Ssch, 74) Ohne eine solche „Mitbewegung" gäbe es keine Tonfolge. Dennoch hat die besondere Beziehung, die das Hören zur Zeit einnimmt, für Waldenfels andersherum nicht automatisch zur Folge, dass dem Hören keine besondere Beziehung zum Raum eignet, im Gegenteil:

> „Der Ton oder das Geräusch kommen irgendwoher, und dies ist die Weise, wie sie sich von einem Hintergrund des Mitgehörten und einer hörbaren Stille abheben und wieder in sie zurücksinken. Der Ton, der nirgendwoher käme, würde einem Sphärenklang zugehören, der überall und nirgends und somit im leiblichen Sinne nicht mehr hörbar wäre […]". (AR, 490)

Wenngleich der Klang selbst keinen identifizierbaren Ort hat, so kommt er doch aus einer bestimmten Richtung (vgl. LdSt, 197). Klänge verkörpern sich: „Das Anschwellen und Abebben, das Sichausbreiten und Sichzusammenziehen der Klänge lässt […] Klangräume entstehen." (KE, 24) Das Hörereignis generiert von sich aus einen eigenen Raum, und zwar „indem es – nach Art eines akustischen Re-entry – darin seine Spuren hinterlässt" (LdSt, 197). Waldenfels spricht mit Bezug auf Heidegger daher von einem eigenen „*Zeit-Raum*" (LdSt, 197), den das Hörereignis herausbildet. Auf die Frage, wie die zeitliche und räumliche Dimension des Hörens ineinandergreifen, soll an späterer Stelle noch näher eingegangen werden.[26]

25 So Waldenfels mit Bezug auf Hegel in DG, 97. Vgl. auch VR, 194.
26 Vgl. unten Kapitel 5.6.6.

5.5 Einbrüche des Pathischen

„Sehend erblicken wir irgendetwas,
nah oder fern von uns,
über einen Abstand hinweg.
Im Hören fällt das Moment des Abstandes fort. '
Ob fern oder nah,
identifizierbar als ein Rascheln, Läuten,
Ton einer Geige oder eines Saxophons –
Ton dringt ein, ohne Abstand.“[27]

In seinen *Bruchlinien der Erfahrung* unterzieht Waldenfels die Husserl'sche Intentionalitätslehre einer tiefgreifenden Revision durch das Pathische, womit sich die herkömmlichen Koordinaten der Erfahrung und auch des Hörens grundlegend verschieben. Dazu wählt er eine indirekte Vorgehensweise, indem er zunächst einen Umweg über das Bedeuten und Begehren einschlägt, die er in die Sphäre des Pathischen stellt. Denn Waldenfels erwartet die „Erneuerung einer Macht des Pathischen [...] nicht von einer affektiven Intentionalität [...], die sich den kognitiven und praktischen Bestrebungen und Regelungen als sozusagen dritte Kraft beigesellt“ (BE, 22). Vielmehr leitet seine Ausführungen die Erwartung, dass sich das Pathische als eine spezifische Modalität offenbart, das heißt, „als die Art und Weise [...], in der wir auf das ansprechen, was wir meinen und erstreben, was wir verstehen und behandeln“ (BE, 22).

Im Gegensatz zu Husserl begreift Waldenfels Intentionalität als unauflösbares Ineinander von Bedeuten *und* Begehren (vgl. BE, 22–27). Denn beiden liegt eine sogenannte „repräsentative“ bzw. „regulative Differenz“ zugrunde (BE, 34; vgl. BE, 225). Während die „repräsentative Differenz“ besagt, dass etwas *für* etwas anderes steht, richtet sich bei der „regulativen Differenz“ etwas *nach* etwas. Darüber hinaus liegt dem „Bedeuten“ die bereits erwähnte „signifikative Differenz“ (BE, 28–30) zugrunde, wonach etwas *als* etwas, das heißt in einem bestimmten Sinn erscheint. Im Fall des „Begehrens“ spricht Waldenfels von der sogenannten „appetitiven Differenz“ (BE, 42; vgl. BE, 390), der zufolge etwas *in* etwas anderem gesucht, das heißt auf ein bestimmtes Ziel hin erstrebt wird (vgl. BE, 27).

Inwiefern nun beides – Bedeuten und Begehren – in der Intentionalität miteinander verbunden ist, führt Waldenfels auf folgende Weise aus:

> „Das, wonach wir streben, läßt sich *als* gut oder lustvoll explizieren, ohne daß diese Qualitäten einer entsprechenden Vorstellung entspringen. Das Woraufhin ist kein Was, aber es läßt sich als solches betrachten. Umgekehrt fungiert das, was wir zu erkennen versuchen, als Ziel eines Wissensstrebens, ohne daß die Gültigkeit der

27 Plessner, Helmuth: Zur Anthropologie der Sinne (Gesammelte Schriften, Band III), Frankfurt a.M. 1980, 344.

Erkenntnis aus der Neugier oder aus dem Nutzenkalkül hergeleitet werden kann.“ (BE, 54)

Waldenfels geht es um den Aufweis einer Engführung, die das Husserl'sche Konzept von Intentionalität mit sich führt, und zwar in zweierlei Hinsicht. Er macht zum einen die Engführung an einem Prozess der Normalisierung fest, wonach die Intention eine Regelstruktur annimmt und sich nicht nur auf etwas, sondern auch nach etwas, genauer nach einer Regel, richtet. Waldenfels sieht zum anderen ein Defizit darin, dass Husserl die zweite Seite der Intention, die darin besteht, dass jenes „Was“ des Erstrebens ein „Woraufhin“ bedeutet, also das Ziel des Strebens meint, in einen Erfüllungszusammenhang stellt, wonach sich das intentionale Geschehen im Schema von Fülle und Leere abspielt (vgl. BE, 26). Waldenfels versucht die einseitige Engführung der Intentionalität durch ein pathisches Gegengewicht aufzusprengen, das mit dem Vorgang des Getroffenseins „ein perfektivisches Moment, ein Moment zeitlicher *Vorgängigkeit*“ (BE, 56) ins Spiel bringt. Als solches umfasst das Pathos dasjenige, was uns widerfährt, zustößt oder anspricht, und sowohl der strukturellen Seite („Bedeuten“) als auch der dynamischen Seite („Begehren“) von Intentionalität immer schon vorausgeht.

5.6 Bruchlinien des Hörens

Waldenfels entwickelt einen Erfahrungsbegriff, der die Bruchlinien, Risse, Spalten und Sprünge von Erfahrung herausstellt, welche sich weder durch intentionale Regelstrukturen noch durch normative Zielvorgaben bändigen lassen. In diesem Sinne ist Erfahrung kein intentionaler Akt, der sich einfach herstellen ließe. Erfahrung wird nicht „gemacht“, sondern erlitten oder – alltagssprachlich ausgedrückt – „durchgemacht“ (vgl. GdN, 173). Als solche erweist sie sich als „brüchige Erfahrung“ (BE, 9), wie Waldenfels auf folgende Weise veranschaulicht: Die Erfahrung

> „ist gebrochen wie eine Linie, die einen Knick macht, wie eine Welle, die sich am Felsen bricht, wie ein Lichtstrahl, der sich in einem fremden Medium spiegelt, wie eine Farbe, die eine gebrochene Tönung annimmt, wie eine Stimme, die einen Bruch erleidet, wie die Frakturschrift alter gotischer Lettern, die voneinander Abstand nehmen, wie das gebrochene Deutsch eines Anfängers oder wie eine gebrochene Zahl, die nicht aufgeht“ (BE, 9).

An dieserart Bruchkanten kann jederzeit Neues, Anderes, ja Fremdes unvorhergesehen und plötzlich inmitten der Erfahrung einbrechen.

Waldenfels' „Phänomenologie einer gebrochenen Erfahrung“ (BE, 2) besteht im Wesentlichen aus den zwei Leitmotiven „Pathos“ und „Diastase“, mit denen eine Reihe gewohnter Distinktionen infrage gestellt werden. Dies betrifft nicht nur die Annahme einer vollkommen fugen- und lückenlosen Ordnung. Darüber hinaus untergraben die beiden Leitmotive eine Reihe von bestimmten Erkenntnisgewinnen, die der modernen Philosophie entstammen. Insbesondere das Pathos bildet den Gegenpol zur Position eines singulär aus sich selbst heraus bestimmten, autonomen Subjekts.

Die Diastase widersetzt sich unterdessen einem Vernunftdenken, das seine ordnende Kraft einzig in der Synthesis, Komposition und Einheit entfalten kann. Das heißt für Waldenfels auch, dass der transzendentalphilosophische Ansatz, wonach die Erfahrung sowohl transsubjektiven Möglichkeitsbedingungen als auch universalen Geltungsregeln unterworfen ist, nicht weit genug greift (vgl. BE, 10).

Genau an dieser Stelle brechen die beiden genannten Leitmotive – Pathos und Diastase – gewohnte (Regel-)Ordnungen auf: Denn jedes Pathos trägt Spuren des Unmöglichen und Nicht-Ermöglichten mit sich. Da eine solche pathische Erfahrung in einen schlichten Empirismus abdriften würde, wenn wir von etwas ausgingen, das den Bedingungen der Erfahrung vorausgehen würde, betont Waldenfels, dass es vielmehr die Erfahrung selbst ist, die sich vorausgeht (vgl. GPhF, 67). In diesem Fall kommt es auf das zweite Leitmotiv – die Diastase – an. Erfahrungen sind von einer zeit-räumlichen Verschiebung gekennzeichnet, und zwar als Bruch zwischen dem, was uns in Form einer unausweichlichen Vorgängigkeit anspricht, widerfährt, trifft, affiziert, und dem, was wir darauf in einer ebenso unüberwindbaren Nachträglichkeit, antworten (vgl. BE, 10). Zwischen Pathos und Response, zwischen Widerfahrnis und Antwort klafft ein Hiatus, der sich nicht schließen lässt. Was aber genau bedeutet dies hinsichtlich des Hörphänomens?

5.6.1 Akustische Störung als Exempel starker Erfahrungen

Waldenfels geht es darum, die pathischen Momente von Intentionalität herauszustellen, wenn er zwischen *starken* und *schwachen* Formen von Erfahrung unterscheidet (vgl. BE, 30f.). Während sich die *schwache* Form von Erfahrung auf bereits vorhandenes Datenmaterial stützt, das unsere vorausgegangenen Entwürfe und Annahmen entweder bestätigt oder widerlegt, kennt die *starke* Form von Erfahrung Widerfahrnisse, aus denen wir verändert hervorgehen. Im Extremfall führt die *schwache* Erfahrungskonzeption zu festen Klischees, Schablonen und Stereotypen, die sich wie ein Deckmantel über unsere Erfahrung werfen. Das „als etwas" der Erfahrung erstarrt dann zu einem bestimmten „etwas", weil sich die Differenz zwischen dem, was erscheint, und der Art und Weise, wie etwas erscheint, auflöst. In diesem Fall bewegen wir uns immer schon auf der Ebene von bereits Gehörtem, von gewohnten Hör-Codes und festen Hörvorlagen. Hören erschöpft sich dann in einem bloßen Wiederhören. Was sich hier im Kleinen ereignet, hat nicht geringe Auswirkungen, wie Waldenfels zu bedenken gibt:

> „Was sich in kleinformatigen Klischees und Stereotypien vollzieht, bildet den Kern für eine Stereotypisierung im Großen. Die Welt verwandelt sich in ein ‚Weltbild', in ein ‚stahlhartes Gehäuse' oder in ein flexibles Netzwerk. Daraus gibt es kein Entrinnen, wenn das, was ist, mit seinem Vor- und Hergestelltsein zusammenfällt, wenn das, was sich zeigt, sich mit seinem Sinn deckt." (BE, 31)

Dem stellt Waldenfels die *starke* Form von Erfahrung gegenüber, die den Störungen, Überraschungen und unvorhergesehenen Zwischenfällen sowie auch dem „produktiven Zufall" (BE, 30) ein höheres Gewicht verleiht.

Eine solche Form *starker* Erfahrung lässt sich mit Waldenfels anhand akustischer Störungen beispielhaft veranschaulichen: Ein plötzliches Jaulen etwa, das mich aufschrecken lässt und meine Ruhe stört, dringt unerwartet in mein Gehör ein, und zwar bevor ich es *als* Jaulen eines Hundes identifiziert, verstanden und schließlich – beispielsweise durch das Schließen des Fensters – „abgewehrt" habe. Dass dieserart Störungen auch gezielt und über die Grenze unserer Störanfälligkeit und Abwehrmöglichkeit hinaus hervorgebracht werden können, zeigen zum Beispiel Foltermethoden, wie sie akustisch etwa über ein monoton erfolgendes Tropfgeräusch ausgeübt werden können (vgl. BE, 33).

In diesen Fällen schiebt sich zwischen die vorgängige Störerfahrung und die nachträglich erfolgende Interpretation *als* Störung ein Bruch. Störung meint somit keineswegs eine wie auch immer geartete Kollision mehrerer Intentionen, sondern vielmehr dasjenige, was quer zu den Intentionen steht, was sie aus der Reihe springen lässt und sich ihnen in den Weg stellt (vgl. BE, 30–34). Dasjenige, was als Widerfahrnis uns entgegentritt, uns zustößt, affiziert und im äußersten Fall schockiert, überwältigt, ohnmächtig werden lässt, betäubt oder gar vernichtet, erweist sich dabei in einem emphatischen Sinne „als *bedeutungs-los* oder *belang-los* [...] oder als *über-bedeutend*" (BE, 33), weil es sich nicht in die gewohnten Regelordnungen und Sinnerwartungen einfügen lässt.

> „Das Pathos, das hier inmitten des intentional gerichteten und geregelten Geschehens auftaucht als ein *être sauvage*, zeigt, daß etwas, das als etwas aufgefaßt und gedeutet wird, *mehr* oder *weniger* ist, als das, was es bedeutet. Es zeigt sich jeweils mehr und anderes, als sich sagen läßt." (BE, 33)

Das Pathos, das nicht intentional konstituiert ist, ist den alltäglichen Erfahrungen eingeschrieben und lässt sie zu *starken* Erfahrungen werden.

Anhand der Störungen, in denen der gewohnte Gang der Erfahrung verlassen und der vorgegebene Erwartungs- oder Bedeutungsrahmen gesprengt wird, lässt sich zeigen, dass etwas, das als etwas Bestimmtes intendiert wird, mehr darstellt als einen Träger desjenigen Sinns, der dieser Intention erwächst (vgl. BE, 54). Die signifikative Differenz, wonach etwas als etwas erscheint, lässt sich demnach nicht in eine Synthese überführen. Sie selbst ist in diesem Sinne „bedeutungslos". Auch im Fall des Begehrens kann anhand von Störungen, Verlangsamungen und Irritationen festgestellt werden, dass etwas, das in einem bestimmten Zielobjekt angestrebt wird, in sich selbst vollkommen „*ziel-los*" (BE, 54) ist. Auch die „appetitive Differenz", wonach etwas in etwas anderem gesucht wird, widersetzt sich deshalb einer Synthese. Dasjenige, was in einer bestimmten Bedeutung erscheint, *ist* nicht, was es bedeutet. Genauso *ist* dasjenige, was in einem anderen erstrebt wird, nicht, was erstrebt wird. Es sind dementsprechend die „signifikative" und „appetitive Differenz", welche das Geschehen von Begehren und Bedeuten offenhalten (vgl. BE, 55).

5.6.2 Pathos des Hörens

Hören beginnt damit, „daß etwas zu Gehör kommt, daß etwas unser Ohr trifft" (PhA, 190). Der Anfang des Hörens liegt damit nicht in einer Aktivität, die vom Subjekt selbst ausgeht, sondern in einem Widerfahrnis, das dem Subjekt unausweichlich zustößt. Erwin Straus stellt in diesem Zusammenhang Unterschiede fest zwischen dem Vernehmen eines Glockenschlages und dem Blick auf die Uhr:

> „Darin unterscheidet sich das Vernehmen des Glockenschlages vom Blick auf die Uhr, daß wir im Erlebnis uns sehend dem Sichtbaren aktiv zuwenden, vom Klang dagegen erfaßt und bezwungen werden. Wir werfen einen Blick auf etwas, fassen etwas ins Auge, lassen unseren Blick auf etwas ruhen, aber wir folgen einem Ruf, müssen uns etwas sagen lassen, nehmen jemand in's Verhör."[28]

Das aktive Verb „hören" gibt also eine Tätigkeit vor, die ihm im Grunde gar nicht von Anfang an zukommt. Denn Hören beginnt nicht bei sich selbst, so Peter Darbrock in Anlehnung an Waldenfels, sondern „im Woher des ergangenen Anspruchs"; die hörende Wahrnehmung ist „konstitutiv ex-zentrisch [...] verfasst"[29].

Insofern kommt gewissermaßen nicht nur das, was gehört wird, sondern auch das Hörereignis selbst aus der Ferne. Das Gehör ist immer schon außer sich. Tritt ein unerwartet ertönender Schrei oder ein plötzliches Donnern auf, wird das Gehör angeregt, geweckt und alarmiert bis dahin, dass es in „einen „Hörschock oder einen Hörsturz" (SK, 164) versetzt werden kann. Im Falle solcher Schockwirkungen „taucht etwas auf, das uns zufällt, zustößt, bevor es als etwas aufgefaßt, verstanden oder abgewehrt wird" (BE, 33). Der schrille Ton, der als Störung auftritt, darf dabei nicht mit der nachträglichen Deutung dieses Tons zum Beispiel *als* Klang einer Türklingel verwechselt werden.[30] Vielmehr

28 Straus, Vom Sinn der Sinne, 402.

29 Dabrock, Peter: Antwortender Glaube und Vernunft. Zum Ansatz evangelischer Fundamentaltheologie, Stuttgart 2000, 252f.

30 Was in der „Normalisierung" allerdings ständig geschieht.

übersteigt das Widerfahrnis alle gewohnten Ordnungen, Erwartungen und Regelungen des Hörens. Zwar sind wir auch im Falle solcher plötzlichen Störungen am Hörgeschehen beteiligt, jedoch „nicht als Agenten, die das Spiel initiieren und lenken, sondern als *Patienten* im buchstäblichen Sinne dieses Wortes" (SK, 165).[31] Patient bedeutet seinem lateinischen Wortsinn nach „der Leidende", womit die passivische Dimension des Er-leidens[32] nochmals hervorgehoben wird.

Hinter dem Begriff des „Pathos" stehen „Widerfahrnisse, die uns zustoßen, uns zuvorkommen, uns anrühren und verletzen, keine Grundschicht also, sondern ein Geschehen, in das wir wohl oder übel und auf immer verwickelt sind" (BE, 9).[33] Pathos bezeichnet etwas, das uns „trifft", ohne dass wir es vorhersehen oder planen könnten (vgl. BE, 15). Waldenfels verweist in diesem Zusammenhang unter anderem auf Heidegger, der in seinen *Beiträgen zur Philosophie* Erfahrung als „Af-fektion" versteht, das heißt als dasjenige, das uns an-geht, an-ruft und uns an-getan wird (vgl. GN, 44). Darüber hinaus kann die Bedeutung von Pathos auch ins „Widrige" übergehen. Dies ist dann der Fall, wenn etwas nicht bloß ohne unser Zutun oder gegen unsere Erwartungen eintritt, sondern auch gegen unser Wünschen (vgl. BE, 15). Dieses Widrige kann bis zur emphatischen Form des unglücklichen Leidens und seiner gesteigerten Form der Leidenschaft gehen (vgl. Hyph, 242).

Wie alle Erfahrung gründet auch das Hören in einer radikalen *Passivität.* Töne sind Ereignisse des Hörens, die plötzlich von anderswoher auf uns zukommen und in unser Ohr dringen. Waldenfels spricht daher auch von einem hörenden Selbst anstatt von einem hörenden Subjekt (vgl. PhA, 188). Im Ereignis des Hörens kommt die Hörende oder der Hörende nicht im Modus des Nominativs, sondern im Modus des Dativs und des Akkusativs ins Spiel. Die bisher geläufige „Ich-Perspektive" wandelt sich zu einer „Mir-" oder „Mich-Perspektive", in welche die bzw. der Hörende förmlich involviert ist (PhA, 188). In diesem Sinne gilt: *Mir* kommt *etwas* zu Ohren. *Mich* lässt dieses oder jenes Geräusch erschrecken.

Das Ereignis des Hörens beginnt nicht mit intentionalen Akten von Subjekten, sondern mit Widerfahrnissen von Adressaten. Etwas ereignet sich, wenn das

31 „Das Erfahrungssubjekt wird […] nicht einfach durchgestrichen, sondern lediglich pathischer gefasst." Espinet, Lied der Erde, 300.

32 Schreiber, Hans-Ludwig: „Pathos", in: LThK, Band 7, Freiburg i.Br. [3]1998 (Sonderausgabe 2006), 1458.

33 Aus dem Griechischen übersetzt bedeutet Pathos ursprünglich „Leiden" oder auch „Leidenschaft", Widerfahrnis. Im 17. Jahrhundert wurde es mehr und mehr als „übertriebener Gefühlsausdruck" verstanden. Vgl. Kluge, Friedrich: Etymologisches Wörterbuch der deutschen Sprache, Berlin 1999, 617. Vgl. zu kulturwissenschaftlichen Implikationen des Begriffs die Beiträge in: Busch, Kathrin/Därmann, Iris (Hg.): „Pathos". Konturen eines kulturwissenschaftlichen Grundbegriffs, Bielefeld 2007.

Ohr aufmerkt. Mit Bezug auf Karl Bühler spricht Waldenfels deshalb auch von einem „Adressendativ" (AR, 589; vgl. auch PhA, 40f.). Diese passivische Ereignishaftigkeit lässt deutlich werden, dass das Hören „anderswo beginnt und deswegen stets Züge einer fremden Eingebung an sich trägt" (GPh, 45). Waldenfels erinnert in diesem Zusammenhang daran, dass seit Friedrich Nietzsche und Sigmund Freud dem berühmten „Cogito" ein „*es* denkt" gegenübergestellt wird (vgl. TF, 32; vgl. VM, 17). Waldenfels führt aus: „Ein Gedanke *kommt*; ob etwas daraus wird, hängt von vielen Faktoren ab, doch ist der Ausgangspunkt etwas *vor* Objekt und Subjekt." (EuE, 175)[34] Das anonyme „Es" verweist darauf, dass jenes, was gedacht wird, weder vorhersehbar noch handhabbar ist. Der Gedanke kommt auf mich zu, widerfährt mir und wird nicht von mir selbst hergestellt. In diesem Sinne ist auch das Hören als eine Erfahrung zu verstehen, die sich nicht einfach „herstellen" oder „machen" lässt (vgl. TF, 19).

Waldenfels bestimmt das Pathische nicht bloß als eine Komponente unter vielen, die der Erfahrung anhaftet, vielmehr „sitzt es im Herzen der Erfahrung wie die Unruh in der Uhr" (SK, 325). Die Erfahrung lebt geradezu davon, dass uns etwas beunruhigt, zustößt und anspricht. Das Pathos ist somit der Quellgrund aller Erfahrung schlechthin. Wir haben, so Waldenfels, auch „unser Gehör nicht in der Hand [...] wie einen Telephonhörer, den wir widrigenfalls auflegen" (SK, 164). Denn wir sind dem, was uns zu Gehör kommt, unausweichlich ausgesetzt. Auf diese Weise wird die Verletzlichkeit offenkundig, die mit dem Hören untrennbar verbunden ist.

Auch in Bezug auf das Hören durchbricht das Moment des Pathischen eine Reihe von liebgewonnenen Distinktionen. Denn die Passivität, die dem Hören eigen ist, folgt etwa nicht dem geläufigen Schema von Aktion und Passion. Waldenfels' Ansatz bei der dativischen Struktur des „Mir" setzt vielmehr bei einer „Urpassivität" an, die der phänomenologischen Unterscheidung zwischen Tun und Leiden, zwischen Rezeptivität und Spontaneität vorausliegt (vgl. DG, 299; vgl. PhA, 41). In diesem Sinne kann Waldenfels, mit Rekurs auf Husserl, von dem, was uns (im Hören) widerfährt, als ein „*Ichfremdes*" sprechen, bei dem sich Eigenes und Fremdes miteinander verschränken und nicht trennen lassen (vgl. SR, 109). Die „Urpassivität", die in das Ereignis des Dialogs einfällt (vgl. AR, 246), erschüttert förmlich den so häufig vorausgesetzten Primat der Aktion vor der Passion des Hörens sowie einer dementsprechenden Bevorzugung des Sprechens vor dem Hören. Die Eigenart des Hörens gründet in einer Urpassion, welche ebenso dem Sagen zugrunde liegt und seine Aktivität nicht beschränkt.

34 Waldenfels betont, dass man in Bezug auf Kants Begriff der Freiheit von einer responsiven Freiheit sprechen kann, das heißt: Wir fangen durchaus selbst an, jedoch von woanders her. Das Subjekt wird im hörenden „Selbst" nicht eliminiert (vgl. EuE, 175).

Ein Hören, das nicht bei sich selbst beginnt, kann in Anlehnung an Waldenfels als ein „begehrendes Hören" begriffen werden. „Dabei handelt es sich [...] nicht bloß um ein Streben, das auf den Logos hört wie auf die Stimme seines Herrn (vgl. Nik. Ethik I, 13), sondern um ein herrenloses Streben, das auf einen fremden Logos hört." (AR, 347) Das begehrende Hören steht also auf pathischem Grund. Wer dem Pathos des Hörens dagegen von Beginn an „[...] Etwas oder Jemanden, einen Träger, einen Urheber oder auch einen Partner unterschiebt, überspringt die lebendige Erfahrung und fällt ihr ins Wort, bevor sie zur Sprache kommt" (Hyph, 363f.). Aktiv kann nur etwas (wieder-)gehört werden, das bereits bekannt ist (vgl. SLL, 19–35).

Ein neuartiges Hören, das vom Gewohnten abweicht, kann unterdessen nicht als intentionaler Akt gedacht werden, der sich auf das bezieht, was schon vorhanden ist. Vielmehr beginnt neuartiges Hören damit, dass etwas zu Gehör kommt, ins Ohr dringt, uns einfällt. Das pathische Moment legt frei, dass wir im Ereignis des Hörens „[...] *von etwas* getroffen sind, und zwar derart, daß dieses Wovon weder in einem vorgängigen Was fundiert, noch in einem nachträglich erzielten Wozu aufgehoben ist" (GPhF, 43).[35] Erst dann tritt Neues ins Hörfeld, das unerwartet hörbar wird, unser Ohr „überfällt" und das hörende Selbst in Erschrecken und Erstaunen versetzt. In diesem Sinne kann mit Bezug auf Waldenfels auch von Momenten eines *tremendum* und *fascinosum* gesprochen werden, die das Ereignis des Hörens unaufhörlich begleiten (vgl. Ssch, 126).

Hören hat etwas von Einbrüchen, von Einfällen und Zufällen, die kommen, wann und wie sie wollen. Hören öffnet somit für das Überraschende und Irritierende, für das Erschreckende und Fremde. Hören ist nicht einfach symmetrisch. „Hörend sind wir nie völlig hier, hörend sind wir nie ganz und gar bei uns selbst." (SK, 168) Insofern hat Hören stets etwas von einer uneinholbaren *Nachträglichkeit.* In gewisser Weise entgleitet sich das Hören selbst. Das Hören kommt immer schon zu spät.

5.6.3 Response des Hörens

Das pathische Moment stellt nur einen Teil des Hörens dar. Den zweiten Part bildet die Antwort, die ich gebe, *indem* ich etwas höre, das mir zu Ohren kommt. Das, *worauf* ich höre, wandelt sich nun in etwas, das ich höre. Indem das *Wovon* des Pathos in ein *Worauf* des Antwortens übergeht, wird das Pathos zur Response (vgl. SK, 165). Erst jetzt gehen wir in Form von Begreifen, Deuten, Lokalisieren, Begründen antwortend auf das ein, was uns im Ereignis des Hörens widerfahren

35 Hier unterscheidet Waldenfels „verschiedene Formen des Pathos [...], solche episodischer und chronischer Art, solche, die auf ‚vulkanische', und solche, die auf ‚neptunische' Weise wirken. Hinzu kommen verschiedene Intensitätsgrade; als Leidenschaft erreicht das Pathos eine Form der Steigerung, die alles in Mitleidenschaft zieht." (GPhF, 43)

ist (vgl. SK, 165). In diesem Fall kommt der Patient als Respondent „auf das zurück, was im Widerfahrnis seiner Initiative zuvorkommt" (SK, 165). Waldenfels spricht auch von einem „passiven Vor-Status des sogenannten Subjekts" (GPhF, 73), von dem aus der Patient in den „Status eines *Respondenten*" (GPhF, 73) übergeht, der auf das antwortet, was ihr und ihm widerfährt.

Das Hören erhält im Sinne eines Hörens *von etwas* eine intentionale Struktur, wobei es als responsives Hören *auf etwas* stets anderswo beginnt (vgl. PhA, 188). In diesem Sinne gilt, dass auch „das intentionale Hören *von etwas* anhebt als ein responsives Hören *auf etwas*, als Aufhorchen oder Hinhören, das geweckt wird, das auf Aufforderungen eingeht und nicht eigenmächtig erzeugt wird" (PhA, 188). Ich höre auf das, was mich anspricht, ich wehre mich gegen den Schrei, der mir zu Ohren kommt, indem ich sie mir zuhalte. Die pathische Struktur des Hörens geht in eine intentionale Struktur über. *Was* wir hören, das können wir nur in der Antwort sagen, wobei auch dieses Sagen im Hören gründet, und zwar in der Weise, wie sich auch das Hören zu einem antwortenden Hören wandelt (vgl. SK, 165f.). „Das Antworten auf etwas, das uns anruft und auffordert, beginnt mit dem Hören. Etwas läßt uns aufhorchen und führt zu einem ‚antwortenden Hinhören'." (AR, 490) Erst im Antworten auf das, wovon unser Ohr getroffen ist, kommt das, was unser Ohr trifft, als solches zum Vorschein (vgl. BE, 59).

Waldenfels begreift das Antworten vom Pathos oder vom Getroffensein her, und zwar „in der *Nachträglichkeit* eines Tuns, das nicht bei sich selbst, sondern beim anderen beginnt, als eine Wirkung, die ihre Ursache übernimmt" (BE, 59). Antworten setzt nicht mit dem Sprechen, sondern mit dem (Hin-)Hören an. Der Respondent erweist sich primär als Patient, das heißt als der, dem etwas unausweichlich widerfährt (vgl. BE, 59). Waldenfels führt in diesem Zusammenhang weiter aus:

> „Diese Verzögerung läßt sich niemals aufholen; um sie aufzuholen, müßte ich mein eigenes ‚Vor-Sein' aufholen, obwohl dieses unauflöslich mit fremden Einwirkungen verquickt ist. Hier liegt auch der Grund dafür, daß das Antworten auf keine Antwortmöglichkeit zurückzuführen ist, etwa auf eine Rezeptivität, die für geeignete Aufnahmebedingungen sorgen würde. Widerfahrnisse zeichnen sich dadurch aus, daß die jeweils erlittene Wirkung ihre Möglichkeiten übersteigt." (BE, 59)

Hörend antworten wir auf das, was unser Ohr anrührt, bevor wir etwas *als etwas* Hören. Was uns im Hören zustößt und worauf wir im Hören antworten, geht demnach „überkreuz, ohne daß je eines sich mit dem anderen deckt" (SK, 166). In Anlehnung an Waldenfels' Begriff der „gebrochenen Erfahrung" kann das Hören gewissermaßen als ein gebrochenes Hören bezeichnet werden (vgl. SK, 166). Wir beginnen im Hören stets anderswo.

Wie Waldenfels in Bezug auf ein antwortendes Sehen herausstellt, entscheidet sich auch beim Hören alles an dem Gerundivum. Denn dieses „übersteigt jeden Indikativ, der anzeigt, was ist; er übersteigt jeden Potentialis, der angibt, was sein kann; er reicht auch weiter als jeder Imperativ, der sich auf eine Instanz beruft, die gebietet, was sein soll, oder verbietet, was nicht sein darf" (Ssch, 131). Das Gerundivum zeigt vielmehr einen An-spruch an, in dem der fremde Klang ins Gehör eindringt und auf den wir antworten. Dementsprechend bezeichnet Waldenfels ein Hören, Sprechen und Handeln, das anderswo beginnt, als Antworten (vgl. SR, 150). Dabei stellen auch das Weghören und Überhören Formen des Antwortens dar. Ein intentional gerichtetes Hören gibt es nur in der Ordnung des Gehörten und des Wiederhörens.

5.6.4 Der Hörer als Patient und Respondent

„Zwischen dem Wem-Status des ‚Patienten', dem etwas zustößt oder zufällt, und dem Wer-Status dessen, der darauf eingeht, sich abschirmt, sich dagegen wehrt, oder so oder so antwortet, liegt ein Sprung." (PhA, 188) Als Hörende sind wir stets auf zweifache Weise betroffen: „Zum einen als ‚Patient', weil ‚es' *mir* widerfährt, zum anderen als ‚Respondent', weil *ich* antwortend darauf eingehe." (EuE, 174) Damit ist das hörende Selbst ursprünglich ein „geteiltes Selbst" (EuE, 174). Zunächst kommt die oder der Hörende im Dativ vor. Erst *indem* sich die oder der Hörende in Form von Verständnis, Deutung und Einordnung antwortend auf das zu Hörende bezieht, verwandelt sich das Wovon des Widerfahrnisses in ein Worauf des Antwortens und wird sie bzw. er zum Respondenten (vgl. GPhF, 44f.). Beide – Pathos und Response – widersetzen sich dabei jeder Form von Intentionalität. Waldenfels führt aus:

> „So wie das Pathos diesseits der Intentionalität, so ist unsere Response jenseits der Intentionalität anzusetzen. Die Responsivität geht über jede Intentionalität hinaus, da das Eingehen auf das, was uns zustößt, sich nicht in der Sinnhaftigkeit, Verständlichkeit oder Wahrheit dessen erschöpft, was wir zur Antwort geben. All dies beschränkt sich nicht auf den affektiven Hintergrund unserer kognitiven und praktischen Verhaltensweisen, es betrifft diese selbst in ihrem Kern in Anbetracht dessen, daß nichts Neues im Alltag, in der Politik wie auch in Kunst, Wissenschaft und Philosophie ans Licht tritt, ohne daß uns etwas ein- oder auffällt, daß uns etwas ‚dämmert'." (GPhF, 45)

Es ist der Bruch zwischen Pathos und Response, der das Hören spannend macht. Waldenfels bestimmt das Hören ausgehend vom Doppelereignis „auffallen" und „aufmerken". Es *fällt etwas auf*, indem das Ereignis des Lautwerdens überraschend und plötzlich auftritt und Gewohntes genauso durchbricht wie die Erwartungen des Hörenden. Die oder der Hörende *wird* beteiligt, und zwar als die oder der, *der* oder *dem* etwas widerfährt. Die oder der Hörende geht darauf nachträglich ein, indem sie oder er *aufmerkt* und eine Antwort gibt oder sie verweigert, indem sie oder er weghört, überhört, hinhört (vgl. HfSt).

Die folgende Übersicht macht sowohl die Überwindung des gewohnten, von Missverständnissen durchsetzten Hörverständnisses als auch die Aspekte einer Weiterentwicklung der responsiven Phänomenologie grafisch sichtbar, die Waldenfels mit seinen *Bruchlinien der Erfahrung* unternimmt.

Übersicht: Hören und Gehörtes im Schema von Pathos und Response[36]

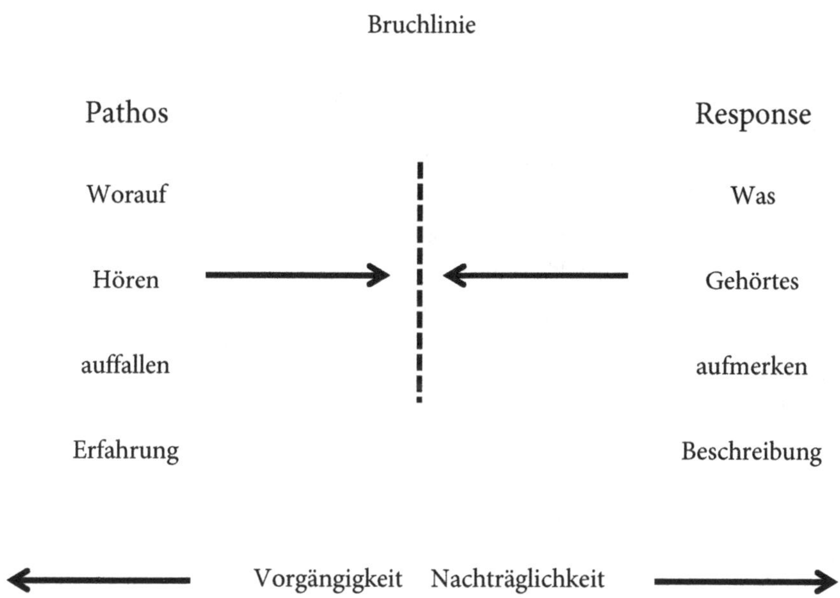

Zwischen *Hören* und *Gehörtem* steht nicht die Verständigung und auch nicht die verstehende Aneignung, sondern eine Bruchlinie. Zwischen *Pathos* und *Response* schiebt sich ein Riss, ein Bruch. Hörend setze ich mich dem aus, wovon ich unerwartet und unvermeidbar getroffen und angesprochen bin, „und zwar derart, daß dieses Wovon weder in einem vorgängigen Was fundiert, noch in einem nachträglich erzielten Wozu aufgehoben ist“ (GPhF, 43). Vielmehr gilt es, jenes, was darauf zu antworten ist, neu zu erfinden. Ein hörendes Antworten trägt damit unweigerlich Züge von Kreativität und Innovation. Diese ereignen sich auf der Bruchlinie, plötzlich und unvorhersehbar, und lassen sich beschrei-

36 Die Grafik ist erstellt in Anlehnung an BE, 57.

ben, indem wir nachträglich darauf eingehen. Das vorgängige *Worauf* lässt sich nicht in einem *Was* vereinnahmen.

Wenn wir davon ausgehen, dass sich zwischen Pathos und Response ein Bruch ereignet, so stellt sich die Frage, wie Hören, das auf diese Weise „gebrochen" und „brüchig" ist, genau aussieht. Dies lässt sich mit Waldenfels anhand der Figur der Diastase näher betrachten.

5.6.5 Diastase

Hören wird bei Waldenfels zu einem „Zwischenereignis" bzw. zu einem „Zwischengeschehen". Das Motiv des „Zwischen" verwendet Waldenfels in verschiedenen Formen, etwa als „Zwischeninstanz", „Zwischenwelt", „Zwischenhandlungen" und „Zwischenleiblichkeit" (vgl. Hyph, 299). In *Ordnung im Zwielicht* spricht Waldenfels etwa davon, dass „Zwischenereignisse" aufscheinen, indem etwas an anderes anknüpft, ohne jedoch vorher mit diesem Anderen verknüpft gewesen zu sein oder je mit diesem gänzlich zu verschmelzen (vgl. etwa OZ, 206f.). Es ist unmöglich, dieses Geschehen in den Griff zu bekommen.

In seinen *Bruchlinien der Erfahrung* legt Waldenfels diesen Gedanken weiter aus, und zwar in diastatischer Denkweise:

> „Zwischen mir und dem Anderen, zwischen uns und den Anderen, zwischen Eigenem und Fremdem geschieht etwas, was weder auf die Initiative, noch auf eine vermittelnde Ordnungsinstanz, noch auf codierte Regelungen zurückgeführt werden kann. Es geschieht etwas zwischen uns, was uns aufschreckt, anrührt, angeht, anspricht, was trennend verbindet und verbindend trennt." (BE, 174)

Dieses Zwischengeschehen bezeichnet Waldenfels als „Diastase". Der griechische Ausdruck διάστασις stellt ein Verbalsubstantiv dar und meint wörtlich ein „Auseinanderstehen" oder „Auseinandertreten" (vgl. BE, 174). Das „Zwischen" ist Waldenfels gemäß zu begreifen „als *Riß* ohne etwas, das zerreißt, als *Spalt* ohne etwas, das sich aufspaltet, als *Pause*, ohne etwas, das aufhört und wieder beginnt, als *Abweichung* ohne etwas, das abweicht – und so eben auch als Diastase ohne etwas, das auseinandertritt" (BE, 174).

Die Diastase bezeichnet demzufolge einen „Differenzierungsprozeß", wonach dasjenige, was auseinander steht, im Prozess des Auseinanderstehens erst im Entstehen begriffen ist (vgl. AR, 335; vgl. Hyph, 97; vgl. BE, 174). Damit nähert sich die Figur der Diastase, so Waldenfels,

> „der *différence* oder *différance* im Sinne von Deleuze und Derrida. Es handelt sich nicht um einen bloßen Akt der Unterscheidung, der eines vom anderen als verschieden absondert, sondern um einen Prozeß der Scheidung, der dem Abschied, der Abgeschiedenheit und dem Verscheiden verwandt ist" (BE, 174f.).

Waldenfels verweist nicht nur einmal auf die verschiedenen, bereits genannten Differenzen (die signifikative, repräsentative, appetitive, responsive Differenz), um die Bruchstellen zu markieren, an denen dieses diastatische Geschehen immer wieder auseinandertritt. Die verschiedenen Diastasen lassen sich dabei Waldenfels zufolge weder als Einzelstücke begreifen, die von außen miteinander verbunden werden, noch aus einer Grunddifferenz heraus irgendwie ableiten. Im ersten Fall würde dies bedeuten, dass Diastasen ihrer Entstehung vorausgingen. Im zweiten Fall würden die Diastasen aber als singuläre Momente zu einem systematischen Ganzen zusammenwachsen.

Waldenfels spricht demgegenüber von einer „Urdiastase", die er im buchstäblichen Sinne als „Grund-riß" auffasst, nämlich als „eine maximale Spanne, die unsere Erfahrung besonderen Zerreißproben aussetzt" (BE, 176). Die Urdiastase besteht, so Waldenfels weiter, aus einer „gegenläufigen Doppelbewegung, die weder aus einer einheitlichen Quelle entspringt noch zu sich selbst zurückkehrt" (BE, 176). Das „Wovon" des Widerfahrnisses und das „Worauf" des Antwortens bilden die beiden Pole der Urdiastase oder besser die beiden Orte der „Entgleitung" oder genauer der „Entrückung" (BE, 176). Hörend sind wir anderswo und anderswann, als dort und dann, von wo wir ausgehen und worauf wir eingehen (vgl. BE, 176).[37] Wie die gegenläufige Bewegung der Urdiastase verläuft, beschreibt Waldenfels auf folgende Weise:

> „Die gegenläufige Bewegung ist weder triadisch angelegt, bezogen auf ein vermittelndes Drittes, von dem sie herkommt und zu dem sie zurückkehrt, noch dyadisch, als würden zwei Billardkugeln aufeinanderprallen. Vielmehr berührt sich eines im anderen. Selbst- und Fremdaffektion gehen zusammen, so daß die Bewegung weder ipsozentrisch noch alterozentrisch verläuft, noch durch ein Drittes gesteuert wird. Statt dessen interferieren die Bewegungen, so etwa zwei Blicke, die sich kreuzen, so auch Reden und Hören, die einander verstärken." (BE, 176)

Die gegenläufige Bewegung lässt sich als ein Chiasmus begreifen, das heißt als ein „Überkreuz von Eigenbewegung und Fremdbewegung, von eigenem Erleiden und fremdem Tun, von fremdem Erleiden und fremdem Tun […]" (BE, 176).

Um dem diastatischen Geschehen des Hörens näher auf die Spur zu kommen, empfiehlt es sich, diesen komplexen Vorgang als „zeiträumliche Verschiebung" (BE, 178) zu denken. Dies soll im Folgenden mit Bezug auf das Phänomen des Hörens unternommen werden.

37 Diese Doppelbewegung stellt Waldenfels im Gegensatz zur um sich selbst kreisenden globalen Ordnung und der von oben nach unten verlaufenden pyramidalen Ordnung in Schema 5 in BE, 177 dar.

5.6.6 Zeit und Raum: Verschiebungen des Hörens

Die Diastase, von der Waldenfels spricht, erhält „einen radikal zeitlichen Sinn, wenn wir die *Vorgängigkeit* eines Widerfahrnisses mit der *Nachträglichkeit* der eine Antwort produzierenden Wirkung zusammendenken" (BE, 178). Was genau bedeutet dies für das Phänomen des Hörens? Im Hören ereignet sich ein Aufmerken *in* der „Vollzugszeit".[38] Das, was sich zu hören gibt, er-geht augenblicklich und plötzlich, sodass wir aufhorchen. Selbst bevor wir wegzuhören versuchen, sind wir schon getroffen. Wer weghört oder etwas überhört, der muss zuvor schon gehört haben.

Wie alles, was uns widerfährt, kommt auch das Ereignis des Erklingens stets zu früh. Denn, so Waldenfels: „Nur Erwartetes kann rechtzeitig eintreffen, nicht aber Unerwartetes oder gar Unerwartbares." (LdSt, 197) Das, was im Hören unerwartet anklingt, sich aufdrängt und laut wird, ist bestimmt von einer „untilgbaren *Vorgängigkeit*" (LdSt, 197). Erst in einer unaufhebbaren *Nachträglichkeit* setzt das Hören „von etwas" ein, das sich verstehen, hinterfragen, fassen, deuten und einordnen lässt. Bezogen auf das, was uns im Hören überraschend zustößt, kommt unsere Antwort entsprechend immer zu spät (vgl. PhA, 72; vgl. auch PhA, 112). Waldenfels bringt es folgendermaßen auf den Punkt: „Dem genuinen *Vorklang* entspricht ein ebenso genuines *Nachhören.*" (LdSt, 197)

Aus dieser „originären Zeitverschiebung" (Hyph, 97) erwachsen eine Vorgängigkeit des Pathos und eine Nachträglichkeit der Response. Es kommt zu einer Zerteilung des „homogenen" Dialoges in einen „heterogenen Dia-log" (GPhF, 49). Die Verschiebung ist dabei jedoch keineswegs als ein *zeitliches* Nacheinander zu verstehen, wonach sich das Zu-Früh des Pathos in ein Früher und das Zu-Spät der Response in ein Später verwandelte (vgl. SK, 194). Pathos und Response sind nicht in einem linearen Zeitschema zu denken, als zwei zeitlich aufeinander folgende Ereignisse, sondern als eine einzige Erfahrung zu verstehen, die gegenüber sich selbst verschoben ist (vgl. GphF, 50). Waldenfels führt aus: „Wenn Pathos und Response ‚zu früh' und ‚zu spät' kommen, so nicht gemessen an dem idealen Maßstab eines *up to date*, sondern gemessen an der Erfahrung selbst." (Hyph, 97) Die Verschiebung bedeutet somit nicht, dass dem Hören „etwas" vorausgeht, das *zeitlich* mit einem *früheren* Datum zu versehen wäre. Vielmehr geht sowohl das Hören als auch die Hörerin bzw. der Hörer *sich selbst* immer schon *voraus* (vgl. Hyph, 97). Das Hören ist gewissermaßen gegenüber sich selbst verschoben. Es entgleitet sich.

Missdeutungen des Hörens kommen andersherum gerade dann zustande, wenn jenes, was erst nachträglich gehört wird, zurück-terminiert wird und damit immer schon de-terminiert zu Gehör kommt. Dass Hören dann nichts

38 Vgl. Figal, Gegenständlichkeit, 325–335.

anderes als ein bloßes Wiederhören bedeutet, zeigt Waldenfels anhand folgender Telefonszene:

> „X hat angerufen, Y hat den Hörer abgenommen, X hat dies und das gesagt, Y hat entsprechend geantwortet und schließlich den Hörer wieder aufgelegt." (LdSt, 198)

Auf diese Weise werden Hör-Ereignisse zu bloßen Hörgehalten, mit der Folge, so Waldenfels, dass „alles ‚hörende Hören' sich letzten Endes in ein ‚gehörtes Hören' zurückverwandelt" (LdSt, 198)[39].

Sowohl die Bewegungen dessen, *wovon* wir im Hören getroffen werden, als auch die Bewegungen von dem, *was* wir hören, besitzen unterdessen eine eigentümlich asynchrone Zeitgestalt. Eine Synchronisierung beider Bewegungen hat zur Folge, dass jenes, was eigentlich erst entsteht, immer schon vorausgesetzt ist (vgl. SR, 330). Das Ergebnis ist dann ein hermeneutischer Zirkel. Zudem gilt:

> „Die Diastase verfestigt sich zu einem bloßen Ab-stand, wenn die Bewegung in einen Zu-stand übergeht; stagniert das Zwischenereignis, so bleibt ein Zwischenraum zurück, der sich mit diesem und jenem ausfüllen läßt." (BE, 174)

Demgegenüber schiebt sich zwischen Anspruch und hörender Antwort eine nicht zu schließende Lücke, ein Bruch, ohne den wir im Hören durch nichts Neues überrascht würden. Im Hören ereignet sich etwas Unerwartetes, das uns überrascht, anspricht, berührt, irritiert, verletzt und „trennend verbindet und verbindend trennt" (BE, 174), d. h. voneinander trennt, indem es verbindet und umgekehrt. Im Sinne der Diastase gilt auch für das Hören: „*Was* ich höre, ist stets schon ein Echo dessen, *wovon* ich als Hörer getroffen bin." (LdSt, 197f.) Diese Verschiebung besitzt nicht bloß eine zeitliche Dimension, vielmehr verleiht sie „der Zeit selbst ihr eigentümliches Gepräge" (BE, 179). Die Verschiebung zwischen dem „Wovon des Widerfahrnisses und dem Worauf des Antwortens" erhält einen „radikal zeitlichen Sinn" (BE, 178).

Dabei bezieht sich nicht nur die Antwort auf das, was der antwortenden Hörerin oder dem antwortenden Hörer widerfährt, sondern auch die Nicht-Antwort, „die dann auftritt, wenn die Antwortwege infolge einer traumatischen Fixierung blockiert sind" (BE, 178). Andernfalls wäre es kein Antworten mehr, sondern ein einfacher Neubeginn. Demgegenüber bezieht sich dasjenige, was der hörenden Patientin bzw. dem hörenden Patienten widerfährt, „auf eine mögliche Antwort", ansonsten stellte das Widerfahrnis eine bloße kausale Wirkung dar, die „einer Lawine [gliche], die durch einen Stein ausgelöst wird" (BE, 178). Der Zusammenhang ist gebrochen, zwischen dem „Wovon" des Pathos und dem „Worauf" der Response schiebt sich ein Spalt. Der erlittene Einbruch ins

39 So Waldenfels mit Bezug auf Merleau-Pontys Unterscheidung zwischen *parole parlante* und *parole parlée*, vgl. St, 198, siehe dort auch Fußnote 11.

Ohr im Hören und das antwortende Eingehen auf das, was plötzlich hörbar wird, sind nicht identisch.

Auffällig ist, dass sich nicht nur ein bestimmter, gebrochener, zeitlicher Zusammenhang ergibt, sondern dass sich durch die Verschiebung auch ein eigener „Zeit-*Raum*" herausbildet. Der räumliche Charakter der Verschiebung betrifft den Ort des Hörens. Die Vorgängigkeit dessen, was uns im Hören widerfährt, und die Nachträglichkeit dessen, worauf sich unser Hören antwortend bezieht, „treffen sich, aber sie treffen sich nicht in einem *nunc stans*, das sich aus der zeitlichen Zerstreuung heraushebt, sondern in einem *nunc distans*, einer *Diachronie*, die jede einheitliche Zeitordnung sprengt und die sich mit einer *Diatopie* verbindet" (BE, 179). Das Hören ist räumlich verschoben, weil es anderswo beginnt, nämlich in einer „Ferne, die uns zeitlich entrückt ist als eine nicht zu erinnernde Vor-vergangenheit und eine nicht vorwegzunehmende Nach-zukunft" (BE, 179). Die Verschiebung bildet einen „Nicht-Ort", an dem das Hören beginnt. Das Hören lässt sich „in kein präsentisch verankertes Zeitfeld einzeichnen" (BE, 180). Dieser ist zugleich der „Ort jenes Mangels, der sich jeder Sinngebung und Zielsetzung entzieht und doch bewirkt, daß es etwas zu sagen und zu tun gibt" (BE, 60).

Das Pathos, das selbst keinerlei Sinnordnung unterliegt, konstituiert einen eigenen „‚Zeit-Ort'[,] *von dem aus* wir all dies tun, indem wir darauf antworten" (GPhF, 50). Klängen ist somit eine bestimmte zeit-räumliche Dimension eigen (vgl. LdSt, 197). Das Hörereignis ist gewissermaßen selbst an der Generierung von Raum und Zeit beteiligt, indem es gemäß der Figur des Wieder-Eintritts (*re-entry*) seine Spuren hinterlässt: die Verdoppelung von „Hier" und „Jetzt", die sich mit Wiedereintritt in die Ordnung nicht erschöpft. Zwischen Ort des Hörens und gehörtem Ort, zwischen Zeit des Hörens und gehörter Zeit, klafft ein Bruch.

5.6.7 Überschuss: mehr und anderes hören

Wo die Herkunft des Gehörten – aus dem pathischen Ereignis des Hörens – nicht ignoriert wird, da eröffnet sich eine Art „Selbstverdoppelung" des Hörens, wonach jedes Hören nicht nur etwas hört, sondern sich darin immer auch das Hörereignis gewissermaßen selbst bekundet. Die Wahrnehmung des Hörens erschöpft sich nicht in einem Hörgehalt, weil und insofern es eben nicht das Gehörte selbst ist, sondern *mehr*, nämlich, so kann mit Waldenfels gesagt werden: „ein Über-schuß, ein ex-cès, ein Außer-ordentliches" (AR, 199), das in den unterschiedlichen Ordnungen des Gehörten permanent stört, beunruhigt und „rumort" (AR, 199).

Im Rahmen seiner Untersuchungen zu *Modi hyperbolischer Erfahrung*, die seine Trilogie zu *Ortsverschiebungen, Zeitverschiebungen* sowie *Sinne und Künste im Wechselspiel* abschließen (vgl. Hyph, 9), widmet sich Waldenfels dem Phänomen der Hyper-Phänomenalität. Er umschreibt das Hyperbolische mit der Grundformel: „*Etwas* zeigt sich *als mehr* und *als anderes,* als es ist." (Hyph, 9) Was erscheint, ist ein Paradox, das nicht nur an das Wesen von Dingen rührt, sondern auch unsere eigene Identität und die aller Anderen betrifft: „*Jemand* ist zugleich *mehr* und *anderes*, als er oder sie ist." (Hyph, 9)

Das Hyperbolische steht für das Überschüssige, Überbestimmte, Überschreitende, sich Entziehende und Abweichende in der Erfahrung. Es ist die „Bewegung des Über-hinaus" (Hyph, 9), die das Hyperbolische kennzeichnet. Als Überschussphänomene sind Hyperphänomene jedoch „keine höheren oder jenseitigen Sonderphänomene", sondern vielmehr, so Waldenfels, ganz „geläufige Phänomene" wie Schmerz, Staunen oder Sich-Erschrecken, und zwar indem und „insofern sie in Form von Überschritten und Überschüssen über sich selbst hinausweisen" (Hyph, 11). Dabei lässt sich das Hyperbolische weder einer Ordnung noch einer Regel oder einem Gesetz einfach unterordnen. Es steht vielmehr „quer zu allen Ordnungen" (Hyph, 9).

Eine Phänomenologie, die dem Hyperbolischen auf die Spur kommen möchte, gründet in dem, was sich in der Erfahrung zeigt, und geht lediglich insofern darüber hinaus, als dass das „jeweilige Mehr, das Anders und auch das Nicht des Sichzeigens sich als solches zeigt" (Hyph, 11). Eine Hyperphänomenologie wagt sich somit an den Ort des „Dazwischen", genauerhin: „zwischen Ordentliche[s] und Außerordentliche[s], zwischen Eigene[s] und Fremde[s], zwischen Normale[s] und Anormale[s], zwischen Anwesende[s] und Abwesende[s]" (Hyph, 12). Die Spannung dieser Pole am Ort des „Dazwischen", wo das Hyperbolische wohnt, stellt in gewisser Weise das Movens des Überschießens dar. Dabei fungiert das „Hyper" des Hyperbolischen keineswegs als Bindeglied, womit die Pole der Erfahrung zusammengehalten würden. Vielmehr steht das Hyperbolische für einen Bruch, „einen Spalt, eine Kluft, eine Schwelle, die unsere Erfahrung immer wieder überquert, ohne sie zu überwinden" (Hyph, 12).

Was das Überschussphänomen kennzeichnet, zeigt Waldenfels am Begriff des „Un-möglichen". Die Vorsilbe „Un-" kann ihm zufolge nicht nur etwas Negatives bzw. Negiertes zum Ausdruck bringen, wie etwa bei den Begriffen „unvernünftig", „Untat" oder „Unglück", sondern ebenso auch eine Art Überbietung und Übersteigerung bezeichnen, wie etwa bei den Begriffen „Unzahl" oder „Untier" (Hyph, 76). Gewissermaßen käme im zweiten Fall, so Waldenfels, „die Unmöglichkeit einer *Übermöglichkeit* gleich" (Hyph, 76). Waldenfels führt aus:

> „Das Unmögliche nimmt eine Schlüsselstellung ein in der Besinnung auf die Grenze der Erfahrung. In ihrer negativen Form wirkt die Unmöglichkeit wie ein Grenzwärter: Bis hierher und nicht weiter! In ihrer hyperbolischen Form präsentiert sie sich als eine Mischung aus Fata Morgana, Lockvogel und Sprengkörper: Plus ultra!" (Hyph, 75)

Im Sinne dieses „Plus ultra" wird auch das Hören stets von einem Überschuss des Unhörbaren im Hörbaren begleitet. Waldenfels verdeutlicht den Zug des Hyperbolischen, den das Hören mit sich trägt, anhand des folgenden Beispiels: Angenommen, wir tauschen

> „[...] das einladende „hör!" gegen ein abwehrendes „Hör nicht auf mich!" oder „Hör nicht hin!" [...]. Dieser ins Negative gewendete Imperativ, der mich dazu auffordert, etwas nicht zu tun, also etwas zu unterlassen, führt in eine paradoxe Situation, aus der es kein Entrinnen gibt. Der also angeredete Hörer unterliegt einem *double bind*. Hört er weg, so hört er auf den Befehl und tut, was er nicht tun soll; hört er hin, so hört er nicht auf den Befehl und tut ebenfalls, was er nicht tun soll." (BE, 138)

Im Hören bekundet sich der Anspruch des Fremden, der als Überschuss eines Außer-ordentlichen auftritt. Der Imperativ „Hör!" kann nicht gehört werden, ohne dass auf ihn gehört wird. Sogar weghören ist nicht möglich, ohne vorher zu hören. Die oder der Weghörende ist und bleibt dem Gehörten ausgesetzt (vgl. VR, 77). Angenommen, man reduzierte das Hören auf ein bloßes Hören „von etwas", so würde sich der *Aussage*satz „Hör." zu einem selbstreferentiellen *Aufforderungs*satz verwandeln. In diesem Fall gilt, so Waldenfels:

> „Der Punkt hinter dem Satz wäre zugleich als Ausrufezeichen zu lesen. Das Hören des Satzes könnte man als performative Tautologie bezeichnen, da die Performanz als solche die Bedingungen erfüllt, denen der Redeakt unterworfen ist." (TF, 119)

Demnach verstrickt der negative Imperativ „Hör nicht!" die Hörende oder den Hörenden in einen performativen Widerspruch, indem ihr oder ihm etwas Unmögliches abverlangt wird, woraus man schlussfolgern könnte, dass die Hörerin bzw. der Hörer auf diese Weise von ihrer bzw. seiner Hör- bzw. Antwortpflicht im Grunde dispensiert wird (vgl. BE, 138). Dies könne laut Waldenfels jedoch nur dann der Fall sein, wenn sich das Ereignis des Sagens im Gesagten bereits selbst erschöpfte. Allerdings gilt, so Waldenfels:

> „Widersprechen kann sich nur Gesagtes, das den genannten Geltungsansprüchen unterliegt; das Sagen als solches kann dem Gesagten nicht widersprechen, da es weder wahr noch falsch, weder richtig noch unrichtig zu sein beansprucht, da es weder den Bedingungen des Seins noch denen des Sollens untersteht." (BE, 139)

Das Sagen geht ebenso wenig im Gesagten auf wie das Hören im Gehörten. Zwischen ihnen gibt es vielmehr einen „Widerstreit" (BE, 139), der einem Überschuss des Sagens im Gesagten und einem Überschuss des Hörens im Gehörten entspringt. Wir hören stets etwas als etwas. Aber jenes, „wovon" und „worauf(-hin)" wir hören, das jeder Intentionalität und Regelung eines „Etwas-als-Etwas" zuvorkommt, ist selbst völlig unkonventionell und ganz ohne Bedeutung. Dieses „Wovon" und „Worauf(-hin)", das dem Hören vorausgeht, lässt sich nur indirekt begreifen „als *pathischer* und *responsiver Überschuß*, als *Hyperphänomen*" (Hyph, 179).

Das pathische Moment des Hörens, das eben nicht von vornherein einen bestimmten Sinn mit sich führt oder eine bestimmte Regel befolgt, sondern die Hörerin bzw. den Hörer regel- und sinnlos trifft, anspricht, affiziert, überrascht und irritiert, „rührt stets an das Unmögliche, sofern es den Spielraum unserer eigenen Möglichkeiten durchbricht, sofern es über unsere Erwartungen und Befürchtungen hinausgeht und unsere Entwürfe und Vorkehrungen hinter sich läßt" (Hyph, 242). Hörend antworten wir auf das, was anderswo beginnt, was plötzlich auftritt, uns auffällt und aufmerken lässt, und zwar bevor wir eigentlich hören, was dies genau ist. Das Pathische fungiert in diesem Fall als „überschüssige Unmöglichkeit" (Hyph, 242) und das heißt Übermöglichkeit inmitten des Hörens selbst.

Dies kommt einer Fremderfahrung im Hören gleich, die sich in pathischen Momenten wie des plötzlichen Aufmerkens oder Aufschreckens ankündigt. Daraus folgt, „daß die Erfahrung *sich selbst überschreitet*, ohne daß es vorweg schon etwas gibt, was sie überschreitet" (Hyph, 179)[40]. Das Fremde stellt als Außerordentliches einen Überschuss dar, und zwar „nicht an eigenen Möglichkeiten, sondern an fremden Ansprüchen, der sich in Irritationen und Störungen bestehender Ordnungen kundtut" (VR, 115).

Das Außer-ordentliche bezieht sich nicht auf etwas, das außerhalb der Ordnung liegt, sondern vielmehr auf ein „*Außen der Ordnung*" (Hyph, 352; VR, 180). Im Außer-ordentlichen sind Selbstbezug, Selbstentzug sowie Fremdentzug ineinander verschränkt (vgl. VR, 180). Wenngleich auch die Erfahrung des Entzugs jede von gegebenen Objekten und Subjekten ausgehende Form der direkten Beschreibung unterminiert, bedeutet dies nicht den „‚Tod des Referenten' oder [...] ‚Tod des Subjekts'" (Hyph, 180). Dasjenige, was ist, „indem es sich entzieht, ist nicht nichts und nicht niemand", sondern zeigt sich vielmehr „in den Spuren, die es hinterläßt" (Hyph, 180). Somit sind „An- und Abwesenheit [...] keine Sache von Sein und Nichts" (Hyph, 180).

Waldenfels zufolge kommt es darauf an, den Doppelbezug von Eigenheit und Fremdheit, genauso wie von Ordentlichem und Außerordentlichem sowie von Bezug und Entzug aufrechtzuhalten. Denn andernfalls drohe „die Verfestigung in einem Normalismus, der sich der Macht des Bestehenden ausliefert, oder in einem Anomalismus, der sich gleichsam zu einer Allmacht des Unmöglichen versteigt" (Hyph, 99). Diese Allmacht kann genauso Züge eines romantisierten Schwärmertums wie eines besessenen Fanatismus annehmen; „in jedem Fall

40 Vielmehr würde, so Waldenfels, ein „vorgängiges Etwas [...] den Überschuß in einen Mehrwert verwandeln, der in die laufende Sinnproduktion eingespeist würde wie Kapital, das ertragbringend angelegt wird" (Hyph, 179).

überspringt sie die Bedingungen, die sie zu überschreiten vorgibt" (Hyph, 99). Dagegen verweisen Ereignisse des Hörbarwerdens, die dem Gehörten stets zuvorkommen, auf ein Unhörbares inmitten des Hörbaren. Dieses Unhörbare im Hörbaren gilt es, als Form unmöglicher Übermöglichkeit wachzuhalten. Denn, so Waldenfels:

> „Nur deswegen, weil ‚es schon mit uns begonnen hat', wenn unsere eigene Initiative einsetzt, gibt es eine Zukunft, die mehr bedeutet als eine verlängerte Gegenwart. Nur so gibt es eine Zukunft als Ankunft, in der etwas auf uns zukommt." (Hyph, 98)

Ähnlich wie das Sehen und das Sagen ist also auch das Hören stets durch die Ordnungen kontaminiert, über die es hinausgeht. Jenes, was gehört wird, scheidet sich vom Nicht-Gehörten wie auch von dem in einer bestimmten Ordnung Nicht-Hörbaren. Die Überschüsse des Ungehörten und Unhörbaren sind es, die als „Übermöglichkeit" die Ordnungen des Hörens immer wieder irritieren und auf diese Weise verhindern, dass das Ereignis des Hörens im Gehörten einfach stillgelegt wird. Doch wie tritt dieses überschüssige Unhörbare im Hören auf?

Waldenfels kritisiert, dass dem Hörbaren häufig ein Unhörbares, „das allenfalls mit den Ohren der Seele oder des Geistes zu vernehmen ist" (LdSt, 208), einfach konträr gegenübergestellt wird. Als problematisch erweist sich für ihn insbesondere die dahinter liegende Grundannahme, die lediglich von einem unhörbaren „Etwas" ausgeht (vgl. LdSt, 208). Unterscheidet man jedoch zwischen einem hörenden Hören und einem gehörten Hören, eröffnet sich eine andere Spur. So stellt Waldenfels in seinen Untersuchungen zum Phänomen der Stimme fest:

> „Wenn die Stimme unhörbar ist, so als das *Ereignis des Lautwerdens.* Darin gleicht sie dem Blick, der als das Ereignis des Sichtbarwerdens unsichtbar ist. Um die Stimme zu hören, muss ich sie in ein hörbares Etwas verwandeln, so wie ich den Blick in ein sichtbares Etwas verwandeln muss, um ihn zu sehen." (LdSt, 208)

Unhörbar ist in diesem Fall nicht ein „Etwas", sondern das Ereignis des Hörbarwerdens selbst. Das Ereignis des Hörbarwerdens ist selbst *„lautlos, unhörbar,* so wie der Blick als Sehereignis *bildlos, unsichtbar* bleibt" (PhA, 194), so Waldenfels. Wir hören damit *etwas* immer nur nachträglich, das heißt *„als Widerhall, als Echo,* also in der nachklingenden Wiederholung des Unwiederholbaren, in der Nachwirkung, in der Spur, die sie hinterlässt" (LdSt, 209). In dieser Hinsicht gleicht das Unhörbare dem Schweigen, welches Waldenfels zufolge „den Hintergrund und Untergrund der Sprache bildet und nicht mit bloßer Sprachlosigkeit zu verwechseln ist" (LdSt, 209). Demzufolge handelt es sich beim *„Unhörbaren im Hörbaren"* um „den Hintergrund der Stille, von dem alle Tongestalten und Tonfolgen sich abheben" (Ssch, 198). Dieser Hintergrund darf jedoch nicht im Sinne eines „bloßen Mangel[s] an akustischen Reizen“ (Ssch, 198) verstanden werden. Vielmehr gleicht er „dem Schweigen in der Rede, dem leeren Schreibblatt oder der Leinwand, die sich mit Farbgestalten und Farbkontrasten füllt“ (Ssch, 198).

Das Unhörbare im Hörbaren ist keineswegs als ein „Nicht-Gehörtes“ zu verstehen, sondern vielmehr als ein Moment der „Abwesenheit in der Anwesenheit“ (LdSt, 209). Insofern kann Waldenfels sagen: „So wie das Sehen im Sehereignis seinen blinden Fleck hat, so hat das Hören im Hörereignis seine stumme Pause.“ (PhA, 194) Anstatt Ohren des Geistes oder der Seele bedarf es deshalb, so Waldenfels, einer Art „‚dritten Ohrs‘“ (PhA, 194), um das Unhörbare zu erfassen. Was unter einem Hören mit dem dritten Ohr genauer zu verstehen ist, führt Waldenfels auf folgende Weise aus: „Es bedarf eines *Andershörens*, das die phono-logische Ordnung durchbricht und der domestizierten, normalisierten Stimme die Untertöne einer wilden Stimme entlockt.“ (PhA, 194) Ein solches Andershören tritt dann auf, wenn eine Hörordnung irritiert und gestört wird, das heißt, wenn ein Überschuss des Unhörbaren hörbar wird.

Anders zu hören, bedeutet zugleich auch, von anderswoher zu hören. Die wilden Untertöne, von denen Waldenfels spricht, kommen „in der zweideutigen Form von Störlauten, von Pausenzeichen oder im Stocken des Hörflusses“ (PhA, 194) zu Gehör, welche die Ohren in Unruhe versetzen und ein Andershören provozieren. Das Hörereignis weicht von sich selbst ab. Setzt man dagegen Hören und Gehörtes in eins, wird die Lücke geschlossen, an der die Geschichte des Hörens immer wieder neu in Bewegung gesetzt wird, und zwar um den Preis, dass das Ereignis des Hörens hinter dem Gehörten verschwindet.

Waldenfels geht im Zusammenhang seiner Ausführungen zum Unhörbaren im Hörbaren darüber hinaus auch auf das Phänomen des „*Unerhörten*“ (Ssch, 198) ein. Dieses versteht er „im Sinne eines Fremdartigen, das über jede Anwendung von Regeln und über jede Reproduktion von Strukturen hinausgeht“ (Ssch, 198). Das Unerhörte stört, irritiert und erschüttert die bestehenden Ordnungen, sodass neuartige Ordnungen hervorgebracht werden. In diesem Sinne ist das Unerhörte unwiederholbar.

Darüber hinaus begegnet uns in dem, was wir hören, auch ein „*zu Hörendes*“. Dem, was sich „als kulturelle Errungenschaft, als technische Virtuosität oder als Konsumgut“ (Ssch, 198) hörend wiedererkennen lässt, wohnt damit stets auch ein Unerhörtes als Moment radikaler Fremdheit inne. Dabei stellt das Unerhörte ein störendes Moment des Unwiederholbaren dar, und zwar inmitten der für die Entwicklung einer Musikkultur unverzichtbaren musikalischen Wiederholung (vgl. Ssch, 198). Dieses unwiederholbare Moment tritt „in Form eines fremden Anspruchs [auf], der nur laut wird, indem wir […] hörend auf ihn antworten“ (Ssch 198f.). Das Unerhörte bewegt sich als Fremdes inmitten des Hörbaren.

Entgegen einer Dichotomie zwischen Hörbarem und Nichthörbarem hält Waldenfels an dem *Unhörbaren in dieser Welt* fest, das dem „Unsichtbaren im Sichtbaren und dem Unsagbaren im Sagbaren gleicht“ (SSch, 197f.). Als Außerordentliches und Fremdes irritiert, stört und durchbricht das Unhörbare die gewohnten Ordnungen des Gehörten. Das Unhörbare stellt dabei keineswegs ein Unhörbares in einer jenseitigen, höheren Welt dar, sondern sensibilisiert für das, was in dieser Welt unhörbar bleibt. Waldenfels zufolge empfiehlt sich als Gegengewicht zum häufig anzutreffenden „Überangebot an Hörbarem und gegenüber der Überforderung des Ohrs, die dazu führt, daß selbst das Gehörte überhört wird, [...] eine gewisse Höraskese, eine musikalische *ars paupera*“ (SSch, 198). Im Moment des Aussetzens, des Schweigens und des klanglichen Entzugs wird die Stille selbst hörbar. In diesem Fall bedeutet Stille dann nicht, „daß *nichts* gehört wird, sondern vielmehr, daß *nicht etwas* gehört wird“ (SK, 178).

Als Moment der Abwesenheit in der Anwesenheit ist das Unhörbare im Hörbaren stets als Hyperbolisches präsent. Das Phänomen des Hörens ist mit seinen Momenten des Unhörbaren gegenüber dem Gehörten überschüssig. Es sind diese Überschussmomente des Unhörbaren und Unerhörten, die verhindern, dass sich das Hören im Gehörten bereits erschöpft und im Wiederhören schließlich ganz zur Ruhe kommt.

5.7 Spuren der Fremdheit – wenn Ordnungen plötzlich aufbrechen

Die vorangegangenen Ausführungen haben auf unterschiedliche Weise gezeigt, dass und inwiefern Hören unweigerlich mit dem Fremden konfrontiert. Deutlich wird, dass ein auf das Einverständnis von eigener und fremder Rede hin abzielendes Hören den Herausforderungen des Fremden nicht gerecht werden kann. Denn Fremdheit ist mehr und anderes als dasjenige, das durch Aneignung bewältigt werden kann, indem es zwischen Hören und Antworten verstehend zur Ruhe kommt. Fremdheit lässt sich nicht auf Unverständlichkeit oder Missverständlichkeit reduzieren, die einfach überwunden werden, indem die aufgerissenen Lücken bzw. Defizite des Verstehens hermeneutisch geschlossen werden (vgl. VR, 70).[41] Die Erfahrung des Fremden entzieht sich jeder Aneignung, die „ihren Gegenstand aufzehrt“ (TF, 50).

Erzeugt das Fremde Angst und Verunsicherung, erscheint die Gegenbewegung in vielen Fällen als Abgrenzung im Sinne der Verteidigung eigener Identität.

41 Zur Unterbestimmtheit vom Fremden als der „Andere“ oder das „Unbekannte“ „noch Unvertraute“ in Feldern der christlichen Theologie und Ethik vgl. Lienkamp, Fremder Anspruch, 61–76. Lienkamp rekurriert ausgehend vom Hören auf den fremden Anspruch des jüdischen Gesetzes und entwickelt von dort aus eine responsive Ethik.

Demgegenüber entwirft Bernhard Waldenfels den „Anspruch des Fremden" nicht als Stachel der Identitätsbedrohung, sondern vielmehr als Potential, als „Ressource des Humanen", die Ver-Antwortung ermöglicht.[42] Eröffnet wird dieses Potential allerdings nicht durch eine verstehende Form, in der auf das Fremde eingegangen wird, sondern durch eine responsive Form. Waldenfels geht es um ein Hören, das auf das Fremde eingeht, ohne dieses um seine eigene Andersheit zu bringen (vgl. TF, 13f.).[43]

Wenn davon ausgegangen werden kann, dass das Fremde keineswegs als dasjenige zu bestimmen ist, das durch Hören und Verstehen überwunden werden kann – wie sprachphilosophische und hermeneutische Ansätze bisweilen annehmen –, dann stellt sich hier die Frage, wie denn ein Hören aussieht, in dem das Fremde *als* Fremdes vorkommt. Denn das Fremde kann in seinem Was-Sein gar nicht ge-hört werden; es kann gewissermaßen nur selbst zu Gehör kommen. Insofern hinterlässt das Fremde im Hören unweigerlich Spuren des Überschusses und des Exzesses.

Die Leitfrage, die sich dem Fremden annähert, kann nicht lauten: „*Was ist* das Fremde?" (TF, 25), sondern: Wie kann der „Beunruhigung *durch das Fremde*" (TF, 51) Raum gegeben werden? Denn, so stellt Waldenfels mit Bezug auf Husserl fest:

> „Mit dieser τι-εστιν-Frage, die im Mittelpunkt der griechischen Ontologie steht, wäre das Fremde vorweg schon in eine bestimmte Ordnung einbezogen. Die Ausgangsfrage lautet auch nicht: *Wie erkenne* ich das Fremde? Diese Frage, die in den cartesianisch gefärbten Theorien der Einfühlung und des Analogieschlusses den Ton angibt, setzt bereits voraus, daß es Fremdes gibt, das sich erkennen läßt oder nicht. Jede Reduktion der Frage nach dem Fremden auf bestimmte Verfahren des Erkennens macht sich […] einer petitio principii schuldig." (TF, 25)

Das Fremde erscheint als Ausgangspunkt, als Aufforderung, als stimulierender Anreiz; es ist das, „worauf" wir hörend eingehen und antworten. Insofern zeigt sich das Fremde „in einer Form von indirekter Erfassungs- und Redeweise" (TF, 51). Vom Fremden zu sprechen, heißt, „von *anderem* und von *mehr* [zu] sprechen als von dem, was unsere vertrauten Konzepte und Projekte nahelegen" (TF, 51). Das Fremde taucht auf als Außer-ordentliches, das an den Grenzen kontingenter Ordnungen aufklafft als fremder Anspruch, der unserer eigenen Initiative vorausgeht, als Pathos, wie im Falle des fremden Klangs, der ins Ohr eindringt, bevor er als „etwas" gehört wird, und dies, ohne selbst an irgendeiner Stelle „ganz" in Erscheinung getreten zu sein.

42 Der fremde Anspruch fordert (heraus) und fördert zugleich, ist horizonterweiternd und hilfreich (vgl. FW, 11–24).

43 „Gegen das Fremde haben wir kein Heilmittel außer der Antwort, mit der wir uns auf das Überraschende und Ungewohnte einlassen." (SK, 242)

Anhand der folgenden Darlegungen soll das Fremde als es selbst zur Sprache kommen. Für Waldenfels spielt im Zusammenhang mit dem Hörbaren und dem Fremden die Stimme eine besondere Rolle. Bevor aber auf das bereits erwähnte Phänomen der Stimme näher eingegangen wird, soll zunächst eine kurze Skizzierung des Fremden selbst erfolgen. Dies geschieht entlang der von Waldenfels erarbeiteten Topo*grafie* bzw. Topo*logie* des Fremden, die Wege, Grenzlinien, Überlappungs- und Verbindungsstellen genauso nachzeichnet wie Bereich, Lage und Rand des Fremden. (Vgl. TF, 12) Die erkennbare Nähe dieser Vorgehensweise zur *Geografie* verstärkt die Grundannahme phänomenologischer Fremdheitsstudien, wonach „das Fremde primär von *Orten* des Fremden her zu denken ist, als ein Anderswo und als ein Außer-ordentliches, das keinen angestammten Platz hat und sich der Einordnung entzieht" (TF, 12). Diese Raumorientierung, in der Eigenorte wie auch Fremdorte vorkommen, wirkt „der einseitigen Orientierung an einer linearen Geschichtszeit und einer fortschreitenden Entwicklung" (TF, 12) radikal entgegen und stellt damit zugleich die Annahme infrage, fremd sei bloß dasjenige, das „*nicht mehr* oder *noch nicht* zugänglich ist" (TF, 12).

5.7.1 Dem Fremden auf die Schliche kommen

Das Fremde ist zunächst etwas ganz „Alltägliches" und „Altvertrautes" (vgl. TF, 16). Zu unseren alltäglichen Fremdheitserfahrungen zählen genauso das Gastrecht, das den Fremden, wie auch das Asylrecht, das den Verfolgten zukommt. Aber auch die Vielfalt fremder Sprachen und Kulturen oder das Fremdeln beim Kind gehören zu den Fremdheitserfahrungen unseres Alltags (vgl. TF, 16). Allerdings tritt das Fremde solange in gezähmter Weise auf, wie „ein mythischer Rahmen oder – wie bei den klassischen Griechen – ein kosmisches Ordnungsgefüge Eigenes und Fremdes umgreift" (TF, 16). In diesem Fall existiert dann im Grunde nur ein „*relativ* Fremdes", das in Relation zu gewissen eigenen Standpunkten auftritt. Ein „*radikal* Fremdes" hingegen, welches das Sein als Ganzes be-ansprucht und an-geht, kommt auf diese Weise nicht zu Gehör:

> „Das Fremde (ξένον) bildet keinen Grundbegriff der klassischen Philosophie. Es gibt hier nichts, was, sofern es überhaupt ist und so oder so ist, sich als fremd erweist. Auch der Mensch hat seinem Wesen gemäß einen Logos, der allen Menschen gemeinsam ist; je mehr der Mensch sich in seinem Tun und Denken vom Logos leiten läßt, um so weniger unterscheidet er sich von seinen Mitmenschen." (TF, 16)

Erst mit Beginn der Neuzeit, als „die große Gesamtordnung zersplittert, […] [und] die ‚Kette des Seins', die einstmals alles mit allem verknüpfte, zerreißt und […] das Subjekt […] allmählich aus dem Zentrum rückt" (TF, 16), tritt das Fremde unaufhaltsam und unausweichlich *als* Fremdes in die Mitte der Vernunft und in die Mitte des Eigenen ein. Erst jetzt stellt sich damit auch die Herausforderung durch ein *radikal* Fremdes in der Weise, dass „es keine Welt gibt, in der wir völlig heimisch sind", und auch, dass „es kein Subjekt gibt, das Herr im eigenen Hause wäre" (TF, 17). Als radikal Fremdes erweist sich Fremdheit als etwas, das diesseits von Sinn und Regel, von Intention und Ordnung auftritt.

Das Fremde, das *als* radikal Fremdes in unsere Erfahrung tritt, ist für Waldenfels ein Hyperphänomen, wonach etwas zum Vorschein kommt, *indem* es sich entzieht (vgl. GPhF, 56). Mit Edmund Husserl beschreibt Waldenfels das Phänomen des Fremden daher anhand der paradoxen Formulierung der „Zugänglichkeit des original Unzugänglichen" (zitiert nach GN, 177). Diese besagt nicht, dass das Fremde zugänglich ist, *obwohl* es eigentlich unzugänglich ist, sondern vielmehr, dass es gerade *in* seiner Unzugänglichkeit zugänglich ist (vgl. DG, 53). Waldenfels bestimmt das Phänomen der Fremdheit über die Art seiner (Un-)Zugänglichkeit:

> „Etwas ist zugänglich nicht trotz, sondern *in seiner Unzugänglichkeit*, genau das besagt Fremdheit. Und *als Unverständlichkeit* bedeutet Fremdheit nicht, daß uns die Tür zu einer Realität versiegelt ist, sondern daß deren Sinn sich nicht erschließt. Unsere Augen sehen und sehen doch nicht, unsere Ohren hören und hören doch nicht. Die Fremdheit ist keine Eigenschaft von Dingen und Personen in der Welt, sondern ein Aspekt der Welt, in deren Horizonte sie uns so oder so begegnen." (DG, 53)

Wie jedes Phänomen kann auch das Fremde nicht unabhängig von seiner Gegebenheits- und Zugangsweise bestimmt werden, wozu in besonderer Weise auch die Örtlichkeit gehört. Das „Wo", genauerhin das „Anderswo" wird für Waldenfels schließlich zum Grundmotiv, woran er seine phänomenologischen Untersuchungen zum Fremden orientiert. Als eine adäquate „Umgangsweise" mit dem Fremden schlägt er dabei ein „Gehen" vor, „das den Raum durchmißt, das sich bestimmten Orten annähert, indem es sich von anderen entfernt", und dem Hindernisse begegnen, die Einlass gewähren oder verwehren, ein Gehen also, „das Schwellen überquert oder an ihnen verweilt" (TF, 186). Der Weg, den das Fremde bestimmt, indem es jede Bewegung anstößt und in Gang setzt, hat dabei etwas von „Abwegen", das Gehen selbst hat etwas von einer „Fallbewegung", die jene, die sich auf den Weg einlassen, „mit sich fortreißt" (TF, 187).

5.7.2 Das Fremde und seine Mehrdeutigkeit

Das Problem des Fremden beginnt für Waldenfels bereits mit seiner Benennung. Als ein Phänomen, das alle Bereiche der Erfahrung, der Sinneswahrnehmung und auch der Rationalitätsformen durchdringt, lässt es sich nirgendwo „dingfest" machen (vgl. FW, 12). Zunächst mag das Wort „fremd" mit seinen Wortverbindungen wie „Fremdheit", „Fremdling", „Fremdsprache" oder „Fremderfahrung" allzu selbstverständlich und eindeutig klingen. Spätestens bei dem Versuch aber, das Wort „fremd" in eine andere Sprache zu übersetzen, tritt seine komplexe

Vieldeutigkeit zutage. Nach Waldenfels lassen sich drei unterschiedliche Bedeutungsformen des Fremden herausstellen.

Demnach ist *erstens* dasjenige fremd, „was außerhalb des eigenen Bereiches vorkommt als Äußeres, das einem *Inneren* entgegensteht" (GphF, 111) und mit den Worten „*ξένον, externum, extraneum, étranger, stranger, foreigner*" (GPhF, 111) wiedergegeben werden kann. Das Fremde, das als Externes oder „Auswärtiges" auftritt, resultiert aus der Dynamik einer Grenzziehung, die Zugängliches von Unzugänglichem scheidet (vgl. DG, 54).

Fremd ist *zweitens* dasjenige, was mit „*ἀλλότριον, alienum, alien, ajeno*" (GPhF, 111) wiedergegeben wird und jenes bezeichnet, „was Anderen gehört [...] im Gegensatz zum *Eigenen*" (GPhF, 111). Das Fremde entspringt in diesem Fall „einer Bewegung der Aneignung, durch die *Zugehöriges* und *Unzugehöriges* voneinander abgesondert wird" (DG, 54). Zu diesem Bedeutungsfeld zählt auch das Wort *alienatio*, das im juristischen Zusammenhang mit „Entäußerung" und sowohl im klinischen als auch im sozialpathologischen Bereich mit „Entfremdung" übersetzt wird (vgl. GPhF, 111).

Drittens ist fremd dasjenige, was mit „*ξένον, insolitum, étrange, strange*" (GPhF, 111) bezeichnet werden kann und etwas ausdrückt, das „von anderer Art, [...] fremdartig, unheimlich, seltsam ist [...]" (GPhF, 111). Dieses Fremdartige steht „im Gegensatz zum *Vertrauten*" (GPhF, 111) und kann sich bis zum „*Ungehörigen, Unpassenden* steigern" (DG, 54), während sich das Eigene „über das *Eigenartige* bis zu *Eigenheiten (propria)*" (DG, 54) entwickeln kann.

Während der erste Gegensatz von Äußerem und Innerem auf einen *Ort* des Fremden rekurriert, verweist der Gegensatz von Fremdem und Eigenem auf den *Besitz* und der Gegensatz von Fremdartigem und Vertrautem auf eine *Art* des Verständnisses (vgl. GPhF, 111f.). Dass diese drei Aspekte – des Ortes, des Besitzes und der Art – unterschiedlich auftreten können, macht Waldenfels anhand folgender beispielhafter Erfahrungen anschaulich:

> „Der Nachbar in der eigenen Stadt kann mir von seinen Sitten her fremd sein; umgekehrt mag mir das Nachbarhaus, das einem anderen gehört, vertraut sein; eine Fremdsprache wird selbst dann nicht nur Muttersprache, wenn ich sie fließend spreche." (TF, 20)

Dennoch hängen diese Aspekte eng miteinander zusammen: „Das leibliche Hier, an dem ich meinen Ort habe, läßt sich [...] nicht denken ohne die Okkupation als Inbesitznahme und ohne die Ausübung einer Eigenart [...]." (TF, 20) Tonangebend für die Bestimmung des Fremden ist unter den drei Aspekten allerdings der Ortsaspekt, der auf einen „Vorgang der *Grenzziehung*" (DG, 289)[44]

44 Bezogen auf diese Grenzziehung unterscheidet Waldenfels zwei Arten: Erstens die „Möglichkeit der *Abgrenzung*, die auf den Standort eines Dritten verweist, der a gegenüber b

zwischen Innen- und Außenbereich verweist. Wie aber kommt der Ort des Fremden vor?

Der Ort des Fremden ist von besonderer Art. Er lässt sich „nicht in ein Ortsnetz einzeichnen, in dem wir uns frei bewegen, da er nur über eine Schwelle hinweg, also im vollen Sinne gar nicht zu erreichen ist" (TF, 24). Streng genommen ist der Ort des Fremden, so Waldenfels mit Bezug auf Husserl, ein „Nicht-Ort" (TF, 26). Das entscheidende liegt dabei in dem *Nicht* des Nicht-Ortes, das keine bloße Negation darstellt:

> „Das Fremde ist nicht einfach anderswo, es *ist* das Anderswo, und zwar eine ‚originäre Form des Anderswo' [Merleau-Ponty; E.P.] […]. Das Nicht des Nicht-Ortes, die Un-zugänglichkeit oder der Ent-zug entspringen keiner schlichten Negation, die als Modifikation eine entsprechende Position voraussetzen würde. […] Das Fremde stellt kein *Defizit* dar wie all das, was wir zwar *noch nicht* kennen, was aber auf seine Erkenntnis wartet und an sich erkennbar ist. Vielmehr haben wir es mit einer Art leibhaftiger Abwesenheit zu tun. Das Fremde gleicht dem Vergangenen, das nirgends anders zu finden ist als in seinen Nachwirkungen oder in der Erinnerung." (TF, 26)

Die Metapher der „leibhaftigen Abwesenheit" verweist auf Orte des Fremden, die Orte sind, an denen sich das Fremde gerade in seiner Ort-losigkeit und Un-zugänglichkeit bekundet (vgl. GN, 9). Die Ausgangslage, die das Fremde als Nicht-Ort, als Anderswo, als das Außer-ordentliche einnimmt, konfrontiert jede „Theorie des Fremden" mit der Herausforderung, auf Fremdes einzugehen, ohne es selbst bereits durch die Art des Fragens, des Er-fassens und Verstehens anzueignen, zu platzieren und dadurch zu überwinden (vgl. GPhF, 9; vgl. FT, 50). Denn es ist der unüberbrückbare Spalt, der Ordentliches von Außer-ordentlichem trennt, wo der (Nicht-)Ort des Fremden aufklafft (vgl. GN, 13). Für Waldenfels ist die Schwelle ein „Fremdheitsort par excellence" (VR, 204):

> „Die Schwelle, an der Erfahrungen über ihre Ufer treten, ist ein Niemandsort, man ist weder ganz hier noch ganz dort. Die Schwelle läßt sich weder in eine gemeinsame Ordnung einbeziehen, noch von einem anderen Stern aus beobachten." (VR, 204)

Man kann nicht Jenseits und Diesseits der Schwelle zugleich stehen. Schwellenerfahrungen pendeln zwischen einem Nicht-Mehr und einem Noch-Nicht (vgl. OZ, 28). Die Schwelle ist ein „Übergangsphänomen" (BE, 274). Anders als Grenzen können Schwellen überschritten werden. Was jenseits der Schwelle ertönt, aufweckt und aufmerken lässt, übersteigt das „Spiel der eigenen Möglichkeiten"

abgrenzt und ebensogut b gegenüber a abgrenzen könnte". Und zweitens den Vorgang „einer gleichzeitigen *Ein- und Ausgrenzung*", wonach „a *sich* von b […] derart [abgrenzt], daß das, was sich vom anderen abgrenzt, der Abgrenzung seine Entstehung und seinen Bestand verdankt." (DG, 289)

(SF, 31). Die Freiheit des Einzelnen wird herausgefordert durch Fremdartiges, das in den gewohnten Ordnungen nicht zur Ruhe findet.

Fremdheit lässt sich, wie Waldenfels mit Bezug auf Husserl sagt, immer nur mit Bezug auf das „jeweilige Hier und Jetzt" (TF, 23) bestimmen, von dem aus jemand hört, spricht und handelt. Daraus folgt, dass es „*das* Fremde" an sich streng genommen gar nicht gibt, sondern nur „verschiedene Fremdheitsstile" (TF, 23). Fremdes entsteht nur in Abgrenzung zu Eigenem. Es lässt sich nicht in bestehende Ordnungen einfügen, aber als Außer-Ordentliches knüpft es an bestehende Ordnungen an, indem es diese übersteigt, ohne sie zu überwinden. Waldenfels zufolge kann genauso wenig von „*dem* Fremden" gesprochen werden wie von einem „‚Links überhaupt'". Darin liege ein „monströser Gedanke, der Ortsangaben mit begrifflichen Bestimmungen vermengt" (TF 23). Beim *Eigenen* und *Fremden* handelt es sich für Waldenfels dementsprechend nicht um zwei „Terme", sondern vielmehr um „zwei Topoi" (vgl. TF, 23).

Das Fremde ist mehr als ein „Unbekanntes", das sich in der Verständigung allmählich zu „Bekanntem" wandelt, wie etwa unbekannte Nachbarn, die bekannt werden, indem man sie näher kennenlernt. Das Fremde ist auch mehr als ein „Anderes (*ἕτερον; aliud*), das [...] durch *Abgrenzung* vom Selben (*ταὐτόν; idem*) entsteht" (TF, 20f.), wie etwa bei Äpfeln und Birnen. Das Fremde steht nicht dem Selben entgegen, sondern vielmehr „dem Selbst (*αὐτός; ipse*) und dem ihm Eigenen" (TF, 21). Es entspringt „einer gleichzeitigen *Ein-* und *Ausgrenzung*" (TF, 21).

Das Fremde ist vom Eigenen durch eine Schwelle getrennt, „ähnlich wie Schlafen vom Wachen, Gesundheit von der Krankheit, Alter von der Jugend [...]" (DG, 289), oder wie die Figur vom Grund, hell von dunkel, laut von leise. Fremdes und Eigenes stellen als solches „keinen konzeptuellen Gegensatz" dar, sondern einen „erfahrbaren Kontrast" (FW, 12). Insofern gehört „die Diastase, das Auseinandertreten von *Eigenem* und *Fremdem*, das durch kein Drittes vermittelt ist, [...] einer anderen Dimension an als die Distinktion vom *Selben* und *Anderen*, die ihren Rückhalt in einem dialektisch zu vermittelnden Ganzen findet" (GPhF, 20).

Darüber hinaus ist Fremdheit nicht mit „absoluter und totaler Fremdheit" zu verwechseln, weil das Außer-ordentliche stets auf bestimmte Ordnungen bezogen bleibt. Zur Veranschaulichung wählt Waldenfels ein Beispiel aus der Sprache:

> „[E]ine fremde Sprache, die ganz anders wäre als die eigene Sprache, würde aufhören, eine fremde Sprache zu sein; sie würde als bloßes Geräusch den Bereich möglicher Verständigung hinter sich lassen. Dies schließt nicht aus, daß sich eine besonders fremdartige Sprache einem Vogelgezwitscher annähert. Doch das schlechthin Fremde wäre das Gegenstück zum schlechthin Eigenen und würde wie dieses auf einem purifikatorischen Gewaltakt beruhen." (TF, 37)

Das Fremde bleibt somit auf das Eigene bezogen. Als „Überschuss" und „Exzess" überschreitet das Fremde jedoch zugleich eigene Sinnordnungen (vgl. TF, 37), wenn auch, ohne sie einfach zu überspringen.

Waldenfels bestimmt das Fremde, das sich als Außer-ordentliches in keine Ordnung einfügen lässt, zum einen als „Atopie", und zwar insofern „es nirgendwo seinen Platz findet" (TF, 187). Zum anderen bestimmt Waldenfels das Fremde als „Heterotopie", insofern „es andere Möglichkeiten der Verortung andeutet" (TF, 187). Atopie und Heterotopie sind dabei keineswegs als „binäre Differenz" zu begreifen, sondern vielmehr als „die Rückseite eines Blattes, die sich von der Vorderseite nicht separieren läßt" (TF, 187). Daraus folgt: Eigenheit und Fremdheit greifen in Form einer „gleichzeitige[n] Überlagerung und Trennung" (TF, 198) ineinander.

Das Fremde beginnt als Außerordentliches im Eigenen. Und wir „sind nur beim Anderen, sofern wir immer auch außerhalb unserer selbst sind" (FW, 14). Mit Bezug auf Arthur Rimbauds berühmtes Diktum „J'est un autre" – „Ich ist ein Anderer" – macht Waldenfels darauf aufmerksam, dass „es nicht nur ein *alter ego*, sondern auch eine *Alterität des ego* gibt, die der Fremdheit erst ihr eigentliches Siegel aufdrückt" (TF, 28). Daraus folgt eine Verdoppelung des „Ich" in „I" und „me", bzw. in „je" und „moi". Insofern lässt sich das „Ich" nicht einfach in Form der ersten Person bestimmen (vgl. TF, 28). Zwischen dem „‚Ich' des Aussagens" und dem „‚Ich' des Ausgesagten" (TF, 28) kann es keine Deckungsgleichheit geben. Denn das „Ich" ist niemals ganz bei sich selbst. Es ist sich selbst fremd. Eine so verstandene Fremdheit des „Ich" äußert sich in bestimmten Schlüsselerfahrungen, die zwar niemand „machen" kann, aber jede und jeder an sich selbst „durchgemacht" hat: Ich komme durch die Geburt leiblich in die Welt, ohne dass ich dieses Urfaktum der Geburt je einholen kann. Immer schon ist der Mensch ein in Anspruch genommenes Selbst. Auch die Sprache, die er spricht, hat er von anderen übernommen – er kennt seine Sprache immer nur vom Hörensagen (vgl. GPhF, 118f.; vgl. TF, 30).

Eigenheit und Fremdheit sind immer schon miteinander verwoben: Das eine lässt sich im anderen finden und umgekehrt. Rimbauds Ausspruch ergänzt Waldenfels daher durch ein: „Wir sind ein Anderer" (FW, 14). Wer die Grenzen der Ordnungen in einer alles inkludierenden Ordnung aufhebt, der begibt sich in „totalitäre Gewässer" (FW, 14). In dem Fall, dass das Außerordentliche abgesondert wird, ist „das Funktionieren der Ordnung in Form einer Orthodoxie oder Orthopraxie über alles" (FW, 14) gestellt. Im umgekehrten Fall, wonach das Ordentliche abgeschottet, separiert oder ausgeklammert ist, kommt es im Begehren nach dem Fremden zu einer Instrumentalisierung, woraus schließlich ein „Exotismus oder Extremismus" (FW, 14) erwächst.

Die Art und Weise der Verschränkung von Eigenheit und Fremdheit ist demgegenüber „chiasmatisch": Beide sind weder völlig disparat noch einander vollkommen identisch (vgl. TF, 67). Das Fremde verortet sich weder innerhalb noch außerhalb der Ordnung, sondern auf der Schwelle, im Dazwischen. Dies entspricht wiederum der begrifflichen Bestimmung der Fremdheit als Atopie, als Befremdliches, Sonderliches, Seltsames und als etwas, das „nicht ganz an seinem Ort" (FW, 14) und nicht ganz zu seiner Zeit ist, als abwesend Anwesendes und anwesend Abwesendes.

5.7.3 Hören auf den fremden Anspruch

Das Fremde lässt sich nicht auf das reduzieren, was sich als Noch-nicht-Verstandenes dem hörenden Verständnis entzieht und hermeneutisch anzueignen ist. Fremdheit, die im Sinne einer zu überwindenden und überwindbaren Durchgangsstation zu besserem Verstehen begriffen würde, wäre keine Fremdheit mehr. Vielmehr tritt Fremdes als Außer-ordentliches auf, als Provokation, An-reiz, Herausforderung, genauer: „als *Anspruch auf etwas* (Prätention) und als *Anspruch an jemanden* (Appell)" (DG, 419). Fremdes lässt sich hörend weder eingemeinden noch kontrollieren, weder angleichen noch beseitigen.

> „Fremdes, das nirgends völlig am Platz ist, widersteht jenem Normalisierungsdruck, der von bloßer Vernunft- und Selbsterhaltung ausgeht. Fremdes ist weder anschlußnoch modellfähig. Mit dem Fremden kann man weder rechnen noch kann man darauf bauen." (GN, 16)

Als unbequemer Störenfried, der immerfort Unruhe stiftet, hinterlässt das Fremde seine Spuren; so zum Beispiel „im Staunen, von dem sich das philosophische Denken nährt, [...] in der Überschwänglichkeit einer Gabe, die weder einzuklagen noch zu vergelten ist und die als unauffälliges Einsprengsel unseren Alltagsverrichtungen innewohnt" (GN, 16f.), sowie auch in allem Verstehen, das sich nicht einfach von selbst versteht. Das Anderswo des Fremden ist durchsetzt von einer zeitlichen Verschiebung, die das Wovon der überraschenden Betroffenheit, des Widerfahrnisses trennt von dem Worauf der Antwort. Diese Asymmetrie wird übergangen, wenn etwa die Zeit des Hörens im Gehörten aufgeht.

Welche Spuren hinterlässt das Fremde im Hören? Wie mutet ein Hören an, das auf Fremdes eingeht, ohne es zu beseitigen? Was besagt ein Hörgeschehen, das dem Fremden gerecht wird? Im Hören bleibt ein Moment unüberwindbarer Fremdheit. In jeder Rede, in jedem Gespräch, in dem das Hören nicht einfach im Verstehen oder in der Verständigung aufgeht, verbleibt tatsächlich etwas Unverstandenes und auch etwas Unverständliches. Dieses Unverständliche „rumort" als permanente Beunruhigung und bringt das Verstehen-Wollen und die Verständigung immer wieder in Gang; es markiert eine Grenze, den Spalt, der weder übersprungen noch überwunden werden kann. Im Unverständlichen bekundet sich der Anspruch, auf den hörend zu antworten ich gezwungen bin, weil ich nicht nicht antworten kann.

Ein intentionales Hören „von etwas“ wird dem fremden Anspruch nicht gerecht. Ich kann eben nicht „etwas“ hören und verstehen, *bevor* ich darauf hörend antworte. In der Perspektive der Responsivität, die Waldenfels als Grundzug jeden Hörens, Sprechens und Handelns bestimmt, wird deutlich, dass ein *antwortendes* (Hin-)Hören, das auf einen fremden Anspruch eingeht, jedem Hören und Verstehen „von etwas“ wie auch jeder Verständigung und jedem Einverständnis mit Anderen zuvorkommt. Denn um zu hören und zu verstehen, „was“ genau gesagt wird, muss ich bereits „auf etwas“ gehört haben. „Als Anspruchsereignis entzieht er [der Anspruch] sich dem Verstehen und der Verständigung, da es ohne ihn buchstäblich nichts gäbe, was zu verstehen wäre oder worüber man sich verständigen könnte.“ (TF, 119)

Das Fremde lässt sich nicht in das kommunikative Netz der Verständigung einweben. Es ist „kein Bestandteil der Kommunikation“. Es stellt vielmehr dasjenige dar, wovon Hören und Sprechen affiziert, angeregt und in Gang gebracht wird, solange es überhaupt etwas zu hören und zu sagen gibt, was sich nicht in einem bereits Gehörten und bereits Gesagten erschöpft und lediglich wiederzuhören bzw. weiterzusagen ist (vgl. VR, 31f.). Als das Außer-ordentliche übersteigt das Fremde jede kommunikative Ordnung und Regel und verändert sie zugleich, nicht jedoch ohne an sie anzuknüpfen.

Daraus folgt, dass ein antwortendes Eingehen auf den fremden Anspruch nicht bei der Rede über etwas beginnt, sondern bereits im (Hin-)Hören:

> „Das Antworten schließt ein Hören auf die Stimme des Fremden ein, jedoch keine Hörigkeit; denn Antworten, die wir geben, sind zu erfinden, nicht bloß wiederzufinden. Andererseits liegt das, worauf wir antworten und zu antworten haben, nicht in unserer Hand und entstammt nicht unserer freien Erfindung. Unsere Eigenheit, die aus dem Antworten erwächst, hat ihren Schwerpunkt außer sich im Fremden, auf das wir antwortend eingehen. Fremdheit ist auf diese Weise in die Eigenheit eingeschrieben. Eine reine Eigenkultur wäre eine Kultur, die keine Antworten mehr gibt, sondern nur noch vorhandene Antworten repetiert oder variiert. Eine bloß funktionierende Kultur kann noch lange leben, indem sie sich überlebt.“ (TF, 84)[45]

Dasjenige, worauf wir im Hören antworten, lässt sich nicht als „etwas“, das einfach vorliegt, weitersagen. Fremdes kommt „von außen durch die Türe herein als ein ungebetener Gast, der nicht zu uns gehört, aber Gehör fordert“ (TF, 84). Das Fremde bleibt der untilgbare „Stachel“ des Hörens (vgl. SF).

45 „Hörig ist, wer auf einen Anderen so hören muß, daß er ihm gehört.“ Straus, Vom Sinn der Sinne, 402.

5.8 Merkmale einer hörenden Grammatik – Zusammenfassung und Ansatzpunkt

Das Hören wird nicht „sesshaft" in der Erfahrung (vgl. PhA, 9). Immer wieder wird es anderswo und anderswann auf vielfältige Art und Weise geweckt. Genauso vielfältig sind die Grundmerkmale, die ihm anhaften.

Die geläufigen Vorstellungen vom Hören sind oft missverständlich und bringen das Hören nicht *als* Hören zu Gehör. Die phänomenologische Spurensuche stellt den Ereignischarakter des Hörens im Sinne eines „hörenden Hörens" heraus. Hören zeigt sich als Erfahrung, die sich als Antwortgeschehen auf fremde Ansprüche ereignet. Im Wechselspiel zwischen Response und Pathos zeigt sich das Hören als diastatischer Vorgang:

> „Das antwortende Hören *auf einen fremden Anspruch*, das jedem Hören und Verstehen *von etwas* und jeder Verständigung *mit anderen* vorausgeht, kommt vielmehr aus einer uneinholbaren Ferne. Ich muß schon *auf etwas* gehört haben, um zu hören und zu verstehen, *was* gesagt wird. Das, worauf ich antworte, ist kein Bestandteil der Kommunikation, sondern das, wovon diese ausgeht und was diese in Gang hält, solange überhaupt *etwas zu sagen* bleibt, was über das Schon-Gesagte hinausgeht und nicht bloß wieder- und weiterzugeben ist. Ein solches Sprachhören macht selbst vor der eigenen Stimme nicht halt, die mir aus nächster Nähe als Echo meiner selbst entgegentönt." (VR, 31f.)

Dieser diastatische Vorgang entlarvt jedes Verständnis des Hörens im Sinne einer Umkehrung und bloßen Wiederholung der Rede als einseitig und verengt. Hören ist mehr als ein Gehörtes, das den gegebenen Ordnungen des Gesagten entspricht. *Bevor* auf das Gehörte in Form von Reflexion, Deutung und Einordnung zurückgekommen wird, steht das Hören als unvermeidliches Eingehen auf fremde Ansprüche, die plötzlich, ungeplant und unvorhergesehen laut werden und sich nicht vorweg in bestehende Ordnungsfunktionen, Kausalitäten, Ziel- oder Regelvorgaben einhegen lassen (vgl. FW, 13f.). Hörerfahrungen entziehen sich in diesem Sinne unserem direkten Zugriff.

Den Ausgang beim Hören zu nehmen, bedeutet nicht, eine neue Ordnung des Handelns und Denkens aufzustellen, sondern vielmehr, einen anderen Stil zu beschreiben, der zwar an vorhandene Ordnungen anknüpft, diese jedoch zugleich überschreitet. Eine antwortende Logik des Hörens, die auf das Hören selbst hört, beseitigt nicht den intentionalen und regulativen Charakter von Handlungen, allerdings nimmt sie ihm den Vorrang. An seine Stelle treten Grundmerkmale wie das der Vorgängigkeit des Pathos und der Nachträglichkeit der Response, der Unaufhörlichkeit, der Verletzlichkeit und der Überschüssigkeit. In Anlehnung an das, was die phänomenologischen Überlegungen bis hierhin in Gang gesetzt haben, sollen diese im Sinne einer Grammatik des Hörens aufgerufen werden; sie führen schließlich auf ein weiteres Grundmerkmal hin – die Dimension des Dazwischen –, das als weiterführender Aspekt herausgestellt wird und schließlich einen Ansatzpunkt eröffnet, der für die nachfolgenden Überlegungen aus praktisch-theologischer Perspektive leitend ist.

(a) Vorgängigkeit des Pathos

Einen Klang, eine Stimme oder ein Geräusch zu hören, bedeutet, von ihm zuvor angesprochen, betroffen, berührt worden zu sein. In die Dimension des „Pathos" spielt die Dimension der Affiziertheit hinein; das, was einer Hörerin oder einem Hörer „angetan" wird, ihr bzw. ihm widerfährt oder zustößt, geschieht, *bevor* sie bzw. er darauf eingeht. Indem wir von etwas, das auf uns zukommt, getroffen werden, werden wir gewissermaßen „angerufen". Hörend merken wir auf. Im Hören erscheint nicht nur etwas, das gehört wird im Sinne eines Gegenstands, mit dem wir umgehen, den wir handhabbar machen, weitergeben und zu dem wir in Distanz bleiben können. Vielmehr dringt im Hören etwas unmittelbar in uns ein, dessen wir nicht „Herrin" bzw. „Herr" werden; wir werden berührt, bewegt, möglicherweise auch gestört und irritiert. Zu hören bedeutet, der Kraft des Pathos ausgeliefert zu sein, ohne den fremden Anspruch in einem „Was" des Gehörten zu vergegenständlichen und ohne diesen in den Griff bekommen zu können.

(b) Nachträglichkeit der Response

Daneben enthält Hören auch eine Dimension der Antwort auf dieses Widerfahrnis, das auf uns zukommt. Sprachlich kommt diese etwa dann zum Ausdruck, wenn „wir ganz Ohr sind", jemandem „ein Ohr leihen" und „zuhören". Allerdings ist auch dem antwortenden Hören ein Moment bleibender Unverfügbarkeit eigen. Der fremde Anspruch steht keineswegs „zur freien Wahl"; er gibt etwas zu hören, zu sagen, zu tun, nicht aber „etwas zu haben oder zu verzehren" (AR, 614). Insofern steht auch ein verstehendes Hören im Grunde nicht in einem völligen Gegensatz zum Phänomen des Fremden. Vielmehr übersteigt das Fremde das hörende Verstehen. Es ist der antreibende Motor im Prozess des Hörens. Resultate lassen sich im Vorhinein ebenso wenig festlegen wie Ziele.

Das Pathos des fremden Anspruchs, das unsere Ohren weckt, ereignet sich vorgängig zur Response, das heißt zur Antwort, die wir geben, indem wir hörend darauf eingehen, ohne dass sie uns je gehört. Pathos und Response treten zeit-räumlich auseinander, sie „interferieren in einer zeitlich verschobenen Doppelbewegung, doch [...] konvergieren [sie] nicht in einem Sinn, den wir gemeinsam intendieren" (BE, 219). Das, „[w]as zwischen uns geschieht, läßt sich erst nachträglich einem Wir zuschreiben" (BE 219). Inmitten dieser Dia-chronie, wonach das Pathos des fremden Anspruchs der eigenen Response im Antworten zuvorkommt und sich das eigene antwortende Wort stets nachträglich darauf richtet, „zerdehnt sich das Dia- des Dialogs bis hin zu einer erinnerungslosen Vergangenheit und einer erwartungslosen Zukunft" (BE, 219). Hörend sind wir stets im Hier und Jetzt.

(c) Unaufhörlichkeit

Die pathische Grundierung der Hörerfahrung, in welcher der Anspruch als „Af-fekt", als „Angehen" und „Anrede" das Ohr weckt und aufmerken lässt, bringt eine Unaufhörlichkeit mit sich, die nicht stillgelegt werden kann. Der immer wieder neu ergehende, fremde Anspruch lässt sich weder harmonisieren noch beruhigen. Hören zielt in diesem Sinne nicht auf ein lückenloses Verstehen mit dem Ziel, passende Antworten zu finden. Das Pathos ereignet sich vielmehr als Abweichung vom Gewohnten, als das Nichtplanbare in allen Planungen, als Unhörbares im Hörbaren, als das, wovon wir plötzlich getroffen werden, ohne ausweichen zu können. Hörende bzw. Hörender und Gehörtes fallen nie in eins; es ist das Ereignis des Hörbarwerdens, das sich der Hörenden bzw. dem Hörenden stets entzieht (vgl. GPhF, 79). Dementsprechend erfährt das Hören eine unaufhörliche Fortsetzung.

Ein Handeln und Sprechen in der Logik des Hörens beginnt nicht bei der Setzung eigener Ziele. Dasjenige, was plötzlich hörbar wird, fällt nicht „unter die Disjunktion von Sein und Sollen" (BE, 124). Der fremde Anspruch ereignet sich im Hören auf unabwendbare und unweigerliche Art und Weise: „Die Unausweichlichkeit läßt sich modallogisch fassen als praktische Notwendigkeit, die sich wie jede Notwendigkeit als Nicht-Möglichkeit des Gegenteils formulieren läßt. Ich kann etwas nicht nicht tun." (BE, 124) Auch ein Weghören setzt ein Hören voraus. All dem, wovon unser Ohr getroffen wird, können wir nicht entgehen; genauso bewegt sich all das, was sich zu hören gibt, *„diesseits von gut und schlecht, von richtig und unrichtig, von Ja und Nein"* (BE, 124). Erst nachträglich gehen wir im Sinne einer Qualifizierung oder Einordnung darauf ein.

Das Hören als Hören, das mehr ist als das bereits Gehörte und das auch über eine bestimmte Sinn- oder Regelordnung hinausgeht, wird immer wieder neu angestoßen und geweckt. Es kommt nie zur Ruhe. Es fordert uns heraus, im Handeln und im Denken aufmerksam zu werden für Situationen und Ereignisse im Hier und Jetzt, die vom Gesollten, Gewollten und Gegebenen *abweichen.* Wer sich demgegenüber bereits im Vorhinein gegen die pathische Grundierung der Hörerfahrung „wehrt, wehrt sich gegen das Leben selbst" (BE, 125).

(d) Verletzlichkeit

Ein Handeln und Denken in der Grammatik des Hörens stützt sich nicht auf Stabilitäten und Sicherheiten, sondern erwartet das Unplanbare und Unerwartete. Alles, was wir als etwas hören, geht nicht in den gehörten Ordnungen auf, sondern erscheint vielmehr „als etwas, das Sinn hervorruft, ohne selbst schon sinnhaft zu sein, als etwas, *wovon* wir getroffen, affiziert, gereizt, überrascht und auf gewisse Weise verletzt werden" (GPhF, 73). Im Pathos des Hörens überwiegen nicht Ordnung und Kontrolle, sondern Unordnung, Ohnmacht und: Verletzlichkeit.

Denn hörend machen wir uns berührbar, werden sensibel und ansprechbar für Abweichungen, ohne vorher zu wissen, wie wir auf das eingehen werden, das uns plötzlich trifft, ablenkt, irritiert und dem wir unausweichlich ausgeliefert sowie ausgesetzt sind. Das Pathos des Hörens verweist damit jedes Handeln und Denken auf ihre Exposure-Struktur, die die eigene Verletzlichkeit auf der Schwelle zwischen Eigenem und Fremdem, zwischen Innen und Außen, zwischen Ordentlichem und Außerordentlichem offenlegt. Verletzlichkeit bedeutet, dass das Eigene durchlässig wird für Neuartiges, empfänglich für Fremdes und offen für die Möglichkeit zur Transformation.

Indem wir uns hörend verletzbar machen, willigen wir in die Dezentrierung des Eigenen ein, kündigen unsere Unberührbarkeit auf, bejahen unsere Angewiesenheit auf die bzw. den Anderen und erkennen die Notwendigkeit eines unaufhörlichen Lernens an. In der Logik des Hörens erfolgt das Denken und Handeln nicht *auf* eigene Ziele *hin*, sondern *aus* einer Dringlichkeit *heraus*, die vom Anderen herrührt, dem wir hörend ausgesetzt sind.

(e) Überschüssigkeit

Je mutiger das Wagnis der *Abweichung*[46] von gewohnten Ordnungen eingegangen wird und Pausen, Leer- sowie Bruchstellen offengelassen werden, desto wahrscheinlicher wird es, dass etwas Neuartiges überraschend einbricht bzw. einbrechen kann. Denn die Bruchlinien sind es, die verhindern, dass sowohl Hören als auch Sprechen auf sich selbst bezogen bleiben. Ein Hören, das sich nicht in gegebene Ordnungen einsperren lässt, sondern Ordnungen erst hervorbringt und sie zugleich verändert, geht nicht aus vom eigenen Wissen-Wollen, sondern von der oder dem Anderen, die bzw. der uns anspricht und auf die bzw. den wir antworten, *indem* wir hören. Dabei höre ich, was mir selbst nicht gehört.

46 Vgl. hierzu den Sammelband: Heidkamp, Monika/Kranemann, Daniela/Prkačin, Elisa/Vilain, Clarissa (Hg.): Abweichen. Von einer Praxis, die findet, was sie nicht gesucht hat. Für Reinhard Feiter (Studien zur Praktischen Theologie, Band 6), Münster 2022.

Als Überschuss des Unhörbaren und Ungehörten *im* Gehörten – und nicht bloß als Ungehörtes *jenseits* des Gehörten – ist Hören stets *mehr* als dasjenige, *was* wir hören, allerdings nicht im Sinne eines Bedeutungsüberschusses, eines „Mehr an Sinn" (Hyph, 47): „Ereignisse akkumulieren sich nicht wie ihre Erträge; sie lassen sich nicht weitersagen und aufbewahren, sondern nur wiederholen in Form eines Wiedersagens" (Hyph, 47) oder Wiederhörens.

Ein Hören, das selbst den Charakter eines Pathos besitzt, berührt das Unhörbare und Unmögliche, indem es den vorhandenen Spielraum eigener Möglichkeiten sprengt und über Planungen und Konzepte, Erwartungen und Befürchtungen sowie Intentionen und Regeln hinausgeht, ohne diese zu übergehen (vgl. Hyph, 242). In der Erfahrung des Hörens zeigt sich *mehr* und *anderes*, als es ist (vgl. Hyph, 11) – es geht über das, was sich zu hören gibt, insofern hinaus, als dass das „Mehr" und „Anders" sowie das „Nicht des Zeigens" bzw. das *Un*hörbare und *Un*erhörte zu Gehör kommt (vgl. Hyph, 11).

Diese „überschüssige Unmöglichkeit" bezeichnet Waldenfels als *„gelebte Unmöglichkeit"*; sie steht konträr „zur logischen, ontologischen, praktischen oder technischen Unmöglichkeit, die an den gegebenen Bedingungen scheitert" (Hyph, 242). In diesem Sinne ist zu unterscheiden zwischen einer „relativen Kreativität", die sich in gegebenen Ordnungen bewegt und einer „radikalen Kreativität", die die Grenzen der gegebenen Ordnungen übersteigt, indem Ziele, Regeln und Umstände verändert werden (vgl. Symb, 249f.; vgl. ebenso GN, 92). Das, *wovon* „Innovation", „Neugestaltung" und „Veränderung" (Symb, 252) ausgehen, wird zu einem *Worauf* des Hörens, *indem* wir darauf antworten.

Wir bringen kreative Prozesse, die Neuartiges erzeugen, daher nicht hervor; vielmehr gehen wir aus ihnen als Antwortende selbst verändert hervor. Vom Überschuss des Anspruchs getroffen, wird unser Handeln und Denken er-finderisch. Nur in der Anerkennung der Schwelle zwischen Pathos und Response des Hörens werden Denken und Handeln kreativ. Das Nicht-Gehörte im Hörbaren bewegt unaufhörlich zu einem Anders- und Mehr-Hören. Dem Hören ist somit eine Grundhaltung eingeschrieben, die stets mit einer überschüssigen Möglichkeit phänomenologischer Art – und wie noch gezeigt wird – auch theologaler Art zu rechnen hat.

(f) Die Dimension des Dazwischen

Die beiden Vorgänge – *zu hören* und *zu antworten* – stellen auch die zwei Pole des Ansatzes dar, den Hartmut Rosa mit seinen bereits erwähnten Ausführungen zur „Resonanz" in einer verfügbaren, aber verstummten und kapitalistisch-entfremdeten, beziehungslosen Welt unternimmt.[47] Sein Konzept der antworten-

47 Rosa, Unverfügbarkeit, 43.

den Resonanz wurde innerhalb der Pastoral wiederholt aufgegriffen, verspricht es doch angesichts der steigenden Distanz bzw. Entfremdung zwischen kirchlicher Praxis und den Lebensstilen vieler heute lebender Menschen[48] wegweisende Lösungsansätze.

Die antwortende Resonanz könnte doch eine Perspektive anbieten, die „das Aufblitzen der Hoffnung auf Anverwandlung und Antwort" nicht nur „in einer schweigenden Welt"[49] eröffnet, sondern gewissermaßen auch in den verstummten Räumen von Pastoral und Kirche. Vor diesem Hintergrund entfaltet der Ansatz von Rosa nichts anderes als Resonanz bei denjenigen, die auf dem Weg zu einer sogenannten „Vision" von Kirche sind, die die Entfremdung vieler Menschen gegenüber Gottesdienstformen, Ritualen und anderen kirchlichen Praxen erleiden und diese auf neue Weise ansprechen sollen.

Die Resonanztheorie liefert ein Bild für das, was pastorale Hoffnung nährt: hörende Resonanz erzeugen, und zwar so

- dass kirchliche Verkündigung und menschliche Antwort wieder zusammengehören;
- dass Charismen auf Aufgaben und Dienste in der Kirche wieder „antworten";
- dass die Predigt eine kommunikative Wirkung verspricht und wieder verstanden wird;
- dass neue Formen kirchlicher Zugehörigkeit entstehen.

Wenngleich Rosa die Motive der Unverfügbarkeit genauso mitdenkt wie den Unterschied zwischen Resonanz und Echo, entsteht besonders in der pastoralen Rezeption der Eindruck, dass Schwingungen, die einen Resonanzraum entstehen lassen, doch selbst erzeugt werden könnten.[50] Lässt man demgegenüber noch

48 Bernhard Spielberg spricht in diesem Zusammenhang von der sogenannten „Exkulturation", das heißt der „wachsende[n] Distanz zwischen der kirchlichen Praxis einerseits und dem Leben eines großen Teils der Menschen andererseits". Spielberg, Bernhard: Lokal, lustvoll, lebensnah. Pfarrgemeinderäte zwischen Herein- und Herausforderungen, in: Landeskomitee der Katholiken in Bayern (Hg.): Handbuch Pfarrgemeinderat, Freiburg i.Br. u.a. 2012, 74–80, hier 74. Michael N. Ebertz stellt fest, dass sich immer mehr, vor allem jüngere Menschen in zunehmender „Distanz, ja in absoluter Beziehungslosigkeit zum kirchlichen Leben" befinden. Ebertz, Michael N.: Kirche im Gegenwind. Zum Umbruch der religiösen Landschaft, Freiburg i.Br. u.a. 1997, 135.

49 Rosa, Resonanz, 750.

50 Diesen Hinweis verdanke ich Michael Schüßler; vgl. auch zu den folgenden Ausführungen Schüßler, Michael: Resonanz und Distanz. Eine praktisch-theologische Anverwandlung, die mit eigener Stimme spricht, in: εὐangel. Magazin für missionarische Pastoral 2 (2018), unter: https://www.euangel.de/ausgabe-2-2018/resonanz/resonanz-und-distanz/ [abgerufen am 14.01.2021]. Vgl. besonders auch Schüßler, Michael: Resonanz ... Unterbrechungen, 31. August 2016, in: feinschwarz.net. Theologisches Feuilleton, unter: https://www.feinschwarz.net/resonanz-unterbrechungen/ [abgerufen am 14.01.2021]. Vgl. auch

einmal das Hören *als* Hören zu Gehör kommen, dann scheint ein Ansatzpunkt auf, der einen Unterschied markiert.

Rosa denkt mit seinem Resonanzkonzept nicht über Dichotomien hinaus, obgleich dualistische Denkformen inzwischen an ihre Grenzen gekommen sind, da sie moderne Lebenswelten in ihrer Komplexität kaum wiederzugeben vermögen:[51] So werden Subjekt und Welt oder Resonanz und Entfremdung einander konträr gegenübergestellt. Es ist Waldenfels, der mit Bezug auf Rosas Konzept feststellt: „Die Resonanz findet ihren Gegenpart in der Entfremdung, die auf eine resonanzlose Welt zurückgeht", sodass es „zu einer anthropologisch fundierten und diagnostisch aufgefächerten Dichotomie von resonanten und stummen Weltbeziehungen" kommt (ES, 264). So besteht die Versuchung, im Phänomen der Resonanz eine passende Ordnung zu finden, mit der sich Krisen lösen, Brüche kitten und Unsicherheiten beruhigen lassen.

Das Phänomen des Hörens wehrt sich demgegenüber gegen jegliche Form einer dualistischen Aufspaltung. Vielmehr überwindet das Hören solcherart Dichotomien und eröffnet eine dritte Dimension, die möglicherweise einen Ansatzpunkt bietet, noch einen Schritt weiterzugehen, auch wenn dieser unbequemer ist: Es ist die bereits angeklungene Dimension des „Dazwischen". Waldenfels spricht auch von einem „musikalischen Zwischen-Geschehen" (Ssch, 195). Das Zwischen ist hierbei nicht zu begreifen „als leerer Raum zwischen den Dingen [...] und auch nicht als eine Zusammenfügung selbständiger Wesen, sondern als Ereignisfeld" (Hyph, 299), in dem etwas oder jemand zu dem oder der wird, was es bzw. wer er oder sie ist. Es geht darum, „daß zwischen uns etwas geschieht, das sich nicht auf individuelle Leistungen zurückführen läßt" (Hyph, 299). So sind an einem Zwischenereignis „mehrere Instanzen gleichzeitig beteiligt [...], ohne daß deren Mitwirkung sich säuberlich [...] [in] separate Faktoren wie Aktion und Passion oder Produktion und Rezeption" (Ssch, 195) einteilen lässt.

Anstatt sich im Sinne eines Entweder-Oders auf eine Seite zu schlagen, geht ein „hörendes Hören" das Wagnis dieses Zwischens ein. Anstatt das Chaos, die Unübersichtlichkeit und Ungewissheit in der Welt von heute in Ordnungen zu kultivieren und Dissonanz- in Resonanzerfahrungen sowie Distanz in Nähe zu überführen, hält ein „hörendes Hören" die Beunruhigungen und Brüche aus. Im Zwischen wird ein Hören des Unhörbaren und Unerhörten genauso wie

Kläden, Tobias/Schüßler, Michael: Zu schnell für Gott? Theologische Kontroversen zu Beschleunigung und Resonanz, Freiburg i.Br. 2017. Vgl. auch Rosa, Hartmut: Beschleunigung und Entfremdung. Entwurf einer kritischen Theorie spätmoderner Zeitlichkeit, Berlin [4]2014.

51 Vgl. Schüßler, Resonanz und Distanz. Dies zeigt auch Birgit Hoyer mit ihren Ausführungen in: Hoyer, Seelsorge auf dem Land.

ein Hören des Nicht-Gesagten und Nicht-Sagbaren, das heißt ein Hören der nicht vorhandenen Resonanz, der Differenz, der Distanz, der Krisis möglich.[52]

Inmitten eines „hörenden Hörens“ klafft ein Spalt zwischen dem Eigenen und Fremden auf, der „sich nicht schließt und deshalb nach erfinderischen Antworten verlangt“ (GPhF, 49). Im Dazwischen kann sich wirklich Neuartiges ereignen. Die Herausforderung besteht allerdings in der Fähigkeit, von dem, was gegeben ist, was angestrebt oder gefordert wird, abweichen zu können. Ein (praktisch-theologisches) Denken und Handeln, das sich hörend aussetzt, lässt sich dementsprechend genauso wenig in Ordnungen fügen wie beruhigen. Sich der Dynamik des Hörens zu überlassen, ohne den fremden Anspruch zu vereinnahmen, hat etwas von dem Risiko, immer wieder eigene Komfortzonen verlassen zu müssen. Denn die Brüche und Einbrüche, die Einfälle und Ausfälle, die Abweichungen und Unterbrechungen, die unvermittelt „laut“ werden, lassen sich weder planen noch kontrollieren.

Die Digression, der Bruch der Widerfahrnisse, bildet in gewisser Weise einen Spalt bzw. eine Schwelle, die im Hören „überquert, aber nicht überwunden wird“ (GPhF, 105). Hörend handeln und denken wir nicht nur „für“ und „über“ etwas, sondern „aus“ etwas heraus und „von etwas her“. Als Überschuss führt der fremde Anspruch (praktisch-theologisches) Denken und Handeln immer wieder über sich selbst hinaus, setzt sie der permanenten Beunruhigung aus, lässt sich nicht ordnen und einrahmen, sondern sprengt Rahmenordnungen, bringt Stereotype ins Wanken und wird in gewisser Weise niemals heimisch.

Es ist das Moment der Fremdheit, das dem Phänomen des Hörens *als* Hören seine eigene Kontur verleiht und als Zwischenereignis auch das Moment der Resonanz übersteigt. Der Bruch kann auch durch „Echowirkungen“ nicht aufgehoben werden: Response meint mehr und anderes als eine „rekursive Form“ der Resonanz, welche „die Schwelle fremder Ansprüche nicht überschreitet“ (ES, 281).

Für den Ansatzpunkt einer hörenden Pastoral, die ihren Ort oder Nicht-Ort im „Dazwischen“ hat, lassen sich dementsprechend keine Patentrezepte anführen, mit denen bestimmte, wünschenswerte Resonanzeffekte erzeugt werden könnten. Jede Hörerin und jeder Hörer ist vielmehr dazu herausgefordert, die Unsicherheiten, Infragestellungen und Umbrüche auszuhalten, die sich im Hören plötzlich und unvorhersehbar ereignen.

Die pathische Grundierung des Hörens verhindert, dass Antworten in der Pastoral „zu fertigen Klischees und ideologischen Schemata gerinnen“ oder schließlich „eine leibhaftige Unansprechbarkeit“ genauso hervorgerufen wird wie

52 Vgl. Odenthal, Andreas: Resonanz-Raum Gottesdienst? Überlegungen zu einer zeitsensiblen Liturgiewissenschaft im Anschluss an Hartmut Rosa, in: Liturgisches Jahrbuch 68 (2018), 32–54, hier 45. Vgl. auch Schüßler, Resonanz und Distanz. Vgl. auch Schüßler, Resonanz … Unterbrechungen.

ein „Wiederholungszwang" (ES, 286), der dazu führt, mehr desselben zu reproduzieren. Zentral ist andersherum die Aufmerksamkeit der Pastoral für das Unhörbare im Hörbaren und der Widerstand gegenüber jeder Versuchung, den Prozess des Hörens im Gehörten ruhigzustellen. Das, was keiner Erklärung, keiner Harmonie und Eindeutigkeit zugeführt werden kann, darf unerklärlich, disharmonisch, beunruhigend und uneindeutig bleiben.

Um nicht den Eindruck zu erwecken, als könnten Fremdheitserfahrungen überbrückt oder gar „bewältigt" werden, wäre der Resonanzfähigkeit eine Hörfähigkeit der Pastoral an die Seite zu stellen. Ein responsives Hören ist resistent und öffnet als solches für die Widerstandsfähigkeit von Pastoral; diese „verweist auf Kräfte, die aufeinanderstoßen und nicht nur einander in Schwingung versetzen" (ES, 289). Lebens- und Glaubenserfahrungen ereignen sich gerade auch im schmerzlichen Verlust von „Resonanz"[53] oder – so kann mit Julia Kristeva gesagt werden – darin, dass die Offenbarung Gottes eben auch „oft eine *Abweichung* erfordert, die Aufnahme einer radikalen Andersartigkeit, die Anerkennung eines Fremden, das man auf den ersten Blick geneigt wäre, als das Verworfenste zu betrachten"[54].

53 Vgl. dazu Schüßler, Resonanz und Distanz. Vgl. auch Schüßler, Resonanz … Unterbrechungen.

54 Kristeva, Julia: Fremde sind wir uns selbst, Frankfurt a.M. 1990, 85 [Hervorhebung E.P.]. Das Zitat führt in ähnlichem Zusammenhang bereits Gmainer-Pranzl, Franz: „responsio ex auditu". Glaube als Fremdperspektive, in: Hoff/Waldenfels (Hg.): Die ethnologische Konstruktion des Christentums, 190–211, hier 206, an.

6. Hören als Spur eines glaubwürdigen Pastoralstils

Viele pastorale Konzepte und Aktivitäten erfolgen bis heute im Modus der Weitergabe und Einladung. Gesucht werden Sprach- und Handlungsformen, mit denen die Frohe Botschaft an die Menschen weitergegeben und mit denen zu den Gottesdienstfeiern, zu den Katechesen, zu den Angeboten und Aktivitäten in der Pfarrei eingeladen wird. An einer reproduktiven Pastoral, die das Bestehende weiterführt, orientieren sich auch die in den letzten Jahren unternommenen, häufig an der zur Verfügung stehenden Anzahl an Priestern ausgerichteten Umstrukturierungsmaßnahmen:

> „Ein Erbe ist da, das von einer Generation zur nächsten weitergegeben wird. Diese Pastoral bestimmt heute noch unsere Vorstellungswelt: Der Raum wird in Pfarreien eingeteilt, in ihrem Rahmen hat die Bevölkerung einen Geistlichen und wird im Glauben unterrichtet. Das ist eine Pastoral, die dem Traum von der Christenheit [...] entspricht: Alle waren eine Familie, mit denselben Verhaltensweisen und denselben Werten, das Christentum herrschte über die Welt."[1]

Das Paradigma, das Pastoral und Kirche über die vergangenen Jahrhunderte hinweg prägte, ist die „Pastoral der Rahmung" (frz. *„pastorale d'encadrement"*), deren „vorrangige[s] Bestreben" darin liegt, „den Glauben wie ein Familienerbstück ‚weiterzugeben'. Man wurde Christ wie durch Osmose – einfach dadurch, dass man die Denkmuster und Gepflogenheiten seiner gläubigen Umgebung annahm"[2]. Das Prinzip der Weitergabe besteht darin, dem Leben der Christinnen und Christen eine bestimmte (Rahmen-)Ordnung zu geben, nämlich die einer flächendeckenden (Sakramenten-)Pastoral mit einem Pfarrer in ihrer Mitte, der die kirchliche und religiöse Ordnung aufrechterhält.

Inzwischen sind Kirche und Glaube dagegen für viele zu einem „kaum hörbare[n] Widerhall vergangener Generationen und Traditionen"[3] geworden. Die gesellschaftlichen Entwicklungen und der gleichzeitige Plausibilitätsverlust kirchlicher Sozialformen lassen darauf schließen, dass dieser (institutionelle) Modus der Weitergabe an seine Grenzen gekommen ist. Ganz gleich, ob in Familien oder in der Pfarrei – die Verkündigung des Glaubens im Modus der Weitergabe funktioniert nicht mehr so wie in der Vergangenheit. Die gewohnten (Rahmen-) Ordnungen bröckeln.

1 Donegani, Säkularisierung, 66f.
2 Bacq, Erneuerung vom Ursprung her, 32.
3 Thierfelder/Eibach, Resonanzen, 12.

Welche Perspektiven erschließen in diesem Zusammenhang die Ausführungen zum Hören für die Pastoral, ihr Denken und Handeln? Vor dem Hintergrund, dass das Hören bisher kaum als Ausgangspunkt oder als grundlegende Dimension von Pastoral untersucht worden ist, sollen – ausgehend von den vorangegangenen Analysen – Spuren einer hörenden Pastoral aufgezeigt werden.[4] Damit steht am Ende dieser Arbeit kein Fazit. Das Ergebnis ist auch kein vollständiger Entwurf einer „Pastoral des Hörens" oder gar einer pastoralen Strategie. Einer sich am Hören orientierenden Pastoral geht es gerade nicht um die Erstellung eines neuen Konzepts. Im Folgenden werden daher unterschiedliche Facetten auf verdichtete Weise dargestellt, die für das Hören in seiner Bedeutung für Pastoral und Kirche sensibilisieren können. Diese zeigen, dass das Hören dazu herausfordert, sich – etwa im Hinblick auf strategische Pläne und Handlungsziele – unterbrechen zu lassen und für Widerfahrnisse zu öffnen, in denen plötzlich etwas Unhörbares aufmerken lässt, das augenblicklich einen überschüssigen, unverfügbaren (Lebens-)Zusammenhang erklingen lässt.

In Zeiten, in denen der christliche Glaube nicht nur immer weniger selbstverständlich, sondern für viele Menschen auch immer öfter kaum verständlich ist,[5] wird Hören zu einer Metapher für einen anderen Modus von Pastoral. Eine „hörende Pastoral" greift die Bedingung der Möglichkeit von Erfahrung auf, die sich für das Ereignis Gottes im Heute öffnet.[6] Hören ist kein Wahrnehmungssinn von Stabilität und zeitloser Ordnung – im Gegenteil: Verletzlichkeit, Kairos und plötzliches Pathos sind die Dimensionen, die das Hören kennzeichnen. Das Hören führt die Praktische Theologie damit an ihren Ursprung zurück und zwingt sie in ihre Anfänglichkeit[7]; mit seiner pathischen Kraft konfrontiert das Hören sie zugleich mit ihrer „Passivität"[8], genauer mit den unvorhersehbaren Erfahrungen des Lebens und darin der nicht planbaren Ereignishaftigkeit der Frohen Botschaft Gottes im Heute.

4 Vgl. zum Folgenden auch die Ansätze einer hörenden Pastoral, die ich weiter entfaltet habe in: Prkačin, Elisa: Hören, was uns nicht gehört. Ansätze zu einer hörenden Praxis, in: Heidkamp u.a., Abweichen, 33–39.

5 „Was Glaube an Jesus Christus, was Dienst in seiner Nachfolge und aus seinem Impuls mit Kirche zu tun haben, ist keineswegs selbstverständlich, ja weithin kaum mehr verständlich. Die theologische Besinnung darauf tut not." Hemmerle, Klaus: Gemeinschaft als Bild Gottes. Beiträge zur Ekklesiologie. Ausgewählt und eingeleitet von Hanspeter Heinz und Anton E. van Hooff, in: Ders.: Ausgewählte Schriften, Band 5, herausgegeben von Reinhard Feiter, Freiburg i.Br. u.a. 1996, 44.

6 Vgl. zum Folgenden Schüßler, Michael: Mit Gott neu beginnen. Die Zeitdimension von Theologie und Kirche in ereignisbasierter Gesellschaft, Stuttgart 2013.

7 Vgl. ebd. Vgl. auch Hoyer/Schüßler, Exklusion, 12.

8 Vgl. zu den Phänomenen „Pathos" und „Passivität" aus systematisch-theologischer Sicht etwa die Ausführungen des evangelischen Theologen Philipp Stoellger in: Ders.: Passivität aus Passion. Zur Problemgeschichte einer ‚categoria non grata', Tübingen 2010.

Die Hördimension fordert die Pastoral dazu heraus, in allen Erfahrungen, die das Leben eröffnet, mit dem Ereignis des Glaubens zu rechnen und ihn auch dort zu entdecken, wo man ihn nicht erwartet, etwa, weil er von bisherigen Ausdrucksformen und gewohnten Sprachspielen abweicht.[9] Ohne diese Umkehr von der Weitergabe des Gehörten zum Ereignis des Hörens verfehlten Kirche und Pastoral „ihre Daseinsberechtigung", weil „sie aus Gedankenlosigkeit, Bequemlichkeit oder Realitätsfremdheit Antworten [...] [(weiter-)geben] auf Fragen, welche die Menschen nicht gestellt haben, die wirklichen Fragen der Menschen aber [...] [überhören]"[10]. Auf diese Weise würde nichts anderes als der Erhalt einer bestimmten institutionellen Sozialgestalt im Zentrum stehen, allerdings nicht mehr die Möglichkeit von Glaubens-Ereignissen in der Gegenwart. Verwaltet wird dann „vielmehr eine *ereignisarme Institution*, also eine glaubensarme Kirche"[11].

Das Hören macht demgegenüber eine „pastorale Haltung" stark, die von festgefügten Ordnungen des Gehörten entbindet und die sich in den Dienst des Menschen als hörendes Subjekt – das heißt als „Selbst" – und seines Lebens stellt.[12] Wer sich auf eine hörende Pastoral einlässt, der erfährt, dass sich Glauben nicht einfach von außen weitergeben lässt. Die Hördimension fordert Pastoral und Kirche vielmehr dazu heraus, hellhörig zu werden für Ereignisse, in denen sich die Frohe Botschaft Gottes heute im Leben von Menschen mitteilt, sodass sich ihre biografische Bedeutung versprachlichen kann.

Um das Wesen einer Pastoral näher zu beschreiben, die auf das Hören hört – und die auf einer anderen Ebene als Konzepte oder Entwürfe liegt –, bietet sich der von Christoph Theobald entlehnte und weiterentwickelte Stilbegriff als Perspektive an.[13] Von dort aus lassen sich Anknüpfungen für eine hörende Pastoral erschließen.

9 Vgl. Schüßler, Mit Gott neu beginnen.

10 Haslinger u.a., Ouvertüre, 29.

11 Zulehner, Paul M.: Inhaltliche und methodische Horizonte für eine gegenwärtige Fundamentalpastoral, in: Fuchs, Ottmar (Hg.): Theologie und Handeln. Beiträge zur Fundierung der Praktischen Theologie als Handlungstheorie, Düsseldorf 1984, 13–37, hier 22.

12 Vgl. Donegani, Säkularisierung, 67.

13 Theobald selbst spricht in seinen Ausführungen vom „Subjekt". Man könnte das von Theobald als „Subjekt" bezeichnete Phänomen allerdings auch – besonders im Hinblick auf seine pathische Grundierung – als „Selbst" bezeichnen. In Übereinstimmung mit dem hier zu erarbeitenden Ansatz einer *hörenden* Pastoral wird daher im Folgenden vom „Selbst" gesprochen.

6.1 Hörende Pastoral in der Logik des Stils

Christoph Theobald analysiert die gegenwärtige Situation des Christentums in Europa und identifiziert diese als eine völlig andersartige Situation als die, in der die Weitergabe und Bewahrung gewohnter Strukturen und Ordnungen noch möglich erschien. Diese neue Situation erinnert ihn an die Anfangssituation, wie sie in der Apostelgeschichte beschrieben wird. Theobald fragt:

> „Müssen wir als Katholiken und Theologen - um zunächst nur von uns zu reden - nicht ein neues Verhältnis zu unserem Kontinent finden? Als Menschen in einem ‚Land', das wir zwar gerne bewohnen, das uns aber nicht als Christen gehört? Ein Missionsland eher [...], in dem wir - *wie die ersten Christen* - für unseren Glauben um *Gastfreundschaft* werben müssen. Geht es doch darum, Herzen zu gewinnen und freie Mitbürger davon zu überzeugen, dass im Glauben an das Evangelium Gottes ungeahnte Lebenskraft verborgen ist."[14]

Theobalds Anliegen ist es, aus der bisherigen Perspektive einer „Reproduktionspastoral herauszukommen und eine ‚Gründungsperspektive' einzunehmen"[15]. Es geht dabei nicht um eine missionarische Pastoral im engeren Sinne, mit der Europa „rechristianisiert" wird oder Menschen für den Glauben rekrutiert werden, sondern darum, den Anfang eines Weges zu wagen, den Christinnen und Christen im Hören auf das Leben der Menschen gehen. Im Zentrum steht hierbei die Aufmerksamkeit dafür, was Menschen in der Perspektive Gottes wachsen lässt. Mit Rainer Bucher kann gesagt werden, dass die Herausforderung von Pastoral und Kirche in der Gegenwart darin liegt, die Fremdperspektive bzw. „Außenperspektive als mögliche Innovationsperspektive"[16] wahr- und ernstzunehmen.

In seinen Überlegungen zu einem „zeitgemäßen Glaubensverständnis in Europa"[17] führt Theobald hin zu einer zweifachen Besinnung des Christseins: auf der einen Seite „zu einer *Selbst*besinnung auf das Wesentliche"[18] und auf der anderen Seite „zu einer Besinnung auf den *Anderen*"[19]. Theobald versteht den „Glauben" als „ein Vertrauen in das Leben, das durchaus als ‚geistlich' im ursprünglichen Sinn qualifiziert werden kann, ehe es diese oder jene Ausdrucksform gefunden hat"[20]. Inmitten komplexer, unübersichtlich gewordener postmoderner Kontexte sind Menschen herausgefordert, dass ihr Leben im Sinne einer würdigen Gestaltung „gelingt"; sie werden dazu motiviert zu „glauben",

14 Theobald, Stil, 10f.
15 Ebd., 123.
16 Bucher, Rainer: Die Provokation annehmen. Welche Konsequenzen sind aus der Sinusstudie zu ziehen?, in: Herder Korrespondenz 62 (6/2008), 450–454, hier 454.
17 Theobald, Stil, Untertitel.
18 Ebd., 11.
19 Ebd.
20 Ebd., 82.

und zwar in dem Sinne, dass sie darauf vertrauen, dass das eigene Leben „sinnvoll" und „gut" ist.[21] Diese dem eigenen Leben zusprechende Erfahrung begreift Theobald als „ursprüngliche[s] ‚Evangelium' oder Protoevangelium"[22], als Frohe Botschaft und neuartige Erfahrung eines „radikalen Gutseins".[23]

So verstanden stellt „Glauben" – in Anführungsstrichen – ein anthropologisches Grundphänomen dar. „Glaube" im Sinne des „Lebensglaubens" beschreibt „die geheimnisvolle Fähigkeit ‚Jedermanns' [...], dem Leben Vertrauen zu schenken"[24], eine Fähigkeit, die von einem Anderen zwar geweckt oder erzeugt, nicht aber übernommen werden kann. Die „Botschaft von einem radikalen Gutsein" ist in Anlehnung an Theobald auf folgende Weise zu verstehen: „Das Evangelium (eu-angelion) ist eine Botschaft (-angelion), die sich als absolut neu erweist jedes Mal, wenn man sie wirklich hört. Sie ist die stets neue Botschaft eines radikalen Gutseins (eu-)"[25].

Für Theobald stehen die Herausforderungen an das heutige Christsein in Europa fest: Diasporasituation der Kirche, Exkulturation des Glaubens, das heißt „das Verschwinden des kulturellen Sockels, der vom Katholizismus gebildet wurde und die Gesellschaft bis in die jüngste Zeit hineingetragen hat"[26], sowie Glaubwürdigkeitskrise der kirchlichen Verkündigung in Form der zwei Symptome „Mythosverdacht und Lebensferne"[27].

Als Glaubensereignis wird das Hören in ein Beziehungsgeschehen gestellt, das bereits den Ort der Verkündigung, der Pastoral und auch des Kirche-Werdens bildet.[28] Dieser elementare „Lebensglauben" des Alltagsmenschen bzw. des „Jedermann", den Theobald vom spezifisch christlichen Gottesglauben unterscheidet, bildet den Ansatz- und Mittelpunkt seiner Antwortversuche zu der Fragestellung, wie „*heute* Hoffnung *bezeugt* und Vertrauen *ermöglicht werden* [kann]"[29], sowie auch seiner Überlegungen, die er zu einer Pastoral der Berufung, die den

21 Theobald, Stil, 325.

22 Theobald, Christoph: Hören, wer ich sein kann. Einübungen, herausgegeben von Reinhard Feiter und Hadwig Müller (Bildung und Pastoral, Band 5), Ostfildern 2018, 60. Seit dem 17. Jahrhundert begreift man unter dem Protoevangelium die alttestamentliche Textstelle Gen 3,15, die fortan unterschiedliche Auslegungen erfahren hat. Vgl. Petri, Heinrich: „Protoevangelium", in: LThK, Band 8, Freiburg i.Br. [3]1999, 666–668. Die vorliegende Arbeit rekurriert auf einen veränderten Gebrauch dieses Theologumenons durch Christoph Theobald.

23 Theobald, Hören, 33. Vgl. Theobald, Christoph: Evangelium und Kirche, in: Feiter/Müller (Hg.): Frei geben, 110–138, hier 113.

24 Theobald, Stil, 305.

25 Theobald, Evangelium und Kirche, 113.

26 Theobald, Stil, 23.

27 Ebd., 25.

28 Vgl. ebd., 331.

29 Ebd., 10.

Anderen hören lässt, wer er bzw. sie sein kann[30], unternimmt. Dabei erscheint das Hören inmitten unseres postsäkularen, ganz und gar vom Anspruch der Freiheit geprägten gesellschaftlichen Kontexts im Sinne einer stilistischen Öffnung für das Geheimnis der menschlichen Berufung und des christlichen Glaubens.

Waldenfels begreift den Begriff des Stils als eine „Lebensform unter anderen, genauer als *Begegnungs- und Beziehungsgeschehen in der Welt*"[31], als „*einzigartige* Gestaltungskraft", die „nur in einem solchen *Begegnungsgeschehen* ihre eigentümliche Wirkung entfaltet, in dem der Betrachter, Hörer oder Leser sich auf den schöpferischen Vorgang der künstlerischen *Formgebung* selbst einlässt"[32], und zwar „*in der Welt*"[33]. Stil, so zitiert Theobald den Phänomenologen Maurice Merleau-Ponty, ist „Kennzeichen einer Art und Weise, die Welt zu bewohnen"[34]. Dementsprechend zeigt sich am Stil eine bestimmte Verhältnissetzung zur Welt. Dabei kann etwas so, aber auch anders in ein Verhältnis gesetzt werden. Ein Stil legt nicht fest, er lässt sich nicht vereinheitlichen. Auf seine Art und Weise ist jeder Stil allerdings einzigartig. „Jeder Stil ist eine Ausformung der Elemente der Welt, welche es erlauben, diese in Richtung einer ihrer wesentlichen Anteile zu orientieren."[35] Dieser Prozess ist schöpferisch, er kommt einer „Metamorphose" gleich; was entsteht, ist eine „*andere* Welt"[36]. Der Begriff des „Stils" hebt ab auf die Art und Weise, das heißt auf das „Wie" einer Erscheinung oder Handlung, allerdings ohne sich vom „Was", das heißt vom Inhalt, einfach zu lösen. Vielmehr garantiert gerade der innere Zusammenhang zwischen dem „Wie" und dem „Was", zwischen der Form und dem Inhalt, die Authentizität und damit auch die eigentliche Wirkkraft eines bestimmten Stils. Die Verbindung zwischen Form und Inhalt ist es, die auf das „‚ästhetische' Prinzip allen Stils"[37] verweist:

> „die mehr oder weniger große *Konkordanz*, eventuell die Identität zwischen dem Inhalt und der Form; ein Prinzip, das ja nicht nur das ästhetische Urteil über ein Kunstwerk oder das ethische Urteil über eine Lebensform, sondern auch letztendlich das philosophisch-theologische Urteil über die *Glaubwürdigkeit* christlichen Glaubens bestimmt."[38]

30 Theobald, Hören. Vgl. zu einer Pastoral der Berufung aus der Perspektive der Responsivität nach Bernhard Waldenfels besonders Feeser-Lichterfeld, Ulrich: Berufung. Eine praktisch-theologische Studie zur Revitalisierung einer pastoralen Grunddimension, Münster 2005.
31 Theobald, Stil, 53.
32 Ebd., 52.
33 Ebd., 148.
34 Ebd., 53.
35 Ebd., 214.
36 Ebd.
37 Ebd., 53.
38 Ebd.

Der Begriff des Stils impliziert damit „eine ganz spezifische *Sensibilität*, einen ‚ästhetischen' *Sinn* für *Konkordanz* zwischen Inhalt und Form" – und dies, „ohne seine objektive, je einzigartige Facette zu verdunkeln".[39]

Für Theobald nimmt der Stilbegriff eine heuristische Funktion ein, insofern dieser einen Zugang zu den beiden Phänomenen „heilige Gastfreundschaft" und „gastfreundschaftliche Heiligkeit" eröffnet.[40] „Christentum als Stil" zu denken, beinhaltet Theobald zufolge zwei Seiten, nämlich die „objektive Vielfalt und Spezifizierung *wie auch* den subjektiven ‚Sinn' für [...] Differenzierungen und Vereinzelungen"[41].

Theobalds Überlegungen führen vor diesem Hintergrund zum sogenannten „pastoralen Prinzip", wie es in der Eröffnungsrede von Papst Johannes XXIII. auf dem Zweiten Vatikanischen Konzil und in Anlehnung an das kommunikationstheoretische Offenbarungsverständnis aufscheint. Dieses stellt den christlichen Glauben „*in* die pastorale Beziehung zwischen den Verkündiger/inne/n des Evangeliums auf der einen und deren möglichen, immer historisch situierten Hörer/inne/n auf der anderen Seite"[42]. Das Prinzip der Pastoralität besagt:

> „Es gibt keine Verkündigung des Evangeliums Gottes ohne Einbeziehung des Adressaten, genauer gesagt, das, um was es in der Verkündigung geht, ist im Adressaten schon am Werk, sodass er bzw. sie es in Freiheit annehmen kann."[43]

Der Glaube ist nicht etwas, das erst noch „gemacht", „hergestellt" oder „weitergegeben" werden muss wie ein zu hörender, zu verstehender Inhalt, sondern ist ein immer wieder neues Ereignis, das zu entdecken ist als bereits angebrochene und zugleich noch ausstehende Wirklichkeit im Leben der Hörenden selbst. Auf das Hören zu hören, bedeutet im Sinne der so verstandenen Pastoralität, aufmerksam zu werden für die Wirklichkeit des Rufes, den Gott in den Hörenden bereits erklingen lässt, und sich der Freiheit ihrer ganz persönlichen Antwort nicht in den Weg zu stellen.

Theobald zufolge gibt es eine Pluralität von Gestalten des Glaubens und existiert ein unlösbares Band zwischen dem Glauben und der Interpretationskompetenz der Hörerin bzw. des Hörers, die bzw. der zugleich ihre bzw. seine Situation in der heutigen Welt und auch sich selbst in Beziehung zu den messianischen

39 Theobald, Stil, 57.

40 Vgl. ebd., 58–73.

41 Ebd., 13.

42 Ebd., 35.

43 Theobald, Christoph: Heute ist der günstige Augenblick. Eine theologische Diagnose der Gegenwart, in: Feiter, Reinhard/Müller, Hadwig (Hg.): Frei geben. Pastoraltheologische Impulse aus Frankreich, übersetzt von Hadwig Müller und Wilhelm Rauscher (Bildung und Pastoral Band 1), Ostfildern ^{2}2013, 81–109, hier 91.

Zeichen dieser Zeit deutet.[44] Diesen Kern des Glaubens gilt es mit dem „kollektiven Aspekt des Glaubens" der *„gemeinsame[n] Beratung (deliberatio – UR, 11* und *DH, 3)*"[45] zu verbinden. Das Profil eines solchen Dialoges hat in diesem Sinne ein ganz und gar ökumenisches Gepräge:

> „Im Sinne dieses [...] *kollektiven Aspekts* hat das Konzil das Gottesvolk von Beginn an in ein ‚ökumenisches' Beziehungsgeflecht mit anderen christlichen Kirchen, mit dem Judentum, dem Islam, anderen Religionen und mit sonstigen geistlichen und geistigen Kräften unserer Gesellschaft gestellt."[46]

Daraus resultiert eine besondere Verantwortung unterschiedlicher christlicher Kirchen und Religionen, aufeinander zu hören.

Stilbildend ist Verkündigung unterdessen nur, wenn ihr Modus „dem entspricht, was das Wort des Evangeliums *ist und in seinem Empfänger bewirken will*"[47]. In diesem Sinne ist der *sensus fidei* ein ganz und gar „stilistischer Sinn"[48]. Der Glaubensmodus ist relational, offen und prozedural; er kommt nie an ein Ende und lässt sich daher nur synodal, im Hören realisieren, was auch bedeutet, den oft „sprachlos belassene[n] *sensus fidei fidelium*" sprechen zu lassen.

> „Das je heutige Hören der Stimme Gottes ist nur möglich *im* ‚stereophonen' Hören aller auf eine Vielfalt mitmenschlicher und mit-christlicher Stimmen und deren Echo im ‚Resonanzraum' des je eigenen Gewissens."[49]

In der Selbstmitteilung Gottes in seinem Sohn Jesus Christus ereignet sich geschichtlich die Beziehung zwischen Gott und Mensch. Die Offenbarung Gottes in Jesus Christus ist nicht nur als eine „Mitteilung" zu verstehen, sondern als eine „Form" der Begegnung und der Beziehung, die sich vom Inhalt des christlichen Glaubens nicht trennen lässt.[50] Die Größe der Liebe Gottes zeigt sich in der Art und Weise, *wie* dieser sich dem Menschen zuwendet, sich verausgabt, sich selbst schenkt. Dieses ein für alle Mal geschehene Erschließungsereignis von Gottes Liebe in Jesus Christus exkludiert keinen Menschen. Was ein für alle Mal für alle gesagt ist, geht über in ein *Sagen* Gottes, in dem ein Ruf den Menschen persönlich und individuell heute anspricht.

Aus theologischer Sicht kann Gott, so Theobald, „schweigen", das heißt „nunmehr *Jedermann* zu Wort kommen [...] lassen, und das heißt zunächst, ihm die [...] Interpretationskompetenz seiner individuellen und kollektiven

44 Vgl. Theobald, Stil, 40.
45 Ebd.
46 Ebd., 40f.
47 Ebd., 57.
48 Ebd.
49 Ebd., 43.
50 Vgl. ebd., 53.

Situation in der Welt [...] überlassen"[51]. Die biblischen Erzählungen rezipieren lebensnahe Worte „vom Glauben als *ein* in seiner Humanität von Gottes Geist *ermöglichtes* Wort"[52]. Gefordert ist ein „komplexes *Hören*"[53], welches dem *sensus fidei*, der wesensgleich mit den göttlichen Wirklichkeiten ist, eine bestimmte Form verleiht. Theobald schreibt: „Gottes ‚beredtes' Schweigen *ermöglicht* ‚Lebens-' und Christusglauben in ihren unglaublich vielfältigen Formen *sowie* deren sprachlichen Ausformungen."[54] Das Hören des Unhörbaren, des Gotteswortes, also das Hören seines „beredten Schweigens" erfolgt „stereophon".

> „Der Christgläubige hört nicht nur – im gastfreundlichen Begegnungs- und Beziehungsgeschehen der *Traditio* – die Verkündigung des Evangeliums (*verbum externum*); er hört gleichzeitig die Stimme seines affektiven und intellektuellen Gewissens (*sensus* und Urteil), die das von außen kommende Wort von innen her (*verbum internum*) beglaubigt und als lebbar ausweist (1 Thess 2,13). Darüber hinaus muss er aber auch die vielen anderen Stimmen derer hören, die nicht unmittelbar im gastfreundschaftlichen Raum der *Traditio* stehen."[55]

Deutlich wird die kulturelle Dimension des Hörens. Pastoral besitzt einen hermeneutischen Charakter (GS 44). Das Wort Gottes erklingt nicht nur im Wort der Heiligen Schrift und im Gewissen der Hörenden, sondern ist „in den vielfältigen Sprachen unserer Zeit" (GS 44), in den Kulturen, Spiritualitäten, Religionen und Sprachen der Menschen heute anwesend.[56] Der christliche Glaube lässt sich nicht auf ein einmal Gehörtes, auf ein reproduzierendes Hören festlegen, sondern bleibt angewiesen auf die individuelle Interpretations- und Urteilskompetenz, auf ein Hören der Hörenden selbst. Es braucht einen

> „*modus procedendi*, der nicht etwa gemeinsame, ein für alle Mal gegebene Glaubensinhalte synthetisiert, sondern – in der Art einer ‚generativen Grammatik' – zeigt, *wie* solche Glaubens- und Lehraussagen in kollektiver, die Interpretationskompetenz aller Partner respektierenden Wahrheitsfindung entstanden sind und weiterhin

51 Theobald, Stil, 116.

52 Ebd.

53 Im Sinne der „Einheit der Selbstoffenbarung und Selbstmitteilung Gottes" muss auch auf den Sinn des Sehens, der im *sensus fidei* mit impliziert ist, verwiesen werden. „Hören und Sehen müssen im Glaubensakt zusammenwirken" – dies bringt der stilistische Zugang mit sich. „Allerdings bleiben im Zweiten Vatikanum die Worttheologie (in *Dei verbum*) und der theologische Bezug auf die ‚Zeichen der Zeit' (in *Gaudium et spes*), der eher an unser *Sehen* appelliert („Sehen" – „Urteilen" – „Handeln"), ohne innere Beziehung, wie wir dies ja auch bei anderen Thematiken des Konzils feststellen konnten." Dies ist der Kern des stilistischen Ansatzes. Hören und Sehen geschieht gleichzeitig. Es geht um „ein ‚Hören der verschiedenen Sprachen *unserer* Zeit' (GS, 44) *und* ein Sehen dessen, was sich in den ‚Zeichen *dieser* Zeit' (GS, 11) lesen lässt". Theobald, Stil, 118f.

54 Ebd., 116.

55 Ebd., 117.

56 Vgl. ebd.

entstehen können und *auf welchem Wege* sich unsere Ohren zum Hören des Wortes Gottes und unsere Augen zum Sehen seiner unsichtbaren Gegenwart befähigen lassen."[57]

Genau darin besteht die „Pastoralität" des Denkens und Handelns, was allerdings nicht bedeutet, dass die gehörten Glaubensinhalte inmitten einer „prozeduralen ‚Verflüssigung'"[58] einfach verschwinden. Vielmehr werden sie aus ihren starren, katechetischen Formen gelöst „und in eine alle Fragmentierung überschreitende *Vision* integriert"[59]. Im Sinne der Pastoralität bleiben sie bezogen auf die situativen Ereignisse der Gegenwart, auf die wirklichen Erfahrungen unserer Geschichte und der Situationen im heutigen Leben, in denen sich der „Lebensglaube" zeigt und möglicherweise der Übergang zu einem „christlichen Gottesglauben" ganz überraschend ereignet. Insofern bezieht sich das Prinzip der Pastoralität nicht auf den Glaubensinhalt, sondern auf „die Empfänger und vor allem die Empfangbarkeit der Botschaft"[60]. Die ein für alle Mal erklungene Offenbarung verweist Kirche und Pastoral auf die permanente Aufgabe eines („stereophonen") Hörens und die eigene Lernbereitschaft.

Theobald beschreibt das christliche Glaubensverständnis im Sinne des jesuanischen Begegnungsgeschehens mit dem Fokus auf die „Jedermann" geschenkte Freiheit und Interpretationskompetenz als einen „auf immer bleibende[n] – österliche[n] – ‚Übergang'"[61]. Die Unhörbarkeit des beredten Schweigens Gottes wandelt sich in ein neues Hören der/des Gläubigen auf den *in* einem Lebensereignis erklingenden Ruf Gottes. Die Aktivierung dieses Übergangs erfolgt hörend als „geistlich-‚mystische[r]' *sensus* in dem Maße, wie er sich auf Gott richtet, sein ‚beredtes Schweigen' hört" und „*gleichzeitig* die Fähigkeit entwickelt, den Anderen und was ihn bewegt, seinen ‚Lebensglauben' in dieser oder jener Situation wahrzunehmen"[62]. Beide – die Treue zum Ursprung der heiligen Gastfreundschaft Jesu und die Verortung in den Kontexten der Gegenwart – bilden die zwei Pole, in denen sich ein „stereophones Hören" im Sinne der Pastoralität verwirklicht.[63]

Theobald versteht den Glauben als (hörendes) Beziehungsgeschehen im Sinne der „Stereophonie". Dieses Verständnis orientiert sich an Jesu Art und Weise, die Welt zu bewohnen, die eine absolute Konkordanz bzw. Kohärenz aufzeigt, insofern der Inhalt, das „Was" seiner Verkündigung, vollkommen mit der Form, dem „Wie" seiner Verkündigung, übereinstimmt. Die in Anlehnung an

57 Theobald, Stil, 333.
58 Ebd.
59 Ebd., 334.
60 Ebd., 339.
61 Ebd., 121.
62 Ebd., 123f.
63 Vgl. ebd., 335.

den phänomenologisch akzentuierten Stilbegriff genannten Merkmale zeigen sich somit heuristisch in Jesu Handeln und Sprechen, nämlich in der (a) Einzigartigkeit seiner Gestaltungskraft und Existenzweise, die ihre Wirkung nur in einem (b) Begegnungsgeschehen entfaltet, in dem die Hörerin bzw. der Hörer sich einlässt auf den schöpferischen Vollzug einer „künstlerischen" Formgebung und welches sich (c) in der Welt – eschatologisch – vollzieht.[64]

(a) Einzigartigkeit als Merkmal des jesuanischen Stils

Jesu Stil, sich selbst zugunsten der Menschen, die ihm begegnen, zurückzunehmen, sie wahrzunehmen und von ihnen zu lernen, ist einzigartig, weil „bei ihm Gedanken, Worte und Werke vollkommen übereinstimmen"[65]. In dieser Kohärenz entfaltet sein Wirken eine besondere Ausstrahlung; seine zu sich selbst in Distanz tretende Haltung drückt alles andere als Schwäche aus, sondern ist vielmehr Zeichen von Autorität und Glaubwürdigkeit.[66] Jesu Stil kommt zum Ausdruck als „schwache" – sich selbst zurücknehmende – Kraft. Die Kraft der Schwachheit lebt Jesus im Sinne einer heiligen und freimachenden Gastfreundschaft[67]; sie erzeugt „im Anderen die gleiche ‚elementare' Grundgegebenheit des Lebens, die man auch ‚Glauben' nennt"[68]. Jesus „geht" diese heilige Gastfreundschaft gewissermaßen *„bis zum Ende"* und lässt ihre „paradoxe Gestalt" gerade dort sichtbar werden, „wo Unverständnis und Gewalt sein eigenes ethisches Verhalten – Abwesenheit von Lüge oder Übereinstimmung mit sich selbst – zwar radikal bedrohen, aber nicht besiegen"[69].

Der „gastfreundlichen Heiligkeit Jesu" wird dadurch eine außerordentliche Einzigartigkeit und darin ein „messianisches Merkmal" verliehen.[70] Jesus wird selbst zum Gastgeber, der – bis zum Schluss und um den Preis seines Lebens – auf das „Hören-Können" und den „Glauben" der ihm Begegnenden vertraut; seine Identität verbirgt er dabei „in oder hinter den messianischen Zeichen"[71]. Das „messianische Merkmal" drückt aus, dass der stilistische Zugang zu dem, was das Christentum im Wesen ausmacht, in der Fähigkeit besteht, „in dem, was gehört und gesehen wird, *die unsichtbare und unhörbare Übereinstimmung des*

64 Vgl. Theobald, Stil, 148.
65 Ebd., 149. Theobald bezieht sich hier insbesondere auch auf die Erzählungen der synoptischen Evangelien.
66 Vgl. ebd.
67 Vgl. ebd. 58–73. Vgl. auch ebd., 175ff.
68 Ebd., 149.
69 Ebd., 149f.
70 Theobald, Stil, 148f.
71 Ebd., 151.

jeweiligen Menschen mit sich selbst zu hören und zu sehen: eine geheimnisvolle Übereinstimmung, Einheit oder Einfalt, die seine Einzigartigkeit begründet“[72].

(b) Hörend an der Seite der Anderen sein

Jesu Wirken prägt seine hörende Präsenz an der Seite der ihm Begegnenden. „Das Fehlen jeglicher Schreibtätigkeit bei Jesus“ ist für Theobald ein Ausdruck dafür, „dass er in der überaus kurzen Zeit öffentlicher Tätigkeit seiner gegenwärtigen Anwesenheit an der Seite des Anderen absolute Priorität gibt“[73]. Seine hörende Haltung, mit der er die Anderen und ihr Leben aufscheinen lässt, ist „Ausdruck auch seiner absoluten Freiheit und Distanz sich selbst gegenüber“[74].

Der in den Menschen durch die Begegnung mit Jesus geweckte „Glaube“ hat eine hörende Dimension aufgrund seiner relationalen Struktur. Jesus schenkt den Bewegungen im Leben der Menschen, die ihm begegnen, hörende Aufmerksamkeit und bezeugt den „Glauben“ als das, was er den Menschen sowie Gott gegenüber selbst empfängt. Jesu hörende Wahrnehmung bezeugt das sich ereignende Glaubensgeschehen im Leben seiner Gesprächspartner bzw. -partnerinnen als Beziehung zwischen Gott und Mensch.

(c) Eschatologisches Kennzeichen

Der Raum der Freiheit, den Jesu heilige Gastfreundschaft eröffnet, ermöglicht den Menschen, die ihm begegnen, ihre – in ihrer Existenz bereits verwurzelte – Einzigartigkeit zu erfahren, und zwar in einem nicht vorstellbaren „Übermaß“ an Kohärenz und Vertrauen auf das Hören-Können seines jeweiligen Gegenübers. Die Begegnungen mit Jesus haben „‚entscheidenden‘ und ‚endgültigen‘ Charakter“; sie tragen ein „eschatologisches Merkmal“, insofern sie den Menschen mit dem Ganzen des eigenen Lebens – von der Geburt bis zum Tod – konfrontieren und darin den Ruf Gottes hören lassen.[75] Indem er selbst seinen Tod auf sich nimmt und den Menschen „eine gute Neuigkeit *hören* lässt, die Botschaft radikaler und immer neuer Güte“[76], befreit der Messias von der Macht des Todes.

Die Wahrnehmung der Einmaligkeit der eigenen Existenz als „radikal gute Neuigkeit Gottes“ hat ihren Ursprung in der Stimme, die diese *hören lässt*; ein solcher „Glaube“ ist *christlicher* Gottesglaube, der „*in* Gottes beredtem Schweigen […] seine Vertrauen und Glauben ‚autorisierende‘ Gutheit: ‚Du darfst …‘

72 Theobald, Stil, 153f.
73 Ebd., 61.
74 Ebd.
75 Ebd., 154.
76 Ebd., 155.

[n]icht zunächst: ‚Du musst oder du sollst …'"[77] hören lässt. Ein solch gläubiges Hören wird allein von außen geweckt und entsteht zugleich nur im Inneren des Einzelnen selbst. Theobald fasst den christologischen Stil auf folgende Weise zusammen:

> „Die messianische und eschatologische Gastfreundschaft Jesu von Nazareth […] ist […] der Art, dass sie *in denen*, die sich bei ihm einfinden, eine Grundhaltung erzeugt und offenbart […]: Abwesenheit von Lüge oder Übereinstimmung mit sich selbst; eine Grundhaltung, die allerdings […] eine letzte ‚übermäßige Möglichkeit' *theologaler Art* in sich birgt: die Verwandlung des eigenen Verhältnisses zum Tod, die sich dank dessen, was der Gast Jesu in sich selbst hört und vernimmt, in bestimmten Situationen als ‚menschenmöglich' erweist."[78]

Jesu gastfreundschaftlicher Aufmerksamkeit ist eine Grundhaltung eigen, die sich öffnet für die „überschüssige Möglichkeit" der Verwandlung und Heilung – diese empfängt Jesus selbst hörend und bezeugt sie im Sinne eines „Mehr" und „Anders" Gottes als „menschenmöglich". Die hyperbolische Kraft des Überschusses theologaler Art schenkt sich inmitten der heutigen Welt.

Die Neuigkeit vom „radikalen Gutsein" Gottes als solche zu verstehen, hat zur Voraussetzung, „dass der *Hörende* ohne Zögern den Ursprung dieser *gehörten* ‚Glückszusage' identifiziert – Gott als *Abba*-Vater – und gleichzeitig wahrnimmt, aus welchem Grund diese Stimme *göttlichen* Ursprungs ist und sein muss"[79]. Dasjenige, was den stilistischen Ansatz prägt, ist damit das auf die Einzigartigkeit bezogene aufmerksame Hören-Können des Glaubenssinnes, der in der Begegnung mit Jesus erzeugt wird. Seine Selbsthingabe am Kreuz offenbart etwas ganz und gar Unmögliches; einen nicht ausdenkbaren Überschuss des „Aus-sich- und Über-sich-Hinausgehen[s]"[80].

Damit sind bereits wesentliche Aspekte einer hörenden Pastoral in der Logik des Stils angeklungen. Sie ist eine am Evangelium orientierte und diesem zugleich dienende Haltung den Anderen und ihrem Leben gegenüber. Sie lässt sich als eine Aufmerksamkeit verstehen, als ein Hören darauf, wie die bzw. der konkrete Andere hört, sodass sich ein Raum öffnet, in dem diese bzw. dieser immer mehr sich selbst und ihre bzw. seine Beziehung zum Gott des Lebens entdecken und als „Selbst" auf ihn antworten kann.

Die Erfahrung, wer die oder der Einzelne „sein kann", die Entdeckung ihrer bzw. seiner menschlichen und christlichen Berufung *empfängt* sie oder er *hörend*

77 Theobald, Stil, 156.
78 Ebd., 159.
79 Ebd., 155.
80 Theobald, Hören, 76.

von anderswo her.[81] Das Anliegen einer hörenden Pastoral ist es, die Empfänglichkeit für das Erklingen der Frohen Botschaft im Leben der Menschen von heute – und umgekehrt – zu wecken und für den Überschuss eines „Anders" und „Mehr" Gottes inmitten ihrer Erfahrung zu sensibilisieren.

Im Folgenden werden einige Merkmale einer hörenden Pastoral aufgerufen. Dies soll allerdings, dem Charakter des vorgestellten Ansatzes entsprechend, nicht anders geschehen, als zuvor eine Inspiration in Form von zwei biblischen Erzählungen zum Hören voranzustellen.

6.2 Zwischenspiel: Biblische Inspirationen

Im wechselseitigen Hören auf die Worte der Heiligen Schrift und auf die „gewöhnlichen oder außergewöhnlichen Ereignisse in unserem Leben"[82], das heißt in der *Relecture*, im nochmaligen *Wiederhören*, verändern sich unsere gewohnten Ordnungen und Vorstellungen. Im Hören geht es darum, „es darauf ankommen zu lassen", dass die biblische Erzählung im Hier und Jetzt hörbar wird und dass das Hier und Jetzt durch das Hören der biblischen Erzählung neu aufscheint.[83] Das heißt: Die Erzählungen der Heiligen Schrift werden zum hermeneutischen Schlüssel für das Hören und umgekehrt. Eine solche Relecture hat metanoetische Qualität. Gemäß der Ausrichtung des theologischen Ansatzes von Christoph Theobald werden im Folgenden zwei biblische Erzählungen exemplarisch vorgestellt.

6.2.1 Die Ermöglichungskraft des Hörens (1 Sam 3,1–4,1)

„‚Gott kannst du nicht mit einem Andern reden hören,
sondern nur, wenn du der Angeredete bist.'
Das ist eine grammatische Bemerkung."[84]

Eine Erzählung, die die Erfahrung des Hörens in besonderer Weise aufscheinen lässt, ist die von der Berufung Samuels am Ende seiner Kindheitsgeschichte in 1 Sam 3,1–4,1.[85] Die beiden den Text durchgängig durchziehenden Begriffe „Hören" und „Rufen" werden in dieser Erzählung zueinander in Beziehung gesetzt.

81 Vgl. Feiter, Reinhard/Müller, Hadwig: Vorwort der Herausgeber, in: Theobald, Hören, 13–22, hier 13.

82 Theobald, Evangelium und Kirche, 133.

83 Die Formulierung stammt aus einer von Reinhard Feiter für das Hauptseminar mit dem Titel „Kirche, die aus sich herausgeht. Pastoraltheologie unterwegs" (Sommersemester 2014) erstellten Anleitung zur Relecture des Markusevangeliums.

84 Wittgenstein, Ludwig: Schriften, Band 4: Zettel, Frankfurt a.M. 1970, 317.

85 Sämtliche Bibelzitate aus dem Alten Testament werden an dieser Stelle der Elberfelder Bibelausgabe entnommen: Elberfelder Bibel. Die Bibel für die Gemeinde, Witten 2006.

So berichtet der auktoriale Erzähler davon, dass die Stimme des HERRN dreimal an Samuel ergeht, indem ihn dieser ruft. Ebenfalls dreimal steht Samuel mitten in der Nacht auf und antwortet: „Hier bin ich! Du hast mich gerufen." (1 Sam 3,5) Dem „Was" des Gehörten entsprechend gilt seine Antwort allerdings Eli, der ihm erwidert: „Ich habe nicht gerufen, mein Sohn. Leg dich wieder hin." (1 Sam 3,6) Die Verwechslung der Stimme des HERRN mit der Stimme Elis steht im Zeichen eines dreimaligen „Verhörens". Denn Samuel bezieht die an ihn ergangene Anrede zunächst auf Eli und nicht auf den, von dem aus diese erging: Gott. Der Erzähler begründet das Verhören Samuels damit, dass dieser Gott zuvor noch nicht gehört hatte. („Samuel aber hatte den HERRN noch nicht erkannt, und das Wort des HERRN war ihm noch nicht offenbart worden." [1 Sam 3,7]) Ohne dass der Angeredete sich dem Anredenden hörend öffnet und auf diese Weise antwortet, kann er Gottes Stimme nicht vernehmen.

Im Fortgang der Erzählung wird deutlich, dass das Hören mehr und anderes ist, als das „Was" einer Nachricht zu vernehmen und in der Antwort wiederzugeben. Das Widerfahrnis im Hören des Rufs geht nicht in der Antwort auf. Was Samuel schließlich ermöglicht, tatsächlich *auf* die Stimme Gottes zu hören, ist die Tatsache, dass Eli seine Antwort *nicht* auf sich bezieht und zunächst das „Schweigen", das „Nicht-Wissen" in Bezug auf dasjenige, „worauf" sich Samuel mit seiner Antwort eigentlich bezieht, aushält, anstatt diese Leerstelle in Form einer vorschnellen Deutung oder Erklärung auszufüllen. So wird eröffnet, was im weiteren Verlauf der Erzählung berichtet wird: dass Samuel sich als Angeredeter erfährt und darin die Stimme Gottes vernimmt. Denn, so berichtet der Erzähler, die Stimme des HERRN rief Samuel zum dritten Mal. Und *als* dieser erneut zu Eli geht, *da* merkt Eli auf und begreift, dass es der HERR war, der gerufen hatte. Daraufhin antwortet Eli dem Samuel: „Geh hin, leg dich schlafen! Und so soll es sein, wenn er dich ruft, antworte: Rede, HERR, denn dein Knecht hört!" (1 Sam 3,9)

Auf diese Weise führt Eli zusammen, was von Anfang an und vom Ursprung her zusammengehörte: nämlich, dass das „Worauf" des Hörens niemand anderem gilt als dem, der Samuel an-spricht: Gott selbst. Anstatt jetzt in Form einer Interpretation Samuel kundzutun und zu erklären, *was* er gehört und verstanden hatte – nämlich, dass es Gottes Stimme ist, die er-geht –, lässt Eli das Ereignis von Rufen und Hören auch jetzt es selbst sein. Er ermutigt Samuel, auf Gottes Stimme zu hören. Das, was sich als „Mehr" und „Anderes" nur in der Beziehung zwischen Gott und Mensch, zwischen Rufen und Hören ereignen kann, vollzieht sich:

> „Und Samuel ging hin und legte sich an seinen Ort. Und der HERR kam und trat herzu und rief wie vorher: Samuel, Samuel! Und Samuel antwortete: Rede, denn dein Knecht hört! Da sprach der HERR zu Samuel: Siehe, ich will etwas tun in Israel, dass jedem, der es hört, beide Ohren gellen sollen." (1 Sam 3,9–11)

Deutlich wird hier, dass das Hören mehr ist und anderes als das, *was* gehört wird. Es geht um ein Hören, das nicht nur das Gesagte vernimmt, sondern das Sagen, in dem die Stimme Gottes gehört wird, die das Gesagte bzw. Gehörte noch einmal unvorstellbar übersteigt.

Die Antwort Samuels besteht jetzt gewissermaßen nicht in einer gehaltvollen Rede, sondern im Hören selbst. Dasjenige, „was" *gehört* wird, und dasjenige, „was" im darauf *antwortenden Hören* geantwortet wird, unterscheidet sich von dem, *worauf* Samuel *hört*. Damit Samuel auf Gott antworten kann, *indem* er auf seine Stimme hört, verweist ihn Eli auf den Ursprung der *gehörten* Anrede und bringt so Gott ins Spiel, der sich selbst mitteilt. Dies vollbringt er allerdings nicht auf erklärende Art und Weise, indem Eli über das Wort Gottes wie über einen Inhalt spricht, sondern indem er die *Anrede* jetzt sein lässt als die, die an Samuel *er-geht* und ihn zum *Antworten* anstößt. Die Verkündigung des Wortes Gottes durch Eli geschieht als Eröffnung der ergehenden *Anrede*, die zum *Antworten* ermutigt. Es geht zuerst um ein unterscheidendes Hören, das auf die Stimme *hört* - und darin Gottes Stimme vernimmt - und zunächst nicht auf die Inhalte, die *gehört* werden.

Die Erzählung zeigt, dass eine nachträgliche Deutung oder Erklärung des Gehörten nicht dasselbe ist wie eine hörende Über-setzung, die das Ereignis des Hörens selbst geschehen lässt. Eli bezieht die Stimme Gottes nicht auf sich selbst und bemächtigt sich seiner auch nicht in Form einer nachträglichen Deutung gemäß dem von ihm Gehörten. Vielmehr gibt er dem unverfügbaren Anspruch Gottes Raum, lässt ihm seinen Platz, an dessen Stelle kein anderer treten kann: Was er nicht selber sagen kann, lässt Eli sagen: das Wort Gottes. Und worauf nur selbst gehört werden kann, lässt er Samuel hören: die Stimme Gottes.

6.2.2 Die Entbindungskraft des Hörens (Mk 10,46–52)

Es sind vielfältige Erzählungen, die in den Evangelien die Bedeutung des Hörens als Eröffnungsmomente in der Begegnung zwischen Jesus und den zu seiner Zeit lebenden Menschen aufscheinen lassen. Dabei steht das Hören zunächst für eine Grundhaltung, mit der Jesus sich selbst zurücknimmt.

> „Nichts kann ich aus mir selber tun. Wie ich höre, so richte ich. Und mein Gericht ist gerecht, weil ich nicht meinen Willen suche, sondern den Willen dessen, der mich ausgeschickt hat." (Joh 5,30)[86]

Jesu Handeln und Sprechen gründen nicht in ihm selbst, so wie es auch nicht um seinen Willen geht, sondern sein Sprechen und Handeln haben ihren Ursprung

86 Sämtliche Bibelzitate aus dem Neuen Testament werden hier der Übersetzung von Fridolin Stier entnommen: Das Neue Testament, übersetzt von Fridolin Stier. Aus dem Nachlaß herausgegeben von Eleonore Beck, Gabriele Miller und Eugen Sitarz, München 1989.

in Gott, dessen Willen er dient. Diese Selbst-Zurücknahme Jesu, für die sein Hören steht, zeigt sich nicht nur in der Beziehung zu Gott, sondern auch in seinem Dienst an der Beziehung zwischen Gott und den Menschen sowie seinem Interesse am Leben der ihm konkret Begegnenden. Auf seinem letzten Weg nach Jerusalem, als Jesus durch Jericho zieht, ereignet sich eine besondere Hörerfahrung, wie sie in den Evangelien in ähnlicher Weise noch häufiger zu finden ist.[87] Gemeint ist hier die Heilungserzählung vom blinden Bartimäus in Mk 10,46–52.[88] Worin besteht die *Hör*erfahrung in dieser Erzählung, die von dem tiefen Wunsch des Bartimäus geprägt ist, *sehen* zu können?

Die Erzählung handelt zunächst von mehreren Akteuren: Da sind die Jünger, da ist die große Volksmenge, und da ist der blinde Bartimäus, der zu einer Hauptperson des Geschehens in der Begegnung mit Jesus von Nazareth wird. Zunächst aber ist der blinde Mann einer unter vielen anderen Menschen, die Jesus und seine Jünger umgeben. Er, „der Sohn des Timäus, Bartimäus, ein blinder Bettler" sitzt „am Weg" (Mk 10,46). Nicht nur seine Stellung am Wegesrand - arm und aus der Volksmenge ausgeschlossen - ist es, die den blinden Mann in besonderer Weise hervortreten lässt, sondern auch sein Hören und Rufen bzw. Schreien. In Vers 47 heißt es: „Und als er hörte, es sei Jesus, der Nazarener, fing er an zu schreien und zu sagen: Sohn Davids, Jesus, erbarme dich meiner." (Mk 10,47f.) Im Hören, dass es Jesus ist, klingt in Bartimäus etwas wider, das mitten in seine persönliche Situation spricht und es ihm ermöglicht, etwas Neues anzufangen.

Das, was im Hören eine ungeheure Resonanz erzeugt und Hoffnung in ihm weckt, ist die Existenz des Messias, der die Botschaft Gottes von einem unbedingten Gutsein verkündet. Erzählerisch wird dies an einem bemerkenswerten Aspekt deutlich: Während die Volksmenge von *Jesus*, dem *Nazarener* spricht, redet Bartimäus Jesus mit *Sohn Davids* an, was erneut sein tiefes Vertrauen in Jesus als den Messias zum Ausdruck bringt. Immer wieder erzählt das Markusevangelium davon, welche Anziehungskraft die heilenden Werke Jesu auf die Menschen hatten: „Und eine große Menge aus Galiläa folgte, auch aus Judäa, aus Jerusalem, aus Idumäa, von jenseits des Jordan und dem Land um Tyrus und

87 Vgl. etwa Mt 9,22; Mk 5,34; Mk 10,52; Lk 7,50; Lk 8,48; Lk 17,19; Lk 18,42. Vgl. auch Donegani, Säkularisierung, 69.

88 Vgl. zum Folgenden Jochum-Bortfeld, Carsten: Die Verachteten stehen auf. Widersprüche und Gegenentwürfe des Markusevangeliums zu den Menschenbildern seiner Zeit, Stuttgart 2008, 183ff. Vgl. Knobloch, Stefan: Worte ins Leben 2. Predigten zu den Evangelien des Lesejahres B, Münster 2002, 239ff. Vgl. Fritzen, Wolfgang: Von Gott verlassen? Das Markusevangelium als Kommunikationsangebot für bedrängte Christen, Stuttgart 2008, 278ff. Vgl. zum Markusevangelium als Hoffnungserzählung insgesamt etwa auch Ebner, Martin: Du hast eine zweite Chance! Das Markusevangelium als Hoffnungsgeschichte, in: Fuchs, Ottmar/Widl, Maria (Hg.): Ein Haus der Hoffnung. Festschrift für Rolf Zerfaß, Düsseldorf 1999, 31–40.

Sidon – eine große Menge. Hörend, was alles er tut, kamen sie zu ihm." (Mk 3,7f.) Zu hören, dass es Jesus sei, heißt für Bartimäus, darauf zu vertrauen, dass seine Botschaft eine Verheißung für das eigene Leben bereithält. Sein Hören ist also ein besonderes Hören. Er hört die Botschaft von Jesu Wirken nicht nur als Gesagtes, sondern als Sagen, das zu ihm persönlich spricht. Es eröffnet sich ein Moment von biografischer Bedeutung. Es handelt sich nicht um irgendein Hören, sondern um ein genaues Heraushören, ein unterscheidendes Hinhören, das eine innere Berührung mit Jesus Christus eröffnet: Die Botschaft von Jesu heilendem Wirken bleibt nicht ein Gehörtes, sondern wird zu einem Hören, dass das Gehörte übersteigt und einen Ruf vernehmen lässt, der eine biografische Bedeutung in der eigenen Existenz entfaltet. Dieses existenzielle Hören verändert plötzlich die ganze Situation des blinden Mannes.

Hörend erfährt Bartimäus schließlich die Kraft und die Entschlossenheit zum Rufen. Trotz der vielen, die ihn „anherrschen" und ihm befehlen zu schweigen, schreit dieser sogar ein zweites Mal, „nur noch viel lauter": „Sohn Davids, erbarme dich meiner." (Mk 10,48) Während die anderen zu verhindern versuchen, dass der blinde Mann durch sein Rufen auffällt und sich von der Menge des Volkes unterscheidet, sticht er für Jesus in einzigartiger Weise aus der Menge hervor – er will ihn hören. Auf die Anordnung Jesu hin, Bartimäus zu rufen und ihn zu sich zu führen, machen ihm die anderen jetzt Mut, fordern ihn auf, aufzustehen, und erklären, dass Jesus es selbst ist, der ihn ruft. („Und sie rufen den Blinden und sagen zu ihm: Getrau dich! Auf, er ruft dich!" [Mk 10,49]). Noch einmal wird die unerwartete Kraft zum Aufbruch in die Begegnung mit Jesus erzählerisch unterstrichen: Bartimäus wirft sein Oberkleid weg; er erhebt sich nicht ruhig, sondern springt auf und eilt zu Jesus, ohne sich von den anderen durch die Volksmenge helfen zu lassen (vgl. Mk 10,50).

Anstatt Bartimäus sofort zu heilen, fragt Jesus ihn zunächst: „Was willst du, daß ich dir tun soll?" (Mk 10,51) Diese scheinbar hinfällige Frage stellt Jesus nicht zufällig. Denn, *indem* er fragt, ermächtigt er den blinden Mann zu sprechen, und zwar, *indem* er ihm zuhört. Das, was Bartimäus zutiefst bewegt, seine Lebensgeschichte, seine Hoffnung, seine Grenzen und seine Sehnsucht, möchte Jesus *hören*. Mit der Frage, die das Hören Jesu einleitet und das Erzählen des Mannes ermöglicht, wird zugleich die Freiheit des Mannes geweckt und auf diese Weise eröffnet, was ihm in seiner Lebensgeschichte als armer und blinder, von der Gesellschaft ausgeschlossener Mann lange Zeit verwehrt blieb: ein zum Leben befreites Subjekt zu sein.[89] Bartimäus findet Gehör und dadurch

89 Diesen Hinweis verdanke ich einer Vorlesung zur Einführung in das Neue Testament von Prof. Dr. Martin Ebner. Bei der Bartimäusepisode geht es um eine angedeutete Audienzszene, wozu auch die explizite Rückfrage des Herrschers nach dem Anliegen des Bittstellers gehört. Vgl. dazu Ebner, Martin: Kreuzestheologie im Markusevangelium, in: Dettwiler,

selbstständig ins Wort. Er antwortet Jesus und teilt mit ihm sein tiefes Verlangen: „Rabbuni, etwas erblicken möchte ich wieder." (Mk 10,51)

Indem Jesus hört, worum Bartimäus ihn bittet, erkennt er seinen (Lebens-) Glauben, der ihn befreit, ihn „heilt", sehend macht und zum Leben bringt. Diesen Glauben spricht Jesus ihm zu: „Geh, dein Glaube hat dich gerettet. Und gleich konnte er wieder etwas erblicken." (Mk 10,52) Jesus heilt den blinden Mann nicht sofort, dieser ist kein Objekt, *an* dem etwas geschieht, sondern ein Subjekt bzw. ein Selbst, *in* dem etwas geschieht. Dieses Glaubensereignis, das Jesus bezeugt, gründet darin, dass Bartimäus hörte, dass es Jesus war, wie es in Mk 10,47 heißt, und darin die Freiheit erfährt, Jesus zu rufen. Bartimäus' tiefster Wunsch wird gewissermaßen er-hört, indem Jesus ihm zu-hört. Jesus wird zu einem Über-setzer[90], indem er sich selbst zurücknimmt und so in Bartimäus, der ihn in seiner Situation von Blindheit und Armut um Heilung bittet, ein gewaltiges Vertrauen entdeckt, das er bezeugt und loslässt, sodass die in Gott selbst gründende Botschaft vom Gutsein des Lebens ihre Wirkung entfalten kann.

Indem Bartimäus die Nachricht von Jesus dem Nazarener als gute Botschaft hört, wird in ihm ein Glaube geweckt, in dem sich die heilende Kraft Gottes in seinem Leben bereits ereignet. Indem Jesus diesen Glauben Bartimäus zuspricht *als* eine heilende Kraft Gottes, die darin schon am Werk ist, bringt sein Zuspruch „Dein Glaube hat dir geholfen!" zum Ausdruck, was er selbst empfängt und welchem Ereignis er gewissermaßen „beiwohnen" darf: dass Gott seine Geschichte mit Bartimäus bereits begonnen hat, dass er ihm nahe ist, ihn ins Leben führt und dass seine Nähe auch für andere spürbar wird, sodass diese bezeugt werden kann. Mit seiner Aufforderung „Geh" (Mk 10,52) ruft Jesus „Bartimäus nicht zum Nachfolgen auf, sondern entlässt ihn [...]; doch Bartimäus folgt ihm auf dem Weg"[91]. Im Wechselgeschehen von Hören und Gehört-Werden zeigt sich Berufung als ein von bedingungsloser Freiheit geprägtes Lebensereignis.

Die Aufmerksamkeit richtet sich auf den Anfang des Neubeginns, der im Hören liegt: Als Bartimäus hört, fängt er an zu schreien, beginnt er Jesus zu vertrauen und verschafft seiner tiefsten Sehnsucht Raum, indem sie Gehör findet. Jesus hört, wie Bartimäus hört und seine Antwort gibt auf das, was ihn aufmerken und rufen lässt – Gottes heilendes Wirken. Insofern erscheint das Hören

Andreas/Zumstein, Jean (Hg.): Kreuzestheologie im Neuen Testament (WUNT 151), Tübingen 2002, 151–168. In der Antike macht das Subjekt die Macht (*exousia*) aus, die es ausüben kann. – Vgl. auch Müller, Hadwig: Hören, wer ich sein kann. Impuls beim Dekanatstag in Altensteig am 17.11.2018 in Freiburg, unter: https://www.dekanat-calw-drs.de/fileadmin/mediapool/gemeinden/RK_dekanatcalw/Galerie/2018_Dekanatstag/Vortrag_Hadwig_Mueller_-_Hoeren__wer_ich_sein_kann.pdf [abgerufen am 14.01.2021].

90 Vgl. Deniau, Marie-Jo: Zugang zum Lesen – Zugang zu den eigenen Möglichkeiten des Werdens, in: Feiter/Müller (Hg.): Frei geben, 190–202, hier 200f.

91 Fritzen, Von Gott verlassen?, 280, Fußnote 67.

Jesu, bildlich gesprochen, als eine Art „Geburtshilfe", die Bartimäus hilft zu erkennen, worauf er selbst mit seinem Hören und Rufen bereits antwortet. Es geht um ein Hören, das Stimme verleiht. In der hörenden Präsenz Jesu kann Bartimäus schließlich sein Leben in neuer Weise ergreifen: Indem Bartimäus hört, dass es Jesus – der Messias – ist, und Jesus wiederum Bartimäus und seinen tiefen Lebensglauben hört, den er bezeugt, wird es Bartimäus möglich, einzutreten in das Ereignis, das von Gott her bereits geschieht und ihn in ein neues Leben entbindet.

6.3 Hörende Pastoral – Anknüpfungen

Bereits die phänomenologische Auseinandersetzung hat gezeigt, dass sich die Hörende bzw. der Hörende in der Situation einer unausweichlichen Unvorhersehbarkeit von Widerfahrnissen vorfindet, in der die Ordnungen des Gegebenen und Gesollten, die Bedeutungs- und Zielordnungen, überschritten werden, ohne sie zu übergehen (vgl. AR, 233). Der Übergang zu etwas Neuartigem geschieht nicht im Modus der „Verknüpfung", sondern im Modus der „Anknüpfung". Waldenfels differenziert zwischen der Verknüpfung im Sinne einer „Verbindung von Einzelgliedern zu einem Ganzen, dem sie sich ein- oder unterordnet" (OZ, 39) und die „zu den synthetischen Ordnungsmustern" (BE, 236) gehört, und der „Anknüpfung", die demgegenüber auf die „Dimension des An-, die ein Zwischengeschehen eröffnet", verweist und die – wie eine offene Frage – zulässt, „daß etwas auftritt, was nicht erwartet, vorgesehen, vorgeplant oder im voraus geregelt war" (BE 236).

Was sich im Zwischenreich zwischen Hören und Gehörtem, zwischen Anspruch und Antwort, zwischen Eigenem und Fremdem ereignet, ist der Vollzug einer „offenen Anknüpfung" (OZ, 39). Diese offene Anknüpfung ereignet sich in der Differenz zwischen Hören und Gehörtem bzw. spielt sich im Doppelereignis eines Hörens ab, das sich im Gehörten mitsagt, allerdings nicht gänzlich aussagt (vgl. AR, 233). Der Überschuss des Hörens, der sich nicht in das Gehörte einfügt, lässt sich auch an dieser Stelle nicht einfach überwinden oder „dingfest" machen. Der bleibende, fremde Anspruch weckt das Ohr der Hörerinnen und Hörer und widersetzt sich jeder Form der Angleichung; demgegenüber provoziert er durch Abweichung, plötzliche Einbrüche und ungeplante Einfälle ein eigenes, antwortendes Hören. Bereits hier deutet sich an, was sich am Ende dieser Arbeit noch deutlicher zeigen wird: In gewisser Weise klafft zum wiederholten Mal eine Bruchstelle zwischen dargestelltem Ende und dem Ende der Darstellung auf. So, wie sich der Anfang selbst entgleitet, kommt das Ende an kein Ende, sondern steht immer aus (vgl. PhA, 62).

In Form der Anknüpfung werden im Folgenden einige weiterführende Konkretionen aus praktisch-theologischer Perspektive dargelegt. Die Arbeit kehrt schließlich an ihren Ursprung zurück, der sich ihr bleibend entzieht und im Sinne der nicht endenden Bewegung eines hörenden Hörens darüber hinaus weitere eigene, offene Anknüpfungen notwendig werden lässt.

6.3.1 Hören heißt, einem Anderen sagen: Du interessierst mich

> „Zuhören drückt aus, daß Andere mich etwas angehen. Es signalisiert Interesse an der Welt, Interesse an den Anderen. Zuhören ist eine Metapher für die Offenheit, das Offenstehen der Person, die innere Gastfreundschaft. Wer zuhört, macht sich zugänglich und verwundbar, will von Anderen wissen, ist von Anderen beunruhigt, will Anderen antworten. Zuhören widerspricht dem monologischen Bewußtsein, ist kein bloßer Empfang, sondern Zuwendung und Irritation. Wie ein Raum sich verändert, in den jemand eingetreten ist, läßt die Aufnahme des Anderen die aufnehmende Person nicht als die gleiche zurück, die sie vorher war. Zuhören bedeutet Bejahung der Anderen, Angewiesenheit auf ihre Existenz. Diesem Zuhören widerspricht die Norm der Unterdrückung von Stimmen, die anders sind als die eigenen und die das Geborgenheitsgefühl im unverwüstlichen Wir der dominanten Kultur und ihrer dominanten Gruppen stören."[92]

Eine Pastoral, die ihren Ausgang beim Hören nimmt, bezieht sich auf eine Alltagserfahrung, die vermutlich jede bzw. jeder bereits machen durfte: Da ist jemand, die oder der mir wirklich zuhört und dadurch ermöglicht, dass ich beginnen kann zu sprechen; die aufmerksame Präsenz der bzw. des hörenden Anderen eröffnet einen Raum, in dem ich mit meinem ganzen Leben sein darf; erst das Zuhören des Anderen ermöglicht mir mein Sprechen; indem sie „gehört" werden, erfahren die Ereignisse meines Lebens ihre Berechtigung; plötzlich suche ich nicht mehr nach Worten, sondern lasse mich von ihnen finden; ich höre die Worte, die ich spreche, auf einmal selbst ganz anders, plötzlich entdecke ich Neues in meiner Geschichte, brechen überraschend und unerwartet neue Perspektiven für mein Leben auf. Durch das Zuhören ermöglicht mir mein Gegenüber einen neuen Zugang zu mir selbst, empfange und erfahre ich mich als antwortendes Subjekt, genauer: als „Selbst". In Anlehnung an das obige Zitat kann festgehalten werden: Hören bringt zum Ausdruck, dass mich der Andere mit seinem ganzen Leben be-trifft. Dem Anderen die Möglichkeit zu eröffnen, gehört zu werden, bedeutet, ihn oder sie als „Selbst" in seinem oder ihrem Leben hervorgehen zu lassen. Im Hören ereignet sich ein wechselseitiges Antwortgeschehen, das beide verändert.

92 Thürmer-Rohr, Christina: Achtlose Ohren. Zur Politisierung des Zuhörens, in: Dies.: Verlorene Narrenfreiheit. Essays, Berlin 1994, 111–129, hier 111.

Die Herausforderung einer Pastoral, die auf das Hören hört, besteht darin, die Aufmerksamkeit auf das jeweilige Ereignis zu richten, das sich in der Begegnung mit einer bzw. einem Anderen vollzieht, und dieses nicht auf einen strategischen Plan, entsprechende Erwartungen oder zu erfüllende Aufgaben hin bereits zu analysieren oder einzuordnen, sondern vielmehr es als es selbst erklingen zu lassen, sodass etwas völlig Neues hörbar werden kann: das, was den Anderen in seinem Leben hier und jetzt zutiefst bewegt. Das Hören ist gewissermaßen eine Probe hinsichtlich der Fähigkeit der Pastoral, ihre eigene Angewiesenheit auf den Anderen zu akzeptieren, sich von ihr oder ihm unterbrechen und beunruhigen lassen zu können. Eine hörende Grundhaltung beinhaltet dabei mehrere Facetten: Sie ist relational, und zwar nicht bloß *auf* die oder den Anderen (in der Rolle von Adressat oder Zielgruppe) bezogen, sondern von ihr oder ihm *her ausgehend*, das heißt angestoßen, geweckt und sich somit ihr oder ihm auch verdankend.

In einer hörenden Beziehung spricht die Anwesenheit eines Menschen die bzw. den Anderen an. Darüber hinaus ist eine hörende Grundhaltung offen für Überschüssiges und Unbekanntes im Sinne einer übersteigenden Möglichkeit phänomenologischer Art bzw. einer überschüssigen Möglichkeit theologaler Art.[93] Wer sich auf diese hörende Grundhaltung einlässt, zeigt in glaubwürdiger Weise, dass sie bzw. er *mit* den Menschen in der heutigen Welt in hyperbolischen, unsicheren und nicht planbaren Erfahrungsräumen lebt, in denen sie bzw. er stets mit Mehr und Anderem konfrontiert wird, als vorher auszudenken wäre, und in denen sie bzw. er ebenfalls mit Mehr und Anderem beschenkt wird, als sie bzw. er je zu hoffen und zu wünschen vermochte.

Im Sinne einer radikalen, das heißt bedingungs- und absichtslosen Aufmerksamkeit für das, was Menschen in ihrem Leben bewegt, geht es einer hörenden Haltung nicht darum, der bzw. dem Anderen etwas weiterzugeben, was sie bzw. er zu verstehen hat, sondern darum, sich berühren zu lassen von den Beunruhigungen und Einbrüchen sowie von dem sich möglicherweise zeigenden (Lebens-)Glauben. Der darin liegende Richtungswechsel ist radikal: Es ist nicht nur jeweils eine/r, die bzw. der gibt, und eine/r, die bzw. der empfängt, vielmehr kommen beide im Dativ vor, sind im Hören auf das Leben und auf Gott gleichsam Empfangende. Nicht die einen „bekehren" die anderen, sondern beide *lassen* sich neu bekehren im Hören auf das Ereignis Gottes hier und jetzt.

Die Absichtslosigkeit, das „Umsonst" dieser hörenden Aufmerksamkeit stellt dabei den „neuralgischen" Kern dar, der die Pastoral zu einer *permanenten* Umkehr auffordert. In Orientierung an dem Stil Jesu wird eine neue Schwerpunktsetzung deutlich; denn „im Mittelpunkt seiner sensiblen Aufmerksamkeit [steht]

93 Vgl. Theobald, Stil, 159.

der bedrohte Lebensglaube des ihm begegnenden Menschen“ und ein leidenschaftliches, ja „brennendes Interesse“ an seinem Alltag, ganz „unabhängig davon, ob diese Person nun seine Jüngerin oder sein Jünger wird oder nicht“.[94] Jesu erstes Anliegen ist nicht, Jünger zu gewinnen, sondern diejenigen zu bestärken, „für die er ansprechbar war und die er hörte, in ihrem Verlangen und ihrer Berufung als Kinder des Reiches Gottes“[95]. Das Interesse einer hörenden Pastoral zielt in diesem Sinne nicht darauf, die Menschen wieder für kirchliche Zugehörigkeiten zu gewinnen, sondern darauf, in radikaler Absichtslosigkeit zu hören, wie diese hören, wie sie ihr Leben als Subjekte (neu) ergreifen und wie darin möglicherweise auch Gottes Wirken entdeckt wird bzw. zur Sprache kommt. Zeugnis zu geben heißt in diesem Sinne: weder zu bekehren noch einen wie auch immer gearteten Inhalt weiterzugeben, sondern in aufmerksamer Präsenz darauf zu hören, woraus man selbst und auch der/die Andere hörend lebt.

Eine Grundhaltung des Hörens entwickelt sich dann, wenn sich die Aufmerksamkeit auf das Leben nicht nur jeder Christin und jedes Christen, sondern eines jeden Menschen richtet, der mir im Alltag begegnet.[96] Ein am Leben des Anderen interessiertes Hören fordert Pastoral und Kirche zu einer neuen Setzung ihrer Prioritäten heraus. Verharrt Pastoral nicht selten in den kirchlichen Sprachspielen des in der Vergangenheit – liturgisch und sakramental – Gehörten, geht es einer hörenden Pastoral um eine Rückkehr zu den Ursprungsmomenten, wo Menschen ein neues Vertrauen ins Leben entwickeln und aus diesem heraus sprachfähig werden. Dazu bedarf es eines Hörens, das sich in ganz alltäglichen Begegnungen und auch beiläufigen Gesprächen, in den kleinsten Pausen, Leerstellen und Unterbrechungen dafür interessiert, was Menschen bewegt, und eines Hörens, das den Fokus darauf legt, „ein das Protoevangelium übersetzendes ‚Es ist wirklich gut!‘ respektvoll“[97] zu vernehmen und zu bezeugen.

Kirche entsteht auf diese Weise nicht nach vorgefertigten Strategieplänen, sondern von dem her, was Gott den Menschen in dieser oder jener Situation und an diesem oder jenem Ort aus der Perspektive des Evangeliums zuspricht. Dann aber ist „es nicht mehr möglich, ein perfekt detailliertes Organigramm kirchlicher Aufgaben und Funktionen festzulegen, in der Hoffnung, die Leerstellen mit genügend zahlreichen ‚Berufungen‘ füllen zu können“[98]. Die Praxisqualität von Pastoral entscheidet sich vielmehr an ihrer Fähigkeit, „ihre Arbeit *unter gesellschaftlichen Bedingungen* zu konzipieren; d. h. sie interessiert sich für alles, was

94 Theobald, Christoph: Brennendes Interesse am Alltag der Menschen, in: Ders.: Hören, 185–198, hier 192.

95 Donegani, Säkularisierung, 69.

96 Theobald, Hören, 113.

97 Ebd., 190.

98 Ebd., 113.

die Menschen betrifft“[99]. Praktisch-theologisches Handeln und Denken wird auf der Ebene der Organisation nur relevant „als Konzept von handelnden Subjekten, nicht von verfügten oder beorderten Objekten“[100].

Mit Bezug zum Wesenskern der französischen „pastorale d’engendrement“ kann festgehalten werden: Der durch das Hören eröffnete Zugang zum Leben der Menschen und zu ihrem Verlangen, (mehr) zu leben, ist von größtem „Respekt vor der Freiheit jedes Einzelnen und davor, was seine einzigartige Begabung ist“[101], geprägt. „Der Bruch, das Neue, liegt [...] in einem wirklichen Desinteresse am Erhalt der Institution.“[102] Es geht weder darum, Anhängerinnen und Anhänger zu gewinnen, noch darum, Erfüllungsgehilfen für bestimmte Aufgaben zu rekrutieren. „Damit ist natürlich nicht gemeint, dass sich in dem Schritt, mit dem eine Frau oder ein Mann Mitglied der Kirche wird, nicht auch etwas von ihrem bzw. seinem Verlangen zeigt, Subjekt zu werden.“[103] Vielmehr erhält der Zugang zum Leben Vorrang. Wenn Jesu Interesse nicht darin bestand, Jünger zu gewinnen, sondern jene, von denen er sich ansprechen ließ und denen er zuhörte, „in ihrem Verlangen und ihrer Berufung als Kinder des Reiches Gottes“[104] zu bestärken, und wenn Jesus jemandem zuspricht: „‚Dein Glaube hat dich gerettet‘, und ihn nach Hause zurückschickt, ohne einen Jünger aus ihm zu machen“, dann brachte er damit „auf umwerfende Weise“ zum Ausdruck, „dass das Heil nicht aus einer Zugehörigkeit hervorgeht und dass man sogar zum Reich Gottes gehören kann, ohne davon zu wissen“.[105]

Genau an dieser Stelle bezeugt die Entbindungskraft des Hörens das bedingungslose Interesse am „Du“ der bzw. des Anderen, die bzw. der nicht einfach ein Objekt pastoraler Handlungsstrukturen ist. Hören wird zu einer pastoralen Grundhaltung, die sich in den Dienst jeder bzw. jedes Einzelnen stellt und auf die Entbindung ihres bzw. seines Vertrauen- und Leben-Könnens setzt. Das Interesse besteht nicht mehr darin, ein Gehörtes an Subjekte weiterzugeben, sondern zu ermöglichen und zu empfangen, dass und wie Menschen als (sie) „Selbst“ hören und darin zum Leben kommen.

99 Karrer, Weg, 212.
100 Ebd.
101 Bacq, Erneuerung vom Ursprung her, 52.
102 Donegani, Säkularisierung, 69.
103 Ebd.
104 Ebd.
105 Ebd.

6.3.2 Hören heißt, einem Anderen sagen: Ich gebe dir Raum

> „Das Leiden muss Sprache finden und benannt werden, und zwar nicht nur stellvertretend für viele, sondern in persona von den Leidenden selber. Es ist notwendig, dass Menschen zum Sprechen kommen, um nicht vom Unglück zerstört oder von der Apathie verschluckt zu werden."[106]

Mit dem Begriff des Hörens wird ein Perspektivwechsel in der Pastoral eingeleitet. Die Auseinandersetzung mit dem Hören zeigt, dass es im Wesentlichen darum geht, „professionelles pastorales Handeln grundlegend als ‚Ermöglichung' und ‚Ermächtigung'" zu verstehen, sodass aufscheinen kann, was es heißt, „die je eigene Berufung als Mensch und als Christ zu leben."[107] Ermöglichen und ermächtigen, den Anderen als antwortendes Subjekt, das heißt als „Selbst" hervorgehen lassen – das ist der zentrale Akzent, den das Hören im Sinne einer „Ermöglichungspastoral"[108] setzt.

Im Ansatz des Hörens findet Praktische Theologie, die den Menschen als „Subjekt" bzw. als „Selbst" vorkommen lässt, wesentliche Anknüpfungspunkte. Bernhard Welte bezeichnet das (Zu-)Hören als eine „seltene Kunst", die mehr darstellt als ein „bloßes, totes Registrieren" und mehr ist als ein „mechanischer Vorgang".[109] Vielmehr gilt:

> „Wenn man einen Partner hat, der gut zuhören kann, so lockert und entbindet dessen Zuhören überhaupt erst das Wort, durch das ein Mensch etwas Rechtes

106 Sölle, Dorothee: Leiden, Stuttgart 1973, 97.

107 Hobelsberger, Hans: Pastorale Orte und Gelegenheiten. Für die Menschen Vielfalt im Pastoralen Raum ermöglichen und entdecken, in: Erzbischöfliches Generalvikariat Paderborn (Hg.): Theologische Beiträge zur Pastoral der Berufung, Anlage 3 zum Zukunftsbild, Paderborn 2014, 84–98, hier 89, unter: https://www.pastorale-informationen.de/medien/23053/original/664/141016_Anlage3_END_ohne_Kopierschutz.pdf [abgerufen am 14.01.2021].

108 Vgl. Steinebach, Dorothea: Kirche im Werden – Ermöglichungspastoral, ein ekklesiologisches Paradigma, in: Dessoy, Valentin/Lames, Gundo/Lätzel, Martin/Hennecke, Christian (Hg.): Kirchenentwicklung. Ansätze – Konzepte – Perspektiven (Gesellschaft und Kirche – Wandel gestalten, Band 4), Trier 2015, 369–380. Vgl. auch Steinebach, Dorothea: Kirche im Werden – auf die Haltung kommt es an, in: Dessoy u.a. (Hg.): Kirchenentwicklung, 445–458. Vgl. auch Steinebach, Dorothea: Getauft und engagiert. Vom innovativen Umgang mit den alten und neuen Formen des kirchlichen Ehrenamtes, Würzburg 2011. Der Ansatz geht zurück auf den Ansatz der sogenannten Ermöglichungsdidaktik, vgl. Arnold, Rolf/Schön, Michael: Ermöglichungsdidaktik. Ein Lernbuch, Bern 2019. Vgl. ebenso Arnold, Rolf/Gómez Tutor, Claudia: Grundlinien einer Ermöglichungsdidaktik. Bildung ermöglichen, Vielfalt gestalten, Augsburg 2007. Vgl. Arnold, Rolf/Schüßler, Ingeborg (Hg.): Ermöglichungsdidaktik. Erwachsenenpädagogische Grundlagen und Erfahrungen, Hohengehren 2003.

109 Welte, Vom rechten Hören, 14.

> sagt. Erst in dem stillen Raum des guten Zuhörens gewinnt das Wort das Vertrauen, sich zu entfalten. [...] Das Hören hat die Kraft, empfangend das Wort zu entbinden und zu lösen und damit das im Wort sprechende Herz und den im Wort sprechenden Menschen."[110]

Für den evangelischen Theologen Dietrich Bonhoeffer ist das Anhören und Zuhören des Anderen der „*erste* Dienst, den einer dem andern in der Gemeinschaft schuldet"[111]. Denn „Gottes Liebe zu uns" besteht darin, so Bonhoeffer weiter, dass dieser „uns nicht nur sein Wort gibt, sondern uns auch sein Ohr leiht"[112]. Bonhoeffer führt aus:

> „Viele Menschen suchen ein Ohr, das ihnen zuhört, und sie finden es unter den Christen nicht, weil diese auch dort reden, wo sie hören sollten. Wer aber seinem Nächsten nicht mehr zuhören kann, der wird auch bald Gott nicht mehr zuhören, sondern er wird auch vor Gott immer nur reden. Hier fängt der Tod des geistlichen Lebens an, und zuletzt bleibt nur noch das geistliche Geschwätz, die pfäffische Herablassung, die in frommen Worten erstickt. Wer nicht lange und geduldig zuhören kann, der wird am Anderen immer vorbeireden und es selbst schließlich gar nicht mehr merken. Wer meint, seine Zeit sei zu kostbar, als dass er sie mit Zuhören verbringen dürfte, der wird nie wirklich Zeit haben für Gott und den Nächsten, sondern nur immer für sich selbst, für seine eigenen Worte und Pläne."[113]

In solch geduldigem Zuhören ereignet sich ein Vorrang des Anderen, der mit seiner Einzigartigkeit, mit seinem ganzen Dasein, seinem Sprechen oder Schweigen den Prozess des Hörens erst weckt. Ein solches Hören ist vorintentional und liegt jenseits der Resonanz bezüglich eigener Erwartungen oder Vorstellungen. Eine solche Hörfähigkeit ist die Bedingung der Möglichkeit, dass sich die bzw. der Andere mir überhaupt erst vertrauensvoll zuwendet. Klaus Hemmerle drückt dies folgendermaßen aus: „Wem zugehört wird, der glaubt, in diesem Zuhören angenommen zu sein. Hier wächst, unscheinbar, aber wirklich, das Vertrauen."[114] Im Hören zeigt sich nicht nur ein bestimmter Wahrnehmungsmodus, sondern zugleich auch eine Art und Weise, in Beziehung zum Anderen zu treten. Dabei geht es um ein Hören, das nicht nur das Gesagte vernimmt, sondern auch vor und nach der Rede des bzw. der Anderen noch zu hören vermag.

Der Anderen bzw. dem Anderen so zuzuhören, dass ihr bzw. ihm ermöglicht wird, sich als Subjekt zu erfahren, das angesprochen und eingeladen ist zu antworten – darin liegt der Kern einer hörenden Pastoral. Dieses Zuhören stellt

110 Welte, Vom rechten Hören, 14f.

111 Bonhoeffer, Dietrich: Gemeinsames Leben. Das Gebetbuch der Bibel, herausgegeben von Gerhard L. Müller und Albrecht Schönherr, Gütersloh 1987, 82.

112 Ebd., 83.

113 Ebd.

114 Hemmerle, Klaus: Krise des Hörens, in: Welte/Lange/Hemmerle (Hg.): Gespräch ohne Partner, 46–70, hier 70.

mehr als eine „Methode“ dar, die im Sinne der Subjektwerdung einfach anzuwenden wäre. Im Vordergrund steht vielmehr eine bestimmte Haltung der Aufmerksamkeit, die sich öffnet für das, was sich im Leben von Menschen ereignet, und daran die Frohe Botschaft Gottes neu lernt. Nicht nur die theologische Rede, sondern „alle Rede“ wird, so Welte, „nicht aus dem Reden, sondern aus dem Hören geboren“[115]; jede Weise des Sprechens lebt aus der Gnade des Hörens, aus „dieser stillen, mütterlichen Kraft“, die „das Wort gebiert“[116].

Die wesentlichen, „ermöglichenden“ Merkmale einer hörenden Pastoral bestehen (1) in der grundsätzlichen *Anerkennung* des Einzelnen als „Selbst“ und in der Aufmerksamkeit für seine Stimme, (2) in einer *Haltung*, die sich nach dem Vorbild Jesu selbst zurücknimmt und der bzw. dem Anderen Raum gibt, (3) in dem *Verzicht* auf die eigene „Machbarkeit“ zugunsten einer demütigen Entdeckungsfähigkeit, die wahrnimmt, wie Gott die Andere bzw. den Anderen bereits anspricht.

In ihrem gendersensiblen Ansatz einer zum Sprechen ermächtigenden Pastoral bestimmt Stephanie Klein das Hören als „eine fundamentale theologische Kategorie“, die nicht nur „neue theologische Erkenntnisse“ eröffnet, sondern auch „ein neues Sprechen von Gott“ möglich macht.[117] Diesen bereits erwähnten Ansatz unternimmt die Theologin ausgehend von ihrer Beobachtung, dass das Hören in der theologischen Reflexion, besonders im Kontext der Narrativen Theologie, anders als der Grundakt des Erzählens, der gewissermaßen wie selbstverständlich als „eine zentrale Kategorie der Theologie, als eine Kategorie der Identitätsvergewisserung und -rettung“[118] gilt, bisher ein „blinder Fleck“[119] geblieben ist:

> „In der theologischen Reflexion und Rede hat das Hören kaum einen eigenen Stellenwert. Es wird unter das Erzählen subsumiert. In einigen theologischen Ansätzen wird es als Hören des Wortes Gottes oder als Gehorchen gefaßt. In vielen sprachwissenschaftlich und pragmatisch beeinflußten Abhandlungen geht es um die Wirkung des Sprechens, das als Handeln gefaßt ist: darum, daß das Gesprochene bei den Hörenden Betroffenheit auslöst, sie verändert, sie belehrt.“[120]

Im Hintergrund sieht Klein ein „Defizitmodell“ des Hörens im Sender-Empfänger-Schema, wonach der oder dem Hörenden etwas gegeben werden soll, was ihr bzw. ihm „fehlt, was aber die sprechende Person hat, mitteilt oder bewirken kann“.[121]

115 Welte, Vom rechten Hören, 16f.
116 Ebd., 17.
117 Klein, Hören als Ermächtigung zum Sprechen, 283.
118 Ebd.
119 Ebd., 285.
120 Ebd., 286.
121 Ebd.

Auch in Kontexten der Seelsorge, der Tiefenpsychologie oder Gesprächstherapie beobachtet Klein, dass das Hören häufig verkürzt wird auf eine „Methode des Zuhörens", die im Letzten doch auf das Erzählen fokussiert bleibt. Insgesamt werde das Hören nicht als „eigene theoretische Kategorie" begriffen, sondern als „Methode zum Erreichen eines Zweckes"[122] – etwa zur Informationsgewinnung –, obschon doch jedes Erzählen ein wechselseitiges „Beziehungsgeschehen" sei, zu dem das Hören wesensmäßig gehöre. Bereits die Erfahrung zeigt, so Klein:

> „Niemand erzählt ohne ein Gegenüber, das ihn oder sie hört. Auch noch das Selbstgespräch, der innere Dialog, die autobiographischen Notizen oder das Tagebuch brauchen ein Gegenüber, sei es eine sich in Erinnerung gerufene konkrete Person, das verinnerlichte ‚öffentliche Forum' oder ein ‚fiktiver anderer'. Doch für zentrale, beunruhigende Erfahrungen genügt dies nicht: Gerade in der Seelsorge wird häufig erfahren, wie erlösend es für viele Menschen ist, wenn sie, oft nach vielen Jahren, zum ersten Mal eine Person finden, die ihnen zuhört, der sie ihre Leidensgeschichte oder Schuldgeschichte erzählen können."[123]

Dementsprechend wird das identitätsstiftende, befreiende Moment nicht allein und zuerst im Akt des Erzählens eröffnet, sondern zunächst dadurch, *dass* jemandem zugehört wird. In diesem Sinne folgt das Hören nicht dem Sprechen, sondern geht diesem ermöglichend voraus. Die Bedeutung des Hörens besteht vor allem darin, dass Menschen dazu ermächtigt werden, eine Stimme zu haben und ihre Erfahrungen zur Sprache zu bringen. Wer den Anderen und Fremden andersherum nicht hört, macht ihn mundtot, bringt ihn zum Schweigen.[124]

Dieses Verständnis des Hörens im Sinne einer Bedingung der Möglichkeit für das Sprechen generiert Klein im Ausgang jener Erkenntnisse, die die US-amerikanische feministische Theologin Nelle Morton im Kontext der Erfahrungswelt von Frauen gewinnt und in ihrem Werk *Journey is home* als „Hearing to Speech" bezeichnet. Die englische Wendung „Hearing to Speech" kann übersetzt werden mit „ein zum Sprechen ermächtigendes Hören" oder ein „zum Sprechen Er-hören".[125] Bezugspunkt für diesen Ansatz des Hörens ist die Begegnung mit Frauen, die – aufgrund eines bestimmten Ereignisses in ihrem Leben – die Fähigkeit zu sprechen verloren haben. Morton machte in ihrer Arbeit mit Frauen folgende Erfahrung: Am Ende eines Workshops beginnt eine stille, schüchterne Frau, eine persönliche Erfahrung aus ihrem Leben zu erzählen. Ihre Geschichte ist geprägt von Verletzungen und viel Leid. Die anderen Frauen hören ihr aufmerksam zu. Niemand unterbricht den Prozess des Erzählens: „When she reached a point of most excruciating pain, no one moved. No one interrupted

122 Klein, Hören als Ermächtigung zum Sprechen, 286.
123 Ebd.
124 Vgl. ebd., 286f.
125 Vgl. ebd., 286.

her. No one rushed to comfort her. No one cut her experience short. We simply sat. We sat in a powerful silence.“[126]

Es scheint so, als würden die Teilnehmerinnen nicht nur mit den Ohren, sondern mit ihrem ganzen Körper zuhören und dadurch den Raum für die Möglichkeit des Erzählens eröffnen. Die Erfahrung, die die erzählende Frau im Gehört-Werden gemacht hat, beschreibt sie gegenüber ihren Zuhörerinnen schließlich so: „‚You heard me. You heard me all the way.‘ […] ‚I have a strange feeling you heard me before I started. You heard me to my own story. *You heard me to my own speech.*‘“[127]

Das Hören der Anderen ermöglicht der Frau das Sprechen, noch bevor sie begonnen hatte, die Stimme zu erheben. Das Hören eröffnet den Raum für die heilsame Dimension des Erzählen-*Könnens*: Die Erfahrung der hörenden Aufmerksamkeit, die sich *vor* dem Akt des Sprechens ereignet, ermutigt die Frau zum Erzählen. Die erzählende Frau wird gewissermaßen zu ihrer eigenen Sprache „erhört“. Die Wendung „Hearing to Speech“ benennt genau diese Erfahrung vieler verstummter Frauen, zum eigenen Sprechen ermächtigt zu werden, *indem* ihnen zugehört wird. Dieses Hören ist „empowerment“; es ist ein Hören, das den Anderen zum eigenen Sprechen als Subjekt befähigt. Dieses zum *eigenen* Sprechen ermächtigende Hören hat eine heilsame, ja heilende, erlösende und zugleich identitätsstiftende Dimension.

In Anlehnung an den Ansatz des „Hearing to Speech“ entwickelt Klein schließlich verschiedene Aspekte einer „Theologie des Hörens“, die im Folgenden aufgerufen werden sollen:

(a) Das übliche „Sender-Empfänger-Modell“ wird im Ansatz des „Hearing to Speech“ auf den Kopf gestellt. „Das Hören ist nicht als Reaktion auf das Sprechen zu verstehen, sondern das Sprechen als Reaktion auf das Hören.“[128] Das Hören ist in erster Linie nicht darauf fokussiert, etwas Bestimmtes zu hören, sondern überhaupt zu ermöglichen, dass jemand zur eigenen Sprache kommen kann.[129] Die Sinneswahrnehmung des Hörens hat in gewisser Weise eine mäeutische Dimension: In der „Unmittelbarkeit der Erfahrung“ lässt es „neue Worte, neue Sprache entstehen, die das Erfahrene angemessen ausdrückt“.[130]

(b) Theologinnen und Theologen sind zunächst selbst Hörende. Ihr Sprechen wurzelt im Hören auf Gott und seinen Ruf, der inmitten der „geschichtlichen, sozio-kulturellen, körperlichen und spirituellen Existenz“ ertönt.[131] Hören eröffnet

126 Morton, Journey, 205.
127 Ebd.
128 Klein, Hören als Ermächtigung zum Sprechen, 290.
129 Vgl. ebd., 291.
130 Vgl. ebd.
131 Vgl. ebd., 293.

neue Erkenntnisse und neue Sprechweisen von Gott: „That kind of hearing would be prior to the theologians' own words. It might even negate and ruffle their words and render them unable to speak until new words emerge."[132] Das Hören geht der Theologie, der Rede von Gott, voraus, ermöglicht und erneuert sie.

(c) Allerdings ist Gott selbst nicht nur als Sprechender, sondern auch als Hörender zu begreifen. Das Verständnis vom hörenden Gott eröffnet Menschen den Raum, ihre „eigene Sprache zu finden, die authentisch aus den eigenen Erfahrungen des Leidens und der Freuden aufsteigt, die [...] nicht mehr entfremdet, sondern die den göttlichen Urgrund der Erfahrungen ausdrückt und sich als das wahrhaft Menschliche artikuliert"[133]. Die oben bereits genannte Umkehr des „Sender-Empfänger-Modells" wird hier theologisch gewendet. Gott nimmt den Menschen zuerst an, hört ihm zu und ruft dadurch die „Botschaft" beim Menschen hervor.[134]

(d) Dieses Verständnis vom hörenden Gott hat Auswirkungen auf die Art und Weise der Verkündigung. Diese beginnt nicht mit dem Erzählen der Botschaft, sondern mit dem Hören auf die Menschen und die sie prägenden Lebenssituationen. Die Verkündigung der Frohen Botschaft vom rettenden Gott vollzieht sich bereits in diesem zum eigenen Sein und Sprechen ermächtigenden Hören. Das, was verkündet werden soll, ereignet sich im Hören. Das Hören wird zum performativen Akt. Der Inhalt der Verkündigung geschieht bereits im Vollzug des Hörens. Verkündigung, die verstanden wird als ein zum Sprechen ermächtigendes Hören, erzählt die Frohe Botschaft vom Heil nicht ohne die Stimme der Anderen, die ihr Unheil, ihre Sorgen, ihre Hoffnungen und Sehnsüchte zur Sprache bringen. Verkündigung beginnt nicht mit dem Sprechen, sondern mit dem Hören, das Menschen eine Stimme gibt.

(e) Seelsorge wird als „heilendes Hören" verstanden. Es kommt nicht zuerst auf das Sprechen von Seelsorgerinnen und Seelsorgern an, sondern auf ihr (Zu-)Hören, um Frauen und Männern, Kindern und Jugendlichen zu ermöglichen, von der „Freude und Hoffnung, Trauer und Angst" (GS 1) zu erzählen, die ihr Leben prägen. „Die Frage, wie denn hier Gott ins Spiel kommt, erübrigt sich: Die geheilte Person wird den Urgrund ihrer Heilung selbst artikulieren; im Dialog werden beide, die sich gegenseitig hören, zu angemessenen Benennungen kommen."[135] Seelsorge bedeutet, hörend dafür einen Raum zu eröffnen, dass andere mit ihrer eigenen Stimme erzählen und auf *den* antworten können, der sie mit

132 Morton, Journey, 129. Vgl. Klein, Hören als Ermächtigung zum Sprechen, 292.
133 Klein, Hören als Ermächtigung zum Sprechen, 294.
134 Ebd.
135 Ebd., 296.

seinem unwiderruflichen Willen zu einem heilsamen Leben immer schon *anspricht.*

(f) Keine Stimme zu haben heißt: Jemand „redet, aber er wird nicht gehört“[136]. In Anlehnung an die von Johann Baptist Metz, dem Begründer der „Neuen Politischen Theologie“, geprägte Formel der „gefährlichen Erinnerung“ spricht Klein vom sogenannten „gefährlichen Hören“[137]. Herausgestellt wird dabei die politische Dimension des Hörens: Indem verdrängte Verletzungen und verborgene Hoffnungen zu Gehör kommen, werden Strukturen der Ungerechtigkeit aufgebrochen. Gefährlich ist das Hören „für die altbekannten und bewährten Stützen der eigenen Person, gefährlich aber auch für gesellschaftliche Normen, deren selbstverständliche Akzeptanz zerbricht und deren Charakter sich als unterdrückerisch entlarvt“[138].

Hören bzw. Gehört-Werden wird zu einer rettenden Erfahrung und als solche zu einer religiösen. Theologie entsteht aus dem Hören. Als solche ist sie „offen für das Wirken des Heiligen Geistes, der weniger von Experten oder einer hierarchischen Struktur erwartet“ wird, sich vielmehr in einem Aufeinander-Hören ereignet.[139] Ein Hören, durch das die Worte erst geboren werden, wird so zum „kritische[n] Korrektiv zu einem selbstgewissen, rezitativen, sich über die körperlich-sozio-kulturelle Verfaßtheit hinwegsetzenden theologischen Reden“[140]. Klein zeigt, inwiefern die Analyse zum Hören auch die theologische Erkenntnis und Rede von Gott verändert, denn:

> „Gott ist Ursprung der Befreiungserfahrung. Gott ist selbst Hörende/r, die/der die Frauen und Männer zu ihrer eigenen unverstellten Sprache und zu ihrem befreiten Sein hört. Gott redet nicht in erster Linie, Gott hört und schafft dadurch den Frauen und Männern den Raum, ihre eigene Sprache zu finden, die authentisch aus den eigenen Erfahrungen des Leidens und der Freuden aufsteigt, die sie nicht mehr entfremdet, sondern die den göttlichen Urgrund der Erfahrungen ausdrückt und sich als das wahrhaft Menschliche artikuliert.“[141]

Gott spricht zu den Menschen, indem er ihnen zuhört und ihre Worte weckt. Dementsprechend ist der erste Schritt zur authentischen Verkündigung nicht zuerst die Rede, sondern das Hören, das den Anderen zum Sprechen ermächtigt. Hören ist performativ, indem die Botschaft der Verkündigung sich bereits im Hören vollzieht.

136 Câmara, Hélder Dom: Stimme der stummen Welt, Zürich 1989, 22.
137 Vgl. Klein, Hören als Ermächtigung zum Sprechen, 292.
138 Vgl. ebd.
139 Klein, Von den Erfahrungen von Frauen zu feministischer Theologie, 62.
140 Ebd.
141 Ebd., 62f.

Die Berücksichtigung des Hörens innerhalb der Pastoral führt nicht nur zu einem erneuerten Verständnis von Verkündigung, sondern auch von Seelsorge. Diese kann als „heilendes Hören" begriffen werden. Die hörende Seelsorgerin bzw. der hörende Seelsorger wird sich bewusst, dass der bzw. die Andere nicht die von der Seelsorgerin bzw. dem Seelsorger selbst ausgehende Rede braucht, sondern eine aufmerksame Präsenz, die es ermöglicht, frei zu werden von Rechtfertigungen sowie Leid und Trauer zuzulassen und diese ins Wort zu bringen.[142]

Die phänomenologische Spurensuche zum Hören eröffnet eine wichtige Einsicht, die an dieser Stelle zu ergänzen ist. Denn so sehr das Hören im Dienst der Ermöglichung und Ermächtigung des Anderen steht zu *sprechen*, so sehr zeigt es *als* Hören, dass es darin gerade nicht aufgeht. Ein hörendes Hören charakterisiert in besonderer Weise, dass es sich auch für das Unsagbare und Ungesagte öffnet und dieses so als es selbst erscheinen lässt. Dies wird deutlich an der Unterscheidung, die Birgit Griesecke in Anlehnung an Waldenfels zwischen dem Phänomen des „Verstummens" und dem Phänomen des „Schweigens" unternimmt. Schweigen gehört wie das Sprechen zur Ordnung der Rede. Griesecke führt aus: „Es gibt Verschwiegenes im Gesagten, es gibt ein Schweigen, das Bände spricht"[143]; Schweigen und Reden stehen demnach im Horizont des jeweils anderen. Davon ist das Stummsein zu unterscheiden, wie Heidegger, auf den sich Griesecke bezieht, verdeutlicht:

> „Ein Stummer hat nicht nur bewiesen, daß er schweigen kann, es fehlt ihm sogar jede Möglichkeit, dergleichen zu beweisen. Und so wenig wie der Stumme zeigt einer, der von Natur gewohnt ist, wenig zu sprechen, daß er schweigt und schweigen kann. Wer nie etwas sagt, vermag im gegebenen Augenblick auch nicht zu schweigen. Nur im echten Reden ist eigentliches Schweigen möglich. Um schweigen zu können, muß das Dasein etwas zu sagen haben […]. Dann macht Verschwiegenheit offenbar und schlägt das ‚Gerede' nieder. Verschwiegenheit artikuliert als Modus des Redens die Verständlichkeit des Daseins so ursprünglich, daß ihr das echte Hörenkönnen und das durchsichtige Miteinander entstammt."[144]

Schweigen ist also nicht mit Stummsein gleichzusetzen; denn das Schweigen gehört wesentlich zur und in den Vorgang der Rede. Das Verstummen verweist demgegenüber auf die Unfähigkeit zu sprechen. Griesecke bezeichnet in Anlehnung an Waldenfels (vgl. AR, 495) das Verstummen auch als „Notstand der Rede", genauer als „einen Notstand, der gerade nicht im Schweigen ankommen

142 Klein, Von den Erfahrungen von Frauen zu feministischer Theologie, 64f.

143 Griesecke, Birgit: World gone wrong. Verstummen als Notstand der Rede, in: Busch, Kathrin/Därmann, Iris/Kapust, Antje (Hg.): Philosophie der Responsivität. Festschrift für Bernhard Waldenfels, München 2007, 89–105, hier 89. Sprachlosigkeit steht laut Waldenfels „für die pathologische Form der Aphonie, wörtlich: der Stimmlosigkeit, die als Verstummen der Sprachwelt verhaftet bleibt" (LdSt, 209).

144 Heidegger, Sein und Zeit, 164f.

kann, sondern Verstörung vernehmbar macht und auf diese Weise – als ein ‚katastrophales Verhalten' – Antworten herausfordert"[145]. Der Bezug zum Hören scheint unterdessen darin auf, dass das Verstummen nicht bedeutet, dass überhaupt nichts erklingt.

Die mythologische Figur der Nymphe Echo, anhand derer Griesecke ihre Ausführungen entwirft, kann dies deutlich machen. Der Mythos erzählt davon, wie die Nymphe Echo mit dem Verlust der Sprache bestraft und deshalb „zu einem rein mechanischen Resonanzverhalten"[146] gezwungen wurde, wonach sie, statt ihre eigenen Worte zu ergreifen, immer nur die letzten Silben und Worte einer anderen Rede zu wiederholen vermag. Die Nymphe ist nichts anderes als das Echo des von ihr Gehörten. Als Echo kann sie weder hören oder schweigen noch hat sie im Grunde Teil an einem „bedeutungsvolle[n] Austausch"[147]. In der Weise, wie sie Echo ist, ist sie verstummt. Der „Verdopplungszwang sorgt im ‚Hörbaren' für ein Verstummen, denn die bloße Wiederholung ergibt keine Aussage, die im Dialog für sich stehen kann und in diesem Sinne ‚spricht'"[148].

Verstummen kommt insofern weder in der Rede noch im Schweigen an; vielmehr macht es eine körperliche oder seelische Erschütterung hörbar und fordert auf diese Weise zu einem antwortenden Hören heraus. Das würde zur Konsequenz haben, dass sich die Ohren auch auf „das Stammelnde und Stotternde, auf das Laute, Gellende und Schrille als mögliche Zeugnisse des Verstummens, also eines Zersetzungs- und Auflösungsprozesses von Rede und Stimme"[149], richten. Das Phänomen des Verstummens zeigt sich noch einmal in besonderer Weise in dem „Krankheitsbild [...], das in der psychiatrischen Medizin ‚Mutismus' genannt wird"[150]. Allerdings ist nicht jedes Verstummen automatisch auf dieses Krankheitsbild zurückzuführen. Denn wie gezeigt wurde, ist „das Verstummen in Angst [...] nicht notwendigerweise an Stille, an den

145 Griesecke, World gone wrong, 93. Dies formuliert Griesecke in Anlehnung an Bernhard Waldenfels (vgl. AR, 495) und Kurt Goldmann (vgl. Goldmann, Kurt: Der Aufbau des Organismus, Den Haag 1934, 24).

146 Griesecke, World gone wrong, 92. Dies formuliert Griesecke in Anlehnung an Gehring, Petra: Über Körperschaft von Sprache. Studien zum Sprechakt, Frankfurt a.M. 2019.

147 Griesecke, World gone wrong, 92. „Nun verdoppelt Echo der Reden Ende und trägt nur die Worte zurück, die sie vorher gehört hat." (Ovid), hier zitiert nach Gehring, Über Körperschaft von Sprache, 85.

148 Gehring, Über Körperschaft von Sprache, 91f.

149 Griesecke, World gone wrong, 93.

150 Ebd., 95. Mutismus leitet sich vom Lateinischen „mutus" (stumm, sprachlos, schweigend) ab. Mutismus ist ein Krankheitsbild, wonach betroffene Menschen nach vollendeter Sprachentwicklung eine volle Funktionsfähigkeit von Sprach- und Hörfunktionen aufweisen, allerdings „in für sie fremden Situationen, an bestimmten Orten und/oder gegenüber einem bestimmten Personenkreis" stumm bleiben. Katz-Bernstein, Nitza: Selektiver Mutismus bei Kindern. Erscheinungsbilder, Diagnostik, Therapie, München [2]2007, 20.

lautlosen Schrei, gekoppelt“[151]. Vielmehr kann auch „eine stockende und eine leerlaufende Sprache oder ein Sprechen, das dem Gemütszustand und der Situation auf groteske Weise widerspricht, [...] auf dem Weg des Verstummens liegen“[152]. Auf Erfahrungen von Angst, Scham und Schmerz kann in Form eines „geradezu obsessive[n] Sprechen[s]“[153] geantwortet werden. Der Grund dafür liegt, so Waldenfels in Anlehnung an Jacques Lacan, im „Sichverbergen [...] *in der Rede*“, das „seinen zentralen Ort [...] im Sagen selbst“ hat, und zwar dann, „wenn dieses sich hinter das Gesagte zurückzieht und die ‚Löcher der Rede‘ mit Worten zustopft“ (AR, 372). Dieses „Sichverbergen der Rede“, so führt Waldenfels weiter aus,

> „weist schließlich zurück auf den leiblichen Hintergrund der Rede, der das Rückzugsgebiet abgibt für den Rückzug und das Versinken ins Schweigen und der überdies in den Gebärden der Körpersprache eigene Möglichkeiten der Verbergung bereithält. In der Äußerung der *Scham*, [...] flüchtet jemand, der sich durch Blicke überrascht oder ertappt fühlt, hinter seinen eigenen Körper, wie der Redende sich hinter seiner Rede versteckt.“ (AR, 373)

Andersherum beginnt ein Sichverbergen, das die Hörbarkeit beim eigenen Hören vermindert: man verschließt gewissermaßen seine Ohren vor sich selbst (vgl. AR, 373). Das Verstummen fordert die Hörenden in besonderer Weise heraus; es „fordert eine Antwort, die mit dem Hinhören beginnen muss“[154]. Ein antwortendes Hinhören auf Unsagbares und Ungesagtes, wie es in Anlehnung an Waldenfels erarbeitet wurde, verlangt eine besondere Form der Aufmerksamkeit, entstünde andernfalls doch der Eindruck, „dass es gerade im Verstummen nicht eben viel zu hören gibt – so lange nicht, bis Verstummende oder Verstummte für die Welt der Rede wiedergewonnen sind“[155].

Im Horchen auf das Verstummen richtet sich die wartende Aufmerksamkeit zunächst und zuerst nicht auf die Wiedergewinnung des Sprechens, sondern auf die Grenze der Sprache, die hörbar werden lässt, wie Menschen an Grenzen gestoßen sind, und „auf ein Erspüren, welche Wege der Heilung [...] inmitten ihrer zersprungenen Welt zunächst auch ohne Worte“[156] zu finden sind. Selbstverständlich liegt im Hören eine bedeutungsvolle Dimension, die das Sprechen eröffnet und dadurch „Heilung“ ermöglichen kann. Allerdings kann auf Angst, Scham und Schmerz auch mit einem Verstummen geantwortet werden. „Was“ zur Sprache kommt, muss nicht immer ein Gesagtes und Sagbares sein.

151 Griesecke, World gone wrong, 95.
152 Ebd.
153 Ebd., 96.
154 Ebd., 103. Vgl. auch etwa AR, 490ff.
155 Griesecke, World gone wrong, 103. Vgl. auch AR, 490; AR, 496.
156 Griesecke, World gone wrong, 105.

Genau an dieser Stelle liegt die Notwendigkeit der Erweiterung für ein Hören, das sich *als* Hören versteht und als solches für Fremdheit, Störungen, Brüche offen ist. Denn wo Menschen verstummen, da könnte ein „Hearing to speech", wenn es Tendenzen zur Normalisierung aufweist und eine Wiedereingliederung in die kommunikative Ordnung verfolgt, auch ein „Zuviel" oder ein „Zuwenig" bedeuten. Inwiefern dieser Fall eintreten könnte, führt Griesecke auf folgende Weise aus:

> „[Es ist] zuviel, indem sie dem Entzug, der im Verstummen liegt, mit der Fülle der Worte Halt gebieten will und so manches, was in diesem Entzug noch liegen mag, einfach übertönt, und zuwenig, weil sie selbst sich mit der bloßen Wiederherstellung zufrieden gibt und nicht zu erkennen vermag, dass in der schlichten Wiedereingliederung in die kommunikative Geregeltheit, die nicht zu der eigentlichen Störung vorgedrungen ist, das Verstummen vielleicht nur an einen gesellschaftlich akzeptableren Ort gebracht wurde, an dem es aber um so dramatischer, weil noch viel weniger vernehmbar ist."[157]

Ein zum Sprechen ermächtigendes Hören hat demnach vor dem Hintergrund eines antwortenden Hörens *als* Hören auch das Verstummen zu ermöglichen, dem Unsagbaren und Ungesagten ein Ohr zu leihen, anstatt es vorschnell in die Ordnung der Rede zurückzuholen. Praktisch theologisch wird auf diese Weise ein „sowohl wirksames als auch darstellendes Handeln" eröffnet, welches „verändert" und „offenbar macht", dass der längst hört, „der das Ohr gepflanzt hat" (Ps 94,9).[158] Denn im Hinhören auf das Verstummen kommt es auch zur „Darstellung der Verheißung Gottes, dass über Leben und Schicksal [...] noch nicht das letzte Wort gesprochen ist"[159].

6.3.3 Hören heißt, einem Anderen sagen: Du kannst

Eine hörende Pastoral zielt in erster Linie nicht darauf ab, kirchliche Inhalte oder Lehrsätze weiterzugeben, auf dass sie gehört und verstanden werden, sondern darauf, einen Raum zu öffnen, in dem sich jede und jeder selbst als Hörende und Hörender bzw. Angeredete und Angeredeter erfährt. Eine hörende Pastoral ermutigt zum eigenen Hören und inspiriert Menschen dazu, zum Leben, zu sich selbst – zu ihrer und seiner Einzigartigkeit – zu finden. Wer sich für eine hörende Pastoral verbürgt, macht ernst damit, dass Gott es ist, der zu jeder und zu jedem

157 Griesecke, World gone wrong, 104.

158 Feiter, Reinhard: „Sollte der nicht hören, der das Ohr gepflanzt hat?" Ein Lob der Telefonseelsorge, in: Heidkamp u.a. (Hg.): Abweichen, 23–31, hier 31. „Gott selbst ist Ohr" schreibt Hans Waldenfels in Bezug auf Ps 17,6. Waldenfels, Hans: Der Glaube kommt vom Hören, in: ThPQ (4/2011), 363–369, hier 369.

159 Feiter, „Sollte der nicht hören, der das Ohr gepflanzt hat?", 31.

in eigener Weise in Beziehung tritt, sowie damit, dass die Antworten nicht ihm bzw. ihr selbst gelten. Darin liegt eine radikale Umkehr der Perspektiven. Eine solche Umkehr „rückt die Kirche aus dem Zentrum heraus; diese verortet sich jetzt im Hören auf Gott und im Hören auf die Welt, in einer Haltung des Loslassens, des ‚Nicht-beherrschen-Wollens'"[160].

Es geht um einen hörenden Zugang, der eine *Erfahrung* des Glaubens – der „‚Intimität Gottes'" – in der Welt und mitten im Leben der heutigen Menschen ermöglicht.[161] Hörende Pastoral lässt sich somit als Ereignis beschreiben, das sich trotz aller notwendigen Planung für unplanbare Widerfahrnisse bzw. neue Situationen öffnet und diesen auch dann nicht ausweicht, wenn das bedeuten würde, umkehren zu müssen. Es geht um ein Beziehungsgeschehen, in dem der bzw. die Andere zu Wort kommt und darauf vertraut wird, dass – mit Hans-Joachim Sander gesprochen – die „Gegenwart der [...] Menschen [...] ein Ort [ist], an dem die Gegenwart Gottes zur Sprache kommen kann"[162].

Als exzentrisch verfasster Wahrnehmungssinn auf der Schwelle zwischen Eigenem und Fremdem charakterisiert das Hören einen Vollzug, der aus sich herausgeht, sich der bzw. dem Anderen aussetzt und dem ausliefert, was sich im Hörbarwerden ereignet. Das hat keineswegs zur Folge, sich jeglicher Form des Sprechens und der Verkündigung zu entledigen. Im Gegenteil. Allerdings ist das „Wie" dieses Sprechens im Sinne der Kohärenz darauf angewiesen, selbst zunächst hörend zu sein und die Angesprochenen zu einem eigenen Hören zu inspirieren. Die Stimme, die *„hier und jetzt, in diesem Ereignis oder dank jener Begegnung*" erklingt, ist antwortend „und sie gibt dem ‚Du kannst ...'", das jemand spricht, „seine göttliche Dimension"[163].

Eine hörende Pastoral richtet ihre ganze Aufmerksamkeit auf die „Unterbrechungen" im oft überfüllten Alltag.[164] Diese Unterbrechungen ereignen sich „immer in einem Begegnungs- und Beziehungsgeschehen, in dem der Andere eine besondere Rolle spielt"[165]. Dabei lassen sich Theobald zufolge „drei strukturell entscheidende Momente"[166] ausmachen. *Erstens* brechen Krisen zwischen einzelnen Lebensphasen auf als „relatives Ungleichgewicht zwischen zwei Zuständen

160 Bacq, Erneuerung vom Ursprung her, 48.
161 Vgl. Theobald, Stil, 278.
162 Sander, Hans-Joachim: Theologischer Kommentar zur Pastoralkonstitution über die Kirche in der Welt von heute. Gaudium et spes, in: Hünermann, Peter/Hilberath, Bernd Jochen (Hg.): Herders Theologischer Kommentar zum Zweiten Vatikanischen Konzil, Band 4, Freiburg i.Br. u.a. 2005, 581–886, hier 726.
163 Theobald, Hören, 81.
164 Vgl. Theobald, Stil, 84.
165 Ebd. Vgl. zum Folgenden ebd., 84f. Vgl. auch Theobald, Hören, 187f.
166 Theobald, Stil, 84.

relativen Gleichgewichts"[167]. *Zweitens* gibt es geplante Projekte, wie einen Arbeitsplatz zu finden oder eine Familie zu gründen, die Unterbrechungen ausgesetzt sind, sei es durch das Scheitern eines Projekts oder durch seine die eigenen Erwartungen übertreffende Erfüllung. Und *drittens* ist da eine Vielzahl von „Zu-fällen"[168], die in unserer Biografie eine nicht unerwartete Wendung hervorrufen. Diese Unterbrechungen oder auch „Erschließungssituationen"[169] unserer eingespielten Routinen und Gewohnheiten lassen sich als *„disclosure situations"* begreifen, das heißt als „‚Augenblicke' oder mehr oder weniger kurze ‚Zeitfragmente', die wie durch ein Fenster das Leben als unverfügbaren Zusammenhang erscheinen lassen"[170]. Solche zentralen Momente zeigen uns, dass es ums Ganze des Lebens geht, das selbst unzugänglich und unverfügbar bleibt; die Übergänge, Krisen- oder Entscheidungssituationen stoßen uns letztlich auf die Unausweichlichkeit des Todes und auch auf das Geheimnis der Geburt:

> „Tod und Geburt, die beiden Grenzdaten allen Lebens, melden sich in dieser plötzlich sich öffnenden Lücke und erinnern daran, dass ich nur ein einziges Leben habe: Nicht gewählt, sondern zugefügt, ist es mir in diesen Augenblicken erneut zur Wahl gestellt."[171]

Diese *„disclosure situations"*, die plötzlich „auf das ‚Ganze' unseres Lebens"[172] hinweisen und an die Unverfügbarkeit und Einmaligkeit unseres Lebens erinnern, sind unvorhersehbare, unkontrollierbare Widerfahrnisse, die sich ereignen und den Menschen „an den Gesamtzusammenhang seines Lebens erinnern und [...] seinen elementaren Lebensglauben"[173] wecken. Dabei braucht es „immer *Andere*, die diesen zum Leben notwendigen Akt elementaren Glaubens in uns erzeugen,

167 Theobald, Stil, 84.
168 Ebd., 85.
169 Ebd., 86.
170 Ebd., 85.
171 Ebd., 85f.
172 Ebd., 99. „Der problematische *Heils*begriff erhält hier verständliche Konturen: Er meint dieses unverfügbare Ganze einer Lebensgeschichte, das vom Glauben ‚gerettet' wird. Dabei ist keineswegs ausgeschlossen, dass die Diskrepanz zwischen unseren Glücksvorstellungen und der vom ‚Glauben' antizipierten integralen Rettung ‚ganzen Lebens' solchem Heil eine dramatische Konnotation gibt. Mission bleibt daher in dem Sinne heils*bezogen* (wenn auch niemals heils*notwendig*), als sie aus der in der Intimität Gottes selbst verankerten Sorge der Christen und ihrer Kirchen um den *freien* Lebensglauben des/der Anderen entsteht. Allerdings sind die Widerstände, die sich im Missionsland Europa gegen eine solche Konzeption sperren, enorm. Sie müssen sehr ernst genommen werden." Ebd., 108.
173 Ebd., 84. „Erst christlicher Glaube hat dieses Kriterium des ‚ganzen' Lebens freigelegt. Er gibt auch dem elementaren, anthropologischen ‚Glauben' seinen Ernst und bewahrt uns davor, den spirituellen, vielfach kaum wahrnehmbaren Grund der Existenz des *Anderen* zu überspielen. Dies zu unterstreichen, wird dann wichtig, wenn dieser *Andere* mehr oder weniger explizit behauptet, ‚keinen Gott zu haben'." Ebd., 99f.

ohne allerdings diesen Lebensakt an unserer Stelle setzen zu können“[174]. Solche „Identifikationsfiguren“[175] im Leben fungieren als „Über-setzerinnen“ und „Über-setzer“ (frz. „*passeur*“)[176], die – metaphorisch gesprochen – „mit ihren Booten am Fluss warten, um den Reisenden auf die andere Seite ‚überzusetzen‘“[177], ohne sie am anderen Ufer festhalten zu können, sondern ihnen zu ermöglichen, „weiter zu gehen und [...] [sich] aus eigener Kraft zu bewegen“[178]. Über-setzerinnen und Über-setzer besitzen die „Fähigkeit, *dem anderen seinen unersetzbaren Platz zu lassen*“[179]. Ihre „*hörende Präsenz*“ vermag im Anderen, den Wunsch wachzurufen, selbst zu hören und den „eigenen Weg aktiv zu suchen, ausgehend von einem ganz und gar inneren Hören des ‚Du kannst ...‘“, das die ‚Über-setzer‘ nur von außen hören lassen konnten“[180].

Durch die Widerfahrnisse des Hörens und die damit verbundenen Überraschungen und Enttäuschungen merken Menschen auf; sie, so Leo Karrer, „erwachen und erstarken“[181], gewinnen ein neues Verhältnis zu sich selbst sowie zu ihren Mitmenschen und ihrer Umwelt. Eine Pastoral, die auf das Hören hört, bindet das Sprechen an die Wirklichkeit Gottes, die im Sprechenden wie im Hörenden bereits am Werk ist, und riskiert, sich durch das eigene Hören verändern zu lassen. Die eigene Ohnmacht, Ungewissheit und Sprachlosigkeit in der Gegenwart sind nicht durch noch mehr Worte sprechend zu übertönen. Vielmehr findet der „Dialog, den es zu leben gilt, [...] jenseits des Zusammenhangs zwischen Fragen und Antworten statt“[182]. Er entscheidet sich daran, was innerhalb der Pastoral noch zu wenig Beachtung findet, nämlich, „dass derselbe Geist im Verkünder und im Hörer des Wortes am Werk ist und dass der erste – mag er auch bei dem Vorschlag, den er macht, der Wissende sein – es akzeptiert, sich durch den, der ihm zuzuhören bereit war, bekehren zu lassen“[183].

Diesen Aspekt kann eine vom Hören ausgehende Pastoral im Sinne der geforderten Richtungsänderung verstärken. Die biblische Inspiration machte deutlich: Eine Verkündigung, die ihren Ausgang beim Hören nimmt, ist als Übersetzung zu verstehen, was nicht bedeutet, dass die Einen den Anderen etwas geben, was sie nicht haben. Das Ereignis des Glaubens vollzieht sich vielmehr *zwischen*

174 Theobald, Stil, 86.
175 Theobald, Hören, 20.
176 Vgl. Müller, Hadwig: Hoffnung des Übersetzens, in: Feiter/Dies. (Hg.): Frei geben, 11–27, hier 17–20.
177 Theobald, Hören, 64.
178 Ebd., 63.
179 Ebd., 65.
180 Ebd.
181 Karrer, Weg der praktisch-theologischen Reflexion, 208.
182 Billé, conférence d’ouverture, 21, zitiert nach Bacq, Erneuerung vom Ursprung her, 39.
183 Ebd.

denen, die es bezeugen, und jenen, denen es bezeugt wird. Im Grunde sind beide – Verkünderinnen und Verkünder sowie Adressatinnen und Adressaten – Hörende in dem Sinne, dass sie auf denselben Ursprung, der zum Leben kommen will, verwiesen sind. „Du kannst", vermag nur jemand zu sagen, der selbst den Zuspruch hörend empfangen hat.

Die Fähigkeit, sich verletzbar zu machen und sich unerwarteten Widerfahrnissen zu öffnen, gehört genauso wie Sensibilität und Geduld zu den Voraussetzungen einer hörenden Präsenz in Begegnungen. Zugleich bringt die Erfahrung der Einmaligkeit „eine letzte unvermeidbare Einsamkeit mit sich, in der jeder nur er selbst ist"[184]. Diese „gründet auf dem Übermaß, der Überfülle, die sich darin zeigt, wie unfassbar das Leben in seiner Ganzheit ist, ‚dass der Mensch unendlich über den Menschen hinausgeht'"[185]. Es kann von Hyperphänomenen gesprochen werden, wenn Theobald die „Dimension des Übersteigens, der Maßlosigkeit" benennt, die „jedem Gesetz, das sich genauen Begrenzungen oder Bestimmungen unterwerfen würde", sowie „auch jedem Vergleich zwischen Existenzen" widersteht, da „dieser doch ein gemeinsames Maß voraussetzen" würde.[186] Die Erfahrung der Einmaligkeit ist ein Geheimnis, sie „führt ein ‚unvergleichlich' ein, eine negative Annäherung"[187], die ihr entspricht. Zu dieser einsamen Erfahrung der Einmaligkeit tritt ein zweites Element der Erfahrung des Hörens, das die menschliche Berufung prägt.

Es braucht die Anderen als Gegenüber, damit Menschen ihren einmaligen Glauben im Leben finden können. Dieser Glaube lässt sich weder vom Anderen ersetzen noch einfach (weiter-)geben. Es braucht Hörende, die durch ihre Präsenz, ihre Empfänglichkeit, Aufmerksamkeit und Zusage dazu anstoßen, selbst hörend zu werden und die eigene Antwort zu geben. „Damit das eigene Hören geweckt werden kann, bedarf jeder von uns anderer Menschen mit der Fähigkeit, selber zu hören und in anderen das Hören zu wecken"[188]. Über-Setzerinnen und Über-Setzer (er-)setzen nicht, sondern setzen frei; sie binden nicht, sondern ent-binden.

Einer hörenden Pastoral geht es also nicht um „eine interessierte Strategie"[189], sondern um eine bedingungslose Aufmerksamkeit und Präsenz, „um einfaches Dasein"[190], und zwar im demütigen Bewusstsein, den Lebensglauben des Anderen, sein Hören und sein eigenes Antworten weder „herstellen" noch ersetzen zu

184 Theobald, Hören, 61.
185 Ebd. Es handelt sich hier um ein Zitat von Blaise Pascal.
186 Theobald, Hören, 61.
187 Ebd.
188 Ebd., 55.
189 Ebd., 86.
190 Ebd.

können.[191] Sie erkennt in Christus einen ganz „einzigartigen ‚Über-setzer'", der „ruft, wen er will, und [...] zugleich dem, der ihm folgt oder ihn nachahmt, die Möglichkeit [gibt], seinen eigenen Weg bis zum Ende zu gehen"[192].

Für die Einübung eines Hörens, das zum eigenen Hören befähigt, bilden die Leerstellen und Pausen, das „Nicht-Wissen" und „Nicht-Sprechen", gerade einen fruchtbaren Boden für ein „echtes, wahres Sprechen"[193], das in Beziehung zum Anderen steht. Sollten wir andersherum allmählich

> „verlernen, wirklich aufeinander zu hören, weil es keine Leerstelle mehr in uns und zwischen uns gibt, die dieses Hören erlaubt, dann laufen wir auf Dauer Gefahr, stumm zu werden. Dann drohen wir, die Worte zu verlieren, mit denen wir uns und anderen sagen können, was wirklich in uns lebt und unser menschliches Abenteuer ausmacht"[194].

Entscheidend ist die Rolle der/des Hörenden, in der er/sie „die Interpretationskompetenz ‚Jedermanns' respektieren und in vielen Fällen sogar anregen muss"[195]. Der Ursprung der Stimme, die sich inmitten der für das Ganze des Lebens öffnenden Situationen kundtut, ist Gott selbst, der den Hörenden bzw. die Hörende seinen bzw. ihren Glauben entdecken lässt, mit anderen Worten sie eine „Glückliche" und ihn „einen ‚Glücklichen' nennt, einen ‚Segen'"[196]. In der Erfahrung dieses Hörens „kann Gott nur als der Unvergleichliche, der Einmalige erscheinen, der sich genau dann kundtut, wenn jemand in seinem Innern diesen Ruf hört: ‚Du kannst einmalig sein'"[197]. Gott ruft den Menschen in sein ureigenstes Sein-Können, trotz bzw. inmitten von Erfahrungen der Trauer, Verzweiflung und Ausweglosigkeit. Diese Erfahrung, in der das „Du darfst" oder „Du kannst" als „ein radikales Wohlwollen" erlebt wird, ist eine Erfahrung menschlicher Berufung, ganz unabhängig davon, ob Gott als Ursprung dieses Ereignisses erkannt wird oder nicht.[198] Die Fähigkeit zum eigenen Hören kann dabei nur durch die

191 Zwischen dem inneren Hören der eigenen Berufung und der äußeren, sozialen, kirchlichen Anerkennung können Konflikte auftreten. Denn „[d]ie Bezugsgrößen dabei, die Innenseite und die Außenseite einer Berufung, sind nicht leicht miteinander in Einklang zu bringen: Wenn das Hören der göttlichen ‚Stimme', die ruft, nur innerlich sein kann, so wird diese ‚Stimme' doch immer durch einen äußeren Ruf vermittelt. Die kirchliche Unterscheidung einer besonderen ‚Berufung' hat genau hier ihren Ort, wo unsere Innerlichkeit auf die soziale Seite unserer spirituellen Existenz trifft." Theobald, Hören, 85.

192 Theobald, Hören, 56.

193 Ebd., 51.

194 Ebd.

195 Theobald, Stil, 84. Theobald fügt hinzu, dass erst „im heutigen Kontext des Auseinanderdriftens offizieller und persönlicher Glaubensvorstellung [...] dieser [...] Aspekt besonders signifikant [wird]". Ebd.

196 Theobald, Hören, 60.

197 Ebd., 61.

198 Vgl. ebd., 60.

Begegnung mit anderen Menschen geweckt werden, die hören und zuhören, aufhorchen und aufmerken.[199]

In Bezug auf die menschliche Berufung, die vom Hören ausgeht und auf der jede christliche Berufung aufbaut, gibt es einen dritten Aspekt, der mit dem Begriff „Engagement" beschrieben werden kann, nämlich die Möglichkeit, dass das Leben, besonders in seiner Einmaligkeit, für den Anderen eingesetzt, „verpfändet" werden kann. Der Ruf, sich selbst für den Anderen zu geben, sich in den Dienst zu stellen, ist fruchtbar, erzeugt Leben, macht sichtbar, dass das Leben, dass die Gabe nicht anders existiert als im (Weiter-)Geben.[200] Die Unterscheidung zwischen der menschlichen und christlichen Berufung öffnet für die Erfahrungsdimension von Berufung, weitet ihr Verständnis auf vielfältige Gestalten aus und befreit es von der lange Zeit vollzogenen Einengung auf bestimmte, institutionell und kirchlich festgelegte Formen wie etwa die Berufung ins Priesteramt oder in den Ordensstand.

Das Geschehen der Berufung berührt demgegenüber das Ganze eines Lebens und „besteht darin, jemandem dieses Leben zu eigen zu geben"[201]. In diesem Sinne ist jede christliche Berufung auf die menschliche Berufung bezogen, und zwar in der Weise, dass sie in ihrem Dienst steht.[202] Sie „führt zur Offenbarung des unsichtbaren Gottes in nichts anderem, als dass Menschen ihre je einmalige Existenz für die anderen aufs Spiel setzen"[203]. Das hat zur Folge, „dass der Ruf nichts anders kann, als denjenigen zu berühren, der ihn wirklich in seinem Menschsein hört, das zuinnerst mit dem Menschsein des anderen verbunden ist"[204].

Der Aspekt der menschlichen Berufung fordert die Kirche zu einer neuen Prioritätensetzung auf. Denn erst dann, wenn sie die christliche Berufung „*als* Einladung" hört, „die Welt der Menschen in einer neuen Weise zu bewohnen, werden wir wirklich das Werk Gottes in jedem Menschen entdecken und den Wunsch verspüren, sich in seinen Dienst zu stellen"[205]. An erster Stelle steht allerdings das Hören, das aufmerksam wird für Gottes Zuspruch eines bedingungslosen „Du kannst", der mitten ins Leben trifft und die Freiheit des Einzelnen hervorruft, die ermöglicht, auf ganz persönliche Weise zu antworten.

199 Vgl. Theobald, Hören, 51f.
200 Vgl. ebd., 62.
201 Ebd., 57.
202 Vgl. ebd., 70, 78. Vgl. GS 3. Dort steht im zweiten und dritten Absatz: „Der Mensch also, der eine und ganze Mensch, mit Leib und Seele, Herz und Gewissen, Vernunft und Willen steht im Mittepunkt unserer Ausführungen. Die Heilige Synode bekennt darum die hohe Berufung des Menschen, sie erklärt, daß etwas wie ein göttlicher Same in ihn eingesenkt ist, und bietet der Menschheit die aufrichtige Mitarbeit der Kirche an zur Errichtung jener brüderlichen Gemeinschaft aller, die dieser Berufung entspricht."
203 Theobald, Hören, 77.
204 Ebd., 78.
205 Ebd., 79.

6.3.4 Hören heißt, einem Anderen sagen: Du fehlst mir

Die vorrangige Bedeutung des Hörens macht auch die Theologin Hadwig Müller ansichtig, und zwar zunächst als Ursprung ihres eigenen *Nach-Denkens* und *Nach-Sprechens* bzw. *Nach-Schreibens* der Erfahrungen, die sie in den Jahren 1983 bis 1993 an der Seite der Armen in Brasilien machen durfte.[206] In einem eigenen Kapitel beschreibt Müller den Wahrnehmungssinn des Hörens als einen Ort, an dem sich das „Sprechen von Gott in der Beziehung zu ihm“[207] ereignet. Der Ursprung der Beziehung zu Gott wie zu den Menschen liegt vor dem Sprechen: im Hören bzw. darin, angesprochen zu sein. Müller unterscheidet unterschiedliche Qualitäten des Hörens: Es gibt ein Hören, aus dem „mir ein neues Sprechen“ zuwächst, sodass ich mich „Dinge sagen [höre], die für mich selber neu sind, die ich so zuvor nicht bedacht oder überlegt und vorbereitet habe und die eine unerwartete Einsicht eröffnen“[208]. Daneben gibt es auch „ein Hören, das ‚gut tut‘, das in mir den Wunsch zu sprechen weckt“, sowie andersherum auch „ein Hören, das mich innerlich verschließt, das den Wunsch zu sprechen in mir verstummen läßt“[209].

Diese unterschiedlichen Qualitäten des Hörens erwachsen aus der jeweiligen „Haltung des Wissens oder des Nicht-Wissens“[210]. Ein Hören, das der/dem Anderen ermöglicht, zur Sprache zu kommen, kennzeichnet *Offenheit* und ein *Wissen-Wollen*, das heißt ein *Nicht-Wissen*. Ein Hören in der Haltung des *Schon-Wissens* ist demgegenüber nicht auf das sprechende Subjekt selbst, sondern allein auf das von ihm Gesprochene ausgerichtet. Dieses Hören öffnet sich nicht für den Anderen als Anderen, sondern nimmt ihn buchstäblich „beim Wort“[211]. In diesem Fall wird das sprechende Subjekt auf das „Was“ des Gehörten festgelegt. Dagegen zeigt sich das Hören in der Haltung des Nicht-Wissens als Kunst des geduldigen Wartens nicht nur auf das, was die oder der Andere sagt, sondern darauf, sie oder ihn selbst zu vernehmen: Ein solches Hören „geht dem Sprechen des anderen voraus in der Weise eines Wartens auf sein Sprechen – wobei das Warten gerade nicht nur dem gilt, was einer sagt. Das nicht-wissende

206 Vgl. Müller, Leidenschaft, 22f., 24–26.
207 Ebd., 186.
208 Ebd.
209 Ebd., 187.
210 Ebd. Siehe zum Motiv des nichtwissenden Hörens auch ebd., 114f. „Missionarisch sind Menschen, die zu hören verstehen und die dann auch ihrem Nichtwissen Raum geben. Das Fremdsein des jeweils anderen bringt eine wechselseitige Herausforderung des Nichtwissens mit sich. Wenn es eingestanden wird, kann es befreiend wirken. Schließlich führt die vom Anderssein herausgeforderte Begegnung oft zu einer Wende, einem Neubeginn und zu einer Trennung. Auch dies ist eine Herausforderung.“ Ebd., 276f.
211 Ebd., 187.

Hören ist ein Warten darauf, den Sprechenden selber in dem zu vernehmen, was er sagt“[212].

Das nicht-wissende Hören öffnet einen Raum dafür, dass die bzw. der Sprechende als Subjekt selbst hörbar wird. Die erste Voraussetzung bildet gewissermaßen das „Nicht“, die Lücke, die Pause, genauer „das Nicht-alles-sein, die offene Stelle“, „der Mangel“, das heißt ein „Begehren“, wodurch die bzw. der Andere berührt wird.[213] Die zweite Voraussetzung ist, dass der oder die Andere dies auch zulässt. Das wechselseitige *Sprechen-Können* gründet in der Wirkung eines ebenso wechselseitigen nicht-wissenden Hörens, das jeweils auf die bzw. den Anderen als Andere/n gerichtet ist.[214]

Der ermöglichende Vorrang des Hörens vor dem Sprechen verweist auf das *Nicht-Wissen*, die eigene Angewiesenheit und Unvollständigkeit, die zum Anderen führt.[215] Indem ich hörend der Offenheit im Anderen gewiss werde und beginne, mich selbst zu öffnen, werde ich auch der Beziehung, in der der Andere zu mir steht, gewiss. Hören ist in diesem Sinne beziehungsstiftend. Indem die bzw. der Hörende auf mein Sprechen „wartet“, wird in mir die „Erwartung“ auf das Sprechen der Anderen bzw. des Anderen geweckt. Hören eröffnet eine neue, wechselseitige Sprachfähigkeit.[216]

Hadwig Müller bezieht das so verstandene Hören auf das Geschehen der Verkündigung sowie auf das Verständnis von Mission. Das Hören wird hier als Verlangen bzw. Begehren des Fremden und als Öffnung für die Anderen begriffen. Das Kriterium, um unmissverständlich von Mission zu sprechen, liegt demnach in dem „Verlangen, zum Anderen, zum Fremden - zum anderen Menschen und zu Gott - in Beziehung zu treten“[217]. Mission wird, ausgehend vom Hören, als wechselseitiges Beziehungsgeschehen verstanden. Im Gegensatz dazu gibt es auch die „Verkündigung, die nicht vom Verlangen geprägt ist, in Beziehung zu Gott und den Menschen zu treten: In ihr hat das Hören keinen Platz“[218]. Dies ist in der Pastoral vor allem immer dann der Fall, „wenn wir schon meinen zu wissen, was für den Anderen gut ist; wenn wir im Engagement für mehr Gerechtigkeit meinen, dass alles von unseren Anstrengungen abhängt“[219]. Mission umfasst demgegenüber gerade nicht, „alles, was dem Erhalt und Wachstum dieser Kirche

212 Müller, Leidenschaft, 187.
213 Ebd.
214 Ebd.
215 Vgl. Müller, Hadwig: Mission. Öffnung für die Freundschaft Gottes mit den Menschen, in: Krieger, Walter/Sieberer, Balthasar (Hg.): Missionarisch Kirche sein, Linz 2008, 9–31, hier bes. 16f.
216 Vgl. Müller, Leidenschaft, 186.
217 Müller, Mission, 14.
218 Ebd., 15.
219 Ebd.

dient, was möglichst viele Menschen erreicht und in die Kirche bringt"[220], zu tun, sondern vielmehr, sich empfänglich zu machen, herauszugehen, Grenzen zu überschreiten, das Eigene der bzw. dem Anderen auszusetzen, sich zu öffnen und verletzbar zu machen, die eigene Schwachheit anzuerkennen, in Beziehung zu treten, sich als Bedürftige dem Anderen zuzuwenden und auch sich vom Fremden buchstäblich heraus-fordern, unter Umständen sogar verändern zu lassen. Es ist das Verlangen bzw. das Begehren der Anderen, genauer der Umstand, dass die bzw. der Andere schmerzlich vermisst wird, dass sie bzw. er „fehlt"[221], woran eine missionarische Kirche erkennbar wird.

Der französische Jesuit Michel de Certeau, auf den sich Müller immer wieder bezieht, prägt die auf Heidegger zurückgehende, doppelt negierte Formulierung des „Nicht-Ohne", mit der er die Erfahrung beschreibt, die zum Ausdruck gebracht wird, wenn einer dem anderen sagt: „Du fehlst mir."

> „‚Du fehlst mir.' Zwei Wörter – eine doppelte Negation – zeigen den springenden Punkt dieser Erfahrung an: ‚nicht ohne'. Es ist unmöglich ohne dich. Diese doppelte Negation bezeichnet gleichermaßen die Glaubensbeziehung *und* die Liebesbeziehung."[222]

De Certeau reflektiert mit dieser Formel nicht nur die wechselseitige Beziehung zwischen Mensch und Gott, sondern auch die Beziehung der Christinnen und Christen untereinander:

> „Von Gott selbst, so man denn seine Inkarnation und das Mysterium Jesu, der für immer mit unserer Geschichte ‚verbunden' ist (ohne jemals mit ihr identisch zu werden, weil er der Andere, weil er Gott bleibt), ernst nimmt, von Gott also muss man sagen, dass er nicht ohne uns ist. Diese Art Artikulation – ‚nicht ohne' – verknüpft die Akte und die Zeichen der Christen *untereinander* gemäß dem Modus ihrer Beziehung zum wahren Gott (nicht ohne ihn), zu der einzigen Autorität, die buchstäblich ‚glaubwürdig' ist."[223]

Die Autorität „autorisiert", indem sie das Unmögliche möglich macht.[224] Jesus gewährt und „erlaubt", indem er sich selbst zurücknimmt und „beschränkt". Mit seinem Tod autorisiert er christliche Gemeinden, andere Werke, apostolische Sprachen.[225] Die Beziehung zum Anderen, der fehlt, ist kenotisch im kommunikativen Offenbarungsverständnis begründet, der Selbstmitteilung Gottes in Jesus Christus, der sein Werk wiederum zurückbindet „an Gesprächspartner, an Jünger,

220 Müller, Mission, 10.
221 Vgl. ebd., 16.
222 De Certeau, Michel: GlaubensSchwachheit, Stuttgart 2009, 103.
223 Ebd., 104.
224 Vgl. ebd., 102.
225 Vgl. ebd., 104.

an künftige Generationen, wesentlich an die Kirche"[226]. Davon berichten die Evangelien:

> „Von Jesus erklären sie, er sei *nicht ohne* den Vater (‚Meine Lehre stammt nicht von mir'; Joh 7,16) und seine Offenbarung sei *ohne* uns *nicht* vollendet. Ihr werdet, sagt er, ‚noch größere Werke' vollbringen als ich (Joh 14,12). So kann denn auch Paulus sagen, er ergänze ‚das, was an den Leiden Christi noch fehlt' (Kol 1,24). Jede christliche Praxis im Lauf der Geschichte hat dieselbe Bedeutung: Sie ‚fehlt' an derjenigen Jesu. Sie ist das, was er nicht besaß, das, was für ihn ‚noch kommen' sollte."[227]

Die schöpferische Selbstzurücknahme Gottes, die Liebe des Vaters zum Sohn und zu den Menschen, die sich im „Nicht-Ohne" bekundenden, unaufhörlichen Beziehungswillen entzündet, bedeutet eine Beunruhigung und Dynamik, die dazu inspiriert, in Bewegung zu kommen, nicht stehen zu bleiben, sondern immer wieder die Beziehung zu den Menschen zu suchen und Gottes Wirken in der Welt mitzuvollziehen. Gott zeigt seine unermessliche Größe gerade darin, dass er „*nicht ohne* die Menschen Gott sein"[228] will und sich ihnen deshalb bedingungslos zuwendet, in Beziehung zu ihnen tritt und sie freigibt. „Und zugleich", so formuliert Jürgen Werbick mit Rekurs auf de Certeau,

> „ist er der Unermessliche, der sich der Verfügung des Menschen entzieht; Gott, der [...] [die] Sehnsucht entzündet und sie unendlich über sich hinausführt, sie nie in dem zur Ruhe kommen lässt, was die Sehnsucht schon umfasst. Er ist der unendlich Größere, der sich dem frommen Streben entzieht, einfach mit ihm befriedigt und glücklich zu sein."[229]

Die Dynamik Gottes, die in der Erfahrung der Liebe und des Glaubens im „Nicht-Ohne" kulminiert, „schafft einen Exzess" und „drängt voran, weiter, anderswohin". Das bleibende „Nicht-Ohne" schafft ein bleibendes Verlangen, das „nirgendwo" wohnt.[230]

Im Hören zeigt sich auf verdichtete Weise die mit der Formel des „Nicht-Ohne" charakterisierte Erfahrung des Aufeinander-bezogen-Seins, die Erfahrung, der bzw. dem Anderen zu fehlen, und umgekehrt die Erfahrung, dass die bzw. der Andere auch einem selbst fehlt. Durch das Hören wird die bzw. der Andere ermächtigt, wird etwas ermöglicht, das ohne dieses Hören nicht möglich war. Hören zeigt sich als Dynamik einer unaufhörlichen, hyperbolischen Überschreitung sowie als Erfahrung von Verletzbarkeit und Angewiesenheit, die der bzw. dem Anderen Raum gibt und sich durch sie bzw. ihn betreffen lässt.

226 De Certeau, GlaubensSchwachheit, 104.
227 Ebd.
228 Werbick, Jürgen: Kleine Gotteslehre im Dialog mit Papst Franziskus, Freiburg i.Br. 2018, 105.
229 Ebd.
230 Ebd.

Hören setzt voraus, empfänglich zu sein und sich dem auszusetzen, was zu Ohren kommt. Insofern die bzw. der Hörende dem ausgesetzt ist, was zu Ohren kommt, besitzt das Hören eine eigene Exposure-Struktur, die bedeutet, verletzbar zu werden, loszulassen, sich nicht auf der Fülle eigenen Wissens auszuruhen, sondern sich etwas sagen zu lassen, wodurch gewohnte Ordnungen infrage gestellt werden. Die hörende Aufmerksamkeit für die Anderen ist kein Verdienst oder eine Strategie, die unsere Fähigkeiten verbessert, sondern eine Erfahrung von Schutzlosigkeit und Zerbrechlichkeit, die sich in den Dienst der bzw. des Anderen stellt, die bzw. der uns immerzu fehlt und „uns unserer Stärke entkleidet und in unsere notwendigen Kräfte die *Schwachheit des Glaubens* einschleust“[231]. In diesen Facetten bedeutet Hören zu lieben.

Durch das Hören wird ein neuer Stil des pastoralen Denkens und Handelns eingeführt, der erfinderisch und demütig ist; er verweist auf etwas Überschüssiges, etwas Außergewöhnliches und Neuartiges, das weder zu „besitzen“ noch durch Strategien einfach herzustellen ist. Eine hörende Pastoral gibt es „nicht ohne“ die und den Andere/n, sie verdankt sich ihr bzw. ihm vielmehr; zugleich geht diese/r Andere im pastoralen Handeln und Denken niemals auf.

> „So wie es keinen Glauben ohne eine Praxis gibt, das heißt ohne ‚Werke‘, ohne ein wirkliches Risiko, das sein Akt und seine Sprache ist, gibt es kein Werk, keine christliche Praxis, die nicht in einem eigentümlichen Schöpfungsvorgang ihre Möglichkeitsbedingung voraussetzt und offenbart: die Autorität, die einen Stil der Existenz zur Erscheinung bringt, einen Modus der Kreativität ‚erlaubt‘ und eine neue Reihe von Erfahrungen *eröffnet.*“[232]

Hörende Pastoral ist in gewisser Weise der Modus, der Gott nicht „verwehrt“, in neuen Erfahrungen des Menschen zu Wort zu kommen und ihnen Gehör zu schenken. Durch das Risiko, sich den Anderen hörend auszusetzen, sich ihnen zu öffnen und ihnen Raum zu geben – in aller nicht vorhersehbaren Fremdheit, die sich plötzlich einzustellen vermag –, eröffnet sich so die Erfahrung christlichen Glaubens neu.[233]

Hören heißt, das Fehlen der Anderen zu erspüren, sich nicht mit einem gehörten Inhalt zufriedenzugeben, sondern sich unaufhörlich von dem Mehr und Anderen finden zu lassen, das ihre bzw. seine Stimme zu Gehör bringt. Es ist ein Hören, das auf das Fehlen des Anderen und seine tiefste Sehnsucht aufmerkt, in dem nicht nur Inhalte, sondern die Menschen selbst vor- und zum Leben kommen.

Autorität ist nur glaubwürdig, wenn sie sich nicht im Singular definiert, sondern im Plural, im Aufeinander-Hören. Denn eine nicht hörende Autorität „verschließt eine Gruppe oder ein Wissen in sich selbst“; eine hörende Autorität, die

231 Vgl. Werbick, Kleine Gotteslehre, 250.
232 Ebd., 103.
233 Vgl. ebd., 250.

„nicht ohne" die Anderen sein kann, setzt dagegen frei, „erlaubt" Anderes und Neues. Erstere „schafft eine ‚Legende', das heißt eine *geschlossene*, verbindliche Geschichte und eine Geschichte, *der man nicht mehr glaubt*", letztere ermöglicht eine „kommunitäre Struktur" von Kirche, indem sie „anderen Äußerungen Raum gewährt", so unterschiedlich sie auch sein mögen.[234]

Mission bedeutet in diesem Sinne, „zu anderen Generationen, zu fremden Kulturen, zu neuen menschlichen Strebungen zu sagen: ‚Du fehlst mir' - nicht so, wie ein Grundbesitzer über das Feld seines Nachbarn spricht, sondern wie ein Liebender"[235]. Glaube und Liebe verbinden sich untrennbar mit dem Hören. Zu sagen „Du fehlst mir", verwirklicht sich dabei, streng genommen, nicht allein durch ein Sprechen im engeren Sinn, durch den einzelnen Akt des Sagens „Du fehlst mir", sondern zunächst und zuerst durch Praktiken, die dieses „Fehlen" und „Vermissen" erfahrbar werden lassen, wie die des Hörens, das der/dem Anderen Platz macht und ihr bzw. ihm eine Stimme gibt. Der Vorrang des Hörens vor dem Sprechen wurzelt in der Überzeugung, dass „Gott schon im Gespräch mit diesen Menschen ist und wir nicht von Gott sprechen werden, indem wir das von ihm selbst begonnene Gespräch unterbrechen"[236]. Zu hören bedeutet, den aussprechen zu lassen, der die Quelle unseres Verlangens und Begehrens ist.[237]

Insofern kann der Wahrnehmungssinn des Hörens, bezogen auf das Verständnis von Pastoral, neu ins Bewusstsein heben, was Eberhard Jüngel als theologischen Anspruch auf folgende Weise zum Ausdruck brachte: „Die Theologie hat Gott ausreden zu lassen. Das ist ihr praktisches Wesen."[238] Zu hören bedeutet, einen Raum zu eröffnen, in dem sich Menschen als von Gott Angeredete entdecken können. Insofern zeigt die Reflexion zum Hören, dass es darum geht, das Gespräch Gottes mit den Menschen nicht zu unterbrechen. Dies geschieht, wenn wir „Gottes Wort als Ereignis"[239] hörend empfangen und die bzw. der Andere nicht aufhört zu fehlen.

234 Werbick, Kleine Gotteslehre, 111.
235 De Certeau, GlaubensSchwachheit, 105.
236 Müller, Mission, 27.
237 Vgl. de Certeau, GlaubensSchwachheit, 102f.
238 Jüngel, Eberhard: Unterwegs zur Sache. Theologische Erörterungen I, Tübingen ^{3}2000, 55.
239 Ebd.

6.4 Hörende Pastoral – Inspirationen und Konkretionen

6.4.1 Eine aus dem Hören entstehende Präsenz

Unsere Gegenwart ist inzwischen „selbst zur unbekannten Gegend“[240] geworden; es ist ein neuer Entdeckungszusammenhang, in dem sie sich vorfindet. Genauso sind auch Pastoral und Kirche „in eine radikale Präsenz, in ein radikales Präsens gestellt“[241]. Mit einem aus der französischen Pastoral inspirierten Wort von Hadwig Müller verweist der Ausgang beim Hören auf eine „ansprechbare Präsenz“, ein Gegenwärtigsein, das nicht in einem auf Dauer angelegten, allzeitigen „Überall“ besteht, sondern sich in einem konkreten „Hier-und-Jetzt“ in der Beziehung zu Menschen ereignet. Müller stellt fest: „Das Geheimnis des ‚acceuil‘, der ansprechbaren Präsenz, ist das Hören.“[242]

Für die Praktische Theologie folgt daraus eine radikale Umkehr. Anstatt alle Anstrengungen auf die Frage zu richten, wie sie sich besser Gehör verschaffen und wie sie in der Unsicherheit der Gegenwart wieder „heimisch“ werden kann, ist sie dazu herausgefordert, sich selbst zuerst im sich jeweils ereignenden „Jetzt“ anzuerkennen. Das erfordert die Akzeptanz, dass die Rede von Gott sich „nicht mehr allein von ihren eigenen Erwartungen und Perspektiven her gestalten“ lässt; sie kann sich nicht länger „auf Utopien beschränken, die sie von sich her gebiert und zu denen sich der Fortschritt in der Darlegung des Glaubens aufzumachen hat“[243]. Vom Hören auszugehen, fordert die Praktische Theologie demgegenüber dazu heraus, „sich selbst das Unausgesprochene, Unbewältigte, Prekäre [...] sagen zu lassen“[244].

Rudolf Zerfaß fordert den Abschied von einer „Pastoral der Eroberung“ zugunsten einer „Pastoral der Präsenz unter den Anderen, besonders der Armen“[245]. In diesem Zusammenhang macht Rainer Bucher darauf aufmerksam, dass die Fähigkeit dazu allerdings etwas ganz Entscheidendes voraussetze, denn „der, größtenteils ja der Kirche abgerungene, Abschied von einer ‚Pastoral der Eroberung‘ bedeutet leider noch nicht die Fähigkeit zu einer ‚Pastoral der Präsenz

240 Bucher, Rainer: Gegenwart. Nicht Exil. Zur Wahrnehmung des Unbekannten in der katholischen Pastoraltheologie, in: ThQ 185 (2005) 184–187, hier 190.

241 Ebd.

242 Müller, Christliche Präsenz in der Großstadt, 156.

243 Sander, Hans-Joachim: Gottes pastorale Orte. Ein topologischer Vorschlag, in: Bucher, Rainer/Krockauer, Rainer (Hg.): Gott. Eine pastoraltheologische Annäherung, Wien u.a. 2007, 39–56, hier 54f.

244 Ebd.

245 Zerfaß, Rudolf: Volk Gottes unterwegs: In der Fremde unter den Völkern, in: Haslinger, Herbert (Hg.): Handbuch Praktische Theologie, Band 1, Mainz 1999, 167–177, hier 175.

unter den anderen'"[246]. Die Voraussetzung bestünde darin, so Bucher, „von denen, unter denen man präsent sein möchte, etwas zu verstehen, also von ihnen lernen und ihnen zuhören zu wollen und zu können"[247]. Mit anderen Worten schreibt er: „Es setzt voraus, die Gegenwart gegenwärtig zu haben – und das unter den schwierigen Mustern einer sich ungewiss gewordenen Gegenwart."[248] Die Gegenwart in der Zeit gegenwärtig zu haben, korrespondiert in besonderer Weise mit der Zeitdimension des Hörens. Zu hören und zu lernen verlangt das Ernstnehmen der „theologiekreativen Kraft des Volkes Gottes"[249] im Heute. Die Vorrangigkeit des Hörens vor dem Sprechen fordert dazu heraus, damit aufzuhören, einfach Antworten zu geben, ohne zuvor auf die Fragen zu hören, und ebenso verbietet es sich, „nur die Fragen [zu] hören, auf die wir Antworten haben"[250].

Welchen Akzent erschließt das Hören im Kontext einer Pastoral der ansprechbaren, gastfreundschaftlichen Präsenz? Reduziert sich diese – so könnte man kritisch anfragen – nicht am Ende doch darauf, lediglich Anfragen zu empfangen und Bedürfnisse zu erfüllen? Welche tatsächlichen Veränderungen ergeben sich, ausgehend vom Hören, in praktischer Hinsicht?

In diesem Zusammenhang kann man Entscheidendes von dem in Deutschland bisher wenig bekannten Ansatz des niederländischen Care-Ethikers Andries Baart und seiner „Theorie der Präsenz"[251] lernen. Auf der Basis eigener Feldforschung zur Praxis von „Pastores"[252] in Stadtteilen und sozialen Brennpunkten – wie etwa in Utrecht – entwickelt Baart die sogenannte „präsentische Herangehensweise", deren Besonderheit darin liegt, „dass die Seelsorger radikal mit den sozial schwächsten Bewohnern eines Wohnviertels mitleben"[253]. Die Theorie selbst fokussiert in ihren Analysen nicht soziale Probleme wie Armut, Exklusion, Marginalität, sondern vielmehr die Haltung von sogenannten „Präsenz-Tätigen", die sich etwa in der Fachpflege aufmerksam denen zuwenden, die unter sozialen Problemen leiden.[254] Besonders für Arbeitskontexte, in denen versucht wird,

246 Bucher, Rainer: Theologie im Risiko der Gegenwart. Studien zur kenotischen Existenz der Pastoraltheologie zwischen Universität, Kirche und Gesellschaft, Stuttgart 2010, 24.

247 Ebd.

248 Ebd.

249 Ebd., 142.

250 Billé, Conférence d'ouverture, 21, zitiert nach Bacq, Erneuerung vom Ursprung her, 39.

251 Vgl. Baart, Andries: Een theorie van de presentie, Utrecht ^{3}2004. Vgl. Baart, Andries: Die Kraft der Präsenz, in: Herrmann, Volker/Horstmann, Martin (Hg.): Wichern drei – gemeinwesendiakonische Impulse, Neukirchen-Vluyn 2010, 142–150.

252 Baart benutzt diesen niederländischen Begriff, „da er Berufsbezeichnung (‚Pastor') und berufliches Handeln (pastorale Sorge) zum Ausdruck bringt, andererseits diese Funktion aber nicht nur an ein bestimmtes (ordiniertes) Amt bindet, sondern eine größere Gruppe umfasst", wie etwa Seelsorger und Seelsorgerinnen; Baart, Kraft der Präsenz, 142, Fußnote 2.

253 Ebd., 142.

254 Vgl. ebd., 143.

Dauerpräsenz herzustellen, eröffnet der Ansatz zentrale Anhaltspunkte. Dabei markiert die Präsenz-Theorie einen bedeutsamen Unterschied:

> „Sie konzentriert sich nicht nur auf das, was man zu tun vorgibt oder anstrebt, sondern vor allem auf das, was man faktisch tut; sie richtet sich nicht auf den jeweiligen ideologischen Unterbau der Arbeit, sondern auf die erfahrene Bedeutung des professionellen Angebots."[255]

Erneut zeigt sich hier eine Bewegung, die sich nicht nur *auf* jemanden oder etwas richtet, sondern vielmehr *im* Ereignis selbst und von diesem *her* in Gang gesetzt wird. Zu den methodischen Kennzeichen einer präsentischen Herangehensweise zählen nach Baart folgende fünf Merkmale:[256]

(1) „Dem/der Anderen folgen" (Bewegung, Ort und Zeit):

Die Arbeitsweise der Präsenz-Tätigen „ist nicht unter irgendwelchen theoretischen, theologischen oder ideologischen Dächern untergebracht", sondern „führt ein bewegliches Leben, er/sie arbeitet auf dem Bürgersteig, was recht ungeschützt sein kann"[257]. Die Grundbewegung der Arbeitspraxis ist von einer Geh-, nicht einer Komm-Struktur geprägt. Der/die Präsenz-Tätige ist „ohne *weiteres ansprechbar/verfügbar und kontaktbereit*"[258].

(2) Unspezialisiert und unspezifisch arbeiten[259] (Raum und Begrenzung):

Der/die Präsenz-Tätige ist keineswegs nur „*zuständig* für eine bestimmte Art von Problemen oder für ein Hilfsangebot"[260], vielmehr ist er/sie „auf das Unspezialisierte"[261] spezialisiert. Zugleich brauchen die Betroffenen seine/ihre Aufmerksamkeit „*nicht zu verdienen*"[262]. Sie wird der/dem Anderen bedingungslos geschenkt.

(3) „Beim gelebten Leben sein" (Anknüpfungspunkte suchend):

Der/die Präsenz-Tätige „knüpft direkt bei der *Lebenswelt* und dem *Lebenslauf* der Betroffenen an", sie/er teilt absichtslos mit ihnen das Leben; zudem steht „nicht die Jagd auf *Probleme* im Vordergrund, sondern das Finden eines befriedigenden Verhältnisses zum Leben"[263].

255 Baart, Kraft der Präsenz, 143.
256 Vgl. ebd., 143ff.
257 Baart, Kraft der Präsenz, 143.
258 Ebd.
259 Im Original heißt es: „An einem Stück arbeiten": Ebd., 143.
260 Ebd.
261 Ebd., 144.
262 Ebd.
263 Ebd.

(4) „Das Wohl des Anderen in den Vordergrund stellen" (sich auf die/den Andere/n einstellen):

Weder werden Ziele im Vorhinein festgelegt, noch verfolgt die präsentische Herangehensweise „lauter von anderen ausgebrütete *Absichten*"; der/die Präsenz-Tätige „hat keine vorgefasste Verlaufsplanung oder einen Plan im Kopf, was genau zu geschehen hat; er hat eher einen *offenen Kalender*, in den sich der Andere buchstäblich eintragen kann", die Annäherung an den Anderen ist von Überraschungen geprägt, die „*Steuerung der Arbeit* ist [...] problematisch: reflexiv, ohne feste Raster, ohne vorherige Legitimation [...]"[264]. Das Fehlen gewohnter Ordnungen und der Verzicht auf jeglichen „professionellen Status"[265] zieht die Arbeit immer wieder in eine Bewegung, die vom Anderen und seinem Wohl her angetrieben wird.

(5) „Wenigstens für eine Person zählen" (Bedeutung und Sinn):

Die präsentische Herangehensweise ist nicht nur singulär mit Armut im engeren Sinne verbunden, sondern ist besonders „für solche Menschen [...] bedeutungsvoll, die gesellschaftlich geächtet sind, sozial gesehen überflüssig erscheinen, deren Geschichte, Leid, Leben andere kaum interessieren"[266].

Die präsentische Praxis ist mehr als nur eine Methode, die es anzuwenden gilt. Vielmehr zeigt sich in ihr eine besondere Art und Weise, der bzw. dem Anderen zu begegnen. Das Anliegen der präsentischen Praxis besteht weniger in der Diagnostik, dem Begreifen und der Intervention, dem Lösen von Problemen; vielmehr geht es ihr um eine bestimmte Form der Aufmerksamkeit, „um ein bewusstes Gespanntsein auf etwas"[267]. Indem die oder der Präsenz-Tätige auf die oder den Anderen, die/der ihm begegnet auf-merkt, sich ihr/ihm aussetzt, wird „eine Bewegung" ausgelöst, in der die bzw. der Präsenz-Tätige auf die Andere bzw. den Anderen zugeht.[268]

Eine aufmerksamkeitssensible, präsentische Herangehensweise geht von der Person aus und tritt in Beziehung zu ihr, anstatt dass sie – über sie hinweg – sich auf andere Ziele bezieht. Sie verlangsamt sich, bis sie wirklich auf die Andere bzw. den Anderen trifft.[269] Es ist demzufolge keineswegs so, „dass der Präsenz-Tätige die Beziehung eingeht, um sich damit ein Mittel oder einen Zugang zu etwas anderem zu verschaffen"[270]. Beziehung ist kein Mittel zum Zweck, sondern

264 Baart, Kraft der Präsenz, 144.
265 Ebd.
266 Ebd., 145.
267 Ebd., 146.
268 Ebd.
269 Vgl. ebd.
270 Ebd., 149.

ein zentraler Wert der präsentischen Praxis an sich. Von entscheidender Bedeutung ist dabei, dass der/die Präsenz-Tätige

> „die leeren Plätze um die Betroffenen herum vorsichtig besetzt [...] und nach einer gewissen Zeit auch wieder [verlässt] – der Platz etwa, an dem ein liebendes und korrigierendes Elternteil hätte sitzen müssen, ein vergebender Gott, ein sorgender Bruder, eine unterstützende Lehrerin, ein dankbares Kind, die Stimme des Gewissens des eigenen alter ego, der beschützende Nachbar, die ermahnende oder streitlustige Freundin“[271].

In der „Treue der Beziehung erhalten die kleinen und großen Lebensfragen, die sich nicht eilig abhandeln lassen, eine Chance; hier kann das gesamte Leben an Verständlichkeit gewinnen“[272]. Die Würde des Anderen, sein Leben und auch seine Autonomie stehen damit im Zentrum einer präsentischen Herangehensweise. Es geht darum, dass der/die Andere „zum Vorschein kommen“ und „aus sich selbst heraus, stark werden“[273] kann. Präsent zu sein heißt also weder, immer und überall für alles und jeden da oder gar „zuständig“ zu sein. Präsent-Sein steht genauso wenig im Gegensatz zum Abwesend-Sein oder Fehlen. Vielmehr beschreibt Präsenz die hörende „Bezogenheit auf den Anderen“, die sich berühren lässt und die Lebenskraft des/der Anderen aufspürt:[274] „Der Präsenz-Tätige sucht nach der Kraft des Anderen und dem Verlangen, das diese Kraft anfeuert, stimuliert ihn oder sie, sein Leben (wieder) selbst in die Hand zu nehmen.“[275]

In Anlehnung an eine so verstandene „präsentische Herangehensweise“ setzt eine hörende Pastoral darauf, dass die Gegenwart mit ihren Fragen und Herausforderungen nicht einfach Gegenstand der Anwendung, von Konzeptplanungen und Strategien ist, sondern einen Raum eröffnet, in dem sich das Ereignis der Frohen Botschaft ereignen darf. Anders gesagt: Es geht nicht darum, auf die Lebenssituationen der Menschen zu hören, um daraufhin die eigene Glaubenskommunikation zu optimieren, sondern darum, die Frohe Botschaft selbst sprechen und hören zu lassen. Die Frohe Botschaft ereignet sich dabei nicht nur in religiösen Praktiken, sondern immer und überall dort, wo in Situationen und an Orten im Alltag um das Wohl und die Würde des Lebens existenziell gerungen wird. Der christliche Glaube ist nicht etwas, das einige in Form von pastoralen, ethischen, theologischen Erkenntnissen besitzen. Die Botschaft Gottes zeigt in Jesu Worten und Taten vielmehr, dass es darauf ankommt, statt seine eigenen – noch so gut gemeinten – Interessen zu verfolgen, sich für die Anderen zu interessieren und sich in den Dienst ihres Lebens bzw. Leben-Könnens zu stellen.

271 Baart, Kraft der Präsenz, 149.
272 Ebd., 150.
273 Ebd., 149.
274 Ebd., 145.
275 Ebd., 150.

Von Baarts Ansatz einer „präsentischen Praxis" aus lassen sich drei Inspirationen einer hörenden Pastoral benennen:

(a) Die präsentische Praxis zeigt, dass es in Pastoral und Seelsorge darum geht, sich vom Anderen her in eine Bewegung hineinziehen zu lassen, die freilässt. Am Leben der Menschen zu partizipieren, zu hören, was sie bewegt, zu horchen, auch wenn ein Wort auf sich warten lässt, seinen Rhythmus der bzw. dem Anderen anzupassen, bedingungslos und uneingeschränkt präsent zu sein – darin liegt die Bedeutsamkeit der präsentischen Herangehensweise. Sich dem Anderen, seiner Not und Armut auszusetzen, bedeutet dabei keinesfalls, einen Katalog konkreter Anwendungen zu befolgen. Vielmehr geht es darum, unwissend zu werden und voraussetzungslos in Beziehung zu treten.

Es gibt einen unhörbaren Anspruch, der dazu führt, dass der „Praktischen Theologie der sichere Ort der Mitte verwehrt"[276] bleibt und die Schwelle, der Bruch, die „Grenze" zu ihrer Mitte wird. Der Anspruch, sich der Grenze, sich einem „Dazwischen" auszusetzen, wurzelt theologisch in der Kenosis Gottes, der sich in Christus allen Menschen schenkt und der sich berührbar macht, der freisetzt und nicht einengt.

Der damit angezeigte „Ortswechsel"[277] von Pastoral entspricht dem vom Zweiten Vatikanischen Konzil inaugurierten Pastoralverständnis, dessen berühmte Referenzstelle sich im Anfangssatz der Pastoralkonstitution *Gaudium et spes* findet. Dort heißt es: „Freude und Hoffnung, Trauer und Angst der Menschen von heute, besonders der Armen und Bedrängten aller Art, sind auch Freude und Hoffnung, Trauer und Angst der Jünger Christi." (GS 1) Rainer Bucher erkennt in diesem Satz eine „doppelte kenotische Struktur", die „zum Prinzip der Kirchenbildung" wird, das „einerseits in der Solidarisierung mit der Menschheit überhaupt" und „andererseits noch einmal besonders [in der Solidarisierung] mit den in ihr Unterdrückten und Leidenden"[278] besteht.

Die Radikalität dieser Solidarisierung wird in GS 1 sprachlich dadurch herausgestellt, dass der Modus des Satzes weder in der Befehlsform des Imperativs noch in der Wunschform des Optativs formuliert ist, sondern in der Gegenwarts- bzw. Wirklichkeitsform des Indikativs. Die Gegenwartsform in GS 1 („sind") verdankt sich dem Anspruch, der theologisch in der Selbstentäußerung Gottes liegt: Die Identifikation mit „Freude und Hoffnung, Trauer und Angst der Menschen von heute, besonders der Armen und Bedrängten aller Art" (GS 1)

276 Luther, Religion, 45. Die folgenden Hinweise verdanke ich Hoyer/Schüßler, Exklusion und Exposure, 5–15. Vgl. Kröger, Eine Kirche, die aus sich herausgeht, 232.

277 Bauer, Ortswechsel der Theologie.

278 Bucher, Theologie im Risiko, 211.

ist das, was in der Kenosis Gottes in Jesus Christus bereits geschehen und enthalten, also „wirklich" ist.[279]

Die solidarische Selbsthingabe ist damit gewissermaßen der Nach-vollzug der leidenschaftlichen Bewegung, mit der Gott sich in Jesus Christus den Menschen zugewandt und geschenkt hat.[280] Anders gesagt: Freude und Hoffnung, Trauer und Angst der Menschen von heute und besonders der Armen und Bedrängten sind längst unsere, bevor wir aktiv darauf zugehen. In der Solidarität mit den Armen und Bedrängten begegnen wir Christus. In ihm partizipieren wir bereits an den Lebenssituationen der Menschen von heute, weil er selbst radikal an ihnen partizipiert hat.

Der Indikativ beschreibt einen Zusammenhang, der weder vollkommen herstellbar noch gänzlich „zu machen" ist, sondern den es vielmehr in der Kenosis Gottes als „gegenwärtige Gegenwart"[281] (wieder) zu entdecken gilt. Pastoral vollzieht sich, indem sie dieser „gegenwärtigen Gegenwart" traut und sich in ihr in eine Bewegung vom Anderen her ziehen lässt. Christlicher Glaube lässt sich weder auf ein Gehörtes oder Gesagtes beschränken, das als ein Zu-Hörendes und Zu-Sagendes zu vermitteln wäre. In gewisser Weise ist das Phänomen des Hörens selbst kenotisch strukturiert. So konfrontiert eine Pastoral, die auf das Hören hört, mit einem Unhörbaren, von dem sie sich in Anspruch nehmen lässt und das sie dazu auffordert, sich vom Anderen her etwas sagen zu lassen.

(b) Worin sollte die Motivation bestehen, diesem Anspruch einer hörenden Pastoral sowohl in professionellen Feldern von Pastoral und Kirche als auch im alltäglichen Leben zu folgen? Einen Anhaltspunkt liefert Baart damit, dass nicht „das, was man zu tun vorgibt oder anstrebt"[282], relevant ist. Vielmehr liegt die Motivation im faktischen Tun. Der Erfüllungszusammenhang wird nicht über ethische oder religiöse Handlungsforderungen hergestellt, sondern ereignet sich im Teilen des Lebens, in der Beziehung zum Anderen und im Exposure mit all' seinen (Um-)Brüchen. Bezöge man andersherum den Anspruch der Präsenz auf Instruktionen, Konzepte und Strategien, dann käme es zu einem „ideologischen Unterbau", der leicht überfordern könnte und die „erfahrene Bedeutung" untergraben würde.[283] Bezöge man den theologischen Anspruch auf konkrete Anwen-

279 Vgl. Kröger, Eine Kirche, die aus sich herausgeht, 232.

280 Vgl. auch die Analysen von Reinhard Feiter in: Feiter, Engführung. Vgl. ebenso Feiter, Reinhard: Einführung in die Pastoraltheologie, in: Sajak, Clauß Peter (Hg.): Praktische Theologie (Theologie studieren im modularisierten Studiengang, Modul 4), Paderborn 2012, 15–63, besonders 30f.

281 „Die gegenwärtige Gegenwart ist zugleich immer die gegenwärtige Zukunft einer vergangenen Gegenwart." Hunze, Guido: Die Entdeckung der Welt als Schöpfung. Religiöses Lernen in naturwissenschaftlich geprägten Lebenswelten, Stuttgart 2007, 105.

282 Baart, Kraft der Präsenz, 143.

283 Ebd.

dungen, die umzusetzen wären, dann würde dem Menschen möglicherweise äußerlich geholfen; die innere, existenzielle Dimension bliebe dagegen leer.

(c) Was sich in Anlehnung an Baart entwerfen lässt, ist eine Pastoral hörender Präsenz, die sich den Alltagssituationen der Gegenwart radikal ausliefert und darin das Verlangen und die Lebenskraft des Anderen vernimmt. Die Frohe Botschaft zu Gehör zu bringen, bedeutet dann nicht, diese wie ein „Erbe" weiterzugeben; sondern vielmehr wahrzunehmen, wie sie sich in der Entdeckung neuer Lebenskraft ereignet.

In der Spur einer hörenden Pastoral käme es darauf an, Präsenz nicht in einem engeren Sinne als (territoriale) Daueranwesenheit von kirchlichen Sozialformen zu denken, sondern in einem weiteren Sinne als (präsentische) Aufmerksamkeit, die immer und überall mit dem Unhörbaren im Hörbaren rechnet. Dies erfordert auch eine radikale Bereitschaft zur permanenten Umkehr und zur eigenen Selbstrelativierung. Eine hörende Pastoral entlastet die in der Pastoral Tätigen einerseits davon, (etwa in Form von Angeboten) für alle Menschen permanent präsent bzw. anwesend sein zu müssen. Denn die „leeren Plätze", die Pastoral einnimmt, gilt es nach gewisser Zeit vor allem auch wieder zu verlassen. Andererseits fordert eine hörende Pastoral dazu heraus, mit ihrer Präsenz denen, die ihr im Alltag begegnen, allzeit zu ermöglichen, ihr Verlangen und ihre Lebenskraft zum Ausdruck kommen zu lassen.

6.4.2 Ein aus dem Hören entstehendes Sprechen

Die pastorale Herausforderung der Verkündigung besteht in der Fragestellung, wie die Frohe Botschaft Gottes so zu Gehör gebracht werden kann, dass das Ohr der Hörerinnen und Hörer geweckt wird, damit in ihrem Leben etwas im Licht der Wirklichkeit Gottes neu zum Klingen gebracht wird. Um die Bedeutung zu begreifen, welche der Prozess des Hörens in der Homiletik einnimmt, kann ein Blick auf den Ansatz der Rezeptionsästhetik erhellend sein, der mit der von Gerhard Marcel Martin 1984 in Marburg gehaltenen Antrittsvorlesung unter dem Titel *Predigt als „offenes Kunstwerk"?* in die evangelische Theologie Eingang gefunden hat.[284]

Der rezeptionsästhetische Ansatz überwindet das klassische Sender-Empfänger-Modell, wonach die vom Prediger gesendete Nachricht eins zu eins von den Hörenden empfangen und verstanden wird. Der rezeptionsästhetische Ansatz geht unterdessen davon aus, dass die Botschaft einer Nachricht erst im Prozess des Hörens entsteht. Es geht nicht darum, ein Gehörtes zu vermitteln, sodass es als

284 Martin, Gerhard Marcel: Predigt als „offenes Kunstwerk"? Zum Dialog zwischen Homiletik und Rezeptionsästhetik, in: Evangelische Theologie 44 (1984), 46–58.

Gehörtes aufgenommen wird, sondern zuzulassen, dass sich die Verkündigung im Hören der Hörerinnen und Hörer erst ganz neu ereignet.

Mit seiner Rede vom „offenen Kunstwerk“ rekurriert Martin auf Umberto Eco, demzufolge das „Kunstwerk [...] eine grundsätzlich mehrdeutige Botschaft“ darstellt, eine „Mehrheit von Signifikaten (Bedeutungen), die in einem einzigen Signifikanten (Bedeutungsträger) enthalten sind“.[285] Am Beispiel der „jüngsten Produktionen der Instrumentalmusik“[286], welche „nicht aus einer abgeschlossenen und definitiven Botschaft, nicht aus einer eindeutig organisierten Form“[287] bestehen, stellt Eco die „Möglichkeit für mehrere, der Initiative des Interpreten anvertraute Organisationsformen heraus“[288].

> „[Diese] präsentieren sich [...] nicht als geschlossene Kunstwerke, die nur in einer einzigen gegebenen Richtung ausgeführt und aufgefaßt werden wollen, sondern als ‚offene‘ Kunstwerke, die vom Interpreten im gleichen Augenblick, in dem er sie vermittelt, erst vollendet werden.“[289]

Dementsprechend stellt es kein „Manko“ dar, wenn ein Klang, ein Wort oder ein Bild unterschiedliche Rezeptionen hervorbringt, sondern einen unentbehrlichen Gewinn.[290] Offen ist jedes Kunstwerk seinem Wesen nach für eine Vielzahl unterschiedlicher Lesarten. In diesem Sinne erschöpfen sich auch die Worte einer Predigt nicht im Gesagten. Vielmehr geht es darum, Pausen und Leerstellen zu lassen, die als „zentrale Umschaltelement[e] der Interaktion von Text und Leser“[291] Raum geben für die eigene, biografische, kritische, irritierende, freimachende Rezeption seitens der Hörerinnen und Hörer. Dieses vom Hören ausgehende Verständnis kann den Prediger von dem Druck befreien, das Unmögliche möglich machen zu wollen und alle Adressatinnen und Adressaten mit den gleichen Worten in gleicher Weise erreichen zu müssen.[292] Martin führt aus:

> „Predigt als offenes Kunstwerk räumt den Hörern selbst die Gelegenheit ein, ihre Situation in das Predigtgeschehen einzubringen. Es wäre nicht primär die Aufgabe des Predigers, die Situation anderer und für andere zu klären. Die Suche nach der

285 Eco, Umberto: Das offene Kunstwerk, Frankfurt a.M. 1977, 8.
286 Ebd., 27.
287 Ebd., 28.
288 Ebd., 28f.
289 Ebd., 29.
290 Vgl. ebd., 8.
291 Iser, Wolfgang: Der Akt des Lesens. Theorie ästhetischer Wirkung, Stuttgart ^{4}1994, 266.
292 Vgl. Spielberg, Bernhard: Gott zur Sprache bringen. Vier Elemente, drei Bausteine und zwei Herausforderungen homiletischer Ausbildung im Studium der katholischen Theologie, in: Garhammer, Erich/Roth, Ursula/Schöttler, Heinz-Günther (Hg.): Kontrapunkte. Evangelische und katholische Predigtkultur, Würzburg 2006, 288–298. Vgl. Meyer-Blanck, Michael/Seip, Jörg/Spielberg, Bernhard (Hg.): Homiletische Präsenz, München 2010.

homiletischen Großwetterlage und der Lage vor Ort würde damit nicht gegenstandslos, wohl aber entdramatisiert […].“[293]

Eine Predigt, die sich als offenes Kunstwerk begreift, vollzieht „die Dynamik des Evangeliums“ mit, in der Weise, dass die Hörerin und der Hörer „an wirkliche und mögliche Erfahrung“[294] anknüpfen können.

An dieses rezeptionsästhetische Predigtverständnis knüpft zehn Jahre später der evangelische Theologe Wilfried Engemann ebenfalls in Anlehnung an Umberto Eco an, und zwar unter semiotischen Vorzeichen. Engemann vermisst die Berücksichtigung der kommunikativen Situation einer Predigt genauso wie die häufig nicht stimmige Rezeption exegetischer oder systematisch-theologischer Aussagen. Er spricht von einer „Art *Sinnverramschung*“[295] sowie vom „‚Texttod‘ der Predigt“[296] und beobachtet den „paradoxe[n] Effekt“, „*Gottes Wort mit Gottes Wort aus der Predigt zu vertreiben*“[297]. In Anlehnung an Eco stellt Engemann den „revolutionären Akt“ des semiotischen Bewusstseins heraus, wonach der Gehalt einer Botschaft dadurch verändert wird, dass auf die Kommunikationsumstände – das heißt auf die Rede- und Hörsituationen – Einfluss genommen wird, in denen diese Botschaft empfangen wird, anstatt die Botschaft an sich immer wieder umzugestalten und zu verändern oder sogar ihre Produktion zu kontrollieren und zu überwachen.[298] Denn:

> „So gewiß der Theologe mit seinem Werk, dargeboten auf der Kanzel, im Unterricht, in einem Lehrbuch, ein bestimmtes Kommunikationsziel intendieren kann, kann dieses Werk – unvorhergesehenerweise – in Umstände geraten, die die Realisierung, die Kommunizierbarkeit jener Intention in Frage stellen bzw. sie relativieren.“[299]

Damit spricht Engemann den Faktor an, der dazu führt, dass die „einmal komponierte[n] Werke, entworfen zur Interpretation Gottes und der Welt“[300], nicht eins zu eins, das heißt inhaltlich identisch mit den ursprünglich intendierten Signifikaten, bei den Adressaten dekodiert werden. Vielmehr ist der Kontext des

293 Martin, Predigt als „offenes Kunstwerk“?, 49. Vgl. zur rezeptionsästhetischen Rezeption in der Homiletik auch die Beiträge in: Garhammer, Erich/Schöttler, Heinz-Günther (Hg.): Predigt als offenes Kunstwerk. Homiletik und Rezeptionsästhetik, München 1998.

294 Martin, Predigt als „offenes Kunstwerk“?, 53.

295 Engemann, Wilfried: „Unser Text sagt …“. Hermeneutischer Versuch zur Interpretation und Überwindung des ‚Texttods‘ der Predigt, in: ZThK 93 (1996), 450–480, hier 454.

296 Ebd., 450.

297 Engemann, Einführung, 14.

298 Engemann, Wilfried: Semiotik und Theologie – Szenen einer Ehe, in: Ders./Volp, Rainer (Hg.): Gib mir ein Zeichen. Zur Bedeutung der Semiotik für theologische Praxis- und Denkmodelle, Berlin u.a. 1992, 3–28, hier 26f., Fußnote 59.

299 Ebd., 27, Fußnote 59.

300 Ebd., 26.

Hörens „am Zustandekommen der semantischen Welt dieses Werkes"[301] maßgeblich beteiligt. Zu dem Bibeltext und dem Predigttext tritt ein entscheidendes Element: das „Auredit":

> „Hierbei handelt es sich – in Analogie zu ‚Manu-skript' (= ‚mit der Hand geschrieben') – um eine Wortbildung aus dem Ablativ zu *auris* und dem Passiv-Partizip von *audire* (= ‚mit dem Ohr gehört'). Es geht jedoch weniger um eine sprachliche, als vielmehr um eine prinzipielle und *strukturelle Analogie im Predigtprozeß*: Wie das Manuskript aus der Beschäftigung des Predigers mit dem Text hervorgeht, entsteht das Auredit als Resultat der Auseinandersetzung des Hörers mit der vernommenen Predigt."[302]

Hören hat vor dem Sprechen Vorrang. Die Predigt entsteht nicht im Sprechen des Predigers, sondern im „Auredit" der Hörerinnen und Hörer.

Im Jahr 2002 publiziert schließlich Martin Nicol seine Programmschrift mit dem Titel *Einander ins Bild setzen. Dramaturgische Homiletik*[303], die den Weg der semiotischen Homiletik weitergeht. Dieser lässt sich von Erfahrungen der „New Homiletic" in den USA inspirieren.[304] Nicol versteht Predigt weder als Information noch als Instruktion, sondern als ein „Ereignis des Wortes Gottes"[305]. Um zu verdeutlichen, worum es bei einer Predigt im Kern geht, verweist er auf das folgende, bereits 1877 entstandene Zitat eines Predigers in Boston mit dem Namen Phillips Brooks:

> „Vieles in unserem Predigen sieht so aus, als ob wir kranken Menschen Vorlesungen über Medikamente halten würden. Die Vorlesung ist wahr. Die Vorlesung ist interessant. Die Wahrheit der Vorlesung ist bedeutend, und wenn der kranke Mensch die Wahrheit der Vorlesung begreifen würde, dann wäre er ein besserer Patient. Er würde seine Medikamente verantwortlicher einnehmen und seine Diät intelligenter regeln. Aber noch immer bleibt die Tatsache, dass die Vorlesung nicht das Medikament ist."[306]

Die Predigt ist nicht zu verstehen als eine Rede *über* Ereignisse des Glaubens. Vielmehr ist sie selbst die Möglichkeit eines Ereignisses, „in dem Gott Menschen in seine Wirklichkeit hineinzieht"[307].

In seinem phänomenologisch akzentuierten Ansatz zur Homiletik bestimmt Hans-Günter Heimbrock die „Wahrnehmung des Unscheinbaren als Aufgabe der Predigt", wonach sich die „Wirklichkeit von Predigt" eben nicht nur „durch

301 Engemann, Semiotik und Theologie, 26.
302 Engemann, Einführung, 172.
303 Nicol, Martin: Einander ins Bild setzen. Dramaturgische Homiletik, Göttingen ^{2}2005.
304 Vgl. ebd., 22.
305 Ebd., 47.
306 Zitiert nach Nicol, Einander ins Bild setzen, 47.
307 Ebd.

Wahrnehmungen an Texten“ erschließe, sondern sie „zugleich der Wahrnehmung der Hörenden“ bedürfe.[308] In Anlehnung an zahlreiche biblische Referenzstellen – wie etwa der Gleichnisreden Jesu – zeigt Heimbrock, wie mit der „Bezugnahme auf das Unscheinbare“ eine „heilsame Veränderung für Mensch und Welt von Gott her“ angesagt werden kann.[309] In der „Wahr-nehmung des Un-scheinbaren“ drückt sich „die Niedrigkeit Gottes als heilsame Veränderung einer unheilen Welt“[310] aus.

Ausgehend vom Phänomen des Hörens bekommt auch der häufig vernachlässigte, unscheinbare „Bereich des Klanglichen“ eine besondere Bedeutung, der den semantischen Gehalt der Predigt übersteigt.[311] Denn die „menschliche Stimme transportiert nicht nur Wortbedeutungen, sondern mit einer breiten Palette außerverbaler klanglicher Elemente zugleich eine individuelle Gestimmtheit“[312]. Auch in diesem Fall reduziert sich die Wahrnehmung des Hörens nicht nur auf „rezeptive Momente“, denn „Hören ist ‚ein dynamisch-kreativer Vorgang‘, der zugleich immer intentionale und produktive Leistungen des Zuhörenden“[313] umgreift. Jede Verkündigung der Frohen Botschaft zielt in diesem Sinne darauf, das Heil des Unscheinbaren neu erschließen zu lassen; es lässt sich nicht vom Sprechenden selbst *machen* oder *herstellen*, sondern nur anstoßen; vielmehr sagt es *sich* im Zwischenraum von Text, Sprecherin bzw. Sprecher und Hörerin bzw. Hörer in einer bestimmten Situation und an einem bestimmten Ort – unscheinbar, leise und unaufdringlich, vielleicht zu vernehmen im Klang der Stimme, sicherlich jedoch im nicht fassbaren Überschuss des Sagens und Hörens.

Die Aufgabe der Predigt ist es, mit Josuttis gesagt, Geheimnisse zu Gehör zu bringen, „ohne sie zu verraten“[314]. Pointiert lässt sich festhalten: Es geht nicht um die Frage, wie „verständlicher“ gepredigt wird, damit die Hörenden verstehen, sondern wie das Sprechen als Kunst des offenen Geheimnisses so praktiziert wird, dass die Hörenden das Unhörbare im Hörbaren vernehmen.

Hieraus lassen sich unter anderem folgende drei Merkmale herausstellen, die das Hören an den Anfang, in die Mitte und an das Ende einer Predigt stellen.

(a) *Hören steht am Anfang jeder Verkündigung:* Für Nicol wird die Metapher „Preaching from Within“ zu einem Schlüsselbegriff für eine Predigt, die zu einem Ereignis wird. Es geht um ein Reden *in* statt um ein Reden *über*. Statt *über* Gott,

308 Heimbrock, Hans-Günter: Feier des Unscheinbaren. Überlegungen zu Gottesdienst und Predigt, in: Failing/Ders. (Hg.): Gelebte Religion, 177–199, hier 180.

309 Ebd., 178.

310 Ebd., 199.

311 Ebd., 194.

312 Ebd., 195.

313 Ebd., 190.

314 Josuttis, Manfred: Offene Geheimnisse. Ein homiletischer Essay, in: Ders.: Offene Geheimnisse. Predigten, Gütersloh 1999, 7–15, hier 11.

über die Welt, *über* die Menschen, *über* die Gemeinde usw. zu reden, geht es um ein Reden *im* Bibelwort, *im* Handeln Gottes, *im* Beziehungsgeschehen zu den Menschen und zur Gemeinde, *im* Hier und Jetzt der Situation „und mit alledem hoffentlich auch *im* Ereignis"[315]. Das aber heißt: Am Anfang steht das Hören. Vor dem eigentlichen Vollzug der Predigt bedarf es eines fortwährenden Hinhörens auf den Bibeltext sowie auf die Situation der Welt, der Menschen, der Gemeinde usw. Predigt wird dann zum Ereignis in den Hörerinnen und Hörern, wenn diese versucht, „nicht *über* das Trösten zu reden, sondern zu trösten"[316]. Inhalt und Form der Predigt gehören zusammen.

(b) *Hören bildet die Mitte jeder Verkündigung*: Auch wenn im engeren Sinne nur einer spricht und die Anderen hören, stellt die Predigt kein monologisches Geschehen dar, sondern ist ein Dialog zwischen Prediger, Text und Hörerinnen bzw. Hörer. Predigen heißt, „einander ins Bild [zu] setzen"[317]. Die Predigt entsteht - bildlich gesprochen - im Ohr der Hörerinnen und Hörer.[318] Daraus folgt: Die Mitte der Predigt ist das Hören.

(c) *Auch nach der Verkündigung endet das Hören nicht*: Nicol plädiert für ein „homiletische[s] Feedback"[319], das in ein Glaubensgespräch mündet. Es geht um ein Feedback auf die Predigt als Ereignis, das „weder methodisch machbar noch im Nachhinein mit wissenschaftlicher Zuverlässigkeit fixierbar"[320] ist. Es geht darum, die Aufmerksamkeit auf „die bewegende Mitte"[321] der dramaturgischen Homiletik zu legen und zu hören, was sich in den Hörerinnen und Hörern ereignet hat. Auf diese Weise wird das „Gehörte" für ein erneutes „Hören" geöffnet.

In dem Fall, dass ein Ansatz eine Perspektivenumkehr einfordert, wird nicht selten Kritik hörbar. Sind - so könnte nachgefragt werden - denn Leerstellen, die von den Hörerinnen und Hörern selbst gefüllt werden, nicht gefährlich? Wird die christliche Verkündigung mit dem Vorrang des Hörens nicht der Beliebigkeit preisgegeben? Kommt es nicht zu einer Banalisierung, die den Anspruch der Frohen Botschaft verkennt und diesen in einer Pluralität von Lesarten verflüssigt? Gegenüber solcherart kritischen Anfragen ist zunächst klarzustellen: Gott ist kein „Gegenstand und schon gar kein wissenschaftliches Objekt"[322]. Genauso

315 Nicol, Einander ins Bild setzen, 55.
316 Ebd.
317 Ebd., 69.
318 Vgl. ebd.
319 Ebd., 126.
320 Ebd., 127f.
321 Ebd., 127.
322 Esterbauer, Reinhold: Die Asche der Geschöpflichkeit hüten. Zur naturalistischen Kritik am biblischen Gottesglauben, in: Kügler, Joachim/Bechmann, Ulrike (Hg.): Biblische Religionskritik. Kritik *in, an* und *mit* biblischen Texten, Berlin 2009, 33-47, hier 46.

erscheint das Evangelium nicht als „(jurisdiktionelle) Eindeutigkeit des Gesetzes", sondern als „(befreiende) Mehrdeutigkeit" – die Frohe Botschaft wird in der Begegnung zwischen Gott, Mensch und Welt hörbar, sodass „es nicht nur eine, sondern mehrere Plausibilitäten und unausweichliche Erfahrungs- und Erwartungshorizonte gibt".[323] Somit gilt: „Der subjektive Sinn, der bei der Lektüre entsteht, hat zwar auch den Text als unhintergehbare Voraussetzung, muss sich aber darüber hinaus auch noch in der Erfahrung bzw. im Leben"[324] der Hörerinnen und Hörer bewähren.

Damit wird zwar „ein allgemeiner und universaler Wahrheitsbegriff gesprengt, weil jede und jeder Einzelne in der jeweiligen Individualität für die Textwahrheit konstitutiv werden. Der Binnenraum Text wird verlassen und auf konkrete Personen hin geöffnet"[325], woraus allerdings nicht folgt, dass die Hörerinnen und Hörer einfach das hören, was sie hören wollen, und die Frohe Botschaft beliebig und subjektivistisch wird. Der Neutestamentler Knut Backhaus stellt in Bezug auf die „jüngere Rezeptionsästhetik" heraus, dass diese einhole, „was die altkirchlichen Pioniere christlicher Schriftauslegung auf ihre Weise wußten"[326]. Er führt aus:

> „‚Inspiriert' sind die Lesenden, ist die Lesegemeinschaft Kirche, und je mehr sie voranschreiten im Glauben und Leben, je mehr sie Glauben und Leben in den Text tauchen, desto weiter wird das ‚Wort Gottes' mit ihnen gehen, desto tiefer wird es reichen."[327]

Diese Perspektive knüpft an eine Option des Zweiten Vatikanischen Konzils an. Dort heißt es in der Dogmatischen Konstitution *Über die göttliche Offenbarung*:

> „Diese apostolische Überlieferung kennt in der Kirche unter dem Beistand des Heiligen Geistes einen Fortschritt [...]: es wächst das Verständnis der überlieferten Dinge und Worte durch das Nachsinnen und Studium der Gläubigen, die sie in ihrem Herzen erwägen (vgl. Lk 2,19.51), durch innere Einsicht, die aus geistlicher Erfahrung stammt, durch die Verkündigung derer, die mit der Nachfolge im Bischofsamt das sichere Charisma der Wahrheit empfangen haben; denn die Kirche strebt im Gang der Jahrhunderte ständig der Fülle der göttlichen Wahrheit entgegen, bis an ihr sich Gottes Worte erfüllen." (DV 8)

323 Deeg, Alexander: Predigt und Derascha. Homiletische Textlektüre im Dialog mit dem Judentum, Göttingen 2006, 439.

324 Esterbauer, Asche, 45.

325 Ebd.

326 Backhaus, Knut: „Die göttlichen Worte wachsen mit dem Leser". Exegese und Rezeptionsästhetik, in: Garhammer/Schöttler (Hg.): Predigt als offenes Kunstwerk, 149–167, hier 167.

327 Ebd.

Die geoffenbarte Wahrheit kann unter dem Beistand des Heiligen Geistes im Hören wachsen. Die Bedeutung des Textes liegt nicht einfach wie ein beliebiger Gegenstand griffbereit.[328] Das Ereignis der Predigt erschließt sich demnach zuerst und zunächst nicht dadurch, dass der Bibeltext als Gehörtes erklärt wird, um ihn dann auf die Situation der Hörerinnen und Hörer anzuwenden. Auch erschöpft es sich nicht in einer möglichst hörerinnen- und hörerorientierten Rede, die die Sprache immer zeitgemäßer an die Hörerinnen und Hörer anpasst.

Indem das Hören einen zentralen Stellenwert im Predigtgeschehen einnimmt, wird darauf verwiesen, dass es weder darum gehen kann, die Ereignishaftigkeit des Ereignisses (künstlich) herstellen zu wollen, noch darum, dieses durch Erklärungen und Argumentationen auszulöschen. Das Wort Gottes erschöpft sich nicht in einem Gegenstand der Rede, sondern ereignet sich je neu im Hören. Dieses Ereignis sich ereignen zu lassen, darin liegt das Ziel einer Predigt, die dem Hören den Vorrang vor dem Sprechen gibt.

6.4.3 Eine aus dem Hören entstehende Praktik

Im Folgenden wird die ekklesiogenetische Perspektive der Praktischen Theologie eingenommen und gefragt, welche Anknüpfungspunkte der Zugang des Hörens für die Fragestellung eröffnet, wie sich Kirche entwickelt. Unter dem Begriff der „Ekklesiogenesis" wird dabei mit Leonardo Boff ein „Prozess" verstanden, der „aus der Kraft Gottes und der Antwort der Menschen" resultiert und in welchem – „eingetaucht in die Bedingungen des menschlichen Lebensweges – Kirche wird".[329] Es geht auch hier keineswegs darum, eine Strategie oder ein Konzept von „Kirchenentwicklung" vorzulegen. Vielmehr soll untersucht werden, inwiefern das Hören einen Impuls gibt, Praktiken, die Kirche entstehen lassen, auf die Spur zu kommen.

An dieser Stelle werden Grundmerkmale sozialer Praktiken aufgerufen, die in Bezug auf Praktiken, die vom Hören ausgehen, Orientierung geben können für Kirchenbildungsprozesse. Unter einer Praxis versteht die soziale Theorie etwas, das man tut, das man aktiv und praktisch umsetzt, wohingegen eine Praktik „unser Tätigsein" als Ganzes umfängt.[330] Praktiken stellen die „kleinste Einheit des Sozialen"[331] dar. Sie bestehen weniger aus singulären Handlungen als aus einer

328 Oder mit Henning Luthers Bild gesprochen: „nicht [...] wie der Keks in der Keksschachtel". Luther, Henning: Spätmodern predigen, in: Ders. (Hg.): Frech achtet die Liebe das Kleine. Biblische Texte in Szene setzen. Spätmodern predigen, Stuttgart 1991, 10–14, hier 11.

329 Vgl. Boff, Leonardo: Und die Kirche ist Volk geworden, Düsseldorf 1987, 65f.

330 Vgl. Jaeggi, Rahel: Kritik von Lebensformen, Berlin 2014, 95. Vgl. auch ebd. das gesamte Kapitel 2.1.

331 Reckwitz, Andreas: Grundelemente einer Theorie sozialer Praktiken. Eine sozialtheoretische Perspektive, in: Zeitschrift für Soziologie 32 (4/2003), 282–301, hier 290, auch online

Reihe von Handlungen, aus verbalen oder nonverbalen Äußerungen und Gesten, durch die wir mit Anderen in Kontakt kommen. Als solche besitzt eine Praxis eine „implizite, informelle Logik"[332]; sie ist „regelgeleitet" in dem Sinne, dass sie sowohl „Regelmäßigkeit" als auch „Regelhaftigkeit" kennzeichnet.[333] Soziale Praktiken sensibilisieren darüber hinaus mit ihrer „materielle[n] Struktur" die Praktische Theologie für Instanzen, „die die Existenz einer Praktik ermöglichen"[334] und zu denen neben menschlichen Akteurinnen und Akteuren auch Artefakte zählen.

Praktiken sind einerseits dadurch geprägt, dass sie „in einem bestimmten Sinne *wiederholt* und *gewohnheitsmäßig* ausgeführt"[335] werden. Andererseits ergibt sich der „Logik der Praxis" entsprechend „auch immer wieder eine interpretative und methodische Unbestimmtheit, Ungewissheit und Agonalität"[336]. Es liegt eine unauflösbare Grundspannung zwischen Routinen des Handelns, für die Wiederholung und Ordnung konstitutiv sind, und „Überraschungen des Kontextes, die dazu führen können, dass die Praktik misslingt oder zu misslingen droht, dass sie modifiziert oder gewechselt werden kann oder muss"[337], für die somit Abweichung und Unordnung, aber auch Überschreitung und Unterbrechung konstitutiv sind. Diese Spannung hat zur Konsequenz, dass eine Praktik nicht nur reproduktiv, sondern auch (a) *produktiv* ist; ihr Wirkmechanismus hat Ermöglichungscharakter, das heißt, durch ihn werden auch neue Sozialformen des Verhaltens gebildet.[338]

Eine Praktik hat darüber hinaus (b) *„aktiv-passiven Charakter"*, handelt es sich bei ihr doch „um einen Subjekt-Objekt-übergreifenden Zusammenhang"[339]. Praktiken stellen in gewisser Hinsicht „subjektunabhängige Handlungsmuster" dar, die allerdings nicht vollkommen „übersubjektiv" sind. Anders gesagt: Praktiken entstehen durch die Subjekte so, wie sie vor ihnen existieren, wobei sie sich nicht in den Intentionen von Subjekten erschöpfen. Praktiken haben einen vorgängigen Charakter mit dem Effekt, dass Subjekte ihre Intentionen auch erst in Bezug auf sie bilden können.[340] Überdies sind Praktiken nicht für sich selbst da;

unter: https://www.degruyter.com/view/journals/zfsoz/32/4/article-p282.xml [abgerufen am 14.01.2021].

332 Reckwitz, Grundelemente, 282ff.

333 Jaeggi, Kritik von Lebensformen, 98.

334 Reckwitz, Grundelemente, 290. Vgl. Schmidt, Robert: Soziologie der Praktiken. Konzeptionelle Studien und empirische Analysen, Frankfurt a.M. 2012. Vgl. auch Hillebrandt, Frank: Soziologische Praxistheorien. Eine Einführung, Wiesbaden 2014.

335 Jaeggi, Kritik von Lebensformen, 96.

336 Reckwitz, Grundelemente, 283.

337 Ebd., 294f.

338 Vgl. Jaeggi, Kritik von Lebensformen, 99f.

339 Ebd., 102.

340 Vgl. ebd.

sie besitzen und setzen (c) *Zwecke* und werden durch diese „konstituiert, strukturiert und individuiert“[341].

Ein weiteres Grundmerkmal, das die Logik der Praxis bestimmt und die „Offenheit und Veränderbarkeit in der Routine erzwingt“ und sich mit dem „Merkmal der Kontextualität“ verbindet[342], bildet schließlich (d) die „*Zeitlichkeit* des Vollzugs einer Praktik“[343]. Diese beinhaltet die „beiden Momente der Zukunftsungewissheit und des Potentials der Sinnverschiebung“[344]. Der zeitliche Vollzug einer Praktik kennzeichnet „eine relative Offenheit und Unberechenbarkeit“[345]. Die Zeitlichkeit ermöglicht eine Sinnverschiebung:

> „Die ‚Zeitlichkeit‘ bringt jedoch auch insofern eine relative Offenheit und Unberechenbarkeit in den Vollzug einer Praktik, als sie das ermöglicht, was man als ‚Sinnverschiebung‘ umschreiben kann: Die ‚immer wieder neue‘ Anwendung einer Praktik ist nur im Grenzfall als eine identische Wiederholung – gleich der Generierung kopienhafter ‚tokens‘ aus einem ‚type‘ – zu denken; sie enthält vielmehr das Potenzial ‚zufälliger‘ – sprunghafter oder schleichender – ‚Verschiebungen‘ im Bedeutungsgehalt der Praktik und ihres Wissens, die sich in bestimmten Kontexten ereignen.“[346]

Dieser zeitliche Charakter der Verschiebung führt dazu, dass der Sinnzusammenhang nicht von vornherein vorherbestimmt werden kann. Ihr Vollzug geschieht ins Offene und Unberechenbare hinein.

Im Folgenden werden im Sinne einer kleinen Relecture die aufgerufenen Grundmerkmale noch einmal in Anknüpfung an eine hörende Pastoral vertieft.

(a) Produktivität

Praktiken bewegen sich zwischen Produktion und Reproduktion, zwischen Routine und Abenteuer. Neuartiges eröffnet sich in Anknüpfung an bestehende Ordnungen, *indem* von ihnen abgewichen wird. Produktives Handeln bewegt sich im Zwischenreich von „Schon“ und „Noch-Nicht“; dort, wo gewohnte Regeln nicht mehr funktionieren und eine neue Ordnung schon im Entstehen begriffen ist, wo neue Regeln noch nicht greifen, weil die Vorgänge der Normalisierung, der Routine, der Strukturbildung noch nicht abgeschlossen sind.[347] Von der alten Ordnung aus gesehen, wirkt das Neuartige dann wie ein „*Ver*stoß“; von der neuartigen, entstehenden Ordnung aus betrachtet, wie ein „*Vor*stoß“.[348] Wo

341 Jaeggi, Kritik von Lebensformen, 101. Vgl. auch Reckwitz, Grundelemente, 294.
342 Reckwitz, Grundelemente, 295.
343 Ebd.
344 Ebd.
345 Ebd.
346 Ebd.
347 Vgl. Feiter, Antwortendes Handeln, 282, in Anlehnung an Waldenfels (NL, 142).
348 Vgl. ebd., in Anlehnung an Waldenfels (NL, 142).

Neuartiges wächst und nicht nur Neues, da entstehen dementsprechend auch immer konfliktbehaftete Auseinandersetzungen[349] sowie Momente der Verfremdung des Eigenen.

Hörend bewegen wir uns immer schon in (stabilen) Ordnungen des Gehörten und öffnen uns zugleich für den Wandel im Ereignis des Hörens. Worin dieser besteht, lässt sich nur nachträglich benennen, auf dem Weg einer erneuten (Ein-)Ordnung und Strukturierung. Das Neuartige ereignet sich im Übergang bzw. im „Zwischen" auf unvorhersehbare, ungeplante, unvermittelte Art und Weise. Eine im Ausgang vom Hören akzentuierte Pastoral führt dazu, dass Innovation, Kreativität und Erneuerung im Letzten nicht hergestellt, sondern nur empfangen werden können. Die produktive Kraft von Praktiken entfaltet sich vom Anderen her, genauer von den sogenannten *„disclosure situations"*[350] aus, die eine Dimension des Unvorhersehbaren und Ungeplanten in sich tragen.

Das zuvor nicht Vorstellbare geschieht inmitten des unsicheren Terrains, das durch die Abweichung von alten Gewohnheiten und liebgewonnenen Sicherheiten im Entstehen begriffen ist. Wo und wann sich Neuartiges ereignet, lässt es sich nicht eins zu eins zurückführen auf nur *eine* Akteurin bzw. *einen* Akteur oder *einen* einzigen Wirkzusammenhang. In diesem Sinne entgeht sich der Prozess der Ekklesiogenesis selbst. Darin aber liegt die theologische Valenz[351] der Wirklichkeit Gottes in der Welt von heute, auf welche die Kirche als „ecclesia semper reformanda" gewissermaßen sakramental und kritisch verwiesen ist. Ihre Sozialformen sind nicht für sich selbst da, sondern stehen im Dienst, die anbrechende Wirklichkeit Gottes in der heutigen Welt zu (er-)hören. „Die Sinnbestimmung der Kirche ist ihr Dienst an der Welt."[352] In der sich geschichtlich je neu zu erweisenden Treue zur Wirklichkeit Gottes *wird* Kirche schließlich zu einem (neuartigen) Ereignis im Hören auf das Hören.

(b) Aktiv-passiver Charakter

Pastorale Akteurinnen und Akteure, die in Form von Handlungszielen bereits festlegen, was sie erneuern und damit verändern wollen, bewegen sich in der Ordnung des bereits Gehörten und Gesagten. Innovatives Handeln kennzeichnet dagegen ein Ereignis, das nicht einfach von Einzelnen ausgeht, die *für* Andere

349 Vgl. Feiter, Reinhard: Die örtlichen Gemeinden von Poitiers – Reflexionen zu ihrer Reflexion, in: Ders./Müller, Hadwig (Hg.): Was wird jetzt aus uns, Herr Bischof? Ermutigende Erfahrungen der Gemeindebildung in Poitiers, übersetzt von Hanns-Werner Eichelberger und Hadwig Müller, Ostfildern ²2010, 149–166, hier 155f.

350 Theobald, Stil, 85.

351 Den Begriff der ‚theologischen Valenz' verwendet u.a. bereits Christian Bauer. Vgl. Bauer, Konstellative Pastoraltheologie, 44.

352 Sattler, Dorothea: Kirche(n), Paderborn 2013, 137. Vgl. auch ebd., 94f., bes. 99f.

etwas Neues hervorzubringen versuchen. Der Spur des Hörens zu folgen, könnte bedeuten, einen Ansatz zu entdecken, mit der das Handeln nicht in einer *für*-Struktur verharrt, in der die einen etwas Innovatives *für* die anderen erfinden (die auf diese Weise Objekte bleiben), sondern in eine „*aus-/heraus-*" und „*mit*"-Struktur, in der nicht entscheidend ist, „wer" gehandelt hat, sondern, was sich *im Zwischen* ereignet.[353] Auch wenn Akteurinnen und Akteure in Pastoral und Kirche Subjekte von Praktiken sind, folgt daraus nicht, dass die sich ereignende Praxis nur diesen einen Ausgangspunkt besitzt. Vielmehr findet sich jede und jeder bereits in einer Praxis vor, bezieht sich auf etwas bereits Bestehendes und bringt es dadurch (auf neuartige Weise) hervor. Es geht um die ekklesiogenetische Entdeckung einer bezeugenden Praxis, die hört, was sie nicht aus sich selbst heraus sagen kann.

(c) Zwecke

Die erste ekklesiogenetische Fragestellung lautet nicht: *Was* lässt kirchenbildende Praktiken entstehen?, sondern: *Wozu* sind kirchenbildende Praktiken – an diesem Ort, zu dieser Zeit – da? Daraus folgt allerdings nicht, dass im Vorhinein gesetzt sein muss, welche Zwecke diese erfüllen (müssen), vielmehr können diese implizit und latent vorhanden sein sowie auch unterschiedliche Bedeutungen annehmen. Dort, wo beispielsweise die Gottesdienstfeier für die einen der Ausdruck ihres eigenen Glaubenslebens darstellt, kann sie für die anderen eine Praktik darstellen, zu der sie keinen Zugang finden. Dort, wo Zwecke im Vorhinein festgelegt werden und davon ausgegangen wird, bereits zu wissen, was die Anderen brauchen, gehen Kirchenentwicklungsprozesse nicht selten an der Realität der Menschen vorbei. Hören ist mehr als Adressatenorientierung, anhand derer sich Zwecke zielgenauer bestimmen lassen. Eine hörende Kirche dient nicht sich selbst, ist kein „Selbstzweck", sondern ist dafür da, der Ereignishaftigkeit des Ereignisses Gottes im Leben von Menschen heute Raum zu geben. Mit der „Zweckmäßigkeit" von ekklesiogenetischen Prozessen geht zugleich ihre radikale Absichtslosigkeit einher.

(d) Zeitlichkeit

Die Praxis des Hörens ereignet sich im Dazwischen, auf der Grenze, wo Unerwartetes die routinierten Ordnungen plötzlich aufbricht. Die Entdeckung des Evangeliums geschieht, wenn die in der Glaubenstradition gehörte Zusage Gottes zum Ereignis eines auf ganz alltägliche Lebenssituationen bezogenen Hörens im Heute wird. Dies ereignet sich etwa dann, wenn sich der Sinn von Lebensereignissen plötzlich erschließt, oder dann, wenn jemand seine Einzigartigkeit

353 Vgl. Kröger (Hg.): Wie lernt Kirche Partizipation?.

neu entdeckt, wenn gemeinsam gezweifelt und gerungen wird, wenn neue Hoffnung und neuer Trost gefunden werden. Diese Ereignisse lassen sich nicht einfach herstellen und weitergeben, sondern allenfalls „durchmachen" und bezeugen.

Ausgehend vom Hören entsteht für Kirche genauso wie für Theologie ein *neuer Zeit-Raum*, der aus der Logik eines „Mehr desselben", eines „Weiter wie bisher" oder eines „So, wie es schon immer war" herausgelöst wird. Ihre Botschaft hat Kirche nicht in festen Ordnungen von Zeit und Raum weiterzugeben, sondern im „Heute" der Lebensgeschichten von Menschen neu zu vernehmen. *Dann* und *dort* gilt es für Kirche, den Anfang eines (Neu-)Anfangs zu riskieren, wo und wann sie selbst schwach und ratlos ist.[354]

In diesem Sinne öffnet sich eine Pastoral, die im Hören ihren Ausgangspunkt und eine wesentliche Dimension ihres Denkens und Handelns entdeckt, für die Ursprünge und Entstehungsmomente (neuen) Glaubens. Die plötzlichen Widerfahrnisse, denen eine hörende Pastoral ausgesetzt ist, irritieren immer wieder aufs Neue ihre Konzepte und Projekte und legen die unausdenkbaren, strategisch nicht einzuholenden und in Konzepte nicht einzufangenden Ereignisse Gottes in der Wirklichkeit der heutigen Welt frei.

Wenn eine hörende Praxis davon geprägt ist, dass wir an Ordnungen anknüpfen, indem wir von ihnen abweichen, ohne sie zu überspringen, und auf die Weise produktiv ist, dass wir Neuartiges nicht hervorbringen, sondern uns selbst neu als Hervorgebrachte entdecken; wenn für eine hörende Praxis eine aktiv-passive Haltung kennzeichnend ist und deutlich macht, dass Pastoral nicht sich selbst dient, dann führt dies zu der Frage, welche ekklesiogenetischen Konkretionen sich daraus erschließen lassen, ohne diese in eine pastorale bzw. kirchliche Ordnung einzuhegen. Im Folgenden werden bereits erwähnte Merkmale des Hörens in Zuspitzung auf die Frage dargestellt, wie ekklesiogenetische Praxen sich bilden,[355] und zwar verstanden als Anstoß und Ermutigung, sich selbst in die pathische Dynamik des fremden Anspruchs ziehen zu lassen.

6.4.3.1 Einlassen: Kirche, die sich auf das Worauf des Hörens einlässt

Eine Pastoral, die ihren Ausgang beim Hören nimmt, hat zur Konsequenz, kirchliches und pastorales Handeln nicht zuerst und nicht singulär als *Rede* zu begreifen, die anderen etwas vermittelt, was ihnen scheinbar fehlt, sondern aufmerksam zu werden für das, worauf die und der Andere immer schon eingeladen ist zu hören und zu antworten: den Ruf Gottes, der den Menschen in seinem Verlangen zu leben an-spricht, ihn aufmerken lässt und sein persönliches, freies Antworten weckt.

354 Vgl. Theobald, Stil, 322. Vgl. Schüßler, Mit Gott neu beginnen.
355 Vgl. zum Folgenden auch Prkačin, Elisa: Barrieren überwinden. Akzente einer charismenorientierten Seelsorge, in: AnzSS 5 (2019), 10–13.

Das biblische Wort von der Verheißung Gottes wird so auf neue Art und Weise hörbar und eröffnet im Hier und Jetzt einen Zugang zum Leben aus der Perspektive des Glaubens. Jedes Sprechen erwächst aus einem (An-)Hören und ist bereits ein Antworten auf etwas, das zuvor erklingt. „Worauf" ich höre, ist stets „mehr" und „anders" als das, „was" ich höre. Im Wesentlichen geht es darum zu hören, was uns nicht gehört. Zu hören bedeutet, den Anfängen nicht im Weg zu stehen, mit denen Gott heute neu anfängt.[356] Zu hören heißt, sich darauf einzulassen, dass etwas erklingt, dessen ich nicht Herrin oder Herr werde. Es geht um ein „Einlassen" darauf, dass das „Worauf" des Hörens mich ausliefert, mich schutzlos trifft, ohne sich für immer einfügen zu lassen in eine Ordnung. Im Vordergrund steht ein „Einlassen" auf ein Hören im Gehörten, auf ein Hören des Unerhörten und Unhörbaren.

Die aufgeworfene, ekklesiogenetische Fragestellung erhält, ausgehend vom Hören, Impulse. Denn es steht nicht mehr das eigene Handeln und „Machen" im Vordergrund, die Planung und Intervention, die Vermittlung und Übermittlung, die sich *auf* die bzw. den Anderen als Adressatin und Adressaten beziehen und *für* sie oder ihn bestimmt sind, sondern die Aufmerksamkeit dafür, wie *sich* kirchenbildende Praxen im Volk Gottes hier und jetzt bereits ereignen.

Eine Kirche, die sich selbst auf das Hören einlässt, begreift sich nicht singulär als „Geberin", sondern vor allem als „Entdeckerin", die nach dem „Einenden" und „Gemeinsamen" sucht, das zum Leben aus der Perspektive Gottes (auf-)ruft. Ekklesiogenetische Praxen kennzeichnen, ausgehend vom Hören, die Logik eines gemeinsamen *„In"* und *„Aus-Heraus"* und damit die permanente Umkehr zur eigenen Ursprünglichkeit. Das Einende ist der „Dativ" – das Angesprochensein und Angerufen-Werden.

Eine hörende Pastoral öffnet einen Entdeckungszusammenhang, der vom Anderen ausgeht und in welchem hörbar wird, dass und wie ein Anderer spricht. Ekklesiogenetische Praxen, die sich im Hören dem fremden Anspruch öffnen, sind zuerst von einer gemeinsamen „Passivität" gekennzeichnet, die gerade die „Aktivität" des Gegenübers ermöglicht, ihm eine Stimme gibt und seine Antwort als hörendes Subjekt, das heißt als Selbst geben lässt.

Daraus ergibt sich kein Vorrang der Wahrnehmung *vor* jeder Form von Handlung; es geht vielmehr um einen *anderen* Handlungs*stil*, der aus dem Hören erwächst und sich dadurch nicht nur in vorhandenen Ordnungen bewegt, sondern jeweils *mehr* und *anders* ist, der über sie hinausgeht, ohne sie zu übergehen; daraus folgt eine Art und Weise zu handeln, die nicht für „notwendig" erklärt wird, sondern sich als „notwendig" erweist; eine Art und Weise, die sich selbst wiederfindet und verändert wird, indem auf fremde Ansprüche hörend eingegangen wird. Praxen ausgehend vom Hören werden auf diese Weise „kreativ".

356 Vgl. Schüßler, Mit Gott neu beginnen.

6.4.3.2 Verlassen: Kirche, die aus sich herausgeht und sich selbst verlässt

Hören fordert Kirche dazu heraus, „das bequeme pastorale Kriterium des ‚Es wurde immer so gemacht'" (EG 33) zu verlassen. Papst Franziskus lädt die Kirche zu einer „missionarische[n] Entscheidung" ein, damit „die gewöhnliche Seelsorge in all ihren Bereichen expansiver und offener ist, dass sie die in der Seelsorge Tätigen in eine ständige Haltung des ‚Aufbruchs' versetzt" (EG 27). Aufbruch bedeutet ausgehend vom Hören gerade nicht die geschützte Expansion einer bestimmten Sozialform von Kirche, sondern ihre ungeschützte Verausgabung, indem sie herausgeht und sich dafür riskiert, dass Menschen in ihrem Leben die Frohe Botschaft Gottes erfahren. Die Kirche ist, so Papst Franziskus,

> „aufgerufen, aus sich selbst herauszugehen und an die Ränder zu gehen. Nicht nur an die geografischen Ränder, sondern an die Grenzen der menschlichen Existenz: die des Mysteriums der Sünde, die des Schmerzes, die der Ungerechtigkeit, die der Ignoranz, die der fehlenden religiösen Praxis, die des Denkens, die jeglichen Elends. [...] Wenn die Kirche nicht aus sich selbst herausgeht, um das Evangelium zu verkünden, kreist sie um sich selbst. Dann wird sie krank."[357]

Kirche wird auf die Lebenssituationen der heute lebenden Menschen bezogen, indem sie das Wagnis eingeht, sich solidarisch den Unsicherheiten und Beunruhigungen der Gegenwart auszusetzen, sich selbst fremd zu werden und das Eigene irritieren zu lassen. Der Aufruf, aus sich selbst herauszugehen, beinhaltet gewissermaßen eine theologische und eine soziologische Dimension. Denn die Kirche, so stellt Rainer Bucher aus soziologischer Perspektive fest, wird in religiös zunehmend pluralisierten Gegenwartskontexten, „in denen die kirchlichen Festungen in Ruinen liegen [...], hinausgezwungen ins freie Feld der konkurrierenden Geltungsansprüche, theologisch aber von ihren eigenen Grundlagen her in die gewagte Selbsthingabe einer risikoreichen Exposure-Struktur"[358]. Diese lässt sich nicht einfach nur methodisch einlösen; vielmehr geht es „um mehr und anderes als darum, unvertraute Milieus oder fremde Orte kennenzulernen und den Umgang mit Störungen oder schwierigen Situationen zu erlernen"[359]. Eine Pastoral, die auf das Hören hört, fragt nicht mehr nur danach, auf welchen Sinn ihr Sprechen hin angelegt ist, sondern auch und vor allem, *wovon* sie getroffen wird, *worauf* sie hört und hörend antwortet (vgl. ES, Klappentext). Hörend redet sie

357 Rede von Kardinal Bergoglio im Vorkonklave, unter: http://blog.radiovatikan.de/die-kirche-die-sich-um-sich-selber-dreht-theologischer-narzissmus/ bzw. https://paterbernd hagenkord.blog/die-kirche-die-sich-um-sich-selber-dreht-theologischer-narzissmus/ [abgerufen am 14.01.2021].

358 Bucher, Rainer: ... wenn nichts bleibt, wie es war. Zur prekären Zukunft der katholischen Kirche, Würzburg 2012, 209.

359 Feiter, ... auch der „Realität" etwas zutrauen, 249.

„nicht mehr nur *über* etwas, sondern beginnt *von etwas her* zu sprechen"[360]. Statt eines „Heroismus oder gar [...] Exotismus in der Wahl von Situationen und Orten" ist das entscheidende „Qualitätsmerkmal" einer Pastoral, die aus sich selbst herausgeht, das Moment einer unüberwindbaren, ereignishaften Passivität,[361] aus der sie selbst verändert hervorgeht. Eine Kirche, die sich in diesem Sinne hörend selbst verlässt, hört nicht auf, nach der Anderen und dem Anderen zu suchen und darin zu bezeugen, dass diese nicht aufhören, ihr zu fehlen.

6.4.3.3 Zulassen: Kirche, die Entwicklungen vom Anderen her zulässt

In unterschiedlicher Weise stellt Papst Franziskus immer wieder einen Zusammenhang zwischen Pastoral und Evangelium her, der dazu führt, dass festgefügte Ordnungen innerhalb der Pastoral dekonstruktiert werden.[362] Evangelisierung wird als eine Dimension von Pastoral verstanden, die ausgerichtet ist „auf das Wachstum der Gläubigen [...], damit sie immer besser und mit ihrem ganzen Leben auf die Liebe Gottes antworten" (EG 14). Dieser Zusammenhang zwischen Froher Botschaft und Pastoral ist schöpferisch, richtet den Fokus nicht zuerst auf die institutionelle Sozialgestalt von Kirche, sondern auf das „ganze Leben" in der Perspektive der „Liebe Gottes" sowie auf das „Wachstum" und die „Antwort" der Gläubigen.

Die Spur, die das Hören als Hören eröffnet, sensibilisiert für unterschiedliche, bis heute in der Pastoral wirkende dichotomische Gegenüberstellungen, die zu durchbrechen sind. Dazu gehören unter anderem folgende Ordnungsrelationen: (a) aktiv – passiv: Pastoral resultiert nicht – wie lange Zeit angenommen – aus der (sprechenden) Aktivität eines Einzelnen, sodass das Gegenüber (diejenige oder derjenige, die oder der hören soll) einfach passiv bliebe. (b) Priester – Laien bzw. Subjekt – Objekt: Priester sind nicht die eigentlichen Subjekte und „Laien" nicht die Objekte von Pastoral. (c) Hauptamt – Ehrenamt: Pastoral ist nicht nur eine Sache der professionell ausgebildeten Hauptberuflichen, sondern auch und vor allem der „Ehrenamtlichen", besser aller Christinnen und Christen.[363]

Besonders in Bezug auf die Frage nach der Zukunft von Kirche angesichts größerer pastoraler Räume kehren manche dieser Kontraste wieder, z.B. in der – wie Bucher schreibt – „merkwürdigen innerkirchlichen Gleichzeitigkeit von eher abschreckendem Erlaubnisdiskurs (‚Was dürfen die Ehrenamtlichen?') und

360 Feiter, ... auch der „Realität" etwas zutrauen, 249.

361 Ebd., mit Bezug auf Hoyer/Schüßler, Exklusion und Exposure, 7.

362 Die folgenden Ausführungen nehmen Überlegungen auf, die ich 2019 in einem Aufsatz vorgestellt habe: vgl. Prkačin: Barrieren überwinden.

363 Vgl. Bucher, Rainer: Vom bösen Zauber falscher Vorstellungen. Zur pastoraltheologischen Problematik der soziologischen Kategorie ‚Ehrenamt', in: Diak. 40 (2009), 269–275.

werbendem Aktivierungsdiskurs (‚Bitte arbeitet doch mit')"[364]. Die Untersuchung zum Hören macht unterdessen deutlich, dass Ursprung und Zentrum von ekklesiogenetischen Praxen das Ereignis der Liebe Gottes bildet, die sich ausspricht, schenkt und mitteilt, das heißt nicht einfach durch pastoralen Aktionismus hergestellt, sondern allenfalls durch aufmerksamkeitssensible Pastoral empfangen werden kann.

Hörende Pastoral zeigt sich als eine zulassende, übersetzende, entbindende Praxis, welche die Aktivität des einzelnen Menschen gerade nicht substituiert, sondern inspiriert und zulässt. Auf den gemeinsamen Ursprung hörend, wird das „strukturelle Syndrom"[365] von Betreuten und Betreuenden, von Gebenden und Empfangenden, von Subjekten und Objekten aufgebrochen. Es geht überdies nicht ums eigene „‚Machen'", sondern „um die glaubhafte Darstellung des Tuns Christi in Sakrament, Wort, Diakonie und Weise der persönlichen Lebensführung sowie um die Bereitung der Herzen für die Aufnahme der Gaben Gottes und deren Fruchtbarwerden in der Sendung zu den anderen"[366].

Hörende Pastoral ist als Praxis zu begreifen, die dafür aufmerksam wird, dass und wie Gott heute in Beziehung zu den Menschen tritt. Alle notwendigen Planungen und Aufgaben haben sich an der Fragestellung zu bewähren, ob sie den Ruf Gottes, sein Sich-Geben, seine frei machende und Leben schenkende Kraft, von der die Heilige Schrift erzählt, auch wirklich zu einem Ereignis im Leben von Menschen werden lassen und ob sie ermöglichen, dass Menschen beginnen, aus dieser Erfahrung heraus zu leben.

6.4.3.4 Loslassen: Kirche, die sich loslässt und im Anderen entbindet, was in ihm längst am Werk ist

Dass Menschen zum Leben Zugang finden, „geschieht" in (alltäglichen) Begegnungen – am Krankenbett, in Kneipen und Cafés, am Telefon, im Internet, im Konzert, auf der Straße. Dabei sind es nicht nur die Hauptberuflichen, die zuhören und Momente der Freude teilen, die nach Wegen der Hoffnung und des Trostes suchen (GS 1). Gottes Beziehungswillen wird vielmehr überall dort bezeugt, wo sich Christinnen und Christen hörend in der Perspektive des Evangeliums denen aussetzen, die ihnen begegnen. Daran (neu) zu lernen, was die Sendung der Kirche heute ausmacht, ist ein Wagnis und erfordert Mut.[367] Die zentrale

364 Bucher, Vom bösen Zauber falscher Vorstellungen, 271.

365 Steinkamp, Hermann: Selbst „wenn die Betreuten sich ändern", in: Edward Schillebeeckx (Hg.): Mystik und Politik. Theologie im Ringen um Geschichte und Gesellschaft. Festschrift für Johann Baptist Metz, Mainz 1988, 354–363, hier 360.

366 Greshake, Gisbert: Priester sein in dieser Zeit. Theologie – Pastorale Praxis – Spiritualität, Würzburg [2]2008, 272.

367 In Anlehnung an Klaus Hemmerle: „Lass mich dich lernen, dein Denken und Sprechen, dein Fragen und Dasein, damit ich daran die Botschaft neu lernen kann, die ich dir zu

Bezugsgröße ist die Anerkennung des „sensus fidelium" und die Berufung aller Getauften zur Sendung der Kirche (GS 4).

Eine hörende Haltung nimmt sich selbst zurück und wird aufmerksam für das, was Menschen in ihrem Leben bewegt, und zwar unter gleichzeitigem Verzicht, diese schon für bestimmte Aufgaben oder Zugehörigkeiten vorzusehen. Es geht darum, angstfrei Eigenes und Gewohntes loszulassen und die Lebenskraft im Anderen absichtslos zu entbinden. Dies birgt das Risiko, sich selbst zu verändern und wahrzunehmen, wie neue Dienste und Formen der Leitung und Beteiligung in der Kirche entstehen.

Hören ermöglicht schließlich ein anderes Sprechen: Der Vorrang des Hörens erhöht die Wahrscheinlichkeit, dass aus der oft zu vernehmenden, unermüdlichen Aktivierungsrede in der Pastoral („Mach mit") ein bestärkender Zuspruch im jesuanischen Stil wird („Dein Glaube hat dir geholfen").[368] Geschehnisse, die sich im Hören ereignen, entziehen sich unserer Kontrolle; genauso wenig lassen sie sich aus dem Bestehenden ableiten; sie sind vielmehr überschüssig, abweichend und überraschend. Wo die institutionelle Selbsterhaltung und eine entsprechende Erfüllung von Aufgaben im Vordergrund ekklesiogenetischer Praxen stehen, werden solche Ereignisse selten. Denn anstatt zuzulassen, dass sich Experimentelles und Neuartiges Bahn brechen können, werden Ereignisse oft vorschnell in gewohnte Bahnen gelenkt und dadurch in ihrem Potential zur Veränderung beschränkt. Hörende sind demgegenüber herausgefordert, die eigene Komfortzone zu verlassen und für das Unerwartete, Überraschende und Unplanbare empfänglich zu werden.

Das Phänomen des Hörens erinnert die Kirche daran, dass sie weder aus sich selbst heraus lebt noch für sich selbst da ist, sondern dazu, den Ereignissen beizuwohnen, in denen Gott sich selbst immer wieder neu für den Menschen und sein Leben riskiert. Hörende Pastoral kann so deutlich machen, wie wir heute Kirche „werden" können: sich im *Hier* und *Jetzt* auf ein Hören auf das Evangelium und das Leben einlassen, sich selbst verlassen, herausgehen und Entwicklungen von der/dem Anderen aus zulassen, indem ihre/seine Stimme Vorrang hat, sich selbst loslassen, um zu entbinden, was im Anderen bereits am Werk ist, und darin empfänglich zu werden für das „Mehr" und „Anders", für die Überschüsse Gottes, die unseren eigenen Planungen und Strategiekonzepten zuvorkommen und sie zugleich übersteigen.

überliefern habe." Hemmerle, Klaus: Spielräume Gottes und der Menschen. Beiträge zu Ansatz und Feldern kirchlichen Handelns. Ausgewählt und eingeleitet von Reinhard Göllner und Bernd Trocholepczy, Freiburg i.Br. u.a. 1996, 329. Vgl. zu einer lernenden Pastoral die Beiträge in Ebertz, Michael N./Fuchs, Ottmar/Sattler, Dorothea: Lernen, wo die Menschen sind. Wege lebensraumorientierter Seelsorge, Mainz 2005.

368 Vgl. Donegani, Säkularisierung, 69.

7. Statt eines Fazits: Miniatur einer hörenden Pastoral

Wenn am Ende dieser Arbeit kein Fazit gezogen wird, dann liegt der Grund im Wesen der Thematik selbst, dem Stil eines entbindenden, freisetzenden Hörens, der sich gegen jede „Beruhigung“ bzw. „Einrichtung“ des pastoralen Denkens und Handelns in eigene Gewissheiten und Fähigkeiten wehrt. So klafft am Schluss ein weiteres Mal eine Bruchlinie auf, die deutlich macht, dass der fremde Anspruch mit seiner pathischen, hyperbolischen Dynamik nicht aufhört zu rumoren und zu stören, anstatt am Ende in strategischen oder konzeptionellen Ordnungen aufzugehen und zur Ruhe zu kommen.

Wie gezeigt werden konnte, hat der Stil einer Pastoral, die auf das Hören hört, seinen Ursprung in der biblisch-christlichen Tradition und kann auf diese Weise auch für die Praktische Theologie neue („offene“) Anknüpfungspunkte bieten. Der hörende Stil der Öffnung und des Empfänglich-Werdens für Anderes und Fremdes steht im Zusammenhang eines Glaubensereignisses, das sich *hier* und *jetzt* vollzieht. Dieses ist nicht jenseits der Welt zu denken („hier“), in der Menschen heute („jetzt“) leben, sondern gibt der bzw. dem Anderen inmitten der gegenwärtigen Welt *hier* und *jetzt* Raum, verleiht ihr bzw. ihm eine Stimme, so fremd diese auch sein mag, und erschließt ihr bzw. ihm darin ihre bzw. seine Einzigartigkeit und Wahrheit in der Perspektive Gottes. Um dieses Ereignis des Hörens nicht in Ordnungen des Gehörten einzusperren und dadurch zu ersticken, ist eine hörende Pastoral buchstäblich heraus-gefordert zu einer ständigen Bereitschaft, sich betreffen zu lassen, abzuweichen und zu lernen. Im vorangegangenen Kapitel wurden die Konsequenzen, die das Hören auf pastorales Denken und Handeln hat, unter ekklesiogenetischer Perspektive verdeutlicht. Im Folgenden werden diese noch einmal im Hinblick auf eine hörende Pastoraltheologie in Erinnerung gerufen und gebündelt, allerdings – dem Phänomen des Hörens entsprechend – in einer eröffnenden und nicht abschließenden Weise.

7.1 Pastoraltheologie – eine hörende Theologie?

Inwiefern kann ein hörender Stil auch theologisch für die Pastoral von Relevanz sein? Die Auseinandersetzung mit dem Phänomen des Hörens eröffnet Anknüpfungspunkte, die die Pastoraltheologie in ihrem Selbstverständnis neu ausrichten.

In Bezug auf ihr wissenschaftstheoretisches Selbstverständnis, ihre Methoden und Ansätze kennzeichnet die heutige Praktische Theologie inzwischen eine große Unübersichtlichkeit.[1] Es lassen sich im Feld der pastoraltheologischen Landschaft *erstens* unterschiedliche Schwerpunktsetzungen und *zweitens* gegensätzliche Positionen ausmachen. Ohne Anspruch auf Vollständigkeit sind in Bezug auf *Ersteres* zu nennen: die machtkritischen Entwürfe von Rainer Bucher, die gnadentheologische Konzeption, wie sie Ottmar Fuchs vorlegt, der Ausgang vom Ereignis als neues Dispositiv der Zeit, wie ihn Michael Schüßler vornimmt, die „konstellativ", „abduktiv" und „ethnographisch" akzentuierte Praktische Theologie bei Christian Bauer, eine Praktische Theologie, die sich aussetzt und verletzbar macht, wie sie Birgit Hoyer herausarbeitet, die mystagogischen Ansätze von Andreas Wollbold, die (milieusensiblen) Konzepte der anwendungsorientierten Handlungsoptimierung, die von Matthias Sellmann entworfen werden, eine gegenwartssensible, spätmoderne Praktische Theologie bei Bernhard Spielberg sowie diakonische Schwerpunktsetzungen, wie sie etwa Hermann Steinkamp, Walter Fürst oder Rainer Krockauer vornehmen;[2] in Bezug auf den *zweiten* Punkt können beispielhaft der bereits angeklungene wissenschaftstheoretische Widerstreit zwischen der Pastoraltheologie als Wahrnehmungs- und Handlungswissenschaft[3] oder zwischen ihr als kultureller Diskurs- bzw. Wahrnehmungskritik und lösungsorientierter Anwendungswissenschaft genannt werden.[4]

1 Vgl. Gärtner, Stefan/Mette, Norbert: Unübersichtlichkeit als Charakteristikum der pastoraltheologischen Landschaft. Acht Thesen und eine Vorbemerkung zum Selbstverständnis der Disziplin, in: PThI 35 (2/2015), 35–40. Vgl. Blasberg-Kuhnke, Martina: Praktische Theologie. Bestandsaufnahme und Zukunftsperspektiven, in: Nauer, Doris/Bucher, Rainer/Weber, Franz (Hg.): Praktische Theologie. Bestandsaufnahme und Zukunftsperspektiven. Ottmar Fuchs zum 60. Geburtstag, Stuttgart 2005, 44–49, bes. 44. Vgl. die einzelnen Beiträge in der Salzburger Theologischen Zeitschrift (SaThZ) 20 (2/2016). Vgl. ebenso die anderen Beiträge in den Pastoraltheologischen Informationen (PThI) 35 (2/2015) (Heftthema: Wissenschaftstheorie).

2 Vgl. Karl, Katharina: Pastoraltheologie kontextuell, dialogisch und kenotisch, in: SaThZ 20 (2/2016), 93–104, hier 97f. Die hier ausgewählten praktisch-theologischen Akzentsetzungen sind nicht exklusiv zu verstehen, vielmehr verweisen sie zum Teil komplementär aufeinander.

3 Vgl. Mette, Norbert: Theorie der Praxis. Wissenschaftsgeschichtliche und methodologische Untersuchungen zur Theorie-Praxis-Problematik innerhalb der praktischen Theologie, Düsseldorf 1978. Vgl. Mette, Norbert, Praktische Theologie als Handlungswissenschaft, in: Diak. 10 (1979), 190–203. Vgl. Mette, Norbert: Von der Anwendungs- zur Handlungswissenschaft. Konzeptionelle Entwicklungen und Problemstellungen im Bereich der (katholischen) Praktischen Theologie, in: Fuchs (Hg.): Theologie und Handeln, 50–63. Vgl. Mette, Norbert: Zwischen Handlungs- und Wahrnehmungswissenschaft – zum handlungstheoretischen Ansatz der Praktischen Theologie, in: PThI 22 (2002), 138–154. Vgl. auch Zerfaß, Praktische Theologie, 164–177.

4 Vgl. Seip, Jörg: Der weiße Raum. Prolegomena einer ästhetischen Pastoraltheologie, Freiburg i.Br. 2001. Vgl. Sellmann, Matthias: Pastoraltheologie als „Angewandte Pastoralforschung". Thesen zur Wissenschaftstheorie der Praktischen Theologie, in: PThI 35 (2/2015), 105–116. Vgl. Schüßler, Michael: Praktische Theologie im Ereignis-Dispositiv. Positionen zwischen Dekonstruktion und Option, in: PThI 35 (2/2015), 97–103, hier 97f.

Dazu gesellt sich zuweilen die dichotomische Gegenüberstellung von handlungstheoretischen Akzentuierungen der Praktischen Theologie und ihrer ereignistheoretischen Ausrichtung. Saskia Wendel unterstellt in Bezug auf Letzteres, dass „auf die Instanz eines Akteurs/einer Akteurin bzw. eine subjekttheoretische Grundierung"[5] verzichtet würde. Obgleich Praxis zwar noch ein Reflexionsgegenstand der Praktischen Theologie sei, entferne diese sich doch immer stärker davon, was die aristotelische Definition von Praxis zum Ausdruck bringe, nämlich, so Wendel:

> „ein schaffendes Tätigsein und ein auf die Lebensführung bezogenes Tun (Akt) […], welches grundsätzlich in der Lage ist, nicht nur Vorgegebenes zu ordnen und zu gestalten, sondern vor allem auch zu verändern und schaffend Neues hervorzubringen. Dieses Vermögen wird als Handeln bezeichnet."[6]

Dieses Handeln bestimmt Praxis in ihrer „spezifischen Differenz" zu einem *Sich*-Ereignen. „Ist also von Praxis die Rede, dann stets von Handeln, und wenn vom Handeln die Rede ist, dann stets von freien Akteuren und Akteurinnen, die kraft ihrer Freiheit dazu befähigt sind, zu handeln."[7] Daraus folgt für Wendel eine grundlegende Differenz „zwischen Handlungs- und Ereignisdispositiv", anders gesagt: zwischen „‚Es' bzw. ‚etwas' geschieht" und „‚jemand' handelt".[8]

Die einzelnen Schwerpunktsetzungen und zum Teil gegensätzlichen Positionen werden an dieser Stelle nicht im Einzelnen ausgeführt. Die folgenden Überlegungen bewegen sich allerdings in dem aufgezeigten Spektrum verschiedener Akzentuierungen und Spannungsfelder hinsichtlich der Theorie im Verhältnis zur Praxis bzw. der Handlung im Verhältnis zur Wahrnehmung bzw. zum Ereignis, jedoch ohne dieses jeweils zu einer der beiden Seiten hin aufzulösen. Vielmehr wird die Perspektive starkgemacht, über scheinbare Dichotomien hinauszudenken. Ohne Anspruch auf Vollständigkeit sollen im Folgenden einige Merkmale zu der Bedeutung, die der Ausgang beim Hören für die Praktische Theologie und ihre Erkenntnis- wie Handlungsprozesse besitzen könnte, angeführt werden.

5 Vgl. Wendel, Saskia: „Die Einheit der Praktischen Theologie in der Vielfalt ihrer Stimmen". Anmerkungen aus systematisch-theologischer Perspektive, in: PThI 35 (2/2015), 117–127, hier 121. Vgl. zur Kritik von Saskia Wendel an gewissen Ansätzen Praktischer Theologie Feiter, Reinhard: Von anderswoher sprechen und handeln. Überlegungen zum Praxisbegriff Praktischer Theologie, in: Heidkamp u.a. (Hg.): Abweichen, 139–148 [zuerst 2017 erschienen]. Vgl. zur Frage, ob Praktische Theologie als Handlungs- *oder* Wahrnehmungswissenschaft zu konstituieren sei, kritisch Feiter, Reinhard: „Gib deine Antwort darauf!", in: Katechetische Blätter 129 (5/2004), 376–382.

6 Wendel, Einheit der Praktischen Theologie, 120f.

7 Ebd., 121.

8 Ebd.

7.2 Hörend den Beginn eines neuen Anfangs bezeugen

Eine hörende Pastoral stellt weder eine Methode im engeren Sinn noch ein eigenes Konzept dar. Vielmehr führt sie an den Anfangspunkt zurück, dahin, was Praktische Theologie von ihrem Ursprung her immer schon ist. Denn, so kann mit Reinhard Feiter ausgeführt werden:

> „Theologie hat keinen anderen Anfang als den des Hörens auf die geschichtlich ergangene Anrede Gottes an die Menschen; und sie hat keinen anderen Sinn als denjenigen, diese Anrede je auch heute Gottes Anrede an die Menschen sein zu lassen."[9]

Mit der Metapher des Hörens wird ein Zugang eröffnet für das, was den Ursprung von Pastoral und Kirche darstellt, für das, was im Voraus gegeben ist und immer wieder neu beginnt, *bevor* wir darauf mit pastoralen Aktionen oder Konzepten antworten. Vor dem Hintergrund des Hörens als Hören wird deutlich, dass (Praktische) Theologie über ihren „Anfang", über ihr „Worauf" ebenso wenig verfügt wie der Mensch über sein Leben in dieser fragilen, unübersichtlichen Zeit. Hören beginnt je neu mit dem, was das Ohr plötzlich weckt und aufmerken lässt. Hören fängt andersherum nie an einem Nullpunkt an; vielmehr hören wir immer in Differenz zu gewohnten Ordnungen des Gehörten.

Auch der evangelische Pastoraltheologe Albrecht Grözinger beschreibt in seinem Entwurf einer Praktischen Theologie als *Kunst der Wahrnehmung* eindrücklich, dass und inwiefern Pastoral auf ihre eigene Anfänglichkeit verwiesen ist:

> „Es wird viel darauf ankommen, daß an den lebensgeschichtlichen Schnittpunkten der Menschen, wo sie auf irgendeine Weise mit der Praxis des Christentums in Berührung geraten, sich wirklich etwas ereignet. Wie gesagt, diese ‚Ereignisse' können nicht mehr viele Kenntnisse und Erfahrungen im christlichen Glauben voraussetzen, sondern müssen auf eine elementare Art und Weise voraussetzungslos sein. Das heißt: Wir müssen zu so etwas wie einer ‚anfänglichen Praxis' gelangen. Eine solche Anfänglichkeit zeichnet die biblischen Gottesbegegnungen aus. Eine solche Anfänglichkeit begegnet uns in jedem Kunstwerk. Unsere Praxis muß etwas von dieser Anfänglichkeit enthalten. Sie ent-spricht damit sowohl dem, was uns die Bibel von Gott erzählt, als auch der besonderen Situation der Menschen in der multikulturellen Gesellschaft."[10]

Hören verschafft einen Zugang zu dieser Anfänglichkeit, wie sie von den biblischen Gottesbegegnungen inspiriert ist, und beschreibt metaphorisch das, was Praktische Theologie im Kern ausmacht.

9 Feiter, Antwortendes Handeln, 34.
10 Grözinger, Praktische Theologie als Kunst der Wahrnehmung, 152.

Die Anfänglichkeit hat nachträglichen Charakter; Pastoral kommt im Dativ und im Passiv vor. *Es* fängt mit *ihr* an. Der Anfang wird gewissermaßen empfangen; die Fähigkeit zum Neu-anfangen-Können ist ein Geschenk. Indem Reinhard Feiter die Kontexte der oben bereits erwähnten „pastorale d'engendrement"[11] – der sogenannten zeugenden Pastoral – ergründet, sticht das Moment einer Aufmerksamkeit heraus, die sich auf den „immer wieder von Neuem erstaunlichen Anfang eines Anfangens selbst"[12] ausrichtet. Mit Rekurs auf Hannah Arendt führt Feiter aus: „Nicht dem, was sich entwickelt und andauert oder auch vergeht, seinen Anfang aber nur hat, wendet sich die zeugende Pastoral zu, sondern dem, was fähig ist anzufangen."[13] Um den damit betonten passiven, empfangenden Charakter im Sinne eines Beschenktwerdens besser zum Ausdruck kommen zu lassen, übersetzt Hadwig Müller die sogenannte „pastorale d'engendrement" nicht wie oben als „zeugende Pastoral", sondern neu als eine „Pastoral des Anfangendürfens"[14]. Von hier aus lassen sich unterschiedliche Merkmale ableiten, die für eine hörende Pastoral, die ihre eigene Anfänglichkeit wagt, von zentraler Bedeutung sind:

(1) Die Konfrontation mit ihrer Anfänglichkeit stellt die Pastoral vor eine geistliche Herausforderung. Im Fokus steht nicht die Verkündigung des Gehörten an die regelmäßigen Kirchgängerinnen und Kirchgänger, die noch selbstverständlich

11 Der Ansatz der sogenannten „pastorale d'engendrement" wird quer zu den Paradigmen einer „Pastoral der Rahmung", einer „Pastoral der ansprechbaren Präsenz", einer „Pastoral des Vorschlagens" und einer „Pastoral der Initiation" vorgestellt als ein Stil von Pastoral, der Aspekte der genannten Paradigmen enthält und zugleich eine eigene Weise des Umgangs mit dem Evangelium als Spezifikum aufweist. Vgl. Bacq, Erneuerung vom Ursprung her, 42.

12 Feiter, Reinhard: Das Evangelium wird zur „guten Nachricht", in: Ders./Müller (Hg.): Frei geben, 139–151, hier 140.

13 Ebd.

14 Müller, Hadwig: Anfangen zu leben und dem eigenen Verlangen Raum zu geben, in: εὐangel. Magazin für missionarische Pastoral 1 (2019), unter: https://www.euangel.de/ausgabe-1-2019/frei-geben-zeugende-pastoral/zeugende-pastoral-eine-pastoral-im-dienst-des-anfangenduerfens/ [abgerufen am 14.01.2021]. Hinzugefügt werden soll hier ein Hinweis, den ich Hadwig Müller verdanke und wonach das Modalverb nicht eine Sache der Erlaubnis bezeichnet, sondern ein Recht der eigenen Freiheit ist. Wenn hier auch von „Anfangen-Können" gesprochen wird, soll einerseits jegliches Missverständnis vermieden werden, dass etwa in der Pastoral hauptberuflich Tätige anderen erlauben anzufangen. Andererseits soll betont werden, dass die Fähigkeit anzufangen nichts darstellt, was man selbst herstellen oder machen kann, sondern etwas, das ermöglicht und geschenkt wird. Denn geboten ist – mit Bucher gesprochen – ein grundlegender Wechsel von „Erlaubnisdiskursen zu Ermöglichungsdiskursen, von einer Haltung der Kontrolle, zu einer Haltung des Vertrauens […]", Bucher, Rainer: Aufmerksamkeit, Demut und Ermutigung durch Vertrauen. Charisma und Leitung – ein Spannungsfeld. Interview mit Andreas Fritsch, in: Unsere Seelsorge (September/2015), 8–11, hier 9.

christlich sozialisiert wurden, sondern das Hören des Unhörbaren und Ungesagten, das Vernehmen der leisen Anfänge, mit denen im Leben etwas Entscheidendes in Bewegung kommt. Eine hörende Pastoral ereignet sich überall dort, wo sie selbst hört und ihre Aufmerksamkeit der bzw. dem Anderen gegenüber in der Perspektive des Evangeliums auf bedingungslose Weise schenkt, ohne bereits eine Aufgabe oder einen Plan für sie oder ihn zu haben. So steht das Hören im Dienst der Aufmerksamkeit für die Einzelne bzw. den Einzelnen und ihr bzw. sein Leben – absichtslos und radikal – ganz gleich, ob und wann sie bzw. er zu einem christlichen Gottesglauben findet oder auch nicht. Hören auf das Evangelium und Hören auf die Stimmen der Menschen sind zwei untrennbar miteinander verbundene und in einem wechselseitigen Bezug zueinander stehende Dimensionen hörender Pastoral. Der wechselseitige Bezug ist dabei nicht im Sinne einer zeitlichen Abfolge zu denken. Vielmehr geht es um ein Hören der Menschen *in* der Perspektive des Evangeliums sowie um ein Hören des Evangeliums *in* der Perspektive des Lebens.

(2) Die Entdeckung des Evangeliums geschieht nicht ausschließlich durch die kontinuierliche Weitergabe des in der Vergangenheit *Gehörten* und ebenso nicht allein aus der Vermittlung des zukünftig vermeintlich *Zu-Hörenden.* Eine hörende Pastoral kann sich weder nur auf bereits Vorhandenes noch allein auf künftig zu erreichende Ziele beziehen. Was ihr bleibt, ist der „günstige Augenblick"[15] – und der ist „jetzt". Ereignisse betreffen uns in der Gegenwart auf die Weise, dass sich eine Diastase eröffnet zwischen dem vorgängigen Pathos und der nachträglichen Response.

Dies führt weder zum Verlust der Autonomie des Subjekts noch zum Verlust seiner Fähigkeit zum aktiven Handeln. Vielmehr betrifft das hörende Subjekt (als „Selbst") die Diastase selbst, indem es sich vorausgeht und damit auch sich selbst entgleitet (vgl. SR, 122). Darin liegt auch das Geheimnis der *Zeiträumlichkeit* des Hörens, wonach nicht etwas vergeht, sondern etwas *„sich selbst entgeht"* (SR, 111). Eine hörende Pastoral heißt dementsprechend, einen Anfang zu bezeugen, der sich selbst nicht im Griff hat. Sie beginnt nicht bei sich, sondern mit ihr wird begonnen, indem sie von anderswoher angesprochen wird. Eine hörende Pastoral entgleitet sich selbst.

(3) Eine hörende Pastoral ist alles andere als subjektlos, aber sie folgt einer anderen Grundmelodie. Das, was sich *mir* zu hören gibt, erklingt von sich aus, zeigt sich mir von woanders her. Hören stellt somit keinen Vollzug dar, in dem ich das Gehörte objektiv besitze und weitergeben kann, sondern vielmehr ein Ereignis, an dem ich partizipiere, und zwar als „Selbst", mit dem etwas anfängt, *indem* ihm etwas widerfährt. Pastorales Denken und Handeln kommt zuerst im „Dativ"

15 Vgl. Theobald, Heute, 81–109 [Hervorhebung: E.P.].

vor; als bezeugende Praxis, die den (Lebens-)Glauben der bzw. des Anderen hört und zu Gehör bringt. Als solche ist sie allerdings alles andere als „passiv" im Sinne einer Untätigkeit. Denn in einem nachträglichen Schritt geht Pastoral aktiv auf das ein, was sich vorgängig ereignet hat.

Eine hörende Pastoral eliminiert damit nicht einfach das Subjekt. Im Widerfahrnis verwandelt sich das *Ich* zu einem „*Selbst*, das ‚ich' sagt" (GPhF, 19). Daraus folgt andersherum nicht, dass das Subjekt bzw. das „Selbst" seine Freiheit verliert oder unfähig wird zu handeln. Das Widerfahrnis, das *jemandem* geschieht, ist zwar zunächst und zuerst keine Handlungsaktivität im engeren Sinne, wird aber zu einem Akt des Handelns, den jemand vollzieht, indem dieser auf das Widerfahrnis antwortend eingeht. Der Dativ, das „Wem" des Pathos, verwandelt sich somit in den Akkusativ, das „Wen" der Response (vgl. SdM, 109). Zugleich zeigt das Phänomen des Hörens, dass immer mehr und anderes eine Rolle spielt, als im Vorhinein entsprechend gewohnter Ordnungen und vorformulierter Erwartungsstrukturen zu erwarten ist.

(4) Als Überschüsse, die sich ereignen, bewegt sich das Hören stets „an der Grenze der jeweiligen Ordnung" (GPhF, 29); und bleibt einerseits „hinter sich selbst zurück, da es mehr Möglichkeiten ins Spiel bringt, als es nutzen kann" (GPhF, 29). Andererseits wächst es über sich hinaus, „da es an Unmöglichkeiten des Unsichtbaren, Unerhörten und Ungedachten rührt" (GPhF, 30). Das Potential einer hörenden Pastoral liegt in der Aufmerksamkeit für die Anrede, darin, aus sich herauszugehen und sich den unplanbaren Widerfahrnissen mit all' ihren Überraschungen auszusetzen. Eine „hörende Pastoral" unterscheidet sich von einer „Pastoral des Hörens" darin, dass Erstere das *Ereignis* der Anrede Gottes im Heute *sprechen lässt*, anstatt es zu übertönen, indem lediglich eigene, gehörte Glaubenssätze zu Gehör gebracht werden. Eine hörende Pastoral hat in nichts anderem ihren Anfang als in dem, was sie vom Anderen in dieser Situation und an diesem Ort aus der Perspektive des Evangeliums empfängt. Insofern hat Pastoral immer wieder zurückzugehen an diesen Anfangspunkt, an dem sich die Anrede Gottes an die Anderen inmitten ihres Lebens ganz neu ereignet. Darin zeigt sich stets „Mehr" und „Anderes", als vorgefertigte Maßstäbe ermessen können. Ein Sprechen und Handeln, welches aus einem solchen hörenden Hören erwächst, ein Sprechen und Handeln, das auf Ansprüche antwortet, die plötzlich ergehen, übersteigt die gewohnten Ordnungen von Sprechen und Handeln. Es ist „findiges" Sprechen und Handeln, das nicht sucht, sondern sich finden lässt (vgl. PhA, 162–167).

(5) Stilbildend ist eine hörende Pastoral gemäß dem Anspruch ihrer Anfänglichkeit nicht, wenn sie bloße Methode bleibt, die in der Weitergabe eines „Was" des Gesagten und in der Vermittlung eines „Was" des Gehörten bestünde. Einer Pastoral im Ausgang vom Hören geht es nicht um die Wiederholung und Bestä-

tigung des Gehörten, sondern um das Wagnis, sich von den Anfängen, mit denen Menschen beginnen, dem Leben zu vertrauen, überraschen und auch verändern zu lassen. Hören wird zur Metapher für den Zugang zum Leben des Nächsten. Stilbildend ist eine hörende Pastoral dann, wenn sie der Zugang zur relationalen Erfahrung selbst ist, in der die Anrede Gottes im Leben von Menschen als frohmachende, Hoffnung schenkende, befreiende, tröstende, irritierende, beunruhigende Botschaft erklingt und zu eigenen Antworten ermächtigt. Der Resonanzfähigkeit von Pastoral ist in diesem Sinne eine Hörfähigkeit von Pastoral an die Seite zu stellen.

(6) In diesem Fall kann die hörende Pastoral allerdings doch als Methode, als bestimmter pastoraler modus oder pastorale Vorgehensweise bezeichnet werden, und zwar im ursprünglichen Wortsinn verstanden als Weg(-Strecke). In seinen propädeutischen Überlegungen zur Glaubensvermittlung stellt Klaus Hemmerle die Frage: „*Was heißt Vermittlung*?“[16] Seine Antwort lautet: „Die Sache ist die Methode; das meint: Die einzig gültige Methode ist die Sache selbst. Methode heißt ja Weg, Zugang.“[17] Diese phänomenologische Reflexion ist nicht nur für die „Sache des Glaubens“[18] und seine Vermittlung, sondern auch in gewisser Weise für das Hören selbst von Bedeutung, und zwar hinsichtlich des Paradigmas der Kohärenz und der Glaubwürdigkeit von Pastoral überhaupt. Dieses erfüllt sich nur, wenn Inhalt und Methode zusammenklingen.[19] Eine hörende Pastoral dient dann bereits der Botschaft des Evangeliums und damit ihrem Inhalt:

> „Er [der Inhalt] lautet: Der Mensch, jeder Mensch ist von Gott berufen, Mensch zu sein vor Gott. Jeder Mensch, dem die Kirche begegnet und welcher der Kirche begegnet, ist von Gott berufen. Und deshalb hat die Kirche ihn, um der Treue zu ihrer Botschaft willen, zu hören, zu respektieren, nach seinen Nöten und Freuden zu fragen und sich selbst befragen zu lassen (GS 1).“[20]

16 Hemmerle, Klaus: Propädeutische Überlegungen zur Glaubensvermittlung, unter: https://www.klaus-hemmerle.de/de/werk/propaedeutische-ueberlegungen-zur-glaubensvermittlung.html#/reader/0 [abgerufen am 14.01.2021].

17 Ebd.

18 Ebd.

19 Dies drückt Klaus Hemmerle in Bezug auf den von ihm angestoßenen Prozess „Weggemeinschaft“ im Bistum Aachen aus: „Die Methode des Prozesses ‚Weggemeinschaft‘ ist bestimmt vom anderen Stil des Evangeliums.“ Hemmerle, Klaus: Zehn Punkte eines für die Zukunft des Prozesses „Weggemeinschaft“ im Bistum Aachen erforderlichen und tragenden Konsenses (Januar 1992), in: Bischöfliches Generalvikariat Aachen (Hg.): Der Prozess Weggemeinschaft im Bistum Aachen 1988–1994, Aachen ³1995, 27–29, hier 28.

20 Bucher, Rainer: Die pastorale Konstitution der Kirche. Was soll Kirche eigentlich?, in: Ders. (Hg.): Die Provokation der Krise. Zwölf Fragen und Antworten zur Lage der Kirche, Würzburg ²2005, 30–44, hier 40f.

Darin sieht Rainer Bucher den „konkrete[n] Weg der Pastoral"[21]. Aufgabe einer hörenden Pastoral ist es, *zwischen* dem gehörten Glauben unserer Vorfahren in der Geschichte sowie dem Hören der heute lebenden Menschen in der Gegenwart das Wechselspiel der kreativen Übersetzung anzustoßen und darin die Entdeckungen des (Lebens-)Glaubens aufzuspüren. Hören *als* Hören zu verstehen, bedeutet, seinen Inhalt als Methode und seine Methode als Inhalt zu begreifen. In diesem Sinne geht es eben nicht ausschließlich um eine Pastoral *des* Hörens, sondern vor allem um eine Pastoral *aus* dem oder *durch* das Hören, das heißt *im Ausgang* des Hörens selbst. An die Stelle eines (selbst) erzeugenden Vermittlungsprozesses tritt ein sich (vom Anderen her) schenkender Erschließungsprozess. Es geht um ein Hören, das hört, dass Gott da ist. Eine solche hörende Pastoral bindet zuerst und zunächst nicht an bestehende Strukturen und gewohnte Ordnungen, sondern ent-bindet, setzt frei, bringt die Entfaltung des Einzelnen hervor, mit dem Risiko, sich selbst, die Strukturen seines Handelns und Denkens verändern zu müssen. Das ist der Unterschied, den eine *hörende* Pastoral setzt.

Der Weg einer hörenden Pastoral ist von Beginn an synodal, im Sinne des griechischen σύνοδος, synodos, übersetzt „die Versammlung", bzw. συνοδία, synodia, „die Reisekarawane"[22]: Menschen können ihn nur hörend *gemeinsam* entdecken und gehen. Papst Franziskus spricht von dem „Weg der Synodalität, welcher der Weg ist, den Gott von der Kirche im dritten Jahrtausend erwartet"[23]. Dieser beginnt mit einem „Hören", das „mehr ist als bloßes Hören"[24]. Das synodale Hören ist vielmehr „ein wechselseitiges Hören, bei dem jeder etwas zu lernen hat"[25].

> „Das gläubige Gottesvolk, das Kollegium der Bischöfe, der Bischof von Rom: der eine hört auf den anderen, und gemeinsam hören sie auf den Heiligen Geist, den

21 Bucher, Die pastorale Konstitution, 41.

22 Papst Franziskus: „Synodalität für das 3. Jahrtausend", Ansprache vom 17.10.2015, unter: http://de.radiovaticana.va/news/2015/10/17/papstansprache_synodalit%C3%A4t_f%C3%BCr_das_3_jahrtausend/1180030 [abgerufen am 14.01.2021]. Dort heißt es: „Die Synodalität als konstitutives Element der Kirche bietet uns einen angemesseneren Interpretationsrahmen für das Verständnis des hierarchischen Dienstes. Wenn wir verstehen, dass[,] wie der heilige Johannes Chrysostomos sagt[,] ‚Kirche und Synode Synonyme sind' (Explicatio in Ps 149) – weil die Kirche nichts anderes ist als das gemeinsame Gehen der Herde Gottes auf den Wegen der Geschichte zur Begegnung mit Christus dem Herrn – dann verstehen wir auch, dass in ihrem Inneren niemand über die anderen ‚erhoben' ist. Im Gegenteil, in der Kirche ist es notwendig, dass sich jemand ‚erniedrigt', um sich in den Dienst an den Geschwistern auf dem Weg zu stellen."

23 Franziskus, Synodalität.

24 Ebd.

25 Ebd.

> Geist der Wahrheit (Joh 14,17), um das zu erkennen, was Er seinen Kirchen sagt (Apg 2,7).“[26]

Im Hören vollzieht sich bereits das, worum es geht: Im Raum des Hörens erlebt die bzw. der Andere ihre bzw. seinen „Ausgang“ als Angeredete(r), wird selbst zum Hören und zu einem Antworten ermutigt. Eine solche hörende Pastoral autorisiert in dem Sinne, dass sie ein wechselseitiges Hören eröffnet und ernst nimmt, sodass möglichst viele an der Gestaltung von Pastoral und Kirche partizipieren können. Dazu braucht es vor allem Vertrauen.

(7) Eine hörende Pastoral ist eine Pastoral, die sich selbst verlässt, die zu- und freilässt, indem sie einen Raum eröffnet, in den jede und jeder mit ihrer und seiner Stimme nur selbst in aller Freiheit eintreten kann. Eine hörende Pastoral will dazu ermutigen, bei allen notwendigen Planungen und Aktionen einen Schritt zurückzugehen zu dieser grundlegenden Erfahrung des christlichen Glaubens. Das Anliegen einer hörenden Pastoral ist es, die Aufmerksamkeit auf die Anfangspunkte im Leben der Menschen zu lenken, in denen Glaube entsteht. Insofern riskiert eine hörende Pastoral auch, dass ihr Sprechen vorläufig ist, dass es ins Stocken gerät, abbricht und neu ansetzt, pausiert und schweigt. Ein aus dem Hören erwachsenes Sprechen wird zu einem ermutigenden „Zu-Sprechen“, das nicht selbst herstellt, was zu sagen ist, sondern entdeckt und bekennt: „Dein Glaube hat dir geholfen.“

(8) Eine hörende Pastoral ist relational und innovationsfähig, ohne dass sie die bzw. den Anderen oder das Neuartige zu instrumentalisieren versucht. Anfänglichkeit bedeutet somit auch, dass Pastoral ihre eigene Voraussetzungslosigkeit und Bedingungslosigkeit akzeptiert. Pastoral darf dann eine Praxis genannt werden, wenn sie aus dem Hören erwächst und auf diese Weise Gott sprechen lässt. In diesem Sinne ist sie bezeugende Praxis.

In seinen *Bruchlinien der Erfahrung* unterscheidet Bernhard Waldenfels „den Zeugen von einem Reporter, der über ein Ereignis berichtet, auch wenn er selbst nicht dabei war, oder von einem Detektiv, der den Spuren eines Ereignisses nachgeht“ (BE, 162). Eine Zeugen*aussage* – so stellt Waldenfels fest – kann man verweigern, eine Zeugen*schaft* hingegen nicht. Die Zeugenschaft ist kein „bloßer Ersatz für eine Autopsie“ (BE, 162), für etwas, das man selbst gehört oder gesehen hat. Der Zeuge wird vielmehr von einem Ereignis affiziert, ist dazu aufgefordert, zu antworten. Die Zeugenschaft erwächst „einem genuinen Sym-pathos, einer *Ko-affektion*, durch die ein Zeuge sich von einem Aufnahmegerät unterscheidet“ (BE, 163). Insofern stellen Zeugen *nicht einfach* etwas *fest*, sondern *stehen für*

26 Franziskus, Synodalität. Vgl. zum im Jahr 2019 begonnenen Synodalen Weg der katholischen Kirche in Deutschland etwa Sattler, Dorothea: Hören auf Gottes Stimme. Ein Anliegen auf dem ‚Synodalen Weg‘, in: Kolping Magazin (4/2019), 7–9.

etwas ein. Bezeugung ist ein Ereignis bzw. ein Geschehen und unterscheidet sich in diesem Sinne von Zeugenaussagen. Die Bezeugung begründet nicht „deren allgemeine Gültigkeit", ist allerdings auch „nichts bloß Beiläufiges" (BE, 164).

Es geht Waldenfels um eine „Bezeugung, die Ereignisse wachhält, ohne sie in beobachtbare oder begründete Tatsachen zu verwandeln" (BE, 164); so entsteht die Möglichkeit, „sich indirekt auf etwas zu beziehen, was sich nicht direkt greifen läßt" (BE, 164). Auf diese Weise werden Auswertung, Analyse und Explikation nicht ausgeschlossen, aber es wird doch verhindert, dass die Erfahrung „in einer Ordnung zum Stillstand kommt" (BE, 164), sodass im Grunde nichts zu hören ist als die bloße Wiederholung des Eigenen.

(9) Auch in der theologischen Reflexion erkennt Pastoral ihre eigene Vorläufigkeit an. Hören wird zum Forschungsstil der Praktischen Theologie, indem den Erfahrungen der Menschen eine Stimme gegeben wird, auch wenn diese fremd sind und bisherige Ordnungen des Denkens irritieren. Die Praktische Theologie interessiert sich für „Freude und Hoffnung, Trauer und Angst der Menschen von heute, besonders der Armen und Bedrängten aller Art" (GS 1), als wären es ihre eigenen, sie hört in allem „wahrhaft Menschlichen" einen „Widerhall" (GS 1) aus der Perspektive des Evangeliums (vgl. GS 4), um „zu unterscheiden, was darin wahre Zeichen der Gegenwart oder der Absicht Gottes sind" (GS 11). Pastoral kommt gewissermaßen zu sich selbst, wenn sie im Sinne der Pastoralkonstitution *Gaudium et spes* die Praxis des Volkes Gottes *ist* und darin ihre Theologie entdeckt, anstatt sie nachträglich zu suchen; so verstanden bleibt sie nicht beschränkt auf die „Grenzen der römisch-katholischen Kirche", vielmehr weist sie „über sich hinaus", existiert „geradezu exzentrisch", und zwar „– zugleich und im selben Maße – auf einen endzeitlichen Weg und in eine diakonische Daseinsweise"[27] gestellt. Der springende Punkt liegt hier im Ohr der Hörerinnen und Hörer und in der Entdeckung und „Findigkeit" des Glaubens der heute lebenden Menschen.

7.3 Wider die Alternative zwischen Handlung und Wahrnehmung

Innerhalb der Pastoral gibt es immer wieder Tendenzen, sich insbesondere auf die Handlungsziele von Konzeptplänen und Strategieentwürfen zu fokussieren. Hier eröffnet das Hören eine neue Akzentsetzung, die allerdings nicht einfach wider die Notwendigkeit des Planens und Handelns ins Feld geführt wird.

Innerhalb von Pastoral und Kirche geht es im Ausgang des Hörens zunächst und allein nicht um das Handeln, sondern *auch* um die performative Kraft eines

27 Feiter, Engführung, 273.

Nicht-Handelns[28]. Anders gesagt: Nicht nur das Sprechen, auch das Schweigen, nicht nur das Tun, auch das Nichttun, nicht nur die Aktivität, auch die Passivität, nicht nur der Vollzug, sondern auch der Entzug, nicht nur das Vollbringen, auch das Geschehen-Lassen spielen in Bezug auf das Denken und Handeln in Pastoral und Kirche eine wesentliche Rolle.

Die performative Kraft des Hörens besteht darin, die Andere und den Anderen sprechen zu lassen. Die pathische Grundierung des Hörens zeigt die ihm eingeschriebene Dimension des Unvorhersehbaren und Unverfügbaren wie auch des Überschüssigen, dem die Hörende oder der Hörende ausgesetzt ist, ohne es kontrollieren oder vollständig erfassen zu können. In diesem Sinne öffnet sich das Hören nicht nur dem Gesagten, sondern auch dem Nicht-Sagbaren und Nicht-Gesagten, nicht nur dem Hörbaren, sondern auch dem Unhörbaren und Unerhörten. Diese Öffnung unterscheidet eine Pastoral des Hörens von einer hörenden Pastoral.

Die Untersuchung zum Hören zeigt überdies, dass Praktische Theologie gewissermaßen nicht vor der Alternative zwischen Wahrnehmungs- und Handlungswissenschaft steht. Vielmehr wird mit dem Prinzip eines „antwortenden Hörens" der Fokus der Praktischen Theologie auf eine andere Ebene, nämlich vom „Was" zum „Worauf" pastoraler Wahrnehmung und Handlung gelenkt.[29] Das „Worauf", das als „Außerordentliches" und „Fremdes" unserem Hören vorausgeht und es weckt, lässt sich nicht in die Ordnungen von Handlungsnormen oder Wahrnehmungsstrukturen einordnen. Die Differenz zwischen Hören und Gehörtem kann nicht aufgelöst werden. Dem Hören geht ein Ereignis voraus, das etwas zu Gehör bringt, *indem* es selbst mit zu Gehör kommt (vgl. AR, 201).

Das, „worauf" wir hören, ist nicht als ein „separates Was" zu denken, das uns vorweg gegeben (!) wäre", das wir als Gegenstand oder Zielfolie unseres Handelns verwenden könnten; andernfalls gäbe es ein „antwortloses Hören [...], das nur von sich selbst ausginge" (AR, 241). Dieses „Worauf" bildet den Ursprung jeder Wahrnehmung und auch jedes Handelns; er selbst bleibt unverfügbar, lässt sich nur indirekt begreifen und ent-zieht sich, indem wir uns darauf be-ziehen (vgl. AR, 235).

Indem die Praktische Theologie als Hörende ihre Aufmerksamkeit auf die Sorgen und Nöte, auf die Freuden und Hoffnungen der heute lebenden Menschen richtet, bedeutet dies nicht automatisch, dass sie sich als reine Wahrnehmungswissenschaft konstituiert. Was den Gegenpol zur Praktischen Theologie als Handlungswissenschaft motiviert, verliert seinen Grund: Denn das „Worauf", der

28 Vgl. zur bisher kaum beachteten, performativen Dimension der Unterlassung bzw. des Nichttuns innerhalb von Konzepten des Performativen die Beiträge in: Gronau, Barbara/ Lagaay, Alice (Hg.): Performanzen des Nichttuns, Wien 2008.

29 Vgl. Feiter, Antwortendes Handeln, 13f.

fremde Anspruch, der vorausgeht, führt dazu, dass nicht nur Wahrnehmungen, sondern auch Handlungen als solche nicht bis ins Letzte machbar sind. Darüber hinaus wird im Ausgang des Hörens deutlich, dass der christliche Glaube nicht in einem ‚Was', im Gehörten, in Inhalten oder lehramtlichen Lehrsätzen aufgeht. Vielmehr zeigt dieser sich in einem „Wie" und „Worauf" des Hörens, in einer bestimmten Art und Weise, zu etwas oder jemandem in Beziehung zu treten, wodurch „mehr" und „anderes" empfangen wird, als gewohnte Ordnungen es vorgeben oder einfangen können.

Der französische Soziologe Jean-Marie Donegani führt aus, wie die Pastoral von der bisher gewohnten Logik der Zugehörigkeit und Weitergabe zu einer „Logik der Identität" kommt.[30] Der Logikwechsel fordert dazu heraus, „die Erwartung und das Interesse der Subjekte selber in Rechnung zu stellen und sie nicht länger nur als mögliche Glieder von Verpflichtungsstrukturen anzusehen"[31]. Daraus folgt eine radikale Kehrtwende: Der Logikwechsel provoziert eine veränderte Haltung in der Pastoral, die sich vollkommen in den Dienst der Entfaltung des „Selbst" eines jeden einzelnen Menschen stellt.[32] Die Radikalität einer solchen Pastoral im Sinne der Identitätslogik besteht darin, dass sie sich nicht mehr für die Bewahrung der Institution interessiert.[33] Es geht ihr weder primär um eine Rekrutierung neuer Mitglieder für kirchliche Sozialformen noch um eine Selbsterhaltung der kirchlichen Institution. Im Fokus steht vielmehr die kirchliche Selbstverausgabung für die Menschen und dafür, dass sie zu Subjekten werden und zu einem Leben kommen, das „gelingt". Daraus folgt keineswegs, dass die Institution schlechthin überflüssig würde. Vielmehr vollzieht sich die Identität von Kirche gerade darin, dass sich ihre institutionellen Strukturen als „Zeichen und Werkzeug" für die Frohe Botschaft, und das heißt in ihrer Sakramentalität, bewähren (GS 42). Indem nicht das „Gehörte", sondern das „Hören" selbst im Zentrum steht, geht es einer hörenden Pastoral nicht mehr um die „Anpassung der Subjekte an feststehende Institutionen", sondern um die „noch ausstehende Identifizierung dieser Institutionen durch die Subjekte"[34].

Seelsorgerinnen und Seelsorger sind dazu herausgefordert, den in den Lebenserfahrungen der Menschen heute ergehenden Anruf auch institutionell nicht auf sich selbst zu beziehen, sondern eine freigebende Sensibilität für die unerhörten Ansprüche im Anderen zu entwickeln. Entsprechend der Kohärenz zwischen Inhalt und Methode kommt der hörenden Wahrnehmung selbst bereits eine Handlungsdimension zu, die wiederum vor allem eines ermöglicht: die Hand-

30 Donegani, Säkularisierung, 66–70.
31 Ebd., 67.
32 Vgl. ebd.
33 Vgl. ebd., 69.
34 Ebd., 67.

lungsfähigkeit, das Sprechen- und Hören-Können der bzw. des Anderen, das unausdenkbare „Mehr" an gelingendem Leben, das Gott schenkt. Das Hören bildet den Anfang und das Ende jeder Praktischen Theologie.

7.4 Hörend in die eigene Dezentrierung einwilligen

> „Die gastfreundliche Gestaltung der Kirche [...] erweist sich deshalb als so schwierig, weil Kirche in der Öffentlichkeit, aber auch weitgehend im kirchlichen Bewusstsein, entweder mit ihren liturgisch-sakramentalen Akten oder aber mit einer unter vielen anderen Sozialorganisationen identifiziert wird. Man ‚braucht' sie für dies oder jenes oder ‚braucht' sie eben nicht; nur noch für eine Minderheit stellt sie einen Lebensraum dar, der jedoch vielfach *neben* dem grauen Alltag der Menschen existiert. Die Schwierigkeit besteht somit darin, das humanisierende Ethos dieses Raumes wahrnehmbar zu machen [...]."[35]

Theobald benennt die Herausforderungen einer gastfreundschaftlichen Gestaltung des Kircheseins. Das Phänomen des Hörens kann hier entscheidende Akzente setzen, die deutlich machen, dass Kirche und Pastoral in einem fortwährenden Umkehrprozess stehen, weil sie sich von absoluten Wissensansprüchen und gewohnten Vermittlungsformen verabschieden müssen. Statt *Ordnung* wird (*Um-*)*Bruch* zum entscheidenden Merkmal eines hörenden Stils von Pastoral. Es geht um eine Theologie und Pastoral, die in Beziehung tritt, die auf die Hörerin bzw. den Hörer (Interpretationskompetenz) bezogen ist, die sich selbst zurücknimmt und vertrauensvoll für eine Vielfalt von existenziell relevanten, keineswegs beliebigen Deutungsoptionen öffnet. Kirche und Pastoral „werden" in Relation zu den Hörenden, gründen in einem „Begegnungs- und Beziehungsgeschehen in der Welt"[36]. Der Umkehrprozess für Kirche und Pastoral ist radikal: Die Hörende bzw. der Hörende, die (Um-)Brüche in ihrem bzw. seinem Leben, in denen Gott für das Ganze und das Gutsein öffnen will, ohne Bedingungen zu stellen, stehen an erster Stelle, gehen also jeder Gestaltwerdung in Kirche und Pastoral voraus und vermögen diese auch wieder zu irritieren und infrage zu stellen, bevor sie Ordnung und Form annehmen. Kirche entsteht – immer wieder neu – im Hören der bzw. des Anderen, in der Aufmerksamkeit für seinen „Lebensglauben", ganz an der Seite der mit ihr hörenden Menschen.

Eine hörende Pastoral, die auf das Hören hört, steht vielerorts noch aus. Zu sehr orientiert sich pastorales Handeln noch an gewohnten Aufgaben und an bestehenden Funktionen und Aktionen – anstatt am Individuum. Noch zu sehr lässt sich dieses davon leiten, „unbedingt bestimmte pastorale Projekte zu realisieren"

35 Theobald, Stil, 281f.
36 Ebd., 282.

und „dafür bekannte Gemeindemitglieder oder Neuankömmlinge [zu *rekrutieren*], ohne sich zuerst für die *Personen* und deren *einmalige Gabe* zu interessieren“[37]. Erst die Umkehr vom Gehörten zum wirklichen Hören auf die Anderen lässt Kirche gastfreundschaftlich werden und befreit eine Pastoral der Berufung oder der sogenannten Charismenorientierung aus einem verengten Verständnis, das zu sehr auf den Erhalt der institutionellen Ordnung und die Erfüllung gewohnter Aufgaben bezogen bleibt.

Bereits im Ansatz bedarf es der Umkehr der Frageperspektive, die nicht das „Was“ fokussiert, sondern das „Woraufhin“ des Hörens. Entscheidend ist, sich dem Ereignis der Begegnung mit dem Anderen hörend zu öffnen, auch und gerade dann, wenn das Gehörte nicht in gewohnte Ordnungen und zu bekannten Aufgaben „passt“, auch dann, wenn die bzw. der Andere „weiterzieht“, und auch dann, wenn die Frage offenbleibt, ob ein „christlicher Gottesglauben“ begonnen hat oder nicht. In einer gastfreundschaftlichen Kirche muss es möglich sein, als Gast empfangen zu werden, ohne „eventuell eine ‚Funktion‘ aus[zu]üben oder einen ‚Dienst‘ [zu] leisten […], sondern einfach weil er als Person ein *charismaticus*, eine ‚Gnadengabe‘ für alle ist“[38] und darin ein potentieller Ort gegeben ist, an dem ein „Lebensglauben“ oder „christlicher Gottesglauben“ entdeckt werden *kann*.[39] Die den Stil grundlegenden Merkmale einer Pluralität von Gestalten, der Einzigartigkeit und Kohärenz bzw. Glaubwürdigkeit sowie das Beziehungsgeschehen in der Welt entsprechen dem Selbstverständnis einer hörenden Kirche, die aus sich herausgeht, sich dem Unbekannten und Unvorhersehbaren aussetzt und nicht aufhört, sich von den Spuren Gottes in dieser Welt finden zu lassen.

Das Leitbild von Kirche ist dann nicht das des Zentrums, von dem alles ausgeht, sondern das des Randes, der Bruchkante und Grenze, dort, wo sie sich selbst ausliefert, und zwar „in einer *einzigen* vom Pneuma initiierten Bewegung der ‚Dezentrierung‘“[40]:

> „Ob es sich um gläubige Christen oder um Jedermann handelt, Kirche ‚entsteht‘ jeweils in der leiblichen Existenz der Menschen, und zwar dann, wenn sich eine Gemeinde ‚umsonst‘ für den ‚Lebensglauben‘ der Anderen interessiert. Dies verlangt eine Konversion aller Akteure; Konversion, die man auch als ‚eucharistisch‘ bezeichnen kann: Der uns ausgelieferte Leib Christi lädt uns dazu ein, den Anderen, wer auch immer er ist, als eine diskrete Gestalt dieser *Geistesgabe* wahrzunehmen und uns von seinem elementaren ‚Glauben‘ in Dienst nehmen zu lassen.“[41]

37 Feiter/Müller: Vorwort der Herausgeber, 21.
38 Theobald, Stil, 286.
39 Vgl. ebd., 288.
40 Ebd., 290.
41 Ebd.

Kirche entsteht aus einem Hören der ihr Begegnenden heraus und gibt dem „reine[n] Interesse am immer bedrohten ‚Glauben' des Anderen an den Sinn seines Lebens" Raum, „wo dieser Andere Christus entdecken *kann*"[42].

7.5 Hören als Metapher der radikalen Öffnung für die Ereignishaftigkeit von Ereignissen und die Anfänglichkeit neuer Anfänge

Die Aufmerksamkeit für das „Worauf" macht deutlich, wie unmöglich es ist, die Ereignisse, die sich in unserem Leben heute vollziehen, in den Griff zu bekommen und in regulativen Ordnungen zu konservieren. Die Untersuchung zum Hören zeigt: Jedes Widerfahrnis, das plötzlich eintritt, vermag es, die eigenen Ordnungen zu stören und zu verändern. Eine hörende Pastoral, die auf das Hören hört, fordert dazu heraus, sich für die Ereignishaftigkeit von Ereignissen zu öffnen und der bzw. dem Anderen immer wieder eines neu zu ermöglichen: (neu) anfangen-können zu leben.[43]

Bereits die Anlage der vorliegenden Arbeit hat veranschaulicht, dass ein solches Anfangen-Können zu keiner Zeit im völlig „luftleeren Raum" geschieht, sondern auf der Bruchlinie zwischen Eigenem und Fremdem. Eine Pastoral, die sich im „Zwischen" bewegt, eröffnet für eine hörende Theologie die Möglichkeit, nicht nur für die Anfänge aufmerksam zu werden, sondern auch für ihre Anfänglichkeit, das bedeutet für das, was sich plötzlich „mehr" und ganz „anders" ereignet, als unsere Vorstellungen und Planungen im Vorhinein ausmachen können. Eine Praktische Theologie, die sich vom Hören inspirieren lässt, wird empfänglich und verletzbar. Sie setzt ihr Eigenes dem Fremden aus, riskiert sich selbst und versteht sich niemals ohne die Anderen. Sie weiß sich auf die Praxis des Volkes Gottes, seine unterschiedlichen Stimmen und sein Hören-Können angewiesen, weil sie darin ihr Eigenes, ihre Pastoral und ihre Theologie findet. Damit wird die Pastoral aus ihren festen Ordnungen freigesetzt.

Genauso ist Anfangen-Können kein Akt eigener Machbarkeit, sondern ein Ereignis, das sich schenkt. Noch vor allen aktiven Sprech- und Handlungsoptionen kommen die Subjekte im Dativ vor, als Angesprochene eines fremden Anspruchs. Für eine hörende Praktische Theologie, deren Fokus auf ihrem „Worauf" liegt, wird es zu einer Frage ihrer Glaubwürdigkeit, ob sie ihren nachträglichen, antwortenden Charakter annehmen und den Erfahrungen des Lebens wie des Glaubens der heute lebenden Menschen den Vorrang geben kann, in dem

42 Theobald, Stil, 305.

43 Vgl. auch Feiter, Evangelium. Vgl. Müller, Anfangen zu leben. Vgl. ebenso Schüßler, Mit Gott neu beginnen.

Sinne, dass sie sich von ihnen wirklich etwas sagen lässt, auch wenn es ihre bisherigen Strukturen des Denkens und Handelns infrage stellt und irritiert. Hören bedeutet, präsent zu sein und aufmerksam zu werden für das, was in der Anderen bzw. im Anderen bereits erklingt, und ihr bzw. ihm zu ermöglichen, den Anfang eines neuen Anfangs zu entdecken, der ihre bzw. seine Einzigartigkeit erschließt und ihr bzw. ihm ermöglicht, dem Leben zu vertrauen. Eine hörende Pastoral ist nicht zuerst Aktion, sondern Kontemplation. Aktiv ist sie erst in einer unhintergehbaren Nachträglichkeit, indem sie wie eine Geburtshelferin im Gehörten entdeckt, was danach verlangt zu leben. Eine hörende Pastoral wagt es zu akzeptieren, dass sie ihr Sprechen empfängt, dass sie ins Stocken gerät, dass sie neu ansetzen und auch aushalten muss, dass ihr Sprechen abbricht oder pausiert. Eine hörende Pastoral hört auch dort und dann hin, wo und wann „nichts" erklingt, anstatt selbst vorschnell mit der eigenen Rede einzusetzen.

Vier Einsichten aus wissenschaftstheoretischer Sicht sollen dazu im Folgenden genannt werden.

(a) Das „Entdeckungsgeschehen der Botschaft des Evangeliums"[44] ereignet sich je neu im Hier und Jetzt; es erfordert eine Aufmerksamkeit *in diesem Moment*. Pastoraltheologische Erkenntnisse werden dementsprechend kontextuell und kairologisch generiert – und nicht in Form von formalen, immer schon feststehenden Sinnordnungen. Statt an scheinbar objektiven Sinnzuschreibungen festzuhalten, bedarf es einer responsiven Aufmerksamkeit für Glaubensereignisse, durch die möglicherweise neue Erkenntnisse angestoßen werden. Es gilt – mit Jon Sobrino – anzunehmen, „dass Gott heute immer noch sprechen kann, und zwar in der Weise der Neuheit Gottes, die sich nicht einfach aus dem, was wir schon von ihm wissen, deduzieren oder extrapolieren lässt"[45]. Das bedeutet auch für die Praktische Theologie „prinzipiell und methodologisch, sich vieler Dinge zu entledigen"[46]; dies verlangt von ihr, „das Nichtwissen zu akzeptieren, um von Gott und von seinem Willen heute etwas erfahren zu können"[47]. Hören steht für eine aufmerksamkeitssensible Pastoral. Als solche erfordert sie eine Theologie, die nicht ausschließt, dass auch ihre theoretischen Gedankengebäude durch Praktiken des Hörens je neu aufgebrochen werden können. Dort, wo dem eigenen

44 Bucher, Rainer: Kirche ohne Geld und Vertrauen. Die heilsame Provokation der Krise, in: Heimbach-Steins, Marianne/Schöttler, Heinz-Günther (Hg.): „... nicht umsonst gekommen." Pastorale Berufe, Theologie und Zukunft der Kirche, Münster 2005, 43–62, hier 59.

45 Sobrino, Jon: Gemeinschaft, Konflikt und Solidarität in der Kirche, in: Ders./Ellacuria, Ignacio (Hg.): Mysterium Liberationis. Grundbegriffe der Theologie der Befreiung, Band 2, Luzern 1996, 851–878, hier 854.

46 Ebd.

47 Ebd.

Nichtwissen, wo „Sprachlosigkeiten Raum gegeben wird, findet unweigerlich eine Relativierung des Denkens statt“[48]. – Daraus ergibt sich eine zweite Einsicht.

(b) Indem das Hören selbst zum Ausgangspunkt der pastoraltheologischen Untersuchung wird, kommen in schöpferischer Weise vielfältige Stimmen zu Gehör. Radiobeiträge, Lesungen, Erzählungen, Literaturzitate, Interviews usw. Was entsteht, ist ein Konzert ganz unterschiedlicher Töne und ungewohnter Akkorde, die „zwar keine pastoralen Kopiervorlagen bieten, wohl aber theologische Inspirationen zu Eigenem“[49] eröffnen: zum Hören im eigenen Kontext. Eine hörende Pastoraltheologie beteiligt möglichst viele Stimmen an ihrem Forschungsprozess, ja entdeckt ihre Kreativität und Lösungskompetenz in diesen und lässt sich selbst immer wieder los. Im Hörraum der Pastoral muss es möglich sein, dass Stimmen in ihrer Einzigartigkeit erklingen, auch wenn sie befremden. Eine Pastoral, die auf das Hören hört, erweist sich darin, dass sie den Menschen als antwortendes Subjekt (als „Selbst“) anerkennt, der das Leben in der Welt heute bereichert, indem er seine eigenen Sehnsüchte, seine Suche nach Fülle und Gelingen im Leben, seinen ästhetischen, ökologischen, kulturellen, digitalen Lebensstil usw. zum Klingen bringt. Eine zentrale Dimension des Hörens ist das Empfangen, die Öffnung für Widerfahrnisse, die nicht vorhersehbar sind. Dementsprechend bedeutet diese Dimension für die Pastoral, die eigene Angewiesenheit sowie Leerstellen oder Pausen zu akzeptieren, ohne sie besetzen oder übertönen zu wollen, die Stimme der bzw. des Anderen zu hören, ohne sie auf ein „Was“ des Gehörten zu reduzieren, vielmehr die Überschüssigkeit des Unhörbaren offen zu halten, die immer wieder dazu bewegt, einen von radikaler Freiheit geprägten „Raum heiliger Gastfreundschaft“ und „gastfreundschaftlicher Heiligkeit“[50] zu öffnen.

(c) Eine hörende Pastoral fordert zur Umkehr heraus: Projekte und Initiativen werden nicht länger als Angebot *für* die Adressatinnen und Adressaten, sondern von Anfang an *mit* den Menschen und *von* ihnen her gestaltet. Eine hörende Pastoral ist gleichermaßen partizipativ wie experimentell. Sie trägt einer „Methodologie zweiter Ordnung“ – wie sie hier angeklungen ist – Rechnung, „welche die Grundkonstellation von empirischer Wahrnehmung im Praxisfeld und kritischer Urteilsfindung im Diskursarchiv“ in abduktiver Weise auf „ein weiterführendes Drittes hin öffnet“, indem Praktische Theologie „den festen Grund zwingender Argumentation [verlässt] und [...] sich auf den wackeligen Boden einer

48 Sander, Hans-Joachim: Topographie des Fremden oder Topologie des Befremdens. Anfragen an Bernhard Waldenfels, in: Gmainer-Pranzl/Schmidhuber (Hg.): Der Anspruch des Fremden, 209–214, hier 214.

49 Bauer, Christian: Denken in Konstellationen? Pastoraltheologie als kontrastiver Mischdiskurs, in: PThI 2 (2015), 5–12, hier 11.

50 Theobald, Stil, 13.

entsprechenden Hypothese“[51] begibt. Das Hören wird – seiner Öffnung für unbekannte Widerfahrnisse gemäß – zum Schlüsselprinzip einer abduktiven, experimentellen Pastoraltheologie, die diskursiv Bekanntes *„ad experimentum“* auf etwas Neuartiges, Unerwartetes und nicht Steuerbares hin öffnet und über sich hinausführt, heraus „aus dem Diskursarchiv, hinein ins pastorale Praxisfeld – und umgekehrt“[52], mit allen unerwarteten Überschüssen, die dieser Überstieg mit sich bringt. Als hörende ist die Pastoraltheologie gleichermaßen gefährlich wie gefährdet.

(d) Das, *worauf* das Hören eingeht, *indem* es von einem fremden Anspruch „getroffen“ wird, der er-klingt, beinhaltet eine passive, pathische Dimension. Was ins Ohr dringt, hat sich bereits ereignet, bevor wir hörend darauf antworten. Epistemologisch ist daher jedes praktisch-theologische Eingehen auf Widerfahrnisse, die ihr zu denken geben, nachträglich und indirekt. Praktisch-theologisches Denken wird zum buchstäblichen *Nach*-Denken – ihm ist ein Moment relationaler Offenheit eigen. Während Gehörtes sich auf die Aneignung eines Gegenstandes („Was“) bezieht, über den ich verfügen kann, bleibt das Hören selbst unverfügbar („Worauf“), riskiert das Fremde, öffnet sich so, dass etwas Neuartiges entstehen kann, ist verletzbar bis dahin, dass es zulässt, selbst verändert zu werden. Nicht die Haltung der Beherrschung, der instrumentellen Zielerreichung und Kontrolle ist bestimmend, sondern die Haltung eines absichtslosen Geschehen-Lassens. Der hörenden Pastoral ist eine Dimension des Unverfügbaren eigen. Weder lässt sie sich strategisch herstellen oder in Ordnungen beruhigen noch ist ihr Resultat vorhersagbar.

Kann die Pastoral das Ereignis, die Öffnung für Fremdes annehmen, um nicht in theologischen Konzepten und Strategien zu verharren? Ist es ihr möglich, das Flüchtige und Fragmentarische, die Zerbrechlichkeit und den Bruch in der Erfahrung des Hörens auszuhalten? Kann die Praktische Theologie sich selbst, ihre Erkenntnisse zurücknehmen und ihre eigene Vorläufigkeit akzeptieren, zugunsten einer Rückkehr an ihren Ursprungsmoment, einer Inspiration des Anfangen-Könnens, das heißt dessen, was Glauben und Vertrauen (neu) entstehen lässt? Ist sie bereit, wirklich zu hören, oder ist sie so überzeugt vom Eigenen, dass sie entweder nur hört, was sie bereits wusste bzw. hören wollte, oder ihr Handeln und Denken auf die Frage ausrichtet, wie dieses sich am besten Gehör verschaffen kann? Traut sich Pastoral, sich so zu öffnen, verletzbar und leer zu werden, dass sie das Hören der bzw. des Anderen inspiriert, auf dass diese bzw. dieser immer stärker entdeckt, wer sie bzw. er sein kann? Dies sind die Fragen, die der Pastoral durch den Ausgang beim Hören zugemutet werden.

51 Bauer, Denken in Konstellationen, 11.
52 Ebd.

Diese Frageperspektiven erinnern an den Anfang der vorliegenden Arbeit. Das Präludium erzählte in Anlehnung an John Cage vom ewig andauernden Ton und von der Stille, die das Hören auf sich selbst verweist. Die Metapher des Hörens steht für das Pathische, für unerwartete Widerfahrnisse und für unausdenkbare Überschüsse, die plötzlich hörbar werden. Cage gibt nicht nur einen Ton zu hören, sondern bringt das Ereignis des Hörbarwerdens selbst zu Gehör. Damit führt er zurück an den Anfangspunkt, dorthin, wo das Hören ansetzt. Die Hörenden werden in dieses Ereignis mit hineingenommen, das offen ist, in dem die Suche nicht aufhört und das eigene Hören auf sich selbst angewiesen bleibt. Das An-, Aus- und Absetzen der Töne, die ewige Pause und die Stetigkeit des Klangs sowie auch seine leisen Veränderungen ereignen sich überraschend, weil sie nicht unseren zuvor gehörten Erwartungen entsprechen. Wie der unendliche Ton „klingt" auch noch die Pause, so als würde das Unhörbare nicht aufhören, die Hörende bzw. den Hörenden aufmerken zu lassen. So endet die Arbeit, wie sie begonnen hat – mit einem Anstoß für das Hören *als* Hören, das Horchen auf das „Worauf" einer Antwort, auch wenn sie nicht für mich bestimmt ist, das Lauschen auf die ungesagten und unsagbaren Töne, das Hören des Unhörbaren – schließlich mit dem Hören als Metapher der radikalen Offenheit für die Option Gottes, die als ereignishaftes Ereignis, als gegenwärtige Gegenwärtigkeit und als anfängliche Anfänglichkeit hier und jetzt augenblicklich und unaufhörlich erklingt.

8. Methodisch-methodologisches Nachwort

Die Autorin folgt in ihrer Arbeit der im Hören selbst angelegten Struktur für eine „Methodik". Das Hören ist „exzentrisch" verfasst, insofern es seinen Ausgang nimmt vom „Woher des Anspruchs"[1], der ergeht, ohne in vorgegebenen Ordnungsstrukturen aufzugehen. Eine hörende Herangehensweise nimmt somit das „Differenzierungspotential responsiver Rationalität"[2] ernst. Sie schließt methodisch etwas auf, das zum Teil „in der allgemeinen Auseinandersetzung mit religiösen Wahrheitsansprüchen verloren gegangen ist"[3], indem gegenüber „der ständigen Versuchung der Kirchen, das unverfügbare ‚Worauf des Antwortens' mit ihrem ‚Was des Antwortens' gleichzusetzen", ein „kritisches Korrektiv"[4] gebildet wird. Die Praktische Theologie begibt sich auf diese Weise in die Zwischenräume hinein, dorthin, wo sie selbst hörend wird, wo Neues, Fremdes, Überraschendes, Unbekanntes und Ungewohntes plötzlich zu Ohren kommt.

Das Hören kommt auf der Bruchlinie zwischen Erfahrung und Text zu Gehör und zwar in Form einer „indirekten Beschreibung", die dem „Mehr", dem Unaussprechlichen und Unhörbaren Raum gibt. Schreibend befindet sich die Autorin stets anderswo: Zwischen dem, *was* ihr im Hören auffällt, und dem, *worauf* sie aufmerkt und schreibend antwortet, öffnet sich ein Spalt. Erfahrungs- und Textebene treten auseinander und überlappen sich zugleich. Erst durch die Verfremdung des Eigenen[5] kommt allerdings Neuartiges zu Gehör. Im Fokus steht nicht die Selbstbestätigung durch das Eigene, sondern die Irritation durch das Fremde.[6] Die Autorin muss sich in diesem Forschungsversuch selbst zurücknehmen und damit rechnen, dass ihr „in der eigenen Welt alles fremd sein" und sie „überrascht werden" könnte.[7]

Als Hörende kommt die Autorin, grammatikalisch gesprochen, zuerst im Dativ vor und steht im Passiv. Der Stil pastoraltheologischen Schreibens ist somit

1 Gmainer-Pranzl, „responsio ex auditu", 202. Gmainer-Pranzl rekurriert in seinem Beitrag auf die phänomenologischen Analysen von Bernhard Waldenfels, insbesondere in *Antwortregister* und *Phänomenologie der Aufmerksamkeit.* Vgl. Dabrock, Antwortender Glaube, 252f.

2 Gmainer-Pranzl, „responsio ex auditu", 202.

3 Ebd., 203.

4 Ebd., 206.

5 Vgl. Amann, Klaus/Hirschauer, Stefan: Die Befremdung der eigenen Kultur. Ein Programm, in: Dies. (Hg.): Die Befremdung der eigenen Kultur. Zur ethnologischen Herausforderung soziologischer Empirie, Frankfurt a.M. 1997, 7–52.

6 Vgl. Gmainer-Pranzl, „responsio ex auditu", 204.

7 Girtler, Methoden, 20.

„ethnografisch"[8] akzentuiert, insofern er entlang „unterschiedliche[r] Grenzen der Verbalisierbarkeit, an den Linien des Stimmlosen, des Unaussprechlichen, Sprachlosen, Unbeschreiblichen, Vorsprachlichen, Sprachunfähigen und des sich wortlos Zeigenden"[9] verläuft. Auf das Hören zu hören, heißt, die ethnologischen Einbrüche und Einfälle im Forschungsprozess nicht zu ignorieren.[10] Durch die ethnografische Aufzeichnung wird „etwas zur Sprache gebracht, das vorher nicht Sprache war"[11]. Der Übersetzungsversuch besteht darin, „dem Stimmlosen oder Unhörbaren eine Stimme zu geben – wie ein akustischer Verstärker"[12]. Das bedeutet jedoch nicht, die Lücke des Unaussprechlichen mit Worten einfach zu beseitigen; *als* Unaussprechliches kommt das Hören vor, *indem* „die Grenzen des Gesagten in der Sprache"[13] aufklaffen und in Form von Abwesenheitsmomenten, Auslassungen, Pausen und Leerstellen offengelegt werden.

Um der Versuchung zu widerstehen, das Hören vorschnell in Ordnungen des Gehörten und des Wiederhörens zu fügen, und um den Anspruch wachzuhalten, das Hören *als* Hören zu Gehör zu bringen, werden in der Arbeit Abweichungen im Stil der Darstellung bewusst zugelassen. An die Seite wissenschaftlicher Dokumentation treten episodenhafte, bruchstückartige Erzählfragmente. Zwischen den widerfahrenen Anfang, die Erfahrung des Hörens, und den erzählten Anfang, den antwortenden Text, schieben sich Bruchstellen.[14] Zugleich erschöpft sich die Erfahrung des Hörens keineswegs im Text; sie ist mehr und anders, das heißt der schriftlichen Darstellung gegenüber „überschüssig". Die Linie der Erzählung macht einen Knick, der in die Tiefe des Unhörbaren und Unsagbaren reicht (vgl. BE, 9). Was entsteht, ist ein Möglichkeitsraum, der über geplante Intentionen und gesetzte Ziele hinausgeht und in den Neues, Fremdes, Überschüssiges plötzlich eindringt. Die Bruchstellen im Text „öffnen unsere Augen und Ohren für eben das, was sich der Erzählung entzieht" und was mit dem „Unerzählbaren" inmitten des Erzählten konfrontiert (UE, 21; vgl. auch UE, 23).

8 Vgl. zur Methodik der ethnografischen Forschung allgemein Beer, Bettina (Hg.): Methoden ethnologischer Feldforschung, Berlin ^{2}2008. Vgl. auch die Beiträge in Hoff/Waldenfels (Hg.): Die ethnologische Konstruktion des Christentums. Vgl. zur ethnografischen Akzentuierung in der Praktischen Theologie etwa Langhammer, Elke: Jesus: ausgetrickst und aus dem Spiel genommen? Eine ethnographisch orientierte pastoraltheologische Spurensuche, in: PThI 32 (2/2012), 61–68.

9 Hirschauer, Stefan: Ethnografisches Schreiben und die Schweigsamkeit des Sozialen. Zu einer Methodologie der Beschreibung, in: ZfS 30 (6/2001), 429–451, hier 437.

10 Vgl. Hoff/Waldenfels, Einleitung, 7.

11 Hirschauer, Ethnografisches Schreiben, 429.

12 Ebd., 438.

13 Ebd., 439. Vgl. zum Umgang mit der eigenen Sprachlosigkeit in der Ethnografie auch ebd., 439f.

14 Vgl. zur Methodik an dieser Stelle auch Sabisch, Inszenierung der Suche.

Es ist ein Risiko, von den eigenen Erfahrungen des Hörens auszugehen, die sich aus Alltagsbeobachtungen oder Wahrnehmungen in pastoralen Kontexten speisen, und es ist „eine beschämend private Sache, wie persönliche Sinneswahrnehmungen es sind, [diese] in die öffentliche Angelegenheit wissenschaftlicher Kommunikation"[15] hineinzutransportieren. Denn in Bezug auf den Forschungsprozess ist die Autorin hörend immer schon mittendrin und insofern nie neutral.[16] Allerdings besitzt der eigene hörende Zugang gerade seinen Reiz, den kaum wahrnehmbaren Zwischentönen zu lauschen, die zwar häufig vom allzu Gewohnten und Bekannten übertönt werden, allerdings - genau hingehört - ungewohnt und unbekannt sind. Um inmitten der eigenen Ordnungen des Hörens dieses Überraschende, Unselbstverständliche und Fremde zu Ohren kommen zu lassen, bedarf es, methodisch betrachtet, der „Exotisierung des Eigenen"[17], der „Befremdung" des eigenen Gehörs. Entscheidend ist dabei, das „Gehörte", also das Vertraute und Gewohnte so zu hören, „*als sei es fremd*"[18]. Es geht um ein unselbstverständliches Hören innerhalb der Pastoral, und zwar „mit methodisch ethnologischem Inventar", um auf diese Weise „nicht nur auf den veränderten Ort des Christentums heute aufmerksam" zu machen, sondern auch „für die verdrängten Anteile des Fremden im Eigenen"[19] zu sensibilisieren. Fremdheit wird so zum „methodischen Prinzip"[20], das „zu wichtigen Korrekturen unserer

15 Hirschauer, Ethnografisches Schreiben, 437. Zur Frage der Subjektivität aus ethnomethodologischer Sicht vgl. etwa Wolff, Stephan: Subjektivität für alle praktischen Zwecke. Methodische und forschungspraktische Grenzen des ethnomethodologischen (Des-)Interesses an der subjektiven Perspektive, in: ÖZS 24 (4/1999), 4–25.

16 Die vorliegende Arbeit orientiert sich dabei u.a. an der Pastoraltheologin Birgit Hoyer, die sich in ähnlicher Weise dem Forschungsprozess aussetzt und „verletzbar" macht. Vgl. Hoyer, Seelsorge auf dem Land. Vgl. außerdem Pock/Hoyer/Schüßler (Hg.): Ausgesetzt, darin insbesondere Hoyer/Schüßler, Exklusion und Exposure.

17 Vgl. Amann/Hirschauer, Befremdung, 7–52. Vgl. Hirschauer, Exotisierung des Eigenen, 207–225. Vgl. Bily, Lothar: „Sich seiner selbst nicht zu sicher sein". Das Christentum als fremde Religion neu entdecken?, in: Hoff/Waldenfels (Hg.): Die ethnologische Konstruktion des Christentums, 167–189. Lothar Bily zeigt in seinem Beitrag, dass „das Eigene ohne den Blick auf das Fremde nie angemessen zu verstehen ist, und inwiefern dies auch für die Ausbildung der christlichen Identität gilt" (ebd., 167). Fremdes, Neues, Unselbstverständliches, Irritierendes gibt es nicht nur jenseits, sondern inmitten des Christentums selbst zu entdecken. Vgl. auch ebd., 176f.

18 Hirschauer, Exotisierung des Eigenen, 216. Eine solche „*Ethnografie als Soziologie des Alltäglichen*", mit der das Selbstverständliche zum fragwürdigen Gegenstand gemacht wird, geht zurück auf Alfred Schütz, Erving Goffman und Harold Garfinkel. Vgl. dazu die zusammenfassenden Ausführungen ebd., 216–219.

19 Hoff/Waldenfels, Einleitung, 9.

20 Vgl. Waldenfels, Hans: Unterwegs zu einer Ethnologie des Christentums, in: Hoff/Ders. (Hg.): Die ethnologische Konstruktion des Christentums, 149–166, hier 159. „Es ist nicht zu leugnen, dass die Theologie [...] lange Zeit Außensichten eher als Störenfriede" betrachtet hat. „Die seit mehreren Jahrzehnten sich herausbildende Neueinstellung dem

eigenen Christentumsbilder beitragen und vielleicht sogar zu Wiederentdeckungen von Verlorenem und Vergessenem führen"[21] kann. Das Fremde im Eigenen ist genauso wie das Eigene im Fremden zu entdecken.[22] Dort, „wo Erfahrungen noch nicht den Weg ins Wort gefunden haben"[23], bricht sich Neuartiges im Eigenen Bahn. Das Ohr wird auf das gerichtet, was kaum hörbar und leise ist, und auf das scheinbar Vertraute, das erst beim genaueren Hinhören unvertraut wird.[24] Die ethnografische Ausrichtung des Eigenen meint dabei nichts anderes, als sich der möglichen Befremdung durch das Hören auszusetzen.[25]

Eine auf diese Weise empirische Herangehensweise entspricht zugleich einer hörenden Theologie, die den beteiligten Akteurinnen und Akteuren – in Form von Interviews, Tagebucheinträgen usw. – als Subjekten eine Stimme gibt, um sich, in womöglich unerwarteter, befremdender Art und Weise, etwas sagen zu lassen.[26] Hören heißt in diesem Fall: sprechen lassen. Durch das „Einspeisen von meist überhörten Stimmen in den Diskurs kann die sogenannte Empirische Theologie dabei eine wichtige Rolle spielen", insofern es nicht darum geht, „einfach nur das Alte neu", sondern „das Neue alt [zu] sagen" bzw. „aktuelle Erfahrungen anschlussfähig zu machen an die Tradition der Kirche".[27] Pastoral stellt sich damit in den „Dienst an den kleinen lokalen Theologien des Volkes Gottes: in der Pfarrgemeinde, in der Schule, im Krankenhaus und noch an ganz anderen Orten"[28]. Zugleich folgt sie der im Hören selbst angelegten „Logik der *Verantwortung* auf der Schwelle von Eigenem und Fremdem als unvertretbares Antworten auf unausweichliche Ansprüche"[29]. Eine Praktische Theologie, die sich auf die Spuren eines Hörens *als* Hören wagt, kann gar nicht anders, als auszugehen und zu vollziehen, wovon sie handelt. Anders gesagt: Die Vermittlung eines Hörens *als* Hören widerspricht sich überall dort und verbleibt in einem bloß „Gehörten",

Fremden und Anderen gegenüber hat auch hier inzwischen zu einer deutlichen Neueinstellung beigetragen. Diese wiederum hat nicht zuletzt damit zu tun, dass der Andere und Fremde in seiner Eigenständigkeit gesehen und gewürdigt wird. Die Theologie kommt so nicht umhin, sich im Spannungsfeld von Binnensicht und Außensicht neu zu positionieren." Vgl. ebd., 149.

21 Vgl. Waldenfels, Unterwegs zu einer Ethnologie des Christentums, 59.

22 Ebd., 162.

23 Ebd.

24 Vgl. die ethnologische Vorgehensweise in Langhammer, Jesus, 65.

25 Vgl. Bily, Sich seiner selbst nicht zu sicher sein, 177.

26 Hirschauer, Ethnografisches Schreiben, 438: „Verbal aufgedeckt wird das, ‚worüber man nicht spricht', dann nur noch durch besondere Sprecher, vor allem durch Kinder, die etwa Behinderungen, Gewalttaten oder Peinlichkeiten unbefangen zur Sprache bringen."

27 Bauer, Indiana Jones, 31.

28 Ebd.

29 Dabrock, Peter: Evangelische Fundamentaltheologie als responsive Rationalität, in: Petzoldt, Matthias (Hg.): Evangelische Fundamentaltheologie in der Diskussion, Leipzig 2004, 121–144, hier 125f.

wo Hören lediglich eingefordert und proklamiert, nicht aber von Anfang an auch selbst „durchgemacht" wird. Darin unterscheidet sich eine Praktische Theologie des Hörens von einer hörenden Praktischen Theologie. Und wo die Praktische Theologie selbst eine Hörende ist, wird sie, bis in ihre Methodik hinein, riskant, kreativ und persönlich.

Literaturverzeichnis

1. Publikationen von Bernhard Waldenfels

AR Antwortregister, Frankfurt a.M. 1994.

ASv An Stelle von ..., in: Busch, Kathrin/Därmann, Iris (Hg.): „Pathos". Konturen eines kulturwissenschaftlichen Grundbegriffs, Bielefeld 2007, 33–49.

BE Bruchlinien der Erfahrung, Frankfurt a.M. 2002.

DG Deutsch-Französische Gedankengänge, Frankfurt a.M. 1995.

EPh Einführung in die Phänomenologie, München 1992.

ES Erfahrung, die zur Sprache drängt. Studien zur Psychoanalyse und Psychotherapie aus phänomenologischer Sicht, Berlin 2019.

EuE (zusammen mit Dieter Mersch) Erscheinung und Ereignis, in: Fliescher, Mira/Goppelsröder, Fabian/Ders. (Hg.): Sichtbarkeiten I. Erscheinen. Zur Praxis des Präsentativen, Berlin u.a. 2015, 173–183.

FW Das Fremde im Wettstreit der Disziplinen, in: Gmainer-Pranzl, Franz/Schmidhuber, Martina (Hg.): Der Anspruch des Fremden als Ressource des Humanen, Frankfurt a.M. 2011, 11–24.

GN Grenzen der Normalisierung. Studien zur Phänomenologie des Fremden 2, Frankfurt a.M. 1998.

GPhF Grundmotive einer Phänomenologie des Fremden, Frankfurt a.M. ^{6}2018.

HfSt Hören auf die fremde Stimme, Vortrag am 15.03.2017, FernUniversität in Hagen, unter: https://www.fernunihagen.de/videostreaming/ksw/forum/20170315.shtml [abgerufen am 15.02.2021].

Hyph Hyperphänomene. Modi hyperbolischer Erfahrung, Berlin 2012.

KE Klangereignisse, in: Kilger, Gerhard (Hg.): Macht Musik. Musik als Glück und Nutzen für das Leben, Köln 2005, 20–29.

LdSt Das Lautwerden der Stimme, in: Kolesch, Doris/Krämer, Sybille (Hg.): Stimme. Annäherung an ein Phänomen, Frankfurt a.M. 2006, 191–210.

ME Die Macht der Ereignisse, in: Rölli, Marc (Hg.): Ereignis auf Französisch. Von Bergson bis Deleuze, München 2004, 447–458.

NL In den Netzen der Lebenswelt, Frankfurt a.M. 1985.

OZ Ordnung im Zwielicht, Frankfurt a.M. 1987.

PhA Phänomenologie der Aufmerksamkeit, Frankfurt a.M. 2004.

SF Der Stachel des Fremden, Frankfurt a.M. ^{5}2013.

SK Sinne und Künste im Wechselspiel. Modi ästhetischer Erfahrung, Berlin 2010.

SLL Stimme am Leitfaden des Leibes, in: Epping-Jäger, Cornelia/Linz, Erika (Hg.): Medien/Stimmen, Köln 2003, 19–35.

SR Schattenrisse der Moral, Frankfurt a.M. 2006.

Ssch Sinnesschwellen. Studien zur Phänomenologie des Fremden 3, Frankfurt a.M [3]2013.

Symb Symbolik, Kreativität und Responsivität. Grundzüge einer Phänomenologie des Handelns, in: Straub, Jürgen/Werbik, Hans (Hg.): Handlungstheorie. Begriff und Erklärung des Handelns im interdisziplinären Diskurs, Frankfurt a.M. u.a. 1999, 243–260.

TF Topographie des Fremden. Studien zur Phänomenologie des Fremden 1, Frankfurt a.M. [2]1999.

UE Unerzählbares, in: Trinks, Jürgen (Hg.): Möglichkeiten und Grenzen der Narration, Wien 2002, 19–37.

VR Vielstimmigkeit der Rede. Studien zur Phänomenologie des Fremden 4, Frankfurt a.M. 1999.

2. Quellen

Bibelausgaben

Einheitsübersetzung der Heiligen Schrift, Stuttgart 2016, auch online unter: https://www.die-bibel.de/bibeln/online-bibeln/einheitsuebersetzung/bibeltext/ [abgerufen am: 14.01.2021].

Das Neue Testament, übersetzt von Fridolin Stier. Aus dem Nachlaß herausgegeben von Eleonore Beck, Gabriele Miller und Eugen Sitarz, München 1989.

Elberfelder Bibel. Die Bibel für die Gemeinde, Witten 2006.

Antike und frühchristliche Autoren

Aurelius Augustinus: Confessiones. Lateinisch – Deutsch. Eine Synopse nach Netzquellen, erstellt von Karsten Dittmann, Lippstadt 2002.

Heraklit: Urworte der Philosophie. Griechisch und Deutsch, übersetzt von Georg Burckhardt, Wiesbaden 1957.

Parmenides: Vom Wesen des Seienden. Die Fragmente – griechisch und deutsch, herausgegeben von Uwe Hölscher, Frankfurt a.M. [2]2007.

Platon: Menon, 80d-1, in: Schleiermacher, Friedrich: Platons Werke, zweiter Teil des ersten Bandes, Berlin [3]1856, 221–270.

Platon: Politeia, 514a–541b, in: Schleiermacher, Friedrich: Platons Werke, dritter Teil des ersten Bandes, Berlin [2]1862, 231–257.

Kirchliche Verlautbarungen und pastorale Dokumente

Bischöfliches Ordinariat Hauptabteilung VI – Caritas/Caritasverband der Diözese Rottenburg-Stuttgart e.V. (Hg.): Rahmenkonzept. Orte des Zuhörens, Stuttgart 2018, unter: https://www.caritas-im-lebensraum.de/wir-amp-caritas/kirche-sozial-aktiv/best-practice/orte-des-zuhoerens/orte-des-zuhoerens [abgerufen am 06.08.2019].

Katholische Frauengemeinschaft Deutschlands/Diözesanverband Aachen e.V. (Hg.): Rosenstraße 76. Dokumentation und Auswertung der interaktiven Ausstellung zum Thema häusliche Gewalt vom 22. April bis 13. Mai 2012, Aachen 2012.

Papst Franziskus: „Synodalität für das 3. Jahrtausend“, Ansprache vom 17.10.2015, unter: http://de.radiovaticana.va/news/2015/10/17/papstansprache_synodalit%C3%A4t_f%C3%BCr_das_3_jahrtausend/1180030 [abgerufen am 14.01.2021].

Rahner, Karl/Vorgrimler, Herbert (Hg.): Kleines Konzilskompendium. Alle Konstitutionen, Dekrete und Erklärungen des Zweiten Vaticanums in der bischöflich genehmigten Übersetzung, Freiburg i.Br. [3]1966.

Sekretariat der Deutschen Bischofskonferenz (Hg.): Nachsynodales Apostolisches Schreiben Querida Amazonia von Papst Franziskus an das Volk Gottes und an alle Menschen guten Willens, Bonn 2020, auch online unter: http://www.vatican.va/content/dam/francesco/pdf/apost_exhortations/documents/papa-francesco_esortazione-ap_20200202_querida-amazonia_ge.pdf [abgerufen am 14.01.2021].

Internetportale

http://blog.radiovatikan.de/die-kirche-die-sich-um-sich-selber-dreht-theologischer-narzissmus/ bzw. https://paterberndhagenkord.blog/die-kirche-die-sich-um-sich-selber-dreht-theologischer-narzissmus/ bzw. https://paterberndhagenkord.blog/die-kirche-die-sich-um-sich-selber-dreht-theologischer-narzissmus/ [abgerufen am 14.01.2021]:
Rede von Kardinal Bergoglio im Vorkonklave

https://www.aslsp.org/de/ [abgerufen am 14.01.2021]:
Startseite der Präsentation des John-Cage-Orgelprojekts in Halberstadt

https://www.caritas-im-lebensraum.de/wir-amp-caritas/kirche-sozial-aktiv/best-practice/orte-des-zuhoerens/orte-des-zuhoerens [abgerufen am 14.01.2021]:
Caritasverband der Diözese Rottenburg-Stuttgart e.V.: Internetseite des Projektes „Orte des Zuhörens“

https://sendezeit.wordpress.com [abgerufen am 15.03.2018]:
Blog der Medienpastoral im Erzbistum Freiburg. Die Internetseite wurde inzwischen deaktiviert. Die Referenzstelle findet sich auch unter: http://rosenkranzbeten.info/rosenkranzbeten/christ-ach-was-macht-man-denn-da-so/ [abgerufen am 14.01.2021]

https://thepoetryproject.de/category/ueber-uns/ [abgerufen am 14.01.2021]:
Internetseite der Projekt-Präsentation „The Poetry Project“

https://universes.art/de/specials/john-cage-organ-project-halberstadt [abgerufen am 31.01.2021]:
Projektseite zum John-Cage-Orgel-Projekt

https://valerieundderpriester.de [abgerufen am 14.01.2021]:
Startseite des Projekts „Valerie und der Priester“

https://zuhör-kiosk.de_[abgerufen am 14.01.2021]:
Startseite des Projekts „Zuhör-Kiosk“ in Hamburg

3. Sekundärliteratur

A

Ackermann, Max: Die Kultur des Hörens. Wahrnehmung und Fiktion. Texte vom Beginn des 20. Jahrhunderts, Nürnberg 1998.

Ahrens, Sönke: Experiment und Exploration. Bildung als experimentelle Welterschließung, Bielefeld 2011.

Allerkamp, Andrea: Anruf, Adresse, Appell. Figurationen der Kommunikation in Philosophie und Literatur, Bielefeld 2005.

Altmeyer, Stefan: Von der Wahrnehmung zum Ausdruck. Zur ästhetischen Dimension von Glauben und Lernen, Stuttgart 2006.

Altmeyer, Stefan: Welche Wahrnehmung? Kontexte und Konturen eines praktisch-theologischen Grundbegriffs, in: Boschki, Reinhold/Gronover, Matthias (Hg.): Junge Wissenschaftstheorie der Religionspädagogik, Berlin 2007, 214–237.

Amann, Klaus/Hirschauer, Stefan: Die Befremdung der eigenen Kultur. Ein Programm, in: Dies. (Hg.): Die Befremdung der eigenen Kultur. Zur ethnologischen Herausforderung soziologischer Empirie, Frankfurt a.M. 1997, 7–52.

Appelhans, Jörg: Martin Heideggers ungeschriebene Poetologie, Tübingen 2002.

Arambarri, Jesús: Der Wortstamm „hören“ im Alten Testament. Semantik und Syntax eines hebräischen Verbs, Stuttgart 1990.

Arendt, Hannah: Vom Leben des Geistes. Das Denken. Das Wollen, herausgegeben von Mary McCarthy, aus dem Amerikanischen von Hermann Vetter, München u.a. [8]2015.

Arnold, Rolf/Gómez Tutor, Claudia: Grundlinien einer Ermöglichungsdidaktik. Bildung ermöglichen, Vielfalt gestalten, Augsburg 2007.

Arnold, Rolf/Schön, Michael: Ermöglichungsdidaktik. Ein Lernbuch, Bern 2019.

Arnold, Rolf/Schüßler, Ingeborg (Hg.): Ermöglichungsdidaktik. Erwachsenenpädagogische Grundlagen und Erfahrungen, Hohengehren 2003.

Atteslander, Peter: Methoden der empirischen Sozialforschung, Berlin [12]2008.

B

Baart, Andries: Een theorie van de presentie, Utrecht ³2004.

Baart, Andries: Die Kraft der Präsenz, in: Herrmann, Volker/Horstmann, Martin (Hg.): Wichern drei – gemeinwesendiakonische Impulse, Neukirchen-Vluyn 2010, 142–150.

Bachmann, Ingeborg: Die Wahrheit ist dem Menschen zumutbar. Rede zur Verleihung des Hörspielpreises der Kriegsblinden, in: Koschel, Christine/Weidenbaum, Inge von/Münster, Clemens (Hg.): Die Wahrheit ist dem Menschen zumutbar. Essays, Reden, Kleinere Schriften, München 2011, 76.

Backhaus, Knut: „Die göttlichen Worte wachsen mit dem Leser". Exegese und Rezeptionsästhetik, in: Garhammer, Erich/Schöttler, Heinz-Günther (Hg.): Predigt als offenes Kunstwerk. Homiletik und Rezeptionsästhetik, München 1998, 149–167.

Bacq, Philippe: Für eine Erneuerung vom Ursprung her. Auf dem Weg zu einer ‚zeugenden Pastoral', in: Feiter, Reinhard/Müller, Hadwig (Hg.): Frei geben. Pastoraltheologische Impulse aus Frankreich, übersetzt von Hadwig Müller und Wilhelm Rauscher (Bildung und Pastoral, Band 1), Ostfildern ²2013, 31–55.

Barbarić, Damir: Heideggers Sprachdenken, in: Kultur und Kritik (Leipziger philosophische Zeitschrift) 6 (1994), 17–29.

Barbarić, Damir: Hörendes Denken, in: Figal, Günter/Gander, Hans-Helmuth (Hg.): Dimensionen des Hermeneutischen. Heidegger und Gadamer, Frankfurt a.M. 2005, 37–57.

Barthes, Roland: Zuhören als Haltung, in: Bernius, Volker/Kemper, Peter/Oehler, Regina/Wellmann, Karl-Heinz (Hg.): Der Aufstand des Ohrs – die neue Lust am Hören. Reader Neues Funkkolleg, Göttingen 2006, 76–89.

Bauer, Christian: Ortswechsel der Theologie. M.-Dominique Chenu im Kontext seiner Programmschrift „Une école de théologie: Le Saulchoir" (2 Bde.), Münster 2010.

Bauer, Christian: Indiana Jones in der Spätmoderne? Umrisse einer Pastoraltheologie der kreativen Differenzen, in: LS 62 (1/2011), 30–35.

Bauer, Christian: Exposures in der Pastoral – mehr als ‚Studiosus' für Kirchenleute? Anmerkungen mit Simone Weil, in: Pock, Johann/Hoyer, Birgit/Schüßler, Michael (Hg.): Ausgesetzt. Exklusionsdynamiken und Exposureprozesse in der Praktischen Theologie (Werkstatt Theologie, Band 20), Münster 2012, 19–35.

Bauer, Christian: Denken in Konstellationen? Pastoraltheologie als kontrastiver Mischdiskurs, in: PThI 2 (2015), 5–12.

Bauer, Christian: Konstellative Pastoraltheologie. Erkundungen zwischen Diskursarchiven und Praxisfeldern, Stuttgart 2017.

Bausenhart, Guido/Böhnke, Michael/Lorenz, Dominik (Hg.): Phänomenologie und Theologie im Gespräch. Impulse von Bernhard Welte und Klaus Hemmerle, Freiburg i.Br. 2013.

Beer, Bettina (Hg.): Methoden ethnologischer Feldforschung, Berlin ²2008.

Berger, Klaus: Die Apokalypse des Johannes. Kommentar. Teilband 1: Apk 1–10, Freiburg i.Br. 2017.

Beuscher, Bernd/Zilleßen, Dietrich: Religion und Profanität. Entwurf einer profanen Religionspädagogik, Weinheim 1998.

Biehl, Peter: Wahrnehmung und ästhetische Erfahrung. Zur Bedeutung ästhetischen Denkens für eine Religionspädagogik als Wahrnehmungslehre, in: Grözinger, Albrecht/Lott, Jürgen (Hg.): Gelebte Religion. Im Brennpunkt praktisch-theologischen Denkens und Handelns. Festschrift für Gert Otto, Rheinbach-Merzbach 1977, 380–411.

Biehl, Peter: Der phänomenologische Ansatz in der deutschen Religionspädagogik, in: Heimbrock, Hans-Günter (Hg.): Religionspädagogik und Phänomenologie. Von der empirischen Wendung zur Lebenswelt, Weinheim 1998, 15–46.

Billé, Louis-Marie: Conférence d'ouverture, in: Des temps nouveaux pour l'Évangile, Conférence des évêques de France, Assemblée plénière, Lourdes 2000, Paris 2001, berücksichtigt nach: Bacq, Philippe: Für eine Erneuerung vom Ursprung her. Auf dem Weg zu einer ‚zeugenden Pastoral', in: Feiter, Reinhard/Müller, Hadwig (Hg.): Frei geben. Pastoraltheologische Impulse aus Frankreich, übersetzt von Hadwig Müller und Wilhelm Rauscher (Bildung und Pastoral, Band 1), Ostfildern ^{2}2013, 31–55.

Bily, Lothar: „Sich seiner selbst nicht zu sicher sein". Das Christentum als fremde Religion neu entdecken?, in: Hoff, Gregor Maria/Waldenfels, Hans (Hg.): Die ethnologische Konstruktion des Christentums. Fremdperspektiven auf eine bekannte Religion, Stuttgart 2008, 167–189.

Blasberg-Kuhnke, Martina: Praktische Theologie. Bestandsaufnahme und Zukunftsperspektiven, in: Nauer, Doris/Bucher, Rainer/Weber, Franz (Hg.): Praktische Theologie. Bestandsaufnahme und Zukunftsperspektiven. Ottmar Fuchs zum 60. Geburtstag, Stuttgart 2005, 44–49.

Blumenberg, Hans: Paradigmen zu einer Metaphorologie, Frankfurt a.M. 1998.

Blumenberg, Hans: Licht als Metapher der Wahrheit. Im Vorfeld der philosophischen Begriffsbildung (1957), in: Ders.: Ästhetische und metaphorologische Schriften. Auswahl und Nachwort von Anselm Haverkamp, Frankfurt a.M. 2001, 139–171.

Boff, Leonardo: Und die Kirche ist Volk geworden, Düsseldorf 1987.

Böhler, Arno: Das Timbre des Denkens. Was heißt uns hören, wenn wir denken?, in: Haselböck, Lukas (Hg.): Klangperspektiven, Hofheim 2011, 11–26.

Böhnke, Michael: Kirche in der Glaubenskrise. Eine pneumatologische Skizze zur Ekklesiologie und zugleich eine theologische Grundlegung des Kirchenrechts, Freiburg i.Br. 2013.

Bolland, Angela: Forschendes und biografisches Lernen. Das Modellprojekt Forschungswerkstatt in der Lehrerbildung, Bad Heilbrunn 2011.

Bonhoeffer, Dietrich: Gemeinsames Leben. Das Gebetbuch der Bibel, herausgegeben von Gerhard L. Müller und Albrecht Schönherr, Gütersloh 1987.

Bonz, Jochen: Acid House als Grenze des praxeologischen Kulturverständnisses. Zum Realismus der sensuellen Ethnographie, in: Arantes, Lydia Maria/Rieger, Elisa (Hg.): Ethnographien der Sinne. Wahrnehmung und Methode in empirisch-kulturwissenschaftlichen Forschungen, Bielefeld 2014, 233–250.

Bonz, Jochen: Alltagsklänge – Einsätze einer Kulturanthropologie des Hörens, Wiesbaden 2015.

Börnchen, Stefan/Liebrand, Claudia (Hg.): Lauschen und Überhören. Literarische und mediale Aspekte auditiver Offenheit, Paderborn 2020.

Brecht, Bertolt: Der Nachschlag, in: Ders./Hecht, Werner (Hg.): Der Messingkauf. Übungsstücke für Schauspieler. Gedichte aus dem Messingkauf (1937–1951), Frankfurt a.M. 1963, 308.

Bredella, Nathalie/Dähne, Chris: Infrastrukturen des Urbanen. Soundscapes, Landscapes, Netscapes, Bielefeld 2013.

Bröckling, Ulrich/Dries, Christian/Leanza, Matthias/Leanza, Mario/Schlechtriemen, Tobias (Hg.): Das Andere der Ordnung. Theorien des Exzeptionellen, Weilerswist 2015.

Brunner, Hellmut: Das hörende Herz. Kleine Schriften zur Religions- und Geistesgeschichte Ägyptens, herausgegeben von Wolfgang Röllig, Fribourg u.a. 1988.

Bucher, Rainer: Über Stärken und Grenzen der ‚Empirischen Theologie', in: ThQ 182 (2002), 128–154.

Bucher, Rainer: 40 Jahre danach. Beschädigt. Die defizitäre Rezeption von Gaudium et spes und die Krisen der Kirche, in: Diak. 36 (2/2005), 121–127.

Bucher, Rainer: Die pastorale Konstitution der Kirche. Was soll Kirche eigentlich?, in: Ders. (Hg.): Die Provokation der Krise. Zwölf Fragen und Antworten zur Lage der Kirche, Würzburg ²2005, 30–44.

Bucher, Rainer: Gegenwart. Nicht Exil. Zur Wahrnehmung des Unbekannten in der katholischen Pastoraltheologie, in: ThQ 185 (2005), 184–187.

Bucher, Rainer: Kirche ohne Geld und Vertrauen. Die heilsame Provokation der Krise, in: Heimbach-Steins, Marianne/Schöttler, Heinz-Günther (Hg.): „… nicht umsonst gekommen." Pastorale Berufe, Theologie und Zukunft der Kirche, Münster 2005, 43–62.

Bucher, Rainer: Die Provokation annehmen. Welche Konsequenzen sind aus der Sinusstudie zu ziehen?, in: HerKorr 62 (6/2008), 450–454.

Bucher, Rainer: Vom bösen Zauber falscher Vorstellungen. Zur pastoraltheologischen Problematik der soziologischen Kategorie ‚Ehrenamt', in: Diak. 40 (2009), 269–275.

Bucher, Rainer: Theologie im Risiko der Gegenwart. Studien zur kenotischen Existenz der Pastoraltheologie zwischen Universität, Kirche und Gesellschaft, Stuttgart 2010.

Bucher, Rainer: … wenn nichts bleibt, wie es war. Zur prekären Zukunft der katholischen Kirche, Würzburg 2012.

Bucher, Rainer: Aufmerksamkeit, Demut und Ermutigung durch Vertrauen. Charisma und Leitung – ein Spannungsfeld. Interview mit Andreas Fritsch, in: Unsere Seelsorge (September 2015), 8–11.

Bündgens, Johannes: Zeugungspastoral. Die Ruhe nach dem Sturm, in: AnzSS 10 (2010), 5–9.

Busch, Kathrin/Därmann, Iris (Hg.): „Pathos". Konturen eines kulturwissenschaftlichen Grundbegriffs, Bielefeld 2007.

C

Câmara, Hélder Dom: Stimme der stummen Welt, Zürich 1989.

Congar, Yves: Kommentar zum vierten Kapitel des ersten Teils von Gaudium et spes, in: LThK, Ergänzungsband 3: Das Zweite Vatikanische Konzil. Konstitutionen, Dekrete und Erklärungen, Kommentare Teil III, Freiburg i.Br. ²1968, 397–422.

D

Dabrock, Peter: Antwortender Glaube und Vernunft. Zum Ansatz evangelischer Fundamentaltheologie, Stuttgart 2000.

Dabrock, Peter: Evangelische Fundamentaltheologie als responsive Rationalität, in: Petzoldt, Matthias (Hg.): Evangelische Fundamentaltheologie in der Diskussion, Leipzig 2004, 121–144.

De Certeau, Michel: GlaubensSchwachheit, Stuttgart 2009.

De la Motte-Haber, Helga (Hg.): Der Hörer als Interpret, Frankfurt a.M. 1995.

Deeg, Alexander: Predigt und Derascha. Homiletische Textlektüre im Dialog mit dem Judentum, Göttingen 2006.

Deniau, Marie-Jo: Zugang zum Lesen – Zugang zu den eigenen Möglichkeiten des Werdens, in: Feiter, Reinhard/Müller, Hadwig (Hg.): Frei geben. Pastoraltheologische Impulse aus Frankreich, übersetzt von Hadwig Müller und Wilhelm Rauscher (Bildung und Pastoral, Band 1), Ostfildern ²2013, 190–202.

Derrida, Jacques: Grammatologie, Frankfurt a.M. 1974.

Derrida, Jacques: Randgänge der Philosophie, übersetzt von Gerhard Ahrens, Wien ²1999.

Derrida, Jacques: Die Stimme und das Phänomen. Einführung in das Problem des Zeichens in der Phänomenologie Husserls, 1. Aufl. der Neuübersetzung zum 40jährigen Bestehen der Ed. Suhrkamp, Frankfurt a.M. 2003.

Derrida, Jacques: Brief an einen japanischen Freund, in: Ders. (Hg.): Psyche. Erfindungen des Anderen II, unter Mitarbeit von Markus Sedlaczek und Peter Engelmann, Wien 2013, 15–22.

Diaconu, Mădălina: Phänomenologie der Sinne, Stuttgart 2013.

Donegani, Jean-Marie: Säkularisierung und Pastoral, in: Feiter, Reinhard/Müller, Hadwig (Hg.): Frei geben. Pastoraltheologische Impulse aus Frankreich, übersetzt von Hadwig Müller und Wilhelm Rauscher (Bildung und Pastoral, Band 1), Ostfildern ²2013, 56–80.

Duden. Das Bedeutungswörterbuch, Band 10, Mannheim u.a. ³2002.

Duden. Das Herkunftswörterbuch. Etymologie der deutschen Sprache, Band 7, Berlin ⁵2014.

E

Ebach, Jürgen: Die Einheit von Sehen und Hören. Beobachtungen und Überlegungen zu Bilderverbot und Sprachbildern im Alten Testament, in: Jacobi, Rainer-M.E./Marx, Bernhard/Strohmaier-Wiederanders, Gerlinde (Hg.): Im Zwischenreich der Bilder, Leipzig 2004, 77–104.

Ebertz, Michael N.: Kirche im Gegenwind. Zum Umbruch der religiösen Landschaft, Freiburg i.Br. u.a. 1997.

Ebertz, Michael N./Fuchs, Ottmar/Sattler, Dorothea: Lernen, wo die Menschen sind. Wege lebensraumorientierter Seelsorge, Mainz 2005.

Ebner, Martin: Du hast eine zweite Chance! Das Markusevangelium als Hoffnungsgeschichte, in: Fuchs, Ottmar/Widl, Maria (Hg.): Ein Haus der Hoffnung. Festschrift für Rolf Zerfaß, Düsseldorf 1999, 31–40.

Ebner, Martin: Kreuzestheologie im Markusevangelium, in: Dettwiler, Andreas/Zumstein, Jean (Hg.): Kreuzestheologie im Neuen Testament (WUNT 151), Tübingen 2002, 151–168.

Ebner, Martin/Heininger, Bernhard: Exegese des Neuen Testaments. Ein Arbeitsbuch für Lehre und Praxis, Paderborn ⁴2018.

Eco, Umberto: Das offene Kunstwerk, Frankfurt a.M. 1977.

Ehler, Renate: Einleitung, in: Zuhören e.V. (Hg.): Ganz Ohr. Interdisziplinäre Aspekte des Zuhörens, Göttingen 2002, 11–14.

Elzenheimer, Regine: Pause. Schweigen. Stille. Dramaturgien der Abwesenheit im postdramatischen Musik-Theater, Würzburg 2008.

Engemann, Wilfried: Semiotik und Theologie – Szenen einer Ehe, in: Ders./Volp, Rainer (Hg.): Gib mir ein Zeichen. Zur Bedeutung der Semiotik für theologische Praxis- und Denkmodelle, Berlin u.a. 1992, 3–28.

Engemann, Wilfried: „Unser Text sagt …“. Hermeneutischer Versuch zur Interpretation und Überwindung des ‚Texttods‘ der Predigt, in: ZThK 93 (1996), 450–480.

Engemann, Wilfried: Einführung in die Homiletik, Tübingen u.a. 2002.

Espinet, David: Phänomenologie des Hörens. Eine Untersuchung im Ausgang von Martin Heidegger, Tübingen 2009.

Espinet, David: Intentionaler Blick und aufmerkendes Aufhorchen, in: Rese, Friederike (Hg.): Heidegger und Husserl im Vergleich, Frankfurt a.M. 2010, 133–151.

Espinet, David: Das Lied der Erde. Zu Heideggers Phänomenologie des Hörens als Ontologie der Halbdinge, in: Kluck, Steffen/Volke, Stefan (Hg.): Näher dran? Zur

Phänomenologie des Wahrnehmens, unter Mitarbeit von Wilko de Buhr, Freiburg i.Br. – München 2012, 273–300.

Esterbauer, Reinhold: Die Asche der Geschöpflichkeit hüten. Zur naturalistischen Kritik am biblischen Gottesglauben, in: Kügler, Joachim/Bechmann, Ulrike (Hg.): Biblische Religionskritik. Kritik *in, an* und *mit* biblischen Texten, Berlin 2009, 33–47.

F

Failing, Wolf-Eckart/Lotz, Thomas A.: Einführung, in: Dies./Heimbrock, Hans-Günter (Hg.): Religion als Phänomen. Sozialwissenschaftliche, theologische und philosophische Erkundungen in der Lebenswelt, Berlin 2001, 1–11.

Fechtner, Kristian/Mulia, Christian: Impulse für eine Praktische Theologie der Spätmoderne, Stuttgart 2014.

Feeser-Lichterfeld, Ulrich: Berufung. Eine praktisch-theologische Studie zur Revitalisierung einer pastoralen Grunddimension, Münster 2005.

Feiter, Reinhard: Antwortendes Handeln. Praktische Theologie als kontextuelle Theologie – ein Vorschlag zu ihrer Bestimmung in Anknüpfung an Bernhard Waldenfels' Theorie der Responsivität, Münstersches Informations- und Archivsystem für multimediale Inhalte 2010 (Neuausgabe von Antwortendes Handeln 2002), unter: https://miami.uni-muenster.de/Record/1972af71-19d5-4fae-be08-cf51fb7ffd6c [abgerufen am 14.01.2021].

Feiter, Reinhard: Von der pastoraltheologischen Engführung zur pastoraltheologischen Zuspitzung der Praktischen Theologie, in: Göllner, Reinhard (Hg.): „Es ist so schwer, den falschen Weg zu meiden". Bilanz und Perspektiven der theologischen Disziplinen, Münster 2004, 261–286.

Feiter, Reinhard: „Gib deine Antwort darauf!", in: Katechetische Blätter 129 (5/2004), 376–382.

Feiter, Reinhard: Abschied von der flächendeckenden Pastoral. Eine Glosse, in: AnzSS 10 (2010), 19–23.

Feiter, Reinhard: Die örtlichen Gemeinden von Poitiers – Reflexionen zu ihrer Reflexion, in: Ders./Müller, Hadwig (Hg.): Was wird jetzt aus uns, Herr Bischof? Ermutigende Erfahrungen der Gemeindebildung in Poitiers, übersetzt von Hanns-Werner Eichelberger und Hadwig Müller, Ostfildern [2]2010, 149–166.

Feiter, Reinhard: Einführung in die Pastoraltheologie, in: Sajak, Clauß Peter (Hg.): Praktische Theologie (Theologie studieren im modularisierten Studiengang, Modul 4), Paderborn 2012, 15–63.

Feiter, Reinhard: Das Evangelium wird zur „guten Nachricht", in: Ders./Müller, Hadwig (Hg.): Frei geben. Pastoraltheologische Impulse aus Frankreich, übersetzt von Hadwig Müller und Wilhelm Rauscher (Bildung und Pastoral, Band 1), Ostfildern [2]2013, 139–151.

Feiter, Reinhard: … auch der „Realität" etwas zutrauen. Drei Notizen zum Exposure, in: Kröger, Elisa (Hg.): Wie lernt Kirche Partizipation? Theologische Reflexion und praktische Erfahrungen, Würzburg 2016, 249–254.

Feiter, Reinhard: Von anderswoher sprechen und handeln. Überlegungen zum Praxisbegriff Praktischer Theologie, in: Heidkamp, Monika/Kranemann, Daniela/ Prkačin, Elisa/Vilain, Clarissa (Hg.): Abweichen. Von einer Praxis, die findet, was sie nicht gesucht hat. Für Reinhard Feiter (Studien zur Praktischen Theologie, Band 6), Münster 2022, 139–148 [zuerst erschienen in: SaThZ 21 (1/2017), 177–185].

Feiter, Reinhard: „Sollte der nicht hören, der das Ohr gepflanzt hat?" Ein Lob der Telefonseelsorge, in: Heidkamp, Monika/Kranemann, Daniela/Prkačin, Elisa/Vilain, Clarissa (Hg.): Abweichen. Von einer Praxis, die findet, was sie nicht gesucht hat. Für Reinhard Feiter (Studien zur Praktischen Theologie, Band 6), Münster 2022, 23–31.

Feiter, Reinhard/Müller, Hadwig (Hg.): Frei geben. Pastoraltheologische Impulse aus Frankreich, übersetzt von Hadwig Müller und Wilhelm Rauscher (Bildung und Pastoral Band 1), Ostfildern ^{2}2013.

Feiter Reinhard/Müller, Hadwig: Vorwort der Herausgeber, in: Theobald, Christoph: Hören, wer ich sein kann. Einübungen, herausgegeben von Reinhard Feiter und Hadwig Müller (Bildung und Pastoral, Band 5), Ostfildern 2018, 13–22.

Figal, Günter: Gegenständlichkeit. Das Hermeneutische und die Philosophie, Tübingen 2006.

Friedell, Egon: Kulturgeschichte Griechenlands. Leben und Legende der vorchristlichen Seele, München 1966.

Fritzen, Wolfgang: Von Gott verlassen? Das Markusevangelium als Kommunikationsangebot für bedrängte Christen, Stuttgart 2008.

Fuchs, Ottmar (Hg.): Die Fremden (Theologie zur Zeit, Band 4), Düsseldorf 1988.

Fuchs, Ottmar: Kirche, in: Haslinger, Herbert u.a. (Hg.): Handbuch Praktische Theologie. Grundlegungen, Band 1, Mainz 1999, 363–375.

Fuchs, Ottmar: Die Konfrontation des kirchlichen Dienstes mit ‚den sehr oft so grundlegend veränderten pastoralen und menschlichen Umständen' (PO 1) – Ermutigung zu einer topopraktischen Pastoral, in: Hünermann, Peter/Hilberath, Bernd (Hg.): Herders Theologischer Kommentar zum Zweiten Vatikanischen Konzil, Band 5, Freiburg i.Br. u.a. 2006, 403–414.

Fuchs, Ottmar: Die Liturgie des Leibes. Praktische Theologie im Gespräch mit Emmanuel Lévinas, in: Freyer, Thomas (Hg.): Der Leib. Theologische Perspektiven aus dem Gespräch mit Emmanuel Lévinas, Ostfildern 2009, 102–144.

Fuchs, Ottmar: Ohne Wandel keine inhaltliche Kontinuität – weder in der Pastoral noch in der Pastoraltheologie, in: Theologie und Glaube 100 (2010), 288–306.

G

Gadamer, Hans-Georg: Über das Hören (1998), in: Ders.: Hermeneutische Entwürfe. Vorträge und Aufsätze, Tübingen 2000, 48–55.

Gäde, Gerhard (Hg.): Hören – Glauben – Denken. Festschrift für Peter Knauer SJ zur Vollendung seines 70. Lebensjahres, Münster 2005.

Garhammer, Erich/Schöttler, Heinz-Günther (Hg.): Predigt als offenes Kunstwerk. Homiletik und Rezeptionsästhetik, München 1998.

Gärtner, Stefan/Mette, Norbert: Unübersichtlichkeit als Charakteristikum der pastoraltheologischen Landschaft. Acht Thesen und eine Vorbemerkung zum Selbstverständnis der Disziplin, in: PThI 35 (2/2015), 35–40.

Geertz, Clifford: Dichte Beschreibung. Beiträge zum Verstehen kultureller Systeme, Frankfurt a.M. 1987.

Gehring, Petra: Über Körperschaft von Sprache. Studien zum Sprechakt, Frankfurt a.M. 2019.

Georges, Karl Ernst: Ausführliches lateinisch-deutsches Handwörterbuch, Band 2 (C–D), Neusatz der 8. Auflage von 1913, Berlin 2014.

Girtler, Roland: Methoden der Feldforschung, Wien u.a. [4]2011.

Gmainer-Pranzl, Franz: „responsio ex auditu". Glaube als Fremdperspektive, in: Hoff, Gregor Maria/Waldenfels, Hans (Hg.): Die ethnologische Konstruktion des Christentums. Fremdperspektiven auf eine bekannte Religion, Stuttgart 2008, 190–211.

Gnilka, Joachim: Zur Theologie des Hörens nach den Aussagen des Neuen Testaments, in: BiLe (2/1961), 71–81.

Gobrecht, Reinhard: Grundgesetze und Methoden der Logik, Norderstedt 2015.

Goldmann, Kurt: Der Aufbau des Organismus, Den Haag 1934.

Gomringer, Eugen: Konkrete Poesie, Stuttgart 1972.

Greshake, Gisbert: Priester sein in dieser Zeit. Theologie – Pastorale Praxis – Spiritualität, Würzburg [2]2008.

Griesecke, Birgit: World gone wrong. Verstummen als Notstand der Rede, in: Busch, Kathrin/Därmann, Iris/Kapust, Antje (Hg.): Philosophie der Responsivität. Festschrift für Bernhard Waldenfels, München 2007.

Gronau, Barbara/Lagaay, Alice (Hg.): Performanzen des Nichttuns, Wien 2008.

Grözinger, Albrecht: Praktische Theologie und Ästhetik. Ein Beitrag zur Grundlegung der Praktischen Theologie, München 1987.

Grözinger, Albrecht: Es bröckelt an den Rändern. Kirche und Theologie in einer multikulturellen Gesellschaft, München 1992.

Grözinger, Albrecht: Differenz-Erfahrung. Seelsorge in der multikulturellen Gesellschaft, Waltrop 1994.

Grözinger, Albrecht: Praktische Theologie als Kunst der Wahrnehmung, Gütersloh 1995.

Guzzoni, Ute: Der andere Heidegger. Überlegungen zu seinem späteren Denken, Freiburg i.Br. – München 2009.

H

Haas, Annika: Hören, Berühren, Bewegen, in: Sternagel, Jörg/Mersch, Dieter/Stertz, Lisa (Hg.): Kraft der Alterität. Ethische und aisthetische Dimensionen des Performativen, Bielefeld 2015, 207–225.

Haselböck, Lukas (Hg.): Klangperspektiven, Hofheim 2011.

Hashemi, Mahdi: „Wie ein Pfeil", unter: https://thepoetryproject.de/mahdi-hashemi-wie-ein-pfeil/ [abgerufen am 14.01.2021].

Haslinger, Herbert: Diakonie zwischen Mensch, Kirche und Gesellschaft. Eine praktisch-theologische Untersuchung der diakonischen Praxis unter dem Kriterium des Subjektseins des Menschen (STPS 18), Würzburg 1996.

Haslinger, Herbert/Bundschuh-Schramm, Christiane/Fuchs, Ottmar/Karrer, Leo/Klein, Stephanie/Knobloch, Stefan/Stoltenberg, Gundelinde: Ouvertüre: Zu Selbstverständnis und Konzept dieser Praktischen Theologie, in: Haslinger, Herbert (Hg.): Handbuch Praktische Theologie. Grundlegungen, Band 1, Mainz 1999, 19–44.

Haslinger, Herbert: Veränderndes Helfen. Zur christlichen Qualität der Diakonie, in: Haslbeck, Barbara/Günter, Jörn (Hg.): Wer hilft, wird ein anderer. Zur Provokation christlichen Helfens. Festschrift für Isidor Baumgartner, Berlin 2006, 63–75.

Heidegger, Martin: Heraklit. GA 55, Frankfurt a.M. [3]1994.

Heidegger, Martin: Über den Humanismus, Frankfurt a.M. [10]2000.

Heidegger, Martin: Der Satz vom Grund, Stuttgart [9]2006.

Heidegger, Martin: Sein und Zeit, Tübingen [19]2006.

Heidegger, Martin: Unterwegs zur Sprache, Stuttgart [14]2007.

Heidemann, Frank: Ethnologie. Eine Einführung, Göttingen 2011, 33–36.

Heidkamp, Monika/Kranemann, Daniela/Prkačin, Elisa/Vilain, Clarissa (Hg.): Abweichen. Von einer Praxis, die findet, was sie nicht gesucht hat. Für Reinhard Feiter (Studien zur Praktischen Theologie, Band 6), Münster 2022.

Heimbrock, Hans-Günter: Feier des Unscheinbaren. Überlegungen zu Gottesdienst und Predigt, in: Failing, Wolf-Eckhart/Ders. (Hg.): Gelebte Religion wahrnehmen. Lebenswelt – Alltagskultur – Religionspraxis, Stuttgart 1998, 177–199.

Heimbrock, Hans-Günter: Welches Interesse hat die Theologie an der Wirklichkeit? Von der Handlungstheorie zur Wahrnehmungswissenschaft, in: Failing, Wolf-Eckhart/Ders. (Hg.): Gelebte Religion wahrnehmen. Lebenswelt – Alltagskultur – Religionspraxis, Stuttgart 1998, 11–36.

Heimbrock, Hans-Günter/Failing, Wolf-Eckart: Ausblick. Von der Handlungstheorie zur Wahrnehmungstheorie und zurück, in: Dies. (Hg.): Gelebte Religion wahrnehmen. Lebenswelt – Alltagskultur – Religionspraxis, Stuttgart 1998, 275–294.

Hemmerle, Klaus: Krise des Hörens, in: Welte, Bernhard/Lange, Hans Joachim/Hemmerle, Klaus (Hg.): Gespräch ohne Partner. Die Krise des Hörens, Freiburg i.Br. 1960, 46–70.

Hemmerle, Klaus: Propädeutische Überlegungen zur Glaubensvermittlung, unter: https://www.klaus-hemmerle.de/de/werk/propaedeutische-ueberlegungen-zur-glaubensvermittlung.html#/reader/0 [abgerufen am 14.01.2021].

Hemmerle, Klaus: Zehn Punkte eines für die Zukunft des Prozesses „Weggemeinschaft" im Bistum Aachen erforderlichen und tragenden Konsenses (Januar 1992), in: Bischöfliches Generalvikariat Aachen (Hg.): Der Prozess Weggemeinschaft im Bistum Aachen 1988–1994, Aachen ³1995, 27–29.

Hemmerle, Klaus: Gemeinschaft als Bild Gottes. Beiträge zur Ekklesiologie. Ausgewählt und eingeleitet von Hanspeter Heinz und Anton E. van Hooff, in: Ders.: Ausgewählte Schriften, Band 5, herausgegeben von Reinhard Feiter, Freiburg i.Br. u.a. 1996.

Hemmerle, Klaus: Spielräume Gottes und der Menschen. Beiträge zu Ansatz und Feldern kirchlichen Handelns. Ausgewählt und eingeleitet von Reinhard Göllner und Bernd Trocholepczy, Freiburg i.Br. u.a. 1996.

Hentschel, Frank/Moormann, Peter (Hg.): Filmmusik. Ein alternatives Kompendium, Wiesbaden 2018.

Heyer, Sonja: Zum Raum wird hier die Zeit. Das John-Cage-Orgel-Kunst-Projekt in Halberstadt, in: Buddhismus aktuell (2/2013), 8–10, hier 10, unter: https://archiv.aslsp.org/images/Kunst__Kultur_artikel_cage.pdf [abgerufen am 10.11.2022].

Hillebrandt, Frank: Soziologische Praxistheorien. Eine Einführung, Wiesbaden 2014.

Hirschauer, Stefan: Ethnografisches Schreiben und die Schweigsamkeit des Sozialen. Zu einer Methodologie der Beschreibung, in: ZfS 30 (6/2001), 429–451.

Hirschauer, Stefan: Die Exotisierung des Eigenen, in: Wohlrab-Sahr, Monika (Hg.): Kultursoziologie. Paradigmen – Methoden – Fragestellungen, Wiesbaden 2010, 207–225.

Hobelsberger, Hans: Pastorale Orte und Gelegenheiten. Für die Menschen Vielfalt im Pastoralen Raum ermöglichen und entdecken, in: Erzbischöfliches Generalvikariat Paderborn (Hg.): Theologische Beiträge zur Pastoral der Berufung, Anlage 3 zum Zukunftsbild, Paderborn 2014, 84–98, unter: https://www.pastorale-informationen.de/medien/23053/original/664/141016_Anlage3_END_ohne_Kopierschutz.pdf [abgerufen am 14.01.2021].

Hochschild, Michael: Auf der Schwelle in die Zukunft. Den Wandel der Kirche verstehen und mitgestalten, Stuttgart 2001.

Hoff, Gregor Maria/Waldenfels, Hans (Hg.): Die ethnologische Konstruktion des Christentums. Fremdperspektiven auf eine bekannte Religion, Stuttgart 2008.

Hoff, Gregor Maria/Waldenfels, Hans: Einleitung, in: Dies. (Hg.): Die ethnologische Konstruktion des Christentums. Fremdperspektiven auf eine bekannte Religion, Stuttgart 2008, 7–9.

Holzherr, Georg (Hg.): Die Benediktsregel. Eine Anleitung zu christlichem Leben. Der vollständige Text der Regel übersetzt und erklärt von Georg Holzherr, em. Abt von Einsiedeln, Freiburg/Schw. ⁷2007.

Holztrattner, Magdalena M.: Wirklich arm sind die Anderen. Partizipative Armutsforschung mit Jugendlichen. Theologische Aspekte einer interdisziplinären empirischen Studie, Innsbruck 2011.

Hoyer, Birgit: Seelsorge auf dem Land. Räume verletzbarer Theologie, Stuttgart 2011.

Hoyer, Birgit/Schüßler, Michael: Exklusion und Exposure. Von der notwendigen Verletzbarkeit praktischer Theologie, in: Pock, Johann/Dies. (Hg.): Ausgesetzt. Exklusionsdynamiken und Exposureprozesse in der Praktischen Theologie (Werkstatt Theologie, Band 20), Münster 2012, 5–15.

Hunze, Guido: Die Entdeckung der Welt als Schöpfung. Religiöses Lernen in naturwissenschaftlich geprägten Lebenswelten, Stuttgart 2007.

Husserl, Edmund: Arbeit an den Phänomenen. Ausgewählte Schriften, herausgegeben und mit einem Nachwort versehen von Bernhard Waldenfels, Frankfurt a.M. 1993.

Husserl, Edmund: Cartesianische Meditationen. Eine Einleitung in die Phänomenologie. Mit einer Einleitung und Registern herausgegeben von Elisabeth Ströker, Hamburg 2012.

I

Ihde, Don: Listening and Voice. Phenomenologies of Sound, New York 2007.

Imhof, Margarete: Zuhören. Psychologische Aspekte auditiver Informationsverarbeitung, Göttingen 2003.

Ipsen, Detlev u.a. (Hg.): KlangOrte. Für R. Murray Schafer zum 70. Geburtstag, Kassel 2004.

Iser, Wolfgang: Der Akt des Lesens. Theorie ästhetischer Wirkung, Stuttgart [4]1994.

J

Jaeggi, Rahel: Kritik von Lebensformen, Berlin 2014.

Janowski, Bernd: Konfliktgespräche mit Gott. Eine Anthropologie der Psalmen, Neukirchen-Vluyn 2003.

Jantschek, Thomas: „Sehen“, in: Ritter, Joachim/Gründer, Karlfried (Hg.): Historisches Wörterbuch der Philosophie, Band 9, Basel 1995, 121–165.

Jeggle, Utz: Der Kopf des Körpers. Eine volkskundliche Anatomie, Weinheim u.a. 1986.

Jewanski, Jörg/Sidler, Natalia (Hg.): Farbe – Licht – Musik. Synästhesie und Farblichtmusik, Bern 2006.

Jochum-Bortfeld, Carsten: Die Verachteten stehen auf. Widersprüche und Gegenentwürfe des Markusevangeliums zu den Menschenbildern seiner Zeit, Stuttgart 2008.

Jonas, Hans: Organismus und Freiheit. Ansätze zu einer philosophischen Biologie, Göttingen 2011.

Josuttis, Manfred: Die Einführung in das Leben. Pastoraltheologie zwischen Phänomenologie und Spiritualität, Gütersloh 1996.

Josuttis, Manfred: Offene Geheimnisse. Ein homiletischer Essay, in: Ders.: Offene Geheimnisse. Predigten, Gütersloh 1999, 7–15.

Josuttis, Manfred: Religion als Handwerk. Zur Handlungslogik spiritueller Methoden, Gütersloh 2002.

Josuttis, Manfred: Heiligung des Lebens. Zur Wirkungslogik religiöser Erfahrung, Gütersloh 2004.

Jüngel, Eberhard: Unterwegs zur Sache. Theologische Erörterungen I, Tübingen [3]2000.

K

Kant, Immanuel: Kritik der Urteilskraft, Mit Einleitungen und Bibliographie herausgegeben von Heiner F. Klemme, Hamburg 2009.

Karl, Katharina: Pastoraltheologie kontextuell, dialogisch und kenotisch, in: SaThZ 20 (2/2016), 93–104.

Karle, Isolde: Der Pfarrberuf als Profession. Eine Berufstheorie im Kontext der modernen Gesellschaft, Gütersloh 2001.

Karrer, Leo: Der Weg der praktisch-theologischen Reflexion. Erfahrung als Prinzip der Praktischen Theologie, in: Haslinger, Herbert (Hg.): Handbuch Praktische Theologie. Grundlegungen, Band 1, Mainz 1999, 199–219.

Karst, Karl: Medium Ohr. Eine kurze Geschichte des Hörens, in: Buck, Matthias/Hartling, Florian/Pfau, Sebastian (Hg.): Randgänge der Mediengeschichte, Wiesbaden 2010, 181–190.

Kaspari, Tobias: Das Eigene und das Fremde. Phänomenologische Grundlegung evangelischer Religionsdidaktik, Leipzig 2010.

Katz-Bernstein, Nitza: Selektiver Mutismus bei Kindern. Erscheinungsbilder, Diagnostik, Therapie, München [2]2007.

Kaufmann, Franz-Xaver: Wie überlebt das Christentum?, Freiburg i.Br. u.a. 2000.

Kaufmann, Joseph: Der Begriff des Hörens im Johannesevangelium. Eine Begriffsuntersuchung auf dem Hintergrund der johanneischen Offenbarungstheologie, Rom 1978.

Kehl, Medard: Wohin geht die Kirche? Eine Zeitdiagnose, Freiburg i.Br. u.a. 1996.

Keul, Hildegund: Verschwiegene Gottesrede. Die Mystik der Begine Mechthild von Magdeburg, Innsbruck 2004.

Kirchhoff, Klaus: Das gewisse Etwas. Phänomenologische Ansätze in der Religionspädagogik, Berlin 2007.

Kläden, Tobias/Schüßler, Michael: Zu schnell für Gott? Theologische Kontroversen zu Beschleunigung und Resonanz, Freiburg i.Br. 2017.

Klein, Stephanie: Hören als Ermächtigung zum Sprechen (Hearing to Speech). Zur Entdeckung einer theologischen Kategorie, in: PThI 17 (1/1997), 283–297.

Klein, Stephanie: Von den Erfahrungen von Frauen zu feministischer Theologie. Hören und Erzählen als Ermächtigung zu neuem Sein von Frauen und zu einer neuen Rede von Gott, in: Meyer-Wilmes, Hedwig/Troch, Livie/Bons-Storm, Riet (Hg.): Feminist perspectives in pastoral theology. Feministische Perspektiven in Pastoraltheologie, Leuven/Mainz 1998, 47–70.

Klein, Stephanie: Subjekte und Orte der Praktischen Theologie. Der Alltag als theologiegenerativer Ort, in: Haslinger, Herbert (Hg.): Handbuch Praktische Theologie. Grundlegungen, Band 1, Mainz 1999, 60–67.

Klein, Stephanie: Erschließung der Erfahrung von Frauen und die Entdeckung neuer theologischer Kategorien, in: HTS 59 (3/2003), 811–836, unter: https://www.researchgate.net/publication/45681465_Erschliessung_der_Erfahrung_von_Frauen_und_die_Entdeckung_neuer_theologischer_Kategegorien [abgerufen am 14.01.2021].

Kluge, Friedrich: Etymologisches Wörterbuch der deutschen Sprache, Berlin 1999.

Klun, Branko: „Antlitz", in: Vetter, Helmuth (Hg.): Wörterbuch der phänomenologischen Begriffe, unter Mitarbeit von Klaus Ebner und Ulrike Kadi, Hamburg 2004, 35.

Knauer, Peter SJ: Der Glaube kommt vom Hören. Ökumenische Fundamentaltheologie, Norderstedt [7]2015.

Knoblauch, Hubert: Qualitative Religionsforschung. Religionsethnographie in der eigenen Gesellschaft, Paderborn 2003.

Knobloch, Stefan: Worte ins Leben 2. Predigten zu den Evangelien des Lesejahres B, Münster 2002.

Körtner, Ulrich H.J.: Theologie des Wortes Gottes. Positionen, Probleme, Perspektiven, Göttingen 2001.

Koselleck, Reinhart: „Krise", in: Historisches Wörterbuch der Philosophie, hg. von Joachim Ritter u.a., Band 4, Darmstadt 1976, 1235–1240.

Kristeva, Julia: Fremde sind wir uns selbst, Frankfurt a.M. 1990.

Kröger, Elisa (Hg.): Wie lernt Kirche Partizipation? Theologische Reflexion und praktische Erfahrungen, Würzburg 2016.

Kröger, Elisa: Eine Kirche, die aus sich herausgeht. Bildung im Fokus von Subjektsein und grenzüberschreitender Solidarität, in: Dies. (Hg.): Wie lernt Kirche Partizipation? Theologische Reflexion und praktische Erfahrungen, Würzburg 2016, 227–248.

Kunz, Claudia Edith: Schweigen und Geist. Biblische und patristische Studien zu einer Spiritualität des Schweigens, Freiburg i.Br. 1996.

L

Lagaay, Alice: Zwischen Klang und Stille. Gedanken zur Philosophie der Stimme, in: Paragrana (Internationale Zeitschrift Historische Anthropologie) 17 (1/2008), 168–181.

Lames, Gundo: Metanoia - Kirche im Wandel - vom Krisenschema zum Entdeckungsschema in Kirche und Pastoral?, in: TThZ 112 (2003), 255–267.

Langhammer, Elke: Jesus: ausgetrickst und aus dem Spiel genommen? Eine ethnographisch orientierte pastoraltheologische Spurensuche, in: PThI 32 (2/2012), 61–68.

Lehmann, Maren: Leutemangel. Mitgliedschaft und Begegnung als Formen der Kirche, in: Hermelink, Jan/Wegner, Gerhard (Hg.): Paradoxien kirchlicher Organisation. Niklas Luhmanns frühe Kirchensoziologie und die aktuelle Reform der evangelischen Kirche, Würzburg 2008, 123–144.

Lévinas, Emmanuel: Die Spur des Anderen. Untersuchungen zur Phänomenologie und Sozialphilosophie, übersetzt von Nikolaus Krewani, Freiburg i.Br. u.a. 1983.

Lévinas, Emmanuel: Diachronie und Repräsentation, in: Ders.: Zwischen uns. Versuche über das Denken des Anderen, München u.a. 1995, 194–217.

Lévinas, Emmanuel: Antlitz und erste Gewalt. Ein Gespräch mit Hans-Joachim Lenger über Phänomenologie und Ethik, in: Kupke, Christian (Hg.): Lévinas' Ethik im Kontext, Berlin 2005, 11–24.

Lévinas, Emmanuel: Ethik und Unendliches. Gespräche mit Phillipe Nemo, Wien ^{4}2008.

Lienhard, Fritz: Grundlegung der Praktischen Theologie. Ursprung, Gegenstand und Methoden, Leipzig 2012.

Lienkamp, Christoph: Fremder Anspruch des Gesetzes – Die Theologie vor der Herausforderung der responsiven Ethik, in: Gmainer-Pranzl, Franz/Schmidhuber, Martina (Hg.): Der Anspruch des Fremden als Ressource des Humanen, Frankfurt a.M. u.a. 2011, 61–76.

Lincoln, Ulrich: Die Theologie und das Hören, Tübingen 2014.

Lohfink, Norbert: Höre, Israel! Auslegung von Texten aus dem Buch Deuteronomium, Düsseldorf 1965.

Lüders, Christian: Teilnehmende Beobachtung, in: Bohnsack, Ralf/Marotzki, Winfried/Meuser, Michael (Hg.): Hauptbegriffe Qualitativer Sozialforschung, Opladen 2003, 151–153.

Luther, Henning: Spätmodern predigen, in: Ders. (Hg.): Frech achtet die Liebe das Kleine. Biblische Texte in Szene setzen. Spätmodern predigen, Stuttgart 1991, 10–14.

Luther, Henning: Religion und Alltag. Bausteine zu einer Praktischen Theologie des Subjekts, Stuttgart 1992.

M

Marcuse, Herbert: Der eindimensionale Mensch. Studien zur Ideologie der fortgeschrittenen Industriegesellschaft, Neuwied u.a. 1978.

Martin, Gerhard Marcel: Predigt als „offenes Kunstwerk“? Zum Dialog zwischen Homiletik und Rezeptionsästhetik, in: Evangelische Theologie 44 (1984), 46–58.

Mayr, Franz: Wort gegen Bild. Zur Frühgeschichte der Symbolik des Hörens, in: Kuhn, Robert/Kreutz, Bernd (Hg.): Das Buch vom Hören, Freiburg i.Br. 1991, 16–27.

Mengel, Martin: LautBilder. Wenn Augen hören und Ohren sehen, Marburg 2010.

Merleau-Ponty, Maurice: Phänomenologie der Wahrnehmung. Aus dem Französischen übersetzt und eingeführt durch eine Vorrede von Rudolf Boehm (Phänomenologisch-Psychologische Forschungen, Band 7), Berlin 1966.

Mette, Norbert: Theorie der Praxis. Wissenschaftsgeschichtliche und methodologische Untersuchungen zur Theorie-Praxis-Problematik innerhalb der praktischen Theologie, Düsseldorf 1978.

Mette, Norbert, Praktische Theologie als Handlungswissenschaft, in: Diak. 10 (1979), 190–203.

Mette, Norbert: Von der Anwendungs- zur Handlungswissenschaft. Konzeptionelle Entwicklungen und Problemstellungen im Bereich der (katholischen) Praktischen Theologie, in: Fuchs, Ottmar (Hg.): Theologie und Handeln. Beiträge zur Fundierung der Praktischen Theologie als Handlungstheorie, Düsseldorf 1984, 50–63.

Mette, Norbert: Zwischen Handlungs- und Wahrnehmungswissenschaft – zum handlungstheoretischen Ansatz der Praktischen Theologie, in: PThI 22 (2002), 138–154.

Metz, Johann Baptist: Erinnerung des Leidens als Kritik eines teleologisch-technologischen Zukunftsbegriffs, in: EvTh 32 (1972), 338–352.

Metz, Johann Baptist: Apologie des Erzählens, in: Concilium 9 (1973), 334–341.

Metz, Johann Baptist: Plädoyer für mehr Theodizee-Empfindlichkeit in der Theologie, in: Oelmüller, Willi (Hg.): Worüber man nicht schweigen kann. Neue Diskussionen zur Theodizeefrage, München 1994, 125–137.

Metz, Johann Baptist: Vorwort zur neubearbeiteten Ausgabe. Hörer des Wortes. Zur Grundlegung einer Religionsphilosophie. Neu bearbeitet von J.B. Metz, in: Rahner, Karl: Hörer des Wortes. Zur Grundlegung einer Religionsphilosophie (München 1941), in: Ders.: Sämtliche Werke, Band 4: Hörer des Wortes. Schriften zur Religionsphilosophie und zur Grundlegung der Theologie, bearbeitet von Albert Raffelt, Solothurn u.a. 1997, 2–7.

Metz, Johann Baptist: Memoria Passionis. Ein provozierendes Gedächtnis in pluralistischer Gesellschaft. In Zusammenarbeit mit Johann Reikerstorfer, Freiburg i.Br. u.a. ^{3}2006.

Meyer, Petra Maria (Hg.): Acoustic turn, München 2008.

Meyer-Blanck, Michael/Seip, Jörg/Spielberg, Bernhard (Hg.): Homiletische Präsenz, München 2010.

Mieg, Harald A./Lehmann, Judith: Forschendes Lernen. Wie die Lehre in Universitäten und Fachhochschulen erneuert werden kann, Frankfurt a.M. 2017.

Mitschke-Collande, Thomas von: Von der Volkskirche zur missionarischen Kirche im Volk, in: Zentralkomitee der deutschen Katholiken (Hg.): SALZkörner. Materialien für die Diskussion in Kirche und Gesellschaft 11 (1/2005), 11–12, unter: https://www.zdk.de/veroeffentlichungen/salzkoerner/detail/Von-der-Volkskirche-zur-missionarischen-Kirche-im-Volk-260b/ [abgerufen am 14.01.2021].

Morton, Nelle: The Journey is Home, Boston 1985.

Moxter, Michael: „Hören", in: Konersmann, Ralf (Hg.): Wörterbuch der philosophischen Metaphern, Darmstadt 2007, 146–168.

Müller, Hadwig: Hörende Christen sind ansprechende Christen. Eine christliche Boutique in Frankreich als konkreter Ort der Evangelisation, in: Katechetische Blätter 123 (5/1998), 324–327.

Müller, Hadwig: Leidenschaft: Stärke der Armen – Stärke Gottes. Theologische Überlegungen zu Erfahrungen in Brasilien, Mainz 1998.

Müller, Hadwig: Kirche wird im Hören. Missionarische Kirche in Frankreich. Dialog statt Belehrung, in: Wegbereiter. Magazin für Berufe der Kirche (1/2002), 10.

Müller, Hadwig: Mission. Öffnung für die Freundschaft Gottes mit den Menschen, in: Krieger, Walter/Sieberer, Balthasar (Hg.): Missionarisch Kirche sein, Linz 2008, 9–31.

Müller, Hadwig: Christliche Präsenz in der Großstadt. Beispiele aus Frankreich, in: Lübbering, Bernhard (Hg.): „Nehmt Neuland unter den Pflug!" (Hos 10,12). Seelsorglicher Aufbruch in der Stadt. Ein Lesebuch nicht nur für City-Kirchenarbeit, Münster 2009, 156–167.

Müller, Hadwig: Leben zeugende Pastoral – Leben erzählende Pastoral. „Heute habe ich dich gezeugt" (Ps 2,7), in: AnzSS 10 (2010), 11–14.

Müller, Hadwig: Ungemein hellhörig sein in unseren Beziehungen. Missionarischer Zwischenruf: Das Rufen hören, in: Glaube und Leben. Kirchenzeitung für das Bistum Mainz 69 (2/2013), 4.

Müller, Hadwig: Es gibt ein Zuhören aus der Perspektive Gottes. Missionarischer Zwischenruf: Dem anderen auch in seinem Scheitern glaubwürdig zuhören, in: Glaube und Leben. Kirchenzeitung für das Bistum Mainz 69 (36/2013), 4.

Müller, Hadwig: Hoffnung des Übersetzens, in: Feiter, Reinhard/Dies. (Hg.): Frei geben. Pastoraltheologische Impulse aus Frankreich, übersetzt von Hadwig Müller und Wilhelm Rauscher (Bildung und Pastoral, Band 1), Ostfildern ^{2}2013, 11–27.

Müller, Hadwig: Hören, wer ich sein kann. Impuls beim Dekanatstag in Altensteig am 17.11.2018 in Freiburg, unter: https://www.dekanat-calw-drs.de/fileadmin/mediapool/gemeinden/RK_dekanatcalw/Galerie/2018_Dekanatstag/Vortrag_Hadwig_Mueller_-_Hoeren__wer_ich_sein_kann.pdf [abgerufen am 14.01.2021].

Müller, Hadwig: Anfangen zu leben und dem eigenen Verlangen Raum zu geben, in: εὐangel. Magazin für missionarische Pastoral 1 (2019), unter: https://www.euangel.de/ausgabe-1-2019/frei-geben-zeugende-pastoral/zeugende-pastoral-eine-pastoral-im-dienst-des-anfangenduerfens/ [abgerufen am 14.01.2021].

Müller, Hadwig Ana Maria: Theologie aus Beziehung. Missionstheologische und pastoraltheologische Beiträge, herausgegeben von Reinhard Feiter, Monika Heidkamp und Marco Moerschbacher (Bildung und Pastoral, Band 4), Ostfildern 2020.

Müller, Hadwig: Sprechen von Gott im Nachdenken eigener Erfahrung, in: Dies.: Theologie aus Beziehung. Missionstheologische und pastoraltheologische Beiträge, herausgegeben von Reinhard Feiter, Monika Heidkamp und Marco Moerschbacher (Bildung und Pastoral, Band 4), Ostfildern 2020, 10–26.

Müller, Hadwig: Sprechen der Sprachlosen, in: Dies.: Theologie aus Beziehung. Missionstheologische und pastoraltheologische Beiträge, herausgegeben von Reinhard Feiter, Monika Heidkamp und Marco Moerschbacher (Bildung und Pastoral, Band 4), Ostfildern 2020, 27–37.

Müller, Klaus: Glauben – Fragen – Denken, Band I: Basisthemen in der Begegnung von Philosophie und Theologie, Münster 2006.

Müller, Klaus: Selbstverständliche Erhörung. Predigt zu Lk 11,1–13, in: Striet, Magnus (Hg.): Hilft beten? Schwierigkeiten mit dem Bittgebet, Freiburg i.Br. 2010, 125–131.

Müller, Klaus: Anthropologie als theologische Grammatik, in: Meyer, Silke/Owzar, Armin (Hg.): Disziplinen der Anthropologie, Münster 2011, 57–74.

Müller, Wolfgang G.: Die Sprache der Lyrik, in: Lamping, Dieter (Hg.): Handbuch Lyrik. Theorie, Analyse, Geschichte, Stuttgart ^{2}2016, 84–91.

N

Nancy, Jean-Luc: Singulär plural sein, Berlin 2004.

Nancy, Jean-Luc: Noli me tangere, übersetzt von Christoph Dittrich, Zürich u.a. 2008.

Nancy, Jean-Luc: Zum Gehör, Zürich u.a. 2010.

Nancy, Jean-Luc: Ascoltando, in: Szendy, Peter: Höre(n). Eine Geschichte unserer Ohren. Mit einem Vorwort von Jean-Luc Nancy, aus dem Französischen übersetzt und mit einem Nachwort von Daniel Schierke, Paderborn 2015, 9–14.

Nelißen, Klaus: Radio-Sendung „Schweigeanrufe und Beten" im WDR 5, am 15. Juli 2016; in Textform unter: https://www.kirche-im-wdr.de/nix/de/nc/startseite/makepdf/programuid/schweigeanrufe-und-beten-1/ [abgerufen am 14.01.2021].

Nicol, Martin: Einander ins Bild setzen. Dramaturgische Homiletik, Göttingen ^{2}2005.

Nietzsche, Friedrich: Die fröhliche Wissenschaft (Kritische Studienausgabe, Band 3), München u.a. 1988.

Nisslmüller, Thomas: Gibt es ein ‚Credo' theologischer Wissenschaftlichkeit? Gedanken zum Wissenschaftscharakter der Theologie, in: ZThG 4 (1999), 138–159.

Nisslmüller, Thomas: Homo audiens. Der Hör-Akt des Glaubens und die akustische Rezeption im Predigtgeschehen, Göttingen 2008.

O

Odenthal, Andreas, Resonanz-Raum Gottesdienst? Überlegungen zu einer zeitsensiblen Liturgiewissenschaft im Anschluss an Hartmut Rosa, in: Liturgisches Jahrbuch 68 (2018), 32–54.

Oefele, Christine: Evangelienexegese als Partiturlesen. Eine Interpretation von Mk 1,1–8,22a zwischen Komposition und Performanz, Tübingen 2019.

Orth, Ernst Wolfgang: Beschreibung in der Phänomenologie Edmund Husserls, in: Ders. (Hg.): Perspektiven und Probleme der Husserlschen Phänomenologie, Freiburg i.Br. 1991, 8–45.

Osner, Karl: Begegnung mit den Armen. Was Exposure-Programme bewirken können, in: HerKorr 61 (6/2007), 317–322.

Otto, Rudolf: Das Heilige. Über das Irrationale in der Idee des Göttlichen und sein Verhältnis zum Rationalen, München 1963.

P

Payer, Peter: Der Klang der Großstadt. Eine Geschichte des Hörens. Wien 1850–1914, Wien 2018.

Peirce, Charles S.: Phänomen und Logik der Zeichen, herausgegeben und übersetzt von Helmut Pape, Frankfurt a.M. 1983.

Peirce, Charles Sanders: Vorlesungen über Pragmatismus. Mit Einleitung und Anmerkungen neu herausgegeben von Elisabeth Walther, Hamburg 1991.

Peirce, Charles Sanders: Pragmatism as a Principle and Method of Right Thinking, New York 1997.

Petri, Heinrich: „Protoevangelium", in: LThK, Band 8, Freiburg i.Br. ^{3}1999, 666–668.

Peukert, Helmut: Wissenschaftstheorie – Handlungstheorie – Fundamentale Theologie. Analysen zu Ansatz und Status theologischer Theoriebildung. Mit einem Vorwort zur Neuauflage und einem neuen Nachwort, Frankfurt a.M. ^{3}2009.

Plattig, Michael O. Carm.: „Höre, mein Sohn!" Hörbereitschaft und Gehorsam. Sondierungen, in: Ordenskorrespondenz 52 (2011), 410–421, unter: https://www.orden.de/dokumente/1._Ordenskorrespondenz/2011/Plattig_Hoere%20mein%20Sohn_2011.pdf [abgerufen am 14.01.2021].

Plessner, Helmuth: Zur Anthropologie der Sinne (Gesammelte Schriften, Band III), Frankfurt a.M. 1980.

Pock, Johann/Hoyer, Birgit/Schüßler, Michael (Hg.): Ausgesetzt. Exklusionsdynamiken und Exposureprozesse in der Praktischen Theologie (Werkstatt Theologie, Band 20), Münster 2012.

Pohl-Patalong, Uta: Von der Ortskirche zu kirchlichen Orten. Ein Zukunftsmodell, Göttingen ^{2}2006.

Pöltner, Günther: „Hören", in: Vetter, Helmuth (Hg.): Wörterbuch der phänomenologischen Begriffe, unter Mitarbeit von Ulrike Kadi und Klaus Ebner, Hamburg 2004, 263–264.

Prkačin, Elisa: Barrieren überwinden. Akzente einer charismenorientierten Seelsorge, in: AnzSS 5 (2019), 10–13.

Prkačin, Elisa: Hören, was uns nicht *gehört*. Ansätze zu einer hörenden Praxis, in: Heidkamp, Monika/Kranemann, Daniela/Prkačin, Elisa/Vilain, Clarissa (Hg.): Abweichen. Von einer Praxis, die findet, was sie nicht gesucht hat. Für Reinhard Feiter (Studien zur Praktischen Theologie, Band 6), Münster 2022, 33–39.

Pröpper, Thomas: Theologische Anthropologie, Band 1, Freiburg i.Br. 2011.

Puzicha, Michaela: Kommentar zur Benediktusregel. Mit einer Einführung von Christian Schütz, St. Ottilien 2002.

R

Rahner, Johanna: Par-oikia?, in: Dies./Lappen, Friedolf/Först, Johannes (Hg.): Abbruch oder Aufbruch? Von der Eigendynamik des kirchlichen Strukturwandels, Berlin 2010, 31–38.

Rahner, Karl: Frömmigkeit früher und heute, in: Ders.: Schriften zur Theologie, Band 7, Einsiedeln u.a. 1966, 11–31.

Rahner, Karl: Vom Hören und Sehen. Eine theologische Überlegung, in: Heinen, Wilhelm (Hg.): Bild – Wort – Symbol in der Theologie, Würzburg 1968, 139–156.

Rahner, Karl: Strukturwandel der Kirche als Aufgabe und Chance. Neuausgabe. Mit einer Einführung von Johann Baptist Metz, Freiburg i.Br. u.a. 1989.

Rahner, Karl: Hörer des Wortes. Zur Grundlegung einer Religionsphilosophie (München 1941), in: Ders.: Sämtliche Werke, Band 4: Hörer des Wortes. Schriften zur Religionsphilosophie und zur Grundlegung der Theologie, bearbeitet von Albert Raffelt, Solothurn u.a. 1997, 1–280.

Rahner, Karl: Der betende Christ, in: Ders. (Hg.): Sämtliche Werke, Band 7: Der betende Christ. Geistliche Schriften und Studien zur Praxis des Glaubens, bearbeitet von Andreas R. Batlogg, Freiburg i.Br. 2013.

Reckwitz, Andreas: Grundelemente einer Theorie sozialer Praktiken. Eine sozialtheoretische Perspektive, in: Zeitschrift für Soziologie 32 (4/2003), 282–301, unter: https://www.degruyter.com/view/journals/zfsoz/32/4/article-p282.xml [abgerufen am 14.01.2021].

Reichertz, Jo: Die Abduktion in der qualitativen Sozialforschung. Über die Entdeckung des Neuen, Wiesbaden ^{2}2013.

Riedel, Manfred: Hören auf die Sprache. Die akroamatische Dimension der Hermeneutik, Frankfurt a.M. 1990.

Rincón, Carlos: „Exotisch/Exotismus", in: Barck, Karlheinz u.a. (Hg.): Ästhetische Grundbegriffe. Historisches Wörterbuch in sieben Bänden, Band 2, Stuttgart u.a. 2001, 338–366.

Rinofner-Kreidl, Sonja: „Beschreibung", in: Vetter, Helmuth (Hg.): Wörterbuch der phänomenologischen Begriffe, unter Mitarbeit von Klaus Ebner und Ulrike Kadi, Hamburg 2004, 71–75.

Rogers, Carl R.: Der neue Mensch, Stuttgart [7]2003.

Rogers, Carl R.: Die klientenzentrierte Gesprächspsychotherapie. Client-Centered Therapy, Frankfurt a.M. [17]2005.

Rogers, Carl R.: Die nicht-direktive Beratung, Frankfurt a.M. [12]2007.

Rohner, Martin/Winter, Stephan: Religion in der Resonanzkrise. Provokationen und Ermutigungen christlichen Glaubens, die an der Zeit sind, in: Kläden, Tobias/Schüßler, Michael (Hg.): Zu schnell für Gott? Theologische Kontroversen zu Beschleunigung und Resonanz, Freiburg i.Br. 2017, 94–114.

Röhrs, Hermann: Forschungsmethoden in der Erziehungswissenschaft, Stuttgart u.a. 1968.

Rosa, Hartmut: Beschleunigung und Entfremdung. Entwurf einer kritischen Theorie spätmoderner Zeitlichkeit, Berlin [4]2014.

Rosa, Hartmut: Resonanz. Eine Soziologie der Weltbeziehung, Berlin 2016.

Rosa, Hartmut: Unverfügbarkeit, Wien u.a. [4]2019.

Rosa, Hartmut/Endres, Wolfgang: Resonanzpädagogik. Wenn es im Klassenzimmer knistert, Weinheim u.a. [2]2016.

S

Sabisch, Andrea: Inszenierung der Suche. Vom Sichtbarwerden ästhetischer Erfahrung im Tagebuch. Entwurf einer wissenschaftskritischen Grafieforschung, Bielefeld 2007.

Sander, Hans-Joachim: Die Zeichen der Zeit. Die Entdeckung des Evangeliums in den Konflikten der Gegenwart, in: Fuchs, Gotthard/Lienkamp, Andreas (Hg.): Visionen des Konzils. 30 Jahre Pastoralkonstitution ‚Die Kirche in der Welt von heute' (Schriften des ICS 36), Münster 1997, 85–102.

Sander, Hans-Joachim: Die Zeichen der Zeit erkennen und Gott benennen. Der semiotische Charakter von Theologie, in: ThQ 182 (2002), 27–40.

Sander, Hans-Joachim: Von der abduktiven Korrelation religiöser Zeichen zur Abduktion des Glaubens durch semiotische Präsenz von Religion, in: Ziebertz, Hans-Georg u.a. (Hg.): Abduktive Korrelation. Religionspädagogische Konzeption, Methodologie und Professionalität im interdisziplinären Dialog, Münster 2003, 53–66.

Sander, Hans-Joachim: Theologischer Kommentar zur Pastoralkonstitution über die Kirche in der Welt von heute. Gaudium et spes, in: Hünermann, Peter/Hilberath, Bernd Jochen (Hg.): Herders Theologischer Kommentar zum Zweiten Vatikanischen Konzil, Band 4, Freiburg i.Br. u.a. 2005, 581–886.

Sander, Hans-Joachim: Einführung in die Gotteslehre, Darmstadt 2006.

Sander, Hans-Joachim: Gottes pastorale Orte. Ein topologischer Vorschlag, in: Bucher, Rainer/Krockauer, Rainer (Hg.): Gott. Eine pastoraltheologische Annäherung, Wien u.a. 2007, 39–56.

Sander, Hans-Joachim: Topographie des Fremden oder Topologie des Befremdens. Anfragen an Bernhard Waldenfels, in: Gmainer-Pranzl, Franz/Schmidhuber, Martina (Hg.): Der Anspruch des Fremden als Ressource des Humanen, Frankfurt a.M. u.a. 2011, 209–214.

Sander, Hans-Joachim: Vom religionsgemeinschaftlichen Urbi et Orbi zu pastoralgemeinschaftlichen Heterotopien. Eine Topologie Gottes in den Zeichen der Zeit, in: Böttigheimer, Christoph (Hg.): Zweites Vatikanisches Konzil. Programmatik – Rezeption – Vision, Freiburg i.Br. 2014, 157–179.

Sandherr, Susanne: Die heimliche Geburt des Subjekts. Das Subjekt und sein Werden im Denken Emmanuel Lévinas', Stuttgart u.a. 1998.

Sass, Hartmut von: Unerhörte Gebete? Das Bittgebet als Herausforderung für ein nachmetaphysisches Gottesbild, in: NZSTh 54 (2012), 39–65, auch online unter: https://www.zora.uzh.ch/id/eprint/69531/1/%5bNeue_Zeitschrift_fr_Systematische_Theologie_und_Religionsphilosophie%5d_Unerhrte_Gebete_Das_Bittgebet_als_Herausforderung_fr_ein_nachmetaphysisches_Gottesbild.pdf [abgerufen am 14.01.2021].

Sattler, Dorothea: Kirche(n), Paderborn 2013.

Sattler, Dorothea: Hören auf Gottes Stimme. Ein Anliegen auf dem ‚Synodalen Weg', in: Kolping Magazin (4/2019), 7–9.

Schafer, R. Murray: Schule des Hörens, Wien 1972.

Schafer, R. Murray: Klang und Krach. Eine Kulturgeschichte des Hörens, Frankfurt a.M. 1988.

Schafer, R. Murray: Anstiftung zum Hören. Hundert Übungen zum Hören und Klänge machen, Aarau (Schweiz) 2002.

Schafer, R. Murray: Soundscape – Design für Ästhetik und Umwelt, in: Bernius, Volker/Kemper, Peter/Oehler, Regina/Wellmann, Karl-Heinz (Hg.): Der Aufstand des Ohrs – die neue Lust am Hören. Reader neues Funkkolleg, Göttingen 2006, 141–152.

Schafer, R. Murray: Die Ordnung der Klänge. Eine Kulturgeschichte des Hörens, Mainz 2010.

Schellhammer, Barbara: ‚Dichte Beschreibung' in der Arktis. Clifford Geertz und die Kulturrevolution der Inuit in Nordkanada, Bielefeld 2006.

Schlögel, Herbert: „Gehorsam“, in: Rotter, Hans/Virt, Günter (Hg): Neues Lexikon der christlichen Moral, Innsbruck 1990.

Schmelter, Denis: Gottes Handeln und die Risikologik der Liebe. Zur rationalen Vertretbarkeit des Glaubens an Bittgebetserhörungen, Marburg 2012.

Schmicking, Daniel: Hören und Klang. Empirisch phänomenologische Untersuchungen, Würzburg 2003.

Schmicking, Daniel: Wenn laut leise klingen muss – Kinästhesen und Konstanzen im Hören. Ein Beitrag zur phänomenologischen Forschung, in: Kluck, Steffen/Volke, Stefan (Hg.): Näher dran? Zur Phänomenologie des Wahrnehmens, unter Mitarbeit von Wilko de Buhr, Freiburg i.Br. – München 2012, 51–81.

Schmid, Holger: Kunst des Hörens. Orte und Grenzen philosophischer Spracherfahrung, Köln u.a. 1999.

Schmidt, Robert: Soziologie der Praktiken. Konzeptionelle Studien und empirische Analysen, Frankfurt a.M. 2012.

Schmugge, Barbara: Ansichten vom Hören. Ein Versuch über verschiedene Hörerlebnisse und Hörerfahrungen, in: Hoffmann, Ursula/Weber, Hans-Ulrich (Hg): Reden über die Stummheit. Festschrift zum 75. Geburtstag von Aron Ronald Bodenheimer (Hörgeschädigten-Pädagogik, Beiheft 42), Heidelberg 1998, 125–130.

Schönian, Valerie: Was ihr glaubt, ist unglaublich, in: Die Zeit (32/2018), unter: https://www.zeit.de/2018/32/kirchenferne-glaube-predigt-sprache-regeln [abgerufen am 14.01.2021].

Schreiber, Hans-Ludwig: „Pathos“, in: LThK, Band 7, Freiburg i.Br. ^{3}1998 (Sonderausgabe 2006), 1458.

Schröer, Henning: Das Methodenproblem. Forschungsmethoden in der Praktischen Theologie, in: Klostermann, Ferdinand/Ders. (unter Mitarbeit von Ludwig Bertsch, Norbert Greinacher, Alois Müller, Yorick Spiegel) (Hg.): Praktische Theologie heute, München 1974, 206–224.

Schulz, Petra: Sich etwas von sich selbst her zeigen lassen. Ein Beitrag zur didaktischen Theorie phänomenologisch orientierter Religionspädagogik, Münster 2005.

Schulze, Holger: Über Klänge sprechen. Einführung, in: Ders. (Hg.): Sound Studies. Traditionen – Methoden – Desiderate. Eine Einführung, Berlin 2008, 9–15.

Schüßler, Michael: Mit Gott neu beginnen. Die Zeitdimension von Theologie und Kirche in ereignisbasierter Gesellschaft, Stuttgart 2013.

Schüßler, Michael: Praktische Theologie im Ereignis-Dispositiv. Positionen zwischen Dekonstruktion und Option, in: PThI 35 (2/2015), 97–103.

Schüßler, Michael: Resonanz … Unterbrechungen, 31. August 2016, in: feinschwarz.net. Theologisches Feuilleton, unter: https://www.feinschwarz.net/resonanz-unter brechungen/ [abgerufen am 14.01.2021].

Schüßler, Michael: Resonanz und Distanz. Eine praktisch-theologische Anverwandlung, die mit eigener Stimme spricht, in: εὐangel. Magazin für missionarische Pastoral 2 (2018), unter: https://www.euangel.de/ausgabe-2-2018/resonanz/resonanz-und-distanz/ [abgerufen am 14.01.2021].

Schweyer, Stefan: Kontextuelle Kirchentheorie. Eine kritisch-konstruktive Auseinandersetzung mit dem Kirchenverständnis neuerer praktisch-theologischer Entwürfe, Zürich 2007.

Schwöbel, Christoph: „Phänomenologie II. Theologisch", in: TRE, Band 26, Berlin u.a. 1996, 465–469.

Seip, Jörg: Der weiße Raum. Prolegomena einer ästhetischen Pastoraltheologie, Freiburg i.Br. 2001.

Sellmann, Matthias: Zuhören – Austauschen – Vorschlagen. Entdeckungen pastoraltheologischer Milieuforschung, Würzburg 2012.

Sellmann, Matthias: Pastoraltheologie als „Angewandte Pastoralforschung". Thesen zur Wissenschaftstheorie der Praktischen Theologie, in: PThI 35 (2/2015), 105–116.

Simmel, Georg: Soziologie der Sinne, in: Die Neue Rundschau, 18 (9/1907), 1025–1036, unter: http://socio.ch/sim/verschiedenes/1907/sinne.htm [abgerufen am 14.01.2021].

Sloterdijk, Peter: Zur Welt kommen – zur Sprache kommen. Frankfurter Vorlesungen, Frankfurt a.M. 1988.

Sloterdijk, Peter: Weltfremdheit, Frankfurt a.M. 1993.

Sobrino, Jon: Gemeinschaft, Konflikt und Solidarität in der Kirche, in: Ders./Ellacuria, Ignacio (Hg.): Mysterium Liberationis. Grundbegriffe der Theologie der Befreiung, Band 2, Luzern 1996, 851–878.

Sölle, Dorothee: Leiden, Stuttgart 1973.

Sommerfeldt, Karl-Ernst/Schreiber, Herbert: „Hörig"/„Hörigkeit", in: Dies. (Hg.): Wörterbuch der Valenz etymologisch verwandter Wörter, Tübingen 1996, 187.

Spielberg, Bernhard: Gott zur Sprache bringen. Vier Elemente, drei Bausteine und zwei Herausforderungen homiletischer Ausbildung im Studium der katholischen Theologie, in: Garhammer, Erich/Roth, Ursula/Schöttler, Heinz-Günther (Hg.): Kontrapunkte. Evangelische und katholische Predigtkultur, Würzburg 2006, 288–298.

Spielberg, Bernhard: Kann Kirche noch Gemeinde sein? Praxis, Probleme und Perspektiven der Kirche vor Ort, Würzburg 2008.

Spielberg, Bernhard: Lokal, lustvoll, lebensnah. Pfarrgemeinderäte zwischen Herein- und Herausforderungen, in: Landeskomitee der Katholiken in Bayern (Hg.): Handbuch Pfarrgemeinderat, Freiburg i.Br. u.a. 2012, 74–80.

Spittler, Gerd: Teilnehmende Beobachtung als Dichte Teilnahme, in: Zeitschrift für Ethnologie 126 (2001), 1–25.

Steck, Wolfgang: Praktische Theologie. Horizonte der Religion – Konturen des neuzeitlichen Christentums – Strukturen der religiösen Lebenswelt, Band 1, Stuttgart 2000.

Steinbock, Charlotte: Über Flucht dichten, Berlin 2018, unter: http://www.litaffin.de/the-poetry-project-gedichte-von-jugendlichen-gefluechteten/ [abgerufen am 14.01.2021].

Steinebach, Dorothea: Getauft und engagiert. Vom innovativen Umgang mit den alten und neuen Formen des kirchlichen Ehrenamtes, Würzburg 2011.

Steinebach, Dorothea: Kirche im Werden – Ermöglichungspastoral, ein ekklesiologisches Paradigma, in: Dessoy, Valentin/Lames, Gundo/Lätzel, Martin/Hennecke, Christian (Hg.): Kirchenentwicklung. Ansätze – Konzepte – Perspektiven (Gesellschaft und Kirche – Wandel gestalten, Band 4), Trier 2015, 369–380.

Steinebach, Dorothea: Kirche im Werden – auf die Haltung kommt es an, in: Dessoy, Valentin/Lames, Gundo/Lätzel, Martin/Hennecke, Christian (Hg.): Kirchenentwicklung. Ansätze – Konzepte – Perspektiven (Gesellschaft und Kirche – Wandel gestalten, Band 4), Trier 2015, 445–458.

Steinkamp, Hermann: Selbst „wenn die Betreuten sich ändern", in: Edward Schillebeeckx (Hg.): Mystik und Politik. Theologie im Ringen um Geschichte und Gesellschaft. Festschrift für Johann Baptist Metz, Mainz 1988, 354–363.

Stock, Ulrich: Ob's Gott gefällt. Interview mit Dieter Schnebel, in: ZEIT online, 03.05.2006, unter: https://www.zeit.de/online/2006/18/gespraech_schnebel_cage [abgerufen am 14.01.2021].

Stoellger, Philipp: Passivität aus Passion. Zur Problemgeschichte einer ‚categoria non grata', Tübingen 2010.

Stoffel, Rainer M.: Hören, Zuhören und Zuhörtraining aus sprechwissenschaftlicher Sicht, in: Lotzmann, Geert (Hg.): Aspekte auditiver, rhythmischer und sensomotorischer Diagnostik, München u.a. 1978, 54–69.

Straus, Erwin Walter: Vom Sinn der Sinne. Ein Beitrag zur Grundlegung der Psychologie, Berlin 1956.

Sturm, Ulrike/Bürgin, Matthias: Stadtklang. Wege zu einer hörenswerten Stadt, Zürich 2016.

Szendy, Peter: Höre(n). Eine Geschichte unserer Ohren. Mit einem Vorwort von Jean-Luc Nancy. Aus dem Französischen übersetzt und mit einem Nachwort von Daniel Schierke, Paderborn 2015.

T

Theobald, Christoph: Zur Theologie der Zeichen der Zeit. Bedeutung und Kriterien heute, in: Hünermann, Peter (Hg.): Das Zweite Vatikanische Konzil und die Zeichen der Zeit heute, Freiburg i.Br. u.a. 2006, 71–84.

Theobald, Christoph: Evangelium und Kirche, in: Feiter, Reinhard/Müller, Hadwig (Hg.): Frei geben. Pastoraltheologische Impulse aus Frankreich, übersetzt von Hadwig Müller und Wilhelm Rauscher (Bildung und Pastoral, Band 1), Ostfildern [2]2013, 110–138.

Theobald, Christoph: Heute ist der günstige Augenblick. Eine theologische Diagnose der Gegenwart, in: Feiter, Reinhard/Müller, Hadwig (Hg.): Frei geben. Pastoraltheologische Impulse aus Frankreich, übersetzt von Hadwig Müller und Wilhelm Rauscher (Bildung und Pastoral, Band 1), Ostfildern ^{2}2013, 81–109.

Theobald, Christoph: Christentum als Stil. Für ein zeitgemäßes Glaubensverständnis in Europa, Freiburg i.Br. 2018.

Theobald, Christoph: Hören, wer ich sein kann. Einübungen, herausgegeben von Reinhard Feiter und Hadwig Müller (Bildung und Pastoral, Band 5), Ostfildern 2018.

Theobald, Christoph: Brennendes Interesse am Alltag der Menschen, in: Ders.: Hören, wer ich sein kann. Einübungen, herausgegeben von Reinhard Feiter und Hadwig Müller (Bildung und Pastoral, Band 5), Ostfildern 2018, 185–198.

Thierfelder, Constanze/Eibach, Dietrich Hannes: Resonanzen. Schwingungsräume Praktischer Theologie. Festschrift für Gerhard Marcel Martin, Stuttgart 2002.

Thürmer-Rohr, Christina: Achtlose Ohren. Zur Politisierung des Zuhörens, in: Dies.: Verlorene Narrenfreiheit. Essays, Berlin 1994, 111–129.

Tietz, Christiane: Was heißt: Gott erhört Gebet?, in: ZThK 106 (2009), 327–344.

Trabant, Jürgen: Der akroamatische Leibniz: Hören und Konspirieren, in: Paragrana (Internationale Zeitschrift Historische Anthropologie) 2 (1/1993), 64–71.

V

Vetter, Helmuth: „Phänomenologie"/„phänomenologisch", in: Ders. (Hg.): Wörterbuch der phänomenologischen Begriffe, unter Mitarbeit von Klaus Ebner und Ulrike Kadi, Hamburg 2004, 410–425.

Vogel, Thomas: Über das Hören. Einem Phänomen auf der Spur, Tübingen ^{2}1998.

Volli, Ugo: Semiotik. Eine Einführung in ihre Grundbegriffe, Tübingen 2002.

Volmar, Axel/Schröter, Jens: Einleitung. Auditive Medienkulturen, in: Dies. (Hg.): Auditive Medienkulturen. Techniken des Hörens und Praktiken der Klanggestaltung, Bielefeld 2013, 9–21.

W

Wagerer, Wolfgang: Zum Hören ermutigen. Identitätskonstruktionen in Begegnung mit biblischen Texten, Stuttgart 2019.

Wagner, Susanne/Spillmann, Thomas: Augenblicke für das Ohr, Zürich 2004.

Waldenfels, Hans: Unterwegs zu einer Ethnologie des Christentums, in: Hoff, Gregor Maria/Ders. (Hg.): Die ethnologische Konstruktion des Christentums. Fremdperspektiven auf eine bekannte Religion, Stuttgart 2008, 149–166.

Waldenfels, Hans: Der Glaube kommt vom Hören, in: ThPQ (4/2011), 363–369.

Walther, Elisabeth: Abriss der Semiotik, in: Arch 2 (8/1969), 3–13.

Weber, Heike: Mobil hören. Klang- und technikhistorische Zugänge zum Pop und seinen ‚Nutzern', in: Geisthovel, Alexa/Mrozek, Bodo (Hg.): Popgeschichte, Band 1: Konzepte und Methoden, Bielefeld 2014, 155–175.

Welsch, Wolfgang: Religiöse Implikationen und religionsphilosophische Konsequenzen ‚postmodernen' Denkens, in: Halder, Alois/Kienzler, Klaus/Möller, Joseph (Hg.): Religionsphilosophie heute. Chancen und Bedeutungen in Philosophie und Theologie, Düsseldorf 1988, 117–129.

Welsch, Wolfgang: Zur Aktualität ästhetischen Denkens, in: Ders. (Hg.): Ästhetisches Denken, Stuttgart 1990, 41–78.

Welsch, Wolfgang: Grenzgänge der Ästhetik, Stuttgart 1996.

Welsch, Wolfgang: Vernunft. Die zeitgenössische Vernunftkritik und das Konzept der transversalen Vernunft, Frankfurt a.M. ^{2}1996.

Welsch, Wolfgang: Auf dem Weg zu einer Kultur des Hörens, in: Bernius, Volker/Kemper, Peter/Oehler, Regina/Wellmann, Karl-Heinz (Hg.): Der Aufstand des Ohrs – die neue Lust am Hören. Reader Neues Funkkolleg, Göttingen 2006, 29–46.

Welte, Bernhard: Vom rechten Hören, in: Ders./Lange, Hans Joachim/Hemmerle, Klaus (Hg.): Gespräch ohne Partner. Die Krise des Hörens, Freiburg i.Br. 1960, 9–26.

Wendel, Saskia: „Die Einheit der Praktischen Theologie in der Vielfalt ihrer Stimmen". Anmerkungen aus systematisch-theologischer Perspektive, in: PThI 35 (2/2015), 117–127.

Wenzel, Horst: Hören und Sehen. Schrift und Bild. Kultur und Gedächtnis im Mittelalter, München 1995.

Werbick, Jürgen: Von Gott sprechen an der Grenze zum Verstummen, Münster 2004.

Werbick, Jürgen: Hört Gott mich, wenn ich zu ihm rufe? Notizen zu Bittgebet und Theodizee, in: IKaZ 37 (37/2008), 587–600.

Werbick, Jürgen: Grundfragen der Ekklesiologie, Freiburg i.Br. u.a. 2009.

Werbick, Jürgen: Einführung in die Theologische Wissenschaftslehre, Freiburg i.Br. 2010.

Werbick, Jürgen: In Gottes Ohr? Notizen zu Bittgebet, Theodizee und zum Dialogcharakter des Betens, in: Striet, Magnus (Hg.): Hilft beten? Schwierigkeiten mit dem Bittgebet, Freiburg i.Br. 2010, 31–57.

Werbick, Jürgen: Kleine Gotteslehre im Dialog mit Papst Franziskus, Freiburg i.Br. 2018.

Werner, Hans U.: Soundscape-Dialog. Landschaften und Methoden des Hörens, Göttingen 2006.

Winkler, Justin: Umwelthören – Instrumente für eine ‚kunstlose Kunst', in: Bernius, Volker/Kemper, Peter/Oehler, Regina/Wellmann, Karl-Heinz (Hg.): Der Aufstand des Ohrs – die neue Lust am Hören. Reader Neues Funkkolleg, Göttingen 2006, 153–158.

Wittgenstein, Ludwig: Schriften, Band 4: Zettel, Frankfurt a.M. 1970.

Wolff, Stephan: Die Anatomie der Dichten Beschreibung – Clifford Geertz als Autor, in: Matthes, Joachim (Hg.): Zwischen den Kulturen? Die Sozialwissenschaften vor dem Problem des Kulturvergleichs (Soziale Welt Sonderband 8), Göttingen 1992, 339–362.

Wolff, Stephan: Subjektivität für alle praktischen Zwecke. Methodische und forschungspraktische Grenzen des ethnomethodologischen (Des-)Interesses an der subjektiven Perspektive, in: ÖZS 24 (4/1999), 4–25.

Z

Zenger, Erich: „Gib deinem Knecht ein hörendes Herz!" Von der messianischen Kraft des rechten Hörens, in: Vogel, Thomas (Hg.): Über das Hören. Einem Phänomen auf der Spur, Tübingen ^{2}1998, 27–43 [wiederabgedruckt in: Mit Gott ums Leben kämpfen. Das Erste Testament als Lern- und Lebensbuch, herausgegeben von Paul Deselaers und Christoph Dohmen, Freiburg i.Br. 2020, 34–48].

Zerfaß, Rolf: Praktische Theologie als Handlungswissenschaft, in: Klostermann, Ferdinand/Ders. (Hg.) (unter Mitarbeit von Ludwig Bertsch, Norbert Greinacher, Alois Müller, Yorick Spiegel): Praktische Theologie heute, München 1974, 164–177.

Zerfaß, Rudolf: Volk Gottes unterwegs: In der Fremde unter den Völkern, in: Haslinger, Herbert (Hg.): Handbuch Praktische Theologie, Band 1, Mainz 1999, 167–177.

Ziemann, Benjamin: Codierung von Transzendenz im Zeitalter der Privatisierung. Die Suche nach Vergemeinschaftung in der katholischen Kirche 1945–1980, in: Geyer, Michael/Hölscher, Lucian (Hg.): Die Gegenwart Gottes in der modernen Gesellschaft. Transzendenz und religiöse Vergemeinschaftung in Deutschland, Göttingen 1996, 380–403.

Ziemann, Benjamin: Katholische Kirche und Sozialwissenschaften 1945–1975, Göttingen 2007.

Zill, Rüdiger: „Substrukturen des Denkens". Grenzen und Perspektiven einer Metapherngeschichte nach Hans Blumenberg, in: Bödeker, Hans Erich (Hg.): Begriffsgeschichte, Diskursgeschichte, Metapherngeschichte, Göttingen 2002, 209–258.

Zintl, David: Cages „*As Slow As Possible*" als heterochrones Kultur-Objekt, in: Pfeiffer, Rüdiger (Hg.): Geräuschvolle Stille – Geordneter Klang. Ästhetische und historische Überlegungen im Geiste der Kunstphilosophie von John Cage, Berlin 2014, 45–64.

Zottl, Anton: Erfahrung und Gegenwärtigkeit. Dialogische Folien über der Anthropologie von Carl Rogers, Göttingen 1980.

Zulehner, Paul M.: Inhaltliche und methodische Horizonte für eine gegenwärtige Fundamentalpastoral, in: Fuchs, Ottmar (Hg.): Theologie und Handeln. Beiträge zur Fundierung der Praktischen Theologie als Handlungstheorie, Düsseldorf 1984, 13–37.

